LAS RAÍCES
DE LA MEMORIA

•

América Latina, ayer y hoy
Quinto Encuentro
Debate

•

Amèrica Llatina, ahir i avui
Cinquena Trobada
Debat

LAS RAÍCES
DE LA MEMORIA

•

América Latina, ayer y hoy
Quinto Encuentro
Debate

•

Amèrica Llatina, ahir i avui
Cinquena Trobada
Debat

Coordinadors:
Pilar García Jordán • Lola G. Luna • Jordi Gussinyer
Miquel Izard • Javier Laviña • Ricardo Piqueras
María Teresa Zubiri

UNIVERSITAT DE BARCELONA
PUBLICACIONS

BIBLIOTECA DE LA UNIVERSITAT DE BARCELONA. Dades catalogràfiques

---

Trobada Debat Amèrica Llatina, Ahir i Avui (5a: Barcelona)
Las raíces de la memoria

Referències bibliogràfiques
ISBN 84-475-1494-3

I. García Jordán, Pilar   II. Títol
1. Història   2. Congressos   3. Amèrica Llatina

Entitat editora
UNIVERSITAT DE BARCELONA

ÒRGANS RECTORS

Rector
ANTONI CAPARRÓS BENEDICTO

President del Consell Social
JOSEP M. PUIG SALELLAS

© PUBLICACIONS UNIVERSITAT DE BARCELONA

1a edició: Barcelona, juliol de 1996

Disseny de la coberta: CESCA SIMÓN

Foto coberta: MARTÍ CHAMBÍ

Autoedició: SISTEMES D'EDICIÓ

Impressió: GRÀFIQUES REY, S.L.

Dipòsit legal: B-27.563-96

ISBN: 84-475-1494-3

Tiratge: 700 exemplars

Tots els drets d'aquesta publicació (inclós el disseny de la coberta)
PUBLICACIONS DE LA UNIVERSITAT DE BARCELONA

Direcció i administració de la publicació
PUBLICACIONS DE LA UNIVERSITAT DE BARCELONA
Gran Via, 585
08007 Barcelona

INDICE

Mesa III

Mesa IV

PRESENTACIÓN

Tras una década de Encuentros, convocados por americanistas de la Facultad de Geografía e Historia de la Universidad de Barcelona, en este Quinto hemos optado por un esquema distinto, agrupando las ponencias en 4 mesas que se corresponden con nuestros intereses e inquietudes.

Desafortunadamente tampoco esta vez hemos contado con bastante financiamiento para invitar a una serie de colegas latinoamericanos que nos habrían brindado el parecer de la otra orilla del Atlántico; pero las ayudas han bastado para editar las contribuciones de los asistentes y por ello agradecemos los aportes de la División I de esta Universidad, de la Direcció General de Recerca de la Generalitat de Catalunya y, muy en especial, de la Subdirección General de Promoción de la Investigación del Ministerio de Educación y Ciencia.

MESA I

Arqueología y Reconquista

Coordinadores:
Jordi Gussinyer
M. Teresa Zubiri

SAN LORENZO Y EL MUNDO OLMECA
-CONSIDERACIONES-

Elisabeth Casellas Cañellas
Miembro del Proyecto Arqueológico San Lorenzo Tenochtitlan. UNAM.
México

Gracias a los actuales estudios sobre los olmecas, sea en el territorio que se acordó llamar, desde Bernal en los setenta, Area Nuclear Olmeca o metropolitana y los realizados en sociedades que tuvieron contacto con ellos, se ha impulsado el conocimiento global de los mismos.

El Proyecto Arqueológico San Lorenzo Tenochtitlan ha sacado a relucir la importancia de San Lorenzo en el mundo olmeca y en el mundo mesoamericano. No es tarea fácil. Admitiendo que su comprensión está aún en sus inicios (Clark,1995), aventurarse en nuevas consideraciones o categorizar sobre el tema es muy delicado. Expondremos aquí ciertas argumentaciones sobre el significado de San Lorenzo como centro regional principal del mundo olmeca en el período Formativo Temprano (1200-900 a.C.). Por razones de espacio, no abordaremos aquí la importancia de La Venta ni de Tres Zapotes en época posterior, Formativo Medio inicial y Formativo Medio final, respectivamente.

Partiendo de la situación geográfica y considerando los condicionantes físico-ambientales,entraremos en cómo se desarrolló un intercambio entre las élites (similar a lo que llamaríamos comercio), pero que tuvo en la desigualdad su razón de ser.

A partir de los datos aportados por el registro arqueológico y del estudio del patrón de asentamiento, podemos presentar a San Lorenzo como centro rector en la región. Su trascendencia a la hora de regentar el mando sociopolítico de la zona, la creación de un estilo arquitectónico, escultural, doméstico, y todo ello dentro de un marco ideológico institucionalizado, nos facilita analizar hasta que punto, con todas las incognitas y limitaciones implícitas, hubo en San Lorenzo un sistema gubernamental basado en un líder, con una élite, con un cuerpo funcionarial, ...

en definitiva si podemos hablar de estado. Hoy en día la controversia está servida, desde la difícil ya de por sí definición antropológica de estado, se ha defendido que la conplejidad habida responde ya a un incipiente nivel estatal, pero tambíen, por otro lado, se ha negado sistemáticamente la categoría de estado reduciendo la complejidad de este pueblo en el Formativo Inicial, a la propia de un cacicazgo avanzado, adoleciendo quizá de un excesivo centralismo académico.

Situación geográfica

Al sur del Golfo de México, en el istmo de Tehuantepec, el territorio que ocupa el área metropolitana abarca desde las montañas de los Tuxtlas, por el occidente, hasta la depresión de la Chontalpa, por el oriente, región relativamente llana -exceptuando dicha formación volcánica al noroeste y lomas dispersas de poca altura-, está surcada por distintos cauces fluviales portadores del rico sedimento aluvial. Los antiguos asentamientos olmecas se elegían estratégicamente para explotar los recursos naturales y, de este modo, regular el aprovisionamiento del área; paralelamente, una privilegiada situación geográfica en el corredor natural del istmo, entre las zonas tropicales del sur y las templadas del norte, benefició a los olmecas del contacto con el resto de grupos circundantes.

El asentamiento de Laguna de los Cerros, por ejemplo, está situado cerca de los importantes depósitos de basalto, roca extremadamente necesaria para la élite y para toda la población de la región.

En la inundable cuenca baja del río Coatzacoalcos, que mantuvo siempre la rica diversidad en recursos naturales de la zona selvática tropical húmeda, se ubica el centro regional de San Lorenzo, el cual controló todo el sector, ocupando una posición intermedia entre el mar y las tierras altas, con un vasto sistema de comunicación y transporte ribereño y con una red exportadora que irá más allá de lo puramente material, fomentando la dependencia respecto a sí y autoalimentando su particular concepción elitista de la sociedad en todas sus manifestaciones (Cyphers, 1994).

En el extremo noroeste del actual Estado de Tabasco, se encuentra la antigua ciudad de La Venta, situada sobre un promontorio con una altura media de 20 m.s.n.m. A su alrededor, se han hallado evidencias de pequeñas aldeas en un medio formado por arroyos, ríos, manglares, pantanos de agua dulce y lagunas salubres que, al igual que en el vecino centro de San Lorenzo, proporcionó a sus habitantes cuantiosos y valiosos recursos naturales, así como un incuestionable medio de comunicación.

La experiencia y el bagaje que emanaron desde San Lorenzo a partir de su auge comercial y que acrecentó y sustentó la diferenciación social, fueron recogidos por La Venta, aumentando aún más la floreciente capacidad de la élite para legitimarse y reproducirse.

Cronológicamente, San Lorenzo disfrutó de su hegemonía en el Formativo Inicial y Medio y fue en este último período cuando La Venta consolidó su condición de centro regional redistribuidor, tanto de bienes económicos como ideológicos, no necesariamente por ello interfiriendo ni rivalizando con San Lorenzo.

Patrón de asentamiento

Ya desde las primeras excavaciones (Stirling, 1955), se presentó el sitio arqueológico de San Lorenzo como un complejo de pequeños centros, destacando específicamente Tenochtitlan y Potrero Nuevo, organizados alrededor del espacio que ocupa la meseta de San Lorenzo, y este último actuando a su vez a modo de centro ceremonial. Posteriormente (Coe,1968), se cifró en doscientos montículos de la modificada meseta que acoge a San Lorenzo, estimando en cinco personas la población de cada uno, lo cual eleva a más de mil el número de habitantes del centro. Finalmente (Marcus,1976), se realizó un cálculo de la densidad de población considerando las hectáreas de cada ocupación: 52.9 ha en San Lorenzo y mil habitantes, 23.0 ha en Tenochtitlan y el mismo número de habitantes, 4.6 ha con doscientos cincuenta habitantes en Potrero Nuevo. Resultante de estos datos, la densidad es 30 personas aproximadamente, o 6-7 grupos habitacionales por hectárea en su conjunto.

Actualmente, con los estudios de Symonds (1995) del área de influencia directa más alejada del centro rector, y de Lunagómez (1995) del área interior de influencia directa del centro, se sabe que sólo el territorio referido anteriormente ocupó en el Formativo Inicial 330.87 ha (entre las cotas 30 y 82 m.s.n.m.), todas ellas densamente pobladas siendo, sin duda, el mayor complejo social mesoamericano de su época.

Demarcaban la zona inmediata de control de San Lorenzo los rios Tatagapa, Gato, Chiquito y Calzadas, abarcando un total de 690.87 ha ó 7 km2. Los asentamientos son extensivos, deliberadamente situados en las tierras elevadas y sobre superficies no inundables, favoreciendo así la accesibilidad al medio fluvial y permitiendo, en consecuencia, el control directo del mismo. Este afán por el dominio de los cauces de los rios conllevó la modificación de estas tierras altas, a la vez que se evidenció la falta de espacio para albergar al excedente humano. Las estrategias adaptativas que se adoptaron a raíz del crecimiento de población y a partir del desarrollo intrínseco hará fructífera la explotación del medio, convirtieron a San Lorenzo en un centro único, tanto por la selección, construcción y disposición arquitectónica, como por su volumen general (Cyphers, 1995).

Durante la época de apogeo del sitio, en el Formativo Temprano, el aumento demográfico y la opulencia que tuvo el centro, gracias en gran medida al dinamismo comercial, provocó un incremento en los asentamientos circunvecinos. Se formó entonces una diferenciación de los asentamientos que hoy nos permite establecer un patrón jerárquico de los mismos, cuya importancia viene dada por: a) la función específica que, según las condiciones y capacidades del nicho medioambiental, podía ejercer el lugar y b) el tamaño del mismo. Obviamente, estos aspectos nos quedan reflejados por las características de cada uno; urbanismo, modificación del terreno, esculturas monumentales, talleres, tipo de materiales,etc. Esta especialización y las necesidades sociales darán lugar a una interacción entre cada uno de los asentamientos. Partiendo exhaustivamente de los datos arqueológicos, San Lorenzo ocupa el ápice alrededor del que se organizan el resto de poblados, su audaz situación en la bifurcación de las principales arterias ribereñas le confiere una privilegiada posición, siendo el sitio rector de la región, controlando además del comercio, el paso de mercancias (Cyphers, Symonds y Lunagómez).

Por otro lado, una extraordinaria modificación morfológica de la zona mediante una arquitectura espectacular -nivelaciones del suelo,terrazas, cortes, muros de contención, elevaciones plataformales-, la presencia habitacional junto a espacios destinados a actividades productivas y ceremoniales, son de por sí elementos significativos para calificar a San Lorenzo como centro de primer órden, posibilitando la existencia de manifestaciones políticas y religiosas integradas en la vida ceremonial. En efecto, el centro combinó un espacio sagrado con un espacio civil harto dinámico; la presencia de espacios y materiales arquitectónicos diferenciadores, esculturas monumentales ceremoniales y commemorativas y materiales de muy diversa índole así lo acreditan, en gran medida por la disposición física del sitio y, insistimos, al control del lugar como nudo de comunicaciones, como lo están demostrando los trabajos de excavación del Proyecto Arqueológico San Lorenzo Tenochtitlan,1989-1995.

Centros secundarios fueron Loma del Zapote y Tenochtitlan, asentamientos más o menos equidistantes del centro director y El Remolino, más al norte de Tenochtitlan, enterrado hoy en día por aluviones recientes del río Chiquito, son concomitantes a cauces fluviales, cuyo dominio ejercían. En todos se constata una actividad artesanal especializada, escultura monumental (carecen, sin embargo, de cabezas colosales) y de modificaciones intencionadas del terreno. En Loma de Zapote existió además una arquitectura transportista (un terraplén con la función de dique-calzada y muelle). Estratégicamente, se consideran la puerta de entrada de la región de influencia directa de San Lorenzo, los cuales siguen un patrón lineal a lo largo de los ríos que demarcan la región, con preferencia de las tierras elevadas próximas a las vías acuáticas, extendiéndose hacia el norte (desde Tenochtitlan) y al oeste (desde Loma del Zapote) de la cuenca baja del Coatzacoalcos.

Los sitios de tercer orden, de acuerdo con la consensuada clasificación jerárquica (Cyphers, Symonds y Lunagómez), responden, a grandes trazos, a areas habitacionales sin arquitectura ni escultura monumental y con una envergadura menor que en los anteriores, pero mayor que en los sitios de cuarto orden, que agruparían, finalmente, diferentes ocupaciones, permanentes o estacionales, relacionadas estrictamente con la explotación de los recursos naturales específicos.

Producción e intercambio

Durante la primera mitad del periodo Formativo Temprano (1700-1200 a.C.), algunas sociedades, dentro de unos medioambientes claves, habían desarrollado técnicas de considerable valor cultural y cacicazgos sencillos (Clark, 1989; 1995), fruto de la diferenciación social producida por el acceso desigual a los recursos y el incipiente deseo de liderazgo grupal.

San Lorenzo pronto superó a estas comunidades en lo referente a complejidad sociopolítica, desarrollando en la segunda mitad del Formativo Temprano (1200-900 a.C.) una jerarquización basada en las actividades económicas y en el soberanismo divino, sustentado por una rígida y no menos poderosa élite creadora y monopolizadora de estas ventajas sociales e ideológicas y contribuyendo a convertir su área en punto de referencia obligado para efectuar cualquier transacción material y muy probablemente humana. Amparada por una inmunidad religiosa, la élite de San Lorenzo pudo movilizar el contingente humano en favor de su propio beneficio y del beneficio colectivo, no sólo en los parámetros sociales, que posteriormente señalaremos, también desde una óptica puramente mercantil.

La persistencia de la élite interesada en fomentar un intercambio desigual en el area de influencia directa y en sus circunvecinas, dió sus resultados: el tipo de reciprocidad que se incentivó desde el centro rector motivó la exportación de productos cuyo control y posterior distribución monopolizaría este mismo grupo, a la vez que se crearía artificialmente su demanda.

Características comunes y exclusivas del centro rector y de los centros secundarios son: a)la construcción de muelles y diques civiles, b)la ubicación de talleres de transformación de materias primas importadas, c)las residencias de la élite. Sólo en el centro rector de San Lorenzo se han hallado talleres de transformación de la piedra, sea para la producción de metates y otros útiles, o bién, para la reutilización de monumentos y elementos arquitectónicos (informes del Proyecto Arqueológico, Cyphers: 1989-1995). Sólo la élite pudo proporcionar al resto de sitios los materiales que por su uso cotidiano y valor simbólico eran imprescindibles para la población. Con ello remarcamos la dependencia al centro, tanto de los hogares más sencillos, como de las residencias de alto rango de los centros secundarios; los primeros necesitaban metate y obsidiana y los segundos revestimientos para aumentar su prestigio.

La producción de bienes de consumo era importante en el resto de centros de la región: productos de los ríos, del mar y de la selva tropical. En esta época se documenta una intensificación de la agricultura, registrándose arqueológicamente un mayor número y variedad de objetos de piedra para procesar alimentos (Cyphers, 1994). Debe adicionarse a esta producción en muchos casos arqueológicamente perecedera, el intercambio dentro y, en algunos casos, fuera del área metropolitana de: concha, espinas de raya, dientes de tiburón, pieles y fibras. Los pigmentos llegaban a San Lorenzo desde Almagres (hematita) y de Manatí (hematita especular), dos cerros y asentamientos relativamente próximos, al encontrarse dentro de esta área de influencia directa. Localmente, se usaban materias primas como la bentonita, utilizada como material constructivo, y la arenisca, como abrasivo para la manufactura (Cyphers, 1994). Esta producción estaría complementada también por exportaciones.

El basalto era transportado desde los Tuxtlas, a unos 60km en línea recta hacia el noroeste. Considerando la dificultad de extracción, el peso y el volumen de la roca, añadido a la peligrosidad y al árduo trabajo del transporte -tanto por vía terrestre como fluvial- , es lógico pensar en cómo un estamento de poder pautaba todo este proceso. Recientes hallazgos en Llano del Jícaro sugieren la existencia de talleres para monumentos y, varios de los monumentos de Laguna de los Cerros podrían ser formas previas a ser talladas definitivamente en su lugar de destino. Sin duda, no eran tareas improvisadas.

El esquisto y otras rocas metamórficas llegan de los altos del istmo y de sierra de Juárez.

En cuanto a la obsidiana, llegaba a San Lorenzo desde dos rutas, muy interesantes por lo que respecta a desplazamiento, contactos y formación de enclaves y, por ello, a la obtención de un mayor abanico de productos exóticos. La mayoría de la obsidiana encontrada en San Lorenzo procede de los yacimientos de Otumba (Estado de México) y La Victoria (Puebla) en el Altiplano central y el yacimiento de El Chayal (Guatemala) en al costa del Pacífico Central (Cobean et al., 1991).

Es importante destacar que los productos del actual Guatemala pasaban por el actual Chiapas, punto de enlace de estas exportaciones con el istmo. A la región del Soconusco, auténtico nudo en las vías de intercambio establecidas, se llegaba o bién por la Sierra Madre de Chiapas -vía depresión central- o bién atravesando el istmo de Tehuantepec por el Grijalba (Agrinier, 1989). La primera vía fue más utilizada durante el Formativo Temprano, proliferando los asentamientos con señales de contacto con San Lorenzo; la segunda, fue más usada durante el período Medio, tanto es así, que es el único lugar fuera del área nuclear olmeca donde encontramos monumentos de piedra relacionados estilísticamente con San Lorenzo. Por las mismas rutas y desde Guatemala viajaba el jade, aunque éste también provenía de Guerrero.

De las regiones montañosas bajas del norte de Chiapas y parte de la selva lacandona les llegaba el ámbar, escaso y apreciado.

En cuanto al mineral, Agrinier (1989) propone que «Mirador-Plumajillo fue ocupado alrededor de 1100 a.C. por un pequeño grupo olmeca venido del área metropolitana con el fin de establecer un centro permanente de sumministro de materia prima, principalmente hematita o ilmenita. El hecho fue motivado, probablemente, por la escasez de población de la parte oeste de la depresión central de Chiapas, lo cual impidió un proceso normal de intercambio. Esto explica también el alto grado de afinidad entre los complejos cerámicos de Mirador-Plumajillo y San Lorenzo».

Desde Soconusco llegaban además cacao, pieles, plumas, algodón, textiles, inciensos,...a cambio San Lorenzo les suministraba productos manufacturados suntuarios para la clase alta, así como sellos cilíndricos, figurillas y cerámica. Y según Lowe (1995), algo de apoyo político y militar, y quizá orientación religiosa y ritual.

Flannery y Marcus (1995) apuntan que en la segunda mitad del Formativo Temprano, la gente de alto rango de la zona de los altos de Oaxaca, con el fin de reforzar su propio estatus y poder, promocionaron los objetos de estilo olmeca. En la fase San José, por ejemplo, aparecen nuevas formas y técnicas cerámicas, nuevos motivos simbólicos, aunque interpretados y elaborados con sabor local, se generalizan las representaciones masculinas en las figurillas y algo muy significativo: se experimentan modificaciones del patrón de asentamiento con zonas despobladas y centros rectores, como San José Mogote, donde las investigaciones han mostrado una producción local en sectores especializados donde se producían espejos de magnetita e ilmenita o adornos de concha, que inexorablemente irian a parar a San Lorenzo para su administración.

Todo ello nos muestra una interación sociocultural y económica entre los pueblos del istmo. Vemos como los olmecas del Formativo Temprano y Medio, controlaban la exportación de diversos recursos naturales mediante los contactos comerciales y no sólo al este del istmo, sinó que también existían las comunicaciones con el Altiplano Central. Surge así Chalcatzingo (Grove, 1995), centro económico y religioso situado en una de las rutas que comunicaban las minas de obsidiana del Altiplano Central con la tierra caliente de Guerrero y con la zona costera del Golfo de México. Chalcatzingo es una muestra de cómo se establecieron vínculos territoriales y también de cómo, con el ansia de identificarse con el prestigio que desprende la ideología de los pueblos olmecas y de San Lorenzo, se incorporan la cosmología y el estilo de esta cultura, alimentando la especialización de San Lorenzo y de los centros olmecas en productos santuarios. Se añadió -con los elementos iconogràficos y estilísticos- a su valor intrínseco, un valor ritual, ceremonial y acreditativo. Según el grado de contacto, pudo suponer un intercambio físico directo y/o una emulación/imitación.

La adaptación o no adaptación a estos contactos, es decir, al sistema de abastecimiento propugnado por los intereses de la citada élite, se manifestó en estos lugares como un estímulo de la producción local y, por consiguiente, una admisión del sistema de intercambio, aunque también hubo en otros sitios, una anulación del mismo y, por tanto, funcionaron únicamente como puertos.

En definitiva, nos preguntamos qué sugiere esta ampulosidad comercial; por un lado, una red de centros encargados de mantener el intercambio y controlar el sistema de distribución; por otro, el nivel de especialización que la recepción-transformación de materias primas ajenas y la producción-difusión de las propias requería la existencia de una clase privilegiada capaz de vertebrar y articular la dinámica comercial y, a su vez, gestionar la política y la religión de una sociedad que, de hecho, podemos calificar de muy compleja. Esto es lo que hará despuntar a San Lorenzo de los demás regionalismos.

Poder y sociedad

Se ha presentado la jerarquización de los asentamientos como una variación de las formas, los materiales, el tamaño y la distribución de las construcciones arquitectónicas y, así mismo, en el volumen y espectacularidad de las modificaciones morfológicas del terreno. Hay incluso una diferenciación social indicada por las características de la escultura; por su función, por su iconografía y por su simbología figurativa; una diferenciación también implícita en los objetos y utensilios hallados; por la materia prima y su transformación; y todo ello por su localización en los sitios.

Ciertamente, la coexistencia de sitios de distinto órden, con San Lorenzo a la cabeza, se explica por el desarrollo del intercambio que se generó y movilizó desde el centro rector. Ello posibilitó la exportación de los materiales que serían utilizados en la reciprocidad entre élites, facilitando la obtención de los productos que se explotaban en cada zona; bienes de consumo, de los que el principal centro ceremonial carecía. ¿Qué posibilitó este intercambio desigual?

Analizando la movilidad humana y productiva, al igual que las manifestaciones arquitectónicas y artísticas, se deduce -como anteriormente se señaló- que hubo una clase dominante muy influyente sobre el resto de la población: la recurrida élite. Sin embargo, esta élite no pudo mantener su estatus sin un discurso que la justificara como tal y, claro está, que le permitiera reproducirse. Alimentar la diferenciación social requería una base ideológica fuerte, un cuerpo sólido de creencias. La arquitectura sólo nos permite especular sobre el contenido específico de la cosmología y el orden político-religioso que permitió sostener a esta sociedad. Pero, ciertamente, si el centro regional de San Lorenzo se asienta sobre una intencionada nivelación y modificación del terreno, alberga grandes espacios palaciegos, plazas y estructuras complejas, espacios para talleres y rituales únicos, así mismo contiene una escultura monumental de gran importancia -sólo en San Lorenzo se han reportado diez cabezas colosales, tronos, lápidas, numerosas figuras de bulto- ya tenemos suficientes indicadores para reconocer una clase dominante o quizá, solamente, preponderante.

Primeramente, tenemos la monumentalidad de la arquitectura y la alteración expresa de espacios: hablamos de grandes obras públicas y este es un distintivo respecto al resto de culturas y comunidades aledañas del Formativo Temprano. Clark (1995) dirá que son una indiscutible demostración de que los antiguos olmecas formaron la primera sociedad de Mesoamérica con *economía de mando*. No únicamente la pericia de la construcción requería la participación de los «ciudadanos», recordemos como son de necesarios los grande bloques de piedra y la multitud de materias primas para el centro regional y, no cabe duda, el transporte exigió un esfuerzo tan grande o mayor que el trabajo invertido en la mayor de las primeras pirámides (Cyphers, 1995). Este transporte necesitaba, dado el nivel social de la época, de una organización visible y potestada. Un ejemplo lo constituyen las famosas cabezas colosales, con un peso oscilante y aproximado de ocho a veinticinco toneladas, que debían viajar a través de la selva en condiciones poco favorables. Un grupo de especialistas debía coordinar las rutas terrestres, más seguras que los ríos. La élite gobernante podía pedir bienes y servicios a sus, digamos, ciudadanos. Como contrapartida la entrega pública de las grandes obras en beneficio común, interpretado éste material o espiritualmente, y del cuál la élite sacaba el principal partido.

Segundo; se desprende una diferenciación en cuanto a riqueza y acceso a bienes y útiles generales dependiendo de la apropiación que la élite hacía de los mismos. En las zonas alejadas del centro urbano las diferencias eran más notables, la disponibilidad directa y la desaparición gradual de los objetos asociados con los niveles sociales se apegaban a la organización por jerarquías de los asentamientos humanos, dentro del sistema regional (Cyphers, 1995).

En cuanto al arte, entendido como las representaciones olmecas en la escultura (que posiblemente no eran entendidas como Arte), hablamos de un significado de interacción entre religion/mitología y legitimación del poder; como bién apunta Cyphers (1995), la pompa del arte y la arquitectura formaban parte de un proceso político que relacionaba la tierra con el cosmos. No sólo legitimó el derecho a gobernar, sinó que la pomposidad política actuó dinámicamente para crear, mantener y modificar las relaciones sociales y los procesos históricos.

En San Lorenzo las cabezas colosales y los tronos forman la escultura monumental, demostrando ambas la institucionalización del cargo del gobernante. Las primeras son representaciones propiamente dichas de gobernantes, únicas y con distintivos símbolos de poder -cascos y orejeras-. No sabemos a ciencia cierta si las cabezas colosales eran monumentos commemorativos en vida del líder que representaban o era un homenaje pos mortem. No cabe duda que el tamaño, la ubicación en el centro ceremonial y el esfuerzo que se imagina en su transporte y posterior ritual de colocación, refuerzan la idea que hubo realmente una élite con una cabeza visible y un aparato funcionarial capaz de movilizar, organizar y someter a la masa humana. Sin embargo, no sabemos si existió una represión coercitiva basada en la violencia física o/y en un caracter militarista -no contamos con evidencias arqueológicas de ello-, pero por la magnitud de las empresas sociales, urbanísticas, ceremoniales,...que se mantuvo durante unos setecientos años en San Lorenzo (y un milenio en el área nuclear olmeca) no cuesta entender la existencia de una coerción de tipo ideológico, con probabilidad íntimamente ligada a la religión y mostrándose en todo el abanico de manifestaciones visuales, rituales, políticas,etc. ¿Eran sus representados miembros de un mismo linaje? ¿Tenían atribuciones mágicas?

Hay aún muchas incógnitas entorno a estos grandes monumentos, pero su sóla existencia ya es una imagen de poder.

En los tronos de San Lorenzo, de un solo bloque de basalto y trasladados con formas prefiguradas desde los Tuxtlas, se representa a una figura humana adulta presentando a un niño, saliendo ambos de las fauces de un jaguar o bién del mundo sobrenatural. La simbología parece clara: un nuevo gobernante se muestra al mundo con los poderes que le otorgan sus predecesores en la tierra (¿antepasados?) y las fuerzas mitológicas. Al igual que los tronos de más pequeñas dimensiones hallados en San Lorenzo y en el centro secundario de Loma del Zapote, se une la soberanía con la mitología. Así, el trono de Potrero Nuevo nos muestra cuatro pequeños seres mitológicos como atlantes.

Este, digamos, arte mayor que representaba a los gobernantes muestra, según Cyphers (1995) una involucración de los mismos en apariciones y rituales públicos e integra al gobernante en una concepción global del poder, uniendo conocimientos esotéricos y místicos con el poder civil.

La dimensión que une al dirigente con el mundo sobrenatural aparece más marcadamente en la transformación de dos tronos en el centro ceremonial de San Lorenzo (número 2 y 7 de San Lorenzo), según Porter (1990) responde al deseo de anular los poderes sobrenaturales del gobernador fallecido quedando únicamente la representación terrenal de su persona y gobierno.

El perdurar de estas imágenes a través del tiempo confirma el deseo de mantener la identificación grupal. La existencia de esculturas de bulto redondo con representaciones masculinas sedentes sobre el trono, posiblemente tuvieron la misma función que las cabezas colosales a la muerte del gobernante: dejar constancia histórica sobre la perdurabilidad lícita de la institución gubernamental, sobre la immutabilidad del rol del gobernante y, por extensión, de su élite.

Dentro del grupo de esculturas de bulto redondo, podemos destacar tres tipos:

* figuras antropomórficas del género masculino con distintivos que sugieren prestigio: pectorales, calzado, taparrabos,...sin duda, representan miembros de la élite. Ultimamente se baraja la posibilidad que sean imágenes de principes, pero esto supondría aceptar que el gobernante era conceptualmente un monarca.
* figuras humanas con estos mismos atributos junto a representaciones de felinos o de ofidios en una misma escultura, o bién, en escenas escultóricas. Según Ann Cyphers, estas últimas serian narraciones de escenas mitológicas, estratégicamente ubicadas, pero mobiles según el ceremonialismo.
* figuras zoomórficas o figuras integradoras de varias características animales, usadas como elementos decorativos pero a su vez funcionales, arquitectónicamente en obras civiles como, por ejemplo, en el acueducto.

En toda la escultura, pues, subyace una áurea de ceremonialidad, se desprende de un uso común ligado al ritual, a la consagración del gobierno y a su grupo, a la cosmología, a la creencia en lo extramundano y a la liturgia del mismo; estas características de las representaciones en piedra no las posee ninguna otra sociedad por sí misma en esa época.

Nuevas consideraciones sobre sociopolítica y mitología son las que nos aportan los datos cerámicos de:

* las figurillas mostrándonos varones ataviados con taparrabos, pectorales y con deformación craneal. Otras nos introducen la figura del chamán. ¿Hubo un cuerpo diferenciado de especialistas en el mundo mágico? ¿Formaban parte de la élite? Sabemos que el gobernante político se impegnó de religiosidad y se identificó con la divinidad, hubo quizá entre sus allegados un cuerpo de especialistas religiosos, pero a mi juicio, por los datos que aportan las figurillas chamánicas, pueden reflejar la separación entre lo religioso institucionalizado y lo puramente mágico.
* Los utensilios y artefactos con una iconografía decorativa que representa la relación identificativa entre el jaguar y el pueblo olmeca, específicamente en la cerámica tipo calzadas, que aunque de uso utilitario forma parte de los anteriores intercambios entre élites de la zona y sus aledañas, por su prestigio intrínseco.

Conclusiones

Hemos querido aproximarnos a la dinámica interna y externa de San Lorenzo, principal centro rector del periodo Formativo Temprano (1200-900 a.C.) e intencionadamente gestador de los conceptos de estilo, sociedad e interacción a gran escala, todo ello integrado en su modelo socio-político. Hubo detrás una carga ideológica (marcadamente religiosa) capaz de llenar de contenido simbólico y sustentar, racionalmente, el equilibrio social propuesto.

La complejidad del tema es evidente y hemos visto como la fragilidad no era, precisamente, un ingrediente social preponderante (demografía, arquitectura, obras públicas, arte monumental, contactos exteriores,...), sea como fuere, hablar de un estado olmeca dependerá más de lo que entienda cada uno por Estado, en mayúsculas, según sea la orientación y el marco teórico escogido.

Bibliografía

AGRINIER, PIER
 1989 «Mirador-Plumajillo, Chiapas, y sus relaciones con cuatro sitios del horizonte olmeca en Veracruz, Chiapas y la costa de Guatemala» Arqueologia, 2: 19-36. INAH.México.
BEVERIDO, FRANCISCO
 1970 San Lorenzo Tenochtitlan y la civilización olmeca. Tesis de Maestría. Universidad Veracruzana. México.
CARMONA, MARTHA (ED)
 1989 El Preclásico o Formativo. Avances y perspectivas. Museo Nacional de Antropología e Historia. México.
CLARK, JHON (ED)
 1995 Los Olmecas en Mesoamérica. Citibank/México. Ed. El Equilibrista y Turner Libros. México.
CLARK, JOHN AND BLAKE, MICHAEL
 1989 El origen de la civilización en Mesoamérica: los Olmecas y Mokayas del Soconusco. En El Preclásico o Formativo. Avances y perspectivas.M.CARMONA (Ed).
COBEAN, ROBERT H., JAMES R. VOGT, MICHAEL D. GLASCOCK Y TERENCE L. STOCKER
 1991 «High-precision trace-element characterizacion of major mesoamerican obsidian sources and further analyses of artifacts fron San Lorenzo Tenochtitlan» Latin American Antiquity 2 (1): 69-91.
COE, MICHAEL D. AND RICHARD A. DIEHL
 1980 In the land of the olmec. University of Texas Press. Austin. USA.
CYPHERS, ANN
1989-1995 Proyecto Arqueológico San Lorenzo Tenochtitlan. Informes al Instituto Nacional de Antropología e Historia. México.
 1995 «San Lorenzo Tenochtitlan». En Los Olmecas en Mesoamérica. J.CLARK (Ed)
DEMAREST, ARTHUR
 1989 «The olmec and the rise civilization in eastern Mesoamérica».En Regional Perspectives on the Olmec. SHARER and GROVE (Ed).
DIEHL, RICHARD A.
 1981 «Olmec architecture: a comparison of San Lorenzo and La Venta «. En The Olmec and their neighbors. E.BENSON (Ed). Dumbarton Oacks. Washinton D.C. USA
 1989 «Olmec archaelogy: what we know and what we wish we knew». En Regional perspectives on the olmec. SHARER And GROVER (Ed).
DRUCKER, PHILIP
 1981 «On the nature of olmec polity». En The Olmec and their neighbors. E.BENSON (Ed) Dumbarton Oaks. Washinton D.C. USA

GONZALEZ, REBECA

1995   «La antigua ciudad olmeca en La Venta. Tabasco.» En Los Olmecas en Meso-
         américa J.CLARK (Ed).

GROVE, DAVID

1981   «The Formative period and the evolution of complex culture» En Handbook of
         Middle American Indians. Sup.I cap .13.University of Texas Press. Austin. USA

1989   «Chalcatzingo and its olmec connection». En Regional perspectives on the olmec.
         SHARER and GROVE (Ed).

1995   «Chalcatzingo» En Los Olmecas en Mesoamérica. J.CLARK (Ed)

LEE, THOMAS A.JR

         «Chiapas and the olmec». En Regional perspective on the olmec. SHARER and
         GROVE (Ed).

LOWE, GERETH.W.

1989   «Algunas aclaraciones sobre la presencia olmeca y maya en el Preclásico
         Chiapas».En El Preclásico o Formativo. Avances y Perspectivas. M.CARMONA
         (Ed).

1989   «The heartland olmec: evolution of material culture» . En
Regionals perspectives on the olmec. SHARER and GROVE (Ed).

1995   «Comunidades de Chiapas relacionadas con los olmecas». En Los olmecas en
         Mesoamérica. J.CLARK (Ed).

LUNAGOMEZ, ROBERTO

1995   Patrón de asentamiento en el hinterland interior de S an Lorenzo. Tesis de licen-
         ciatura. Universidad Veracruzana. México.

MARCUS, JOYCE

1976   «The size of the early mesoamerican village» . En The early mesoamerican
         village. K.FLANNERY (Ed).

PIRES FERREIRA, J.W.

1976   «Obsidian exchange in Formative Mesoamerica». En The early mesoamerican
         village. K.FLANNERY (Ed).

RATHGE,WILLIAM L.

1972   «Praice the gods and pass the metates: a hipothesys of the devolopment of
         lowland rainforest civilitations in Mesoamerica». En Contemporany archaeology.
         LEONE, M.(Ed). Southern Illinois University Press. USA.

SHARER; ROBERT J. AND DAVID GROVE (ED).

1989   Regional perspectives on the olmec. Cambridge University Presss.Cambridge.

STIRLING, MATTHEW

1955   Stone monuments of the Rio Chiquito. Veracruz. Bureau of American Ethnology,
         bulletin 157. México.

SYMONDS, STACEY

         Settlment distribution and the development of cultural complexity in the lower
         Coatzacoalcos drainage. Veracruz. México: an archaeological survey at San
         Lorenzo Tenochtitlan. Tesis de doctorado. Vanderbilt University. Nashville. USA.

EL INDIO EN LA DOCUMENTACIÓN COLONIAL: CHIAPAS EN EL SIGLO XVII.

Manuel J. Díaz Cruz
Consejería de Educación y Ciencia
Junta de Andalucía

La conquista y consiguiente colonización hispánica de los dominios americanos truncó una trayectoria cultural iniciada hacía varios miles de años por sus habitantes, propiciando la apertura de una nueva etapa basada en una concepción espacial y administrativa distinta que se ha perpetuado hasta hoy en no pocas de esas regiones, entre ellas Chiapas, dando lugar a situaciones neocoloniales.

Estas páginas persiguen el objetivo de clarificar la posición del indio chiapaneco a un siglo de la fase armada, por un lado, como variable dinámica sometida al devenir histórico y a las peculiaridades medioambientales, y, por otro, como sujeto cardinal en el mantenimiento del orden colonial.

Los datos obtenidos provienen de fuentes documentales inéditas de la época, generadas para cumplir con las necesidades del aparato estatal[1]. La consulta de éstas se presenta fundamental para conocer la centuria que menor interés ha despertado en el investigador social. Contados han sido los ensayos históricos realizados sobre el área(Calnek 1970; Gerhard 1979; y Wasserstrom 1989), centrándose éstos en la trayectoria de las comunidades tzotziles y tzeltales más representativas del ámbito de tierras altas, minimizando el desarrollo adquirido por el área zoque y otros grupos de diversa procedencia étnica localizados en la región de los Llanos.

---

1. Las fuentes consultadas pertenecen a los fondos depositados en el Archivo General de Centroamérica(AGCA), con sede en la ciudad de Guatemala, en el Archivo General de Indias(AGI) de Sevilla y en el Archivo Histórico Diocesano de Chiapas(AHDC), localizado en San Cristóbal de las Casas. Los topónimos indígenas utilizados en el presente ensayo coinciden con la ortografía más habitual empleada en la documentación de la época.

Chiapas en el orden colonial

Desde un primer momento, el territorio se conceptualizó como *provincia*, utilizando el patrón hispánico de herencia romana que, paulatinamente, aglutinó a una serie de regiones bajo condiciones y relaciones netamente diferentes a las existentes en el período posclásico. Con rango administrativo de Alcaldía Mayor, la región chiapaneca adquirió unos rasgos singulares que configuraron su personalidad y que condicionaron la existencia del indio.

En la perspectiva colonial, Chiapas constituía una provincia marginal situada entre dos centros de poder: el Virreinato de Nueva España y la Audiencia de Guatemala, dependiendo en ciertas materias de ésta última. Espacialmente alejada de ambos núcleos, la Alcaldía Mayor regía de manera autónoma y centralista una serie de regiones reconocidas y descritas por conquistadores, cronistas y viajeros. Esa diversidad propició, tras la puesta en marcha del ordenamiento administrativo, una clara tendencia a la comarcalización, favorecida por la propia entidad de los grupos etnolingüísticos y por la creciente familiaridad del poblador hispánico con su entorno en la carrera por obtener pingües rendimientos de los recursos naturales y humanos del mismo.

En el proceso de delimitación del nuevo medio surge, paralelamente, la necesidad de regular situaciones culturales sin precedente en la legislación indiana, producto de la adaptación resultante en las regiones ultramarinas. Como término recurrente, la documentación consigna el de «costumbre» que se completa con un amplio campo semántico asociado, para destacar la supremacía de dichos conceptos en detrimento de la *ley*. Este desplazamiento fue tan significativo que las comunidades mayas de Chiapas y Guatemala adoptaron el término y aún hoy lo mantienen para referirse a la repetición periódica de prácticas sociales o rituales, habiéndose producido una verdadera reinterpretación cultural del concepto.

La Alcaldía Mayor contempla la dualidad orográfica característica de los grupos mayas que polarizó las necesidades e intereses de españoles e indígenas. Los primeros prefirieron establecerse de forma permanente en los valles y llanuras, donde las condiciones climáticas permitían la explotación de productos originarios, como el cacao, o el desarrollo pecuario de especies europeas; el indio, en cambio, se concentró, preferentemente, en las tierras altas, apremiado por los requerimientos forzados de los españoles y por las condiciones menos favorables de vida en las tierras bajas (Ximénez 1930: 2: 191ss).

A semejanza de México, Guatemala, Yucatán, Quito y Perú, la provincia estaba habitada por un contingente humano de importante magnitud cuantitativamente hablando, administrado por un reducido núcleo concentrado en Ciudad Real, hoy conocido como San Cristóbal de las Casas. La desigualdad demográfica, el carácter de provincia interior de Chiapas y la inexistencia de minerales en proporción relevante determinaron el tipo de colonización, hecho que constituye un elemento diferenciador siguiente en relación a la situación habida en otras regiones americanas. Esta pobreza de recursos permitió la supervivencia tardía de la institución hispánica de conquista por excelencia: la *encomienda*, la obsesión por obtener y perpetuar la condición y la conducta de *hidalgo*s y la reproducción de los esquemas peninsulares bajomedievales, basados en el *status* y en la renuncia a la explotación directa de los recursos, recurriendo, para ello, a la abundante mano de obra indígena. Ante las variadas formas de presión cultural, el indio reaccionó potenciando el concepto de *comunidad* y aglutinándose en torno a nuevas instituciones, estructurando su sociedad de manera compleja. A estos tipos de rechazo añadió, en no pocas ocasiones, el recurso documental de la huida y el abandono de su núcleo para incorporarse al trabajo en *haciendas* y *estancias*, o para refugiarse en regiones inaccesibles, escapando así del control hispánico.

La orden dominica fué la responsable casi exclusiva de la evangelización en la provincia, hecho que ratifica la cohesividad observada en la organización interna de las comunidades y en las instituciones a ella vinculadas, entre las que destaca la *cofradía*. Los dominicos perfilaron el panorama cívico-religioso de estas entidades indígenas y establecieron un esquema radial de relaciones entre las regiones chiapanecas, que tenían como eje el convento matriz de Ciudad Real. Su división territorial aprovechó características prehispánicas que permitieron la pervivencia parcial de rasgos pertenecientes a la organización inmediatamente anterior a la presencia española.

Distribución documental de los grupos indígenas

La identificación de los distintos grupos étnicos que conforman la provincia se halla mediatizada por tres problemas metodológicos.

Frente al interés específico por el fenómeno de las comunidades indígenas mostrado por los antropólogos funcionalistas americanos y plasmado en un volumen importante de monografías sobre la región[2], el pasado colonial de Chiapas carece de estudios sistemáticos que aporten una visión holística de esa etapa crucial en el proceso cultural, como consecuencia de su carácter de región menor incluida en los límites de una jurisdicción de orden superior. Los investigadores sociales han enfatizado su interés preferente por zonas de mayor desarrollo cultural, en la forma de *estados* o *señoríos*, del tipo de los de la cuenca del valle de México, Oaxaca, Yucatán o las tierras altas de Guatemala, zonas que, además, generaron abundante documentación por ser sedes de amplias demarcaciones territoriales tras el período de sometimiento político y militar que llevó aparejado la conquista. Un importante volumen de fondos concernientes al pasado de esta región americana permanecen dispersos y fragmentados de forma anónima en archivos organizados en relación al circuito de comunicación oficial entre la provincia, la Audiencia de Guatemala y la metrópoli, hecho que confirma la proporcionalidad existente entre la relevancia de esta Alcaldía Mayor en el concierto colonial americano y la producción y localización documentales.

En segundo lugar, el criterio de definición de los distintos grupos etnolingüísticos viene proporcionado por la identificación de uno de los productos entregados como parte del tributo que las distintas comunidades tenían la obligación de aportar a la encomienda. Las *mantas* adquirían un valor según fuesen zoques,

---

2. Para hacerse una idea de la abundante literatura etnológica que la región chiapaneca ha generado, conviene consultar las obras que recoge Robert Wasserstrom en su obra *Clase y Sociedad en el Centro de Chiapas*, Fondo de Cultura Económica, México 1989:11-12.

tzeltales o quelenes por la calidad y teñido del algodón utilizado en su confección. Este criterio, empero, es insuficiente para reconstruir de manera fidedigna la distribución espacial de los grupos indígenas existentes en la Alcaldía Mayor. Debe confrontarse, al menos, con otros proporcionados por distinto tipo de fuentes, especialmente, las de carácter religioso[3].

Precisamente, el carácter y finalidad de las fuentes constituyen el último planteamiento metodológico. Las de carácter religioso -incluyendo en este apartado las *crónicas*- y administrativo son, con mucho, las más prolijas en contribuir con datos de este tipo. Su fiabilidad depende del reiterado contraste y confirmación de dichos datos, tarea a veces imposible por su inexistencia, aunque dejan claros dos hechos fundamentales para el conocimiento del panorama etnolingüístico: uno, la inclusión de la división espacial del conjunto de la región chiapaneca que fué asimilada por la orden dominica y plasmada en su configuración territorial de la misma; y, segundo, la escasez de detalles sobre las unidades doctrinales no dominicas de la región -seculares y franciscanas-, como los beneficios de Xiquipilas y Tila, y la guardianía de Gueiteupa que subrayan la relevancia adquirida por la citada orden en el control y organización de la Alcaldía Mayor.

Todos los grupos étnicos presentes compartían espacio natural y jurisdicción colonial. No es tarea fácil la reconstrucción documental de los grupos implicados, al menos de algunos de ellos(*Figura 1*). Tzotziles y tzeltales, en parte debido a su similitud lingüística y cultural[4], a su vecindad espacial y al desconocimiento, imprecisión o desinterés de muchos pobladores y testigos -quienes sólo veían en el indígena el elemento indispensable para el mantenimiento del sistema colonial- son los que plantean mayores interrogantes al investigador.

Sorprendentemente, la división en provincias que los moradores hispánicos de la Alcaldía Mayor manejan de Chiapas excluye categóricamente al grupo tzotzil como unidad diferenciada, en cuanto a referencias de carácter general se refiere. Aparecen, en cambio, escuetas menciones en fuentes de concesión o confirmación de encomienda, en las que se valoran y nominan las mantas del tributo como *quelenes*[5], término no demasiado preciso pero asociado desde la conquista a los principales pueblos tzotziles, como Sinacantan y Chamula, no empleado en la documentación del siglo XVII, a excepción hecha de las ya señaladas.

El término *tzotzil* figura para designar la lengua aprendida por los religiosos dominicos en sus respectivos *partidos* o *doctrinas* -unidades en las que se subdi-

---

3. Pueden hallarse referencias sobre los tributos entregados en encomienda por muchas comunidades indias en el AGI, sección Audiencia de Guatemala, legs. 59-77, 80-95 y 96-109; en el AGCA, A1.29, legs. 180-181, exps. 1406-1410, A3.10, leg. 349, exps. 4469-4474. Fuentes de carácter religioso que aportan información sobre estos grupos pueden encontrarse en el AGI, Audiencia de Guatemala, legs. 161, 167, 173-179, y 375. En el AGCA, existen fondos en A1.11.3, leg. 68, exps. 680-685, A1.11.4, leg. 69, exp. 686, A1.11.13, legs. 72-73, exps. 699-728, A1.11.33, leg. 87, exps. 791-795, y A1.32, leg. 209, exp. 1556.

4. La similitud entre ambas lenguas era tal que el procurador dominico, Fr. Jose de Arze, disputa con el Obispo de Chiapas para exigir que los doctrineros de su orden fueran examinados de una sóla de ellas como paso previo a la obtención de una doctrina, en Petición del procurador dominico a la Audiencia de Guatemala, vista en Guatemala, 5/5/1665, AGCA, A1.11.13, leg. 5794, exp. 48804.

5. El pueblo de Teopisca, por ejemplo, fue conceptuado como *quelene* en razón del criterio señalado para el principal tributo aportado a la encomienda, en traslado de autos de D. Joseph Dabilas Monrroy para solicitar confirmación de su encomienda, en Guatemala, 30/1/1669, AGI, Audiencia de Guatemala, leg. 105.

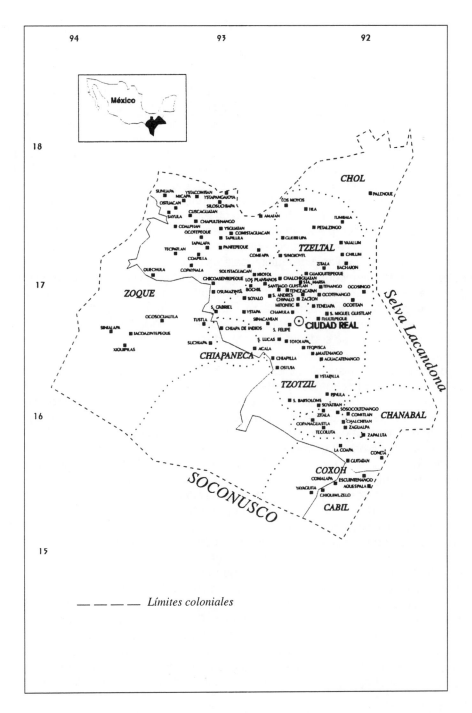

Fig. 1. Distribución de los principales grupos etnolingüísticos de la Alcaldía Mayor de Chiapas en el siglo XVII.

vidían *Vicarías* y *Prioratos*-, lengua en la que las administraban y que suele ir pareada con el tzeltal, prueba inequívoca de la superposición territorial, histórica y étnica de los grupos mencionados(Calnek 1988: 4ss) que, con cierta fuerza, se multiplica en frecuencia de aparición desde la segunda mitad de esta centuria.

Englobado mayoritariamente en el *Priorato* dominico administrado desde el convento establecido en la ciudad, el grupo tzotzil figuraba distribuido en poblaciones situadas al norte y noroeste de Ciudad Real en el altiplano central, zona conocida en la documentación de la época como «chinampas» o «coronilla de la ciudad»[6], quedando como límites septentrionales los pueblos zoques de Jitotol, Solistaguacan y Comeapa al oeste y los tzeltales de Gueiteupa y Guaiquitepeque al este. El enclave tzotzil más meridional era San Bartolomé, en la provincia de los Llanos, prolongándose al este hasta Amatenango, Tenejapa, Ocotenango y Tenango -todos ellos tzeltales, según fuentes religiosas. Finalmente, dos pueblos que formaban el núcleo de hablantes de otra lengua -la chiapaneca-, Chiapa de los Indios y Acala completaban por el sudoeste el desarrollo territorial del citado grupo étnico. Para diversos autores(Vázquez 1944: 4: 356; Calnek 1970: 123 y 126) los pueblos de la guardianía de Gueiteupa eran hablantes de tzotzil, aunque fuentes religiosas y fiscales confirman a dichos enclaves de la citada guardianía como tzeltales, exceptuando Simojovel que nunca aparece enumerado entre ellos.

La identificación del grupo tzeltal resulta, en principio, más clara. Desde 1638, se erige en *Priorato* independiente una *Vicaría* vinculada tradicionalmente al de la ciudad, que tenía su sede en Ocosingo, denominado genéricamente provincia de los *zendales*, en reconocimiento a su personalidad como región étnica diferenciada desde la conquista (Ximénez 1930: 2: 231). Además, otro producto integrante de los tributos de los pueblos tzeltales -la miel- proporciona un criterio adicional de diferenciación entre la citada etnia y las restantes. Los pueblos asignados a esta unidad religiosa no eran los únicos núcleos pertenecientes al territorio. Los principales enclaves se concentraban en la zona montañosa del norte de la Alcaldía Mayor, a los que hay que añadir los pueblos del *beneficio* de Tila, teniendo como límite septentrional el territorio de Tabasco y la selva lacandona al este, aunque otros asentamientos se extendían hacia el sur, entrando en la región de los Llanos, incluyendo Sosocoltenango y otras poblaciones fuertemente diezmadas por el factor epidémico: Chalchitan, Zacualpa y parte de Zapaluta -con, al menos, un calpul de población tzeltal. Al sudoeste, Copanaguastla y Soyatitan completaban la región. Dado el desastre demográfico ocurrido en esta parte más baja de la Alcaldía Mayor, constatado por fuentes tributarias y religiosas, pudieron producirse, con toda seguridad, nuevas fases de nucleación de la población dispersa pertenecientes a comunidades lingüísticas distintas(Ximénez 1930: 2: 197ss).

En la documentación del primer momento queda claramente delimitado el territorio de otro grupo étnico representativo de Chiapas: el zoque. Fué así, en parte, por su filiación cultural y lingüística distinta a los grupos mayas mencionados en las líneas precedentes. Ocupaban un territorio, en gran parte cálido y húmedo pero frío hacia el interior, al oeste de las dos poblaciones denominadas Chiapas -la de los españoles y la de los indios-, extendiéndose fundamentalmente hacia

---

6. Sentencia de la residencia efectuada al Alcalde Mayor de Chiapas, D. Baltasar de Casso, en Madrid, 20/6/1665, AGI, Escribanía de Cámara, leg. 345-B.

el noroeste de la Alcaldía Mayor y continuándose hacia la costa del golfo en Tabasco al norte, mientras se prolongaba al suroeste hasta Soconusco, teniendo como cabecera religiosa colonial y, probablemente también, prehispánica el pueblo de Tecpatlan, al que acudirían los señoríos cercanos de Copainala, Coalpitan y Ocosocuautla(Villa Rojas *et al.*, 1975: 53s). Sorprende en el caso zoque la precisión con la que la documentación define los núcleos comprendidos en este grupo étnico a través de la excelente calidad y elevado precio de las mantas tejidas por los tributarios de estas poblaciones, en contraposición a la escasa claridad empleada en la distinción de las confeccionadas por las comunidades tzeltales y quelenes.

Para concluir este apartado, las fuentes de carácter religioso mencionan otros grupos de menor desarrollo territorial en la Alcaldía Mayor que tienen lengua propia -chanabal, coxoh y cabil. Estas lenguas eran habladas por poblaciones indígenas ubicadas en la parte sudoriental de Chiapas, próximas a Guatemala, cuyos centros eran Comitlan, Escuintenango y Chicomuzelo, respectivamente y que, en ciertos momentos fueron designados como tzeltales o quelenes en documentos pertenecientes a encomiendas, fruto de la complejidad étnica de la región y de los sucesivos procesos de *reducción* coloniales a los que se ha aludido en párrafos precedentes. En esta línea, investigaciones recientes apuntan la posibilidad de que el cabil pudiera ser una variedad local de la lengua tzeltal(Campbell en Calnek 1988: 7).

Evolución demográfica del indio chiapaneco

La trayectoria emprendida por el elemento autóctono en la centuria objeto de análisis se halla condicionada en proporción directa por las demandas del grupo colonizador, siendo aquél no sólo la fuerza de trabajo, sino el sustento fiscal del entramado colonial. Las fuentes que rinden referencias idóneas para la reconstrucción demográfica del momento histórico en Chiapas son aquéllas, por tanto, encargadas de detallar la situación fiscal de las comunidades en la entrega de tributos a encomenderos, particulares y Corona y los pagos de ciertos impuestos de carácter general.

Varias son las categorías utilizadas para clasificar y contabilizar al indígena. La falta de padrones generales de las comunidades chiapanecas es suplida por fuentes de tipo fiscal que proporcionan, de manera *indirecta*, el número total de naturales de la región o parcial de pueblos denominados en unas *tributarios* y en otras *tostones* -en referencia a los cuatro reales que cada uno de éstos pagaba anualmente[7]. Las certificaciones del *servicio del tostón* confeccionadas por los oficiales reales son particularmente frecuentes entrada la segunda mitad del siglo, aunque incompleta en cuanto a serie regular de años. De carácter aún más

7. En dos documentos fechados en 1680, aparecen las mismas cifras en cada uno de los pueblos, tanto para categorizar el *servicio del tostón* como el número de *tributarios*, en Autos a petición de la orden general dominica para justificar las limosnas de vino y aceite concedidas, con sentencia en Guatemala, 28/2/1680, AGCA, A1.11.13, leg. 72, exp. 711; y Relación jurada del oficial real, Juan de Ascaray, de las partidas de la Real Hacienda de la provincia de Chiapas, en Ciudad Real, 1/7/1681, AGCA, A3.16, leg. 290, exp. 3917.

esporádico son las relaciones de tributarios por pueblos que detallan las categorías de *vecinos casados*, *solteros* y *viudos*, equivalentes a las mencionadas en líneas anteriores.

El tributo que las comunidades recogían anualmente en los pueblos encomendados permite, también, el recuento de tributarios enteros de una determinada parcialidad o pueblo siempre que se tratase de la unidad completa. El número de mantas entregadas por los naturales en cada *tercio* coincide exactamente con el número de vecinos casados, no así las cantidades de los restantes productos, asignadas según el estado civil del natural. En el ejemplo chiapaneco, las tasaciones de mayor frecuencia documental corresponden a la primera mitad del siglo XVII, continuando hasta la década de 1670. La falta de periodicidad de estas relaciones queda reflejada en el hecho de que sólo una parte de casi el centenar de núcleos que componía la provincia fué tasada en algún momento de esta centuria[8].

Otras categorías que los documentos manejan son las de *almas* o *indios*, recogidas en testimonios generales de carácter político o religioso, pero de valor auxiliar incalculable porque proporcionan coeficientes utilizados por los personajes de la época en la conversión de las diversas figuras que sirven de contraste a aquellos diseñados por estudiosos actuales[9].

Como provincia periférica desde un punto de vista geopolítico y económico, la gestión correspondió a la ciudad, reducto en el que se concentraron las instituciones para la eficiente administración de la *república* de los indios. A excepción de este enclave habitado por población esencialmente española, el resto de asentamientos organizados mediante el proceso de *congregación* reunió sólo a población indígena. Para hacer explícita esa desigualdad la población de la ciudad contaba, a principios del siglo XVII, con 250 vecinos españoles, mientras las fuentes señalaban la cifra de 20000 tributarios en los territorios asignados a dicha Alcaldía Mayor, desproporción que no pasó desapercibida a los protagonistas documentales, quienes quisieron hacer valer este argumento para conseguir beneficios económicos que paliasen la falta de expectativas concretas[10].

Distintos documentos delimitan el comportamiento demográfico del indio durante este período. Desde 1595, año que contempla la confección de una relación detallada de tributarios por pueblos, como parte de la petición del prelado de la diócesis para la prórroga de los novenos reales, hasta 1694 -fecha de la última cuenta completa del *servicio del tostón* anual-, se produjo una depresión demo-

---

8. De esta misma opinión es el visitador que recorrió la *provincia* en 1674, tasando numerosos pueblos después de largos años de no llevarse a efecto esta práctica, en Autos originales de la visita del Capitán D. Francisco Sanctos de Paz a Chiapas, 10-16/6/1674, AGCA, A1.30.15, leg. 183, exp. 1419.

9. Aunque erróneos en unos casos, o poco precisos en otros, los observadores registraron índices válidos a tener en cuenta en estas reconstrucciones demográficas. El Alcalde Mayor, Avila y Lugo, confirmó la existencia de más de 22500 tributarios junto a la cifra de más de 120000 indios(en Carta del Alcalde Mayor al Rey sobre el estado de la provincia, en Ciudad Real, 10/2/1636, AGI, Guatemala, leg. 69), lo que arrojaba un coeficiente de 5.33, mayor que el utilizado por Peter Gerhard(1979: 159; y citado por Murdo J. MacLeod en Robert M. Carmack *et al.*, 1982: 8s) para el *servicio del tostón* de la Alcaldía Mayor en 1678 -un 4.12- y que el señalado para los *tributarios* por Zamora(1985: 98-100) para las vecinas tierras altas de Guatemala, establecido en 4.75.

10. Traslado de la información hecha a Luis Alfonso de Mazariegos para comprobar sus merecimientos, en Guatemala, 22/5/1624, AGI, Audiencia de Guatemala, leg. 118.

gráfica porcentual del 26.8, correspondiente al decremento observado entre los 22098 y los 16166.5 tributarios de las fechas señaladas[11], porcentaje que confirma las tendencias generales señaladas para este período(Murdo J. MacLeod en Robert M. Carmack *et al.*, 1982: 8s). A comienzos de siglo, la idea generalizada entre los habitantes hispánicos de la región era de que la Alcaldía Mayor había perdido un 62 por ciento de población desde los momentos inciales de la conquista, coincidente de forma bastante aproximada al porcentaje expresado por investigadores actuales(Gerhard citado en MacLeod, recogido en Robert M. Carmack *et al.*, 1982: 8-9). Esa impresión general se acentúa con las cifras particulares proporcionadas por los habitantes del pueblo de Sinacantan muy próximo a la ciudad, quienes aluden a la pérdida de población del 80 por ciento desde la década de 1530 hasta 1623, fecha de redacción del documento[12].

Otros documentos seleccionados facilitan la comprensión de los datos obtenidos sobre la orientación humana de la población autóctona. Dos de ellos, los previamente reseñados de 1595 y 1694, corresponden a los intentos de la diócesis de anexionarse el territorio vecino de Tabasco para aumentar la cuantía de la asignación entregada a dicha iglesia y a las cuentas realizadas por oficiales reales de la recaudación de la Alcaldía Mayor correspondientes a ese año, respectivamente. Los documentos restantes pertenecen al mismo intento religioso de anexarse la diócesis tabasqueña en 1611, con detalle de vecinos casados, solteros y viudos por comunidades indígenas y unidades religiosas, mientras que el de 1678 destaca las cifras contempladas en el servicio del tostón de ese año[13]. Desgraciadamente, no se han hallado listas completas de tributarios para las décadas centrales de la centuria, aunque los documentos reseñados suplen dicha ausencia en valoraciones globales.

El contraste entre las cifras por ellos proporcionadas -*figura 2*- indica que los núcleos correspondientes al grupo tzeltal ubicado fundamentalmente al noreste de la ciudad y los del partido de Tila fueron compactos y estables, y el menor número de ellos en relación a otras zonas apuntan a una densidad de población superior, en razón del accidentado paisaje. Los pueblos de origen tzotzil denominados «coronilla» por su proximidad a Ciudad Real, evidencian una notable pérdida desde finales del siglo XVI, ya que en 1694, más de 2500 de los tributarios totales asignados -3619- pertenecen a dos pueblos en alza como Chiapa de los Indios y Tustla. Todos los indicios señalan como razón fundamental de este declive el sistemático requerimiento por parte de la población española de la ciudad de *servicios personales* prestados por los indios vecinos, situación que llevó a solicitar a éstos -S. Felipe, Ystapa, Sinacantan, Acala y otros- su relevo de dichos servicios.

---

11. Las cifras de 1595 corresponden a la petición del Obispo de Chiapas, Fr. Andrés de Obilla, para informar de la pobreza de la diócesis y solicitar la prórroga de los novenos reales, trasladada en Ciudad Real, 15/10/1598, AG, Audiencia de Guatemala, leg. 161. Las de 1694 forman parte de la relación jurada del oficial real, Melchor de Mencos, del cargo y data de las partidas correspondientes a la Alcaldía Mayor en el año 1694, en Ciudad Real, 13/10/1695, AGCA, A3.1, leg. 1, exp. 2.

12. Petición hecha por el doctrinero del pueblo de Zinacantan para solicitar su reserva del servicio personal, vista en Madrid, 12/7/1623, AGI, Audiencia de Guatemala, leg. 176.

13. Testimonios de la iglesia de Chiapas solicitando la anexión de Tabasco a su diócesis, trasladados en Ciudad Real 20/11/1611, AGI, México 3102; y Relación jurada de los Oficiales Reales de los tributos de la Alcaldía Mayor, en Ciudad Real, 23/6/1679, AGCA, A3.16, leg. 290, exp. 3914.

Paralelamente, se produjo una verdadera catástrofe humana en la región de los Llanos, en la que en el periodo comprendido entre 1595 y 1694, la población se redujo en más del 50 por ciento que las fuentes achacan a las continuas epidemias. Finalmente, su consulta revela un saldo demográfico negativo en la región de las Xiquipilas, aunque poco llamativo en relación a los Llanos, ya que el intenso flujo humano que congregó la proliferación de *estancias* o *haciendas* impidió su control exhaustivo por parte de las autoridades.

El análisis cuantitativo realizado en los párrafos precedentes destaca ciertas pautas. Una, la incidencia de la dicotomía ambiental representada por las tierras altas y las tierras bajas en la conservación de la población, siendo en la primera de ellas donde la condición *india* se perpetuó de manera palpable a través de los siglos (MacLeod 1973: 230). Parte de la meseta central y, sobre todo, la región montañosa septentrional experimentaron una recuperación gradual que afectó de manera desigual a algunos pueblos situados al norte de la ciudad, a la región tzeltal, al beneficio secular con sede en Tila, a los pueblos de la guardianía de Gueiteupa y a los pueblos zoques alineados en las cercanías y margen izquierda del río Grijalva.

En este breve repaso a las vicisitudes demográficas de Chiapas, hay que hacer mención especial a dos núcleos distantes de la cabecera de la Alcaldía Mayor: San Bartolomé y Ocosocuautla que, con una tendencia opuesta a la norma mencionada, experimentaron un desmesurado auge poblacional, a pesar de su localización en tierras bajas cálidas y húmedas. Los pueblos pertenecientes a la provincia de los Llanos ejemplifican la catástrofe demográfica habida en Chiapas en este siglo XVII, en ciertos momentos cercana a la desaparición, como fue el caso de Copanaguastla y Sosocoltenango, y en otros consumándose esta extinción, como ocurrió con Chalchitán, la Coapa o Tecoluta. San Bartolomé parece haber absorbido los residuos humanos procedentes de esos otros núcleos castigados por las epidemias y las condiciones naturales gracias a su excelente ubicación. En el caso de Ocosocuautla, la razón de su auge se debe a diferentes motivos. La presencia en las cercanías de dicho pueblo de multitud de todavía incipientes explotaciones rurales generó un tipo de paisaje distinto, en el que la población indígena se integró de manera poco homogénea, abandonando los asentamientos originarios surgidos tras la conquista (Díaz 1993: 2: 403, 623-662).

Estos detalles son esenciales para conocer la reorganización espacial que estaba sufriendo el mundo indígena, en especial, y la maquinaria colonial en general, después de «congregaciones» realizadas en sucesivas fases. A partir de ahora se rompe el esquema axial formado tras el momento del contacto, adquiriendo supremacía un número de núcleos dedicados a funciones de redistribución económica que, al mismo tiempo, se convierten en *ladinos*. Junto a los enclaves mencionados, cabe reseñar un incremento en poblaciones como Tustla y Chiapa de la Real Corona que superaron en 1694 las cifras respectivas de 1209 y 1360 tributarios.

Las razones que explican la regresión demográfica experimentada en la Alcaldía Mayor son diversas, aunque relacionadas. Primero, la elección de

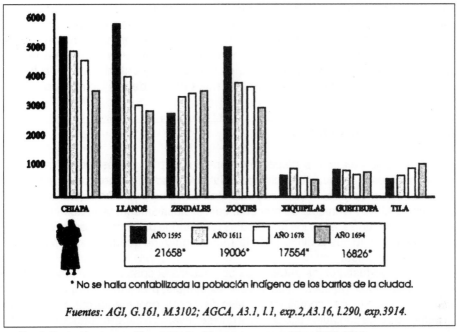

Fig. 2. Evolución demográfica del indio chiapaneco por partidos, 1595-1694.

emplazamientos en lugares poco idóneos y expuestos al desarrollo epidémico. Chiapas sufrió epidemias locales o generales que afectaron a la población de manera distinta en 1600, 1630 o 1693, o aquella otra localizada en Comitlan en 1668, entre otras(Trens 1942: 121s; MacLeod 1973: 98-99; y López Sánchez 1960: 2: 680).

En segundo lugar, hay que resaltar la necesidad creciente de mano de obra indígena de las *estancias*, que determina el abandono de tributos y de obligaciones comunales por parte de los indios en favor de los hacendados locales, desapareciendo así de las tasaciones y relaciones fiscales y quedando, por tanto, en el anonimato.

A ésto hay que añadir, como tercera razón emparentada con la anterior, la presencia importante de «castas» o personajes pertenecientes a otras posiciones raciales, que rivalizarán con el natural, quedando éste en posición cultural de desventaja. Desde mediados del siglo XVII, los testimonios confirman la existencia de una parcialidad de ladinos en Ocosocuautla y cuadernos de *naborías* o «lavorios» en el valle de Xiquipilas y la guardianía de Gueiteupa -ésta última de administración franciscana-, amén de la complejidad étnica creciente en los dos mayores centros de la provincia: Tustla y Chiapa de los Indios.

Podría esgrimirse como siguiente argumento el de la huida o el abandono de la población indígena para explicar la pérdida de población de esta provincia. Farris (1978: 58: 199ss) ratifica la movilidad de los naturales de Yucatán como vía de escape y expresión de descontento que generó la presión cultural ejercida por el poder colonial. Numerosos ejemplos documentales mencionan abandonos masivos por abusos y excesos del colonizador, bien de carácter temporal o permanente, si bien existen otros que responden a la sintonía del indio con el medio, en una existencia de vida rural y hábitat disperso, teniendo en muchos casos que recorrer varias leguas para el cultivo de sus milpas por la escasez y esterilidad de la tierra, uno de cuyos ejemplos lo proporcionan los indios de los Plántanos[14].

Consideraciones finales

Como único elemento disponible para reconstruir el pasado de la región chiapaneca está la documentación colonial, archivada en repositorios radicados en ambos continentes. A la tarea nada fácil de recuperar dichas fuentes, debe añadírsele el inconveniente de proceder casi exclusivamente de la administración española, siendo escasos los testimonios redactados por personajes y comunidades nativas, por lo que la dimensión del mundo indígena queda ensombrecida por el prisma hispánico.

La falta de testimonios autóctonos obstaculiza el conocimiento preciso de la distribución etnolingüística de los grupos existentes, problema que quedaría parcialmente resuelto si se completase la fase de rescate documental correspondiente al primer siglo de contacto cultural, en el que se llevaron a cabo las principales fases de nucleación de los asentamientos prehispánicos.

La población autóctona sufrió los embates del ambicioso y constante proceso de expansión territorial hispánica. La región de las Xiquipilas, el valle de Custepeques, el de las «castas ricas» en Chicomuzelo y la ribera de Ystacomitan se convirtieron en zonas propicias para la puesta en explotación de propiedades rurales aún incipientes. Junto a ésta, razones ambientales favorecieron el repliegue de la población indígena en las regiones señaladas, así como la concentración sucesiva de habitantes procedentes de núcleos *quasi* extinguidos que hicieron desaparecer la red de enclaves y el juego de relaciones existentes en la depresión central.

Las comunidades indígenas perdieron de forma gradual las tierras comunales y ejidales vinculadas a los linajes precolombinos que, por derecho, les correspondían, suscitándose a partir del siglo XVI, el litigio formal para conservarlas mediante la presentación de documentos denominados *títulos*. Fue en los valles circundantes a las tierras altas donde esta situación alcanzó su grado culminante, especialmente en los pueblos tzotziles cercanos a la ciudad, agravándose por el requerimiento constante de indígenas para cumplir con los *servicios personales* ordinarios y extraordinarios en la ciudad o en haciendas de particulares o religiosos.

La movilidad y dispersión de la población respondió a dos esquemas. Por un lado, la presión cultural a la que el español sometió al indio, siuación que provocó huidas de naturales de destacados poblaciones que consiguieron un importante desarrollo económico -Chiapa o Tustla-, de pueblos tzeltales

---

14. Autos de los indios del pueblo de los Plantanos solicitando su traslado al de Acatepeque, en Guatemala, 29/4/1605 AGCA, A1.10, leg. 61, leg. 644.

limítrofes a los no aculturados hacia la selva lacandona y desplazamientos hacia Soconusco y Tabasco provocados por la falta de abastecimiento. Esta versión contempla, también, la emigración hacia la Alcaldía Mayor de indios procedentes de corregimientos guatemaltecos como Quezaltenango y Totonicapan por la carestía de los alimentos hacia 1642, o de Coazacoalcos -en Tabasco- por la presencia inglesa en el área. Por el otro, el desconocimiento hispánico de la forma de vida del natural, expresado en aspectos como su continua dependencia del medio o la dificultad de cuantificar la edad o la composición de los núcleos familiares indígenas por parte de los oficiales reales, que llevó a valoraciones documentales equívocas.

Bibliografía

CALNEK, EDWARD E.
1970 «Los Pueblos Indígenas de las Tierras Altas», en Norman McQuown y Julian Pitt-Rivers, *Ensayos de Antropología en la Zona Central de Chiapas*, Instituto Nacional Indigenista, México.

1988 *Highland Chiapas Before the Spanish Conquest*, New World Archaeological Foundation, Publication no. 55, Provo.
DÍAZ CRUZ, MANUEL J.
1993 La Alcaldía Mayor de Chiapa en el Siglo XVII: Estudio Etnohistórico de un Proceso Sociocultural, Tesis Doctoral Inédita, Universidad de Sevilla, Vol. II, Sevilla.
FARRIS, NANCY M.
1978 «Nucleation Versus Dispersal: The Dynamics of Population Movements in Colonial Yucatan», *Hispanic American Historical Review*, Vol. 58(2): 187- 216.
GERHARD, PETER
1979 *The Southeast Frontier of New Spain*, Princeton University Press, Princeton.
LÓPEZ SÁNCHEZ, HERMILO
1960 *Apuntes Históricos de San Cristóbal de las Casas*, En casa del autor, Vol. II, Chiapas.
MACLEOD, MURDO J.
1973 *Spanish Central America. A Socioeconomic History: 1520- 1720*, University of California Press, Berkeley/Los Angeles.

1982 «An Outline of Central America Colonial Demographics: Sources, Yields and Possibilities», en Robert M. Carmack, John Early y Christopher Lutz, *The Historical Demography of Highland Guatemala*, Institute for Mesoamerican Studies, Albany.
TRENS, MANUEL B.
1942 *Historia de Chiapas*, La Impresora, México.

VÁZQUEZ, FR. FRANCISCO

1944   *Crónica de la Provincia del Santísimo Nombre de Jesús de Guatemala de la Orden de Nuestro Seráfico Padre San Francisco en el Reino de Nueva España*, Sociedad de Geografía e Historia de Guatemala, Vol. IV, Guatemala.

VILLA ROJAS, ALFONSO *ET ALII*

1975   *Los Zoques de Chiapas*, Instituto Nacional Indigenista, México.

WASSERSTROM, ROBERT

1989   *Clase y Sociedad en el Centro de Chiapas*, Fondo de Cultura Económica, México.

XIMÉNEZ, FR. FRANCISCO

1930   *Historia de la Provincia de San Vicente de Chiapa y Guatemala de la Orden de Predicadores*, Sociedad de Geografía e Historia de Guatemala, Vol. II, Guatemala.

ZAMORA ACOSTA, ELÍAS

1985   *Los Mayas de las Tierras Altas de Guatemala*, Diputación Provincial de Sevilla, Sevilla.

«URBANISMO COLONIAL EN EL ÁREA MAYA. SIGLOS XVI Y XVII. MODELOS COMPARATIVOS EN CHIAPAS Y YUCATÁN»

Juan García Targa
Universidad de Barcelona.
Miembro del Proyecto Izamal (Yucatán, México).

Introducción

Uno de los aspectos más significativos asociados al proceso de control de los nuevos territorios americanos por parte de la corona hispana fue la generalización del -proceso urbanizador-.

La concentración de la población en asentamientos estables era la única via de control de la misma, y la única posibilidad de poder someterla dentro de unas líneas directrices homogéneas, tanto en lo civil, como en lo religioso y económico.

Desde un primer momento, se estableció la dicotomía entre, **ciudad** (o Pueblo),como símbolo de racionalidad, control político y económico, vigilancia, cultura, fe cristiana.. ..es decir, todos aquellos valores asociados a la tradición europeo-occidental. En el polo diametralmente opuesto, encontramos el **campo**, la **selva**, la **montaña**, como lugares donde la ausencia de ese control era patente y lógicamente donde la sociedad indígena podía desarrollar sus formas de vida tradicionales que, desde la óptica hispana, suponía una ruptura de ese nuevo orden cósmico que tenía que imponerse.

La importancia del gran proceso de urbanización acontecido en las Indias reside precisamente en la lucha entre esos dos valores, por un lado el occidental y, por otro lado,el indígena.

Es por ello que, la verdadera importancia de este proceso urbanizador generalizable a todas las áreas coloniales americanas, es esa constante lucha entre dos formas diferentes de concepción integral del espacio y de la sociabilización del mismo. Pienso por tanto que, por encima de los tipos de ciudades, sus formas, funciones y extensiones, el elemento realmente importante y que subyace a todo ello, es la importancia estratégica del espacio como elemento de control social[1].

Cada zona dentro del territorio americano, generará diferentes modelos de adaptación de esos patrones homogeneizadores que intetaba imponer la corona española. El grado de presión colonial real que siempre estaba en relación con el interés económico de la misma; el bagage cultural de cada zona; grado de resistencia indígena ante el invasor; los caracteres geográficos, hidrográficos, climáticos, etc... son factores que hemos de tener muy en cuenta a la hora de valorar los modelos de desarrollo colonial específicos en cada zona.

Los diferentes modelos de adaptación documentados en el área maya, son un buen ejemplo de esa diversidad de procesos adaptativos dentro de una zona donde la presión colonial se nos presenta como muy diferente según las diferentes áreas. Junto a centros de poder político, militar y econónimo que controban sus zonas adyacentes (Mérida, Campeche, Ciudad Real, etc), nos encontramos con áreas donde la presión colonial fue mucho más débil, y donde el indígena pudo mantener sus tradiciones y formas de vida (Costa Caribeña del estado mexicano de Quintana Roo, Belice, Petén Guatemalteco, Selva Lacandona, etc).

La existencia de esas dos áreas, antagónicas en gran medida, define el período colonial hispano en indias y nos ayuda a comprender esos diferentes modelos generados.

El proceso de análisis que me propongo seguir es el siguiente: En primer lugar, establecer los modelos o el modelo único de estructuración espacial que los españoles intentaron establecer sobre los nuevos territorios. Lógicamente, este modelo venía avalado por la legislación indiana y, teóricamente, había de cumplirse en todas las zonas. En segundo lugar, ya con la documentación arqueológica, documental y etnohistórica, presentar dos modelos de adaptación de esas premisas originales.

La finalidad es analizar esas diferentes formas de **reinterpretación** indígena, en este caso maya, de las directrices hispanas. Con ello, logramos acercarnos a modelos o formas reales de evolución a partir de ese modelo urbano teórico.

Una segunda finalidad es constatar la imposibilidad de aplicar determinados -modelos de laboratorio- a situaciones muy diversas en la práctica.

Patrón de asentamiento prehispánico: líneas generales

Como paso previo al análisis de los cambios en la conceptualización del espacio a partir de mediados del siglo XVI, considero interesante la caracterización de la disposición espacial dentro de la tradición cultural mesoamericana.

Lógicamente, presento una visión general que intenta clarificar lo drástico de la nueva situación.

Me interesa más, el análisis de los caracteres generales del urbanismo y, por tanto, la conceptualización del espacio que, presentar diferentes modelos que tienen particularismos que no son el objetivo del presente trabajo.

---

1 . Para una mayor información sobre este tema, consultar la obra de Nancy Farris (1992). Se trata de un estudio profundo sobre los cambios sufridos por las comunidades mayas yucatecas desde el momento de cambio cultural de mediados del siglo XVI.

El patrón de asentamiento, es decir la forma en la cual una comunidad se integra dentro de un espacio determinado y se desarrolla, es uno de los elementos más característicos de la cultura maya a lo largo de su amplio desarrollo cultural[2].

Una disposición extensa sobre el territorio, asociado a todo un conjunto de grupos arquitectónicos que actuaban de catalizadores sociales dentro de la vida de la comunidad, es el aspecto más significativo de ese patrón de asentamiento. Esa forma de establecerse, tiene relación directa con el tipo de sistemas de cultivo desarrollados que sitúan las -milpas- (campos de cultivo) a distancias considerables con respecto al lugar de residencia.

Las investigaciones de las últimas décadas, estan poniendo de manifiesto la ruptura de la visión tradicional con respecto a los denominados «centros ceremoniales» que habían sido caracterizados también como -ciudades vacias-. Según esa interpretación, las ciudades mayas eran realmente centros vacios de población donde únicamente residían los grupos poder. De forma puntual, y dentro de un calendario concreto, la población que se situaba fuera de ese centro acudía para la celebración de actos de tipo social, religioso, etc.

La ruptura de ese modelo interpretativo a partir de nuevos descubrimientos y sus subsiguientes valoraciones, no invalida, sin embargo, los caracteres que definen al urbanismo en si mismo. Ya fuesen centros costeros, núcleos en el altiplano u otro tipo de ubicación geográfica, la distribución del espacio, desde la perspectiva indígena, difiere ostensiblemente del patrón hispano.

El espacio se organiza a partir de plazas o áreas de actividades en el caso de las estructuras o complejos habitacionales. Alrededor de esas plazas, se ubican los edifícios de mayor significancia. Dentro de esos conjuntos, el volumen, la espectacularidad de la construcción tiene un claro componente escenográfico. (**Kubler, 1958:529: Gussinyer y García Targa, 1993**).

La sociedad mesoamericana en general y también la maya, desarrollan la práctica totalidad de la vida y de las actividades sociales al aire libre a diferencia de la sociedad occidental actual y, también de aquella que llegó a Indias.

Los espacios interiores dentro de la arquitectura y, por tanto, dentro de la disposición urbanística indígena son de muy poca relevancia si lo comparamos con la gran significación de los espacios externos (**Robina, 1959**). De tal manera, rituales, mercados y la práctica totalidad de los actos públicos se celebraban en el exterior de los espacios arquitectónicos o, mejor dicho, dentro de las superfícies delimitadas por éstos.

---

2 . El inicio de los estudios sobre Patrón de Asentamiento hemos de situarlo en la década de los cincuenta y circunscrito especialmente a la zona cultural andina (WILLEY, G -1953-. Prehistoric Settlement Patterns in the Viru Valley, Peru. Smithsonian Institute of Washington).

Posteriormente, este tipo de estudios se ha generalizado dentro de la tradición antropológica americana. Para el área maya en particular y como obra de conjunto cabe destacar los estudios coordinados por ASHMORE, W -1981- Lowland Maya settlement patterns. University of New Mexico Press. Alburquerque. Posteriormente y hasta la actualidad, tanto en proyectos estado unidenses como en otros de orígen extranjero y los desarrollados por los gobiernos respectivos dentro del área maya, incluyen siempre este tipo de estudios.

Con respecto a la amplitud temática que ha caracterizado al término «patrón de asentamiento» y que ha motivado una gran cantidad de definiciones sobre el mismo, cabe destacar la obra de GONZALEZ CRESPO, N -1979- Patrón de asentamiento prehispánico en la parte central del Bajo Balsas: Un ensayo metodológico Sep-Inah. México. Podemos analizar a partir de las diferentes definiciones dadas sobre el término, la amplitud de éste según los diferentes investigadores.

Esta circunstancia, explica que las grandes construcciones prehis–pánicas fuesen esas plazas y los edifícios situados alrededor de ellas. Todo ello contrastaba con lo reducido, poco iluminado y ventilado e incluso angosto en algunos casos, de los espacios interiores tanto de los templos, como de las unidades de habitación.

El juego de los diferentes volúmenes dentro de un espacio, el colorido de los estucados de las fachadas, la decoración externa y su visualización desde la distancia, eran los elementos significativos de un edifício y los rasgos que marcaban la diferencia entre los diferentes conjuntos arquitectónicos de las ciudades.

Han sido precisamente esas características que definen la arquitectura y el urbanismo prehispánico mesoamericano el objetivo de las críticas de muchos investigadores de formación clásica sobre la falta de una «verdadera arquitectura» precolombina y, por asimilación, la falta de un urbanismo. Es decir que, la menor importancia de los espacios cubiertos y el hecho de no existir una «disposición del urbanística a la europea» invalidan modelos que den prioridad a otros valores más acordes con formas y concepciones diferentes (**Wright, 1939**).

Pienso, que es muy difícil valorar una tradición cultural tan diferente a la europea como es la mesoamericana desde una perspectiva claramente eurocentrista. La adaptación a un medio geográfico específico, el desarrollo de formas de explotación del territorio diversas, la orografía, climatológica y, en resumidas cuentas, «un desarrollo cultural y conceptual diferente» genera respuestas culturales diferentes a las comunes en la tradición europeo-occidental.

El patrón urbano prehispánico, es la mejor respuesta adaptativa a ese medio. De hecho, todavía hoy dia, las poblaciones que en su momento sufrieron el control colonial, siguen manteniendo ese patrón de asentamiento disperso. Grandes plazas, patios de comunidad y vida social exterior son las mejores pruebas de la validez de ese modelo urbanistico y arquitectónico.

El modelo urbanizador hispano: planteamientos teóricos y sus soportes legislativos

Como es lógico, la implantación de una -nueva forma de vida- llevó consigo el intento denodado por cambiar todos aquellos elementos de la tradición cultural existente.

La necesidad de tener controlada a la población en centros urbanos generó a lo largo del período colonial, pero básicamente en un principio, una densa documentación legal al respecto. Lógicamente, los frailes que entraban en contacto con la población indígena también **reivindicaban** y **demandaban** ese control, como paso previo para poder llevar a a cabo el adoctrinamiento de la población. Todo ello aparece reiteradas veces en las obras de los frailes (Remesal, Ximenez, etc)[3].

---

3 . Desde el primer momento del descubrimiento de las nuevas tierras, la Corona generó una densa y extensísima legislación con la finalidad de legalizar y orientar la empresa colonial. Sin embargo, en muchos casos, las normativas se elaboraban desde la metrópoli sin conocer la realidad específica del destino de esa reglamentación. Además, cuando esa reglamentación llegaba a Indias, los problemas que la habían generado evidenciaban esa falta de actualización informativa.

De entre los primeros documentos que se refieren a este tema, destacamos, la -**Instrucción para el gobierno de las Indias**-, del año 1503. Aunque su contexto geo-histórico es la zona caribeña, supone un punto de partida a tener muy en cuenta dentro de este proceso:

> «...es necesario que los indios se repartan en pueblos que vivan juntamente y que allí tengan cada uno su casa habitada con su mujer e hijos, y heredades, en que labren, siembren y crien sus ganados» (**Documentos, 1953**).

Ya en tierra firme, encontramos nuevas referencias a la necesidad imperiosa de tener controlada a la población y así romper su tradiconal forma de asentamiento:

> «Ya V.M. estará informado que la provincia de Guatimala, la mayor parte de ella es todo sierras, tierra muy áspera y fragosa; y una casa a la otra a mucha distancia. Es imposible si no se juntan los indios ser adoctrinados; y aún para el servicio ordinario que hacen a sus amos... esta es la cosa más importante para estas partes: pues que son hombres, justo es que vivan juntos y en compañía, donde redundará mucho bien para sus ánimas y cuerpos: conoscerlos hemos y conocernos han « (**Cartas, 1877**).

La Real Cédula de junio de 1540 emitida por el Obispo de Guatemala, Francisco de Marroquin, y la promulgación del Real mandato de Su Majestad en 1549, reflejan, de forma clara, ese interés por concentrar a la población. El mensaje de ambos documentos aparece sintetizado en la obra del dominico Antonio Remesal «.. que procurareis poco a poco, por la mejor via que pudiereis, que dichos indios se juntasen...» (**Remesal, 1932; vol.II:245**).

Las -**Ordenanzas hechas para los nuevos descubrimientos, conquistas y pacificaciones**- de julio de 1573 suponen el verdadero momento en el cual la Corona hispana se centra en la organización de las nuevas tierras descubiertas y la población existente. Estas ordenanzas sancionaban todos aquellos aspectos relacionados con la fundación de las ciudades: elección de los terrenos, traza, reparto de solares, construcción de edifícios, normativas, etc.

En el momento de su puesta en práctica existían ya, sin embargo, más de 250 ciudades en los territorios americanos. Por esta circunstancia, pensamos que, más que regular una empresa fundacional, su finalidad fue legalizar las fundaciones ya existentes, y servir de referente básico para futuras empresas.

El modelo urbano aplicado por las autoridades hispanas para llevar a cabo ese proceso de control, fue la implantación de la retícula urbana que tiene sus precedentes en la configuración de algunos campamentos militares asociados a los momentos finales de la reconquista peninsular, cabe destacar el modelo de Santa Fe, Granada (**Solano, 1990: 20-21**). De tal forma, en el centro se ubicaban los edifícios principales (Iglesia, Cabildos y otros edifícios de carácter civil y religioso) y alrededor, a partir de ejes, se localizan las calles que permitían el rápido y sencillo acceso al centro.

Mientras la población indígena cumplia la reglamentación pertinente como consecuencia de la presión de que era objeto, fue la población hispana y mestiza la que generó mayores problemas a la corona para el cumplimiento de las leyes establecidas. Los conflictos entre frailes, propietarios de tierras (encomenderos), y comerciantes, son constantes a lo largo de todo el período colonial y prueba evidente de ese conflicto de intereses en la explotación de la población y de los recursos de esas nuevas propiedades.

Este sistema permite controlar mejor a la población, en mayor grado todavía si tenemos en cuenta que la disposición de las famílias dentro de este esquema era claro: los pudientes cerca del centro, es decir, hispanos y descendientes de los mismos, e indígenas en las zonas más alejadas.

«Para esto hicieron primero una planta, porque todos fuesen uniformes en edificar; lo primero dieron lugar a la iglesia mayor o menor, según el número de vecinos. Junto a ella pusieron la casa del padre, delante de la iglesia una plaza muy grande, diferente del cementerio, enfrente la casa del regimiento o concejo, junto a ella la cárcel, y allí cerca el mesón o casa de comunidad, donde fuesen los forasteros. Todo los demás del pueblo se dividía por cordel , las calles derechas, norte a sur, izquierdas, este a oeste, en forma de cuadras» (**Remesal,1932:177-178**).

«Que se haga una iglesia, lo mejor que pudieren, y la plaza y las calles en tal lugar. Una casa para el cacique, cerca de la plaza, que sea mayor y mejor que las otras, porque allí han de concurrir todos sus indios, y otra casa para el hospital» (**Documentos, 1953**)

Formando parte del proceso urbanizador, se procedió a la organización de dos tipos de poblaciones destinadas, en un principio, a evitar la mezcla entre la población indígena y la población hispana,conquistadores y sus descendientes.Se trata de una política claramente segregacionista donde los -Pueblos de Indios- aglutinaban a la población indígena y los -Pueblos de Españoles -a los emigrados peninsulares. Ambos centros, por lo que respecta a la disposición urbanística, se regían por las mismas directrices.(**Markman, 1968**).

En los -Pueblos de Españoles- se concentró la burocracia colonial, comerciantes, terratenientes/encomenderos, así como los núcleos de poder religioso de cada zona. Es en estos centros donde encontramos las manifestaciones arquitectónicas más destacables tanto en lo civil, como en lo religioso.

En la mayoría de los casos, junto a esos centros se fueron generando toda una serie de enclaves -Pueblos de Indios- de los cuales se extraía la mano de obra necesaria para los trabajos de contrucción y mantenimiento de las ciudades,el servicio doméstico de las famílias bienestantes, etc.

Los -*Pueblos de Indios*-, en la mayoría de los casos, se ubicaron dentro de las vias de comunicación más importantes. De tal forma, el Camino Real que conectaba Chiapas y Guatemala, generó la disposición de toda una serie de enclaves necesarios para el comercio y, lógicamente, para el control y la explotación de las tierras adyacentes. Para la formación de esos Pueblos de Indios, se procedió a la concentración de la población existente en las zonas cercanas.

«... en Oztuta se juntaron dos pueblos, en Ixtapa cinco, en Chamula tres» (**Ximenez,1929**).

«.. juntó gran cantidad de indios en pueblos, que estaban derramados por las sierras y montañas y en quebradas, viviendo cada uno por si como salvajes, y los hizo proveer de la doctrina y de iglesias y ornamentos para ellas y sacó de entre ellos muy gran cantidad de ídolos» (**Serrano y Sanz,   **)

Estas dos referencias, la primera dentro del territorio chiapaneco y la segunda referente a una visita pastoral en Guatemala, aunque frias en su contenido, nos ayudan a valorar lo drástico del proceso de -concentración y/o congregación- de la población indígena durante el primer momento de la colonia.

Inherente a la concentración poblacional en núcleos estables, se observa la desvinculación y erradicación de las comunidades indígenas con respecto a sus ámbitos tradicionales. (**Reyes García, 1962**)[4]

El obligado proceso de ruptura con un ámbito real y conceptual supuso un golpe fortísimo para la población indígena y, según nuestra opinión, es una de las circunstancias que hay que tener muy en cuenta cuando se analiza el descenso demográfico en determinadas zonas. Además de las enfermedades y muertes como causa de esa disminución, la «apatía vital»,como consecuencia de la ruptura de esa forma tradicional de vida es un aspecto básico. Lógicamente, la perspectiva de una vida destinada a trabajar en condiciones «de esclavitud» no incentivaba a las familias a engendrar una descendencia numerosa.

De hecho, y como ya referimos en la introducción de este trabajo, la lucha en lo simbólico y también en lo real, entre **ciudad** y **selva** como espacios antagónicos por lo que respecta al control civil desde la perspectiva hispana , es una constante para las autoridades coloniales y también, y no en menor medida, para el indígena sometido.

En la práctica, son constantes durante el período colonial las huídas de indígenas (a nivel individual, familiar o de grupo) a aquellos espacios donde la presión colonial no era tan fuerte. También, vemos,como las referencias de frailes durante los siglos XVI y XVII aluden constantemente a la persistencia de cultos idolátricos que, en muchos casos, se efectuaban en la montaña, en cuevas y otros espacios que el indígena consideraba dentro de su orden cósmico y también dentro de su orden espacial del mundo.[5]

La organización administrativa de esas poblaciones otorgaba cargos de poder municipales a jefes indígenas que, por su trayectoria, habían demostrado fidelidad al poder hispano. A la hora de la verdad, se transformaban en -**títeres camuflados**- de un poder real que dependía de las Cabeceras administrativas que eran, en la mayoría de los casos, también eclesiásticas.

---

4 . La mayoría de estudios de demografía histórica referentes a las consecuencias del proceso de conquista para el área maya hacen poca incidencia en las consecuencias psicológicas asociadas a las causas de esa disminución poblacional. La gran incidencia que tuvo en el aspecto demográfico el proceso de concentración poblacional, sólo ha sido tratado de forma rigurosa, desde mi punto de vista, por Luis Reyes García (1962). -»Movimientos demográficos en la población indígena de Chiapas durante la época colonial»-.

Se trata de un análisis minucioso de ese proceso demográfico a lo largo de los siglos XVI, XVII y XVIII haciendo incidencia en aspectos marginados en los estudios tradicionales. El proceso de control y concentración poblacional viene definido por el autor de la siguiente forma: «Se inicia así un largo proceso de reacomodo de los grupos indígenas en el que la economía occidental, encubierta a veces por el celo piadoso de los evangelizadores, convulsiona y altera las formas indígenas de asentamiento ocasionando perturbaciones cuya gravedad alcanzó en múltiples ocasiones el grado de un genocidio que no por falta de intención consciente, fue menos real» (1962: 25).

5 . Los estudios sobre revueltas indígenas en época colonial son abundantes dentro de la bibliografía. Destacaríamos la obra de Elías Zamora -1985, 1986- donde se analizan cada una de estas revueltas, el contexto específico que facilitó su desarrollo y las líneas directrices de cada una de las revueltas.

Sobre la persecución de idolatrías o cultos idolátricos, además de los estudios sobre documentación textual, Ana Izquierdo -1995- «Documentos sobre la idolatría en el Archivo General de la Nación»), algunos estudios etnohistóricos circunscritos al área chiapaneca recogen la lucha contra idolatría llevada a cabo por los obispos Chiapanecos. Una obra interesante el respecto es la de Mario Umberto Ruz -1989- Chiapas Colonial. Dos esbozos documentales-.

Dentro de la gran cantidad de Pueblos de Indios fundados en época colonial cabe distinguir, por su régimen jurídico específico, dos tipos. *Sujetos o Anejos*: dependientes de una cabecera eclesiástica-administrativa y regidos por su municipalidad indígena. *Principales*: donde el -cacique- actuaba como jefe natural de una comunidad. La elección de indígenas para ocupar esos cargos de confianza permitía controlar esas poblaciones sin la necesidad de destinar un personal específico que era más necesario en los núcleos de población hispana.

Las ordenes religiosas destinadas al área maya, básicamente franciscanos para el norte de Yucatán y dominicos para Chiapas, fueron los verdaderos difusores tanto de la fe, como de la forma de vida hispana y de la reglamentación que ésta llevaba asociada. El hecho de tratarse de zonas en mayor o menor medida aisladas, pobres económicamente desde la perspectiva hispana centrada en los metales y el comercio de especias, facilitó ese protagonismo religioso.

Modelos de estudio

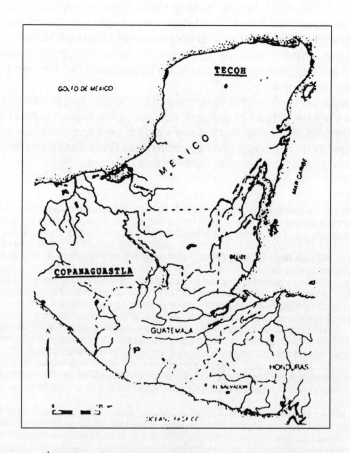

Mapa general del Área Maya. Copanaguastla y Tecoh.

44

Las consideraciones de tipo general, referidas en los apartados anteriores, nos ayudan a introducir mejor dos modelos de estudio de esos -Pueblos de Indios-. Documentación textual y,básicamente, registro arqueológico, son las fuentes utilizadas para analizar los diferentes modelos de adaptación a esas directrices generalizadoras que tenían que imponerse.

La falta de una documentación textual lo suficientemente extensa y, en muchos casos, la poca fiabilidad de ésta, ha motivado la realización de trabajos arqueológicos sobre estos asentamientos coloniales. Los proyectos de arqueología colonial han ido generalizándose dentro del área maya desde la década de los 60, existiendo ya hoy en dia una reducida pero densa bibliografía al respecto.[6]

En la mayoría de los casos, y los dos que presentamos también, esos núcleos de población se ubican sobre o en la proximidad de asentamientos prehispánicos de mayor o menor relevancia según los casos. Actuando de esa forma, no únicamente se perpetuaba la ocupación de un sitio con un valor espacial simbólico para una o unas comunidades, sino que la destrucción parcial de estos centros para la edificación de las nuevas construcciones, suponía una acentuación en la ruptura de los parámetros culturales e ideológicos de la población sometida.

La sustitución de los edifícios principales del centro indígena por las construcciones hispanas suponía una reestructuración total del espacio y del lenguaje visual asociado a este. Son, precisamente, los diferentes grados de ese cambio,el aspecto que queremos exponer mediante los dos ejemplos seleccionados.

Copanaguastla (Estado de Chiapas, México)

Se encuentra ubicado en la Depresión Central, sobre la cuenca del rio Grijalva, junto a un afluente de éste, el rio San Vicente. (**Ver Mapa de ubicación. Lámina 1. Ilus. 1**)

Tanto en época prehispánica, como durante el período colonial, fue un punto clave en el camino que comunicaba Chiapas con Guatemala. De hecho, junto a Ostuta, Acala, Coapa, Coneta, Aquespala, Esquintenango, etc, constituía uno de los hitos de paso más importantes del Camino Real en época colonial.

La documentación textual es abundante,destacando,básicamente,la riqueza de la zona como productora de algodón, exportadora de tejidos y favorable para

---

6 . Si bien, inicialmente, los estudios de arqueología colonial se desarrollaban asociados, directamente, a trabajos de remodelación o restauración de determinados edifícios coloniales, desde finales de los años 60, encontramos ya proyectos específicos de arqueología colonial, destinados a clarificar una documentación textual que, para algunos casos, era poco abundante o inexistente.

Aunque la bibliografía es extensa, me permito destacar, a modo de síntesis aquellos investigadores que han concentrado mayores esfuerzos en estos trabajos: David Pendergast (1981,1985, 1986,1993) y Grand D.Jones (1985,1986) para el área maya de Belice; los trabajos de Thomas Lee (1972,1979,1980,1987,1994), Richard Adams (1961) y F. Beristain (1984,1985) para el área chiapaneca; los trabajos de Grand D. Jones (1981) para el área norte de Guatemala y Janine Gasco (1987,1989,1993) para el área del Soconusco chiapaneco; los trabajos de Alfredo Barrera (1984), Antonio Benavides, A. Andrews (1979), A.Miller/ N.Farris (1976) y Luis Millet/Rafael Burgos Villanueva (Proyecto Izamal-en proceso de estudio-) para la zona norte de Yucatán.

la ganadería, circunstancias que motivaron una fuerte atracción por parte de frailes y encomenderos.[7]

Dentro de esa documentación, cabe destacar, la obra del fraile Domingo de Ara «Vocabulario de lengua tzeltal según la orden de Copanabastla» (**Edición realizada por RUZ, 1993**). Se trata de un diccionario donde aparecen las expresiones utilizadas por la población tzeltal[8] de Copanaguastla para referir su ámbito material, religioso, ideológico y conceptual. Sin lugar a dudas, los análisis realizados por Ruz (**1985 y ss**) a partir de esa obra, nos permiten tener una información ordenada sobre aspectos hasta ahora inéditos de una comunidad indigena de los siglos XVI y XVII. A diferencia de las obras de otros cronistas, aquí el indígena es el protagonista, y la comprensión de su mundo, aunque como paso previo para su adoctrinamiento, supone un aspecto novedoso dentro de la literatura de crónicas americanas.

La organización religiosa colonial en Chiapas se estructuró a partir de cabeceras eclesiásticas superpuestas, en la mayoría de los casos, a centros prehispánicos significativos. Copanaguastla, por su importancia económica y por su ubicación estratégica, fue una de esas cabeceras,y tenía a su cargo todo un conjunto de pequeñas -visitas-.[9]

---

7 . Considero que, mejor que describir los atractivos económicos y comerciales del sitio de Copanaguastla, es presentar estas referencias textuales que sintetizan perfectamente la opinión que del lugar tuvieron los hispanos, y que justificó la fundación de un Pueblo de Indios:

«La tierra de Copanabastlán y toda la comarca es maravillosa en todo: primeramente en temple, porque ni hace frio ninguno ni demasiado calor. Hay gran abundancia de toda comida de indios, así maiz como ají y todo lo demás que ellos comen; es la madre del algodón y de allí se visten estas provincias; es tierra llanísima, de grandes pastos para el ganado y a las espaldas tienen sierras de donde se saca el oro. Es de todo semejante a Jericó: hay infinitas palmas, palmitos excelentísimos... tiene grandes tierras de regadillos y otras cosas grandes» (XIMENEZ, 1930: II, 389-390).

Esta primera cita corresponde al dominico Francisco Ximenez - siglo XVIII-. En ella se destacan varios aspectos que coinciden con la legislación colonial por lo que se refiere a la ubicación de las poblaciones: buen clima, potencialidad económica del sitio y producción agrícola, ganadera. La alusión a la presencia de - Oro- en Copanaguastla es contante en la documentación colonial, y suponemos, que causa suficiente para atraer a frailes y encomenderos.

La segunda corresponde a un fraile dominico de origen inglés que desarrolló gran parte de sus trabajos en Nueva España y Guatemala. Nos ofrece una visión desvinculada de las tendencias comunes a los cronistas y escritores hispanos. La cita se refiere a la descripción que el autor hace de Copanaguastla a mediados del siglo XVII.

«Es una de las más finas ciudades indias de la provincia de Chiapa y muy rica, ya que hay mucho tejido de algodón y, debido a su situación, por encontrarse en la carretera de Guatemala, todos los mercaderes del pais que comercian con sus mulas pasan a través de esta ciudad y ahí compran y venden enriqueciéndose con dinero y géneros» (GAGE, 1987: 276-277).

8 . Uno de los rasgos distintivos de la zona chiapaneca en el momento de conquista y, de hecho, todavía hoy dia, es la gran diversidad étnico-lingüística existente. Aunque toda la población tiene rasgos comunes que la definen como -Maya-, existen diferencias culturales y étnico-lingüísticas evidentes. De tal forma, en época colonial podían diferenciarse los siguientes grandes grupos: Tzeltales, Tzotziles, Zoques, Choles, Chiapanecos.

Dentro de los estudios lingüísticos cabe destacar los desarrollados por Campbell -The linguistics of Southeast Chiapas- 1988, donde se establece la distribución de los mismos y su evolución, desde el siglo XVI hasta la actualidad.

La fuerte presión colonial sobre algunas zonas, explica según algunos autores, la desaparición de determinadas comunidades específicas y, como es lógico, sus variantes lingüísticas. El caso más estudiado sería la comunidad Coxoh (LEE, 1980, 1986) (LEE y BRYANT, 1988).

9 . La división del territorio chiapaneco en zonas que tradicionalmente habían existido desde época prehispánica fue un gran acierto. De tal forma, en las sedes de estas zonas se encontraba el Convento del cual dependían centros menores.

Trabajos Arqueológicos

El levantamiento topográfico efectuado por la Universidad de Chicago durante la década de los sesenta (*Adams, 1962*), nos muestra una planimetría que responde al modelo «hipodámico» comentado anteriormente. En el centro del núcleo colonial encontramos el binomio Iglesia/ Convento ante el cual se ubica el atrio o superfície delimitada por unos muros que permitían la individualización de este espacio fundamental y sagrado.Alrededor del centro, se situaban las calles y las unidades de habitación donde vivía la población (*Ver Lámina 1. Ilus. 2*).

Como puede observarse, el asentamiento colonial se sitúa junto al centro prehispánico, pudiéndose apreciar las diferencias en su disposición espacial.

El proyecto de investigación llevado a cabo por el Instituto Chiapaneco de Cultura desde el año 1989, pretende proteger el sitio mediante el estudio arqueológico y la restauración de las edificaciones maltratadas por el paso del tiempo, desde el abandono de Copanaguastla durante la primera mitad del siglo XVII. (**Lee, 1994:39-44**).

Formando parte de esa retícula urbana, se han identificado un total de 462 casas que, teniendo en cuenta la corta duración del poblado (entre 1545 y 1645), nos ofrecen una información muy importante sobre el desarrollo de esa comunidad durante unos 100 años aproximadamente.

Tanto la iglesia, como el convento presentan características constructivas claramente europeas. La fachada de la iglesia y las decoraciones observadas en los diferentes elementos constructivos reflejan claramente una influencia plateresca. Los primeros frailes dominicos llegados a Copanaguastla eran originarios de Salamanca, y llevaban consigo el bagaje artístico propio de esa zona peninsular durante mediados del siglo XVI. (**Olvera,1951**).

Las construcciones o, mejor dicho,las plataformas de habitación que han podido ser excavadas, revelan una continuidad en época colonial de las técnicas, formas y materiales constructivos típicamente prehispánicos. Bajareque (entrelazado de cañas y maderas), suelos de tierra compactada y techos de materiales perecederos se disponían sobre una plataforma de piedra que aislaba el conjunto de la humedad de la zona.

Si bien para otros centros coloniales chiapanecos como Coapa (**Lee, 1979; Lee y Bryant, 1988**), se ha podido establecer diferenciaciones sociales a partir de las formas constructivas y de los elementos materiales encontrados en las unidades de habitación, para el caso de Copanaguastla estas matizaciones no son posibles

---

Lo reducido de los medios materiales y humanos motivó la estructuración de toda una serie de -visitas- dependientes de la cabecera eclesiástica. De forma sistemática, una o dos veces al año, los frailes de cada convento principal recorrían esas iglesias de visita para asegurarse de la buena marcha en el proceso de cristianización de los indígenas, y del rendimiento económico de sus propiedades.

Chiapas, siguiendo estas directrices, se dividió en seis Conventos o Cabeceras que tenían como sede los siguientes puntos: Ciudad Real (actual ciudad de San Cristobal de las Casas), Comitán, Chiapa de Indios (actual Chiapa de Corzo), Tecpatán, Ocosingo y Copanaguastla.

Dependientes del Convento de Copanaguastla se encotraban las visitas de Socoltenango, Soyatitán, San Bernabé, Pinola, Ixtapa, Citalá, etc.

Es, precisamente en esos centros religiosos, donde se encuentran los proyectos arquitectónicos y la planificación urbanística más acorde con la normativa peninsular.

hasta el momento[10]. Sin embargo, sí que se observa una diferenciación en el tamaño y tipo de estructuras de habitación. Suponemos,además, que la mayor o menor proximidad con respecto al centro poblacional debe de tener un reflejo en el ámbito material, cualitativa y cuantitativamente, como así se refleja en casos como Coapa.

También en Copanaguastla y a diferencia de otros asentamientos coloniales Chiapanecos como Ocelolalco[11] en la zona chiapaneca del Soconusco (**Gasco, 1987**), el porcentaje de objetos de tradición europea es muy reducido (cerámicos, metálicos, vidrios, etc),si lo comparamos con la presencia de elementos de tradición indígena.

Este último dato constata que, a pesar de la importancia estratétigica del sitio estudiado, la presencia de objetos de importación era muy reducida. La mayor parte de los habitantes de Copanaguastla siguieron utilizando los elementos tradicionales (tipos cerámicos,industria lítica, metates, etc),para su quehacer diario.

Tecoh (Estado de Yucatán, México)

El asentamiento de Tecoh se encuentra situado en parte dentro del pueblo de Sitilpech y en parte dentro del pueblo del pueblo de Yokdzonot.(**Ver Lámina 1. Ilus. 1**)

La documentación existente sobre este lugar es abundante, tanto por parte de cronistas de los siglos XVI y XVII, como por viajeros e investigadores desde el siglo XIX hasta la actualidad [12].

---

10 . Para el caso del asentamiento de Coapa, han podido diferenciarse hasta cinco grupos sociales en función de una serie de variables materiales registradas en las unidades de habitación. La metodología seguida nos presenta un listado de rasgos o variables, cuya presencia o ausencia dentro de los espacios habitacionales, caracterizan a éstos dentro de un grupo u otro.

Los rasgos más significativas son: la presencia o ausencia de plataformas; el tipo de paramento constructivo de las mismas; la cantidad de piedra trabajada en cada una de las plataformas; el tamaño o superfície; su distribución; la presencia o ausencia de baños de vapor -temazcal- y el aspecto general de las mismas. A estos elementos de tipo constructivo se le añade también la presencia o ausencia de elementos materiales; proporción de objetos de importación, variedad, etc.

Sobre un total de 197 plataformas de habitación estudiadas, 10 corresponden al Tipo D, que se sitúan cerca o junto al núcleo de la población, y se interpreta como corespondientes a las famílias bienestantes de Coapa.

Sin lugar a dudas, este trabajo es de gran interés en tanto que permite un mayor acercamiento a la realidad socio-económica de estas comunidades. Para una valoración de tipo general, necesitaríamos las conclusiones correspondientes a diferentes núcleos para poder establecer posibles modelos de comportamiento.

11 . El sitio de Ocelolalco que, según la documentación textual se fundó entre 1524 y 1572, fue hasta mediados del siglo XVIII un centro muy importante de producción y comercialización del cacao. Esa potencialidad económica permitió el acceso selectivo dentro de esa comunidad a una mayor cantidad de bienes de prestigio, es decir, cerámicas de producción hispana o imitaciones de las mismas.(Ciudad de México, Puebla, Santiago de Guatemala y Panamá, fueron los centros productores más importantes).

Los estudios de Gasco sobre Ocelolalco permitieron también establecer tres tipos de unidades de habitación en función a sus características (materiales, superfície total, etc) y los materiales reportados (1987, 1989 y 1993). A esas variables se sumaron la mayor o menor proximidad con respecto al centro del asentamiento. Se trata pues, de estudios muy similares a los realizados en el sitio de Coapa. La ausencia de una planimetría con la disposición de esas estructuras (dentro de la bibliografía consultada) nos impide establecer una comparación más rigurosa entre ambos modelos.

12 . Para una mayor información sobre la documentación textual sobre Tecoh, y la evolución de las investigaciones desde el siglo XIX contamos con los artículos de Luis Millet et alii (1993, 1993).

La primera referencia que encontramos es la presente en la obra de Diego de Landa: «Los edifícios del pueblo de Tikoh no son ni tan suntuosos como algunos de estos otros, aunque eran buenos y lucidos, ni aquí yo hiciera mención de ellos salvo por haber habido en él una gran población....» (**Landa, 1985:155-156**).

Tecoh se encontraba dentro de la provincia de Ah Kin Chel según los estudios de geografía histórica llevados a cabo por Roys (**Roys, 1957: 79-91**), y dependía de Izamal que era el centro principal de la zona.[13]

La política religiosa franciscana en Yucatán se centró en la división de la península en cinco zonas o guardianías. Cada una de estas estaba controlada por un convento que actuaba como eje principal. Desde mediados del siglo XVI, los centros rectores fueron: Izamal, Mérida, Campeche, Maní y Conkal. De cada uno de éstos, dependían toda una serie de -visitas- a cargo de frailes itinerantes.

La finalidad,o el sentido de un asentamiento colonial en Tecoh, hemos de entenderlo dentro de esa dinámica. Su localización, dentro del camino a Valladolid y al límite de ese distrito explica su relevancia. Dependiente de la guardianía de Izamal, en Tecoh se procedió a la concentración de la población adyacente y la disposición de una serie de dependencias para esos frailes franciscanos que residían allí temporalmente.

Como ya vimos para Copanaguastla, Tecoh será abandonado también a finales del siglo XVI o principios del siglo XVII[14], circunstancia que lo transforma en un buen modelo de estudio,por cuanto se trata de un asentamiento temprano del período colonial.

El proceso de cambio de ubicación del asentamiento conocido como Tecoh, y la existencia de varios asentamientos que reciben el mismo nombre, han generado problemas para la localización del sitio en cuestión.

13 . La obra de Ralph Roys -Political Geography of the Yuacatán Maya- (1957) es una referencia básica para cualquier estudio sobre cultura maya de Yucatán para los períodos postclásico y colonial. Documentación hispana (crónicas y archivos), crónicas indígenas y tradición oral son las fuentes utilizadas con la finalidad de estructurar un mapa con la distribución política de la zona durante el siglo XVI. Como complemento, se describen los asentamientos más importantes de cada zona, y la evolución de los mismos.

14 . «En algunas de estas partes de la tierra hay lagunas y los indios no se sirven de ellas por decir que las aguas son enfermas, y así se halla por experiencia: una de estas lagunas está en el pueblo de Tecoh, dos leguas de dicho pueblo de Tekal, a donde antiguamente hubo una población de indios y se despobló por ser tierra enferma. Y después de la conquista de estas provincias, por mando de la justicia, se vinieron a poblar ahí unos pueblos por estar mas cerca de la doctrina del dicho monasterio de Izamal, y de muchos que eran, en pocos años han venido a mucha disminución» (GOBERNACION DE YUCATAN, 1983:430-444).

«El pueblo de Ostuta ..... está ahora completamente destruido como consecuencia de la gran cantidad de mosquitos y murciélagos, causantes de las abundantes plagas de esta región de lugares muy cálidos y húmedos» (XIMENEZ, 1929).

«.. de modo que un pueblo tan numeroso y de tanto gentío llegaron a tanta disminución que entendiendo ellos que mudando del sitio escaparían de la muerte». «... hallándose ya sólo el convento en un despoblado por no haber quedado ya más que diez indios poco más o menos» (XIMENEZ,1929).

Referencias textuales como estas, son habituales dentro del desarrollo histórico colonial en general, y muy abundantes dentro del período que abarca finales del siglo XVI y primera mitad del siglo XVII. La poca idoneidad de algunos de los asentamientos seleccionados por los españoles para concentrar a la población indígena facilitó la proliferación de enfermedades contagiosas y finalmente, el abandono de esos Pueblos de Indios.

La primera referencia corresponde al abandono del pueblo de Tecoh (Estado de Yucatán); la segunda se centra en el pueblo de Ostuta (Estado de Chiapas) y la tercera se refiere a Copanaguastla (Estado de Chiapas). La población que resistió las plagas y las hambrunas fue reinstalada en las poblaciones adyacentes.

Trabajos Arqueológicos

Dentro de las diversas actividades que forman parte del Proyecto Izamal (Estado de Yucatán, México), dirigidas por el arqueólogo Luis Millet Cámara, se han incluído trabajos de restauración (1992), mapeo y poceo (1992 y 1994) del sitio de Tecoh [15].

Los primeros trabajos de campo llevados a cabo en Tecoh sirvieron de complemento de las obras de liberación y restauración de la iglesia colonial del sitio. Se efectuaron diversos pozos en las estructuras mapeadas. (MILLET et alii, 1993,1993).

El interés de estos trabajos fue la circunstancia que motivó la ampliación de los mismos durante la campaña de 1994. Los objetivos principales de ésta fueron:

1). Levantamiento topográfico de una superfície más extensa del asentamiento[16]. Finalmente, se mapearon un total de 64 Ha

dividias en cuatro cuadrantes,a modo de forma clarificadora para los trabajos de campo, y para un mejor estudio analítico del patrón de asentamiento.

Se registraron un total de 247 estructuras, incluyendo plataformas, albarradas, cuevas, etc. Si le sumamos las 17 estructuras topografiadas durante la campaña anterior, el total asciende a 264 estructuras.

2). Se realizaron 33 pozos o sondeos estratigráficos sobre diferentes tipos de estructuras,con la finalidad de estudiar los materiales correspondientes (en proceso de estudio actualmente).

Como puede apreciarse, la planimetría obtenida carece del ordenamiento estipulado por la normativa hispana, y que sí observamos para sitios como Copanaguastla y Coapa, en Chiapas.

Existe, lógicamente, un centro del asentamiento en este Pueblo de Indios, donde nos encontramos la mayor parte de los edifícios coloniales. La Iglesia, Casa de los Religiosos, «El Cuartel» (denominación dada por Roys en función a la forma del edifício), «Casa del Apiario», así como, otras dependencias de los frailes franciscanos. La práctica totalidad de estas cons-

---

15 . El Proyecto Izamal se viene desarrollando desde el año 1992 mediante largas campañas de trabajo. Además de los trabajos de excavación, consolidación y restauración de los edifícios prehispánicos y coloniales de Izamal, se llevan a cabo programas de colaboración con la finalidad de mejorar las infraestructuras de algunas de las colonias de la referida población.

Formando parte del proyecto, se han llevado a cabo levantamientos topográficos de sitios adyacentes, restauración de una tramo de sacbe (calzada), trabajos de salvamento, etc.

Por su interés que, lógicamente, excede a lo puramente arqueológico, diversas instituciones nacionales y estatales intervienen en el mismo: Instituto Nacional de Antropología e Historia, Programa Solidaridad, Turismo y Gobierno del estado.

16 . La metodología utilizada para la realización del levantamiento fue la siguiente. En primer lugar se trazaron unos ejes de 800 x 800 m a partir de la esquina suroeste del edificio H4-1 referida como punto cero. Tomando como referencia ese eje, se hicieron brechas cada 50 mts. Desde esas brechas y mediante Brújulas Bronton y cinta métrica se ubicaron las diferentes estructuras.

Lo dificultoso del acceso al lugar, la densa vegetación y la gran cantidad de estructuras prolongaron este trabajo durante el período marzo-finales de julio de 1994.

Quiero aprovechar la ocasión para agradecer la ayuda inestimable dada por los trabajadores del Proyecto Izamal al arqueólogo Juan Manzanilla y a quien suscribe el presente artículo, encargados de los trabajos arqueológicos en Tecoh. Sin su ayuda, el mapeo y poceo hubiese sido por completo imposible de llevar-lo a cabo.

trucciones se ubican sobre plataformas prehispánicas y, en el momento de su construcción, fueron utilizados materiales ya existentes.

A cierta distancia de ese centro urbano, únicamente podemos reconocer, de forma clara, como estructura de origen hispano la QII-60. Presenta una planta rectangular y el aparejo constructivo tiene características muy afines con los edifícios referidos anteriormente.

Si tomamos como referencia las 206 estructuras (para ello hemos excluído: albarradas, muros aislados y las estructuras mapeadas durante la campaña de 1992), podemos hacer una pequeña clasificación de tipos constructivos registrados [17] (**Veáse gráfico corespondiente. Lámina 1. Ilus.4**):

1er. Grupo: Plataformas irregulares con sobreestructuras. Entendemos como tales grandes espacios delimitados por muros de piera sobre los cuales se sitúan líneas de compartimentación interna u otro tipo de estructuras de diversas formas y funciones.

Se ubican tanto en la proximidad del centro poblacional como en zonas más alejadas de éste. En muchos casos, se aprovecha el propio relieve de la zona para establecer estas plataformas.

En algunos casos, son muros de compartimentación con piedra tallada y con las esquinas angulosas. En otros casos, muros de no tan buena factura delimitan estos espacios habitacionales. Asociados a este tipo de estructuras encontramos un alto porcentaje de metates. Así mismo, los trabajos de sondeo realizados reportaron un enterramiento con un pequeño ajuar y una tumba saqueada de la cual únicamente quedaba parte de un vaso trípode.

Para algunos casos, se encontraron hasta cuatro o cinco metates concentrados en un espacio muy reducido. Esta circunstancia, puede orientarnos a interpretar esa zona de la plataforma como espacio destinado a la molienda o preparación de alimentos. Sin embargo, somos conscientes que para realizar una interpretación funcional más profunda, tienen que llevarse a cabo ,todavía, intensos trabajos de excavación.

2º. Grupo: Plataformas irregulares sin sobreestructuras. A diferencia del modelo anterior, sobre un espacio delimitado no se observó una compartimentación o presencia de otras construcciones menores.

3er. Grupo: Plataformas cuadradas o rectangulares con la presencia de sobreestructuras. La utilización de aparejo constructivo megalítico es abundante para este tipo de estructuras.

4. Grupo: Plataformas cuadradas o rectangulares sin sobreestructuras. De igual forma, en muchos casos presentan aparejo megalítico.

5. Grupo: Conjunto de estructuras sin plataforma. Se trata del conjunto que, desde el punto de vista topográfico y de su interpretación espacial y funcional, presenta mayores dificultades de adscripción. Estas estructuras se encuentran dispuestas directamente sobre la laja o roca natural. Suponemos que debían formar parte o tener una asociación espacial con otro tipo de estructuras de mayor tamaño.

---

17 . Esta clasificación es de tipo provisional, en tanto que, actualmente se está llevando a cabo el estudio pormenorizado de la planimetría. Así mismo, el proceso de estudio en el que se encuentras el material cerámico nos impide realizar matizaciones cronológicas, que serían de gran interés para una interpretación de la evolución del asentamiento de Tecoh.

6. Grupo: Estructuras de tipo circular. Se localizaron tanto de forma aislada, como formando parte de las estructuras ubicadas sobre grandes o medianas plataformas. Las incluídas en este apartado son las correspondientes al primer grupo. En algunos casos también se encontraron metates asociados a éstas o bien, piedras de molienda gastadas o fracturadas que se aprovecharon como material constructivo.

Si exceptuamos las estructuras que, por sus características constructivas,son típicamente coloniales, la edilícia típica del sitio es muy poco orientativa para discernir su cronología. Parece claro que el modelo constructivo y urbanístico hispano no aparece reflejado en Tecoh. La continuidad de las formas, técnicas y características de las construcciones prehispánicas se hacen patentes en este lugar.

Se observa una mayor concentración de estructuras en las zonas noreste, noroeste y sureste del asentamiento. Los límites establecidos previamente para los trabajos de mapeo (800x800 m) se veían claramente superados por lo extenso del asentamiento. Desde esos límites, seguían observandose más estructuras que no fueron registradas durante esa campaña.

La información que se genera de los trabajos topográficos efectuados, y la ausencia de un estudio cerámico profundo hasta la fecha, nos impide diferenciar o discernir sobre la cronología y orígen de esas estructuras. Para el caso que nos ocupa, es lógico pensar que, una estancia temporal de un pequeño grupo de frailes no fue un elemento de presión suficiente como para trastocar un modelo de patrón de asentamiento tradicional en esta zona.

Suponemos que la continuidad en el uso de los espacios habitacionales fue una circunstancia normal, y que, únicamente algunas familias se adaptaron a ese cambio en la distribución del hábitat.

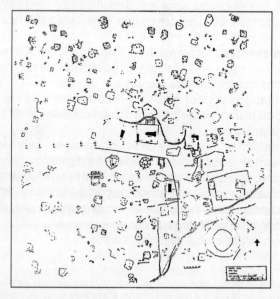

Planimetría de Tecoh (Trabajos de Campo, campaña 1994: Manzanilla, J y García Targa, J.). Las estructuras en negro son las de época colonial

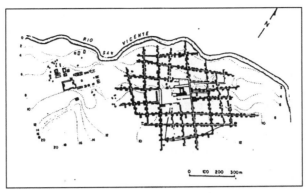

Planimetría de Copanaguastla. (ADAMS, 1962)

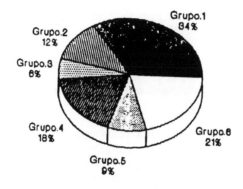

Tipos de estructuras registradas en Tecoh. Porcentajes.

Valoración general y conclusiones

Los dos modelos de estudio presentados nos permiten realizar un proceso de acercamiento a la realidad del hecho urbano y arquitectónico de esta área. Sin duda, aunque Copanaguastla y Tecoh tienen una evolución cronológica muy afín, por lo que respecta a la adopción del nuevo modelo urbano, tuvieron respuestas bien diversas.

En ambos casos se trata de zonas con un fuerte bageje cultural, cuyos pobladores reinterpretaron, de forma diferente, el nuevo mensaje organizativo. La diferencia, pienso, radica en que Copanaguastla era un centro económico y religioso de primer orden, mientras que Tecoh fue una zona que tuvo una menor relevancia económica y, por tanto, un menor interés y una menor presión durante época colonial.

La contrastación de los resultados obtenidos para los dos casos presentados con otros modelos dentro del área maya, y otras zonas indígenas, nos permitirían el establecimiento de unas pautas de conducta más precisas ante los cambios que la nueva coyuntura supuso para las comunidades autóctonas americanas.

Bibliografía

ADAMS, R
1962   «Changing patterns of territorial organization in the Central Hihglands of Chiapas». *American Antiquity, vol 3. nº3.* Primera parte.

ASHMORE, W (Ed)
1981   *Lowland maya settlement patterns.* University of New Mexico Press. Alburquerque.

ARA, D
1993   *Vocabulario de la lengua tzeltal según la orden de Copanabastla.* Centro de Estudios Mayas (Edición Mario Umberto Ruz) UNAM. México.

CAMPBEL, L
1988   *The Linguistics of Southeast Chiapas, Mexico.* New World Archaeological Fundation. Number 50. Provo. Utah.

CARTAS
1877   *Cartas de Indias.* Madrid.

COLECCION
1953   *Colección de documentos para la historia de la formación social de hispanoamerica.* CSIC. Madrid.

FARRIS, N
1992   *La sociedad maya bajo el domino colonial.* Alianza América Madrid.

GAGE, T
1987   *Viajes por la Nueva España y Guatemala.* Historia 16. Colección Crónicas de América nº 30. Madrid.

GASCO, J
1987   *Cacao and the economic integration of the native society in colonial Soconusco.* (copia mecanografiada) New Spain. Tesis Doctoral. Santa Barbara. California.
1993   «Socioeconomic change within native society in colonial Soconusco, New Spain» (163-180). *Enhnohistory and archaeology.* Approaches to postcontact change in the Americas. Plenium Press. New York.

GONZALEZ CRESPO,
1978   *Patron de asentamientos prehispánicos en la parte central del rio Balsas.* Un ensayo metodológico. SEP-INAH. Colección Científica nº 73. Mexico.

GOBERNACION DE YUCATAN
1983   *Relaciones Histórico-Geográficas de la Gobernación de Yucatán. Tomo 1.* Centro de Estudios Mayas. U.N.A.M. México.

GUSSINYER, J y GARCIA TARGA, J
1993   «Pueblos de Indios: sincretismo cultural y religioso en Chiapas, México. Una visión arquitectónica y urbanística» (233-248). VARELA, C, BONOR, J y FERNANDEZ, Y (Editores) *Religión y Sociedad en el Area Maya.* Cuarta Mesa redonda de la SEEM. Madrid.

KUBLER, G
1958   «The desing of space in maya architecture». *Miscelánea Paul Rivet. Vol 1.* U.N.A.M. México.

LANDA, D
1985   *Relación de las cosas del Yucatán.* Historia 16. Crónicas de América nº 7. Madrid.

LEE, T
1979   «Early Colonial Maya syncretism in Chiapas.Mexico»(93-103) *Estudios de Cultura Maya. Vol 12.* U.N.A.M. México.
1980   «Algunos aspectos antropológicos del pueblo Coxoh» (415-428). *XVI Mesa Redonda de la Sociedad Mexicana de Antropología.* Coahuila. México.

1994   «Copanaguastla:Enlace étnico con el pasado» (39-44) *Arqueología Mexicana. Vol II. Número 8.* México.

LEE, T y BRYANT
1988   «The Colonial Coxoh Maya» (5-20). *Archaeology ,ethnohistory and ethnoarchaeology in the maya highland of Chiapas.* New World Archaeological Fundation. Provo. Utah.

MARKMAN, S
1968   «Pueblos de Españoles and Pueblos de Indios in colonial Central America» (189-199). XXXVIII *Congreso Internacional de Americanistas. Vol 4.* Stuttgart-München.

MILLET CAMARA, L; OJEDA, H y VICENTE SUAREZ
1993   «Tecoh, Izamal: Nobleza Indígena y Conquista Española» (48-58). *Latin American Antiquity. Vol 4. Number 1.*

MILLET CAMARA, L y BURGOS VILLANUEVA, R
1993   «La guardianía de izamal y sus construcciones religiosas en el siglo XVI» (3-13). *Cuadernos de Arquitectura Virreinal.* nº 14. U.N.A.M. México.

MILLET CAMARA,L y BURGOS VILLANEUVA
1992   *Restauración de la Capilla de Visita de Tecoh.Izamal* Memoria Inédita. (Centro Regional del Sureste. Mérida).

OLVERA, J
1951   «Copanaguastla, joya del plateresco en Chiapas» (114-135) *Ateneo de Chiapas.* Tuxtla Gutierrez. México.

REMESAL, F
1963   *Historia General de las Indias Occidentales y en particular de la gobernación de Chiapa y Guatemala.* Biblioteca de autores españoles. vol 175 y 176. Madrid.

REYES GARCIA, L
1962   «Movimientos demográficos en la población indígena de Chiapas durante época colonial»(25-48). *La Palabra y el Hombre.* Universidad de Veracruz. México.

ROBINA, R
1963   *Cuarenta siglos de plástica mexicana.* Ed Herrero. México

ROYS, R
1957   *The political geography of the Yucatan Maya.* Carnegie Institution nº 613. Washington.

RUZ, M
1985   *Copanaguastla en un espejo. Un pueblo tzeltal en el Virreinato.* Universidad Autónoma de Chiapas.
1989   *Chiapas Colonial: Dos esbozos documentales.* UNAM.México

SERRANO Y SANZ
        Colección de libros y documentos referentes a la Historia de América

SOLANO, F
1990   *Ciudades Hispanoamericanas y Pueblos de Indios.* Biblioteca de Historia de America. CSIC. Madrid.

WILLEY, G
1953   *Prehistoric settlement patterns in the Virú Valley, Peru.* Bureau of American Ethnology, Bull 155. Smithsonian Institute.

WRIGHT, F
1931   *Modern architecture.* Ed Princeton. New York.

XIMENEZ, F
1929   *Historia de San Vicente de Chiapa y Guatemala.* Biblioteca Goatemala de la Sociedad de Geografía e Historia. Vol 1. Guatemala.

ZAMORA, E

1985   *Los Mayas de las Tierras Altas en el siglo XVI*. Diputación Provincial de Sevilla.

1986   «Resistencia maya a la colonización: levantamientos indígenas en Guatemala durante el siglo XVI» (174-214).   *Los Mayas de los tiempos tardíos*. II Mesa Redonda de la SEEM. Madrid.

LOS INICIOS DE LA ARQUITECTURA CRISTIANA EN EL NUEVO MUNDO*

Jordi Gussinyer i Alfonso
Universitat de Barcelona

El conjunto conventual del siglo XVI representa la solución a las condiciones especiales que impone la evangelización;su planteamiento es el resultado de los antecedentes indígenas recopilados por los españoles para integrasarlos a su programa de aculturación. Flores Marini 1966:5.

Introducción.

Junto con los desgraciados acontecimientos de carácter bélico, trascendentales para la historia continental, que padece de manera tan absurda como incomprensible la población amerindia a partir del siglo XVI[1], se introducen al continente de forma casi simultánea con ellos unas nuevas formas de expresión gráfica[2].Testimonios y recursos de un nuevo arte que alteran de manera substancial todas las manifestaciones artísticas de antigua tradición indígena.[3]. No solamente cambia el sentido de las artes, sino que las transformaciones radicales y definitivas, alcanzan todos los ordenes del extraordinario pa-

---

1 Acerca de la desafortunada actuación de Occidente recordemos a:Las Casas 1957:53; León-Portilla 1970:53,1959:151;García s/f:353; Watchtel 1990:173;Baty 1968:25; etc.M.Rojas Mix (1990:34) nos aproxima más a este tema: *Toda su cultura les fue negada de un golpe de espada y en un auto de fe monumental fueron quemados sus códices,se desbarataron sus ciudades. se arrasaron sus templos y se les prohibió bajo pena de muerte volver siquiera a pensar en sus dioses,inclinarse ante ellos...*

2 M.G.Revilla nos cuenta de manera extraordinariamente ingenua :*Religión y leyes,ideas y usos cambiaron presto,fundiéronse dos razas y brotó nueva sociedad con mejores gérmenes de cultura..A su sombra apareció otro arte,el arte cristiano,más hermoso y acabado que el indígena.* (1893:20).

3 *Es indudable que al producirse la conquista de México por los españoles en el siglo XVI,fueron las artes plásticas las que cambiaron radicalmente.En la arquitectura los recintos ceremoniales indígenas desaparecieron para dar lugar a los templos cristianos y a los conventos atendidos por los frailes de las ordenes mendicantes;los palacios y residencias cedieron el lugar a las residencias de los conquistadores y sólo la habitación popular se modificó poco.* (Martínez Marín 1970:63)

norama cultural del Nuevo Mundo[4]..Cuantiosas mutaciones que afectan en particular y de forma irreversible las artes plásticas,el área de nuestro interés[5] .

El profundo cambio que experimenta la plástica amerindia se convierte en una de las armas más poderosas de la llamada *Conquista Espiritual.* Incruenta invasión que sirve para consolidar de manera segura e incontrovertible la *Conquista Armada.* Símbolo inequívoco e incuestionable de enormes desastres, hermanados con absurdos genocidios (Wright 1994:79; Arizpe y Tostado 1993:66;Baty 1968:26;Washtel 1976:35; León-Portilla 1959, 1970, Moreno Toscano 1976: 63-64). Invasión procedente del Viejo Mundo que trae consigo un nuevo orden político y religioso, en definitiva cultural como un todo.[6]

A pesar de lo que viene diciéndose algunas de las técnicas empleadas en pintura y escultura, por ejemplo, en ambos mundos resultan tener, al compararlas, algunas coincidencias que no las alejan entre sí demasiado (Mendieta 1945 vol.III:55-61)[7] . De ahí que, en las artes plásticas las insalvables diferencias radican mayormente en los temas. Las nuevas propuestas iconográficas que trae consigo en nuevo orden cultural materializan ostentosas novedades iconológicas[8]. Manifestaciones artísticas casi siempre de carácter religioso; envueltas, con frecuencia, de un manifiesto halo de tragedia, de misterio, dolor y sufrimiento destinados a provocar una profunda emoción religiosa[9]. Circunstancia que se adecúa a diversos comportamientos y sentimientos de carácter popular tanto del pueblo invasor como del invadido. Forma de proceder cultural que se acentúa e intensifica en el Nuevo Mundo al identificarse el pueblo amerindio con esta nueva iconografía que se empareja con el más profundo dolor de la derrota definitiva (Torrejón Chaves 1992: 111; Nebel 1991:397 y ss.; Moyssen,1967). De acuerdo con O. Paz (1973:75) el indígena se arrodilla ante:

> Cristo sangrante y humillado,golpeado por los soldados,condenado por los jueces, porque ve en El la imagen transfigurada de su propio destino.El Laberinto de la Soledad.

---

4 *Para someter al aborigen,la política de colonización tuvo por función borrar la cultura originaria. Esto se expresaba en dos grandes temas del discurso del conquistador:civilizar y evangelizar. Declarados los fines ,ellos implicaban obligar a los naturales a cambiar su forma de vida,su modo de producción y cultura...* (Rojas Mix 1990:33).

5 *La arquitectura mexicana a través de los cuatrocientos años de vida que forman el período Colonial y el primer siglo del México Independiente,hasta hacer su entrada en la vida y plenitud de la época contemporánea,atraviesa por un conjunto de estilos históricos -ninguno de los cuales creación propia,sino parte del mundo cultural de Occidente- ,mediante los cuales ,sin embargo, expresa una forma de vida propia, que responde,por un lado,a la profunda tradición prehispánica,y por el otro,al proceso de amalgamación con las corrientes hispánicas.*(Robina 1968:57).

6 La cultura de los pueblos vencidos cuenta bien poco :*Está dentro de la misma naturaleza de la conquista que las voces de los vencedores tengan mayor repercusión que la de los vencidos.* (Elliott 1990:143).Arizpe y Tostado (1993:66) coinciden con esta idea.

7 Esta magnífica cita de los Informantes de Sahagún sobre el pintor precolombino puede generalizarse para el resto de las artes plásticas en el área de la civilización mesoamericana: *El buen pintor:entendido,Dios en su corazón, diviniza con su corazón a las cosas, dialoga con su propio corazón. Conoce los colores,los aplica,sombrea: dibuja los pies,las caras, traza las sombras,logra un perfeto acabado...*

8 La"insalvable"diferencias no reside en la inhabilidad de los artistas amerindios:*Mas después que fueron cristianos,y vieron nuestra(s) imágenes de Flandes y de Italia,no hay retablo ni imagen por prima que sea,que no la retraten y contrahagan.*(Mendieta 1945 vol.III:55),sino en los temas:*Los temas de las pinturas provenían de dos fuentes.Una de éstas,los grabados que circulaban en libros y estampas sueltas,así como en telas y láminas traídas de España,Alemania ,Italia y Flandes.La otra la inventiva de los frailes...*(Rojas 1963:73).M.Soria se encuentra en la misma línea:*Illustrated books served as artistic models.* (1959:305).G. de Mendieta insiste en la misma idea(1945 vol.III:56)

9 Parece ser que existe un cierto paralelismo entre el mundo precolombino y el cristiano observable en los temas iconográficos.Comparemos dos citas:*Los dioses del México antiguo son encar-*

58

En arquitectura las diferencias entre aquellos dos mundos enfrentados son abismales; mucho más significativas que en el resto de las artes plásticas (Toussaint 1927:73). Divergencias que se materializan mayormente en aquellas facetas relacionadas, con el ideal arquitectónico como son, por ejemplo: los volúmenes, la ornamentación y en buena parte la tecnología (Ortiz Macedo 1972:38). Pero, en donde existe una discrepancia mayor es en el concepto de espacio arquitectónico entre los pueblos de las dos vertientes del Océano Atlántico[10]

En el interior de las artes plásticas es con toda seguridad la arquitectura amerindia la que experimenta, con la llegada de los "conquistadores", las alteraciones más importantes[11]. Y dentro del arte de construir es en las estructuras religiosas donde podemos observar las transformaciones, las substituciones y algunas de las mutaciones más significativas[12]. Como consecuencia del cambio radical que promueve la invasión europea y la profunda desestabilización que provoca en las culturas del Nuevo Mundo, la arquitectura precolombina prácticamente desaparece[13]. Pero, deja, a pesar de ello, elocuentes huellas que tal vez no se vislumbran con facilidad. Además, por desgracia, al observarlas no siempre se les da la importancia que merecen[14].

Los vestigios de la arquitectura precolombina que sobreviven no son, la mayor parte de las veces, tan sólo aspectos testimoniales del pasado amerindio que todavía no muere en aquellos momentos de trágico recuerdo, a mediados del siglo XVI; sino que en algunas ocasiones se convierten en diversas influencias que modifican el patrón arquitectónico (Ortiz Macedo 1972:26) e incluso el modelo

naciones de las fuerzas de la naturaleza,como ellas terribles...Sus imágenes no pretenden provocar emoción estética,sino furor religioso,ese furor religioso que arrastra al hombre hacia la piedra de los sacrificios (Westheim 1963:36-7) .X.Moyssén hablando de las representaciones de La Pasión de Jesucristo comenta:La sorpresa aumenta cuando se advierte con absoluta claridad,que en todas las imágenes existe una nota invariable:la crueldad y la sangre.Muchas de las representaciones escultóricas de Jesús,lo muestran terriblemente torturado...En estas imágenes la piedad y la bondad quedaron excluidas,son imágenes regidas por una estética de lo tremendo,una estética del horror y del espanto cósmico de los dioses.(1967:VII).R.Nebel 1991:397 y ss. coincide con este parecer.

10 La idea de espacio en arquitectura es un tema muy significativo(Norberg-Schulz 1975:13).Su concepción y utilización es diferente en una u otra vertiente del Atlántico.El espacio interior ha sido siempre muy importante en la civilización Occidental (Giedion 1975:169;Zevi 1958, 1969:46).En la arquitectura precolombina no lo es.Por desgracia, en el área mesoamericana su estudio es todavía muy deficitario(Mangino Tazzer 1990:153 ss.;Gussinyer 1993:194;Kubler 1958:529).

11 Apuntemos ahora cierta característica arquitectónica,en su relación con el espacio, de los pueblos prehispánicos:el ámbito en el cual organiza su vida,las ciudades en las cuales habita,los templos y áreas rituales en las que se desarrollan sus actos religiosos se abren al exterior.El espacio interno se desvaloriza con respecto al externo,y en donde se siente más acusada esta característica es en su arquitectura religiosa; las actividades ceremoniales se desarrollan en espacios abiertos al sol,al aire,a la naturaleza, debido a razones dictadas por sus mitos.(Ortíz Macedo1972:22).

12 Una visión superficial de la arquitectura religiosa de los dos pueblos enfrentados da lugar a juicios como el que nos propone P.C.de Gante,cuando dice que es un hecho fuera de discusión que la arquitectura precortesiana no ha logrado introducir ninguna de sus características esenciales en el estilo arquitectónico del pueblo conquistador.(Gante 1954:26).Para él no cuentan los espacios abiertos en la arquitectura monacal del siglo XVI. (Ortiz Macedo 1972:26 y 30).

13 Las palabras de P.C.de Gante de la nota anterior dándoles un sentido más restringido se adaptan a lo que viene diciéndose.M.Toussaint (1927:73) se mantiene en un parecer semejante.

14 Toussaint 1962:XII.Una de estas "huellas"pueden ser las capillas abiertas. Concepción arquitectónica de raíz,contenido y simbolismo precolombino al funcionar como una nave descubierta del templo cristiano (Artigas 1992: 20-21) entre otros muchos investigadores.

urbano que traen consigo aquellos invasores(Ortiz Macedo 1972:53).Una de las facetas ,junto con la lengua y la religión,que los "conquistadores" con mayor frecuencia destacan y se enorgullecen de su implantación en el continente (Sebastián et al. 1989:13;Chueca Goitia1979:161).

La presencia y participación de la forma de ser y pensar indígena a la propuesta de un nuevo concepto y modelo de estructura religiosa durante una buena parte del siglo XVI no se reduce tan sólo al proyecto arquitectónico;circunstancia que es por si sola un hecho muy significativo . Sino que además, el pueblo participa de forma destacada en su materialización por medio de la mano de obra , los materiales de construcción,la ornamentación y otros temas relacionados con el arte de construir[15].

Entre las novedades artísticas que introduce el nuevo orden cultural al continente es en el área de la naciente arquitectura religiosa, llamada colonial por los europeos,en donde con mayor énfasis puede hablarse de la presencia de *sugestivas* influencias precolombinas a los planteamientos de carácter constructivo que traen consigo los primeros frailes mendicantes[16] .Se trata no sólo de ideas e incluso componentes arquitectónicos de tradición precolombina que sin más se incrustan o adhieren al patrón constructivo europeo;sino de nuevos encauzamientos, otras necesidades que de manera decisiva modifican el planteamiento arquitectónico original,a pesar de que con frecuencia se niega o se minimiza su presencia[17] .Propuestas que le dan a la naciente arquitectura cristiana en el continente un aire diferente, otra manera de ver y experimentar las manifestaciones religiosas del cristianismo aplicadas al Nuevo Mundo(Mc Andrew 1965:figs.104,105)

Estos nuevos enfoques quieren darle a la arquitectura monacal de Occidente, a partir de los primeros años del siglo XVI,una nueva visión que, por desgracia, tan sólo se consigue por un breve período cronológico[18] . Al poco tiempo, a principios del siglo XVII en ciertas áreas quizás antes se regresa al tradicional

---

15 Gante 1954:26-7; Mendieta vol.II:174, vol.III:61; Mc Andrew 1965:128.

16 *El carácter de los edificios levantados en las primeras décadas que siguieron a la venida de los españoles,se modela conforme al medio ambiente,a las necesidades locales y a las condiciones políticas y sociales del país.Este conjunto de factores naturales y humanos imprimen a la arquitectura una fisonomía propia,que pronto toma un cariz genuinamente mexicano...*(Gante 1954:2).En cierta forma, más adelante el mismo autor se contradice (1954:26).

17 J.Fernández afirma que: *hay algo que debe quedar dicho con anticipación y es que los conventos de la Nueva España del siglo XVI por la amalgama de formas que presentan y por las soluciones que sus constructores supieron darles,son los monumentos mas originales en el panorama arquitectónico de la América virreinal y distintos de otros similares y contemporáneos en Europa...*Otras citas (Ortiz Macedo 1972:26; Pardinas 1970:37;etc.)nos proporcionan una nueva visión,diferente de la tradicional.En ésta el tema más importante son los "reflejos" de la arquitectura europea en la mesoamericana del siglo XVI(Sebastian et al.1989:33 y ss 85 y ss.; Romero de Terreros 1951:9; Gante1954:155,etc.).Las influencias europeas están presentes,pero no debe olvidarse las americanas que también forman parte muy significativa en la nueva arquitectura .

18 Al decir de R.Gómez:*estos magníficos espacios abiertos que preceden a la iglesia y al convento estaban racionalmente distribuidos y no sabemos exactamente si desde un principio hubo la intención de que los indígenas no entraran en el templo cubierto,permaneciendo al exterior como los antiguos catecúmenos de los primeros años del cristianismo,al mismo tiempo que se aprovechaban las anteriores costumbres indígenas de culto al aire libre o si,por otra parte,se pensó también en una jerarquización del espacio en el sentido de que el pueblo permaneciera en los patios mientras que los caciques y los hijos de los caciques pasaban al convento,la escuela y el templo.* (1989:83).Unas palabras de Motolinia (1941:179-180) nos orientan en este sentido.

"redil", adoptando en planta el modelo cruciforme con cúpula de origen europeo. Nuevo ideal arqiotectónico que al poco tiempo de establecerse se americaniza al extenderse por una gran parte del continente[19].

Es necesario remarcar que los aportes precolombinos al mezclarse con los occidentales ayudan a *reinterpretar*,en suelo americano y en términos de audaz sincretismo religioso,de acuerdo con M.J. Herskovitz (1952:598),las tradicionales formas arquitectónicas que trae consigo el pueblo invasor[20]. Los utiliza el estamento religioso cristiano ante la imperiosa exigencia de realizar cambios significativos al tradicional culto cristiano.Modificaciones que a menudo afectan en su totalidad al proyecto tradicional de los monasterios de las ordenes mendicantes. Las reformas se llevan a cabo por medio de una ampliación del espacio litúrgico y redistribución arquitectónica de las estructuras destinadas al culto,pero no alteran los espacios monacales reservados a los frailes[21].

Los frailes mendicantes adoptan algunos cambios sin prejuicio alguno.Esto es muy importante si tenemos en cuenta los criterios con frecuencia conservadores y a menudo estereotipados del estamento eclesiástico del pueblo "conquistador". Es necesario recordar que los primeros frailes se ven presionados a aceptar las modificaciones,con el fin de adaptar sus estructuras religiosas a la forma de ser,pensar y manifestarse los nuevos creyentes en temas relacionados con la liturgia[22].Estas transformaciones, se convierten de inmediato en cambios substanciales de la arquitectura monacal cristiana del siglo XVI americano. Pero, por desgracia tan sólo tienen carácter de transición entre las constantes arquitectónicas precolombinas que mueren durante aquel trágico siglo XVI, y las formas constructivas que nacen o mejor dicho se implantan en América.Las modificaciones afectan al conjunto monacal a partir del primer cuarto del siglo XVI,en adelante[23].

Como viene insinuándose las propuestas americanas aportan sugestivas alteraciones a las ancestrales normas de culto cristiano y su materialización en la arquitectura religiosa europea de finales de la Edad Media. Transformaciones en principio destinadas a favorecer e incentivar la evangelización de los pueblos americanos (Gómez 1989:82).Además de aumentar la capacidad de los espacios

---

19   La planta cruciforme,salvo algunas excepciones aparece con las iglesias parroquiales (Toussiant 1962:99).Para Kubler corresponde al último apartado en la evolución de los templos del siglo XVI (1982:531). El tipo cruciforme con cúpula se "mexicaniza" a partir del siglo XVII(Toussaint1927:55;Gante1954:3).

20   Está de acuerdo G.Kubler:*Debemos considerar ,a su vez, la correspondencia entre la capilla abierta y las condiciones de culto en la época precortesiana...En este caso,nos encontramos con toda seguridad ante la influencia obvia de las costumbres indígenas ,pues los lugares de culto al aire libre no eran lo usual en las comunidades cristianas.Las congregaciones al descubierto hacían que los indígenas no consideraran la liturgia cristiana como algo extraño y confuso.*(1990:531-32).

21   Una de las razones para realizar cambios en la estructura general de los templos cristianos del siglo XVI es la multitud de nuevos creyentes:...*los patios son muy grandes y muy gentiles,porque la gente es mucha,y no caben en las iglesias,y por eso tienen su capilla fuera en los patios,porque todos oigan misa todos los domingos y fiestas ,y las iglesias sirven para entre semana.*.(Motolinía 1941: 79-80), se olvida tal vez la razón más significativa:la sensibilidad indígena por los espacios abiertos.

22   Se conoce muy poco sobre el uso de los espacios de culto a cielo abierto del siglo XVI (Kubler 1990:364).Apesar de que se realizan en ellos una enorme cantidad de actividades religiosas (Fernández 1961:53;Gómez 1989:81-82;Mendieta 1945 vol.III:70;Schroeder Cordero 1992:130-133)junto con otras ajenas al culto(Palomera 1962:277;McAndrew 1965:216;Kubler 1990:364).

23   Los mendicantes nos proporcionan una distribución arquitectónica muy definida para sus estructuras religiosas(Early 1994:15;Rojas 1963:16), cosa que no ocurre con las ordenes religiosas posteriores (Toussaint 1927:55;1962:52).Las iglesias parroquiales obedecen a un nuevo enfoque de la arquitectura religiosa americana (Toussaint1962:55;Ortiz Macedo 1972:63;Barnadas1990:191)

consagrados a la liturgia y,al mismo tiempo,adaptar la arquitectura religiosa en el Nuevo Mundo a una visión ciertamente americana del culto[24] . Cambios a un orden arquitectónico establecido de antemano que dan lugar, a una propuesta arquitectónica tal vez no nueva del todo,pero sí diferente.Nuevo enfoque litúrgico que trata de acoplarse,entre otros aspectos,al tradicional ceremonialismo al aire libre de la mayor parte de las religiones amerindias[25].

Para el momento de implantación de la arquitectura religiosa occidental en América proponemos un nombre. Denominación que su aplicación en el Nuevo Mundo puede tal vez significar para algunos investigadores,sobre todo europeos,un verdadero sacrilegio.Un error quizás imperdonable si sugerimos un término semejante al que dio lugar en el Viejo Mundo los orígenes de la arquitectura cristiana y lo reutilizamos ahora para referirnos al "nacimiento" mejor dicho introducción firme y definitiva del Cristianismo y su arquitectura en América.Para alguien quizás se convertirá en una verdadera "blasfemia" (insistimos en ello) si bautizamos los inicios de las estructuras religiosas del Cristianismo en el Nuevo Mundo con el nombre de *Arquitectura Paleocristiana de América.*

¿Es correcto hablar de arquitectura paleocristiana en el Nuevo Mundo?

Me parece cierto que veo... en esta primitiva nueva y renaciente iglesia de este Nuevo Mundo, una sombra y dibujo de aquella primitiva iglesia de nuestro conocido mundo del tiempo de los santos Apóstoles. Memoriales de V.de Quiroga.

Seguramente sorprende una denominación de esta índole para el continente americano, siempre pletórico de modernidad,sobre todo cuando el tema de los inicios de la arquitectura cristiana en América está apenas promoviéndose .Hasta ahora ,el estudio de las primeras estructuras religiosas del Cristianismo en el *Nuevo Orbe* no se toman en cuenta ;entre otras razones porque las investigaciones arqueológicas son todavía bastante escasas(Hanson 1995:15 y ss.) y se ha profundizado poco en la investigación documental.Además,la arqueología "colonial" ha sido hasta hoy día de poca importancia al estar los arqueólogos más absortos en el pasado precolombino del continente.Es tal vez por esta razón, entre otros motivos,que en la actualidad todavía se considera que la investigación de las primeras manifestaciones artísticas y arquitectónicas del Nuevo Mundo deben principiar con el establecimiento y definición de los grandes monasterios de la segunda mitad del siglo XVI.Y, no se toman en cuenta los primeros tanteos por considerarlos tal vez de escasa calidad artística,pero no lo son desde el punto de vista cultural en un sentido amplio de la palabra.

---

24 ..*los misioneros aprenden rápidamente a conocer al indígena;se enteran de sus costumbres,de su religión y lengua y tratan de interpretar su personalidad.Pronto se percatan de la profunda reticencia para entrar a presenciar los actos litúrgicos de la nueva religión en templos cerrados construidos según patrones extraños a su percepción cósmica de la deidad.*(Ortiz Macedo1972:25).

25 Las propuestas son diversas basta citar alguna:Artigas 1989:8 ss.,1992:20,1991:25 ss y 28;McAndrew1965:110 ;Gómez 1989:83;Kubler 1990:241. Motolinia también nos orienta hacia este concepto(1941;79). De nuevo a través de L.Ortiz Macedo:*Los evangelizadores perciben que, además de no ser posible albergar en espacios internos a las multitudes de nuevos bautizados,había que crear un nuevo recinto arquitectónico relacionado con sus tradiciones...* (1972:26).

A).- Un esbozo de planteamiento del tema.

Al observar los orígenes de la arquitectura cristiana en uno y otro continente nos damos cuenta que existen bastantes paralelismos y algunas remarcables diferencias para el mismo y transcendental acontecimiento religioso y a la vez cultural[26].En ambos continentes la aparición del nuevo credo se hermana a un cambio fundamental de conducta religiosa y comportamiento cultural[27] .Además,en América,objetivo primordial de las presentes notas,el Cristianismo no se implanta sobre unos espacios de tibia actividad religiosa;sino todo lo contrario en unas regiones en las que existe una tradición cultural y religiosa de cientos de años de antigüedad[28].En Europa nos encontramos con una situación paralela.Así mismo, en ambas áreas la religión forma parte incontrovertible de un aliento y esfuerzo cultural de una extraordinaria y ancestral vitalidad e innegable personalidad[29] .

En el Viejo Mundo desde antes de la aceptación pública del Cristianismo,pero sobre todo a partir de su tolerancia y posterior oficialidad con el emperador Constantino, la nueva religión trata de encontrar unas formas arquitectónicas propias y adecuadas a su sensibilidad religiosa y comportamiento litúrgico (Milburg 1988:83 y ss.;Davies 1952:12 y ss.). Para conseguirlo utiliza aportaciones arquitectónicas del mundo pagano que entrelaza con las características del ritual del nuevo credo.Orientación de la flamante doctrina que se manifiesta a través de unas formas arquitectónicas y de un culto que en realidad no tan sólo son muy diferentes de la tradición religiosa precedente, sino más bien opuestos a ella en todos sentidos[30] . En el continente americano pasa algo semejante durante los primeros años de implantación del Cristianismo en su suelo[31].

---

26 Para algunos estudiosos más que orígenes tal vez fuera mejor hablar de introducción ,"exportación" o implantación en el Nuevo Mundo de un nuevo concepto de arquitectura religiosa.

27 Se ha dicho que la legalización del Cristianismo en el imperio romano es una de las causas de su decadencia(Lot1956:20).De a cuerdo con R.Rémondon citando a Pfister: *el cristianismo desempeña un papel esencial en esta crisis de la cultura antigua,o incluso es directamente responsable de la catástrofe* (Rémondon 1967:162). Algunos historiadores están contra esta teoría (Leroy 1958:14).El problema no es simple;es bastante más complejo(Réndomon 1967:159-169).Lo cierto es que:*El concepto del arte cambió de sentido con el cristianismo* (Velarde 1956:74).En América pasa algo semejante.La llamada *conquista* desde un principio se identifica con la ruina y desestructuración de las culturas y civilizaciones amerindias(Wachtel 1990:173;Elliot 1990:141).Son elocuentes las palabras de los dirigentes mesoamericanos a los "Doce" frailes (León-Portilla1970:25)

28 Con la presencia de Huehueteotl en el horizonte Preclásico se inaugura la prodigiosa iconografía de sus dioses.Los ritos religiosos son mucho más antiguos(Piña Chán 1955:61).Roma hereda de Grecia buena parte de su panteón religioso con el que se siente identificada hasta el fin .

29 La importancia de la religión es incuestionable.En Mesoamérica,por ejemplo, es tan grande que no vale la pena comentarla,pero si anotarla(Séjourné 1984:1).Aunque Roma no se distinguió como Teotihuacán,por su fervor religioso,la religión forma parte importante de su quehacer cultural puesto que los romanos:*tended to think of religión in terms of history,and history was the history of Rome.*(Barrow 1961:144).Balsdon no se aleja de esta idea (1965:182 y ss.)

30 Las religiones del mundo antiguo se materializan en una aquitectura con escaso espacio interior(Giedion 1966:358).Rex D. Martienssen ,nos recuerda que:*el templo(griego)nunca fue,en ningún momento de su desarrollo,un lugar de reunión.Sólo ofreció las comodidades necesarias a los efectos del ritual,y cualesquiera fueran los cambios operados en lo relativo al tamaño (y en algunos casos llegaron a tener grandes dimensiones) nunca dejó de imperar esta actitud ni de prevalecer la significación externa.* (Martienssen 1958:71-72).

31 La arquitectura mesoamericana carece de espacio cubierto importante(Gussinyer 1993:194).Lo mismo ocurre con el tradicional templo del mundo antiguo (Giedion 1966:358-59).Con la consolidación del cristianismo en ambos mundos,la primera arquitectura religiosa se caracteriza por la amplitud de sus espacios interiores (San Pedro de Roma con cinco naves(Milburn 1988: fig.57) y las primeras basílicas cristianas del Nuevo Mundo con tres(Kubler 1992:339-340 y 531).

A la hora de materializarse la nueva religión(en ambos mundos) a través de unas formas arquitectónicas propias el estamento religioso del nuevo credo trata de diferenciarlas,en cierto modo sobreponerlas a la tradición constructiva anterior. Circunstancia que no consigue del todo.En el Viejo Mundo adopta formas arquitectónicas ya existentes alterándolas para la nueva función religiosa[32] .En el Nuevo se da una situación inversa,pero en el fondo coincidente.Las formas arquitectónicas perfectamente definidas que traen consigo aquellos invasores es necesario modificarlas para adaptarlas al comportamiento religioso y personalidad cultural de los pueblos amerindios[33] .

Es de esta forma como en América el estamento eclesiástico evangelizador se ve obligado a "incrustar"en las primeras estructuras religiosas de origen europeo algunos temas de la arquitectura precolombina.Unos,por ejemplo, son de carácter material (espacios abiertos;Kubler 1958:515 y ss.) otros de índole espiritual (culto de gran participación;León-Portilla 1959:94).Todos ellos representativos de las religiones amerindias.Se aceptan estas "ofertas"precolombinas con el fin de favorecer la introducción y posterior consolidación de la nueva religión, y lograr espacios suficientes para la evangelización.Gracias a esta circunstancia se consiguen unas formas arquitectónicas tal vez no nuevas,pero sí diferentes de las que en un principio pretenden implantar los invasores.

La introducción y permanencia de esta arquitectura occidental "alterada" en algunos de sus componentes básicos -el espacio,por ejemplo- por la idiosincrasia religiosa de los pueblos amerindios , la convierte en la unidad arquitectónica que tratamos de identificar con el nombre de arquitectura paleocristiana de América[34] .De manera semejante las estructuras paleocristianas de Europa nacen de la consolidación de las normas de conducta religiosa cristiana que se entrelazan con la arquitectura civil romana -las basílicas- con el fin de hacer posible la multitudinaria congregación,en espacios cubiertos,de los adeptos al nuevo orden religioso(Choisy 1964,vol.II:331).

Asimismo,en los dos mundos la nueva religión trata de identificarse e inserir en el interior de una masa de población muy amplia,densa y de una gran tradición cultural[35].Propósito que no logra del todo hasta que se establece de forma definitiva por medio de una resolución superior[36] .La diferencia entre los dos

---

32 F. Lot nos recuerda:*En cuanto a la Iglesia cristiana,ya sabemos que su plano (el templo) deriva de la basílica antigua,vasto local destinado a tribunal,mercado,etc..Es de forma rectangular y cubierta de un techo de madera.Harán falta muchos siglos para dar a la basílica un aspecto artístico.*1956:121)

33 *Las realizaciones arquitectónicas del siglo XVI y XVII en las que,con la dirección del conquistador occidental,empiezan a surgir los nuevos conjuntos urbanos y las nuevas obras arquitectónicas.La sensibilidad indígena,la vigencia de ciertos aspectos de su organización colectiva, obligan a que subsistan esas características de respeto a los espacios abiertos,y así surgen las soluciones tan mexicanas como la de las <<capillas abiertas >>...*(Ramírez Vázquez 1964:4).

34 El espacio no define por sí sólo la arquitectura a pesar de que así lo considereB.Zevi (1958). Esta se desenvuelve en un complejo número de componentes,pero hay que tener en cuenta que el espacio en arquitectura es uno de los más significativos(Norberg-Schulz 1988:133 y ss.).

35 En la civilización mesoamericana,el imperio azteca ,por ejemplo,se identifica con una etapa de crecimiento demográfico (Denevan 1980:291;Cook y Borah 1977;Sánchez- Albornoz 1977) .Para el Viejo Mundo -el imperio romano- a un período de debilidad demográfica (Rémondon 1967:36).

36 La religión cristiana como oficial del imperio romano la proclama el emperador Constantino el año 323.Para el Nuevo Mundo en la Letra Apostólica (bula) denominada *Inter cetera* expedida

continentes es que en uno la implantación definitiva del cristianismo coincide con cierto descrédito de la antigua religión y además,se establece en el interior de un imperio,el romano,en una etapa de decadencia política y cultural progresiva (Balsdon 1969:197;Poulsen 1947:237 y ss.;Gibbon 1966:143). Es tal vez por esta y otras razones que la aceptación del cristianismo,pero sobre todo su expansión es,en cierta manera, explosiva (Balsdon 1969:195 y 197).

En el Nuevo Mundo la religión antigua se encuentra en plena vigencia y enorme credibilidad cuando los invasores obligan el nuevo credo[37].Además, en época de gran euforia cultural -en la mayor parte de las ocasiones nos referimos a las dos grandes civilizaciones precolombinas- cuando se establece el cristianismo[38] .Al mismo tiempo, a diferencia de Europa la nueva religión se impone por la fuerza en el sentido más prístino de la palabra, sin dar lugar a *transición* alguna.Se establece de un día para otro,por decreto, con carácter de "obligatoriedad"[39] .En el Viejo Mundo a la larga también se impone el nuevo credo,pero después de un largo período,a veces,de difícil coexistencia con la religión pagana.Le sigue una breve etapa de tolerancia y finalmente acaba por oficializarse[40].Podemos observar que en el Viejo Mundo existe un largo período de transición y forcejeo hasta su aceptación definitiva.Circunstancia que no tiene lugar en el Nuevo.

A pesar de lo que viene diciéndose a la hora de iniciarse la nueva arquitectura religiosa en los dos continentes existen notables discrepancias que es necesario anotar algunas de ellas.Primero,en el Viejo Mundo al surgir la necesidad de una arquitectura cristiana con el fin de encauzar y formalizar la nueva religión no cuenta con unos precedentes directos y tiene que recurrir a estructuras arquitectónicas ajenas,en principio, a su ideal arquitectónico[41].Es más,en la etapa inicial ni siquiera está definida su distribución espacial.La primera arquitectura cristiana anterior a su reconocimiento como tal mayormente gira entorno del tema arquitectónico conocido con el nombre de *House Church* (Davies 1952:12; White 1990:15). Pero,a pesar de lo dicho en algunas ocasiones se dijo,y se sostiene en la actualidad,que el cristianismo al momento de oficializarse ya contaba con unas formas

---

por el papa Alejandro VI el 3 de mayo de 1493 hace constar que los monarcas de España"*como corresponde a Reyes y Príncipes Católicos,decidisteis según costumbre de vuestros progenitores ,Reyes de ilustre memoria,someter a Nos las tierras e islas predichas y sus habitantes y moradores y convertirlos con el auxilio de la divina misericordia a la Fe Católica...*(Ybot León 1954:128).

37 El valor y alcance de las creencias religiosas en Mesoamérica queda demostrada en palabras de A. Caso al recordarnos que para el pueblo azteca,por ejemplo,*era tan grande ,que podemos decir sin exageración,que su existencia giraba totalmente alrededor de la religión y no había un sólo acto,de la vida pública y privada,que no estuviera teñido por el sentimiento religioso.*(Caso 1945:82).

38 El vigor de algunas culturas amerindias y la creencia en su realidad cultural nos lo demuestra un sencillo *cuicatl* (expresión poética) que un *cuicani* (poeta)compone poco antes de la derrota definitiva. *Y mientras el mundo exista / nocesará la gloria de / M´éxico Tenochtitlan*

39 Es contundente la orden manifiesta en la *Recopilación de las Leyes de Indias.Libro Primero,Título Primero,Ley 1.*Dice textualmente:*Que en llegando los Capitanes del Rey à qualquiera Provincia y descubrimiento de las Indias,hagan luego declarar la Santa Fè à los Indios.*

40 *Christianity ,so long on the defensive,now moved to the attack and it was the turn of pagan temples to be forcibly closed and their sacrifice forbidden.*(Balsdon1969:197).En Poulsen (1947:23 7 ss.) se recrea en este tema de la lucha por el poder entre las dos religiones: la que muere y la que se oficializa.

41 La basílica romana como prototipo del templo cristiano(Lot 1956:121;Milburn 1988:97;Krautheimer 1965:23;Davis 1952:16;Choisy 1963:331)...*when the Christians first appeared in public and erected public edifices,they used for their churches the usual type of secular public building without transforming it in any considerable way.*(Krautheimer 1969:7).

arquitectónicas definidas (Gudiol i Cunill s/f:96).Segundo,cuando el nuevo credo llega al continente americano sí cuenta con una larga tradición arquitectónica que,en principio, debe respetarse.Este puede ser tal vez una de las razones de mayor peso para que se rechace el apelativo de arquitectura paleocristiana a las primeras estructuras religiosas del Cristianismo en América.A pesar de ello los primeros ensayos de su establecimiento difieren bastante de los ejemplos europeos y más todavía de la capacidad y monumentalidad arquitectónica inmediata posterior[42].

Las primeras propuestas de arquitectura religiosa en el Nuevo Mundo anteriores a los grandes conjuntos monacales perfectamente definidos son importantes tenerlas en cuenta desde el punto de vista arqueológico,etnohistórico e incluso arquitectónico,pero sobre todo cultural.En ellas es perceptible el germen del extraordinario sincretismo arquitectónico inmediato (Maza 1970:10). Reinterpretación arquitectónica que puede observarse en la mayor parte de los monasterios anteriores al último cuarto del siglo XVI[43].Se trata, en este momento y en la mayor parte de las ocasiones,de los "templos a cielo abierto" y las llamadas *iglesias pajizas*[44] junto con otras estructuras religiosas bastante más definidas.De las primeras nos hablan algunos cronistas y diversos estudiosos[45].De ellas comenzamos a contar con algunos ejemplares estudiados por métodos arqueológicos[46].De los primeros monasterios concebidos como tales contamos con restos arqueológicos y algunos ejemplos,escasos por cierto, todavía con actividad religiosa.

A pesar de lo dicho, no es necesario insistir que las formas arquitectónicas del Cristianismo en América son nuevas en el continente,y cuando se exportan desde el Viejo al Nuevo Mundo ya estaban perfectamente establecidas desde muy

---

42 Los primeros ensayos son de escaso valor arquitectónco,como lo son las primeras experiencias de arquitectura paleocristiana europea,pero es importante tenerlos en cuenta desde cualquier punto de vista.No hemos de caer en la valoración que observamos en M.Toussaint cuando comenta que:*Salvo en el primer momento en que la improvisación produce ejemplares deleznables que no tardan en desaparecer,desde el punto en que las tres grandes ordenes religiosas se implantan en el país, los tipos arquitectónicos son susceptibles de clasificación.*(Toussaint 1927:9)

43 Los monasterios del siglo XVI son un elevado porcentaje arquitectura mesoamerica,a pesar de que utilizan sistemas constructivos y temas ornamentales europeos.El espiritu que los anima es amerindio a pesar de que los "arquitectos" sean extranjeros. (Pardinas1970: 1970: 39).

44 Las primeras construcciones son muy sencillas de escasas pretensiones(en el Viejo Mundo pasa algo semejante)con techo de zacate como su nombre indica(Hanson 1995:20;Fernández Echevarría y Veytía 1963 vol.II:10).Estas formas se conservan algo ampliadas y más sólidas en las llamadas *Doctrinas* y *Visitas*. En el resto del continente,en Colombia por ejemplo, una composición arquitectónica semejante reciben el nombre de *iglesias doctrineras* (Corradine 1989:150 y ss.).

45 ... *la iglesita de paja,moderado retablo,la casa del religioso como un rancho desmantelado para dos religiosos* ... (Burgoa 1934, vol.II:408),el mismo cronista nos habla como iban...*hombres y mujeres como en romería a visitar la choza sagrada de paja*...(Burgoa 1989:44).D.Basalenque nos aproxima a esta idea(1963:82). J.A.Gay nos cuenta que en la ciudad de Oaxaca se edifica ...*el primer templo,bastante humilde en verdad,pues era de paja,pero que sirvió de catedral al primer obispo de Antequera.*(Gay 1950,vol.I:435).Otros investigadores se identifican con la misma idea: Sánchez Baquero 1945:54;Warren 1977:116;Toussaint 1962:11;etc.

46 Los métodos arqueológicos para esclarecer incógnitas culturales de la "colonia" son poco utilizados.Pero,comenzamos a contar con diversos ejemplos:Pendergast 1993:120; Andrews IV1975:30 y ss;Millet et al. 1993:53 y ss;Weeks et al.1987:73-88;Hanson 1995 15 y ss.;etc.

antiguo en Europa[47]. En cambio en el Viejo Mundo cuando se construyen si son de reciente creación desde un punto de vista estricto de arquitectura religiosa (Milburn 1988:86). Pero, debemos reconocer que a partir de su nacimiento y expansión en un área (Europa) y su implantación en otra (América) sufren cambios que a veces resultan ser significativos. Estas alteraciones de las nuevas estructuras religiosas se realizan para adaptarlas a unas necesidades cambiantes durante los inicios de la liturgia tanto en uno como en el otro Mundo.

En el "Nuevo Orbe" a la distribución de la traza monacal europea se le agregan algunas "adquisiciones" arquitectónicas que en parte trastornan su tradicional esquema. Pero, como contrapartida le dan otro sentido, una visión diferente al concepto de *congregación religiosa* occidental aplicada al Nuevo Mundo (McAndrews 1965:figs.104 a 108; Rojas 1963:16). Componentes monacales nuevos que toman cuerpo por medio de los atrios, capillas abiertas y otras estructuras arquitectónicas adjuntas y subsidiarias; algunas indispensables para el conjunto conventual americano.Temas cuyos orígenes hay que buscarlos en la arquitectura religiosa precolombina y se entrelazan con el proyecto original de importación europea (Chanfón Olmos 1992:74).

Sobre todo hay que tener en cuenta que, como consecuencia de esas "adquisiciones precolombinas", las primeras trazas de arquitectura religiosa en Mesoamérica, por ejemplo, las envuelve un aire nuevo, reciente, innovador. Ambiente en cierto modo tanto o más importante que la arquitectura en si misma, de la que sin embargo estos y otros" apelativos" forman parte inseparable.

Tanto en el Viejo como en el Nuevo Mundo el *culto pagano* se realiza siempre al aire libre (Velarde 1956:76-77;Kubler 1990:350 y 531).Pero,el nuevo credo en las dos áreas trata de inmediato encerrarse en espacios cubiertos[48]. En buena parte oscuros, a veces de aspecto lúgubre ,hasta convertirse en unas estructuras arquitectónicas destinados a la instrospección (Sas-Zaloziecky s.f.:12) .A pesar de lo dicho la arquitectura paleocristiana en ambos mundos cuenta con algunos espacios abiertos materializados en extensos atrios.Areas descubiertas y limitadas, reminiscencia de los patios paganos en Europa y de las grandes plazas ceremoniales en América. Superficie necesaria tal vez indispensable para algunas actividades religiosas.Espacios a cielo abierto importantes durante las primeras etapas de implantación oficial del cristianismo en los dos mundos (Leroy 1958:29).

En el Nuevo los atrios siempre son más extensos que en Europa.Se ajustan a una mayor utilización e intensidad religiosa y a la vez profana que en el Viejo.En América la nueva religión se implanta con la idea litúrgica y el esquema arquitectónico consagrados por la tradición en espacios de culto cubiertos perfectamente definidos.Pero,en sus etapas iniciales se abre a espacios abiertos casi olvidados en Europa durante la Edad Media.Areas luminosas y de apariencia *exultante* .Como anotamos,con cierta insistencia,es tal vez en el tratamiento del espacio en donde reside una de las facetas más significativas de esta nueva visión del conjunto

---

47 San Pedro consagrada por Silvestre I el 18 XI 324(Leroy 1958:28)define los rasgos básicos del templo cristiano:ábside,bema,naves y nártex. Algunos temas desaparecen, otros se incorporan.

48 J.McAndrew comenta:*From its beginning the Christian religión had been one where worship took place inside a building.*(1965:205).Coinciden con él Christiansen 1959:119;Choisy 1963:332; Reinach 1970:109;Gudiol i Conill s.f. 96;Milburn 1988:86;etc.

monacal americano.En su sabia adecuación y acertada materialización se encuentra uno de los mayores aciertos de la arquitectura cristiana americana (Ortiz Macedo 1972: 22-26.;Maza 1970:10;Pardinas 1970).Hay que tener en cuenta y no olvidar que el espacio de la índole que sea fue ,es y será siempre uno de los componentes más significativos de la arquitectura .

En Europa una vez establecidas y consolidadas las normas definitivas de arquitectura cristiana los espacios abiertos desaparecen casi del todo. En algunas ocasiones cambian de lugar y función.Adoptan un carácter privado al evolucionar hacia los claustros de las estructuras monacales posteriores(Velarde 1956:77) .En el área americana los espacios abiertos mucho más identificados con el pueblo sobreviven en áreas apartadas y cronologías avanzadas(Noriega Robles,1992:337 y ss.). Con frecuencia ,se desvirtúa su función original y se transforman en espacios de utilidad más cívica, que religiosa (Pita Moreda 1992:215).A menudo, también con el tiempo desaparecen casi del todo (Kubler 1990:531).Si se conservan es en espacios marginales fosilizados al perder su función primigenia.En otras ocasiones quedan "aturdidos", relegados a aspectos secundarios por el clero secular tanto en las viejas y como en las nuevas estructuras religiosas (McAndrew 1965:205).

B) Las diferentes etapas de la arquitectura paleocristiana.

Tanto en el Viejo como en el Nuevo Mundo existen cuando menos dos fases muy importantes, tal vez más, destinadas a ordenar el estudio de los inicios de la arquitectura cristiana.Propuestas cronológicas y arquitectónicas sincrónicas que es necesario tener en cuenta a la hora de emprender su investigación y sobre todo delimitación en el tiempo y en el espacio.En ambos mundos,la primera corresponde al período más antiguo y su estudio se realiza mayormente por métodos arqueológicos.

En el Viejo Mundo el período inicial va desde las primeras propuestas arquitectónicas que giran, con frecuencia, entorno de las llamadas *Domus ecclesiae* (Withe 1990:111) y termina a mediados del siglo IV .La segunda va desde la fecha anterior hasta desarrollarse la arquitectura prerománica .En América los períodos cronológicos son mucho más breves y a causa de la brevedad bastante más confusos . Algunas de las razones son: la enorme extensión por catequizar, las diferencias culturales de una región a otra, ,la presión exterior por evangelizar, pero sobre todo la falta de investigación documental y arqueológica. En el Viejo Mundo el espacio es más reducido,existe una gran homogeneidad cultural y, además, la investigación se encuentra mucho mas avanzada.

En Mesoamérica,por ejemplo,los primeros esbozos se inician alrededor de 1520 (Díaz del Castillo vol.I:286) y terminan hacia la mitad del siglo.Para esta etapa, la arqueología se convierte en una herramienta muy importante de investigación (Chanfón Olmos 1992:73 y 80). La segunda empieza de inmediato,pero el fin es bastante impreciso. El término hay que buscarlo en el momento de decadencia de los grandes monasterios de las ordenes mendicantes.Y sobre todo, cuando comienzan a declinar o caer en desuso los temas arquitectónicos de origen precolombino que se introducen con anterioridad. Alcanza ,aproximadamente, hasta finales del siglo y coincide con los inicios de la preponderancia del clero secular y las iglesias parroquiales. En algunas regiones,el criterio cronológico oscila con ciertas diferencias de un área a otra de acuerdo con la realidad cultural precolombina de las áreas afectadas, la demografía e intensidad del celo evangelizador.

En América,la mayor parte de los especialistas de historia del arte pocas veces toman en consideración la primera parte;hasta el punto que bastantes investigadores del arte considera que,no es hasta aproximadamente 1550 cuando la arquitectura monástica virreinal puede considerarse definida y por lo tanto digna de tomarse en cuenta(Toussaint 1927:17). Casi siempre parten de este hecho y momento cronológico para iniciar su estudio.Justamente es en este breve período anterior a 1550 que incluimos la parte más significativa de la arquitectura paleocristiana de Mesoamérica.A pesar de ello el mismo M.Toussaint pocos años después rectifica su criterio anterior ,y a pesar de que no la toma en cuenta, nos habla de su presencia (Toussaint 1962:11).Es indudable que existe,como podemos observar, en la mayor parte del continente una breve etapa de conformación de la arquitectura cristiana con diferentes cronologías(Fernández 1961:53) .

A pesar de su indiscutible presencia la mayoría de historiadores,como venimos anotando, no cuentan,hasta ahora,con la primera etapa de la arquitectura que apodamos *Paleocristiana de América.* Por una parte,por desconocerla y por la otra por su supuesto "escaso valor artístico" a causa de las exiguas dimensiones y la deleznable calidad de los materiales constructivos de aquellos sencillos templos [49].En realidad se trata de un breve período que se orienta hacia la materialización del nuevo credo en sencillas, a veces indecisas o incluso imprecisas estructuras religiosas.Templos que con frecuencia se convierten en el embrión de los grandes monasterios.Para su construcción se utilizan materiales y sistemas constructivos locales.A menudo se amalgaman de manera muy embrionaria tradiciones de los dos mundos sin un orden de preferencia,conformando espacios cubiertos y abiertos muy rudimentarios destinados al nuevo culto (Martínez Marín 1968:63; Andrews V.1978 fig.23;Hanson 1995:fig.6,etc.,para el área de nuestro interés).Una situación de esta índole prevalece en ambos continentes sin un orden o preferencia definida(Milburn 1988:85;White 1990,etc.para el Mundo Antiguo).Además,se adaptan o incluso adoptan para los ritos del nuevo credo espacios de configuración bastante indefinida a menudo ajenos al culto cristiano[50] .

Al mismo tiempo,como venimos diciendo,en los dos mundos durante los inicios de la arquitectura paleocristiana se reutilizan estructuras arquitectónicas anteriores de diversa función (White 1990; Motolinia 1941:111;Toussaint 1927:10). Con frecuencia relacionadas con la arquitectura "pagana"que se acoplan a las necesidades de la nuevo culto (Toussaint 1927:fig.1). Religión que en uno de los dos ámbitos está naciendo;en el otro "renace" en el sentido más estricto de la palabra,o si se quiere se instaura.En ambos espacios los inicios de la arquitectura cristiana se materializa en construcciones existentes sin una función religiosa específica[51].

---

49 M.Toussaint nos dice de la etapa más antigua:*La primera comprende las iglesias primitivas, templos provisionales de que apenas hay noticia concreta y que no pueden ser tomados como entidad arquitectónica.*(1927:73).G.Kubler va por este camino (1990:531)

50 Para el Viejo Mundo (Gough 1961:59;Krautheimer 1969:3).Para el Nuevo escasean,pero vale la pena recordar unas palabras de M.Toussaint: *desarrollan su tarea evangélica al aire libre,cuando mucho en cobertizos improvisados para guarecerse de la intemperie.*(1927:15).P.Beaumont nos muestra uno de estos "cobertizos" embriones de las iglesias posteriores (1932 vol.III, mapa(fig.)6).

51 En el Viejo Mundo los inicios de la arquitectura paleocristiana se utilizan edificios de diversa función:*Christian congregations prior 200 were limited to the realm of domestic architecture, and*

Todo ese complejo mundo de cambios,transformaciones y adaptaciones se orientan hacia el embrión de un sincretismo religioso que al poco tiempo,en ambos mundos,se convierte en una significativa y espléndida arquitectura religiosa "nueva".Realidad cultural en la que, con frecuencia, diversos temas del antiguo culto los adopta el nuevo estamento religioso.Trata de introducirlos y acoplarlos a su propio credo.En esta primera fase,insistimos, la investigación y definitiva concreción de la arquitectura se lleva a cabo por medio de métodos arqueológicos (Andrews IV 1975:30).

La otra proposición cronológica o segunda etapa es , por supuesto, algo más reciente en los dos mundos. Se enlaza con la primera pero experimenta al mismo tiempo un gran cambio cualitativo y cuantitativo en ambas vertientes del *mar Océano* [52].Se orienta hacia el estudio y análisis de las estructuras religiosas bastante más precisas por medio de una profunda investigación de la nueva arquitectura.Pero,sobre todo del ideal arquitectónico del Cristianismo en vías de su establecimiento definitivo en los dos continentes (Kubler 1990; McAndrew1965)(Krautheimer 1965; Davie 1952). En esta segunda opción prosigue, en algunas partes del Viejo Mundo, la importancia del análisis arqueológico.En ambos mundos contamos,en la mayor parte de las ocasiones,con estructuras y restos arquitectónicos bien definidos que en realidad todavía sobreviven y prosigue su función religiosa,disminuyendo,por lo tanto, el empleo de métodos arqueológicos para su estudio.

La razón de su conservación en los dos continentes a menudo se relaciona con su localización.En ambientes,por lo general, rurales en el Nuevo Mundo por causa de su función evangelizadora lo cual facilita su conservación.Y en buena parte urbanos en el Viejo por razón de la consolidación del nuevo credo en las grandes ciudades.Circunstancia que implica cambios importantes, transformaciones, desapariciones y sobre todo posteriores superposiciones[53]. También cuenta y mucho su antigüedad - alrededor de los mil quinientos años para los ejemplos de Viejo Mundo- con todo lo que implica una circunstancia de esta índole.La cronología es muy importante puesto que los templos del Nuevo Orbe son bastante más recientes lo cual facilita su conservación.

---

further,to inconspicuous dwellings of the lower classes.(Krautheimer 1963:3).L.M.White (1990) se asocia a esta idea.Para M.Toussaint:*...no hay noticia de este convento viejo y lo más probable es que hayan ocupado la casa de algún vecino ,habilitando alguna habitación para iglesia.* (1927:22).En Motolonía encontramos otro ejemplo:*...los domingos y fiestas se ayuntaban todos,cada barrio en su cabecera,adonde tenían sus salas antiguas,porque iglesia aún no la había ,y los Españoles tuvieron también ,por obra de tres años,sus misas y sermones en una sala de estas que servían por iglesia.*(1941:111).Podrían citarse otras "iglesias provisionales" (Díaz del Castillo 1968 vol.I:286).La situación cultural, social y cronológica era diferente en una u otra orilla del "mar Océano"

52 En ambos mundos el cambio es diferente. En América a través de una admiración por los templos abovedados (Mendieta1945 vol.III:61).En el Viejo por medio de un menosprecio.Para Benevolo algunos hechos de la espiritualidad cristiana:*debía asombrar mucho a los contemporáneos,, para los que las iglesias cristianas debían parecer grandes cobertizos,sin ninguna dignidad áulica* (1979:83).

53 J.R.Benítez propone una lista de las *Construcciones franciscanas,dominicas y agustinas edificadas en la Nueva España durante el siglo XVI.*(1929:65-71).Se comprueba el carácter rural de las fundaciones.Benevolo para el Viejo Mundo habla de tradición doméstica y urbana de la arquitectura paleocristiana:*Una prueba nos llega de la localización de las primeras iglesias,que surgen en los barrios periféricos y populares de las ciudades romanas lejos de los centros monumetales*(1976:81).

El recorrido cronológico de la arquitectura paleocristiana dividida en dos etapas en los dos mundos,es breve.En el Viejo Mundo dura más.Las dos juntas no van mucho más allá de los cuatro siglos(Gudiol i Cunill s.f.:94).En el Nuevo -Mesoamérica el área de nuestro interés- alcanzan casi un siglo. Las razones son diversas.De entre ellas sobresale la lenta expansión del Cristianismo en el Viejo Mundo entrelazada con etapas de prohibición e incluso persecución.En el Nuevo todo lo contrario, la imposición del nuevo credo es la primera regla de la invasión y se convierte en una exigencia ineludible que se hermana con lo que nos han acostumbrado llamar *"conquista"*.

Al mismo tiempo existen varias alternativas o diversos enfoques para el análisis de las primeras manifestaciones de la arquitectura cristiana y el resto de las expresiones artísticas que conlleva su presencia en América(Bernales Ballesteros 1987 7-8).Propuestas que pueden resumirse también en dos enfoques en cierto modo opuestos sobre el mismo tema..Uno de ellos, podemos intuirlo de concepción occidentalista.Esta orientación ve en las primeras manifestaciones de la arquitectura y arte europeos en el nuevo continente unos trasplantes de las expresiones artísticas en general,y de las formas arquitectónicas en particular de los monumentos más o menos contemporáneas del Viejo al Nuevo al Mundo(Bernales Ballesteros 1987:36-8;Toussaint 1962:XII).

Este enfoque y orientación lo utilizan mayormente especialistas e investigadores del arte. Siguiendo este encauzamiento a menudo nos hablan de tendencias románicas (McAndrew 1965:171), abolengos góticos (Bernales Ballesteros 1987:38), reminiscencias árabes (Baxter 1934:24), influencias mudéjares(Marco Dorta 1973:27), temas de arquitectura manuelina (Gante 1954 :208), matices platerescos (Mac Gregor 1954:9), motivos ornamentales del Renacimiento (Bird 1962:33), junto con otros temas de la arquitectura europea a la naciente americana.Asimismo abundan las combinaciones de algunos de estos estilos artísticos entre sí (Rojas 1963:40). A veces se exagera la importancia de detalles mínimos como puede ser,por ejemplo,la presencia de *bolas y almenas isabelinas* (Sebastián López et al.1989:166), etc. Por lo general abundan en esta proposición elementos arquitectónicos y decorativos de origen medieval.Más adelante crecen en número los que se relacionan con el Renacimiento (Baxter 1934:24). Estos y otros temas de arquitectura religiosa o motivos ornamentales procedentes del Viejo Mundo los descubren los historiadores del arte en la primera arquitectura religiosa americana. Los ejemplos podrían multiplicarse de forma extraordinaria.

Como puede comprobarse,en el interior de este apartado,con frecuencia, más que el estudio de la arquitectura en sí misma se trata de la búsqueda y superficial análisis de temas o elementos arquitectónicos y ornamentales de procedencia occidental. A veces son de escasa trascendencia;puesto que no conforman la arquitectura,sino en algo la completan o mejor dicho la complementan,pero no la definen como una unidad religiosa específica(Gómez 1989:78) (En realidad el proyecto arquitectónico cuenta con un significativo porcentaje de influencias precolombinas: Artigas 1991:25;De la Maza 1970:10-11).Se trata aunque la palabra no sea tal vez del todo exacta y adecuada de una actitud que podríamos llamar de tipo difusionista.Teoría que al simplificarla y aplicarla al Nuevo Mundo,por ejemplo, se orienta hacia la idea que cualquier actividad cultural importante de América hay que buscar su origen o procedencia en el Viejo Mundo[54] .

---

54. Una actitud común en arqueología encabezada por investigadores europeos (P.Bosch Gimpera, R.von Heine-Geldern,etc.) en oposición a los autoctonistas a menudo americanos(A.Caso,C.S.Chard)

En nuestro caso,en una gran proporción es indudable la ascendencia de la otra vertiente del Océano Atlántico de las construcciones religiosas a partir sobre todo de la segunda parte del siglo XVI.Pero,puede y sobre todo debe matizarse esta expresión tan fría,
y tal vez poco meditada cuando nos la quieren presentar con una exactitud casi
matemática(Gante 1954:26). Puesto que en la mayor parte de las ocasiones algunos
investigadores no quieren,no saben, no alcanzan ver o mejor dicho no les interesa valorar las influencias de origen americano(Chanfón Olmos 1992:74;Toussaint 1962:XII). Y
cuando aciertan a dar con ellas las interpretan no como temas del mismo interés como
pueden ser para ellos, por ejemplo, la influencias mudéjares,la amplitud de las bóvedas
gótica, los resabios platerescos,o las *bolas isabelinas,* sino como algo anecdótico, casi
folklórico, que no es necesario ir más allá a causa de su intrascendencia en la arquitectura como tal. (Marco Dorta 1973:24).

> Para algunos críticos españoles,y aun para los escritores ultramontanos de México, los in-
> dios no imprimieron la menor huella en la obra de arte europeo; el país se incorporó a la ci-
> vilización occidental y toda su cultura es netamente española. Toussaint 1962:XII.

La otra alternativa es,en principio,bastante más ecuánime en todos sentidos.Al
mismo tiempo, algo más coherente con la realidad del momento histórico, rigurosa en los planteamientos relacionados con aquella dolorosa transición.En fin más
sincera con los pueblos amerindios quienes iban a utilizar aquellas nuevas estructuras religiosas (Toussaint 1962:XII). Además,se trata de una visión del problema
mucho más objetiva y bastante menos subjetiva. No es tan arbitraria y superficial.
En cierta manera resulta ser más original en todos sentidos y realista con la arquitectura que trata de analizarse.

Se orienta hacia una visión más americanista de aquella espléndida manifestación arquitectónica en el interior de unos acontecimientos históricos tan difíciles juzgar sin apasionamiento .Se encamina hacia el análisis en profundidad del
proyecto arquitectónico como tal y, posteriormente ,estudia los elementos que lo
complementan entre ellos las *bolas isabelinas.*En algunas de sus propuestas de
estudio se trata de encontrar la razón y originalidad del proyecto arquitectónico
monacal americano del siglo XVI.Búsqueda que se realiza en el interior de las
primeras manifestaciones de la arquitectura y arte de origen occidental en el Nuevo
Mundo .Se analiza la traza tradicional del monasterio medieval europeo,su nueva configuración,pero sobre todo su reubicación en tierra americana. La investigación se lleva a cabo a través de un riguroso "filtro" de análisis arquitectónico ,
cultural y ecológico al mismo tiempo .Se entreven notables presencias,influencias
y confluencias precolombinas y europeas tanto en la ornamentación como en la
concepción arquitectónica.En fin todo el complejo monacal respira un aire precolombino inconfundible en el interior de una sólida base occidental,reforzada de vez
en cuando con algunas *bolas isabelinas.*

Se trata de un enfoque que se orienta hacia una notable participación de
antropólogos y arquitectos en una buena parte de sus puntualizaciones. Y nos
hablan no sólo de aportaciones precolombinas a la nueva arquitectura religiosa
americana sino de la adaptación de la traza monacal de la Edad Media a un medio cultural y con frecuencia ambiental enteramente nuevos.Puede observarse en
este grupo de especialistas una orientación que sería tal vez bueno llamar
autoctonista del tema que nos concierne en oposición al *difusionista* anterior.En

esta vertiente del análisis de las primeras construcciones religiosas los especia-listas,en cierta manera, se encaminan hacia una visión o interpretación america-na de los temas europeos,sin olvidar,por supuesto,la importancia de los aportes occidentales,procurando no llegar a extremos de escaso valor científico.

Para los indigenistas,la única manifestación artística de positivo valor radica en la persistencia de la mano de indígena a través de los tres siglos del virreinato.Los españoles con su arte siguen siendo extranjeros en el país.Toussaint 1962:XII.

A esta orientación no le preocupa demasiado las influencias,en algunos aspec-tos superficiales,de los estilos artísticos del Viejo Mundo localizadas en diferen-tes partes del conjunto monacal con pieden ser, por ejemplo, las *bolas isabelinas*. No cuentan tanto las ascendencias ornamentales de ciertas partes del monaste-rio, sino más bien otros temas de la misma arquitectura que forman parte de la esencia misma del proyecto arquitectónico, como son, por ejemplo, la concepción del volumen, la conformación y definición del espacio, la escala,etc. Sin olvidar,por supuesto, aquellas otras influencias,pero en un plan no complementario sino de conjunto.Las dos visiones juntas dan lugar a la originalidad y extraordinaria belle-za de aquellas espléndidas trazas monacales. En ellas se mezcla la amplitud y grandeza de formas y espacios mesoamericanos, la"rusticidad" precolombina entendida en el sentido de actividad artesana con la concepción y tecnología ar-quitectónica occidental.Temas arquitectónicos que giran entorno de un cuerpo central con importantes resabios de una Edad Media decadente,pero todavía impregnada de su enorme fuerza creativa. Finalmente, mejor dicho de inmediato, todo ese cúmulo de aportaciones rejuvenecidas con la presencia de temas renacentistas. La primera propuesta a menudo, no siempre, se orienta hacia una visión descriptiva del tema que nos preocupa.Se enumeran con bastante minu-ciosidad detalles góticos presentes en la arquitectura religiosa americana del si-glo XVI,como por ejemplo las *bolas isabelinas.* La segunda analiza a través de una profunda visión interpretativa el impacto de las nuevas formas arquitectóni-cas en el pueblo y el medio ambiente americanos e investiga la acogida que en el mundo amerindio causa la primera arquitectura cristiana del continente.Y,al mismo tiempo,la presencia y asimilación de propuestas arquitectónicas indígenas en los proyectos de arquitectura religiosa cristiana para adaptarla a una antiquí-simas civilizaciones totalmente ajenas a la Occidental.

La arquitectura paleocristiana de América.

Los sacerdotes son los únicos que ocupan el espacio cubierto y los fieles se encuentran en el gran patio cercado, exactamente como en los adoratorios indígenas. Toussaint 1962:13

Entendemos por arte y en particular arquitectura paleocristiana de Amé-rica la mayor parte de las expresiones artísticas que se hermanan con las etapas más tempranas de la introducción del Cristianismo en el Nuevo Mundo. En arquitectura se trata de unas estructuras de gran sencillez con-ceptual, al principio de inspiración casi doméstica (Hanson 1995: figs 2,3 y 4).Pero,con acentuada rapidez evolucionan hacia formas bastante más complejas. A través de ellas, se busca cubrir espacios destinados al culto con sistemas constructivos de tradición universal como pueden ser,por ejemplo,las cubiertas de madera con techumbre de zacate (Andrews IV 1975: figs 38-39).En estas primeras estructuras ya se observa una tendencia que se orienta hacia una cierta americanización del espacio litúrgico (fig.l).Orientación que trae consigo una propuesta todavía no del todo monacal en el sentido estricto de la palabra[55]. De inmediato surge una arquitectura más elaborada en la que se mezclan aportes de uno y otro lado del Océano Atlántico.

En estas primeras y reducidas unidades puede observarse ya una interpretación de las necesidades del cristianismo occidental a través de una óptica típicamente precolombina(Hanson 1995:18 y ss.).Su abanico cronológico abarca los inicios del proceso de evangelización en cualquier región del continente,pero en particular el área mesoamericana.Las manifestaciones posteriores al período de tiempo propuesto con anterioridad tienen otro sentido(Toussaint 1962:52). Forman parte de un cambio de perfil cultural con la pérdida casi definitiva de un buen número los valores aborígenes, que en cierta manera perviven durante la etapa paleocristiana y su desarrollo inmediato.

A partir de finales del siglo XVI, en las nuevas expresiones artísticas desaparecen casi por completo las influencias precolombinas en sentido estricto de la palabra,pero aparecen con fuerza las del mundo indígena virreinal .En cierto modo se trata de una renovada visión o reinterpretación de la arquitectura occidental que lleva a cabo la ya lejana y adormecida idiosincrasia precolombina.Nueva transformación y orientación del arte europeo que generalmente se lo identifica como arte americano con la referencia que le corresponda de acuerdo con un lugar específico y los estilos artísticos en boga en las culturas europeas contemporáneas, como puede ser,por ejemplo: el barroco mexicano.

Como estamos insinuado,desde el punto de vista antropológico y arquitectónico, al mismo tiempo,durante el período paleocristiano se realiza un intenso y significativo sincretismo unas veces de orientación religiosa,otras de orden artístico en especial arquitectónico.En el resto de las artes plásticas es,a menudo,casi imperceptible,oculto,cuando existe, en la vorágine de las nuevas aportaciones culturales[56].En realidad,como viene apuntándose,se quiere llevar a cabo una reinterpretación de los temas occidentales a través de una óptica aborigen americana. En pintura y escultura a veces nos encontramos frente a una "transposición", no tanto de los temas iconográficos europeos como de su valor iconológico al adjudicarle,por ejemplo,a una representación del santoral cristiano valores religiosos del mundo indígena(Wachtel 1976:234-235).

En arquitectura contamos con la presencia de un espectacular simbiosis, una amalgama de las características arquitectónicas de los dos mundos que dan lu-

---

55 J.Fernández propone el germen de una arquitectura paleocristiana en el Nuevo Mundo sin templos cubiertos para congregar en su interior a los creyentes.En su lugar se recurre a la congregación de los fieles en espacios abiertos siguiendo una tradición precolombina :*creando*(las ordenes mendicantes)*los conventos,a veces sólo claustros modestos y sin iglesia,pero con esas capillas que llamamos "abiertas",donde se llevaban a cabo los servicios religiosos frente al pueblo que quedaba al aire libre.*(1961:53).(Artigas 1991:25).

56 De a cuerdo con J. Fernández:*hay,en los primeros tiempos,formas y técnicas indígenas perceptibles,si bien a menudo quedan confundidas con otras.*(1961:52).

gar a un "nuevo" proyecto de arquitectura monacal[57] .Con frecuencia algunos de sus temas ornamentales "sufren" también una reinterpretación,a veces bastante menos perceptible.Existen al mismo tiempo las "réplicas" con personalidad americana de los temas europeos,pero de escasas y con frecuencia nulas interpretaciones o aportaciones amerindias.La habilidad manual de los artistas indígenas para interpretar temas europeos está perfectamente avalada por sus obras precolombinas (Fernández 1959:145; Toussaint 1962:XII) y documentada por los datos que nos suministran los primeros cronistas (Mendieta vI.III:55).

Es importante tener en cuenta que una parte significativa de la arquitectura del siglo XVI en Mesoamérica,por ejemplo, forma parte del ambiente cultural que apodamos paleocristiano.En ella se mezclan los aportes culturales occidentales que "nacen" en América y los del mundo amerindio que muere.En estas condiciones la unidad monacal se conforma de un sólido volumen occidental (templo y área conventual) envuelta e impregnada de esencias precolombinas (culto a cielo abierto, ceremonialismo de gran participación, espacios exteriores limitados,etc.) (Toussaint 1962:40) y de medio ambiente junto con otras peculiaridades que se orientan hacia una concepción arquitectónica diferente de la tradicional europea (Gante 1954:2-3).

Las estructuras paleocristianas y sus subordinadas en algunas partes de su materialización espacial y apariencia externa permanecen fieles a la arquitectura amerindia(McAndrew 1965:fig.89). En su concepción espiritual (liturgia cristiana) y volumétrica (la parte conventual del monasterio,por ejemplo) se mantienen leales a la contemporánea europea.Estamos observando que en ellas se entrelazan aportes de uno y otro mundo.Aunque los del Viejo -el aspecto corpóreo de la iglesia junto con un nuevo concepto del culto ambos símbolo de la fuerza del Cristianismo- son en apariencia más ostentosos y porqué no significativos;de acuerdo con una interpretación occidentalista del tema que nos concierne (Fernández 1961:52-53;Kubler 1990:341). A pesar de la amplitud e importancia de los espacios abiertos y sus estructuras subsidiarias (la aportación aborigen más significativa) se transforman en argumentos arquitectónicos en apariencia menos notorios,vistosos y espectaculares que el volumen de la iglesia-convento.Sin lugar a dudas esta particularidad hace menos perceptibles y evidentes las influencias precolombinas en personas más o menos ajenas a las culturas amerindias.

De la misma manera la arquitectura paleocristiana del Viejo Mundo a partir de su oficialidad se define como tal y se convierte en el centro de la nueva religión. En su concepción material -la basílica- forma parte significativa del mundo que esta agonizando: el Clásico (Choisy 1963:331-332).En el orden espiritual (construcciones con vida interior religiosa) se encuentra impregnada de una nueva sensibilidad religiosa: el Cristianismo (Velarde 1956:75).El templo resultante evoluciona hacia nuevas manifestaciones que se materializan más adelante en la extraordi-

---

57 Para G.Kubler:*El templo indígena y su recinto elevado fueron vestidos de nuevas formas con el atrio y el complejo de la capilla abierta.De la misma forma pueden interpretarse las murallas almenadas de las iglesias y los muros de los atrios.Las almenas son un elemento militar en la arquitectura europea,pero tuvieron también una función ceremonial en la sociedad indígena prehispánica,cuyos templos eran identificados por las almenas características de la deidad del santuario que adoraban.*(1990:538).el ambiente arquitectónico era precolombino y el "revestimiento" occidental.

naria arquitectura románica y gótica. Algo semejante pasa a Mesoamérica, por ejemplo,de a cuerdo con F.Pardinas,cuando se pregunta si los primeros efectos de la "conquista" se transforman en *una etapa, resueltamente distinta, pero continua,de la evolución del arte mesoamericano.* (1970:39).

En el momento de aparecer el Cristianismo en ambos mundos se reinterpretan en un sentido de estricto sincretismo religioso diversos temas relacionados con el credo,la liturgia y la arquitectura. La adaptación y transformación de la basílica romana,por ejemplo, al rito cristiano se convierte en una buena muestra (Leroy 1958:27;Velarde 1956:76-77). En el Nuevo Mundo la sensibilidad amerindia y el celo religioso de las ordenes mendicantes logran conjugar en una misma unidad arquitectónica el culto de gran participación a cielo abierto característico de los pueblos precolombinos con el del cristianismo en espacios cubiertos (Fernández 1961:53). El resultado es una propuesta arquitectónica diferente de la tradicional procedente de Europa.Nueva visión que se orienta hacia la participación e integración de los amerindios a unos ritos religiosos distintos.Culto que a menudo logra hacerse realidad, junto con otros preceptos religiosos, a través del programa arquitectónico que,alterado por la idiosincrasia aborigen, se propone al ritual cristiano en el *Nuevo Orbe* (Kubler 1990:341-42).

Al principio el cristianismo trata de acoplar los sentimientos religiosos del pueblo,en ambos mundos,a los suyos considerados invariables e insustituibles.Lo manifiesta a través de unos proyectos arquitectónicos diferentes a los tradicionales en una y otra vertiente del Océano Atlántico. Aportaciones a un nuevo orden religioso y arquitectónico que tratan de crear otra manera de expresarse y manifestar la actividad religiosa y cultural.El cristianismo americano materializa sus anhelos litúrgicos en unas formas arquitectónicas nuevas que giran entorno de espacios cubiertos, abiertos y al mismo tiempo limitados[58].Los resultados son unas unidades religiosas diferentes a las tradicionales con una organización interna distinta a la anterior en ambos mundos.Y, se construyen para adaptarse a unos espacios de una antigüedad cultural milenaria en los dos continentes.

Para lograr lo anterior llegan al Nuevo Mundo unas formas de arquitectura religiosa perfectamente definidas por una tradición y fuerza expresiva milenarias. Las trae consigo el pueblo invasor como componente de la civilización occidental (Toussaint 1927:73).Esta arquitectura es en definitiva la que lleva la iniciativa,las propuestas , la fuerza de los ideales y temas de una gran parte del nuevo quehacer cultural[59]. En el Viejo Mundo no tiene lugar esta circunstancia; allí la arquitectura del pueblo en declive es la que se impone a través de la basílica. El Cristianismo la acopla al nuevo credo sin la necesidad de ninguna forma de "importación".

Por un lado,en América desde un principio hay que acoplar,mejor dicho incorporar, al proyecto monacal "de importación" los sentimientos religiosos del pueblo aborigen a menudo extrovertidos y materializados en un culto a cielo abierto que también es milenario(Prem 1986:301; Robina 1969:264 y ss.).Por el otro, el nuevo

---

58 Como se dijo con anterioridad de a cuerdo con P. Rojas :*Bajo el signo de la vida cristiana,los atrios eran propiamente la casa espiritual de los indios.*(1963:17).

59 G.Kubler nos recuerda que los nuevos templos:*Tenían,también,la obligación evangelizadora de impresionar a los indígenas con el tamaño y la magnificencia de las nuevas iglesias.*(1990:341).

credo desde sus orígenes se manifiesta a través de diversas formas de culto casi siempre de carácter introvertido materializado, la mayor parte de las ocasiones,en el interior de espacios cubiertos[60].O sea la nueva arquitectura se ve obligada a sincronizar y a la vez concentrar las dos formas de culto en una misma estructura religiosa . Se logra, acoplando el ceremonial amerindio por medio de los atrios y las capillas abiertas a los sentimientos y preceptos religiosos del Cristianismo. Costumbres rituales indígenas que toman cuerpo desde muy antiguo en su propia arquitectura (Gussinyer 1993:194 y ss.) y en cierta forma prosiguen camuflados en el interior de las formas arquitectónicas que tratamos de bautizar con el nombre de paleocristianas, y en parte después de ellos.

En el Nuevo Mundo tanto la liturgia cristiana como las diferentes modalidades de culto de las religiones precolombinas y su materialización en los templos de unos y otros va a tratar de conjugarse en el interior de una formas arquitectónicas tal vez no nuevas del todo,pero si diferentes a las tradicionales en las dos vertientes del *Mar Océano.* Esta será, en realidad, la raíz de la arquitectura paleocristiana de América.Al poco tiempo la necesidad de acoplar dos formas tan opuestas de culto y arquitectura desaparece. En América la razón más significativa se orienta hacia un duro proceso de aculturación, desestabilización cultural y reducción demográfica que provocan aquellos invasores con gran insistencia y una virulencia a veces casi enfermiza (Arizpe y Tostado 1993:71).Esta actitud de los estamentos civil y religioso se da en ambos mundos durante la consolidación de la arquitectura cristiana, pero de manera bastante menos cruenta en el Viejo Mundo.

En Europa las nuevas estructuras religiosas parten de otras ya existentes de función civil y disimiles de los propósitos de la nueva religión,pero el cristianismo las sabe adaptar a la nueva liturgia tanto en su configuración arquitectónica como ritual(Gouch 1966:333).En América lo que toma e incorpora el nuevo credo de la arquitectura precolombina es de estricta orientación religiosa en especial el concepto y la idea de un ceremonialismo a cielo abierto opuesto al tradicional cristiano (Ramírez Vázquez 1964:4-5;Ortiz Macedo 1972:26).La mayor diferencia conceptual entre la arquitectura paleocristiana americana y la inmediata posterior a partir del siglo XVII gira entorno de una de sus funciones básicas: la consolidación de la nueva religión.La primera corresponde a una etapa de intensa evangelización (proselitismo), la segunda a un período de fortalecimiento de la religión.

The friars had been the shock troops of the spiritual conquest; the secular priests were the army of occupation.Simpson 1971:170.

Hay que de tener presente que cuando en el Viejo Mundo se oficializa el Cristianismo,trata de inmediato materializarse a través de unas formas arquitectónicas propias(Saalman 1967:9-10). Pero,como viene anunciándose,cuenta la nueva religión en su propio ámbito,con escasos precedentes más o menos directos que le sirvan de base para la nueva propuesta arquitectónica (Lavedan 1950:1-2)(White 1990) . Tampoco encuentra en la arquitectura religiosa del mundo romano

---

60 *The Christian basílica was probably the solution to a new problem;housing a congregation for a religious service.Such buildings had not existed before;the Roman temple had furnished the god (statue)with shelter,the altar outside the temple provided sustenance(sacrifice).*Christensen1959:119

de su época el patrón necesario para adaptarlo a los sentimientos y el culto de la nueva religión (Krautheimer 1969:7)(Velarde 1956:77).De ahí que tenga que buscar en donde sea el principio arquitectónico básico indispensable para iniciarse de forma oficial y resolver sus apremiantes necesidades de culto.El cristianismo encuentra ,como estamos informando,esta semilla tal vez muestra u origen de sus estructuras religiosas en la arquitectura civil de su tiempo .[61]

En el Nuevo Mundo existen notables diferencias entre la arquitectura religiosa de los vencedores y la de los vencidos.La tradicional estructura religiosa occidental delimitando espacios cubiertos no se adapta en absoluto al tradicional ceremonialismo mesoamericano siempre al aire libre,para citar tan solo un área específica de la religión precolombina [62].En el Viejo Mundo tenía lugar una problemática de orden similar.La arquitectura religiosa greco-romana no se adaptaba al ritual cristiano.En América la solución la encuentran los dos pueblos enfrentados a través de un audaz sincretismo que gira en torno del acoplamiento de la tradicional estructura religiosa amerindia -la plaza templo- íntimamente relacionada con un culto a cielo abierto y las unidades monásticas occidentales que siempre se manifiestan en sentido contrario[63].De manera semejante la arquitectura paleocristiana del Viejo Mundo surge de la combinación de unos sentimientos religiosos específicos materializados en un culto de espacios cubiertos que toma cuerpo en unas estructuras civiles ya existentes transformadas por el estamento cristiano de acuerdo con las necesidades del nuevo ritual [64] .

Hemos de tener presente que con frecuencia cuando en nuestro entorno cultural surge una propuesta nueva de cualquier orden tratamos de encontrar su materialización en unas formas antecesoras o contemporáneas relacionadas con su función.Al principio las copiamos transformando lo mínimo su antiguo diseño.Con el tiempo podemos modificarlas, adaptándolas a las nuevas necesidades para su mejor uso o utilización.Contamos con bastantes ejemplos antiguos y recientes sobre todo en nuestra época de grandes novedades tecnológicas en todos los ordenes que nos sirven de pauta y ejemplo a nuestra propuesta.

En la arquitectura paleocristiana tanto del Viejo como del Nuevo Mundo pasa algo similar.En el Viejo la arquitectura civil y pública de Roma sirve de modelo provisional a la nueva arquitectura religiosa cristiana,que de inmediato modifica el estamento eclesiástico para adaptarla a sus necesidades rituales(Sas-Zaloziecky s.f.:16). En el Nuevo nos encontramos, *temporalmente,*con una semejante situación. Llega procedente de Europa un modelo de arquitectura religiosa perfectamente definido desde muy antiguo con unos

---

61 A menudo se dice que las primeras basílicas cristianas tienen su origen en sus homólogas romanas (Krautheimer 1969:13).Pero tal vez sea necesario matizar un poco este concepto.

62 La capilla abierta funciona como verdadero templo:*La capila abierta es la adaptación al ritual cristiano del modo de participación tradicional mesoamericano en las ceremonias cívicas religiosas, que no tiene nada de provisional.Este uso tradicional mesoamericano era aquí más antiguo que el Cristianismo en Europa.Cualquier templo mesoamericano,funcionaba como capilla abierta.Su espacio característico era a cielo abierto y muy amplio,dentro del cual,una pequeña área quedaba señalada como lugar de dignidad para la ceremonia.*(Chanfón O1992:73-74).F.de la Maza coincide (1970:11)

63 M.Toussaint:*El culto católico es culto de interior,de recogimiento,de introspección.La religión indígena era religión al aire libre y al sol,de danzas y juegos y sacrificios.*(1927:10)

64 De acuerdo con A.Choisy:*El cristianismo no era una religión de iniciados;conveníanle mal los templos cerrados y estrechos.Al invitar sin discriminación alguna a sus fiestas ,necesitaba grandes espacios ampliamente abiertos a todos:el plano de la basílica civil satisfacía ese programa:los arquitectos cristianos lo adoptaron.(*1963:332).Coinciden:Benevolo1979:81;Mac Donald1962:2,etc.

propósitos de culto específicos,pero al entrar en contacto con el nuevo continente tiene que alterarse para adaptarse durante un período de transición a unas necesidades de culto diferentes[65]. En América,sin embargo, se presenta una notable regresión.Al poco tiempo la forma arquitectónica "americanizada" con una nueva traza y una función litúrgica *sui generis* regresa a su diseño tradicional, consecuencia de una nueva situación cultural que se inicia a finales del siglo XVI (Early 1994:64;Tablada 1927:160; Revilla 1893:21).

De acuerdo con lo que viene diciéndose el cristianismo no encuentra su modelo de arquitectura religiosa en el contemporáneo y tradicional templo pagano del mundo antiguo en el que parece ser debiera inspirarse y formular con su influencia el prototipo de su estructura religiosa. Al no contar éste con el suficiente espacio interior indispensable para la liturgia cristiana lo descarta,a pesar de que se trata de una forma de arquitectura religiosa de una gran calidad y considerable antigüedad.[66] En este sentido en América nos encontramos con un cierto paralelismo.

Para lograr el prototipo deseado los cristianos europeos tienen que recurrir a los edificios públicos de gran capacidad interior de la arquitectura romana y adaptarlos a las necesidades de su culto (Sas-Zaloziecky s.f.:13). Esta nueva arquitectura religiosa encuentra en la escala humana del templo greco-romano y el espacio interior de la arquitectura civil y contemporánea del mundo romano el modelo no tan sólo deseado sino necesario, destinado a albergar en su interior las ceremonias religiosas de las comunidades cristianas (Zevi 1958:50).

De manera semejante la unidad monacal cristiana en América mezcla la escala humana y la capacidad interior de sus estructuras religiosas con los tradicionales y extraordinarios espacios abiertos de las plazas ceremoniales de la arquitectura religiosa precolombina;para dar paso a una interpretación americana del milenario templo cristiano.Y no debe olvidarse que,en cierto modo, también se lleva a cabo una reinterpretación europea del también milenario templo precolombino, al apropiarse uno de sus componentes básicos -la plaza- integrándola a su proyecto religioso .Solución que en cierto modo no se contrapone ni a los sentimientos religiosos y ceremonialismo tradicional del mundo precolombino, ni tampoco a los preceptos y liturgia del recién llegado Cristianismo a América.

Hemos dado a conocer que existen ciertas analogías y algunas divergencias en el arte y en la arquitectura en particular entre los dos mundos antiguos -el mesoamericano y el romano- que los apartan o acercan de los propósitos del naciente cristianismo en los dos continentes.Vale la pena anotar una última bastante significativa. Mientras que en el mundo antiguo europeo y americano se aprovechan las expresiones artísticas,incluida la arquitectura, y los principios religiosos básicos como instrumento de propaganda institucional,la nueva religión,el Cristianismo, los utiliza con finalidades de evangelización [67] .Sin olvidar que de vez

---

65 *Es seguro que el sentido prehispánico de los espacios arquitectónicos jugó parte activa en estas creaciones de las capillas abiertas y aun en los atrios,con iglesia techada y capillas posas,de amplias dimensiones y diversos usos.*(Artigas 1992:21). Concuerda R. Flores Guerrero1941:25-26.

66 Las diferencias entre el templo pagano y la iglesia cristiana son importantes:*L'església cristiana es diferencia del temple antic,ja de bell antuvi,pel fet d'ésser més aviat un centre parroquial que una casa de Déu i de donar més importància a l'interior que a l'exterior de l'edifici.*(Hauser 1966 vol.I:129).

67 Leemos de nuevo en H.Huaser:*El tret típic de l'art cristià,en comparació amb l'art dels antics,és el seu caràcter didactic.Els grecs i els romans l'empraren sovint com instrument de propaganda,però mai no l'empraren com un instrument de doctrina.* (1966 vo.I:122).

en cuando,en el Nuevo Mundo,las ordenes mendicantes mezclan las dos finalidades para alcanzar la definitiva conversión de la población amerindia [68] .

A).- Los insustituibles espacios abiertos.

En América llega el pueblo invasor y con él la nueva religión. Ésta trae consigo un patrón de arquitectura muy diferente del tradicional entre la población amerindia.Modelo que a finales de la Edad Media se encuentra perfectamente adaptado a la liturgia cristiana.Se consigue el arquetipo de templo cristiano después de varios siglos de cambios superficiales del primitivo templo basilical.Durante este tiempo desaparecen algunos elementos arquitectónicos y se incorporan otros.Pero,como se informa con anterioridad,tanto los cánones religiosos como las formas arquitectónicas del cristianismo no se acoplan a las normas de culto de los pueblos amerindios,el mesoamericano en particular.Para resolver el problema y conjugar la sensibilidad religiosa de la población aborigen americana con la del nuevo credo las ordenes mendicantes buscan pero no encuentran en la anciana tradición de su propia arquitectura la solución del problema (McAndrew 1965:231 y ss.).

La solución gira en torno de las diferentes formas de materializar la liturgia los pueblos precolombinos(McAndrew 1965:236 y ss.;Kubler 1990:360).Ellas les proporcionan las pautas necesarias para modificar las tradicionales formas del arquitectura religiosa europea para adaptarlas, hasta donde sea posible,a la práctica religiosa de los pueblos en proceso de evangelización(Kubler 1990:532). Es en ese momento cuando hacen acto de presencia los atrios,las capillas abiertas y otras estructuras alternativas en América (Kubler 1990:361). En ellas se adecúa el tradicional culto a cielo abierto de las religiones amerindias(mesoamericanas,por ejemplo) con el culto en espacios cubiertos de la nueva religión.Esta es en definitiva una de las razones más significativas de la presencia temporal de una arquitectura diferente de la europea y amerindia,al mismo tiempo,que tratamos de denominar *paleocristiana de América* (Kubler 1990:538).

A pesar de lo que viene diciéndose una parte del tradicional culto a cielo abierto del mundo antiguo,en los dos continentes,no lo olvida del todo el cristianismo primitivo cuando trata de definir su propia arquitectura tanto en uno como en el otro continente (Gudiol i Conill s.f.:97-98).El nuevo credo lo incorpora a sus estructuras religiosas por medio de unos amplios espacios abiertos llamados atrios - *atrium*- en Europa colocados en frente de la iglesia propiamente dicha(McAndrew 1965:202 y ss.;Schroeder Cordero 1984:120).En América a estos espacios abiertos presentes en el cristianismo "*primitivo*" americano, se los bautiza en un principio con el nombre de *patios* (McAndrew 1965:234).Son de una forma y localización semejante a los del Viejo Mundo pero,con una misión, configuración y función diferente a los espacios abiertos de la arquitectura paleocristiana europea.

Algunos estudiosos quieren verles algunos paralelismos y cierta semejanzas entre los de uno y otro continente.Estas supuestas coincidencias en realidad no han existido nunca;tan sólo se presentan algunas afinidades formales y pequeñas sincronías rituales y nada más (McAndrew 1965:233). Observamos que en los dos mundos la nueva arquitectura a través de los atrios trata de conservar y al mis-

---

68 Los murales de los templos del siglo XVI y los atrios eran lugares de intensa catequización (Códice Franciscano 1941:55 y ss.;Kubler 1990:366;Flores Marini 1966:9).

mo tiempo conjugar algunas normas de liturgia de la religión anterior.Proposiciones en cierta forma opuestas a las suyas y como consecuencia a su propio modelo de arquitectura religiosa.De ahí que, con frecuencia da la sensación que los atrios en los dos mundos en lugar de integrarse a la unidad religiosa cristiana se yuxtaponen a ella .Pero,a pesar de ello junto con el resto de las dependencias eclesiásticas conforman un conjunto arquitectónico verdaderamente excepcional en ambos continentes, sobre todo en el americano(Flores Marini 1966:6).

Como podemos darnos cuenta el cristianismo de los primeros tiempos, en realidad tanto el de ayer como el de hoy, en las dos vertientes del Océano Atlántico, no olvida la necesidad y presencia de algunos aspectos rituales relacionados con actos de culto al aire libre.Sea unas veces por razones de proselitismo (Ricard 1947:312 nota Nº9) (Davies 1952:40- 41), en otras a actividades inherentes al propio culto (Mendieta 1945 vol.III:70 y ss.) (Krautheimer 1965:19). Actos que en un principio mayormente se formalizan en los atrios. Espacios bien definidos de tradición " pagana" en Europa e indígena en América, mejor dicho de tradición pagana en ambos mundos[69]. Temas arquitectónicos que en realidad sirven de puente, de transición entre la religiosidad del mundo antiguo por un lado y americana precolombina por el otro al concepto cerrado y cubierto de la arquitectura cristiana de todos los tiempos.Cuando los espacios abiertos junto con las estructuras subsidiarias ya no son imprescindibles porque las razones litúrgicas que les dieron vida y con ellas su función ya no son necesarias,desaparecen; o se conservan un determinado tiempo fosilizados (McAndrew 1965:205).

El atrio importante en los primeros planteamientos de la arquitectura paleocristiana occidental se substituye al poco tiempo por el pórtico *Exonartex* .Una razón importante de su disminución e incluso desaparición es de orden práctico y ritual al mismo tiempo.Por un lado,se relaciona con la escasez de espacio disponible en los centros urbanos para construir atrios y, por el otro, el hecho de desaparecer poco a poco la función primordial por la que fueron construidos. En América, Mesoamérica por ejemplo, pasa algo semejante (McAndrew 1965:232). Los extensos y significativos atrios de la primera mitad del siglo XVI,con el tiempo -en este caso por razones de culto no de espacio disponible- casi desaparecen al desaprobarse su construcción. Al mismo tiempo cae en desuso una de las finalidades más significativas, de acuerdo con los frailes, que justifican su presencia: la masiva evangelización (Kubler 1990:369 y 531). A pesar de ello a veces subsisten, unas veces camuflados en las nuevas construcciones religiosas urbanas (las catedrales del siglo XVII en adelante), otras en cierta forma fosilizados en áreas marginales o en los templos parroquiales(Flores Marini 1966:6).

Venimos observando que los templos de las dos grandes civilizaciones precolombinas, en particular los del área mesoamericana, no se adaptan al nuevo credo. De forma semejante los ideales religiosos del Cristianismo tampoco se acoplan a la arquitectura religiosa del mundo pagano en ambos continentes[70] .La

---

69 El atrio en el Viejo Mundo tiene su origen en la arquitectura doméstica(Davis 1952:16 y ss;White 1990:12 y ss.;Schroeder Cordero 1984:117).En el Nuevo en el patio de actividades de la casahabitación podría encontrarse el germen de las plazas ceremoniales y en éstas los atrios monacales

70 Hasta ahora se ha aceptado que la arquitectura precolombina no ha influido en la monacal del siglo XVI (Gante 1954:26;M.Toussaint 1927:73).Algo semejante ocurre en el Viejo Mundo:*Just*

solución, se encuentra en un punto intermedio al entrelazarse en una misma unidad - en América el "patio"al monasterio y el atrio a la basílica en Europa- los espacios abiertos característicos del mundo antiguo y la sensibilidad religiosa del cristianismo opuesta a ellos.

En América la utilización de los "patios" es muy anterior a los mismos templos cristianos perfectamente desarrollados (Flores Marini,1966:6;Chanfón 1992:67). Las áreas descubiertas en los inicios de la arquitectura cristiana en ambos mundos evolucionan de inmediato en los amplios atrios, junto con las estructuras subsidiarias que albergan (en América: capillas posas,abierta ,cruz atrial etc.) acomodadas de acuerdo con una tradición precolombina enfrente de las instalaciones monacales.

En Europa también encontramos amplios atrios con sus anexos (*labrum o phiala,propileum o narthex exterior*,etc.),pero sus funciones religiosas son diferentes a las del Nuevo Mundo.Espacios que se adecúan al culto cristiano y se colocan enfrente del templo basilical de ascendencia romana. En ambos mundos y en etapas tempranas del Cristianismo juega un papel destacado la ampliación al aire libre de algunos actividades rituales de la iglesia propiamente dicha.Es asimismo importante tener en cuenta que en los dos mundos el templo de tipo basilical a menudo se hermana con los atrios. En América al modificarse la inicial estructura basilical abierta del templo y adoptar la nave única los atrios toman una nueva dimensión religiosa y arquitectónica (Kubler 1990:533).

El ambiente cultural del Nuevo Mundo durante la primera arquitectura cristiana.

> Eran tantos los indios que mataron,que se hizo un río de sangre, que viene a ser el Olintepeque. León-Portilla,1970:100

Hay que tener en cuenta y no olvidar que todo cuanto viene diciéndose y prosigue para el Nuevo Mundo se realiza en el interior de una terrible derrota espiritual y material irreversibles (León-Portilla 1959,1970;Wachtel 1976;etc.). Además, forma parte de un trauma y un desastre cultural ,social y humano impresionantes (Wrigth 1994;Stannard 1992,etc.). Desastres inexistentes si tomáramos en cuenta las versiones y justificaciones oficiales procedentes de las "madre patria" (Chueca Goitia 1959:159 -161;Baty 1968:25 y ss.). Todo ello realizado por un pueblo que jamás sintió el menor respeto,salvo algunas excepciones,por el patrimonio cultural del pueblo vencido,como hasta en la actualidad sigue haciendo con los pueblos que,por desgracia y obligación,giran todavía entorno de su órbita (Benet1995; Ainaud de Lasarte 1995;VV.AA. 1995). O sea que durante el corto período de tiempo en el que se desarrolla nuestro estudio se lleva a cabo una siniestra recusación de la realidad cultural,racial y social de la mayor parte de un continente(Las Casas s/f).Acontecimiento sin paralelo en la historia de la humanidad.Su Inicio lo celebren los"conquistadores" como su Fiesta Nacional.

---

as important,no pagan religious building was adaptable to the needs of Christian worship.The temples of the old gods,an absolete type by 320 in any event,had been designed to shelter an image,not to accommodate a congregation of both laymen and clergy. (Krutherimer 1965:19).

Un cambio trascendental semejante pero mucho menos crispado,precipitado y cruento ,como el tiene lugar en América,se estaba realizando en el Viejo Mundo en el momento de aparecer la primera arquitectura cristiana bien definida(Lopez 1965:22).La razón de la presencia de cierta violencia en el imperio romano tardío durante el cambio de mentalidad religiosa es muy diferente de la que tuvo lugar en el azteca, por ejemplo. En el continente americano,en especial en el interior de las dos grandes civilizaciones,el cambio de una realidad cultural a otra se realiza de manera muy dura y, además, tiene lugar en un momento histórico en el que muchas culturas amerindias se encontraban en plena euforia social y alguna de ellas en el interior de un esplendor cultural extraordinarios[71].

En América una mutación tan acelerada como sorprendente, tan cruenta como destructora se lleva a cabo por diversas causas;de entre ellas escogemos dos que se acoplen a nuestro tema . Inmediatamente después de la ocupación extranjera de extensas regiones continentales la población amerindia disminuye de forma vertiginosa.La superviviente se va mestizando con cierta rapidez desde el punto de vista racial.El indígena muy disminuido como consecuencia de las enfermedades y malos tratos queda relegado a áreas marginales.Su espacio material y espiritual lo ocupan diversas étnias entre ellas criollos, mestizos y *gachupines* (Toussaint 1962:XII y 97). Circunstancia que comporta una súbita pérdida de los valores culturales autóctonos junto con un notable descrédito de aquellas étnias a los ojos de la población amerindia(Quiroga1992:124).El indígena observa impotente e indefenso como"los conquistadores"destruyen de la manera más infame sus constantes culturales[72].Como consecuencia se siente no sólo presionado, sino obligado por medio de una profunda desestructuración e insistente aculturación, a aceptar el nuevo credo,el orden cultural de Occidente y abandonar por la fuerza sus tradicionales comportamientos culturales.[73]

En el Viejo Mundo no se presenta una situación de esta índole cuando aparece la primera arquitectura cristiana definitiva.Al Cristianismo en el interior del imperio romano le corresponde por largo tiempo jugar el papel de parte débil en el cambio cultural y religioso que se iba aproximando.Asimismo aprovecha la tradición cultural del pueblo receptor del nuevo credo para conformar parte de la nueva sensibilidad religiosa.En el Nuevo todo lo contrario.

Roma y con ella el enorme bagaje de la tradición cultural del Mundo Antiguo se encuentran en el momento de oficializarse el Cristianismo,en plena decadencia política y en cierto modo cultural (Bühler 1946:7) (Lot 1956). La nueva religión se acepta -en cierto modo se impone- ante un constante proceso de desintegra-

---

71 Citas para evidenciar la enorme vitalidad creativa de Mesoamérica son innumerables,bastan unos versos:*Tenedlo bien presente,pensad en ello,príncipes: /¿Quien ha de dispersar la ciudad deTenochtitlan? ¿Quién sacudirá con su plumaje sus puntales dentro del agua /¡Perdure en bien la ciudad de Tenochtitlan! /¡La proteja en paz el autor de la vida!...*

72 Leemos con gran tristeza en P. de Quiroga, refiriéndose a los españoles:*De una cosa os podréis alabar:que habéis destruido en cuatro días todo lo que los Incas edificaron en cuatrocientos años que reinaron en esta tierra.¿Qué dirán otras naciones de vosotros?* (1992:105).

73 *De nuevo leemos en P. de Quiroga:Después que ganasteis esta tierra,al tiempo que os vi en Cajamarca,pensé que erais dioses y,como tales,os pusieron el nombre de Viracocha,que quiere decir dios,y significación tiene este nombre de inmortalidad y de hacedor de todas las cosas;pero luego que vi vuestras obras,no me parecieron dioses sino ira y furia del demonio,castigo y duro azote de Dios.*(1992:95).En Arizpe y Tostado(1993:70) nos encontramos con una idea semejante.

ción y descrédito de la religión pagana en el interior de aquel antiguo ambiente político y cultural extraordinario(Bühler 1946:14). Mientras que las civilizaciones precolombinas las reducen a cenizas en un período de gran euforia cultural,para eterna vergüenza de sus destructores.Las deshacen sin que puedan transmitirnos su enorme bagaje cultural . Roma a la cabeza del mundo antiguo también se desvanece,pero nos deja una profunda huella,una herencia prodigiosa de la que se siente orgullosa la humanidad de ayer y de hoy,la de todos los tiempos[74] .

En el Nuevo Mundo el cambio es forzado.No coincide,como viene diciéndose para el Viejo, con una etapa de decadencia,todo lo contrario.De ahí el gran desconcierto de la población amerindia al verse presionada, en realidad obligada ,por medio y a través de una profunda y severa aculturación que conlleva una radical y rápida conversión al cristianismo a abandonar sus valores culturales junto con todas sus ancestrales creencias (Ricard 1947:112;Mendieta 1945 vol.II:73).Tal vez todavía no olvidar ni siquiera renunciar,de momento, a la sensibilidad cultural y las costumbres religiosas de su propio credo en el interior de la etapa histórica en la que nos encontramos inmersos en las en las presentes notas (Duverger 1987:129;Gruzinski 1991:154;León-Portilla 1976;Mendieta 1945 vol.II:70 y 72). A pesar de todo, el cambio es rápido y aterrador ,irreversible e intransigente,sin transición alguna (Mendieta 1945 vol.II:71)(Burgoa 1989:39).Situación que da lugar a un profundo sentimiento de frustración y amarga la existencia a la población amerindia.(Baudot 1979:161).

Desgraciados y terribles acontecimientos que deben de tomarse muy en cuenta a la hora de profundizar en la arquitectura del siglo XVI americano.Sucesos que afectan de forma contundente y despiadada a todo aquel ingente mundo de pueblos y culturas compelidos a abandonar sus ancestrales creencias y obligados a aceptar un nuevo credo con el que todavía en la actualidad no acaban de identificarse(Carrasco 1976:189 y ss;León-Portilla 1976:65 y ss.).

Todas estas y otras circunstancias obligan a los amerindios a integrarse con bastante recelo al nuevo credo(León-Portilla 1976:79).Coyuntura que afecta la actitud receptiva del pueblo hacia el Cristianismo (Quiroga 1992:67).Además,se ven obligados a renunciar a la propia civilización sin ninguna esperanza de alguna conservación.Ni siquiera la ilusión de transferir algo de la enorme herencia cultural a los pueblos venideros como tiene lugar en el Viejo Mundo(León-Portilla 1986: 149-151).En ese ambiente se recibe al nuevo credo a través de la arquitectura que traen consigo"los conquistadores".La amarga realidad material y espiritual de esta derrota entristece para siempre la existencia de los pueblos portadores de aquellas grandes civilizaciones(Quiroga 1992:62 y ss.)

Actitud que una parte del estamento religioso del pueblo "conquistador" en cierto modo quiere suavizar y reconvertir,tal vez paliar a través de una nueva orientación religiosa.Quizás hacer desaparecer por medio del nuevo credo.Para lograrlo se buscan diversas estratagemas.Una de ellas pudo ser la de tratar de incorporar algunas antiguas costumbres cívico-religiosas amerindias a la nueva religión(Ingham 1989:181).Pormenores presentes en otros muchos aspectos de

---

74 *Rome never fell,she turned into something else.Rome,superseded as the source of political power,passed into even greater supremacy as an idea; Rome,with the Latin language,had become immortal.*(Barrow 1961:208)

la nueva organización socio-política.Reajustes que con frecuencia toman una orientación religiosa bien documentada.De entre ellos un culto a cielo abierto materializado en los magníficos e insustituibles atrios,las capillas abiertas y otros temas arquitectónicos complementarios(Palomera 1962:274 y ss.).

Por causa de este terrible problema el mundo aborigen americano se acerca con bastante reticencia a la nueva religión(Quiroga 1992:153). De ahí que los "conquistadores espirituales" a pesar de su insistente proselitismo cristianiza tan solo la epidermis de la sensibilidad religiosa amerindia(León-Portilla 1976:80 y 90).El indígena adopta con mucho más recelo el comportamiento de la cultura occidental al darse cuenta y padecer en el propio ser las innumerables vejaciones,las inconcebibles usurpaciones,en fin el nefasto comportamiento del pueblo"conquistador"[75].A las humillaciones de la población aborigen habría que añadir su drástica disminución desde el punto de vista racial(Cook y Borah 1977;Denevan 1976).Resultado de los malos tratos y las enfermedades que traen consigo los invasores,junto con la desaparición de la mayor parte de sus valores culturales.

Los amerindios para suavizar en parte ese cúmulo de desgracias,tratan de incrustar tal vez mezclar o camuflar algunos temas culturales que les son propios en las aportaciones de la civilización occidental(Mendieta1945 vol.II:70-78).Los invasores utilizan también ciertos comportamientos culturales aborígenes para dominarlos más fácilmente.Situación de motivaciones sincréticas manifiesta en la arquitectura -el temas que nos preocupa- al introducir en ella un renovado vigor por medio de algunos cambios ya comentados con el fin de adaptarla a la nueva situación cultural[76] .

Este es el momento en el que con la incorporación de aportes precolombinos a la arquitectura occidental las ordenes mendicantes junto con el pueblo nativo,tratan de darle una nueva dimensión a los tradicionales proyectos de la arquitectura religiosa europea(Schroeder Cordero 1984:120).Con la integración de algunas propuestas de la arquitectura precolombina a la tradicional cristiana se pretende y se logra una nueva visión, cierta "alegría",tal vez una renovada fuerza y dimensión a las mil veces repetidas formas de la arquitectura religiosa del cristianismo europeo, como si se tratara de una de las primeras aportaciones de América a la civilización occidental[77] .Se intenta,y se logra con éxito temporal adaptar las formas tradicionales europeas a una sensibilidad religiosa nueva eminentemente americana.En el interior de un ambiente cultural diferente en el que en este momento de contacto de los dos continentes todavía se mezclan algunas propuestas de los dos mundos(Schroeder Cordero 1984:117)(Flores Guerrero 1951:19 y 26).

Pero,en realidad todo un fracaso en el aspecto arquitectónico.Tal vez no un fracaso completo,pero si una profunda frustración.Al poco tiempo - ultimo tercio

---

75 Muchos indios *caen por momentos con las cargas por aquella tierra tan áspera,y luego acuden a levantarlos con muchas coces y palos...¡Oh,cantos han expirado debajo de las cargas y cuán poco se les da de esto a los españoles!.* (Quiroga 1992:65).

76 De acuerdo con F. Pardinas la capilla abierta:*Constituye no sólo una originalidad de la arquitectura conventual,sino a un ejemplo más de esa armonía a que obligaron las circunstancias entre el sentido espacial abierto de la arquitectura religiosa prehispánica y el sentido espacial cerrado e interior de los viejos establecimientos conventuales.*(1970:83).

del siglo XVI- se regresa a las frías y tradicionales formas de importación europea con las primeras catedrales i las iglesias parroquiales (Kubler 1990:533).Cambio que la mentalidad indígena con extraordinaria fuerza y constancia logra de nuevo en parte *americanizar* con la arquitectura y el arte barroco.

Resulta que a finales del siglo XVI el estamento eclesiástico decide no proseguir con aquel nuevo aliento de la arquitectura monacal y decide regresar a los proyectos de arraigambre medieval, en parte rejuvenecidos con algunos matices renacentistas(Kubler 1990:532;Gante 1954:3)).La nueva situación socio-política y cultural que prosigue a principios del siglo XVII en adelante contribuye poderosamente a esta drástica decisión(Gante 1954:5).Hemos de tener presente que la mayor parte de la arquitectura del área de nuestro interés corresponde a una etapa de transición entre el mundo precolombino que muere y el asentamiento definitivo de la civilización occidental que se impone por la fuerza.Por desgracia,tal vez era necesario el cambio dada la nueva actitud cultural.Pero, consecuencia de ello como un castillo de naipes se desploma aquella prodigiosa y al mismo tiempo efímera arquitectura que el pueblo amerindio y las ordenes mendicantes juntos levantan en el interior de un prodigioso y espléndido sincretismo arquitectónico (Kubler 1990:538).

Vemos,pues,que al poco tiempo aborta la idea de una nueva modalidad de arquitectura religiosa para adaptar el Cristianismo a unas nuevas civilizaciones. Pero, desde un principio no existe la más mínima voluntad de integración de los dos comportamientos culturales,sino más bien un inconmensurable asolamiento de las culturas amerindias(Ricard 1947:115).En ningún momento existe una confluencia de dos tradiciones en una nueva expresión cultural.Sincronía que se hubiera manifestado en una nueva propuesta arquitectónica como se estaba logrando a mediados del siglo XVI(Toussaint 1962:XII-XIII). Tan sólo se manifestó temporalmente una cierta convergencia de dos criterios y conceptos religiosos que toman cuerpo en la espléndida y efímera arquitectura monacal durante una parte de primer siglo de duro y obstinado colonialismo(Kubler 1990:538).

Una actitud diferente se presenta en el Viejo Mundo al confluir la tradición cultural del Mundo Antiguo y la nueva propuesta religiosa del Cristianismo . De inmediato se llega a una trascendental conjunción que al poco tiempo se manifiesta en una nueva civilización.Nuevo orden cultural que al poco tiempo se materializa en la extraordinaria arquitectura medieval.Nada parecido ocurre en el Nuevo Mundo en donde la arquitectura occidental y las nuevas formas de culto que trae consigo el Cristianismo al confluir con la invasión armada se imponen por la fuerza y, al poco tiempo,borran para siempre el espléndido pasado arquitectónico y cultural del mundo precolombino.No existe herencia precolombina de ninguna especie(Ramos 1951:28-29),sino imposición cultural.M.Toussaint nos lo recuerda cuando dice que: *los españoles con su arte siguen siendo extranjeros en el país.* (1962:XII).

Situación que tal vez se quiso paliar cuando en el Nuevo Mundo se inicia un ajuste cultural en el interior de un efímero esbozo de convergencia de los dos mundos.Pero,como anotamos,no prospera al ser las civilizaciones amerindias

---

77 J.A.Peñalosa en un arrebato de entusiasmo nos dice que: *el templo católico será como el pagano,al aire libre y la muchedumbre de practicantes en torno al altar.*(1969:41).

destruidas de la manera más irresponsable que uno pueda imaginarse y substituidas de inmediato por la occidental[78].Es por esta razón que los cambios y esfuerzos que principian con mucho acierto y en cierto modo intentan transformar el tradicional esquema del templo cristiano en otro "nuevo" como un símbolo de los dos mundos,se vuelven al poco tiempo innecesarios,tal vez inútiles (Kubler 1990:533;Gante 1954:5). Estériles ante la arrogancia de los "conquistadores". Inútiles no del todo porque nos dejan plasmado aquel esfuerzo inicial en las magníficas estructuras religiosas de la primera mitad del siglo XVI,como si se tratara de una débil visión de lo que hubiera podido ser una espléndida confluencia cultural de aquellos dos mundos.

El estamento eclesiástico centralizado en las nuevas ciudades tan sólo aprovecha por escaso tiempo aquellas directrices arquitectónicas.Lo hace durante el breve período de intensa evangelización e introducción de la nueva doctrina.Las suprime poco después por considerarlas obsoletas, superada la etapa de proselitismo al no confluir las dos civilizaciones,sino al ser substituida una por otra.Será,pues, partir del último cuarto del siglo XVI, poco más o menos, cuando el indígena tendrá que enfrentarse definitivamente con los lúgubres y oscuros espacios de los templos cristianos del siglo XVII dirigidos mayormente por el clero secular[79]. Sombríos espacios interiores, que la idiosincrasia indígena no los deja oscuros,los *ilumina* con los prodigiosos retablos barrocos.

En Europa la nueva religión también se impone con cierta rapidez después del Edicto de Milán (313),y en buena parte altera la tradicional conducta cultural del mundo antiguo (Brown 1965:44 . No solamente lo conmueve,sino que de alguna manera lo desplaza ya sumida la "Antigüedad" en una irreversible decadencia[80]. Relevamiento que da paso a unos nuevos conceptos religiosos y culturales que evolucionan de inmediato hacia la esplendorosa Edad Media[81].En buena parte muere el mundo antiguo de tradición clásica,pero en cierta forma renace para conformar y dar paso a un nuevo orden cultural en el interior de la Edad Media y que denominamos: Civilización Occidental[82].

En el" Nuevo Orbe" la introducción del Cristianismo también da lugar a un profundo cambio cultural,pero la forma como se lleva a cabo es totalmente diferente y los resultados más todavía,son escalofriantes.Desde las primeras escaramuzas de invasión al continente, justificadas y avaladas por la nueva religión, se impone la civilización occidental a unas constantes culturales en pleno vigor y fuerza creativa, materializadas en las grandes civilizaciones mesoamericana y andina[83]. Arrollo bélico que de inmediato intensifica su fuerza a través de una

---

78 S.Ramos nos recuerda:*Es cierto que hubo un mestizaje,pero no de culturas,pues al ponerse en contacto los conquistadores con los indígenas ,la cultura de éstos quedó destruida.*(1951:28)

79 *Desde el siglo XVII las iglesias franciscanas adoptan el tipo de iglesia cruciforme con cúpula en el crucero,tipo que se había nacionalizado como mexicano.*(Toussaint1927:21;1962:52).

80 De cuerdo con F.Lot el cristianismo más que matar al arte antiguo,lo que hizo fue ponerlo en la tumba:*El arte,en el momento del triunfo del cristianismo,ya estaba herido de muerte y arrastraba desde hacía tiempo lánguida existencia* .(1956:119).F.E.Brown (1965:48) nos acerca a esta idea.

81 La Edad Media no nace un día para otro(Weckmann 1962:21;Beckwith 1964:9).Se trata de un proceso de profundo cambio;una transformación cultural que no olvida el pasado(Bühler 1946:15).

82 R.S.Lopez nos propone en concisas palabras.*durante la Edad Media fue cuando la civilización europea creó su propia unidad* (1965:VII).

83 Una cita para demostrar el valor de las civilizaciones precolombinas:...*dentro de los siglos IV o III a.c.,los sacerdotes mayas,por primera vez en la historia de la especie humana ,concibieron*

profunda desestabilización cultural e incluso racial ,y se convierte en pocos años en un verdadero desastre continental (Wright 1994:210;Quiroga 1992: 63-68;Wachtel 1976:58 y ss.199: 173-174;Las Casas 1995:144;Elliot 1990:141,etc.).

A diferencia de lo que ocurre en el Viejo Mundo los invasores no asimilan,ni profundizan, ni siquiera se preocupan por las culturas precolombinas,con algunas excepciones B.de Sahagún, por ejemplo (Gussinyer 1995:149).Proceden de inmediato a destruir cualquier símbolo de su presencia (Ricard 1947:115;Landa 1966:105;García Icazbalceta1947 vol.II:87-88;etc.) a pesar de que aquellas culturas no transcurrían por un proceso de decadencia como ocurre en Europa con la cultura de tradición clásica.Todo lo contrario,en América se asienta el nuevo orden cultural encima de espacios en los que poco antes había unas extraordinarias civilizaciones y culturas la mayor parte pletóricas de vida y actividad cultural en el momento de la invasión europea(Wright1994:29 y 91;Gruzinski 1991:15)

Esta compleja y al mismo tiempo importante etapa de profundos cambios arquitectónicos y culturales en los dos continentes,se materializa en etapas cronológicas muy separadas -siglos IV-V en Europa y XVI en América- y en regiones tal vez más distanciadas. Pero, ocurre en el interior de un proceso de transformación cultural en cierta manera paralela.En las dos áreas la arquitectura,como en tantas otras ocasiones en la historia de la humanidad(Zevi 1969:23-36) ,se convierte en uno de los símbolos más representativos del cambio cultural;puesto que en ambos mundos el Cristianismo se materializa, como venimos observando, en una arquitectura religiosa "nueva"[84].Arquitectura que al poco tiempo evoluciona por su propia cuenta,hacia el románico en Europa y el barroco en América.La implantación del nuevo credo en ambos mundo se transforma en un acontecimiento de extraordinaria importancia que conlleva en si mismo una profunda transformación cultural[85].

Sumario : con algunas conclusiones.

En el Viejo Mundo la presencia de los primeros esbozos de construcciones religiosas cristianas hasta su indiscutible definición las denominamos *Arquitectura Paleocristiana.* En principio no debiera existir ningún inconveniente si utilizamos la misma expresión para"bautizar"los primeros pasos de la arquitectura cristiana en el Nuevo Mundo;puesto que la denominación no se refiere ni a un estilo artístico específico,ni a un continente determinado.Somos conscientes que cuando la arquitectura cristiana llega a América se encuentra perfectamente definida ,cosa que no ocurre en el Viejo Mundo en donde el nombre encaja sin problemas.A pesar de que tal vez se ha insistido demasiado hay que recordar,sin embargo, que cuando estas estructuras religiosas llegan al Nuevo Mundo "sufren" transformaciones substanciales tanto en el proyecto como en la concepción espiritual(Gómez 1989:8).Cambios que alteran temporalmente su primitiva estructura .Además,su

---

un sistema de numeración basado en la posición de los valores,que implica la concepción y uso de la cantidad matemática cero,un portentoso adelanto del orden abstracto. (Morley 1956:306).

84 Una nueva visión de la arquitectura religiosa.En el Viejo Mundo será de una gran trascendencia(Velarde 1956:75).En el Nuevo se convierte en un acontecimiento intranscendente. Inicio sin continuidad:efímera y nueva manera de ver la arquitectura monacal (Flores Marini 1966:6).

85 Para H. Velarde tan importante fue el impacto del cristianismo en el Viejo Mundo que cambió el sentido del arte entre otras facetas del ambiente cultural de su tiempo(1956:74).En el Nuevo la transformación fue bastante más cruenta y espectacular(Rojas 1963:30)(Toussaint 1962:40).

implantación definitiva va precedida de unos primeros esbozos dignos de tomarse en cuenta. y que se emparejan con la denominación que proponemos(Andrew 1991:355 y ss).Asimismo, en ambos mundos estos inicios arquitectónicos se convierten en el preludio de cambios muy significativos .

En el Viejo Mundo ocurre algo semejante.La arquitectura paleocristiana comienza con unos primeros tanteos que en buena parte duran hasta la tolerancia definitiva del Cristianismo.Le sigue un período de definición de la nueva arquitectura y termina con una última etapa de expansión e implantación definitiva.En el Nuevo Mundo como acaba de esbozarse acontece lo mismo.Principia con unos primeros ensayos con el fin de encontrar la forma definitiva destinada al nuevo *habitat* (fig. Nº1). Prosigue con un período de definición y consolidación de la arquitectura cristiana alterada con aportes precolombinos (fig.2).Finalmente, se fortalece su presencia con una última etapa (fig.3) de definición de un nuevo modelo de estructura religiosa, termina con su renuncia y el iniciode una nueva orientación arquitectónica incuestionable y su inmediata expansión por todo el continente.

A pesar de que el desenvolvimiento de la nueva arquitectura paleocristiana en los dos continentes se realiza en etapas cronológicas muy distantes y en ambientes culturales todavía más lejanos;la actitud de los pueblos afectados, la manera de desenvolverse y plantearse el problema,desde el punto de vista arquitectónico y en algunas otras facetas culturales,se lleva a cabo en el interior de unos comportamientos, bastante menos distanciados.

En Mesoamérica,por ejemplo, las formas que adopta la arquitectura religiosa plenamente consolidada a partir de la segunda mitad del siglo XVI corresponden, en buena parte, a las de un avanzado siglo XV europeo en zonas marginales con algunos ribetes renacentistas. Pero,hay que tener en cuenta que una sensibilidad americana diferente de la occidental altera la matriz europea por medio de una concepción arquitectónica de raíz americana totalmente distinta (Gante 1954:2-3).De inmediato esta nueva distribución arquitectónica se expande por toda la antigua Mesoamérica y algunas otras partes del continente.De la misma manera la primera arquitectura cristiana europea toma de la romana las bases de su configuración material,pero las transforma de acuerdo con la sensibilidad del culto cristiano y después la reparte por todo el antiguo imperio romano(Milburn 1988:97).

Como viene diciéndose la arquitectura paleocristiana de América forma parte,en etapas de su desarrollo inicial,del ambiente cultural de finales de la Edad Media peninsular (siglo XV) y, toma de un gótico tardío y en buena parte decadente (siglo XVI) ornamentado con temas decorativos locales (Isabelino, Cisneros, plateresco, mudejar,Manuelino,etc. (Selva 1943:66)) algunas de sus constantes arquitectónicas más significativas[86] . Esquema que se altera con la introducción de temas de la arquitectura precolombina ya comentados.Idea que refusa al poco tiempo.Más adelante,se consolida con la asimilación de formas renacentistas.De igual modo el nacimiento de la arquitectura cristiana europea corresponde en su desarrollo inicial al ocaso del Imperio Romano de Occidente (siglo IV-V) .Toma

---

86 Las modalidades del gótico español tardío(siglos XV-XVI) cubren con una riqueza ornamental excesiva y tosca bastantes deficiencias arquitectónicas.*Spanish architects seemed suddenly to lose their constructive ability and to rely for effect on mere surface ornament.*(Bevan 1938:134).

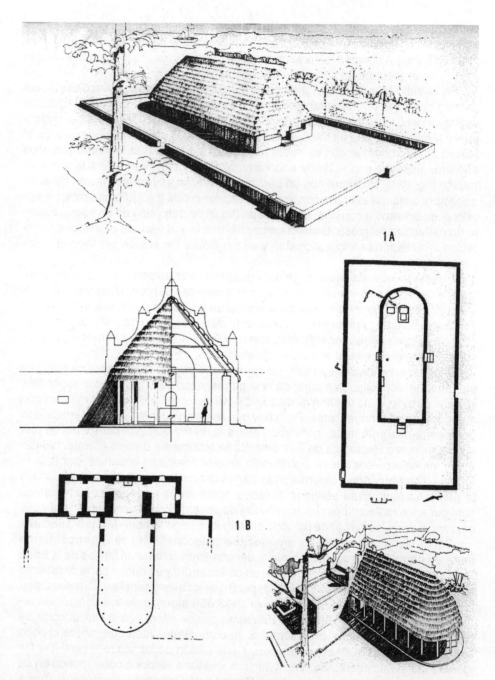

Figura 1. (1A). Planta y reconstrucción en perspectiva del templo de Xcaret (Str. G-1), Yucatán, México. E.W. Andrews IV and A.P. Andrews. 1975.

(1B). Planta, alzado-corte y reconstrucción en perspectiva de la Capilla Abierta de Dzibilchaltún, Yucatán, México. W.J. Folan, 1970.

Nótese en ambas construcciones religiosas el carácter provisional, la techumbre de zacate y la importancia de los espacios abiertos.

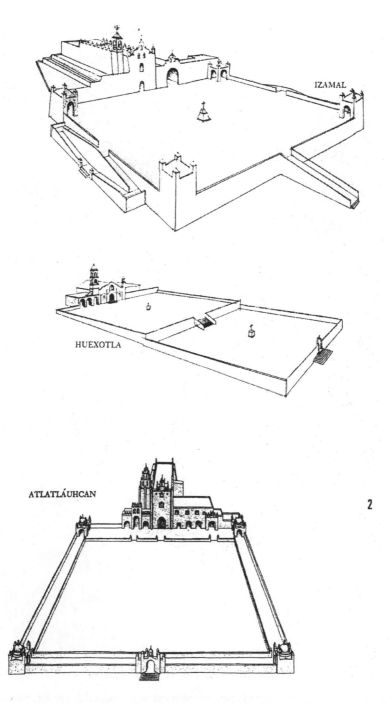

Figura 2. Perspectivas de los monasterios de Izamal (Yucatán), Huexotla (Edo. de México) y Atlatláhuacan (Morelos). John McAndrew, 1965. De nuevo hay que anotar la enorme importancia de los espacios abiertos de tradición precolombina, frente a los espacios cubiertos del conjunto monacal característicos de la arquitectura religiosa occidental.

91

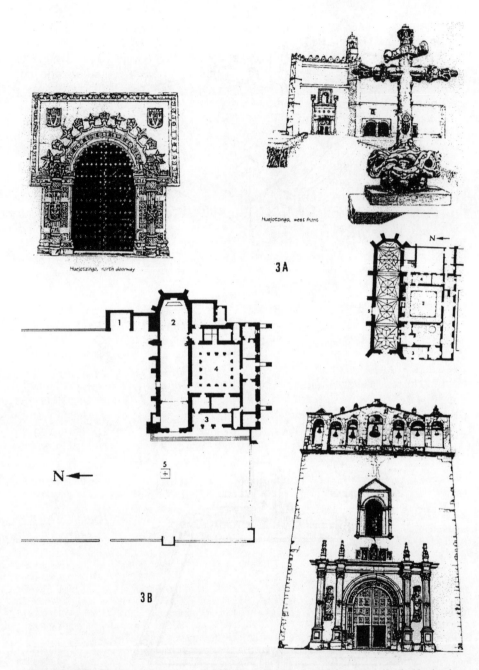

Figura 3. (3A). Planta, perspectiva y detalle de la puerta norte del monasterio de Huejotzingo (Puebla) R. Perry, 1992.

(3B). Planta y alzado de la fachada principal de la iglesia del monasterio de Metztitlan (Hidalgo). R. Perry, 1992.

Nótese la presencia de una arquitectura bastante más elaborada en los dos monasterios. Corresponde a una etapa perfectamente definida en el desarrollo de los inicios de la arquitectura cristiana en el Nuevo Mundo. A pesar de todo, los espacios abiertos siguen siendo muy importantes.

de las llamadas basílicas y otras estructuras arquitectónicas contemporáneas del mundo antiguo los elementos básicos de su configuración definitiva,pero los transforma de acuerdo con los preceptos del culto cristiano(Davies 1952:16).Sin olvidarnos que en la actualidad renace el criterio,en parte desautorizado con anterioridad,que asegura que el Cristianismo antes de su oficialidad ya contaba con unos criterios arquitectónicos definidos (Gudiol i Cunill s.f.: 96).

El nombre con el que bauticemos esta interesante etapa de la arquitectura cristiana del Nuevo Mundo es importante para diferenciarla del resto de la arquitectura virreinal[87].Pero,hay que tener presente que se desenvuelve en el interior de un efímero período que sirve de transición entre la arquitectura religiosa precolombina y la occidental ya consolidada.Es indispensable investigar y analizar sus características para poderla separar de la arquitectura inmediata posterior en el interior de la cual a menudo la englobamos[88]. Los"balbuceos" iniciales[89],junto con las primeras unidades de arquitectura religiosa que los materializa de inmediato deben de tomarse en cuenta ya que, como viene anotándose, sirven de puente entre aquellos dos mundos tan disímiles(Toussaint 1962:11-12).En cierto modo la arquitectura paleocristiana del Viejo Mundo también sirve de enlace entre el Mundo Antiguo y la Edad Media.

Además,se trata -la americana- de una arquitectura con unas peculiaridades muy claras diferente de la europea contemporánea.La única que en cierto modo supo amalgamar por medio de las capillas abiertas y otros temas arquitectónicos junto con los templos de tipo basilical abiertos dos propuestas de arquitectura religiosa en principio totalmente incompatibles(Ortiz Macedo 1972:25 y ss.).Esta etapa de la arquitectura americana la vemos impregnada de esencias precolombinas que a menudo no se ha profundizado lo suficiente.Los estudiosos están más absortos en los aspectos formales de tradición occidental ,los detalles decorativos de origen hispano-árabe y la raíz europea de la nueva arquitectura,que en su estructuración americana,influencias amerindias y distribución espacial interna[90].

---

87 El arte y la arquitectura del siglo XVI americanos no cuentan todavía con un nombre propio.En realidad tampoco cuentan con él las etapas posteriores.El nombre más común que se utiliza es con el que se inicia la presente nota(Toussaint 1927;Gante 1954;Kubler 1990;Chanfón Olmos1994;etc.). Denominación que se refiere a un período cronológico específico y nada más.Otras veces se lo identifica con estilos europeos contemporáneos (Toussaint 1962 .Renacimiento);Marco Dorta 1973 . *Gótico y Renacimiento)*, también con un nombre de una etapa histórica de controtible recuerdo como puede ser el de *The Colonization (1521-70)*.Kubler,Soria 1959.Incluso con el del desagradable recuerdo de los invasores(Sebatian et al. 1989 .*Arte Iberoamericano del siglo XVI*). En ciertas ocasiones tiene una clara intención antropológica(Rojas 1963. *Las Artes en el ámbito de los Indios)*.Hasta llegar a algunas de un inconfundible aire turístico (Perry 1992 *Mexico's Fortress Monasteries)*.A veces con resabios "racistas" *Estilo Mestizo.,*o de cierta ingenuidad (Moreno Villa 1948 *Tequitqui*.En algunas ocasiones aparecen intentos de americanización(C.Reyes Valerio 1978 *Arte Indocristiano)*.Algo más acertada es la de M.Toussaint 1962:1.*La Edad Media en México.*

88 En M.Toussaint (1962) aparece bien claro lo que venimos anunciando.

89 Estos *balbuceos* materializados en la iglesias pajizas y las primeras basílicas, se transforman en el germen de la arquitectura religiosa posterior(Toussaint 1962:11.Por medio de ellas los primeros frailes entran en contacto con la idiosincrasia religiosa del mundo precolombino.Relación que al poco tiempo se convierte en las espléndidas unidades monacales de la segunda mitad del siglo XVI.*Las construcciones templarias fueron primeramente modestas ermitas que al mediar el siglo,se convirtieron en los grandes y a veces suntuosos conventos fortaleza...*(Martínez Marín 1968:63).

90 Insistimos en la desmesurada preocupación de juzgar la arquitectura del siglo XVI haciendo un excesivo énfasis en las apariencias externas.En su análisis nos quedamos,en la mayor parte de

Por desgracia hasta el presente ni siquiera nos hemos preocupado de darle un nombre, un espacio,una cronología y unas características definitivas, si se las merece[91] .

Para el nombre proponemos,a pesar del escándalo que pueda ocasionar, el de *Arquitectura Paleocristiana de América*[92], siguiendo en parte un paralelismo europeo y no caer en eufemismos inútiles como podría ser,para el Nuevo Mundo, nombres que de alguna manera se subordinan demasiado con etapas artísticas específicas del arte occidental contemporáneo.[93]

En cuanto al resto de los preceptos necesarios para definirla,se convierte en una tarea laboriosa a causa de la escasez de investigación documental y arqueológica realizada hasta ahora.Influye asimismo el enorme territorio por catequizar, el escaso lapso de tiempo disponible para hacerlo y los desmesurados desniveles culturales en el interior de aquel gigantesco continente. Estas y otras circunstancias hacen que la *arquitectura paleocristiana de América* mucho dependa su realidad de la investigación , composición interna de las culturas locales,los procesos de invasión europea y los proyectos de evangelización continental inmediatos al arribo de los"conquistadores".

Finalmente,debemos tener presente que en base a la enorme extensión del continente, su amplia diversidad cultural y la precipitada y forzada evangelización no es necesario ni obligado que en toda la plataforma continental esté presente una arquitectura paleocristiana definida .Mucho menos con un mismo molde de desarrollo y cronología. Pero sí, la presencia de unos esbozos en el momento de su implantación definitiva en el interior de diversas cronologías y territorios del Nuevo Mundo. Estudio que puede perfectamente llevarse a cabo por medio de técnicas arqueológicas(Pendergast 1991: 337 y ss.) y métodos etnohistóricos (Davidson 1991:210-211).

---

las ocasiones,en la *epidermis* de la arquitectura al vislumbrar en ella tan sólo bóvedas y otras características góticas,elementos platerescos o techumbres mudéjares,por ejemplo.Propuestas expuestas a menudo en comentarios excesivamente descriptivos(Toussaint 1927:10).Falta a menudo encontrar la razón de esta "nueva " arquitectura por medio de la conjunción de dos formas opuestas de ver el fenómeno cultural en general y religioso en particular (un culto politeísta al aire libre frente a otro monoteísta en espacios cubiertos) y tener presente que unos y otros, invasores y amerindios, logran conjugar en una misma unidad arquitectónica los ideales religiosos de cada uno de ellos.Y no olvidar en palabras de M.Toussaint que:*Nuestro arte no es una simple colonia del arte español;proviene de semillas españolas, no siempre puras,sembradas en tierra azteca.*(1927:10). Junto con otros investigadores F.Pardinas participa de esta forma de pensar(1970: 37-38 y 40-43).

91 En cuanto al nombre,aunque no es muy original,lo proponemos al principio.Un esbozo de las etapas de desarrollo podría ser el siguiente:
Aprovechamiento de edificios existentes(precolombinos).
Primeras formas (enramadas,iglesias pajizas).
Iglesias a cielo abierto(capillas abiertas).
Templos tipo basilical (tres naves con muros laterales abiertos)
Monasterios definitivos (una nave).(Toussaint 1927:73;Kubler 1990:531)
El orden no es riguroso ni obligatoria la presencia de todas las fases en una área específica.El esquema corresponde a Mesoamérica.El período cronológico aproximado para Mesoamérica:1519 -1570.En áreas marginales tanto la cronología como la evolución pueden variar de forma significativa.

92 M.Toussaint propone el nombre de *La Edad Media en México (1519-1550)* (1962:XIII y1) para la etapa cronológica y cultural que más o menos adjudicamos al período de nuestro estudio , denominación que no parece del todo desacertada.

93 Reconocemos que el nombre que proponemos no es original y en cierto modo sigue dependiendo de una terminología europea.

* Este estudio forma parte de la investigación correspondiente al año sabático 1995-6 del autor.

Bibliografía

AINAUD DE LASARTE,JOSEP M.
  1995 *El Llibre Negre de Catalunya.* Ed.La Campana. Barcelona.
AMAYA,JESÚS
  1951 *Ameca,protofundación mexicana.* Ed.Lumen. México
ANDREWS V.,E.WYLLYS
  1978 *Dzibilchaltun.* Ed. Instituto Nacional de Antropología e Historia. México.
ANDREWS IV,E. WYLLYS & ANTHONY P. ANDREWS
  1975 *A Preliminary Study of the Ruins of Xcaret,Quintana Roo.,Mexico.* Ed.Tulane
       University.
ANDREWS,ANTHONY P.
  1991 "The Rural Chapels and Churches of Early Colonial Yucatan and Belize:An
       archaeological Perspective". en *Columbian Consequences.* Smithsonian
       Institution Press.Washington.
ARIZPE,LOURDES Y MARICARMEN TOSTADO
  1993 "El patrimonio intelectual:un legado del pensamiento." en *El Patrimonio cultural
       de México.* Enrique Florescano (compilador). Ed. Fondo de Cultura Económi-
       ca. México.
ARTIGAS,JUAN
  1989 "Iglesias a cielo abierto:capillas con atrio y cuatro capillas posas." en *Cuadernos
       de Arquitectura Virreinal.* No.6. Universidad Nacional Autónoma de México.
  1991 "Iglesias a cielo abierto,parte II.San Pedro y San Pablo Teposcolula,y San Juan
       Teposcolula,Oaxaca."en *Cuadernos de Arquitectura Virreial.* No.10. U.N.A.M.
       México.
  1992 *Capillas abiertas aisladas de México.* Ed. Universidad Nacional Autónoma de
       México. México.
BALSDON,J.P.V.D.
  1965 Roma as a battleground of Religions. *Roman Civilization.Ed.*
J.P.V.D.BALSDON.PENGUIN BOOKS BARNADAS,JOSEP MA.
  1990 "La Iglesia católica en la hispanoamérica colonial."en *Historia de América Lati-
       na.* vol.II.Ed.Crítica.   Barrow,R.H.
1961 *The Romans.*Ed. Penguin Books. Harmondsworth.
BASALENQUE,P.DIEGO
  1963 *Historia de la Provincia de San Nicolás de Tolentino de Michoacán del Orden de
       N.P.S.Agustín.* Baudot,Georges
1979 *Las letras precolombinas.* Ed. Siglo XXI. México.
BAXTER,SILVESTRE
1934 *La arquitectura hispano colonial en México.* México.
BEAUMONT,FRAY PABLO
  1932 *Crónica de Michoacán.* 3 vols. Ed. Talleres Gráficos de la Nación. México.
BENET,JOSEP
  1995 *L' intent franquista de genocidi cultural contra Catalunya.*Ed.P. de l'Abadia de
       Montserrat.
BARNA BEVAN,BERNARD
  1938 *History of Spanish Architecture.* Ed. B.T.Batsford LTD. London.
BECKWITH,JOHN
  1964 *Early Medieval Art.Carolingian.Ottonian.Romanesque.* Ed. Thames and Hudson.
       London

BENEVOLO,LEONARDO
1976   *Introducción a la Arquitectura.* Ed. Blume.   Madrid.
BENÍTEZ,JOSÉ R.
1929   *Historia Gráfica de la Nueva España.*   Ed. C.E.C. en los Estados Unidos
        Méxicanos. México.
BERNALES BALLESTEROS,JORGE
1987   *Historia del arte hispanoamericano.*2 vols. Ed. Alhambra. Madrid.
BLOCH,RAYMOND
1963   *Orígenes de Roma.* Ed. Argos.s.a. Barcelona.
BIRD,JR.,JOSEPH ARMSTRONG
1962   *The Churches of Mexico 1530-1810.* Ed. University of California Press.
        Berkeley.
BÜHLER,JOHANNES
1946   *Vida y cultura en la Edad Media.* Ed. Fondo de Cultura Económica. México.
BURGOA,FR.FRANCISCO DE
1934   *Geográfica Descripción.* Ed. Talleres Gráficos de la Nación. México.
1989   *Palestra Historial.* Ed. Porrúa. s.a.. México.
BROWN,FRANK E.
1965   *Roman Architecture.* Ed. George Braziller .   New Yok.
CARRASCO,PEDRO
1976   *El Catolicismo popular de los tarascos.*   Ed.S.E.P.   Col.SepSetentas n.
        298.México
CASTRO,OSCAR
1992   La visión indígena de la conquista.en *Revista Universitaria de Antioquía,*
        No.229;pp.51-75.
CHANFÓN,OLMOS,CARLOS
1992   "Los conventos mendicantes novohispanos."en *Manuel Toussaint su proyección
        en la historia del arte mexicano.* Universidad Nacional Autónoma de México.
        México.
1994   *Arquitectura del siglo XVI.Temas escogidos.* Ed. Universidad Nacional Autóno-
        ma de México.
CHRISTENSEN,EREWIN O.
1959   *The History of Western Art.* Ed. Menton Books. New York.
CHUECA GOITIA,FERNANDO
1979   *Invariantes castizos de la arquitectura española.Invariantes castizos de la arqui-
        tectura hispanamericana.Manifiesto de la Alhambra.* Ed.Dossat, s.a. Madrid.
CÓDICE...
1941   *Códice Franciscano.* Ed. Salvador Chávez Hayhoe. México.
COOK,SHERBURNE F. Y WOODROW BORAH
1977-1978   *Ensayos sobre historia de la población:México y el Caribe.* 2 vols. Ed. Si-
        glo XXI. México.
CORRADINE,ALBERTO
1989   *Historia de la Arquitectura Colombiana.* Bogotá.
DAVIDSON,WILLIAM VAN
1991   "Geographical Perspectives on Spanish-Pech(Paya).Indian Relationships,
        Northeast Honduras, Sixteenth Century."en *Columbian Consequences.*
        Smithsonian Institution Press.Washington
DENEVAN,WILLIAM M.
        1980   *The nativa population of the Americas in 1492.* Ed.The University of
        Wisconsin Press.

DUVERGER,CHRISTIAN
  1987   *La convertion des Indiens de Nouvelle Espagne.* Ed. du Seuil. París.
ELLIOT,J.H.
  1990   "La conquieta española y las colonias de América". *Historia de América Latina.*
          vol.I.Ed.Crítica. Fernández de Echeverria y Veytia,Mariano
  1963   *Historia de la fundación de la ciudad de la Puebla de los Angeles en la Nueva*
          España, su descripción y presente estado . 2 vols..Ed. Altiplano. Puebla.
FERNÁNDEZ,JUSTINO
  1959   *Coatlicue.Estética del arte indígena antiguo.* Ed. Universidad Nacional Autóno-
          ma de México.
FLETCHER,BANISTER
1963 *A History of Architecture on the Comparative Method.* Ed. University of London.
          London.
FLORES GUERRERO,RAÚL
1951 *Las Capillas Posas de México.* Ed. Ediciones Mexicanas. México.
FLORES MARINI,CARLOS
1966 "La arquitectura de los conventos del siglo XVI." en *Artes de México.* II época.
          Nos.86-87.
FLORESCANO,ENRIQUE (COMPILADOR)
1993 *El patrimonio cultural de México.* Ed.Fondo de Cultura Económica. México.
GARCÍA,GENARO
s.f.   *Carácter de la conquista española en América y en Méxco.* Ed.Fuente de Cultura.
          México.
GARCÍA GRANADOS,RAFAEL
  1935   "Capillas de Indios en Nueva España (1530-1605)."*Archivo español de arte y*
          arquelogía. N.31_Garibay,K.,Angel Ma.
  1971   *Historia de la Literatura Náhuatl.* 2 vols. Ed. Porrúa S.A. México.
GAY,JOSÉ ANTONIO
  1950   *Historia de Oaxaca.* 2 vols.   Ed. Talleres "V.Venero". México.
GIBBON,EDWARD
  1966   *Decline and Fall of the Roma n Empire.* Ed. Penguin Books. Harmondsworth.
GIEDION,SIGFRIED
  1966   *L'Éterne Présent. La Naissance de l'Architecture.* Ed. E.de la Connaissance
          s.a..Bruxelles.
  1975   *La arquitectura fenómeno de transición (las tres edades del espacio en*
          *arquitectura).*Ed.G.G Gómez,Rafael
  1989   *Arquitectura y Feudalismo en México.* Ed. Universidad Nacional Autónoma de
          México.Mexico.
GOUGH,MICHAEL
  1961   *Early Christians.* Ed. Thames and Hudson. London.
  1965   " Del Mundo Antiguo al medieval por el puente de la Fe". en *El Nacimiento de la*
          Civilización Occidental. Ed. Labor S.A.. Barcelona.
GRUZINSKI,SERGE
  1991   *La colonización de lo imaginario.* Ed.Fondo de Cultura Económica. México.
GUDIOL I CUNILL,JOSEP
          Nocions d'Arqueologia Sagrada Catalana. Barcelona.
GUSSINYER I ALFONSO,JORDI
  1995   "La Muerte en la Literatura Precolombina de Mesoamérica." en *Boletín*
          Americanista. N.45

1993 "Notas para el concepto de espacio en la arquitectura precolombina de Mesoamérica. en *Boletín Americanista.* Nos.42-43.Universitat de Barcelona. Barcelona.

HAMLIN,A.D.F.
1940 *Text-Book of the History of Architecture.* Ed. Longmans,Green & Co. London.

HANSON,CRAIG A
1995 "The Hispanic Horizon in Yucatan.A model of franciscan missionization." *Ancient Mesoamerica* vol.6, No.1. Cambridge University Press.

HAUSER,ARNOLD
1966 *Història Social de l'Art i la Cultura.* Ed.Edicions 62. Barcelona.

HERSKOVITS,MELVILLE J.
1952 *El hombre y sus Obras.* Ed. Fondo de Cultura Económica. México.

INGHAM,JOHN M.
1989 *Mary,Michael,and Lucifer.Folk Catholicism in Central Mexico.*E.University of Texas Press. Austin

KRAUTHEIMER,RICHARD
1965 *Early Christian and Byzantine Architecture.* Ed. Penguin Books. Harmondsworth.
1969 *Studies in Early Christian,Medieval and Reniassace Art.* Ed. New York University Press. N. York.

KUBLER,GEORGE
1959 *Art and Architecture in Spain & Portugal & their American Dominios.1500-1800.* Penguin Books
1990 *Arquitectura Mexicana del siglo XVI.* Ed. Fondo de Cultura Económica. México.

LANDA,FRAY DIEGO DE
1966 *Relación de las cosas de Yucatán.* Ed. Porrúa, s.a. México.

LAS CASAS,FRAY BARTOLOMÉ DE
1957 *Breve Relación de la Destrucción de las Indias Occidentales.* Ed. Libros Luciérnaga. México
1995 "Cartas y Memoriales". en *Fray Bartolomé de Las Casas.Obras Completas* v.13. Alianza.Madrid.

LAVEDAN,PIERRE
1950 *Histoire de L' Art.* vol.II. Ed.Presses Universitaires de France. Paris.

LEÓN-PORTILLA,MIGUEL
1959 *Visión de los vencidos.* Ed. Universidad Nacional Autónoma de México. México.
1968 *Los antiguos mexicanos a través de sus crónicas y cantares.* Ed. F.C.E. México
1970 *El reverso de la conquista.* Ed. Joaquín Mortiz. México.
1976 *Culturas en peligro.* Ed. Alanza editorial. Madrid
1986 *Coloquios y Doctrina Cristiana.* Ed.Universidad Nacional Autónoma de México. México.

LEROY,ALFRED
1958 *Origen del Cristianismo.Desde los orígenes hasta el Año Mil.* Ed. Casal i Vall. Andorra.

LOPEZ,ROBERT S.
1965 *El Nacimiento de Europa.* Ed. Labor s.a.. Barcelona.

LOT,FERDINAND
1956 *El fin del Mundo Antiguo y el comienzo de la Edad Media.*.Ed. Hispano-Americana. México.

MARCO DORTA,ENRIQUE
1973 *Ärte en América y Filipinas."* en *Ars Hispaniae.* vol. XXI. Ed. Plus-Ultra. Madrid.

MACDONALD,WILLIAM

1962   *Early Christian and Byzantine Architecture.*   Ed. Pretince-Hall International.
London.

MAC GREGOR,LUIS

1954   *El plateresco en México.* Ed. Parrúa s.a.. México.

MCANDREW,JOHN

1965   *The Open-Air Churches of Sixteenth-Century Mexico.* E.Harvard University
Press.Cambridge.

MARTÍNEZ MARÍN,CARLOS

1968   "Las Resonancias Indígenas." en *C.S.A.M.* No. 1.(Colegio y Sociedad Arquitectos de México).

MENDIETA,GERÓNIMO DE

1945   *Historia Eclesiástica Indiana.* 4 vols. Ed. Salvador Chávez Hayhoe.   México

MILBURN,ROBERT

1988   *Early Christian Art & Architecture.* Ed.University California Press. Berkeley.

MILLET CÁMARA,LUÍS ,HEBER OJEDA M.,Y VICENTE SUÁREZ A.

1993   Tecoh,Izamal:Nobleza indígena y conquista española .en *Latin American
Antiquity* .vol.4,No.1.

MORENO VILLA,JOSÉ

1948   *Lo Mexicano.* Ed. El Colegio de México. México.

MORLEY,SYLVANUS

1956   *La Civilización Maya.* Ed, Fondo de Cultura Económica. México.

MOYSSEN,XAVIER

1967   *México angustia de sus Cristos.* Ed. Instituto Nacional de Antropología e Historia. México.

MOTOLINÍA,FRAY TORIBIO DE BENAVENTE

1941   *Historia de los Indios de la Nueva España.* Ed.Salvador Chavez Hayhoe. México.

NEBEL,RICHARD

1991   "El rostro mexicano de Cristo."en *América Religión y Cosmos.* D.Provincial. de
Granada.

NORBERG-SCHULZ,CHRISTIAN

1975   *Existencia,Espacio y Arquitectura.* Ed. Blume. Barcelona.

1988   *Intentions in Architecture.*Ed. The M.I.T.Press.Cambridge.

NORIEGA ROBLES,EUGENIO

1992   "Una capilla abierta del siglo XIX." en *Manuel Toussaint ,su proyección en la historia del arte mexicano.* Ed. Universidad Nacional Autónoma de México. México.

ORTÍZ MACEDO,LUIS

1972   *El arte del México Virreinal.* Ed. Secretaría Educación Pública. México

PALOMERA, ESTEBAN J.

1962   *Fray Diego Valadés o.f.m.Evangelizador y Humanista de la Nueva España.*2
vols.E. Jus. México

PAZ,OCTAVIO

1973   *El Laberinto de la Soledad.* Ed. Fondo de Cultura Económca. México.

PENDERGAST,DAVID M.

1991   " The Southern Maya Lowlands Contact Experience:The View   from
Lamanai,Belize". en *Columbian Consequences.* Smithsonian Institution Press .
Washington.

PENDERGAST,DAVID M.,GRANT D.JONES,AND ELIZABETH GRAHAM
1993   "Locating Maya Lowlands Spanish Colonial Towns: A Case Study from Belize."
en *Latin American Antiquity.* vol.4, No.1.
PEÑALOSA,JOAQUÍN ANTONIO
1969   *La práctica religiosa en México:Siglo XVI.* Ed.Jus. México.
PERRY,RICHARD
1992   *Mexico's Fortress Monasteries.* Ed. Espadaña Press. Santa Barbara. California.
PIERCE,DONNA
1990   "The Mission:Evangelical Utopianism in the New World." en *Mexico Splendor of Thiry Centuries.* Piña Chán,Román
1955   *Las Culturas Preclásicas de la Cuenca de México.* Ed. Fondo de Cultura Económica.México.
PITA MOREDA,MARÍA TERESA
1992   *Los predicadores novohispanos del siglo XVI.* Ed.San Esteban. Salamanca.
POULSEN,FREDERIK
1947   *Vida y costumbres de los Romanos.* Ed. Revista de Occidente. Madrid.
PREMM,HANNS J.
1968   "La arquitectura en el México Antiguo." en *El México Antiguo.Historia y cultura de los pueblos mesoamericanos.* Ed.Plaza & Janés editores s.a. .Barcelona.
QUIROGA,PEDRO DE
1992   *Coloquios de la Verdad.* Ed. Instituto de Cooperación Iberoamericana. Valladolid.
RAMÍREZ VÁZQUEZ,PEDRO
1964   "La herencia maya en la arquitectura del México actual." en *Maya:Guatemala,Honduras y Yucatán.* Ramos,Samuel
1951   *El perfil del hombre y la cultura en México.* Ed. Espasa Calpe. Buenos Aires.
REINARCH,SALOMÓN
1970   *Apolo. Historia General de las Artes Plásticas.* Ed. Editora Nacional. México.
Relación...
1873   *Relación breve y verdadera de algunas cosas de las muchas que le sucedieron al Padre Alonso Ponce...* 2 vols.Ed. Imprenta de la Viuda de Calero. Madrid.
RÉMONDON,ROGER
1967   *La crisis del Imperio Romano:de Marco Aurelio a Anastasio.* Ed.Labor s.a. Barcelona.
REVILLA,MANUEL G.
1893   *El arte en México.*Ed. oficina Tipográfica de la Secretaría de Fomento. Mexico.
RICARD,ROBERT
1947   *La Conquista Espiritual de México.* Ed. Jus. México.
RIGHETTI,MARIO
1955   *Historia de la Liturgia.* Ed. Católica s.a. Biblioteca de Cultura Cristiana Madrid.
ROBINA,RICARDO DE
1968   "Del Clasicismo Renacentista al Novecentista." en *C.S.A.M.* No.1. México.
1969   "Arquitectura prehispánica." en *Cuarenta siglos de plástica mexicana.*Ed.Herrero s.a. México.
ROJAS MIX,MIGUEL
1990   *Los Cien Nombres de América.* Ed. Lumen.
ROMERO DE TERREROS,MANUEL
1951   *El arte en México durante el virreinato.* Ed. Porrúa. s.a. México.
ROYS,RALPH L.
1967   *The Book of Chilam Balam de Chumayel.* Ed. University of Oklahoma Press. Norman.

SAALMAN,HOWARD
1967   *Medieval Architecture.* Ed. George Braziller,   New York.
SÁNCHEZ ALBORNOZ,NICOLÁS
1977   *La población de América Latina.Desde los tiempos precolombinos al año 2000.*
Alianza Madrid.
SÁNCHEZ BAQUERO,S.J.,P.JUAN
1945   *Fundación de la Compañía de Jesús en Nueva España.* Ed. Patria. México.
SEBASTIÁN LÓPEZ,SANTIAGO,J.DE MESA FIGUEROA Y T.GISBERT DE MESA.
1989   "Arte iberoamericano desde la colonización a la Independencia." 2 vols. en *Summa
Artis.Historia General del Arte.* vol.XXVIII. Ed. Espasa Calpe. s.a.. Madrid.
SELVA,JOSÉ
1943   *El arte español en tiempo de los Reyes Católicos.* Ed. Amaltea. s.a. Barcelona.
SORIA,MARTÍN
1959   "Painting." en *Art and Architecture in Spain and Portugal and their American
Dominions 1500-1800.* Ed. Penguin Books.   Harmondsworth.
SOUTHERN,R.W.
1945   *La formación de la Edad Media.* Ed. Revista de Occidente.   Madrid.
SCHROEDER CORDERO,ARTURO
1984   "Las funciones del atrio conventual mexicano en el sesquicento." en *Conferen-
cias del bicentenario de la fundación de la Escuela de Pintura,Escultura y Arqui-
tectura.* Ed .U.N.A.M. México.
STANNARD,DAVID E.
1992   *American Holocaust.The Conquest of the New World.* Ed. Oxford University
Press. Oxford.
TABLADA,JOSÉ JUAN
1927   *Historia del arte en México.* Ed. Aguilas s.a. México.
TORREJÓN CHAVES,JUAN
1992   "La arquitectura virreinal." en *Influenciasartísticas entre españa y América.*
E.Mapfre.Madrid.
TOUSSAINT, ANTONIO
1966   "Los conventos dominicanos del siglo XVI en el estado de Oaxaca" *Artes de
México.* N.86-87. TOUSSAINT, MANUEL
1927   "La arquitectura religiosa en la Nueva España durante el siglo XVI." en *Iglesias
de México:1525*
1925.   vol.VI. Publicaciones de la Secretaría de Hacienda. México.
1962   *Arte Colonial en México.* Ed. Universidad Nacional Autónoma de México. México.
VV.AA.
1995   "El franquisme una mirada enrera." en *Serra D'Or.* Nos. 427,428,429. Barcelona.
VELARDE,HECTOR
1956   *Historia de la Arquitectura.* Ed. Fondo de Cultura Económica. México.
WACHTEL,NATHAN
1976   *Los Vencidos.Los Indios del Perú frente a la conquista española.(1530-1570).*
Ed. Alianza.
1990   "Los indios y la conquista española." en *Historia de América Latina.* vol.I. Ed.
Crítica. Barcelona
WARREN,J. BENEDICT
1977   *La conquista de Michoacán. 1521-1530.* Ed.Fimax Publicitas. Morelia.
WECKMANN,LUIS
1962   *Panorama de la cultura Medieval.* Ed. Universidad Nacional Autónoma de México. México.

WEEKS,JOHN, NANCY BLACK AND J.STUART SPEAKER.
   1987   "From Prehistory to History in Western Honduras:The Care Lenca in the Colo-
          nial Province of Tencoa."en *Interaction on theSoutheast Mesoamerican
          Frontier.*BAR International series 372
WESTHEIM,PAUL
   1963   *La escultura del México Antiguo.* Ed. Anchor Books. New York.
WHITE,L.MICHAEL.
   1990   *Building God's House in the Roman World.* The Johns Hospkins University
          Press.Baltimore.
WRIGHT,RONALD
   1992   *Stolen Continents.The "New World" Through Indian Eyes.* Ed. Houghton Mefflin
          C. New York.
YBOT LEÓN,ANTONIO
   1954   *La Iglesia y los eclesiásticos españoles en la empresa de Indias.* Ed. Salvat.
          Barcelona.
ZEVI,BRUNO
   1957   *Saber ver la Arquitectura.* Ed.Poseidon. Buenos Aires.
   1969   *Architectura in Nuce:Una definición de la arquitectura.* Ed. Aguilar. Madrid.

EL JUICIO SOBRE LA «SEGUNDA CONQUISTA» EN EL III CONCILIO MEXICANO (1585): LA GUERRA DE LOS CHICHIMECAS

Elisa Luque Alcaide
Instituto de Historia de la Iglesia
Universidad de Navarra

En 1585, los pueblos sometidos a los aztecas de la mesoamérica «nuclear», de alta densidad de población, se habían incorporado al Imperio español. Los indígenas no sólo se atendían desde las misiones; en las ciudades existían parroquias de indios. En el virreinato mexicano había ya dos generaciones de criollos, hijos y nietos de los que habían llegado de España; la Universidad de México, desde sus inicios en 1551, había graduado a un buen número de promociones de españoles y de criollos; la residencia de descendientes de conquistadores en las tierras conquistadas, era uno de los títulos que justificaban la ocupación, según Francisco de Vitoria[1]. El asentamiento estable y pacífico de una sociedad cristiana en el territorio mexicano era pues, a mediados de la década de los 80, un hecho consumado que la sociedad novohispana no ponía en duda.

Sin embargo, la licitud de la guerra de conquista fue objeto de debate en el III Concilio de México, celebrado en 1585[2], y seguirlo nos permitirá descubrir el pensamiento ético-político de la cultura novohispana del momento. El estudio del tema

---

1. Dentro del primer título legítimador de la conquista, es decir el de la sociedad y comunicación naturales, incluye Vitoria el hecho de que si los españoles que residen en las tierras que conquistan tienen hijos y éstos quieren ser ciudadanos en ese territorio, tiene que dejárseles serlo y tener todos los derechos de los demás: cfr. Francisco de Vitoria, *Relecciones*, (ed. T. Urdánoz), BAC, Madrid 1960, n. 3.

2. Sobre el III Concilio mexicano, además del estudio clásico de Fortino Hipólito Vera, *Compendio histórico del tercer concilio provincial mexicano*, Amecameca, México 1871; y los más recientes de: Ernest J. Burrus, *The Author of the Mexican Council Catechisms*, «The Americas» 15 (X-1958) 171-182; ID., *The Salazar's Report to the Third Mexican Council*, «The Americas» 17 (VII-1960) 65-84; ID., *The Third Council (1585) in the Light of the Vatican Archives*, «The Americas» 23 (IV-1967)

fue planteado por la sociedad novohispana a la asamblea conciliar; fue una de tantas iniciativas que introdujeron en el concilio datos de primera mano sobre los problemas del virreinato[3].

Estas aportaciones fueron solicitadas por el propio Moya de Contreras en el decreto de convocatoria del concilio: quién deseara «pedir, acusar, denunciar, querellar, avisar, o proponer alguna cosa de pública y común utilidad (...) libremente lo pueda hacer y tratar dando razón de palabra o escrito», [4]. En efecto, la asamblea se reunía para poner remedio a los problemas de la sociedad y de la iglesia en la Nueva España. Así lo expresaba Domingo Salazar, obispo de Manila, en su memorial del 1 de julio de 1584: «que ese concilio se celebra en las Indias y que ha de ser para remedio de las cosas dellas, como la hacían nuestros padres antiguos que en los concilios provinciales que celebraban en España trataban de las cosas según la necesidad que por entonces había»[5].

La licitud o no de la guerra de conquista fue objeto de una consulta del cabildo de la ciudad de México y de un oidor de su Audiencia; pasó a ser tema de un debate que dió lugar a diversos posicionamientos y, finalmente, la asamblea tomó decisiones al respecto.

1. Datos acerca de la guerra de los chichimecas

El conflicto de la frontera norte de México se inició al entrar en contacto los españoles con pueblos agricultores itinerantes y con pueblos nómadas, de baja densidad de población y con un habitat indefinido y muy extenso[6]. En 1541 se había producido la gran rebelión de los indios de Jalisco o de Nueva Galicia, los chichimecas, que reaccionaron ante la conquista violenta llevada a cabo por Nuño de Guzmán[7].

390-405. Bernabé Navarro, *La Iglesia y los Indios en el IIIer. Concilio Mexicano (1585)*, «Abside», México, 1945, tirada aparte. Félix Zubillaga, *Tercer concilio mexicano, 1585: Los memoriales del P. Juan de la Plaza, S.I.*, «Archivium Historicum Societatis Iesu» 30 (1961) 180-244, sigue siendo el más completo el de José A. Llaguno, *La personalidad jurídica del indio y el III Concilio Provincial Mexicano, 1585*, Porrúa, México 1963. Vid. también Reynerio Lebroc, *Proyección tridentina en América*, en «Missionalia Hispanica», 26(1969)129-207. Paulino Castañeda Delgado, *Los memoriales del Padre Silva sobre predicación pacífica y repartimientos*, CSIC, Madrid 1983, pp. 124-153; Willi Henkel, *Die Konzilien in Lateinamerika, I Mexico 1555-1897*, Ferdinand Schöningh, Paderborn-München, 1984; Maria C. Napoli, «Curia Romana y Tercer Sínodo Mexicano», en VV.AA., *Política indigenista de la Iglesia en la Colonia*, Ed. Abya-Yala, Quito-Roma 1991, pp. 261-282.

3. Ha sido destacada por algunos autores la abundante serie de memoriales que clérigos y laicos enviaron a la asamblea conciliar de 1585: cfr. Antonio García y García, «Las Asambleas jerárquicas», en Pedro Borges (ed.), *Historia de la Iglesia en Hispanoamérica y Filipinas*, BAC Maior, Madrid 1992, I, p. 188.

4. Bancroft Library, Manuscritos Mexicanos, 268, Decreto de convocatoria en castellano. México, 20-I-1585, f. 66r.

5. Salazar no asistió al Concilio pues, al estar a más de 2.000 leguas de navegación, no tenía obligación de acudir y, además, debía atender a la puesta en marcha de su nueva diócesis. Su memorial está en la Bancroft Library, Manuscritos Mexicanos, 268, ff. 208v-209r y lo transcribe Ernest J. Burrus, *The Salazar's Report to the Third Mexican Council*, «The Americas» 17 (VII-1960) 65-84.

6. Como observa Pierre Chaunu, la conquista se detiene cuando franquea los límites de las zonas más compactas de población: cfr. *Conquête et exploitation des Nouveaux Mondes (XVIe. siècle)*, Paris 1969

7. Thomas Calvo, *Los Albores de un Nuevo Mundo: Siglos XVI y XVII*, Universidad de Guadalajara-Centre d'Études Mexicaines et Centraméricaines, Mexico 1990: presenta una serie documental

Con el nombre de chichimecas, se denominaba a un conjunto de pueblos que habitaban al norte de la ciudad de México y que no habían sido sometidos, en general, por los aztecas[8]. Vivían en chozas o en cuevas y barrancos de difícil acceso. Eran recolectores y muy belicosos. La situación empeoró cuando, en 1546, fueron descubiertas las minas de plata de Zacatecas, que atrajeron a la zona a muchos españoles[9]. Los chichimecas, que vieron más y más invadidos sus territorios, respondieron intensificando las hostilidades hacia 1550: practicaban «razzias» con numerosos robos y muertes. Las autoridades españolas realizaron operaciones de castigo y establecieron también en la frontera pueblos de españoles para lograr su integración.

En 1585 la situación era muy conflictiva. Los chichimecas por su adaptación al medio oponían una resistencia que parecía invencible. Era este un problema de primer orden para los hispano-criollos de la Nueva España. El propio arzobispo Moya de Contreras[10] sentía la necesidad de poner remedio; así lo había escrito, el 7 de noviembre de 1584, en una carta al rey aludiendo al alzamiento de los chichimecas en las comarcas mineras de Zacatecas y Mazapil[11]. Es más, el prelado mexicano proponía en aquella carta que se pusiera un remedio «con menos costa» del rey, es decir, solicitaba una hueste costeada por particulares, siguiendo el sistema que se empleó en la conquista, por la falta de recursos de la corona.

2. Consultas de las autoridades civiles al III Concilio Provincial Mexicano

El cabildo de México planteó al concilio mexicano si era lícito declarar la guerra a los chichimecas; era el único medio, según afirmaban, de acabar con sus agresiones a los españoles, indios y negros, que habitaban en las ciudades y pueblos[12].

importante sobre el tema. Juan de Zumárraga en 1536 se pronuncia contra la licitud de la guerra a los indios en el *Segundo parecer sobre la esclavitud,* en Carlos Herrejón Peredo (ed.), *Textos políticos en la Nueva España,*UNAM, México 1984, pp. 173-183.

8. Sobre los chichimecas sigue teniendo actualidad el amplio estudio de Philip Wayne Powell, *Soldiers, Indians amd Silver: The Notward Advance of New Spain, 1500-1600,* Berkeley-Los Angeles, 1952.

9. Cfr. Peter J. Bakewell, *Minería y sociedad en el México colonial. Zacatecas (1546-1700),* FCE, México 1971

10. Sobre Moya de Contreras, cfr. Stafford Poole, *Pedro Moya de Contreras. Catholic Reform and Royal Power in New Spain, 1571-1591,* University of California Press, Berkeley/ Los Angeles/London 1987: es una monografía documentada que, en parte, recoge y actualiza la investigación realizada por el A. en otras publicaciones: *The Indian Problem in the Third Provincial Council of Mexico (1585),* St. Louis University 1961; *The Church and the Repartimientos in the Light of the Third Mexican Council,* «The Americas» 20 (VII 1963) 3-36; ID., *Opposition to the Third Mexican Council,* «The Americas» 25 (X 1968) 111-159; ID., «The Third Mexican Provincial Council of 1585 and the Reform of the Diocesan Clergy», en Jeffrey A. Cole (ed.), *The Church and Society in Latin America,* Tulane University Press, New Orleans 1984.

11. «Los indios chichimecos han andado estos días menos dañosos que solían, que no dan poco cuidado, y la necesidad que esta causa tiene de remedio abrirá camino para él, procurando todo lo que hiciere a su propósito para evitar este daño con menos costa de vuestra majestad, y de lo que se fuere haciendo daré aviso a vuestra mejestad»: Francisco del Paso y Troncoso, *Epistolario de Nueva España, 1505-1818,* T. XI, Porrúa, México 1940, nº 720, p. 105; vid. también la carta nº 721 de la misma fecha, pp. 126-127.

12. Bancroft Library, Manuscritos Mexicanos, 269: de aquí proceden los memoriales sobre la guerra de los chichimecas que son transcritos en: José A. Llaguno, *La personalidad jurdica del indio y el III Concilio Provincial Mexicano , op. cit.,* pp. 221-223.

Como se ve la ciudad de México en su consulta tomó partido a favor de la declaración de la guerra y apoyaba su opción en las continuas agresiones de los chichimecas. El peligro se acercaba a la capital del Virreinato; en efecto, un mes antes, un grupo de unos cincuenta chichimecas habían entrado en Cimapán, situada a unas 20 leguas de la capital; el poblado estaba habitado por más de cien españoles, y muchos negros e indios, que no habían podido resistir al ataque; los agresores mataron a diez o doce indios y a un español. Para el cabildo de México estos ataques eran consecuencia de que hasta ese momento se había respondido castigándoles como delincuentes, y no se les había hecho la guerra como enemigos; para acabar con las hostilidades la ciudad pidió al concilio que declarase la licitud de la guerra «a sangre y fuego».

Hernando de Robles, oidor de la Audiencia de México, del consejo de Su Majestad[13], presentó al concilio otra consulta sobre la guerra de los chichimecas, con fecha del 4 de marzo de 1585. Robles era un alto funcionario que tenía, además, experiencia militar de la zona, pues en 1577 había sido teniente de Capitán general en el Real de Santa Ana, puesto del distrito de Guanajuato y tenía fama de haber tenido a raya a los chichimecas[14]. Robles refleja la posición de autoridades y colonos españoles ya que, como afirma en su consulta, preparó su escrito revisando las informaciones de las Audiencias de gobernación y de justicia y aportando, además, su propia experiencia sobre los hechos. En su memorial hacía la historia del conflicto que remonta a los años 1550-51, exponía las soluciones que se habían tomado, tanto de castigo como de pacificación, sin obtener resultados, y la extensión de la violencia a otras comunidades indígenas más lejanas. Aportaba el dato de que, para la fecha en que escribe, los costes militares ascendían a más de 200.000 pesos anuales, que representaba casi el tercio de lo que rentaban estas provincias. Para Robles la única solución era la guerra abierta. Ahora bien, preguntaba, ¿es lícito hacerla? y desglosó su consulta en una doble pregunta

*1º: si se podía hacer guerra a los chichimecas con seguridad de conciencia, asentando que debería hacerse respetando las condiciones que la justicia dicta en el modo de hacerla;

*2º: si los prisioneros en guerra justa podían ser reducidos a esclavitud; de este modo, afirmaba, la guerra podría llevarse a cabo por particulares incentivados por este medio y no a costa del erario público.

El 6 de abril de 1585 el arzobispo presentó esta relación en el concilio, y se pasaron copias a los consultores para que diesen su parecer.

3. Dictámenes de los consultores

Conocemos los dictámenes de los consultores teólogos del Concilio: el de los dominicos, los franciscanos, los jesuitas, y el de Fernando Ortíz de Hinojosa, doctor en Teología y Cánones, y profesor de Teología; también fueron consultados los consultores canonistas Dr. Juan Zurnero, arcediano de la catedral de México y el Dr. Fulgencio Vich (Vique), provisor del arzobispado. A estos dictámenes se unen

---

13. *Ibidem*, pp. 223-230.
14. *Ibidem*, p. 76, y Philip Wayne Powell, *Soldiers, Indians amd Silver: The Notward Advance of New Spain, op. cit.*, pp. 116-117.

los pareceres dados por cuatro oidores de la Audiencia de México, Doctores Cárcamo, Céspedes de Cárdenas, Arévalo y Sedeño. Por último da su parecer Juan de Salzedo, secretario del Concilio, doctor en Teología por la Universidad de México, catedrático y rector en la misma Universidad y, a la vez, arcediano de la catedral metropolitana. Hay que añadir un dictamen sobre la guerra de conquista dado por Domingo de Salazar, obispo de Manila, en el memorial que envía al Concilio.

A: Dictámenes contrarios a la licitud de la guerra:

a) Parecer de los dominicos[15]: va fechado en México el 5 de mayo de 1585; sostienen que por la dificultad del tema, lo remiten al concilio, para que lo decida la asamblea conciliar. Afirman, no obstante, que para dictaminar sobre la justicia de la guerra es necesario examinar antes los posibles agravios hechos a los indios por los españoles. Con esta respuesta se sitúan en línea con la tradición de la Escuela de Salamanca[16].

Los dominicos plantean, además, en su consulta un tema de gran trascendencia para el mundo colonial. La conquista por el propio interés va contra derecho, había sostenido Francisco de Vitoria[17]; los consultores dominicos, aplican esta doctrina y afirman que «este Reyno no se debe governar en utilidad y provecho precissamente de los Reynos de España, sino principalmente en su propio cómmodo»;

b) Dictamen de la Orden de San Francisco[18]: los minoritas parten de una consideración «realista» de la situación: es urgente solucionar el problema y el rey tiene estricta obligación de hacerlo por tener estas tierras bajo su protección y por recibir tributo de sus habitantes. Ahora bien, la solución inmediata no era la guerra; convenía agotar antes los medios pacíficos; y, con esta respuesta, los franciscanos se colocan en la perspectiva de la ética política salmantina.

Los minoritas sugieren ya una solución pacífica: fundar poblaciones fronterizas en las que pudieran convivir españoles y naturales, dotadas de un presidio

---

15. José A. Llaguno, *La personalidad jurdica del indio y el III Concilio Provincial Mexicano (1585) op. cit.*, pp. 230-232. Firman, Pedro de Pravia, doctor en teología y catedrático de Prima de la Universidad de México, Diego de Aguinaga. Cristóbal de Ortega, Diego de Osorio, Juan Ramírez y fray Andrés de firma ilegible. Fray Juan Ramírez, que sería obispo de Guatemala es autor de: *Advertencias sobre el servicio personal al cual son forzados y compelidos los indios de la Nueva España por los visorreyes que en nombre de su magestad los gobiernan*, y un *Parescer sobre el servicio personal y repartimiento de los indios*, que en su temática y contenido desarrollan la doctrina del III Mexicano acerca de los repartimientos de los indios: publicados en Lewis Hanke, *Cuerpo de documentos del siglo XVI sobre los derechos de España en las Indias y Filipinas*, FCE, 2a. ed., México 1977, p. LVI. Cfr. Mauricio Beuchot, en *La querella de la conquista. Una polémica del siglo XVI*, Siglo XXI, México 1992 pp. 109-118

16. «Yo no dudo de que no haya habido necesidad de acudir a la fuerza de las armas para poder permanecer allí los españoles; pero temo no haya ido la cosa más allá de lo que el derecho y lo honesto permitían»: Francisco de Vitoria, «De los títulos legítimos de la conquista», en *Relecciones*, op cit., n. 12.

17. Ibidem; vid. Ramón Hernández, *Derechos humanos en Francisco de Vitoria*, Edit. San Esteban, Salamanca 1984, pp. 207-212.

18. *Ibidem*, pp. 232-233. Firman el provincial Pedro de San Sebastián, Alonso Ponce, comisario general, Diego Vengel, Antonio de Salazar, Pedro de Torres, Antonio Quixada, Juan de Castañeda, Juan de los Olivos, Pedro Oroz, Juan de León y otro ilegible.

defensivo; los soldados tendrían expresamente prohibido el internarse en territorios vecinos, tan sólo los religiosos podrían adentrarse para evangelizar. Si el conflicto se prolongase, añaden en línea con los dominicos, antes de declarar lícitamente la guerra habría que averiguar los agravios hechos por los españoles a los indios;

c) Los jesuitas[19] opinan que no se debe hacer la guerra hasta haber intentado el remedio de levantar poblaciones en las zonas más conflictivas[20], a las que habrá de dotarse de población y fuerza militar en número suficiente para defenderse;

d) Juan de Salzedo, secretario del Concilio y catedrático de Prima de Cánones, el 8 de mayo de 1585 escribe su dictamen[21]; lo elabora teniendo a la vista los anteriores que, para esa fecha, ya se le habían pasado. Salzedo se conforma con los dictámenes de los religiosos: es decir, antes de declarar la guerra, había que investigar el motivo de agravio de los indios; y levantar poblaciones fronterizas; Salzedo señala que habrá de poner estas soluciones posponiendo el interés temporal y gastando lo necesario.

e) El tema de la guerra de conquista llegó también al concilio planteado por Domingo de Salazar, recién elegido obispo de Manila[22]. Salazar en un memorial escrito en Manila, el 1 de julio de 1584, denunciaba la injusticia de las entradas militares de conquista; indicaba que él personalmente lo había puesto en conocimiento del rey, pero que el concilio debería denunciarlo ante la corona y el papa, pues esta doble denuncia sería muy eficaz.

B. Dictámenes que justifican la guerra, aunque la retrasan:

a) El teólogo Ortiz de Hinojosa expresa un parecer dubitativo[23]. En efecto, después de afirmar que es justa la guerra a los chichimecas, por los daños graves que causan a los españoles y porque impiden el tránsito de los caminos, se inclina por indagar los agravios que los españoles hicieron a los indios, antes de declarar la licitud.

b) Los dictámenes de los canonistas Zurnero y Vich[24] se alinean con el de Ortíz de Hinojosa; son partidarios de la licitud de la guerra, aunque sugieren poner otros medios antes de declararla.

---

19. *Ibidem*, p. 233. Firman el P. Juan de la Plaza, autor de los Catecismos y del Directorio del III Concilio Mexicano, Pedro de Hortigosa, Pedro Díaz, Pedro de Morales y Antonio Rubio.
20. En el Memorial de Juan de la Plaza sobre el ministerio de indios, hace una comparación entre la situación de los indios en el Perú y en la Nueva España; recoge el modo en que en el Perú se hicieron los poblamientos de indígenas que, según afirma, dieron buen resultado; sin embargo estas poblaciones, habitadas sólo por indígenas, difería del modelo de población señalado por los franciscanos pobladas, en este caso, por españoles e indios: Cfr. Félix Zubillaga, *Tercer concilio mexicano, 1585: Los memoriales del P. Juan de la Plaza, S.I.*, *op. cit.*, pp. 235-237.
21. José A. Llaguno, *La personalidad jurdica del indio y el III Concilio Provincial Mexicano (1585) op. cit.*, pp. 233-234.
22. Cfr. cita 5.
23. Bancroft Library, Manuscritos Mexicanos, 269, ff. 101r- 104v; cfr. José A. Llaguno, *La personalidad jurdica del indio y el III Concilio Provincial Mexicano (1585) op. cit.*, pp. 81-84: hace el estudio aunque no transcribe este dictamen.
24. *Ibidem*, pp. 84-85.

C. Dictámenes a favor de la licitud de la guerra a los chichimecas:

Los oidores de la Audiencia de México Cárcamo, Céspedes de Cárdenas, Arévalo y Sedeño, expresan un parecer favorable a la justicia de la guerra contra los chichimecas[25]; Céspedes de Cárdenas, solicita que se comience ya pues, afirma que para la guerra defensiva no es necesario licencia del rey.

En resumen, vemos que las órdenes religiosas, y el secretario del Concilio se oponen a la licitud de la guerra; los canonistas y el teólogo Ortiz de Hinojosa, aunque justifican la guerra, apoyan agotar los medios de paz; los oidores de la Audiencia se declaran a favor de la licitud de la guerra, alineándose a su colega Robles y al cabildo de la ciudad. Estamos pues, ante unas autoridades civiles que se muestran a favor de la licitud moral del conflicto y, en línea opuesta, los teólogos y canonistas que se oponen o, al menos, exigen condiciones que implica el retraso del conflicto.

4. Dictamen del III Concilio Provincial Mexicano

Con estos pareceres de los consultores y de uno de los padres conciliares ausente, el concilio el día 31 de julio de 1585 decretó identificarse con lo expresado por todos los consultores y escribirlo así al rey «en la carta que el santo concilio ha de escribir»[26]. Resumiendo las condiciones requeridas por el concilio para llegar a una lícita declaración de la guerra es doble:

*indagar los agravios que hubieran podido recibir los indios de los españoles;

*levantar poblaciones y presidios, en los que habitaran españoles e indígenas ya asimilados.

Veamos el contenido de los párrafos de la carta al rey de los padres conciliares, fechada en México, el 16 de octubre de 1585, dos meses y medio después de la resolución anterior[27].

La guerra a los chichimecas es injusta, afirman, porque los agraviados son los indígenas; en efecto, denuncian que cada día se cometen intolerables injusticias contra los indígenas, «cautivándose a muchos inocentes que nunca han oído ni publicándoseles nuestra sacra fe cathólica, por el medio que el evangelio manda, vendiéndoseles como esclavos». Esto no hubiera ocurrido, añaden, si las entradas que han hecho los soldados hubieran seguido lo ordenado por las leyes reales que, en esas fechas establecían el poblamiento pacífico como único modo de ocupar nuevas zonas: las entradas militares son «tiránicas, impías y en injuria y oprobio del Evangelio».

Para solucionar el conflicto, sugieren el remedio de levantar poblaciones fronterizas; estos poblados se deberían hacer con españoles e indígenas ya convertidos «que viven y se sustentan a nuestro modo políticamente, honrándolos y exemptándolos de tributos». Lo que se habría de gastar en la guerra, afirman, deberá dedicarse a hacer estas poblaciones.

---

25. *Ibidem*, p. 85.
26. *Ibidem*, p. 234
27. La carta en *Ibidem*, pp. 301-324. El punto 20 es el que trata de la guerra de los chichimecas (pp. 311-313).

La declaración firme de la ilicitud de la guerra expresada por el concilio el 16 de octubre de 1585 supuso un cambio de postura respecto a la resolución adoptada el 31 de julio de 1585. ¿Cuál ha sido el motivo del cambio en los dos meses y medio transcurridos desde el 31 de julio hasta el 16 de octubre de 1585? ¿qué ha llevado a la asamblea a sostener abiertamente la tesis de la injusticia de los españoles sobre los chichimecas?

Ante todo el debate conciliar. Sabemos que hubo una discusión viva del tema en la asamblea, y que en ella se aportaron datos que hicieron suspender el juicio o cambiar de opinión a algunos consultores. Así le ocurrió al canonista Vich, que había comenzado la reunión a favor de la declaración de guerra y, como afirma en una postdata a su memorial, «por relación que se nos hizo en la junta que tuvimos, se nos vuelve esto muy dudoso, por no saber la justicia que ay de parte de los españoles»; la duda sobre si es justa la postura de los españoles la aclara a continuación: porque los indios «para recuperación de sus tierras, de que piensan estar despojados con nuestras estancias, o por otras justas causas nos quieran repeller y apartar de sí»[28]. Es decir, según testimonia Vich, en el debate conciliar se había sostenido que los chichimecas legitimamente podían luchar para recuperar sus tierras, ocupadas por las estancias de españoles: es el reconocimiento del derecho de propiedad y del derecho a la legítima defensa de lo que poseían.

A la causa anterior, se añadieron otros motivos que inclinaron al concilio hacia la denuncia de la guerra a los chichimecas. En efecto, le habían llegado a la asamblea los memoriales sobre los repartimientos a servicios personales, en los obrajes y en las minas[29], que denunciaban las injusticias a los indígenas; estos memoriales siguieron un largo *iter* hasta que el 28 de mayo de 1585, la asamblea conciliar votó contra el repartimiento a minas; y el 8 de agosto decretó la injusticia de los trabajos forzosos de los indios en los servicios personales y en los obrajes.

El Concilio cambió; también el arzobispo Moya de Contreras había cambiado de parecer en menos de un año. En efecto, en una carta al rey escrita por el arzobispo de México, el 7 de noviembre de 1584, le urgía para que se adoptasen medidas para resolver el conflicto de los chichimecas; y esas medidas no deberían ser costeadas por la Real hacienda, esto es, Moya de Contreras sugería que se empleasen contra los chichimecas huestes costeadas por particulares.

Seis meses después, el 8 de mayo de 1585, Moya de Contreras escribía al rey denunciando las injusticias que se estaban cometiendo con los indígenas en el servicio a las minas; en esta carta el arzobispo afirmaba que estaba en peligro la supervivencia de los naturales, ya que se estaban dando las condiciones que hacían prever una no lejana extinción de los indígenas. Lo expresaba así:

---

28. Cfr. cita 24.

29. El 9 de febrero de 1585 Ortiz de Hinojosa, vicario general de la archidiócesis de México, presentó al Concilio un memorial extenso y documentado, en forma de dudas acerca de los repartimientos de indios; sobre esa base el Concilio preparó una lista de cuatro dudas sobre el tema que pasó al estudio de los consultores dando lugar a un amplio debate: Vid. P. Castañeda Delgado, *Los memoriales del Padre Silva sobre predicación pacífica y repartimientos*, op. cit., pp. 123-145.

«La principal ruina y disminución de los indios es el servicio personal que hacen en las minas de todas estas partes, y es éste tan forzoso y necesario, que si ellos faltasen, cesaría totalmente el beneficio, de que la isla de Santo Domingo da buen testimonio»[30] .

Los padres conciliares sabían que los chichimecas estaban al corriente de las injusticias sobre los indígenas ya incorporados a la Nueva España, y se oponían con su resistencia a caer en esa situación; concluyen que, por tanto, era una resistencia lícita, una legítima defensa. La injusticia se daba por parte de los españoles, afirmó el concilio, y, por tanto, declarar la guerra a los indígenas sería injusto[31]. El remedio era mucho más complejo: se trataría de tomar medidas para que desaparecieran las vejaciones sobre los indígenas y, a la vez, ir poblando de modo pacífico, aunque con guarniciones defensivas las zonas de frontera.

5. El tema de la guerra de conquista en los decretos e instrumentos de pastoral del III Concilio Mexicano

Los decretos del III Concilio mexicano no aluden al tema de la guerra. Tan sólo se halla en ellos la indicación de congregar a los indios en poblados para incorporarlos a la vida cristiana (Libro 1º, Título I)[32].

El III Concilio mexicano determinó que se redactasen dos instrumentos de pastoral: los *Catecismos menor* y *mayor* elaborados en México, en 1585, por el P. Juan de la Plaza[33]; y el *Directorio para confesores*[34], hasta ahora inédito. De las tres copias en mi poder, citaré por el manuscrito 47 de la Biblioteca Pública de Toledo, Fondo Borbón-Lotrenzana.

---

30. Carta al rey de Moya de Contreras, México, 8-V-1585, en Francisco del Paso y Troncoso, *Epistolario de Nueva España, op. cit.*, nº 721, pp. 120-121; en esa carta Moya afirma que la preocupación por el tema le llevó a comunicar con los mineros un posible remedio y sugiere la de levantar poblaciones cerca de las minas dando facilidad a los indígenas que lo deseen a vivir allí con sus familias, trabajando en las minas por un jornal que les permita sostener a si y a los suyos; añade que «los mineros de Pachuca están contentos con esta orden»

31. Para valorar este dictamen del Concilio hay que tener presente la situación conflictiva que tenía lugar por las fechas en que se establece el dictamen del 16 de noviembre los prelados mexicanos; en esa fecha por ej., tendrían noticia en México de que los chichimecas de la sierra de Guainatoma habían dado muerte el domingo 4 de agosto de ese año de 1585 a dos franciscanos, fr. Andrés de Ayala, guardián del convento fundado en la zona y fr. Francisco Gil, su compañero: en Thomas Calvo, *Los Albores de un Nuevo Mundo: Siglos XVI y XVII*, op. cit., pp. 89-93.

32. *Concilio III Provincial Mexicano, celebrado en México el año de 1585*, con notas y apéndice del P. Basilio Arrillaga, sj, Mariano Galván Rivera (ed.), México 1859; en los decretos se establece la obligación de que los párrocos (Libro 3º, Título XV) y los confesores (Libro 5º, Título XII), tengan el *Directorio para confesores* del Concilio; además se prescribe que los visitadores comprueben en sus visitas a las parroquias que tienen los decretos, catecismo y el directorio del Concilio (Libro 5º, Título I).

33. MM. 268 de la Bancroft Library, de la Universidad de Berkeley (California); la versión latina en Biblioteca Vallicelliana, Manuscrito L 22, ff. 252r-276r. El original castellano ha sido publicado por Juan Guillermo Durán, en J. Escudero Imbert (coord.), *Historia de la Evangelización de América. Trayectoria, identidad y esperanza de un Continente*, Librería Editrice Vaticana, Ciudad del Vaticano 1992, pp. 323-352.

34. Existen tres copias manuscritas: dos completas, del siglo XVIII y una abreviada. Las dos completas se conservan en el Archivo capitular de México, Fondos microfilmados, Libros diversos, Vol. XVI, rollo 1401; y en la Biblioteca Pública de Toledo, Fondo Borbón-Lorenzana, ms. 47; la tercera copia, abreviada se encuentra en el Archivo de la Catedral de Burgo de Osma, ms. 128. De las tres copias en mi poder, citaré por el manuscrito 47 de la Biblioteca Pública de Toledo, Fondo Borbón-Lotrenzana.

En los Catecismos redactados por decisión del Concilio, no aparece el tema de la guerra. Los Catecismos del III Mexicano, se pensaron como instrumentos didácticos para la enseñanza inicial de la doctrina cristiana a todos los fieles de la archidiócesis; en concreto, el Decreto conciliar que ordena su redacción, del 26 de enero de 1585, indica que había de emplearse para enseñar a «indios, negros y españoles»[35]. El tema de la guerra lícita no era necesario en un catecismo de la primera enseñanza; por otra parte, parece que el autor del catecismo, Juan de la Plaza, no quiso entrar en un tema espinoso para ser difundido entre las distintas etnias del amplio espacio archidiocesano.

Veamos el tema en el *Directorio para confesores.*. Ante todo, unas pinceladas sobre su contenido. El III Concilio mexicano, se propuso con la publicación del *Directorio* poner a disposición de los confesores un texto de moral cristiana que tuviese en cuenta las circunstancias novohispanas[36].

El III Mexicano, que se escribe a los sesenta y cinco años de la conquista de la Nueva España[37], optó por recordar las normas éticas de las profesiones y oficios, en la línea sistemática del *Enchiridion sive manuale confessariorum et poenitentium*, de Martín de Azpilcueta[38], con el que sintonizaban en sus planteamientos tridentinos[39]. Por ello incluyeron en el *Directorio*[40], un apartado acerca *De las obligaciones que tienen algunos hombres por razón de su estado, i oficios, i*

---

35. Decreto del Concilio mandando ordenar un catecismo mayor y menor, del 26 de enero de 1585: Bancroft Library, MM. 268, f. 71r.

36. Para redactarlo dispusieron de los confesionarios surgidos anteriormente en el ámbito americano. Unos se habían escrito para orientar a los confesores de los españoles y recordaban, fundamentalmente, los deberes que tenían con el indígena, como los de Alonso de la Vera Cruz y Bartolomé de las Casas: Vid. Ernest J Burrus (ed), *The writings of Alonso de la Vera Cruz*, I, Pontificia Universitas Gregoriana, Roma, 1968, pp. 133-141 y Juan Pérez de Tudela (ed.), *Obras escogidas de Fray Bartolomé de las Casas,* V: *Opúsculos, Cartas y Memoriales*, BAC, Madrid 1958, n. XXVI. Otros confesionarios se habían escrito para orientar a los confesores de los indígenas, como los de Alonso de Molina, el de de Fr. Joan Baptista y el del III Limense: Cfr. de Juan Guillermo Durán, *Monumenta Catechetica Hispanoamericana [siglos XVI-XVIII]*, Publicaciones de la Facultad de Teología de la Universidad Católica Argentina, Buenos Aires 1984, I, pp. 409-541 y 707-734, y II, pp. 491-596.

37. Cfr. Pilar Gonzalbo Aizpuru, «Del Tercero al Cuarto Concilio Provincial Mexicano, 1585-1771», en *Historia Mexicana*, 25 1 (1985) 7.

38. La obra de Azpilcueta, tras la primera edición portuguesa, en 1552, y en castellano, en 1553, fue enriquecida por el Autor con cinco comentarios, que se incluyen ya en la edición de 1556; hay otras muchas ediciones castellanas hasta la primera latina en 1573. Hemos consultado la edic. castellana de 1567, impresa en Barcelona por Claudio Bornat y la latina de 1573, que tal vez fueron las que tuvieron a la vista los asistentes a la Asamblea mexicana.

39. El *Directorio* cita diversos autores de teología moral. Además de Tomás de Aquino, que es el más citado, aparecen Cayetano, Sylvestre Prierio, San Antonino de Florencia, y los maestros de la segunda escolástica hispana: los dos Soto (Pedro y Domingo), Antonio de Córdoba, Diego de Covarrubias, Pedro Guerrero y Tomás de Mercado, entre otros. Sin embargo, en el momento de recomendar al confesor el estudio de un tratado con el que prepararse para su labor pastoral se decide por «la Suma de Navarro en latín, o en romance [que] deben tener mui sabida los Confessores, porque es la más copiosa que hai en materia de Sacramentos y casos de conciencia, y Censuras eclesiásticas» (ff. 37r-37v). De otra parte, el *Enchiridion* del Doctor Navarro, origen de la elaboración científica posterior de la Teología moral, está impregnado del propósito de fondo reformista que Trento: Cfr. Eloy Tejero, «Historia de la Doctrina Canónica y Moral», en VV.AA., *Estudios sobre el Doctor Navarro: en el IV Centenario de la muerte de Martín de Azpilcueta*, Eunsa, Pamplona 1988, p. 43.

40. Como ha demostrado recientemente Luis Martínez Ferrer la autoría del *Directorio* de III Mexicano se debe al P. Juan de la Plaza, autor de los *Catecismos* del Concilio III Méxicano: Luis Martínez

de los pecados que por no cumplir con ellas se suelen cometer, que constituye una extensa deontología profesional[41].

Vayamos al tema de la guerra y de su licitud en el *Directorio* del III Mexicano. Al tratar de los militares[42], la Deontología del *Directorio* indica el deber de no intervenir en guerra injusta. El concilio mexicano había declarado injusta la guerra a los chichimecas; la guerra injusta del *Directorio* mexicano remite, pues, al conflicto candente y vivo en el propio territorio novohispano. La asamblea conciliar mexicana en el *Directorio* a los confesores les recuerda la ilicitud de participar en guerras injustas, como criterio para su labor pastoral.

Una última consideración. En la carta escrita al rey por los padres conciliares se denunciaban los repartimientos de los indígenas; a su vez, el *Directorio* recoge la calificación moral sobre los repartimientos: «Los repartimientos de Indios en el modo que se hacen son injustos, perjudiciales, i dañosos para las animas, haziendas, salud, i vida de los Indios, i moralmente es impossible quitar estos inconvenientes haciendose como se hacen»[43]. La condena, pues, de los repartimientos de indios aparece explícita y detallada en el *Directorio*. Por el contrario, como hemos señalado, en el *Directorio* no trata directamente el tema de la guerra de conquista. La Deontología del *Directorio* tan solo recoge la prohibición moral de participar en toda guerra injusta. ¿Por qué este diverso tratamiento en ambos temas?

Con este diverso tratamiento el autor del *Directorio* se sitúa en línea con la ética política tradicional que había sostenido, desde Agustín de Hipona, que sólo el máximo representante del Estado, aquél que no tiene superior a quién acudir para que le haga justicia, puede declarar la guerra. El tema de la guerra es competencia propia del supremo representante del Estado. El concilio al dictaminar sobre la licitud o no de la guerra que ocurría en el norte de la Nueva España no se enfrentaba con abusos de particulares; el tema de la guerra atañía a la corona. Por lo mismo, la jerarquía novohispana que denuncia la guerra chichimeca como ilícita en la carta al rey, advirtiendo de los daños y las responsabilidades que, de sostenerla, recaerán contra el propio monarca; sin embargo, al preparar un instrumento público para los confesores del virreinato, no toca el tema pues respeta el ámbito del poder del Estado.

6. Conclusiones

Hemos considerado la posición del III Concilio provincial mexicano de 1585 ante el tema de la guerra a los chichimecas. El problema de la moralidad de la guerra,

---

Ferrer, *La pastoral de la confesión en el Tercer Concilio Mexicano (1585). El «Directorio para confesores y penitentes» de Juan de la Plaza*, Tesis doctoral, presentada en la Universidad de Navarra, 1995, *pro manuscrito*.

41. Directorio de confesores, ff. 111r-132r. Cfr. Elisa Luque Alcaide, «Vida urbana en México (Siglo XVI)», en VV.AA. , *Ética y teología ante el Nuevo Mundo*, Facultad de Teología San Vicente Ferrer, Valencia 1993, pp. 193-212: sobre algunos aspectos de la «Deontología» del Directorio.

42. La Deontología del *Directorio* refleja sólo dos categorías: capitanes y soldados. En efecto, las huestes que actuaban en la Nueva España, carecían de mandos medios de los que disponía el ejército regular que, como se sabe, no llegará a México hasta las reformas borbónicas.

43 . *Directorio de Confesores*, f. 184r. A continuación recoge diez argumentos que avalan este dictamen.

conocido ya en la cultura greco-romana, cobró plena actualidad en el cristianismo que trató de paliar su crueldad sometiéndola a unas normas éticas. La doctrina sobre las condiciones requeridas para que la guerra pudiera ser considerada justa, fijada por Agustín de Hipona y sistematizada por Tomás de Aquino, fue desarrollada por Francisco de Vitoria en el siglo XVI. Se había llegado a establecer un cuerpo doctrinal según el cual sólo la guerra defensiva, podía ser lícita, después de agotar todos los medios pacíficos; la declaración de la guerra competía a la autoridad legítima y, en el desarrollo del conflicto habían de respetarse unas normas que miraran a evitar la crueldad, la codicia, etc.

En 1585 las autoridades novohispanas plantearon al III Concilio provincial mexicano si era lícito declarar la guerra a los chichimecas y la asamblea decidió que no lo era: el concilio lo resolvió tras un debate en el que se perfilaron los grandes temas doctrinales vigentes en la cultura novohispana del momento: es decir, la guerra justa, los indígenas como sujetos de derecho y la finalidad de la conquista. Aquí se comenta cada uno de los tres aspectos.

1) Ante todo, el tema de la guerra justa. Como ya se ha dicho, tres principios habían de darse para que una guerra fuera lícita: que fuese una contienda defensiva, que la declarase la autoridad legítima y que los contendientes luchasen respetando unas normas éticas. La asamblea conciliar mexicana conoce y aplica estos tres principios. Las autoridades civiles, defienden la licitud de la guerra a los chichimecas como contienda defensiva y, en concreto, la plantean como el único modo de acabar con las graves agresiones de los indígenas, que no han podido ser resueltas por otros medios; en caso de iniciarse el conflicto respetarían, afirman, las normas que la justicia impone. El Concilio mexicano que consideró ilícita la guerra, planteó su dictamen sólo al rey a quién competía tomar la decisión. La elaboración doctrinal del Concilio mexicano tuvo consecuencias en la práctica. De hecho no se inició la guerra; se establecieron pueblos fronterizos habitados por españoles e indígenas ya asimilados. Esta medida estaba ya en la línea política de la corona en las *Ordenanzas de poblamiento* de 1573, que prohibían la conquista armada; sin embargo, la decisión conciliar pesó indudablemente en su aplicación en el momento novohispano. Y esta solución logró, efectivamente, que los pueblos norteños estuvieran ya asimilados a principios del siglo XVII.

2) En segundo lugar, el Concilio afirmó sin ambigüedad la doctrina según la cual los pueblos indígenas eran sujetos de derechos. En efecto, en el debate conciliar se afirmó el derecho de los chichimecas a la propiedad de sus tierras, de las que no se les podía despojar lícitamente. El concilio mexicano llegó a más, y aplicando a los indígenas la doctrina de la guerra justa, afirmó que podía considerarse lícita la lucha armada que los chichimecas sostenían contra los españoles que habían invadido sus territorios, despojándoles de sus tierras.

3) En tercer lugar, aparece también en el debate mexicano la doctrina de la finalidad de la conquista. El tema de la finalidad «americana» fue introducido en el aula conciliar por los dominicos mexicanos, que se mostraron así como la vanguardia de la ética política novohispana. Francisco de Vitoria había afirmado que la conquista por el propio interés iba contra derecho; los consultores dominicos, aplicaron esta doctrina a la Nueva España, sosteniendo que debía gobernarse en su propio provecho, y no en el de la metrópoli. En esta línea el secretario del Concilio, Salzedo, señaló explícitamente que el Estado tendría que asumir con

todas las consecuencias la solución sugerida, es decir establecer los pueblos fronterizos, invirtiendo económicamente lo que fuera necesario. Decididamente se trataba de anteponer el interés de los indígenas, al interés económico-político.

Así, el debate conciliar mexicano de 1585 acerca de la guerra de los chichimecas nos ha permitido ver el desarrollo doctrinal de la ética política presente en la cultura novohispana del momento. Había arraigado en México la mejor ética política salmantina.

DESARROLLO DE LA NAVEGACIÓN PREHISPÁNICA EN LAS COSTAS DEL PACÍFICO AMERICANO

Jorge G. Marcos
Servei de Materials Arqueologics
Departament de Geologia
Universidad Autónoma de Barcelona

Introducción

Cuando llegaron los españoles a Mesoamérica y a la América Andina existía en toda esta vasta comarca una singularidad ritual, y de valoración, que involucraba a dos específicos de la Provincia Malacológica **Panámica-Pacífica,** los bivalvos del género **Spondylus** y las grandes caracolas del género **Strombus**. Existían allí dos imperios, el Mexica en Mesoamérica y el Tawantinsuyo en los Andes, cada uno de ellos con un área de influencia económica que alcanzaba, en el primer caso, el sudeste de EE.UU. por el norte y parte del extremo norte andino por el sur. El Tawantinsuyo, desde su centro en el Cusco, controlaba económica, política y militarmente a casi toda Andino América desde el Área Septentrional Andina hasta los Andes meridionales, aunque a la sazón sus gobernantes se encontraban involucrados en una guerra de sucesión.

Sin embargo, mientras que en los Andes el estado Inca se expandió basándose en conquistas militares y alianzas desiguales, y los territorios conquistados quedaban bajo una administración imperial, en Mesoamérica el surgimiento y expansión del estado Mexica, luego de consolidar su poder militarmente en la meseta mexicana, se expandió merced a las redes de intercambio a distancia que controlaban unos mercaderes profesionales llamados **pochteca**. Una vez que un área era encapsulada económicamente, esta se volvía tributaria y dejaba de ser sujeto de intercambio con los **pochteca**.

En las costas de lo que hoy es el Ecuador existía una formación estatal muy distinta. Controlaba casi toda la costa, y se encontraba desde los últimos doscientos años en un proceso de expansión. Su poder económico y político residía en su condición de mercaderes a larga distancia, y en haber logrado dominar y articular el variado medio ambiente regional. Alcanzando una producción excedentaria en los cerros de la costa, los Huancavilca fueron dominando el territorio a través de la redistribución del excedente almacenado. El dominio del mar, y de las rutas marítimas, lo habían alcanzado a través de un largo proceso de más de cuatro mil años desde los albores de la Neolitización. Fué en esta área de la costa Ecuatoriana entre el cabo de San Lorenzo y la punta de Santa Elena, en tiempos de la sociedad Valdivia (c. 3600-3200 a. C.), que surgió en esta área un rito propiciatorio de la lluvia, que involucraba la asociación del bivalvo *Spondylus princeps princeps* (Broderip, 1833) con una trompeta hecha entonces de la caracola *Stombus peruvianus* (Swainson, 1823). Con el devenir del tiempo, el *Strombus peruvianus* fué reemplazado por el *S. galeatus* (Swainson, 1823), y estos símbolos de los ritos de lluvia y fertilidad fueron adoptados en el Área Central Andina y luego en toda Andino América y en Mesoamérica.

Para la época de los Huancavilca eran ritualmente usados desde Mesoamerica hasta los Andes del sur. Debido, a que estas especies marinas se dan solamente en la Provincia Malacológica Panámica-Pacífica entre el Golfo de California en México y el Golfo de Guayaquil en el Ecuador, para satisfacer la demanda en los Andes Centrales, tuvieron que ser llevadas desde la costa de los Andes Septentrionales hacia el sur. Al crecer esta demanda quienes suministraban *Spondylus* y *Strombus* tuvieron que obtenerlos cada vez mas al norte, lo que creó la red de mercaderes marítimos a larga distancia centrados en la costa del antiguo Ecuador. En este trabajo se estudia el desarrollo del comercio a larga distancia, la acumulación de capital mercantil por los navegantes de la costa ecuatoriana y la singular formación estatal de los Huancavilca.

El Eje del Comercio a Larga Distancia entre México y Perú

El primer ejemplo de asociación ritual entre el «Mullo» (*Spondylus princeps princeps* [Broderip, 1833], y *S. calcifer* [Carpenter, 1857]) y el «Pututo» (*Strombus galeatus*, y *S. peruvianus*, [Swainson, 1823]) se dio en el ingreso de la primera estructura comunal de Real Alto (Valdivia IIa), hallada quemada, en el nivel más profundo del «Montículo de Enterramientos» que se alzaba en el margen occidental de la «Plaza Interior» (c. 3200 a.n.e.) (Lathrap, Marcos y Zeidler. 1977, Marcos 1978, 1988b). **El segundo hito** en esta asociación ritual está marcado por el inicio de su importancia en la cosmología los Andes Centrales, al ser representadas en las tallas de piedra principales (obelisco Tello, estela del dios sonriente o «medusa») y en algunas vasijas de la época.

La tercera etapa en la dispersión de esta insignia ritual andina (el «Mullo» y el «Pututo») la encontraremos en los frisos del templo, conocido como de «Quetzal-Coatl» o de «Tlaloc» (340 d. C.) en Teotihuacán.

Es necesario analizar cada uno de estos *hitos*, ya que la dispersión y cambios que representan, y generaron, deben ser explicados en toda su significación económica y social. El inicio del culto a la díada «Mullo»-«Pututo», requiere de nuestra primera aclaración, y posteriormente se deberá descifrar lo que dio origen a la adopción de este rito, luego de dos milenios, en los Andes Centrales a partir de

Chavin de Huantar. Será necesario también, precisar por qué surgió un rito similar en Teotihuacán, dos milenios después que en Andino América. Introduciendo a Mesoamérica la imagen del «Mullo» y del «Pututo» como atributos del agua y de la lluvia. Para esto debemos hacer una breve reconstrucción del desarrollo del proceso que llevó a la construcción de las redes de intercambio de estos específicos de la Provincia malacológica Panámica-Pacifica, el *Spondylus princeps* y el *Strombus galeatus*, a los Andes Centrales en cuyas aguas no se encuentran.

El Inicio del Rito Agrícola «Mullo-Pututo»

La franja costera de la Provincia del Guayas, entre la cordillera Chongón-Colonche y el litoral, se conoce como la Península de Santa Elena. Su clima es una prolongación, ligeramente más húmeda, de la que afecta al extremo norte de la costa del Perú. La cubierta vegetal de la Península es típica del bosque tropical seco. El Golfo de Guayaquil lo matiza ligeramente, al bordear su litoral sur, con una extensa floresta de manglar. Desde el sur de Manta en la Provincia de Manabí y hasta el golfo de Guayaquil llueve poco en la costa, con excepción de las zonas donde la cordillera Chongón-Colonche y los Cerros de Manabí se acercan hasta el litoral. El clima de toda esta área se encuentra modificado por la extensión más norteña de la corriente fría de Humboldt, produciendo una estación seca entre los meses de mayo a noviembre, en que la garúa y la bruma costera humedecen los cerros y valles interiores. De diciembre a abril se esperan las lluvias de la estación húmeda, pero no siempre llueve con la misma intensidad. Contrasta esta situación climática con la que se da al norte de la línea equinoccial, donde llueve con intensidad, llegando a ser la provincia de Esmeraldas, y la costa del Pacífico en Colombia, una de las áreas tropicales más húmedas de América. Al sur del extremo norte del Perú, no llueve nunca, al menos que ocurra un fuerte evento de El Niño. Este fenómeno, llamado de El Niño, porque se inicia en diciembre cada siete a diez años, es igualmente imprevisible.

Por estas condiciones los agricultores de la Península de Santa Elena han observado, desde épocas muy remotas, ritos para propiciar la lluvia y son, desde la Colonia, muy devotos a una imagen del Señor de la Buena Esperanza, a la cual denominan *Señor de las Aguas*.

Los primeros pueblos neolíticos de la Península dedicados a la agricultura del maíz desarrollaron estos ritos. Las insignias rituales de la lluvia eran entonces: el bivalvo de labios y espinas rojas (*Spondylus princeps*) que crece a lo largo del sublitoral profundo, entre el Golfo de California en México y el Golfo de Guayaquil en Ecuador; y la trompeta hecha de la caracola *Strombus peruvianus*, de distribución algo más extensa en la región sur de esta provincia malacológica. Desde los mediados del tercer milenio antes de nuestra era se añadía como sucedáneo del *Spondylus princeps* en la manufactura de cuentas y otros abalorios al *Spondylus calcifer*, y el *Strombus peruvianus* era reemplazado en la manufactura de trompetas por el *Strombus galeatus* (Marcos, 1977/78, 1988b).

El «Mullo» *(Spondylus princeps)* tiene que ser extraído de entre los 15 y 30 metros de profundidad, donde se encuentra, en su forma adulta, cimentado al substrato rocoso por su valva derecha. Al *Spondylus calcifer* se lo encuentra, cimentado de igual manera, entre los 4 y 7 metros de profundidad (Keen, 1971:96). El expendio de trabajo en la extracción del *Spondylus princeps* le dio mayor valor que a cualquiera de las conchas de la costa tropical de Pacífico del Nuevo Mundo. Esto parece haber ocurrido en todas las partes del mundo antiguo, donde conchas del género *Spondylus* tienen su hábitat (Abbot, 1974; Lamprell, 1987; Waller, 1978).

Mientras que el «Mullo» fue la insignia ritual de la lluvia y del agua, el «Pututo» sirvió para marcar el tiempo ritual, y la díada por lo tanto representó al «tiempo de lluvia», el «poder hacer llover» (Paulsen, 1974). Con el paso de varios siglos, será también el medio para propiciar no-solo la lluvia, sino la agricultura de riego en los Andes Septentrionales y Centrales, así como predecir los desastrosos eventos de El Niño que, afectan el área en ciclos recurrentes caracterizados por la imprecisión (Marcos, 1985, Lumbreras, 1993: 360-361).

Hacia el segundo milenio anterior a nuestra era, restos de «Mullo» y «Pututo» comienzan a aparecer en varios sitios del interior del Ecuador, de la sierra, y de la costa peruana.

Las mejores evidencias sobre el desarrollo del intercambio regional y del tráfico a larga distancia, a partir del Formativo Tardío, se han dado: a) en Gagüelzán, la Loma de los Cangrejitos, y en varios otros sitios del Valle de Chanduy; b) en la isla de La Plata y Salango, en la costa sur de Manabí; c) en Peñón del Río, cerca de Guayaquil; d) en La Florida, al noroeste de Quito; e) en Cerro Narrio, Chaullabamba, y Chigüilanchi, en Cañar, Azuay y Loja respectivamente; f) en varios sitios del Perú, tales como, Marka Huamachuco, Chavín de Huantar y Sipán y; g) en San Pedro de Atacama, en Chile.

Los principales indicadores asociados al tráfico a larga distancia, aparte del «Mullo», y del «Pututo», son la turquesa, el lapislázuli, la obsidiana, y la hoja de Coca. A esto debemos añadir ciertos productos vegetales como algunas variedades de *Zea mais*, y productos elaborados, o parcialmente elaborados, como los tejidos, y el algodón teñido.

Una Economía de Mercado

El valor que la gente atribuye a las cosas se deriva de las transacciones y motivaciones humanas, particularmente de la manera como estas cosas son usadas y circuladas (Marcos, 1995)

El enfoque incial usado en el análisis del tráfico a distancia fue *procesual*, se lo definió como «intercambio en línea vertical» (down the line exchage) siguiendo a Renfrew (1977) (Zeidler, 1977/78:18-20, 1986:141-145; Marcos, 1977/78:119, 1986b:177-180), también fue *sustantivista*, siguiendo a Dalton (1975), se definió al *Spondylus* como artículo de intercambio, y se caracterizó su funcionamiento en algunos casos como *valor tesoro* y en otros como *valor moneda* (Marcos, 1977/78:120-122, 1986b:182-184). Recientemente Zeidler ha retomado el tráfico a larga distancia del «Mullo» con el fin de examinar la utilidad de los conceptos sobre *desarrollo desigual* y surgimiento de *centros* y *periferias* en el caso del intercambio a larga distancia en las fases prehistóricas tempranas, antes del surgimiento de los estados. El interés de Zeidler se centra en el papel que pudieron jugar estas relaciones en la transformación del modo de producción comunitario, en ausencia de sociedades estatales adyacentes, para lo cual ha enfocado las relaciones entre las sociedades del precerámico tardío del Perú (centro) con las sociedades neolitizadas del litoral ecuatoriano (periferia) (Zeidler, 1991:248-49). La importancia de su ensayo, no reside en que sea (o no) apropiado usar estos conceptos para el estudio de relaciones entre sociedades pre-estatales, sino el ver que es necesario estudiar el trafico a larga distancia, no como un mecanismo de difusión, sino como una forma de relaciones entre sistemas y subsistemas sociales. Esto es de especial importancia en el caso de los grupos que siguieron a Valdivia en los siguientes milenios, «en los cuales las formaciones políticas de la costa del Ecuador mantuvieron su autonomía geopolítica como *mercaderes-traficantes* en la frontera de sucesivos *imperios andinos*» [1](Zeidler, 1991:262; la traducción y cursivas son mías). Un aspecto de esta interacción que para él merece ser resaltado, por su importancia, es el intercambio de conocimiento esotérico, y de los materiales para el rito asociados a ello, intercambio que se hace a expensas de los artículos de uso.

Aunque este planteamiento serviría para explicar, la transferencia del rito Valdivia de la lluvia a la cosmología de los Andes Centrales, no explica porque en Teotihuacán, se incorporaron sus emblemas, con igual significado, luego de más de un milenio de relaciones sociales.

El Sistema del Tráfico del «Mullo» a Larga Distancia

El sistema de intercambio global a larga distancia, que llamaremos del «Mullo», involucra también a otros materiales con valor de intercambio, de uso, y de prestigio.[2]

Para comprender el funcionamiento del sistema es necesario conocer el origen de estos materiales, las áreas fuente de sus materias primas (Álvarez, 1995), así como los posibles subsistemas que interactuaron a través del tiempo.

El sistema del tráfico del «Mullo», involucró a Mesoamérica y Andino América, y allí funcionaron tres subsistemas principales, que en orden de su desarrollo son: 1) **el subsistema del Área Septentrional Andina**, 2) **el subsistema del Área Central Andina**, y 3) **el subsistema mesoamericano**. Existe un espacio sobre el que estos subsistemas actuaron, el cual debe ser estudiado como **un cuarto subsistema**, se trata de **la provincia malacológica *Panámica-Pacífica*.**

---

1. «Tal intercambio parece privilegiar las relaciones de poder intra social, y la legitimización de la posición social, sobre el desarrollo de fuerzas materiales de producción per se, ya que poco producto excedente parece haber sido dedicado a mantener una economía de exportación. . . . la interacción a larga distancia se encuentra asociada (por lo general) a estructuras de dominación política en las respectivas zonas de contacto, donde el conocimiento de 'países' geográficamente distantes, gentes, y cosmologías, son comúnmente monopolizados por las elites locales con el fin de ser usado como palanca política y legitimación social» (Zeidler, 1991:249, mi traducción).

2. la obsidiana, turquesa, sodalita, lapislázuli, calcedonias, cerámica, tejidos, hilo teñido, tintes, ropa, ostras, perlas, madreperla, joyería de madreperla, cobre, plata, oro, productos metalúrgicos y de orfebrería, el maíz *harinoso de ocho* y el *reventón de altura*, hachas-moneda, sartas de cuentas de Spondylus, hojas de coca (*Erothroxylum coca*), «Mullo» (*Spondylus princeps, S. calcifer*), «Pututo» (*Strombus peruvianus, S. galeatus*), conocimiento esotérico (díada «Mullo» y «Pututo») e información tecnológica.

El sistema del tráfico del «Mullo»

El «Mullo» y el «Pututo» son usados por primera vez como un símbolo combinado en el rito propiciador del agua en la fase Valdivia 2 (3200-2900 a. C.). A partir de entonces, se encuentran en Real Alto grandes cantidades de fragmentos de la bisagra del Spondylus, faltando siempre el borde rojo. Se han hallado en toda la excavación del sitio solamente cinco cuentas y dos pendientes, lo que implica que los artículos manufacturados de esta concha, y buena parte de ella se enviaba fuera en intercambio como materia prima. En el sitio epónimo (G-31) Meggers, Evans y Estrada (1965) hallaron no solamente evidencia de «Mullo», sino del aumento de su pesca. En los niveles en que aparecía cerámica de la fase Valdivia 2 se hallaron 8 ejemplares, mientras que en los niveles que aparentemente correspondían al Valdivia Medio se hallaron 97 especímenes, y asociados a la cerámica de las fases tardías 235 (Marcos, 1977/78, 1978, 1994, Zeidler, 1991: 254).

A partir de la fase Valdivia 8 (1700-1500 a. C.), se encuentran en los principales sitios Valdivia del interior, como San Isidro en Manabí, y San Lorenzo del Mate en Guayas, placas para collares y máscaras antifaces de Spondylus princeps (Zeidler, 1991; Marcos, y otros, 1989). Durante los períodos Formativo Tardío (1000-300 a. C.) y Desarrollos Regionales (300 a. C.-800 d. C.) el uso de pendientes, cuentas, cajas de cal y otros abalorios de esta concha aumenta considerablemente (Bushnell, 1951). En la necrópolis del período de Integración de la Loma de los Cangrejitos (900-1550 d. C.), en las tumbas de pozo profundo con cámara lateral correspondientes al siglo XIV, junto a los enterramientos de los principales se encuentran ofrendas de plata, oro, cobre y bronce, así como tazones cortados de la gran caracola *Malea ringens* (Swainson 1822), llenos de cuentas terminadas y en proceso de manufactura, y pequeños fragmentos del labio rojo del *Spondylus princeps* (Marcos, 1977/78, 1981).

Otro molusco con una importante historia en el intercambio prehispánico es la madreperla (*Pinctada mazatlánica* Hanley 1856), de esta los Valdivia hicieron los anzuelos-señuelos, como también la usaron para este propósito las gentes Machalilla, Chorrera y Guangala (Zevallos y Holm, 1962). Su uso se incrementó a partir de Chorrera como materia prima para placas decoradas y otras formas de joyería. Entre las joyas de madreperla destacan las de Cerro Narrío y Chaullabamba en Cañar y Azuay. Ann Mester (1990) ha demostrado, que en Manabí, durante el Período de Integración existió una importante industria de extracción de la bivalva *Pinctada mazatlánica*, y en mayor cantidad de la otra madreperla (*Petria sterna*, Gould 1851). Mientras de la primera, aparte de las perlas se usaba su concha nacarada para la fabricación de artefactos y adornos, mientras que de la segunda, aparentemente solo se obtenían perlas. Aunque la recolección de varias especies malacológicas está documentada desde la fase precerámica Vegas (Stothert, 1990), es también evidente que varias especies de caracolas fueron explotadas por buzos y recolectores desde las fases más tempranas de Valdivia (Marcos, 1988b). Tuvieron importancia económica dentro de las redes de intercambio las grandes caracolas (Strombus peruvianus y S. galeatus) usadas para hacer trompetas rituales, picos y hojas de azadas (Marcos, 1993).

Varias otras especies menores sirvieron a los tejedores desde Valdivia para teñir púrpura. Se han hallado en Real Alto y en otros sitios de épocas posteriores los múrices[3].

El teñido no solo se infiere por el hallazgo de especímenes de varias especies de múrices, se lo conoce también por referencias etnohistóricas y etnográficas que indican que los múrices fueron usados para el teñido púrpura del algodón y que el algodón teñido fué exportado desde la Península de Santa Elena, inclusive hasta el Perú (Lenz-Volland y Volland, 1986:61-64). La etnohistoria igualmente nos indica la manera en que se usaban otros tintes obtenidos como el de la cochinilla para el color grana, y de la orchilla, un musgo del que se obtenía el azul añil, cuya exportación fue importante en la Península de Santa Elena hasta los albores del presente siglo (Álvarez, 1987:68-69).

Existen evidencias en Real Alto del tejido de algodón (*Gossipium barbadense*) en telar con lisos desde la fase Valdivia 6 (2100-1900)(Marcos, 1979). El hilado en Z, se evidencia por impresiones de cuerdas y tejidos en fragmentos de arcilla no cocida y en vasijas Valdivia (Marcos, 1979; Meggers, Evans y Estrada, 1965; Zevallos y Holm, 1960), así como por la gran cantidad de contrapesos de husos (torteros), de piedra o de fragmentos de cerámica reutilizados, que aparecen desde Valdivia 2 en Real Alto (Marcos, 1988b).

Los torteros o fusaiolas, van a ser uno de los elementos en que se va a desarrollar un arte portátil en miniatura a través de los períodos de Desarrollo Regional e Integración. En este último, van a destacarse los ejemplos de La Puná, Península de Santa Elena y sur de Manabí (Funes Sanchez, 1970).

La Hoja de Coca (*Erothroxylum coca*) se cultivaba principalmente en las laderas andinas. Timothy Plowman indica que aparecen relictos de la variedad Trujillense en la costa del Ecuador, la que probablemente se cultivó, aprovechando las brumas frías en el extremo norte de la cordillera Chongón-Colonche y al sur de Manabí. Estos cultivos fueron introducidos al área como respuesta a una necesidad, que en su mayor parte era suplida por el tráfico en artículos exóticos y rituales establecidos.

El consumo de la Hoja de Coca es incuestionable desde la fase Valdivia 3 (2900-2600 a. C.) en Real Alto. El estudio del cálculo dental en los entierros de esa fase (Kleppinger, Kuhn y Thomas, Jr. 1977) apunta a la masticación de hojas de coca con cal. También junto a estos entierros se hallaron pequeñas vasijas de cerámica, con restos de cal en su interior, y con pequeños orificios en el borde para usarlas como pendientes. Unas pocas figurinas que ilustran el bolo de masticación de coca se encuentran desde Valdivia 7 (1900-1700 a. C.) (Lathrap, Collier y Chandra, 1975, fig. 66), volviendose muy común a partir de la segunda mitad del primer milenio anterior a nuestra era. Entre las figuras «Bahía gigantes» del Período de Desarrollos Regionales se ilustra la parafernalia necesaria para dicha actividad ritual y la manera de su uso (lliptas, espátulas y las pequeñas bolsas portadoras de las hojas de coca, similares a las que aún se encuentran en uso entre los pueblos andinos que la mastican).

---

3. *Thais (Vasula) melones* (Duclos, 1832), *Thais (Stramonita) biseralis* (Blainville, 1832*), Thais (Stramonita) chocolata* (Duclos, 1832*), Thais (Thaisella) kioskiformis* (Duclos, 1832), *Púrpura columellaris* (Lamarck, 1822), y *Púrpura pansa* (Gould, 1853) (Keen, 1971; Marcos, 1994).

La obsidiana, o vidrio volcánico, es otro excelente indicador de intercambio, su origen puede ser determinado mediante «FissiónTrack Analysis». La obsidiana es introducida a la Costa desde la fase 7 de Valdivia (1900-1700 a. C.) en Real Alto, y desde entonces se volvió un material importante en el tráfico a larga distancia en el Área Septentrional Andina. Aparte de los instrumentos cortantes, se la utilizó también para hacer espejos desde el Formativo Tardío. La primera evidencia del uso de la obsidiana la tenemos en Real Alto, en el sector nororiental del sitio donde pequeñas láminas de obsidiana se encuentran en contextos con cerámica de dicha fase Valdivia, y con algunos fragmentos de una cerámica delgada, grabada con líneas y puntos sobre un engobe rojo-anaranjado. El componente no plástico de la arcilla y de la pasta parece ser de origen andino, todo esto parece implicar una red de intercambio en que intervenían los que moraban en ese sector del sitio con pobladores de la hoya de Quito (Marcos, 1992, 1994).

Se ha planteado que el cobre pudo venir desde los Andes Centrales y Centro Sur, y probablemente una buena parte del cobre trabajado en la costa del Ecuador así lo hizo. Sin embargo, Holm (1966/67) ha señalado que existe cobre nativo en las provincias de Cañar y Azuay, y que una tradición de manejo, tratamiento y de estilo en los artefactos de cobre une a esta región con los habitantes de la Cuenca del Guayas. En otra parte se ha demostrado (Marcos, 1981, 1994) que dicha tradición incluyó también a la metalurgia Huancavilca, cuya evidencia se encuentra no solamente por la presencia de hachas-moneda y otros artefactos hallados en la necrópolis de la Loma de los Cangrejitos, sino más importante aún, por los moldes para fundir cuchillos (tumis), hachas ceremoniales, y preformas para la manufactura de hachas monedas, allí encontrados.

Por otro lado, la presencia de cuentas y pendientes de turquesa y lapislázuli, entre otros artefactos de falsa turquesa y sodalitas, desde aproximadamente los 500 años a. C., nos obliga a mirar más al sur, no solamente a los Andes Centrales, sino más bien al norte de Chile, la única región de Suramérica donde se obtienen verdaderas turquesas y lapislázuli. Estas piedras semipreciosas, se encuentran en cantidad en la zona cuprífera del desierto de Atacama, al norte de Chile. Existen algunas turquesas y falsas turquesas (sodalitas) en las regiones donde se explotaba el cobre en el Perú, pero estas, como la turquesa chilena y el lapislázuli, son identificables mediante análisis.

Norton (1986) interpretó correctamente que uno de los aspectos más importantes en el dominio del tráfico a larga distancia por los habitantes de la costa del Ecuador prehispánico, fue el monopolio que tuvieron sobre la explotación de la caña guadua (*Guadua guadua*) y el palo de balsa (*Ochroma lagopus* Sw.). La explotación y el cultivo de estas dos especies vegetales, a las que se suma el hilado y tejido del algodón, permitió construir navíos de gran tonelaje, y velamen, que podían transportar un apreciable volumen de mercancías y gentes a gran distancia, y por mar abierto. La balsa Huancavilca, que Bartolomé Ruiz encontró frente a las costas de Manabí, llevaba para el intercambio por «Mullo», ornamentos de plata y oro, tejidos de varias calidades y colores, y minerales preciosos como las esmeraldas, o semipreciosos como la calcedonia. (Samano-Xerex 1967, Oviedo y Valdés, 1945).

Aparte de estos, existen otros materiales que fueron intercambiados entre varias regiones. Entre los vegetales se encuentra el maíz (*Zea maize*) que en su forma temprana entra a Suramérica hace diez o nueve mil años, mientras que los maíces desarrollados en Suramérica como el harinoso-de-ocho, y el reventón de altura, penetraron en Mesoamérica a partir de nuestra era (Wellhausen, y otros. 1957; Pearsall, 1977/78, 1986). Los navegantes de la costa del Antiguo Ecuador traficaban en sus balsas, o establecieron alianzas con otros grupos marineros, como los de Tumbes, a quienes les proporcionaban materias primas, para que también construyan balsas y se integren la «liga de mercaderes» del Pacífico (Jijón y Caamaño, 1930). Los materiales para construir balsas fueron también intercambiados hacia el sur a Chincha, y hasta el norte de Chile, donde se han hallado réplicas de balsas hechas en palo de balsa (Rostowrowski, 1970, 1975). Los mercaderes Huancavilca, también contaron con llamas para comerciar con la sierra (Überlaker, 1981). A través de los mercaderes de Cañar continuaron el intercambio en hacia el sur como se puede ver en algunos yacimientos de valles andinos como Pacopampa, o Marka Huamachuco, hasta la invasión Inca del sur andino ecuatoriano[4].

Al inicio del Periodo de Desarrollos Regionales, el intercambio andino del «Mullo» tenía 2500 años de historia. La díada ritual «Mullo-Pututo», de Real Alto de la fase Valdivia III, con cuyo sacrificio, los agricultores de la costa ecuatoriana aseguraban la lluvia necesaria para sus maizales y huertos, hacía ya mil años que aparecía en las principales tallas de piedra, integrando el panteón de las divinidades andinas. En Chavín de Huantar, en el Obelisco Tello y en la Estela de la Medusa (o Dios Sonriente), se las encuentra como emblemas del otorgador de los cultivos, el Caimán, y su intermediario, el Jaguar[5]. A mediados del Período, en el siglo III d. C., esta díada fué también introducida a Mesoamérica, en Teotihuacán, como emblema de la lluvia y producción, en el templo de Tlaloc (Lathrap, 1966, 1982).

Estas transferencias ideológicas, solamente podían darse merced al prestigio alcanzado, en lo ritual, por el «Mullo» y el «Pututo» como emblemas de la producción agrícola y control de la naturaleza; y en lo económico, como elemento principal en una red de intercambio de artículos de prestigio, centrada en el Antiguo Ecuador. La red comercial a larga distancia aseguraba la circulación de productos a lo largo de la costa del Pacífico, de Mesoamérica a los Andes Centro sur.

El subsistema del *Área Septentrional Andina*

El intercambio a distancia en esta área, probablemente se inició, con la permuta de productos de uso, provenientes de los diferentes medio ambientes articulados, que caracterizan la región. Para Valdivia fase 3, el intercambio de exóticos se hace evidente al hallarse el instrumental asociado con el consumo de la hoja de coca en las tumbas de los principales. Es también evidente entonces la exportación de la parte roja del *Spondylus* hacia el interior. Pero es hacia la fase final de la ocupación Valdivia en Real Alto (2000-1800 a. C.) cuando surgen áreas de especialización en el yacimiento, en el sector noreste del sitio se halló restos de

---

4. Marcos, 1977/78, 1986a, 1986b, Paulsen, 1974.
5. Lathrap, 1971, 1973a, 1973b, Marcos, 1986c.

ocupación Valdivia fase 7, asociados a fragmentos de cerámica Protomachalilla (Zeidler, 1984) y a hojas de obsidiana. Estos fragmentos cerámicos, han dado fechas por termoluminiscencia similar a los fragmentos Valdivia 7, y los minerales de arcilla y del antiplástico parecen ser procedentes del macizo andino, distintos a los hallados en la cerámica de la Península de Santa Elena. La obsidiana como hemos visto anteriormente parece ser de la hoya de Quito. La presencia en exclusiva de estos materiales exóticos en ese sector del poblado sugiere la acumulación de estos bienes de prestigio por un grupo que se dedicaba al tráfico a distancia desde Real Alto (Marcos, 1992, 1994). Aunque estas primeras evidencias de tráfico a distancia en Real Alto, parecen sugerir que existió una fuerte interacción con la hoya de Quito, no existe certeza del uso de *Spondylus* en Cotocollao (Villalba, 1988), ni durante el resto del periodo Formativo en esta región. Unas pocas cuentas de concha halladas en algunos de los sitios del Periodo de Desarrollo Regional, en asociación con artefactos y cerámica en el estilo de La Tolita (Buys, y otros, 1994:82), podrían ser de *Spondylus*, la más clara evidencia de la acumulación de «Mullo» no se encuentra hasta el Periodo de Integración en La Florida (Doyon, 1987).

Mientras tanto hacia el interior de la costa, durante la fase Valdivia 8, en San Lorenzo del Mate se han hallado mascaras de *Spondylus princeps* y cuentas en forma de placas lentiformes, similares a las encontradas en San Isidro Manabí y en otros sitios Valdivia de la misma época. Según Zeidler (1991) placas de esta forma se han hallado también en el Perú, sugiriendo intercambios entre el Ecuador y la costa del Perú.

Los estudios etnohistóricos han podido determinar la existencia de mercaderes en el norte del Área Septentrional Andina, quienes mantenían intercambio de bienes de prestigio entre las sociedades indígenas de la sierra norte, con los grupos indígenas de la Costa, y con los Quijos en el Oriente. La existencia de estos especialistas llamados Mindalaes es muy conocida. Uno de los principales artículos de intercambio que manejaban era el *Spondylus princeps*. Es probable, como lo sugiere Salomon que el Spondylus que se intercambió en la Sierra norte provenga de Esmeraldas y de Colombia[6].

Sin embargo, la investigación documental, no ha aportado evidencias sobre la existencia de mercaderes que conectaban la costa con Cañar y Azuay, es probable que esto se deba a que cuando llegaron los españoles, Cañar, Azuay y Loja habían estado sujetos a la incanización por más de setenta años. Por otra parte, la evidencia arqueológica acumulada desde el Periodo Formativo sugiere una fuertísima interacción entre esta región y la costa de Manabí y Guayas.

En las fases mas tempranas de Cerro Narrio y Chaullabamba que se dieron probablemente entre los 1800 y los 1100 a. C. se encuentran las primeras evidencias del uso del *Spondylus princeps* como materia prima para la fabricación de figurinas, joyería, así como de valvas de «Mullo» pulidas (Hammond, Bray y Carmichael, Nd). Desde entonces y durante el Formativo Tardío (1100-300 a. C.) el uso de *Spondylus* aumenta a través de la fase Chaullabamba. No tanto por el consumo local, sino probablemente por el incremento de la demanda de «Mullo» en los Andes Centrales, primero durante la expansión del culto de Kotosh (2100-

---

6. Oberem, 1976; Salomon, 1977/78, 1986

1200 a. C) y luego el de Chavin (1200-300 a. C.). Hacia fines de este período al darse inicio, en la costa, a los señoríos del Período de Desarrollo Regional surge la violencia en la forma de ataques con puntas de proyectil de tradición Cañar a algunos de los poblados de la Península de Santa Elena. La aparición de estas puntas de proyectil bifaciales, cuyo estilo es tradicional en las sociedades que poblaron Cañar y Azuay desde épocas precerámicas, sugiere que los portadores de estas puntas de lanzas en la Península de Santa Elena, tenían fuertes vínculos con esa región, o que provenían de ella. No existen antecedentes en la costa, y su uso allí aparentemente estuvo restringido a un corto periodo alrededor de los 300 a. C., lo que implica que estas puntas bifaciales «Guangala» son de una tradición exógena, aunque en la Península algunas son de *chert*, que allí aflora. Estas puntas, se hallan dispersas alrededor de yacimientos de la fase de transición Engoroy-Guangala[7].

El origen de esta etapa de violencia relativa en la costa la entendemos como el resultado de un conflicto de intereses, contradicciones que surgieron al finalizar un periodo de intensa interacción entre la gente que conocemos como Engoroy (Bushnell, 1951; Bischof 1982) en el litoral de la provincia del Guayas con grupos de Cañar y Azuay conocidos como Chaullabamba (Uhle, 1922; Jijón y Caamaño, 1951, Tellenbach, 1995). Estos últimos usaban gran cantidad de *Spondylus princeps* que obtenían de los primeros, y aparentemente a través de más de un milenio se habían constituidos en redistribuidores de «Mullo» hacia el sur. En Chiguilanchi (Loja), Uhle (en Jijón y Caamaño, 1951) halló evidencias de que gente portadora de cerámica Chaullabamba (aproximadamente 1800-800 a. C.) habían incorporado a sus ritos la díada «Mullo»-»Pututo», de la misma manera que lo habían hecho los pobladores de la fase 2 de Valdivia en Real Alto dos mil años antes.

A partir de los 1200 a. C. el «Mullo» y el «Pututo» serían entronizadas en el panteón de la cosmología Chavin (Lathrap 1971, 1973a, 1973b, 1982; Lumbreras 1989, 1993). También existe evidencia de redistribución de *Spondylus* hacia la región amazónica (Porras, 1975, 1983) como vía de tráfico hacia el sur (Marcos 1977/78:107).

El inicio de la transformación de las sociedades Chorrera-Engoroy-Tachina, en señoríos regionales y un mayor control sobre el tráfico del «Mullo», probablemente produjo la reacción de los herederos de la sociedad Chaullabamba, al reordenarse las relaciones de intercambio. Esto, posiblemente fue la causa para que los mercaderes encargados de suplir con *Spondylus* a los centros de uso y redistribución de los Andes del sur del Ecuador, se armasen y atacasen a los grupos de la costa que rehusaban mantener las relaciones de reciprocidad en las condiciones establecidas (Marcos, 1982).

Sin embargo, posteriormente las relaciones de intercambio con la sierra sur del Ecuador, y la redistribución del *Spondylus* hacia los Andes Centrales desde Cañar, Azuay y Loja (a través de varias rutas alternativas), parecen haberse resta-

---

7. Aparecen en Los Morros, Los Cerritos, y en otras varías poblaciones de este periodo, a lo largo del Río Verde. También se han hallado en campamentos de gentes portadoras de cerámica de este período en la Pampa de Pichilingo. Todo ello sugiere que en esa época, grupos de gentes portadoras de estas puntas atacaban a las poblaciones de la Península de Santa Elena, como se pudo constatar por heridas hechas con estas puntas en un cráneo del cementerio de Los Cerritos (Zevallos, 1965; Marcos, 1970, 1977/78, 1982, 1986a; Tobar, 1993).

blecido en condiciones similares hasta la incanización de esta región hacia fines del siglo XV d. C.

En resumen podemos decir que desde el Formativo Temprano existe evidencia del establecimiento de por lo menos cinco redes de intercambio hacia el interior del Área Septentrional Andina, así como de un tráfico marítimo a larga distancia que parece haber llegado a Centro y Mesoamérica (como lo veremos más adelante). Estas rutas interiores fueron: 1) desde Esmeraldas y Tumaco a través del los Ríos Mira y San Juan hacia las hoyas de Carchi e Imbabura; 2) desde Esmeraldas y el Norte de Manabí, a través de los ríos Guayabamba y Toachi a la hoya de Quito; 3) desde las costas de Manabí Central y Sur, y de la provincia del Guayas, a través de la Cuenca Superior del Guayas a la región ocupada por las provincias de Cotopaxi, Tomebamba, Bolívar y Chimborazo; 4) Desde el Sur de Manabí, la Península de Santa Elena, y el Golfo de Guayaquil a través de la Baja Cuenca del Guayas a las provincias de Cañar, Azuay y Loja, una quinta red de intercambio relacionaba al sur de la Provincia de El Oro, al extremo norte del Perú con las Provincias de Lojas, Azuay y Cañar. Estas rutas de unión entre la costa y la sierra del Ecuador prehispánico se articulaban con las que seguían las cuencas del Napo, del Tigre, del Pastaza, del Morona y del Santiago.

Los mercaderes de la región sur del Área Septentrional Andina, durante el incanato, aparentemente fueron integrados al sistema Inca o reemplazados por los Mollo Chasqui Camayoc cuzqueños. Esto no sucedió con los Mindalaes, ni con los navegantes Huancavilca o los Punaes. Los primeros fueron incorporados dentro de las estructuras sociales de transición en los recientemente ocupados territorios, los otros, después de la incanización de Cañar, Azuay y Loja posiblemente tuvieron que mantener relaciones desiguales de intercambio con el Tawantinsuyo.

El subsistema del *Área Central Andina*

El tráfico del «Mullo» en los Andes Centrales se inicia alrededor de los 2100 a. C., su evidencia son unas pocas ofrendas en los yacimientos precerámicos tardíos de la costa peruana como Los Gavilanes en el Valle de Huarmey (Bonavía, 1982), Aspero en el de Supe (Feldman 1983, 1985), La Paloma en el valle de Chilca (Quilter, 1989), hacia el interior en La Galgada (Grieder y Bueno, 1981, 1985 y Grieder y otros, 1988) y en los sitios Kotosh del valle del Mantaro (Izumi y Sono,1963).

Posteriormente, la demanda por *Spondylus princeps* aumenta cada vez más en el Perú, durante el Período Formativo Superior (400-100 a. C.) y el de Desarrollo Regional (100 a. C.-700 d. C.), y del Imperio Wari (700-1100 d. C.), durante esta época el aumento de la demanda es extensiva, según surgen nuevos centros ceremoniales y nuevos ritos. Es a partir de los estados regionales, hasta que el uso ceremonial del Spondylus se vuelve intensivo en los Andes Centrales, y el incremento de consumo se vuelve exponencial en relación al de los períodos anteriores, especialmente en el Reino de Chimor (1100-1470 d. C.), y mas aún durante a la expansión del Imperio del Tawantinsuyo (1470-1532 d. C.).

Sobre el sistema de distribución pre-Inca se conoce poco. La noticia publicada por Rostowrowski (1970, 1975) describiendo la importancia de los mercaderes del Valle de Chincha, y sus contactos por mar y tierra con la región de Quito, nos ofrece una visión sobre el poderío alcanzado por los mercaderes. Ello se confirma por la importancia que daba el Inca al señor de Chincha, de quien se hacía acompañar en litera en los desplazamientos oficiales, y esta al lado de la suya. La existencia de especialistas en el manejo y distribución del «Mullo» y el «Pututo», los llamados **Mollo Chaski Camayoc** (Corredores encargados de la distribución del «Mullo») (Rostowrowski, 1975) fue, probablemente, la respuesta estatal para reemplazar a otros grupos de mercaderes menos poderosos que el de Chincha.

El área del *subsistema de los Andes Centrales* incluyó también los Andes Centro Sur, llegando hasta el extremo norte de los Andes Meridionales, alrededor de los 500 a. C., durante esta época, asociado a la cerámica negra incisa del desierto de Atacama en Chile, aparecen las primeras muestras de Spondylus en la región, y de *Choromytilus chorus* con sus labios morado obscuro, estos y otras conchas gruesas con los labios pintados de rojo, para simular *Spondylus.*

El bivalvo *Choromytilus chorus* aparentemente también, cumplió la función de representar al *Spondylus,* en la galería de las ofrendas de Chavin de Huantar (Sandweiss, 1985, 1988; y Sandweiss y Rodríguez en Lumbreras 1993:406-413). Lo que implica que no siempre existía la gran cantidad de esta concha de la provincia malacológica Panámica-Pacífica para suplir las necesidades fetichistas al sur de su hábitat.

Del desierto de Atacama se traía al norte turquesas y lapislázuli, sodalitas desde Bolivia y del Perú, además de manufacturas en metales, especialmente de oro que eran posiblemente llevadas, por los balseros Huancavilca, hasta los puertos de lo que es hoy el Estado de Guerrero en México (Hosler, 1988).

El subsistema de *Mesoamérica*

Sobre el mercado y los mercaderes de Mesoamérica contamos con mayor cantidad de referencias. Además de las informaciones de los cronistas de la Conquista y la Colonia (Sahagún, 1946; Landa, 1941) la investigación arqueológica de los últimos treinta años nos ha permitido conocer las áreas fuente de materias primas, los centros de manufactura y de distribución en Mesoamérica, y su área de influencia, así como sobre el tráfico a larga distancia (Feldman, 1974; West, 1961).

Dos sistemas de intercambio operaban simultanea e independientemente en Mesoamérica (Chapman, 1959) el sistema local de los mercados que funcionaba todos los días para el consumo diario de la población, y en las ciudades grandes como Tenochtitlán, Texcoco y Cholula funcionaba un mercado mayor cada quinto día. En los centros urbanos principales algunos de estos mercados podían atender a mas de sesenta mil personas, mientras que en los poblados menores estaban dimensionados a las necesidades diarias de la población.

El mercado de Tlatelolco, que tanto llamó la atención de los españoles, funcionaba en una gran plaza pavimentada delante del templo de Huitzilopochtli, a cuyas espaldas se encontraba el embarcadero del canal, hasta allá llegaban los canoeros y desembarcaban los productos para el mercado. Todos los productos imaginables podían ser adquiridos, y estos los ofrecían los mercaderes dispuestos sobre petates, los vendedores y las vendedoras en cuclillas, se alineaban según el producto en sectores del mercado (Sahagún, 1946, Vol. 2). En Tlatelolco no solamente se ofrecían legumbres, pescado, y frutas, sino también productos manufacturados como tejidos, manteles y ropa (de las regiones más distantes), cestos, ollas, botellas y recipientes de cerámica de distintas partes, herramientas y utensilios, materias primas como oro no refinado, piedras, plumas exóticas, pieles curtidas, y sin curtir, cal y madera. De esta lista podemos concluir que existían especialistas e intermediarios, y que nadie manufacturaba todo lo que usaba, y que todo esto tenía una larga historia, probablemente desde el Preclásico o Formativo Temprano (Pires-Ferreira [Wheeler] y Flannery, en Flannery, 1976: 286-292).

La otra institución del comercio de la Mesoamérica prehispánica fueron los *Pochtecas*. Estos mercaderes profesionales, formados en el tráfico a larga distancia (Acosta Saignes, 1945; Chapman, 1959), actuaban también como informantes y espías. Su función era la de establecer relaciones de intercambio con el exterior y obtener productos de más allá de las fronteras Mexica. Sin embargo, una vez que el área había sido conquistada, el comercio se volvía tributo, y sus productos dejaban de ser manejados por los *pochteca*. Estos mercaderes ocupaban un *status* hereditario de excepción en la sociedad Mexica, similar al de los más reconocidos artesanos, recibían en propiedad privada una parcela de tierra, como los *pilli*, pero no accedían a formar parte de la nobleza. Los *pochteca* provenientes de dieciocho pueblos en el valle de México formaban una suerte de fraternidad y residían en Tlatelolco. Tenían su propio dios Yiacatecuhtli, y sus propios ritos, fiestas y recinto ceremonial, su jerarquía e insignia. A los *pochteca* no se les permitía el baño, ni lavarse, ni cortarse el pelo.

Cuando llegaba el día propicio, una caravana de mercaderes salía de Tenochtitlán rumbo a Tochtepec en Oaxaca. Los *pochteca* iban cargados de bienes de intercambio como ornamentos de oro y piedras preciosas, ricos rodajes, esclavos, cuchillos de obsidiana, y peines, agujas, campanillas y cascabeles de cobre. Tochtepec era el primer tramo del viaje, allí la caravana se dividía, parte continuaba hacia el oriente, y los otros hacia el sur para encontrarse, en sitios preestablecidos, con las flotas de canoas y caravanas de sus contrapartes, que allí convergían de otras tierras.

El tráfico a larga distancia era una forma de comercio muy diferente al del mercado diario que se daba en ciudades y poblaciones, estaba organizado para manejar el intercambio de productos y materias primas de prestigio, y tenía lugar en sitios geográficos conocidos como puertos de intercambio. Estos sitios, cercanos a lagunas, desembocaduras de los ríos, o en islas no muy distantes de la costa, eran asequibles por canoa y lejanos de fronteras o zonas en conflicto. Los más importantes eran Xicalanco en Tabasco, Soconusco en la costa del Pacífico de Guatemala, la región de Acatlán en el curso inferior del río Usumacinta, y otros más distantes en la Bahía de Chetumal y en el Golfo de Honduras. En todos estos puertos de intercambio, con excepción de Soconusco, hay noticias que ya eran servidos por mercaderes Putún Maya desde el 900 d. C. (Thompson, 1970), de tal manera que la región tenía una larga historia en transacciones comerciales a distancia. Los *pochteca* con contrapartes profesionales en Xicalanco, quienes traficaban hacia el sur, viajando alrededor de Yucatán y la Bahía de Chetumal. Estos mercaderes navegantes usaban grandes canoas de unos 15 metros de eslora y 2.50 metros de manga en las que las cargas más pesadas podían ser transportadas a los sitios más lejanos de su área de influencia (Weaver, 1972:260-262). A la costa del Pacífico como Soconusco, a la de Guerrero y Jalisco llegaban también las grandes balsas del sur (Edwards, 1969; West, 1961, Hosler, 1988).

Las rutas de las materias primas mantenidas por los **pochteca** y sus antecesores han sido determinadas a través de pacientes investigaciones de materiales arqueológicos, sus contextos, y la delimitación de las áreas fuente de sus materias primas. Los materiales con valor de prestigio estudiados, han sido la turquesa, la obsidiana, los espejos de pirita o magnetita de hierro, y las conchas. El análisis de las rutas de intercambio de estos productos nos permite apreciar la escala del comercio a larga distancia alcanzada en Mesoamérica, y entender la manera como se fué integrando con el tráfico marítimo a larga distancia que efectuaban los navegantes de la costa del Ecuador a través del tiempo.

La turquesa[8] es el bien de prestigio de más tardía distribución en Mesoamérica, comienza a usarse en cantidades apreciables en Oaxaca y Guerrero a partir de los 100 a C., en los yacimientos arqueológicos del Occidente de México aparece alrededor de los 400 d. C., mientras que en el norte y el sudoeste de los EE. UU. lo hace desde los 600 d. C., y en la meseta central y en el área Maya recién desde los 1000 d. C. Su uso fue mayor y generalizado en el último siglo antes de la llegada de Hernán Cortés a la costa de Veracruz. Destacan en esta época las máscaras y otras grandes piezas de joyería hechas de mosaico de turquesas adheridas a una talla en madera, a estos mosaicos de turquesa se los resaltaba mediante la adición de plaquetas rojas y blancas obtenidas del bivalvo **Spondylus princeps** de la costa del Pacífico.

La explotación de las minas de turquesa en el suroeste norteamericano y su intercambio hacia Mesoamérica permitió la expansión del área de influencia mesoamericana hacia el norte, siendo esta intensa interacción de primordial importancia para el desarrollo de las sociedades Pueblo del Cañón del Chaco, y en la ampliación de las rutas de intercambio de los **pochteca**. Las áreas de Mesoamérica donde primero se usó la turquesa fueron en Oaxaca y en la costa del Estado de Guerrero, en el último siglo antes de nuestra era. Ambas regiones han sido consistentemente asociadas al tráfico a distancia con Suramérica. Es al inició del Período de Desarrollos Regionales, cuando surge el uso de turquesas en el Antiguo Ecuador. Es de primordial importancia determinar mediante el análisis de activación de neutrones cuales de las turquesas que se hallan en los yacimientos del Ecuador provienen de Chile o de Norteamérica con el fin de ampliar nuestro conocimiento sobre el tráfico a larga distancia entre Mesoamérica y Andino América.

La obsidiana se comenzó a traficar a distancia a partir del Formativo Temprano mesoamericano (c. 1500 a. C.). Se crearon cuatro principales redes de intercambio, que unía a las áreas fuente con los centros de consumo, algunos de estos se

---

8. «La turquesa. . . en Mesoamérica . . .era, evidentemente algo más que un bien extravagante y preciado. Constituía un signo emblemático en el ámbito social y religioso. Las palabras de sabiduría se asimilaban a turquesas preciosas, y esa piedra acabó por transformarse en símbolo de pertenencia a la nobleza. Su consumo dejó atrás a otra piedra preciosa, el jade» (Harbottle y Weigand, 1992).

abastecían de mas de una fuente. Al occidente del Valle de México la mina de Zinapécuaro alimentó durante el Formativo al Occidente de México y a Oaxaca, pero debido a la pobre calidad de esta obsidiana, que no permitía la manufactura de hojas prismáticas, fue posteriormente abandonada. Al este del Valle de México se encuentra el área fuente de Barranca de los Estetes desde donde se alimentaba el intercambio hacia todo el valle, especialmente hacia Puebla y Morelos. Otra mina importante era la de Guadalupe Victoria desde donde se llevaba obsidiana por un lado hacia al Golfo de México, especialmente a Veracruz y a Tabasco, mientras que por la otra banda, durante el Formativo Temprano, una buena parte de esta obsidiana se destinaba a Oaxaca. Esta parte de la red fue posteriormente reemplazada por una mina en la región de Oaxaca desde donde se cubría el consumo local. Finalmente la mina de El Chayal en Guatemala proveía de excelente obsidiana a sitios tan distantes como Chiapas y Veracruz. Durante el Período Clásico, Barranca de los Estetes y el Chayal se volvieron las más importantes áreas fuente de Mesoamérica porque de ellas se nutría a la preponderante industria de obsidiana en Teotihuacán y Kaminal Juyuy, respectivamente (Pires Ferreira [Wheeler] en Flannery, 1976:292-306). Las redes de intercambio de la materia prima usada en espejos de magnetita y de conchas nos brindan también una visión del desarrollo del sistema de intercambio a larga distancia durante el Formativo Tardío y Medio en Mesoamérica (Pires Ferreira [Wheeler] en Flannery, 1976:311-328). La ampliación de estas lineas de intercambio durante el Clásico y el Post-

Clásico con la expansión *Pipil,* al Salvador y Nicaragua (Sheets, y otros, 1990), y ampliando el área de influencia mesoamericana al norte, como hacia el sur (Weaver, 1972:277-285).

El sistema tradicional de ampliar las fronteras mediante el intercambio queda desmostrado por la incorporación como tributarios, de los hasbitantes de los antiguos territorios abiertos al tráfico a distancia por los *pochtecas.* Durante los últimos tiempos del Imperio Mexica se construyó un estado basado en el tributo. El área de Soconusco, en Guatemala, fuente de la mayor producción de conchas de mar y de cacao en Mesoamérica, fué encapsulada por Tenochtitlán. Desde entonces, empezó a tributar estos productos, que antes comerciaba a través de los *pochtecas*, y el Señorío de Colima en la entrada del Golfo de California, a cuyo señor Moctezuma empezó a exigir un gravamen de 1600 valvas de *Spondylus* al año (Starbuck,1975:155), son un ejemplo.

El subsistema de la provincia malacológica *Panámica-Pacífica*

El hábitat del *Spondylus* y del *Strombus,* se encuentra a lo largo de la costa del Pacífico entre el Golfo de California y el Golfo de Guayaquil. Su localización geográfica fué de primordial importancia, como hemos visto anteriormente, para el desarrollo de la red de intercambio a larga distancia entre Mesoamérica y Andino América. Pero esta distribución es mucho más compleja de lo que a simple vista parece ser, y el proceso de extracción, y transacción en estas especies marinas es igualmente más intrincada, de lo que muchos autores que han tratado sobre el tema parecen entender.

La provincia malacológica **Panámica-Pacífica** no es un vasto depósito, del que puede ser extraído, desde cualquier punto en ella, toda la cantidad de **Spondylus princeps** y **Strombus galeatus** necesario para suplir la demanda hacia el sur. Mientras el **Strombus galeatu**s puede tener una distribución casi continuada bajo la línea de mareas desde México al Ecuador (Keen, 1971:421), el **Spondylus princep**s, y el **S. calcifer** no tienen una distribución homogénea a lo largo del sublitoral del noroeste de Suramérica, Centroamérica y Mesoamérica, ya que su hábitat específico son los fondos rocosos del sublitoral profundo entre los 24 y 60 m. (80-200 pies) (Morris, 1966). En el Ecuador encontramos una subespecie, específica a esta zona, el **S. princeps princeps,** (Keen, 1971:96) cuyo hábitat es similar al de las otras especies ya mencionadas. En el Golfo de California existe otra, el **S. princeps unicolor** cuyo hábitat se encuentra entre los 7 y los 30 m. (Keen, 1971:98; Olsson, 1961:150-151). Por lo tanto, la distribución de **Spondylus** por lo general se limita a las áreas de esta provincia malacológica, en que se encuentren bajos rocosos entre los 24 y 60 m., y en el Golfo de California entre los 7 y los 30 m. (Marcos 1977/78:101-104).

Hay zonas a lo largo de este litoral donde no existen bancos rocosos, o en que el sublitoral se precipita rápidamente a profundidades mayores a las requeridas por el **Spondylus.** Por lo general, en ellas se produce el fenómeno del «upwelling», en que las aguas frías de las profundidades surgen a la superficie, como sucede con la llamada la corriente fría de Humboldt, que baña las costas de Chile, Perú y del sur del Ecuador. Las aguas frías que de esta manera afloran hasta la superficie, inhiben la ocupación de esos hábitats por el **Spondylus.** Tal situación se da en otras partes del Pacífico, como en el occidente de México. Es probable que el aislamiento producido por este corte en la distribución del **Spondylus** haya creado la subespeciación del **S. princeps unicolor** en el Golfo de California.

Sobre las pesquerías de **Spondylus** la evidencia etnohistórica es casi inexistente. Sin embargo, las referencias sobre la pesca de perlas durante la Colonia es más rica, entre ellas destacan aquellas sobre el peligro que recaía en los que practicaban el buceo[9]. Las «Leyes Nuevas» del año de 1542 establecían que «ningún indio libre sea llevado a la dicha pesquería contra su voluntad, bajo pena de muerte. . .» (Konetzke 1953:218; Documento 144, en Lenz-Volland y Volland, 1988:56).

Si esto fué así con quienes buceaban para extraer, las madreperlas **Pinctada mazatlanica** y **Petria sterna,** desde su hábitat, costa afuera en aguas poco profundas (shallow water offshore) (Keen, 1971:77-79), la habilidad y resistencia física necesaria para bucear y extraer los bivalvo **Spondylus** del litoral profundo, desde entre los 24 y 60 m., debió limitar a unos pocos bién entrenados buzos el

---

9. La descripción de López de Gómara y de Las Casas es contundente en lo que refiere al peligro en que incurren quienes bucean en los bancos de perlas (Lenz-Volland y Volland, 1988:56-57):
«Porque biuir los hombres debaxo el agua sin resuello es imposible mucho tiempo: señaladamente que la frialdad continua del agua los penetra. Y assi todos comunmente mueren de hechar sangre por la boca: por el apretamiento del pecho que hazen por causa de estar tanto tiempo y tan continuo sin resuello: y camaras que causa la frialdad. Conviertese los cabellos siendo ellosde naturaleza negros: quemados como los pelos de lobos marinos: y sale por las espaldas salitre: que no parecen sino monstruos en naturaleza de hombres o de otra especie» (Las Casas 1977:e.III, pag. 33).

número de pescadores de «Mullo» en cada pesquería. Hay que considerar, además, la corta expectativa de vida natural de los buzos a «pulmón libre», por la hiper deformación que sufren su corazón y pulmones (Xavier Manrique comunicación personal), aparte de los accidentes a que están expuestos en el ejercicio de su trabajo.

Todo esto implica que nunca pudo haber un sitio, ni suficientes sitios en la costa noroccidental de Suramérica, que podía proveer el «Mullo» requerido en los Andes Centrales. Fue necesario obtenerlo desde todos los puertos de intercambio, que en cada época existían, a lo largo de la provincia malacológica **Panámica-Pacífica.** De esta manera, se estableció una red de intercambio a larga distancia. Un subsitema capaz de manejar e intercambiar los productos naturales de ese hábitat y, las manufacturas y otros artículos de prestigio que se intercambiaban por ellos. Los únicos experimentado en ello fueron los navegantes de la costa del Ecuador, quienes no-solo tenían una vieja tradición marinera sino también el monopolio, como ya hemos visto, sobre las materias primas para la construcción de las grandes balsas, embarcaciones capaces de navegar en alta mar, contra el viento, y de gran capacidad de carga (Marcos, 1977/78, 1994; Marcos y Norton, 1981; Norton, 1986). Este fue un largo proceso, que produjo en el Área Septentrional Andina sociedades especializadas en un tráfico a larga distancia, cada vez más complejo y especializado.

La sociedad Huancavilca

Los Huancavilca no fueron solamente navegantes. Ellos habían heredado también toda una tradición agrícola, que se inició con el tránsito que hizo la sociedad Valdivia desde la horticultura a la agricultura extensiva, y finalmente a la intensiva con la creación de los sistemas de recarga de los acuíferos mediante albarradas, en las zonas áridas, y los campos elevados en tierras anegadizas (Marcos, 1987, 1993; Parsons y Schlemon, 1987). La sociedad Engoroy-Chorrera, desarrolló aún más estos procedimientos, aumentando la producción de la costa. También durante ese período crecieron las relaciones de intercambio con los Andes Centrales (Lathrap, Collier y Chandra, 1975:57-61; Lumbreras, 1993: 360-361), exigiendo un mayor desarrollo de la producción de bienes de intercambio, como del agrícola. Como resultado de estas necesidades, y de la prosperidad alacanzada, surgieron los señoríos del período de Desarrollo Regional. En ellos, los artesanos especializados fueron reconocidos y representados en la cerámica escultórica. También, se representaron guerreros con lanza dardos y escudos, y armadura en forma de ave rapaz o de felino, lo que sugiere la existencia de fraternidades guerreras a la manera mesoamericana, estas representaciones y la aparente estructura social de los señoríos de este período sugiere la existencia de estamentos que funcionaban a manera de clases sociales (Marcos, 1986c).

Los Huancavilca sostuvieron e incrementaron los métodos de cultivo heredados de sus antecesores, y crearon otros como las terrazas agrícolas, que construyeron en las laderas de los cerros y cordilleras de la costa (Estrada, 1962; Saville, 1907, 1910; Jijón y Caamaño, 1941-1946, 1951), En los cerros, captaron el agua de la bruma costera y la conservaron en pozos empedrados excavados en las terrazas de cultivo, y en el pie de monte, construyeron graneros en los que almacenaron la producción excedentaria de maíz para su redistribución (Marcos, 1994). En los cerros, valles interiores y en los puertos naturales construyeron importante centros urbanos como Agua Blanca, López Viejo, Colonche, Jocay, Los Frailes, Chanduy, entre otros (Benzoni, 1985; Estrada, 1957; McEwan 1979, 1982; Mester, 1990). Algunos de estas poblaciones contenían centros cívico ceremoniales, mientras que otros fueron construídos en sitios prominentes en los cerros de la costa, como Cerro de Hojas, Cerro de Jaboncillo, Cerro de Montecristi, Cerro de los Santos, Loma de los Cangrejitos (Estrada, 1962; Saville, 1907, 1910; Jijón y Caamaño, 1941-1946, 1951, Uhle, 1931). En estos dos últimos se encontraron postes heráldicos o sus restos (Zevallos, 1936, 1937, 1993; Marcos, 1981, 1994). Es necesario efectuar campañas de prospección sistemática en las provincias de Guayas y Manabí, exploraciones detalladas y excavaciones en área sobre los sitios más importantes, solamente así se podrá determinar lo extendido del uso ritual de postes heráldicos.

Las sillas, o tronos de piedra parecen ser un indicador de poder que se encuentra en algunos sitios Huancavilca (McEwan, 1982). Hasta ahora su distribución aparenta está restringida a los centros cívicos ceremoniales que se encuentran en la región centro-sur de la provincia de Manabí, concretamente en Cerro de Hojas, Cerro de Jaboncillo, Cerro de Montecristi, Agua Blanca, y López Viejo. La mayor colección arqueológica, se encuentra en las bodegas del Museo del Indio Americano de Nueva York, fué producto de las investigaciones que hiciera Marshall Saville (1907, 1910) en Manabí para la Fundación Heye a inicios de siglo. Otras excavaciones llevadas adelante por arqueólogos en sitios con sillas de piedra les llevaron adelante don Jacinto Jijón y Caamaño (1941-1947) y Max Uhle (1931), y recientemente por McEwan (1972).

Sin embargo, cuando Saville excavó en Manabí, ya existían sillas de piedras en algunas colecciones de museos en Europa, como la donada al Museo Etnológico y Arqueológico Nazionale «Luigi Pigorini» de Roma en 1853 (Vietri, 1995). Desde el siglo XIX, algunos comerciantes enviaban sillas de piedra a Europa, en los barcos que venían a cargar tagua a Manabí. La gran cantidad de sillas que se encuentran repartidas por los museos del mundo, y del país, así como en colecciones privadas, ha sido extraída por quienes se dedican a suministrar a coleccionistas, el gran número de estas podría ser indicativo de que existieron en otros sitios, además de los ya nombrados. La exploración detallada de los yacimientos con evidencia de estructuras de carácter cívico ceremonial en el área Huancavilca, podría ayudar a fijar la extensión de su distribución. De ser cierta la distribución hasta ahora planteada, la presencia de estas sillas, restringida a los sitios cercanos a Portoviejo y al antiguo sitio de Çalangome (Agua Blanca), apunta a esta región como el centro de poder de la expansión Huancavilca (Marcos, 1994).

Las sillas en «U» se encuentran apoyadas sobre figuras humanas postradas o sobre felinos en igual posición. McEwan (1992, 1982) ha propuesto convincentemente, que sillas sostenidas por figuras humanas estaban destinadas al uso de los señores, y las afirmadas sobre figuras de un jaguar eran para los sacerdotes. La disposición de estas alrededor de recintos, o plataformas, destinados a lo cívico o a lo ceremonial, podrían estar destinadas a reuniones periódicas de los gobernantes y de los sacerdotes del estado Huancavilca.

El surgimiento del Estado Huancavilca

La díada «Mullo-Pututo» surge desde sus inicios como emblema de un rito agrícola Valdivia. Luego de dos milenios es incorporado en los Andes Centrales como símbolo de control del agua, del clima, propiciador del regadío de las siembras y cosechas, y así se mantiene a través del tiempo. Aunque, para las transacciones necesarias, para obtener *Spondylus* y *Strombus* se producían tejidos, joyería, y se redistribuían exóticos de la región de influencia del Área Central Andina, como por ejemplo la turquesa y el lapislázuli del desierto de Atacama en Chile, su valor como artículo de cambio aparentemente no fué substancial. El ***Spondylus princeps*** y la trompeta de ***Strombus galeatus*** mantuvieron en el Área Central Andina su valor de origen como emblema ritual. Es probable que esto ocurriera debido al control que ejercieron, sobre estos símbolos, la jerarquía de las varias formaciones estatales, que surgieron a través de distintas épocas en los Andes Centrales.

En las transacciones, destinadas a satisfacer la demanda del «Mullo» y del «Pututo» en los Andes Centrales, surgidas entre los subsistemas del Área Septentrional Andina y de Mesoamérica, participaron profesionales en la navegación, la permuta y el suministro. En ellas, el valor *fetiche* se manifiesta como resultado de las relaciones de intercambio per se, y son valorizados, no por su trascendencia emblemática, sino por ser artículos de intercambio. La sacralización de la díada andina en los frisos del templo de Quetzalcoatl (o de Tlaloc) en Teotihuacán el siglo IV d. C., puede obedecer más al prestigio alcanzado a través de las relaciones de intercambio, y no a una difusión del rito desde Andino América.

Los pueblos de la costa del Área Septentrional Andina mantuvieron relaciones de intercambio a larga distancia con los mercaderes mesoaméricanos. Dicha relación produjo una doble valoración del *Spondylus*. Una como bien ritual tradicional, y la otra en la forma de sartas de cuentas, que funcionaron como medio de intercambio, como una suerte de moneda, al igual que el cacao (***Theobroma cacao cacao***), y las hachas monedas de cobre, y fueron sujetos de contratación y acumulación por las cada vez más diferenciadas elites.

La Acumulación de Capital Mercantil

Gailey y Patterson (1987) han usado los conceptos de centro/periferia y desarrollo desigual, así como la acumulación de «capital mercantil» (merchant capital) para explicar los procesos de formación, colapso y desarrollo de los estados andinos. Estos conceptos parecen ser útiles para examinar a las sociedades que centraban la red de intercambio de «Mullo-Pututo» y de los artículos de intercambio asociados. Las formaciones sociales que surgieron en la costa central del Ecuador aborigen desarrollaron elites que controlaron y acumularon un capital mercantil cada vez más importante, otorgándoles un mayor poder (Zeilder, 1991; Marcos, 1994).

Las sociedades del Área Septentrional Andina se caracterizan por el establecimiento de relaciones de producción e intercambio a corta, media y larga distancia. Dichas relaciones, dieron lugar a una economía de mercado y a la acumulación de «capital mercantil», bajo relaciones de poder, inicialmente no muy estructuradas.

El «capital mercantil» resulta de una forma de primitiva de acumulación de bienes que no son producidos para el consumo por sus productores, tal es el caso de los llamados bienes de prestigio. Estos, a su vez, actúan como un lubricante para el intercambio de otros bienes, es decir, funcionan como una suerte de moneda.

Este es el caso del *Spondylus*, ya que aparte de su valor como emblema ritual, llegó a tener un valor de cambio, como hemos visto. Las sartas de cuentas de «Mullo» sirvieron en Mesoamérica y en el Área Septentrional Andina para obtener artículos de prestigio, de uso común, y servicios. Por su fácil acumulación, el «Mullo» también se tornó en el «capital mercantil» ***por excelencia***. Este «capitalismo mercantil», sin embargo, no llega a constituir un sistema social y económico definitivo, más bien es un mecanismo de control sobre el intercambio de productos por moneda. En épocas precapitalistas, en sociedades donde el comercio se había desarrollado, existió una forma de capital sin las relaciones sociales esenciales sobre las que el capitalismo se basa. Quienes llegan a acumular capital mercantil son aquellos que controlan su circulación, sin que se produzca cambio en el modo de producción existente. (Weeks, 1983).

Sin embargo, existen sociedades como las del Área Septentrional Andina, que al desarrollar y controlar por mucho tiempo el comercio y tráfico a larga distancia, llegan a formar centros de riqueza, grandes señoríos estratificados. Estas sociedades más complejas, pueden, como la Huancavilca, llegar a generar formaciones estatales singulares, como lo hicieron en Asia los estados que surgieron a lo largo de la «ruta de la seda». El control directo, de los materiales exóticos que se intercambiaban, y las materias primas con que se construían las eficientes embarcaciones para la navegación a larga distancia, permitió a los mercaderes Huancavilca, dominar un sistema de circulación y comercio, en que los destinatarios principales de los artículos de prestigio se hallaban a los extremos de la red de intercambio.

Conclusiones

Es indudable que la aparición de un estado Huancavilca será una cuestión de debate por mucho tiempo. Sería una temeridad creer que hemos dado la repuesta en este ensayo, lo que se ha logrado es presentar una bien fundamentada hipótesis, basada en las teorías que explican el tema, y en las escasas, pero sugerentes evidencias con que contamos en la actualidad.

Renfrew (1982) planteó que las innovaciones son imprescindibles para generar el nivel de intensificación capaz de permitir la aparición del estado. Una de las innovaciones principales se dió en el ámbito de la navegación. Los pobladores de la costa del Ecuador, al construir balsas gobernadas por *guaras* (tablas de orza) "...que permitían a los marinos aborígenes, orzar, bordear, etc., lo que prueba, sin lugar a dudas, que estos antiguos habitantes podían ir, e iban, donde ellos deseaban en el Pacífico." [10] Esta innovación tecnológica permitió una intensificación sin precedentes de la comunicación y el intercambio de nuevas ideas.

Otro aspecto importante para el análisis arqueológico de los estados las han propuesto Blanton y otros (1981:21) al definir la complejidad como «el grado en que se produce una diferenciación funcional entre unidades sociales. Esta diferenciación puede ser *horizontal* (diferenciación funcional entre partes de un rango equivalente dentro de un sistema) o *vertical* (diferenciaciones de rango entre partes funcionales distintas). Dicha diferenciación funcional puede ser del tipo político, económico, o de ambos, y, además, convertirse en *vertical*» (Chapman, 1991:234). Un ejemplo de lo último lo tenemos en el Período de Desarrollo Regional (Jama-Coaque/Bahía) en el que los artesanos son distinguidos en cerámica escultórica emblemática, demostrando el «status» de privilegio que estos estamentos habían alcanzado dentro de la sociedad. Esto corrobora nuestra sugerencia hecha anteriormente, de que durante el período de Desarrollo Regional los artesanos habían alcanzado un *status* superior, y que empezaban a funcionar como clases sociales. Otros indicadores de complejidad social son la **especialización** y la **estandarización** en la producción.

La especialización es importante, y se inicia de la manera más simple, cuando diferentes grupos de un mismo pueblo hacen diferentes aspectos de un trabajo, lo cual provoca que la unidad doméstica deje de ser autosuficiente y pase a serlo el poblado (como ocurrió a partir de la fase Valdivia 3 en Real Alto). Formas más complejas de especialización se dan a partir del período de Integración, cuando surgen pueblos consagrados a aspectos singulares de la producción de la cerámica, de los tejidos, y de la metalurgia (un ejemplo es el hilado, el teñido de los hilos, y las diferentes calidades de tejido, como lo recogen los cronistas).

La estandarización se aprecia en dos ejemplos de la producción Huancavilca, el casi exclusivo uso de moldes, en la fabricación de la cerámica escultórica, iniciado parcialmente en el período anterior, y en la fabricación de artefactos de cobre incluyendo las *hachas monedas*. A estas últimas, se las acababa a través de la forja en frío para lograr el espesor apropiado y los rebordes de refuerzo, para asegurar la rapidez de producción y la estandarización en tamaño y peso, se partía de preformas fundidas en moldes abiertos (Marcos, 1981). Existe una gran cantidad de indicadores mensurables que permitirían la cuantificación y explicación de la complejidad social alcanzada por los Huancavilca.

---

10. Este. . . "sistema muy difícil de entender para los marinos europeos, ya que es tan diferente del timón actual. El alzar y bajar quillas de proa o popa para gobernar era algo duro de aceptar para los marinos modernos" (Estrada, 1957:53-54).

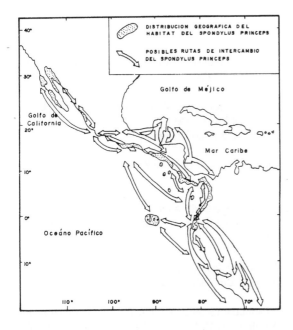

Gráfico 1: El tráfico de "Mullo" (*Spondylus princeps*) entre mesoamérica y Los Andes.

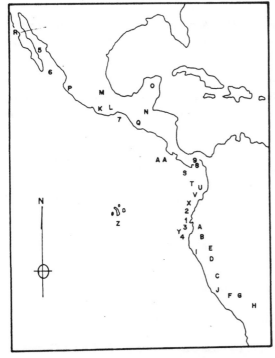

Gráfico 2: Lugares y yacimientos involucrados en el intercambio de *Spondylus*.

CLAVES

Puntos de recolección de Sponylus: (Olsson 1961)
1. Isla de la Plata Ecuador
2. Manta (Ecuador)
3. La Punta de Santa Elena (Ecuador)
4. Zorritos (Perú)
5. Golfo de California (México)
6. Mazatlán (México)
7. Golfo de Tehuantepec (México)
8. Islas de las Perlas (Panamá)
9. Playa Venado (Panamá)

Sitios arqueológicos o zonas en las que se utilizó la Spondylus:
A. Cerro Narrío (Ecuador)
B. Chaullabamba (Ecuador)
C. Kotosh (Perú)
D. Chavín de Huantar (Perú)
E. Marcha Huamachuco (Perú)
F. Huari (Perú)
G. Cuzco (Perú)
H. Tihuanaco (Bolivia)
I. Chanchán (Perú)
J. Pachacamac (Perú)
K. Acapulco (México)
L. Oaxaca (México)
M. México Central
N. El Petén / Belice (Guatemala/Belice)
O. Yucatán (México)
P. Colima (México)
Q. Kaminal Juyu (Guatemala)
R. Islas Cedros (México)
S. Isla Coiba (Panamá)
T. Isla Malpelo (Colombia)
U. Isla Gorgona (Colombia)
V. Isla Gallo (Colombia)
X. La Tolita (Ecuador)
Y. Islas de la Puná y Sta. Clara (Ecuador)
Z. Islas Galápagos (Ecuador)
AA. Península de Nicoya (Costa Rica)

139

REFERENCIAS CITADAS

ALVAREZ, Silvia G.
1987   Artesanías y Tradición Etnica en la Península de Santa Elena. *Artesanías América* **25**:45-119. Cuenca: CIDAP, Ecuador-OEA.
ABBOT, J. Tucker.
1974   *American Seashells*, Segunda edición, New York, Van Norstrand Reinhold Co.
BLANTON, R.E., S.A. KOWALEWSKI, G. FEINMAN y J. APPEL.
1981   *Ancient Mesoamerica*, Cambridge: Cambridge University Press.
BUSHNELL, G. H. S.
1951   *The Archaeology of the Santa Elena Peninsula in South West Ecuador*, Cambridge University Press, Cambridge, Inglaterra.
CHAPMAN, Anne C.
1957   Port of Trade Enclaves in Aztec and Maya Civilizations. En: *Trade and Market in the Early Empires*. K. Polanyi, C. Arensberg y H. Pearson, eds. Pp. 114-153. Glencoe Illinois: The Free Press.
CHAPMAN, Robert
1991   *La Foramción de las Sociedades Complejas*. El sureste de la península ibérica en el marco del Mediterráneo occidental. Barcelona: Editorial Crítica.
DALTON, George
1975   Karl Polanyi's analysis of long-distance trade and his wider paradigm. En: *Ancient Civilization and Trade*. J. A. Sabloff y C.C. Lamberg-Karlovsky, eds.:63-132. Albuquerque, University of New Mexico Press.
DAMP, Jonathan
1988   La Primera ocupación Valdivia de Real Alto: patrones económicos, arquitectónicos e ideológicos. *Biblioteca Ecuatoriana de Arqueología* Vol. 3. ESPOL/Corporación Editora Nacional, Quito.
DOMINGUEZ, Victoria
1986   *Análisis Cerámico de la Cultura Milagro recuperado de un contexto cerrado (R37) en el sitio arqueológico Peñón del Río*. Tésis de Licenciatura presentada al Centro de Estudios Arqueológicos y Antropológicos de la ESPOL, Guayaquil: CEAA/ ESPOL.
DORSEY, George
1901   Archaeological Investigations on the Island of La Plata, Ecuador. *Field Columbian Museum Publication* 56, Chicago.
ESPINOSA SORIANO, Waldemar
1981   El Reino de los Chonos al Este de Guayaquil. *Revista de Historia y Cultura*. Lima, 13-14: 7-60.
ESTRADA, Emilio
1957a   *Los Huancavilcas: últimas civilizaciones pre-históricas de la costa del Guayas*, Museo Víctor Emilio Estrada, No.3, Guayaquil.
1957b   *La Prehistoria de Manabí*, Museo Víctor Emilio Estrada, No.4. Guayaquil.
1962   *Arqueología de Manabí Central*. Museo Víctor Emilio Estrada, No.7. Guayaquil.
FLANNERY, Kent V.
1976   *The Early Mesoamerican Village*. New York: Academic Press.
FUNES SANCHEZ, María Antonieta
1970   *Arte Precolombino Ecuatoriano: La Fusaiolas o Torteros del Litoral*. Guayaquil: Editorial de la Casa de la Cultura Ecuatoriana.
GAILEY, Christine W. y Thomas C. PATTERSON.
1987   Power Relations and State Formation. En *Power Relations and State Formation*,

editado por Thomas C. Patterson y Christine Gailey, pp. 1-27. Archaeology Section/ American Anthropological Association, Washington, D.C.

HARBOTTLE, Garman y Phil C. WEIGAND
1992   La turquesa en la América prehispánica. *Investigación y Ciencia* Nº187: 8-15, abril.

HOLM, Olaf
1963   Cámara Funeraria Nº5, Bellavista (Ecuador). *Cuadernos de Historia y Arqueología* 28/29:129-157, Guayaquil.
1966/67 Money Axes from Ecuador. *Folk* 67 (8-9): 135-143. Copenhagen.
1982   *Cultura Manteña-Huancavilca*. Guayaquil: Museo Antropológico del Banco Central del Ecuador.

HOSLER, Dorothy
1988   «Ancient West Mexican Metallurgy: South and Central American Origins and West Mexican Transformations». *American Anthropologist* 90:832-855.

JIJON Y CAAMAÑO, Jacinto
1930   Una gran marea cultural en el noroeste de Sudamérica. *Journal de la Socièté de les Americanistes* 22: 107-197 París.
1941-46 *El Ecuador Interandino y Occidental antes de la Conquista Castellana*. 4 Vols. Quito: Editorial Ecuatoriana.
1951   *Antropología Prehispánica del Ecuador 1945*. Quito.

KEEN, Myra
1971   Seashells of tropical west America: Marine molluscs from Baja California to Perú. Segunda edición. Stanford, California, University of Stanford Press.

KLEPPINGER, Linda, J. K. KUHN y J. THOMAS Jr.
1977   Prehistoric Dental Calculus: Biological Evidence for Coca in Early Coastal Ecuador. *Nature* 269:506-507.

LAMPRELL, K.
1987   *Spondylus*, spiny oyster shells of the world. Leyden: Brill.

LANDA, Fray Diego de
1941   Relación de las cosas de Yucatán. Alfred M. Tozzer traductor y editor. *Harvard University Peabody Museum Papers*, 18, Cambridge, Massachussetts.

LAS CASAS, Bartolomé
1977   *Brevísima Relación de la Destrucción de las Indias*. Sevilla. Edición fascimile.
[1552] Introducción y Notas de Manuel Ballesteros Gaibors, Madrid.

LATHRAP, D.W., D. COLLIER, y H. CHANDRA
1975   *Ancient Ecuador: Culture, Clay and Creativity 3000-300 B.C.* Field Museum of Natural History, Chicago.

LATHRAP, MARCOS y ZEIDLER
1977   Real Alto, an ancient ceremonial center. New York: *Archaeology* 30 (1): 2-13.

LENZ-VOLLAND, Birgit y Martin VOLLAND
1986   Ostras, Perlas y Púrpura. Su uso durante la época colonial hasta comienzos de la Independencia en el Ecuador occidental. *Miscelanea Antropológica Ecuatoriana*, Nº6, 49-70. Guayaquil: Boletín de los Museos del Banco Central del Ecuador.

LUMBRERAS, Luis Guillermo
1993   Chavin de Huantar: excavaciones en la Galería de las Ofrendas. Materialien zur Allgemeinen und Verleichenden Archaeologic; Vol. 51. Mainz: von Zabern.

MARCOS, Jorge G.
1972   La Ocupación Guangala del Valle de Chanduy (300 B.C-800 A.D.), Ecuador. Trabajo presentado ante la reunión anual de Society for American Archaeology. Bal Harbour, Florida.
1977/78 Cruising to Acapulco and Back with the Thorny Oyster Set. *Journal of the Steward*

Anthropological Society. Special Volume, Prehistoric Contacts between Mesoamerica and South America: New Data and Interpretations. Vol. 9 Nos. 1/2: 99-132.

1978   «The Ceremonial Precint at Real Alto: organization of Time and Space in Valdivia Society» Ph.D. dissertation, University of Illinois, at Urbana-Champaign, Ann Arbor, Michigan: *University Microfilms International* 7913541.

1979   Woven Textiles in a Late Valdivia Context (Ecuador). *Junius B. Bird Pre-Columbian Textile Conference*. May 19th and 20th, 1973. A. P. Rowe, E. P. Benson, A. L. Schaffer eds. The Textile Museum & Dumbarton Oaks, Trustees for Harvard University, Washington, D.C.

1981   Arqueología: Informe sobre el Area Ceremonial del Complejo Manteño-Huancavilca de la Loma de los Cangrejitos, Valle de Chanduy, Ecuador (OGSECh-4). *El Arquitecto*, Año 1, **5**:54-63. Guayaquil.

1985   El «Mullo» (*Spondylus princeps*) Alimento de los Dioses Andinos. En: *Actas del Seminario sobre la situación de la investigación de las Culturas Indígenas de los Andes Septentrionales*. Madrid: Ediciones Cultura Hispánica.

1986a   Breve Prehistoria del Ecuador. En Arqueología de La Costa Ecuatoriana: Nuevos Enfoques. J. G. Marcos ed. *Biblioteca Ecuatoriana de Arqueología* Vol. 1:25-50, Quito: ESPOL, Corporación Editora Nacional.

1986b   De Ida y Vuelta a Acapulco con Mercaderes de Mullu. En Arqueología de La Costa Ecuatoriana: Nuevos Enfoques. J. G. Marcos ed. *Biblioteca Ecuatoriana de Arqueología* Vol. 1:161-196, Quito: ESPOL, Corporación Editora Nacional.

1986c   El Viejo, La Serpiente Emplumada, El Señor de las Aguas o Tlaloc en la Iconografía del Area Septentrional Andina. En Arqueología de La Costa Ecuatoriana: Nuevos Enfoques, J. G. Marcos ed. *Biblioteca Ecuatoriana de Arqueología* Vol. 1: 207-229, Quito:ESPOL, Corporación Editora Nacional.

1987   Los Campos Elevados de la Cuenca del Guayas, Ecuador: El Proyecto Peñón del Río. *Pre-Hispanic Agricultural Fields in the Andean Region*, Part ii. W. Denevan, K. Mathewson, and G. Knapp. Proceedings 45 Congreso Internacional de Americanistas, Bogotá, Colombia 1985. Bar International Series 359(ii): 217-224.

1988a   El Origen de la Agricultura. En *Nueva Historia del Ecuador* Vol. 1. Enrique Ayala Mora, Ed. Pp. 129-181, Quito: Corporación Editora Nacional **GRIJALBO**.

1988b   Real Alto: La Historia de un Centro Ceremonial Valdivia *Biblioteca Ecuatoriana de Arqueología*. Vols. 4 y 5. ESPOL/Corporación Editora Nacional, Quito.

1992   The Neolithic Revolution in the Northern Andean Humid Tropics, and the Rise of Civilization: Patterns of Specialization at Real Alto. En: *Model Building and Validation in New World Archaeology: Papers in Honor of Donald W. Lathrap*. American Anthropological Association, 91st Annual Meeting, San Francisco, California, December 2-6.

1993   La Arqueología como Ciencia Histórica y la Problemática de la Arqueología Ecuatorial: Los Agro-Alfareros Valdivia de REAL ALTO, en el Antiguo Ecuador, un modelo para la «Revolución Neolítica en el Nuevo Mundo». *Gaceta Arqueológica Andina*, Vol. VII, No. 23, Lima.

1995   *El Manejo del Agua en el Variado Medioambiente del Area Septentrional Andina a Partir del Tercer Milenio B.C.* en Actas del Simposio Cultura y Medioambiente en el Area Septentrional Andina. M. Guinea, J.F.Bouchard y J.G. Marcos eds., Quito: Abya Yala.

MARCOS, Jorge, Silvia G. ALVAREZ, Rita A. ALVAREZ, Johnny UGALDE, María Elena JACOME.

1989   *Proyecto San Lorenzo del Mate*, Convenio del Banco Central con Fundación Pedro Vicente Maldonado. Informe Final. Guayaquil: Fundación Pedro Vicente Maldonado.

MARX, Karl
1970   *Kapital*, vol. I. London: Lawrence y Wishart (primera edición alemana 1867).

McEWAN, Colin
1982   Seats of Power: Sociocultural Evolution of the Manabí Coast, Ecuador. Ponencia presentada en el simposio: *Origin of the Prehistoric Andean State: An Evaluation of Theory, Method, and Data*. 44º International Congress of Americanists, Manchester.
1992   Sillas de Poder: Evolución Sociocultural en Manabí - Costa del Ecuador. En *5000 Años de Ocupación, Parque Nacional Machalilla*. García y Norton eds. Quito: Ediciones Abya Yala: 53-70.

McEWAN, Colin y Franklin ORDOÑEZ
1989   Orientaciones Principales de los Complejos Arquitectónicos en el Sitio Arqueológico de Agua Blanca, Manabí, Ecuador, Simposio sobre Arqueo-Astronomía, Lima, Perú.

MEGGERS, Betty J., Clifford EVANS y Emilio ESTRADA
1965   The Early Formative Period of Coastal Ecuador: The Valdivia and Machalilla Phases. *Smithsonian Contributions to Anthropology*, No. 1. Smithsonian Institution, Washington, D.C.

MESTER, Ann Marie
1990   The Pearl Divers of Los Frailes: Archaeological and Ethnohistorical Explorations of Sumpuary Good Trade and Cosmology in the North and Central Andes. Ph. D. dissertation, University of Illinois, at Urbana-Champaign, Ann Arbor, Michigan: *University Microfilms International* 9026269.

NORTON, Presley
1986   El Señorío de Calangone y la Liga de Mercaderes. Miscelanea Antropológica Ecuatoriana 6:131-144.

OVIEDO y VALDES, Gonzalo Fernández de
1945   Historia General y Natural de las Indias, Islas y Tierra Firme del Mar Océano (cc. 1550) Aunción: editorial Guaraní, Tomo XI.

PARSONS, James J. y Roy SCHLEMON
1987   Mapping and Dating the Prehistoric Raised Fields of the Guayas Basin, Ecuador. Simposio *Pre-Hispanic Agricultural Fields in the Andean Region*, Part ii. W. Denevan, K. Mathewson, and G. Knapp. Proceedings 45 Congreso Internacional de Americanistas, Bogotá, Colombia 1985. Bar International Series 359(ii): 217-224.

PATZELT, Erwin
1981   Flora y Fauna del Ecuador. En Ecuador a la Sombra de los Volcanes: 135-150. Quito: Ediciones Libri Mundi.

PAULSEN, Allison C.
1970   *A Chronology of Guangala and Libertad Ceramics of the Santa Elena Peninsula in South coastal Ecuador*, Columbia University, New York. Ann Arbor: University Microfilms International.
1974   The thorny oyster and the voice of god: *Spondylus* and *Strombus* in Andean Prehistory. *American Antiquity*, 39 (4): 597-607.

PEARSALL, Deborah M.
1977/78 Early Movements of Maize Between Mesoamerica and South America. *Journal of the Steward Anthropological Society*, Volumen 9, Números 1 y 2:41-75.

1978   Phytolith Analysis of Archaeological Soils: Evidence of Maize Cultivation in Formative Ecuador. *Science*, Volumen 199:177-178.

PORRAS, Pedro I. y Luis PIANA BRUNO

1976   *Ecuador Prehispánico*. Quito: Instituto Geográfico Militar.

RENFREW, Colin

1977   Alternative models for exchange and spatial distribution. En: *Exchange Systems in Prehistory*. Timothy k. Earle and Jonathon E. Erikson, eds.: 71-90, New York: Academic Press.

1982   Politiy and Power Interaction, Intensification, and Exploitation en C. Renfrew y J.M. Wagstaff eds. An Island Polity the Archaeology of Exploitation in Melos, Cambridge University Press, Páginas 264/290.

1986   Varna and the emergence of wealth in Prehistoric Europe. En: The social life of things: Commodities in cultural perspective. A. Appadurao ed.: 141-168. Cambridge: Cambridge University Press.

ROSTOWROWSKI, Maria

1970   Mercaderes del Valle de Chincha en la época prehispánica: un documento y unos comentarios. *Revista Española de Antropología* **5**: 135-177. Madrid.

1975   Pescadores, artesanos y mercaderes costeños del Perú prehispánico. *Revista del Museo Nacional* 41: 309-349. Lima.

SALOMON, Frank

1977/78   Pochteca and Mindala: A Comparison of Long-Distance Traders in Ecuador and Mesoamerica. *Journal of the Steward Anthropological Society*. Special Volume. Prehistoric Contacts Between Mesoamerica and South America: New Data and interpretations. Vol. 9 Nos. 1/2: 231-246.

1986   *Natives Lords of Quito in the Age of the Incas*. The Political Economy of Northern Andean Chiefdoms. Cambridge University Press. Cambridge.

SAMANO-XEREZ

1967   Relación (1527-1528). En: *Las Relaciones Primitivas de la Conquista del Perú. Cuadernos de Historia del Perú* Nº2:63-68, edición anotada. Raúl Porras Berranechea, editor.

SAHAGUN

1946   *Historia General de las Cosas de Nueva España*. México, D.F.: Editorial Nueva España 3 Vols.

SAVILLE, Marshall

1907   The Antiquities of Manabí, Ecuador. Preliminary Report. New York: *Heye Foundation Contributions to South American Archaeology*, Volume I.

1910   The Antiquities of Manabí, Ecuador. Final Report. New York: *Heye Foundation Contributions to South American Archaeology*, Volume 2.

STOTHERT, Karen S.

1990   La Cultura Precerámica de Las Vegas en la Costa del Ecuador. *Miscelanea Antropológica Ecuatoriana*, Volumen Monográfico. Guayaquil, Museos del Banco Central del Ecuador.

TOBAR ABRIL, Oswaldo

1988   *La Morfología Fluvial como Fundamento para La Prospección Arqueológica Probabilística*. Tesis de Licenciatura presentada en el Centro de Estudios Arqueológicos y Antropológicos CEAA, de la Escuela Superior Plitécnica del Litoral ESPOL, Guayaquil, Ecuador.

UHLE, Max

1931   Las Antiguas Civilizaciones de Manta, Boletin de la Academia Nacional de la Historia. Vol. 12, Quito.

1960   Estado Actual de la Prehistoria Ecuatoriana. *Lecturas Populares* Nº7, Quito: Editorial Casa de la Cultura Ecuatoriana.

WALLER, T.R.
1978   Morphology, morphoclines and a new classification of the Pteriomorpha (Mollusca: Bivalvia). *Phylosophical Transactions of the Royal Society of London* **B. 284**:345-365.

WEEKS, John
1983   Merchant Capital, en A Dictionary of Marxist Thought. T. Bottomore, L.Harris, V.G. Kiernan y R. Miliband, Harvard University Press, pp. 332/333.

WELLHOUSEN, E. J., A. FUENTES, y A HERNANDEZ., colab. P.C. MANGELSDORF.
1957   Races of maize in Central America. *National Research Council Publications 511*, National Academy of Science, Washington, D.C.

ZEIDLER, James Anthony
1977/78 Primitive Exchange, Prehistoric Trade and the Problem of a Mesoamerican-South American Connection. *Journal of the Steward Anthropological Society*, Volumen 9: Números 1 y 2: 7-39.

1984   Ph.D. dissertation, University of Illinois, at Urbana-Champaign, Ann Arbor, Michigan: *University Microfilms International* 8422183.

1991   Maritime Exchange in the Early Formative Period of Coastal Ecuador: Geopolitical Origins of Uneven Development. *Research in Economic Anthropology*, Volume 13: 247-268.

ZEVALLOS MENENDEZ, Carlos
1936   En las cercanías a esta ciudad se ha descubierto un valioso y simbólico monumento prehistórico. *El Telégrafo*, noviembre, Guayaquil.

1937   Tres Postes Totémicos. *El Telégrafo*, 17 de enero, Guayaquil.

1992   *Nuestras Raíces Huacavilcas*. Guayaquil: Editorial Casa de la Cultura Ecuatoriana 'Benjamín Carrión', Núcleo del Guayas.

ZEVALLOS MENENDEZ, Carlos, Olaf HOLM
1960   *Excavaciones Arqueológicas en San Pablo: Informe Preliminar*. Guayaquil: Editorial Casa de la Cultura Ecuatoriana.

1962   *Anzuelos de Concha*. Congreso Internacional de Americanistas de Viena. Austria.

SEVILLA Y EL ABASTO DE VÍVERES A LAS FLOTAS DE INDIAS: (LA ARMADA DE CASTILLA DEL ORO EN 1514)

Carmen Mena García
Universidad de Sevilla

El carácter colonizador o, lo que es lo mismo, la firme intención de echar raíces en la tierra, en esa tierra de tan prometedoras riquezas, en donde se decía que «se pescaba el oro con redes» y que por eso acababa de ser bautizada con el sugerente nombre de Castilla del Oro, determinó que junto con los aproximadamente 1.500 hombres que viajaban en la flota al mando del gobernador segoviano Pedrarias Dávila en 1514, fueran ya animales, plantas, semillas y toda clase de implementos para reproducir en las tierras americanas el modo de vida y la civilización del Viejo Mundo.

Un repaso a los libros de cuentas de los oficiales de la Casa de la Contratación en donde se anotaban uno tras otro todos los pagos efectuados para el apresto de las armadas y flotas de las Indias nos aproxima al detalle sobre cúales eran las necesidades alimenticias de las tripulaciones y sobre los productos que almacenaban estas grandes «despensas naúticas», el volumen de los mismos, lugar de adquisición y precios. Todo ello nos proporciona una idea bastante razonada del gran esfuerzo de abastecimiento que debía afrontar Sevilla y su traspaís cada vez que se aprestaba una flota o armada.

En esta ocasión los registros correspondientes a la dotación y abastecimiento de la expedición colonizadora de 1513-1514, que por fortuna guarda el Archivo de Indias con el rótulo de :»*Cuentas del gasto de la Armada que fue a Castilla del Oro a cargo de su gobernador Pedrarias Dávila, dado por el tesorero de la Casa de la Contratación Don Sancho de Matienzo*»[1] constituyen la fuente más importante de nuestro estudio.

---

1. Libros de Armadas de 1513 a 1515. AGI, Contratación, 3253.

En primer lugar conviene advertir que las previsiones efectuadas desde el mes de mayo de 1513 -mes en que se inician los preparativos- contemplaban la necesidad de concentrar en Sevilla alimentos para un viaje de ocho meses, que era el tiempo que se acostumbraba a emplear en una travesía completa -de ida y tornaviaje- a las Indias, y para una dotación marinera de cien hombres. Las previsiones alimenticias para la gente de mar contemplaba las siguientes partidas:

«Bastimentos para cien personas marineros para 8 meses[2]:
Trescientos quintales de bizcocho.- Mil e quinientas arrobas de vino axebi(sic[3]).- Aceite y vinagre, garbanzos y habas.- Para carne y pescado 20.000".

Como puede observarse, entre los cálculos de abasto de la tripulación, realizados todavía muy «a grosso modo», puesto que se estaban dando inicio a los preparativos, sólo se calculan dos productos: el pan y el vino, lo que muestra la importancia de ambos en la dieta usual de aquel entonces. Qué duda cabe que el pan era entonces, y durante mucho tiempo lo ha sido, la base de la alimentación. El vino tuvo también un importante protagonismo y su presencia era indispensable en las navegaciones. «Algunos marineros -dice Pérez Mallaína- justificaban su gran afición al vino diciendo que era natural que hombres acostumbrados a andar siempre rodeados de agua tuvieran inclinación a ingerir líquidos»[4]. Lo cierto es que el alcohol constituía un importante aporte calórico en el rancho diario,

---

2. Recordemos que la armada de Pedrarias zarpó definitivamente del puerto gaditano de Sanlúcar de Barrameda, trás un primer y abortado intento, el 11 de abril de 1514. En el libro de gastos de la armada queda constancia del regreso de sólo unos pocos barcos, entre ellos la capitana, que fondeó en el puerto de Sevilla el 15 de diciembre de 1515, es decir, ocho meses más tarde. No obstante, de la lectura de la citada fuente de deduce también que fue precisamente el 26 de febrero -fecha en la que se inició por primera vez la travesía- cuando los marineros comenzaron a alimentarse con las provisiones embarcadas a bordo: «Que se pagaron en Sanlúcar de Barrameda al maestre Francisco González por el mantenimiento de veinte e cinco personas, marineros, grumetes e pajes que en la dicha nao van, desde quince de febrero en adelante, *que comenzaron a comer de los bastimentos de Su Alteza*, que son diez días, a once maravedís cada uno por día, dos mil e setecientos e cincuenta maravedís». AGI, Contratación, 3253.

3. ¿por ajebe?. «Ajebe, alum, jebe»: alumbre. Sulfato de alúmina y potasio que se encuentra en la naturaleza de varias rocas y tierras y tiene distintos usos, entre ellos en medicina, como astringente. Este es el significado que nos proporciona el diccionario de María de Molina del único término que se conserva en la lengua castellana con algún parecido fonético. El gran tratadista de la agricultura durante la época de los Reyes Católicos, que es Gabriel Alonso de Herrera, en su prolija relación de las modalides de vides cultivadas en la península no nos ha proporcionado ninguna pista. *Obra de Agricultura*. Edición y estudio preliminar por José Urbano Martínez Carreras. Madrid, 1970.- Ahora bien, sabemos que en la agricultura que se practicaba en Al-Andalus durante el periodo árabe, y más en concreto, entre las clases de uvas andalusíes, destacaba la *acebibe* (al-zabib), «que era la de mejor calidad y más carnosa y que en gran parte se dedicaba a la exportación como uvas pasas...» También se describen en las fuentes árabes la uva melar ó *abejar* y la uva *jabí* que se producía en Granada y en otras provincias de la costa. Véase Vallvé, Joaquín: «La Agricultura en Al-Andalus». Revista *Al-Quantara*, vol. III, fase 1 y 2, Madrid, CSIC, 1982, pág. 289.- Se nos ocurre como hipótesis -quizás no muy descabellada- que cuando se alude en nuestro texto a vino «axebi», se está haciendo referencia a un tipo de vino melado y dulzón, muy apreciado -como vemos- entre los árabes, que se extraía de la uva «acebibe», o de la modalidad conocida como «abejar» o «jabí», ya que todas ellas guardan un gran parecido fonético con nuestro misterioso y desconocido vino. Agradecemos el dato a nuestra colega y gran conocedora de los historia de los caldos andaluces, Dra. Mª del Carmen Borrego Plá.

4. *Los hombres del Océano. Vida cotidiana de los tripulantes de las flotas de Indias en el siglo XVI.*. Sevilla, 1992, pág. 149.

un sustituto imprescindible del agua, cuando ésta escaseaba o se volvía putrefacta, y lo único capaz de hacer olvidar al hombre de mar o al pasajero la dureza de la vida a bordo de un barco. El marinero debía recibir 1 litro de vino al día y algo más de medio kilo (575 gramos) de bizcocho. A la dieta se añadía una cantidad todavía no precisada de aceite, vinagre, garbanzos, habas, carne y pescado, todos ellos elementos también fundamentales. Habas y garbanzos o, lo que es lo mismo las legumbres secas, constituyen también una fuente barata de proteínas y en ocasiones sustituyen al trigo. Carne y pescado, casi siempre en salmuera, no solía faltar en el rancho de los marineros varios días a la semana.

Pero además de los tripulantes, uno de los problemas más acuciantes a los que había que hacer frente consistía en garantizar a ese aluvión de emigrantes -entre funcionarios, soldados, religiosos, labradores y gentes de todas las condiciones y clases sociales- que iban a desplazarse a tierras tan lejanas y distantes de la metrópoli, los medios alimenticios necesarios para garantizar su subsistencia, o lo que es lo mismo, para que no se murieran literalmente de hambre cuando escaseasen las provisiones que se llevaban desde España en las embarcaciones. Por eso, el rey dispuso que se alimentase gratuitamente al pasaje durante toda la travesía e incluso durante un mes después de haber desembarcado en tierra. Consideraba que para entonces los emigrantes ya habrían encontrado el modo de autoabastecerse. No obstante, para garantizar la subsistencia de los nuevos colonos en los meses venideros y preveyendo algo tan primordial como era el hecho de que las entradas conquistadoras pudiesen fracasar, por no tener resuelto ese problema tan fundamental como era la escasez de alimentos, la expedición fue aprovisionada para dieciséis meses; se la dotó de semillas de todo tipo, animales, útiles y herramientas, en cantidad, y se fomentó el alistamiento de labradores[5]. Estos eran los cálculos:

«Bastimentos para 800 hombres:
De bizcocho para 9 meses, tres mil quintales.- Quince mil arrobas de harina para otros siete meses a cumplimiento de 16 meses.- Quinientas arrobas para esta harina.- Doce mil arrobas de vino.- Cuatrocientas botas para ellas.- Mil arrobas de vinagre.- Once mil arrobas de aceite.- Cien fanegas de garbanzos y cien fanegas de habas.- Cien fanegas de almendras en cáscara.- Cincuenta arrobas de miel.- Cincuenta arrobas de arroz.- Cincuenta vacas enjarradas.- Sardina e pescado para el camino»

---

5. «...porque mejor y más ordenadamente se haga lo de la mar y lo de la tierra y para que no sea necesidad -reflexionaba el rey Fernando- hacese cuenta que vayan proveídos para quince o dieciséis meses, y soy de parecer que a esta gente se le dé pasaje y de comer por todo el viaje y un mes después que fueren llegados en tierra para que cada uno en estos días pueda procurar de hacer su asiento y haber de qué se mantengan y coman, que ésto me parece que será muy ligero de hacer, porque la gente que allá agora está hacen lo mismo y los que de acá fueren podrán hacer otro tanto. Y el mantenimiento que de estos XVI meses sobrare, ha de estar de respeto para cuando alguna gente hubiese de entrar la tierra adentro en busca de minas u otra cosa, porque tengan de qué se mantener, mayormente de vino y carne...».- «Relación de lo que será menester para el viaje que, mediante Dios, se ha de hacer para la Tierra Firme, y lo han de comprar los oficiales de Sevilla para aprestar el viaje de Tierra Firme», s.a. (posiblemente redactado a fines de mayo o comienzos de junio de 1513), AGI, Panamá, 233, I, págs. 6 vto.-9. Lo ha publicado Serrano y Sanz, Manuel: *Preliminares del gobierno de Pedrarias Dávila en Castilla del Oro*, en: *Orígenes de la Dominación española en Indias*. Madrid, 1918, pág.318

Según se deduce de lo anterior, la ración por pasajero y día era la siguiente:

Bizcocho	650 gr.
Harina	1,2 Kg[6]
Vino	0,89 litros
Vinagre	0,07 litros
Aceite	0,82 litros

Ya que presumiblemente los restantes alimentos, contenidos en ese mismo listado, no eran consumidos a diario, hemos realizado su cálculo por semana y pasajero de la siguiente forma:

Garbanzos	135 gr.
Habas	135 gr.
Almendras	135 gr.
Miel	18,6 gr.
Arroz	18,6 gr.

Si confrontamos esta lista de alimentos con la referida a la destinada a la marinería, lo primero que salta a la vista es la existencia de ciertas discriminaciones, tanto respecto a las cantidades como a la variedad de la dieta. Y así vemos cómo el «menú» para los pasajeros que constituían una especie de «clase turista» en la terminología de nuestros viajes actuales, incluía también un complemento de almendras, miel y arroz. Pero, además, se preveía para los mismos una ración de bizcocho algo mayor: 650 gramos, a la de los marineros que, como ya vimos, fue razonada en 575 gramos, mientras que los cálculos referidos a otro producto considerado también de primera necesidad, como era el vino, no difieren en esencia: 1 litro para los marineros y 0,89 litros para los pasajeros.

El bizcocho era un pan sin levadura que no debe confundirse con el significado repostero que actualmente le damos al término. Su nombre deriva del latín: bis (dos veces) y coctus (cocido), puesto que, en efecto, se sometía a un doble proceso de cocción que lo convertía en un alimento endurecido y muy duradero para las largas travesías oceánicas[7]. Era un sustituto imprescindible de la hogaza de pan, que nunca faltaba en la mesa de cualquier familia española, por modesta que ésta fuera. Se estimaba en 3.000 quintales (138.000 kg.) de bizcocho los necesarios para alimentar a un pasaje de 800 hombres durante nueve meses. No obstante, las previsiones para los pasajeros contemplaban también una cantidad de 15.000 arrobas adicionales de harina «a cumplimiento de dieciséis meses». Las partidas de bizcocho y harina eran, a criterio de los oficiales de la Casa, demasia-

---

6. Las raciones de bizcocho y harina sólo deben entenderse de forma alternativa y complementaria. Recordamos al lector, para una mejor comprensión de este listado, que en los primeros nueve meses, durante la travesía (de dos a tres meses), más los primeros meses de estancia en Tierra Firme, se preveía una ración de bizcocho de 650 gramos por pasajero y día. En los siete meses restantes «a cumplimiento de los dieciséis», cuando las provisiones del citado alimento se hubiesen agotado o simplemente no sirvieran para su consumo por el tiempo transcurrido y el deterioro sufrido, se entregaría a los pasajeros harina racionada a razón de 1,2 kilos por persona y día.

7. Pérez Mallaína, *Los hombres del Océano...,* pág. 149

do abultadas para el plazo previsto. Significaban un gasto excesivo e innecesario para las empobrecidas arcas reales. Pero el rey, no escaso de razón, insistió en que se mantuvieran en firme sin aminorarlas ni en cantidad ni en calidad:

«Y en lo que decís de pareceros mucho los III mil quintales de bizcocho y XV mil arrobas de harina para este viaje de Tierra Firme, la causa porque se provee tan cumplidamente es porque de la gente que fuere y de la que allá está ha de entrar algun número de ella adentro para descubrir e saber el secreto que en ella hay, y también porque yendo la harina cernida, como ha de ir, no se dañará, y como veis, por ser el viaje largo y la necesidad que allá se podría ofrecer de mantenimientos no se podrían tan prestos proveer quizás como pensamos, he acordado que todavía vaya la dicha harina y bizcocho como tengo escrito ... y mirad que el bizcocho y la harina sea cual convenga, de manera que por no ser tal no reciba la armada daño, como alguna vez ha acaecido...»[8]

En el mes de mayo todavía los preparativos no habían hecho sino comenzar, de ahí la imprecisión respecto a algunos de los suministros de la flota que más tarde -conforme se concretaba la realidad de un pasaje tan numeroso- superaría con creces lo estimado como razonable inicialmente.

Pronto comenzaron a realizarse las primeras compras de alimentos, la mayoría de ellos en la fértil comarca andaluza de manos de muy diversos proveedores. No siempre se realizaban en la misma estación, «con el consiguiente peligro de que las súbitas demandas de suministros para los barcos forzasen los precios al alza en los primeros años del siglo XVI, antes de que la vida económica de Sevilla y su zona de influencia tuvieran tiempo de adaptarse a las fuertes exigencias periódicas de la navegación y el comercio coloniales». No obstante, Hamilton considera que los precios eran ajustados razonablemente por los oficiales de la Casa de la Contratación y que la acusación de incompetencia que fuera lanzada en su día contra estos funcionarios carecían de fundamento[9].

En el cuadro que a continuación insertamos aparecen recogidas todas y cada una de las provisiones que se embarcaron en la flota de Castilla del Oro, cantidades totales, precio del producto, lugar de compra y nombre de los proveedores. En este caso nos es imposible hacer un cálculo, siquiera aproximado, de las raciones alimenticias ya que ,hoy por hoy, no es posible precisar con exactitud el número de pasajeros que finalmente embarcaron y que se estima en torno a los 1.500 o 2.000 hombres. Por ahora rogamos al lector que acepte estos datos a modo de inventario, cuyo interés, sin duda se acrecienta, en la medida en que escasean los registros correspondientes a los primeros años del siglo XVI.

Bizcocho (3.500 quintales), harina (15.089,52 arrobas) y vino (14.500 arrobas) siguen siendo aquí las partidas más sustanciosas. De igual modo se anota una importante cantidad de carne salada, -en total 14.600 libras carniceras[10]- que pesaron 116 cerdos y 32 reses vacunas que fueron compradas en Sevilla y luego

---

8. El rey a los oficiales de la Casa de la Contratación de Sevilla. Valladolid, 14, junio, 1513. AGI, Panamá, 233. La recoje Serrano y Sanz, *Preliminares...*, pág. CCCXXI.

9. Basa su afirmación en el hecho de no haberse observado discrepancias apreciables entre la serie de precios de la Casa de la Contratación y la del mercado sevillano durante esos años. Véase Hamilton Earl J.: *El tesoro americano y la revolución de los precios en España (1501-1650)*. Barcelona, 1975. Véase pág. 200, en especial la cita 4 de pie de página.

10. La libra carnicera era una medida de peso que equivalía 32 onzas.

despiezadas por el «tajacarne», Antón Ruíz, y otros cuatro hombres. En la Europa carnívora de aquella época este alimento constituía asimismo uno de los pilares básicos de la dieta, junto con el pan y el vino[11]. Ahora bien, la carne fresca era un lujo reservado a los convalecientes, por su elevado precio, de manera que bien pronto se observa un sensible aumento en el consumo de carne salada o ahumada, conforme la ración de carne fresca se hace más inasequible. Werner Sombart hablaba, no sin razón, de una revolución de las salazones desde fines del siglo XV para la alimentación de los barcos[12]. Debido a la larga duración de los viajes y puesto que aún no se había descubierto el proceso de congelación, es lógico que se almacenasen aquellos alimentos que podían aguantar largo tiempo sin corromperse o bien conservarlos por el medio más económico en aquella época, que era la sal. En la flota se embarcaron 107,5 fanegas de sal que fueron adquiridas en Sanlúcar de Barrameda, cuyas salinas eran afamadas en el siglo XVI y todavía a comienzos del XVII había pescadores de Noruega y Dinamarca que iban a buscar su sal al puerto gaditano de Sanlúcar[13].

El vino fue adquirido en su mayor parte en Villalba del Alcor, pequeña población del Condado y zona vitivinícola por excelencia, que abastecía con sus caldos a Sevilla desde muy antiguo, pese a las numerosas trabas impuestas por sus cosecheros, quienes con frecuencia obstaculizaron su entrada en un comprensible intento de monopolizar la comercialización del producto. Para evitar nuevos litigios y asegurar el regular suministro de vinos para el comercio indiano y para el suministro de las flotas, en 1509 la Corona hubo de intervenir ordenando que los vinos destinados al bastimento de los navíos y flotas de la carrera de Indias gozasen de absoluta libertad, aunque quedaba rigurosamente prohibido que se les destinara a otro fin, como pudiera ser la venta en la ciudad[14]. Sabemos que para la flota de Pedrarias se adquirió en la citada localidad una valiosa partida de 14.500 arrobas por un precio de 20 maravedís la arroba. En la operación de compra venta[15], realizada por los meses de noviembre y diciembre de 1513, intervino en representación del doctor Matienzo, tesorero de la Casa de la Contratación y también canónigo de la catedral de Sevilla, su capellán, pues como es sabido, los miembros de la Iglesia, por las necesidades que el ejercicio de su ministerio requieren, siempre fueron buenos entendidos en la materia. Enviados por el gober-

---

11. Recordemos, al respecto, las palabras del soberano -recogidas en la cita 19- cuando ordena que: «Y el mantenimiento que de estos XVI meses sobrare ha de estar de respeto... porque tengan de qué se mantener, mayormente de *vino y carne*».

12. Citado por Fernand Braudel: *Civilización material, economía y capitalismo. Siglos XV al XVIII*, tomo I: «Las estructuras de lo cotidiano», Madrid, 1984, pág. 161

13. *Ibidem*, pág.178

14. García Fuentes, Lutgardo: «El viñedo y el olivar sevillano y las exportaciones agrarias a Indias en el siglo XVI», en *Primeras Jornadas de Andalucía y América*. Huelva, 1981, vol. I, págs. 28 y 29

15. «Los vinos del Condado -dice A.M. Bernal sin precisar a qué momento del XVI se refiere- encuentran salida burlando los controles de la Casa de la Contratación, enviando sus vinos directamente a los buques surtos en la venta de la Negra, donde los capitanes de los barcos de la carrera de Indias los cargaban». «Andalucía, siglo XVI. La economía rural», en *Historia de Andalucía...*, pág. 561.- Nuestros datos muestran que al menos para 1513 la situación era bien distinta. Los cosecheros de Villalba no parece que en estos momentos tengan que burlar ningún control, antes por el contrario, a requerimiento de los oficiales de la Casa, suministran el grueso del cargamento de vino embarcado en la flota de Pedrarias.

nador Pedrarias y el recién nombrado obispo de la nueva diócesis de Castilla del Oro, fray Juan de Quevedo, acudieron también a Villalba «por veedores de la compra del dicho vino» Benito de Villoria y Juan Ponce, quienes se encargaron de todas las diligencias oportunas por espacio de 38 días que permanecieron en esta localidad. Para vigilar que la compra se efectuase en las mejores condiciones, estuvieron también presentes varios vinateros, en concreto, Juan de Mendizábal, Alonso Martín y Pedro de San Pedro, vecino éste último de la cercana localidad de Manzanilla. Una vez envasado en 500 pipas[16], que fueron adquiridas a los toneleros del barrio sevillano de la Carretería[17], el cargamento fue conducido hasta el muelle de Sevilla, parte en barcazas, siguiendo el curso del río y parte en carretas. A lo largo de estos días se efectuaron numerosos gastos que, sin duda, acrecentaron el precio final de la compra hasta elevarlo a 43 maravedís la arroba. En ellos se incluían tanto los desplazamientos de todos los que intervinieron en la expedición, como el coste del transporte y del envasado que fue cuidadosamente reforzado con sólido aros de hierro. La Casa de la Contratación había puesto a disposición de la flota de Pedrarias numerosos excedentes que habían quedado inutilizados trás la abortada armada de la Especiería. Para esta partida proporcionó 286 aros grandes de toneles que estaban almacenados en la Casa, al herrero, Juan de Cuenca, para que los aprovechase en el reforzamiento de las pipas adquiridas en Villalba.

Braudel asegura que «el uso regular de tapones de corcho no se conocían aún en el siglo XVI ni quizá incluso en el XVII»[18], pero lo cierto es que entre los gastos derivados de la compra de vino de nuestra flota se anotan dos partidas por un importe total de 1.750 maravedís referidas a la adquisición de «corcho para los tapinos» así como cuarenta varas de vitre[19] para los mismos. Hasta hace muy pocos años en las bodegas andaluzas -siempre que había que desplazar de un lugar a otro un bocoy, bota, pipa o cualquier otro envase de vino- se acostumbraba a colocar en su boca un retazo de tela de saco sobre la cual se introducía el corcho con lo cual se perseguían dos objetivos: uno, evitar un posible derramamiento del líquido con el trasiego y dos, extraer más fácilmente el corcho -cuando se procedía a abrir el envase- tirando de los bordes de la tela hacia arriba. Una práctica bodeguera que ya se observaba en 1513, como nos dejan claramente entrever los libros de cuentas de nuestra armada.

Debido a los numerosos aplazamientos que sufrió la flota, la tripulación y el pasaje consumió en los largos días de espera en Sanlúcar de Barrameda una parte del vino que se había embarcado para el viaje. Eso obligó a realizar una nueva compra de vinos, en concreto otras 20 botas[20] (580 arrobas), -cuyo precio ascendió en este caso a 1.400 maravedís cada bota con su cajón, más un real por el

---

16. La pipa de vino que aquí se utiliza contenía 29 arrobas.

17. Como observa con acierto Domínguez Ortiz hubiera sido más apropiado que el famoso barrio sevillano, en lugar de la Carretería, se le conociera por «de la Tonelería». Véase: *La vida en los muelles. El Arenal*, en *El río. El Bajo Guadalquivir*. Equipo 28, Sevilla, 1985, pág. 43

18. *Civilización material, economía...*, I, pág. 195

19. Lona muy delgada

20. Reiteramos que aunque la pipa y la bota solían tener una capacidad diferente, en nuestro documento se las utiliza indistintamente y son equivalentes.

transporte de cada bota hasta Sanlúcar[21] - que fueron adquiridas en esta ocasión en el puerto gaditano de Chipiona y repartidas más tarde entre los barcos.

El aceite sólo era superado como artículo alimenticio básico por el trigo y el vino. Se utilizaba ampliamente para cocinar, condimentar y con fines de culto. Además es conocida también su aplicación para la fabricación de jabón, uno de los capítulos más importantes de la industria sevillana del XVI heredada de los árabes[22]. La flota fue aprovisionada de 1.010 arrobas de aceite. El dorado e indispensable líquido fue traido en barcas por el río desde Lebrija en botijas vidriadas y enceradas, junto con un cargamento de habas y garbanzos de 126 fanegas y 66 fanegas, respectivamente. Otras 64 fanegas fueron compradas luego en Sevilla por el tesorero de la Casa de la Contratación, Lorenzo Pinelo, a un precio algo mayor que el que costó en Lebrija. Un vecino sevillano, Diego de Ervás Mercero- cuyo apellido curiosamente recuerda una dinastía arrocera que llega a nuestros días, proporcionó 50 arrobas de arroz que fueron posteriormente envasadas en dos pipas y trasladadas hasta el río. Es probable que su origen fuera valenciano, como la mayor parte del arroz que se vendía en Sevilla. En Huelva se compraron 100 fanegas de almendras que constituían un valioso complemento energético para la dieta alimenticia de los viajeros, aunque esta consideración no fuera tenida en cuenta por los hombres de aquella época en la medida de hoy día[23].

Junto con legumbres, cereales y frutos secos se embarcaron también gruesas partidas de varias clases de pescado muy común por su abundancia en las costas andaluzas: sardinas de Huelva (440 millares) y pargos del Puerto de Santa María (265 docenas). También era relativamente frecuente el consumo de pescado traido de otros puertos, como las pescadas de Irlandas (220 docenas) que los enviados de la Casa compraron en los puertos de Cádiz y Sanlúcar. Para el adobo de los alimentos se compraron también 1.025 arrobas de vinagre, al que se añadió yeso y naranjas antes de ser envasado convenientemente en botijas vidriadas y enceradas. Los ajos, que constituían un ingrediente indispensable en cualquier guiso, también están presentes en nuestros registros. En total fueron compradas 1.288 ristras de ajos, parte en Sevilla y parte en Sanlúcar.

Por lo que sabemos, la leche y la mantequilla estaban ausentes de la dieta marinera, pero en compensación se consumía queso en mayores proporciones entonces que en la actualidad. Aunque podía adquirirse en Sevilla, el queso acostumbraba a importarse desde Alemania, Flandes y Canarias. Para la armada fueron comprados 30 quintales de queso en la primera escala obligada hacia las Indias

---

21. La arroba de vino de Chipiona costó, por consiguiente, más cara que la adquirida en el Condado: a algo más de 48 maravedís la arroba. En el documento no se especifica su precio «de primera compra», como en el caso del vino adquirido en Villalba, sino que se incluyen el mismo múltiples gastos como su transporte, sueldos de los negociadores de la compra, incluido el escribano, reparación de los envases etc. Conviene advertir al lector sobre el empleo indistinto y, por tanto equivalente, que se hace en el documento de los términos *bota* y *pipa*.

22. Véase Vallvé, Joaquín: «La Agricultura...», pág. 28 y Bernal M.A., *Historia de Andalucía...*, pág.559

23. Gabriel Alonso de Herrera en su *Obra de Agricultura...* que fue publicada por primera vez en Sevilla en 1513 destacaba las innumerable cualidades medicinales de la almendra: «Son mejores las almendras que las nueces -decía- porque no son tan aceitosas, confortan mucho la vista, alimpian el pecho, resuelven y desatan las viscosidades de los miembros interiores, aprietan las encías...». pág. 419

que eran las islas Canarias. El maestre de la nao *Santa María*, Juan de Camargo, fue el encargado de recoger en la Gomera el citado cargamento que debía ser luego distribuido entre todos los barcos.

Ahora bien, además de las vituallas compradas por los oficiales de la Contratación para el abasto de la flota, luego de muchos trámites y no menores gastos, como acabamos de ver, también los pasajeros que viajaban en la flota llevaban consigo, como parte indispensable de su voluminoso equipaje, muchas de aquellas viandas que constituían una parte sustancial de su dieta alimenticia: aceite, harinas, vino, ajos, aceitunas, miel, almendras y una larga lista de manjares a los que no estaban dispuestos a renunciar por nada del mundo. Muchos de ellos habrían ya escuchado los relatos de otros viajeros acerca de las dificultades que España tenía para abastecer regularmente a aquellas lejanas tierras de las Indias; de los largos ayunos; de las extrañas e insípidas comidas de que se alimentaban los indios; y tantas otras noticias que encogían el estómago con sólo escucharlas, obligándoles a ser previsores ante un futuro tan incierto.

Conocemos algunas de las vituallas embarcadas por nuestros viajeros. Seguramente al embarcarse desconocían que era lo más valioso de todo su equipaje, más que las joyas, los vestidos de brocado y los objetos suntuarios, porque era lo único que iba a permitirles sobrevivir en esos primeros y terribles meses de hambruna y muerte en el Darién. Y ciertamente antes de su llegada, durante la travesía misma, tuvieron ocasión de valorar en su justa medida la importancia de sus suministros alimenticios, viéndose obligados a recurrir a los mismos para compensar las escasas raciones repartidas durante el viaje[24]. Era sólo un mal presagio de lo que les aguardaba en el efímero paraíso del Dorado.

24. Aunque las instrucciones que los maestres recibían en lo tocante a las raciones alimenticias de la tripulación y pasaje no podían ser infringidas, lo cierto es transcurrido algún tiempo, el factor, Juan de Tavira, fue acusado de haber retenido ilegalmente los alimentos, obligando a los viajeros a echar mano de sus provisiones: «Y es notorio que en el dicho viaje no se le dio a la gente lo que así fue ordenado por los oficiales de Sevilla y que gastaban los más de ellos de las provisiones que traían suyas en los navíos, ni se les dio después de llegados al Darién lo que se les había de dar de provisión enteramente de los treinta días que sus Altezas mandaron, de cuya causa muchos desfallecieron de hambre y pasaron de esta presente vida...» «Relación del modo que se tuvo de gastar y vender en Tierra Firme la hacienda del rey que llevó Pedrarias Dávila en su armada». Santa María de la Antigua, 18, enero, 1516. AGI, Patronato, 26. Lo recoge Pablo Alvarez Rubiano: *Pedrarias Dávila. Contribución a la figura del Gran Justador. Gobernador de Castilla del Oro y Nicaragua.* Madrid, 1944, apéndice 20, págs. 439 y ss.

Cuadro nº 1
Suministros alimenticios embarcados en la flota de Castilla del Oro por cuenta de la corona

Producto	Precio	Lugar de compra	Vendedor	Total maravedís
Bizcocho 3.500 q.	190 mrds y 3,5 cor/q	....	....	667.050
Harina				
986 a, 3 lb	1 rl/a	Setenil	Pedro Largo	33.528
499 a, 10 lb	"	"	Francisco García	16.980
324 a, 23 lb	"	"	Pedro Fernández	11.046
269 a, 22 lb	"	"	Sebastián García	9.174
802 a, 1 lb	"	"	Pedro Miguel	27.269
406 a, 5 lb	"	"	Juan Díaz	13.811
126 a, 4 lb	"	"	Gascón	4.350
360 a, 10 lb	"	"	Lucas Martín	12.252
3.966 a, 10 lb	35,5 mrds./a	Antequera	Alvaro Bellizo	140.807
2.000 a,	1 rl/a	Osuna	....	68.000
5.348 a,	"	Antequera, Setenil y Marchenilla		179.395
Total: 15.091 a, 8 lb[25]				Total[26]: 516.612
Vino 14.500 a	20 mrds/a	Villalba del Alcor	Varios	290.000[27]
	....	Chipiona	Bartolomé Díaz	28.680[28]
Aceite				
1.000 a	84,50 mrds./a[29]	Lebrija	....	84.505
10 a	145 mrds.a/[30]	Sanlúcar	....	1.450
Total 1.010 a				Total: 85.955[31]

25. En realidad la suma de las cantidades consignadas en esta partida asciende a 15.089,52 arrobas, pero hemos respetado en el cuadro el total que en varias ocasiones se repite en el documento entendiendo que debió producirse un error al anotarse alguna de las compras, pues de lo contrario habría que pensar en una actuación malintencionada.

26. El monto total hasta el embarque de la harina en los barcos ascendió a 637.650 maravedís por lo que cada arroba cargada salió a un precio de 43 maravedís.

27. Precio de primera compra. El vino, una vez envasado, manipulado y puesto en el barco, ascendió a un total de 620.857 maravedís

28. El monto incluye los gastos de transporte, negociación de la compra y otros.

29. Precio de primera compra.

30. Incluye el precio del envasado.

31. El precio final de las 1010 arrobas de aceite, incluido su envase y transporte, ascendió a 106.921 maravedís.

Cuadro nº 1 (continuación)
Suministros alimenticios embarcados en la flota de Castilla del Oro por cuenta de la corona

Producto	Precio	Lugar de compra	Vendedor	Total maravedís
Vinagre 1.000 a 25 a Total: 1.025 a	23,8 mrds./a 34 mrds./a	.... Sanlúcar de Bda.	....	23.872 852 Total: 24.724[32]
Sal 107,2 f	16,57 mrds./f	Sanlúcar de Bda.	....	1.782[33]
Carne 6.861 lb c (vaca) 7.739 lb c (puerco) Total 14.600 lb c	7 mrds/lb c	Sevilla "	Marcos Zorro, Gregorio Rodríguez y Bartolomé de Amor	103.900[34]
Sardinas 440 m	....	Huelva	Fernán Yáñez	39.600[35]
Pargos 265 doc	....	Puerto de Sta. María	....	33.304
Pescadas de Irlanda 100 doc 120 doc Total: 220 doc	170 mrds./doc 170-200 mrds./doc	Cádiz Sanlúcar de Bda.	....	40.390
Haba 126 f	2 d/ca	Lebrija	....	8.011[36]
Garbanzo 66 f 64 f Total: 130 f	110 mrds./f 115 mrds./f	Lebrija Sevilla	.... Juan A. Bejarano	7.260 7.360 Total: 14.620

32. Su precio final, una vez envasado, ascendió a 36.352 maravedís.

33. Fue envasada en 80 zurrones. Su coste total duplicó su valor de primera compra, ascendiendo a 3.042 maravedís.

34. Por el trabajo de despiece, la salazón, el envasado y el transporte hasta el barco, su monto total ascendió a 120.550 maravedís.

35. El precio incluye el de la salazón y el envase en pipas.

36. Se incluyen aquí 4 reales que costó «el alquiler de un soberado en que estuvo la dicha haba.»

Cuadro nº 1 (continuación)
Suministros alimenticios embarcados en la flota de Castilla del Oro por cuenta de la corona

Producto	Precio	Lugar de compra	Vendedor	Total maravedís
Ajos 1.200 ri 88 ri Total: 1.288 ri	7,1 mrds/ri 13,4 mrds./ri	Sevilla Sanlúcar	....	8.541 1.184 Total: 9.725[37]
Miel 50 a, 17 lb	130 mrds./a	Castillo de las Guardas (Sevilla)	Juan A. Bejarano	6.588[38]
Arroz 50 a	137,5 mrds./a	Sevilla	Diego de Ervás	6.875[39]
Almendras 100 f	115 mrds./f	Huelva	....	11.502[40]
Queso 30 q	....	La Gomera	....	....
Agua 67 t y 24 p[41]	....	....	....	....

NOTA: Las abreviaturas metrológicas utilizadas en los cuadros son las siguientes:

				Las abreviaturas de monedas:	
arroba .... a	libra carnicera .... lib.c		cornado .... cor	
almud .... al	millar .... m		ducado .... d	
cáhiz .... ca	pipa .... p		maravedí .... mrd	
docena .... doc	quintal .... q		real .... rl	
fanega .... f	ri .... ristra			
libra .... lb	u .... unidad			

37. Hay un error en la suma. Debería anotarse 9.725 maravedís.

38. En el precio va incluido el coste de su transporte hasta la Casa de la Contratación. Allí se procedió a envasarlas en botijas vidriadas y esterada. El monto de esta partida ascendió finalmente a 7.187,5 maravedís.

39. Más el precio de dos pipas en que se envasó ascendió a 7.283 maravedís.

40. En el precio va incluido su transporte y embalaje.

41. «Para provisión de agua para toda la flota, que se repartieron por todas las naos por mano del factor Juan de Tavira» (folº 98 vto.)

NUEVOS DATOS SOBRE EL POSTCLÁSICO TEMPRANO EN TEOTIHUACAN.

Natalia Moragas Segura
Proyecto Especial Teotihuacan-FNA INAH

Teotihuacan

Teotihuacan se encuentra situada en el valle del mismo nombre a unos 50 kms al noreste de Ciudad de México . La ciudad esta rodeada por la Sierra del Patlachique al sur y el Cerro Gordo al norte en un área semi árida de clima templado (14,8 °C) con una altura media de 2.225 mts s.n.m. Desde sus inicios en el suroeste del valle a mitad del siglo II aC hasta su desaparición en el siglo VIII dC,Teotihuacan no tiene rival en todo el altiplano.En la fase Xolalpan (400-500/ 550dC) alcanza su mayor expansión territorial tanto en sí misma -22 Km2- como hacia Mesomérica. Se han manejado cifras de 150.000 a 200.000 habitantes y con un área de influencia que va desde La Quemada-Chalchihuites (Zacatecas) hasta Kaminaljuyú (Guatemala) (Millon 1973).

Es una de las zonas arqueológicas más visitadas de toda América gracias a la monumentalidad de sus edificios como a la ventaja que supone su cercanía a la capital del país y a su accesibilidad. Estos factores han influido también en la investigación arqueológica que se ha llevado a cabo desde la llegada de los españoles hasta la realización del último proyecto arqueológico.

La lista de investigadores que han trabajado en Teotihuacan es larga y va desde la presencia de ofrendas teotihuacanas redepositadas en el Templo Mayor de

Tenochtitlan a crónicas de españoles del siglo XVI ,viajeros ilustrados de los siglos XVII-XVIII hasta los últimos trabajos interdisciplinarios llevados a cabo por arqueólogos del INAH y la UNAM en los dos últimos años. Referirnos aquí a todos los trabajos realizados nos ocuparía más espacio del disponible con lo que nos centraremos en los proyectos realizados en la segunda mitad del siglo XX.

A principios de los años sesenta se reunen en Teotihuacan tres proyectos arqueológicos con objetivos bien definidos : El Teotihuacan Mapping Project de René Millon (TMP), El Teotihuacan Valley Project de W.T. Sanders (TVP)y el Teotihuacan 62-64 (T 62-64) dirigido por Ignacio Bernal.

Los proyectos norteamericanos trabajaron sobretodo recorrido de superfície.El TMP se concentró en la realización de un mapa de la antigua ciudad a escala 1/2000 mediante la utilización de fotografÍa aérea y exhaustivos recorridos de superfecie en áreas de 500 mts de lado.La finalidad era la de clarificar las diferentes etapas de la ciudad realizando cálculos de población,definir la cronologÍa y áreas de expansión de la ciudad. La prospección fue reforzada con la realización de pozos estratigráficos (Millon 1973). El TVP realizó un recorrido de superfecie en el valle para observar la densidad de la ocupación de humana .El objetivo básico era la de observar el papel del medio ambiente en el desarrollo de la civilización a lo largo de toda la época prehispánica.Sanders y su equipo localizaron 600 sitios de los cuales se excavaron alrededor de 20 (Sanders 1964,1965,1979,1986).

Mientras, el equipo mexicano se encargó de la excavación del centro ceremonial de la ciudad comprendiendo la Calzada de los Muertos ,la plaza de la Luna , el Palacio del Quetzalpapalotl,el Templo de los Caracoles Emplumados , el Templo de los Jaguares y los conjuntos departamentales de La Ventilla y Tetitla (Acosta 1964, Sejourn, 1959, 1966,Vidarte 1964).Además Miller elabora la primera sÍntesis de la cerámica teotihuacana (Miller 1978).

En la década de los años ochenta los trabajos se concentraron sobretodo en el Proyecto Templo de Quetzalcoatl y en el Proyecto Teotihuacan 80-82 que trabajó tanto en el centro ceremonial como en la periferia de la ciudad (Cabrera et al. 1982),asÍ como otros proyectos del IIA-UNAM que han participado con equipos interdisciplinarios (Manzanilla 1985,1990,1993,1994 a,1994b,1994c). Actualmente se han terminado dos años y medio de trabajos arqueológicos muy intensos con intervenciones en el área de la Pirámide del Sol, en el conjunto de La Ventilla y en la periferia de la ciudad.

La CaÍda de Teotihuacan

El estado teotihuacano se colapsa en una fecha indeterminada entre 700/750 dC en la fase denominada Metepec. La serie de acontecimientos que llevan a la desaparición de la influencia teotihuacana en Mesomérica permanecen poco conocidos. Marcus enumera los siguientes factores que conllevan a la disolución de los estados centralizados: invasiones,ruptura de la habilidad del estado para mantener sus fronteras y proteger a la población más periférica,una sobreextensión de los recursos políticos y económicos del estado,una disminución de la capacidad del estado en controlar a sus vecinos y poblaciones rivales,y una incapacidad para mantener alianzas previas (Marcus 1989).

Arqueológicamente los elementos más significativos y más facilmente identificables en la excavación son : la presencia de un gran incendio que afectó al centro ceremonial, la existencia de fosas de saqueo sobretodo en las escalinatas de acceso a los templos, modificaciones arquitectónicas (subdivisiones de los cuartos teotihuacanos) y abandonamiento de las principales estructuras y la aparición de un complejo cerámico nuevo que viene a sustituir la vajilla clásica teotihuacana : el Coyotlatelco.

Millon se sorprende por la rapidez con que la ciudad cae ya que el período Metepec no se caracteriza, a excepción de su sorprendente final,por una decadencia paulatina sino por el contrario la ciudad parece tener un florecimiento en el trabajo de la pintura mural (Millon 1973,1981). Es por ello que en un primer momento se buscaron culpables en el exterior. Los portadores de un estilo cerámico tan diferente deberían ser considerados como invasores que atacarian la ciudad y reocuparían parte de ella. Eso no explicaba ,como se cuestiona el mismo Millon ,que pasaría con los habitantes de la ciudad ya que ésta pierde casi el 80 % de su población. Dicho de una manera simple. ¿A dónde se fueron los teotihuacanos? Los estudios realizados en el Valle por Sanders proponen que ,aunque Teotihuacan pierde el papel rector en todo el Altiplano durante el Postclásico temprano,sigue siendo el centro más importante de la zona (Sanders 1986). Recientes trabajos realizados en el Valle de Toluca y el área de Puebla -Tlaxcala sugieren que para éstas fechas podrían recibir parte de la población teotihuacana.(Manzanilla com.pers). Los trabajos realizado por Cobean y su equipo en el área de Tula comprobaron que en la época de que Teotihuacan cae,la ciudad de Tula hubiera sido incapaz de influir en esa caída debido a su poca influencia y poder. Lo mismo ocurre con otros centros en el altiplano Cholula y Xochicalco principalmente a los que se había presentado como competidores y culpables más o menos directos de la caída de Teotihuacan.

Resuelto esto, se ha llegado a un consenso más o menos aceptado en que la caída de Teotihuacan respondería a una serie de factores que se desencadenarían a mitad del siglo VIII dC. Estos factores serían internos: crisis política,económica y social de la ciudad combinados con un período de malas cosechas y con una pérdida del control de las líneas comerciales (Millon 1981). Así la caída de la ciudad se interpretaría como una violenta revuelta social. Los coyotlatelcos aparecería al final de este período cuando la ciudad se encontrara apenas recuperándose y se instalarían en el espacio dejado por los teotihuacanos. Posteriormente, en los siglos XI-XII, el período llamado Mazapa correspondería a la expansión de Tula por el Altiplano y sustituiría a la presencia coyotlatelca con una nueva distribución en el valle y un nuevo estilo cerámico.

Más o menos aunque no del todo satisfactoria, ésta es la visión que ha perdurado en los últimos años mientras se esperaba que las excavaciones de los últimos proyectos proporcionaran algún elemento nuevo o que confirmara esta imagen.

Nuevos datos

Como se ha mencionado en páginas anteriores, Teotihuacan acaba de finalizar una intensiva campaña de excavaciones que ha sacado a la luz nuevos datos y nuevas problemáticas. Las excavaciones realizadas en las cuevas situadas al este y sudeste de la Pirámide del Sol estan mostrando que las poblaciones que reocupan la ciudad en el postclásico temprano parecen tener más puntos en común con los teotihuacanos que los que se pensaba. Por un lado Manzanilla ha encontrado indicios claros que permiten suponer un culto a Tlaloc y a los Tlaloques dentro de las cuevas. Este culto era de gran importancia en la urbe clásica. Por otro lado análisis de C14 en la cueva de la Basura y la Cueva del Camino han proporcionado ocupaciones coyotlatelco en la primera (de 680 dC) y mexica en la segunda (1340 dC). En la Cueva de las Varillas se encontraron contextos domésticos de época Coyotlatelco y Mazapa sobre un relleno de material teotihuacano y se han hallado áreas de actividad fechables en 710 dC (Manzanilla 1994c). Por otro lado el análisis de material cerámico realizado en la Cueva III proporcionó un conjunto de entierros fechables para un Mazapa temprano (1100 dC) pero con una importante pervivencia de materiales de orígen coyotlatelco (Moragas 1995).

Hasta aquí la tendencia general sería la de considerar que los materiales encontrados corresponderían a contextos revueltos. De hecho como Rattray comenta en su tipología cerámica que uno de los problemas más importantes de la arqueología teotihuacana, es la contínua actividad constructiva con lo que estos contextos son bastante comunes en la ciudad (Rattray 1981). Esta misma autora ha analizado recientemente las fechas de radiocarbono realizadas en Teotihuacan en los últimos años. Entre otras conclusiones, Rattray comenta que Metepec ya se encuentra fuerte mente marcado por una decadencia gradual de la influencia teotihuacana en todo el valle (Rattray 1993).

El toque de atención lo han proporcionado los trabajos arqueológicos realizados en el Valle de México. Hay que tener en cuenta de que los estudios realizados en Teotihuacan se han extrapolado a gran parte del Altiplano forzando en algunos casos los datos para que correspondieran con la dinámica generalizada de la ciudad. Este panorama esté cambiando con el último estudio realizado por Parsons,Brunfield y Hodge en los últimos años.En el Valle de México la cerámica coyotlatelco aparece en fechas tan tempranas como el 580 dC en Chalco. El análisis de treinta y ocho fechaciones de C14 aunado al análisis cerámico sugieren que la tradicional secuencia de Coyotlatelco-Mazapa -Azteca I-II aceptada no sería así sino que durante períodos de tiempo y en algunas partes del valle serían contemporáneas. En el caso de la fase Azteca I, parece estar presente desde el siglo IX y no desde el siglo XII dC (Parsons et al. 1993). Así materiales considerados pertenecientes a contextos revueltos podrían ser ahora considerados como contemporáneos.

Esta idea podría ser extrapolable también en Teotihuacan. Los materiales cerámicos de las cuevas reflejan esta tendencia donde materiales considerados tradicionalmente separados en el tiempo podrían formar ahora de un mismo complejo. Esto explicaría tal vez, la distribución irregular del material coyotlatelco en Teotihuacan y sus asociaciones con otros tipos cerámicos. Las implicaciones sociopolíticas y económicas que implica este hecho por ahora son muy difíciles de establecer. Parsons sugiere que los diferentes tipos cerámicos servirían para reforzar los vínculos de identidad de cada grupo respecto al otro.En Teotihuacan no tenemos todavía pruebas claras de ésto aunque sí que nos aparecen cerámicas coyotlatelco en fechas más tempranas que las que Parsons supone.

Comentarios finales

Desde luego el proceso de desarrollo del Estado Teotihuacano propuesto en los sesenta es en líneas generales correcto, pero debe de ser revisado en la medida de que las excavaciones van proporcionando nuevos datos.Si existe ya un consenso generalizado en considerar el fín de la cultura teotihuacana como consecuencia de una crisis interna y no por motivos externos,deberíamos ya ser capaces de revisar viejos datos desde nuevas perspectivas que nos permitan ofrecer alguna que otra imagen más concreta de dicho fín. Tal y como se ha sugerido en trabajos anteriores, deberían buscarse indicios de una creciente tensión social que nos retrotrae más hacia el Teotihuacan del Tlamimilolpa tardío que al de la fase Metepec (Moragas 1996). De esta manera, y esta sería la distinción más importante a lo que se había considerado hasta la fecha, observaríamos algunos indicios de conflictos sociales en una fase muy temprana de la ciudad y que éstos se mantendrían más o menos latentes hasta culminar a finales del siglo VIII dC (Cabrera 1987).

Sin duda alguna va a ser difícil identificar los elementos que nos permitan concluir que fueron determinantes en la caída de la ciudad con las consecuencias que se conocen en todo el valle. El Postclásico se ha definido generalmente como un período de reorganización territorial y social donde el militarismo se sobrepone a las sociedades teocráticas del mundo clásico. Los grandes centros clásicos parecen sufrir un «efecto de dominó» y van cayendo sucesivamente para ser substituídos por nuevos centros de poder. En estas interpretaciones ,además del dato arqueológico «per se», la visión del arqueólogo también parece ser determinante.

¿Cuales son los elementos que hacen que el modelo teotihuacano triunfe y se exporte a toda mesoamérica? Algunos autores consideran que el factor religioso conjuntamente con el control de la ruta de obsidiana en el valle es el germen para que la ciudad crezca y se expanda. Por otro lado, al menos en el Altiplano no parece que Teotihuacan tenga un competidor directo que le haga sombra durante todo el período clásico.Tampoco parece que otros centros más tardíos como Cholula, Xochicalco y la misma Tula tengan un papel preponderante como competidores importantes de la ciudad. Sin duda alguna este clima favorecería el crecimiento paulatino de la ciudad .

El progresivo deterioro de las condiciones de vida de la población teotihuacana que refleja Storey pueden ser considerados como consecuencia de los problemas inherentes a la sobrepoblación de la ciudad (Storey 1992).Se ha discutido mucho si el valle podría no proporcionar la suficiente cantidad de alimentos para los teotihuacanos. Para Mc Clung el potencial agrícola de Teotihuacan era insuficiente para mantener a la población durante el período clásico, pero el desarrollo sociopolítico de la ciudad permitía establecer recursos adicionales a través del comercio y el tributo (Mc Clung 1984).Varios autores han calculado que Teotihuacan llega a concentrar a más del 80 % de la población del valle en la ciudad. En el caso negativo la ciudad dependería mucho de las rutas comerciales y de las líneas de abastecimiento tal vez del Golfo,Valle de Toluca y de Puebla-Tlaxcala.

Uno de los elementos a considerar es el papel que juegan los denominados enclaves o colonias teotihuacanas en otras áreas de mesoamérica. También deberíamos referirnos a lo que se ha presentado como influencia teotihuacana dentro de otras culturas,más específicamente en el área maya. Hay que revisar con atención los materiales definidos como teotihuacanos que aparecen afuera del territorio inmediatamente controlado por la metrópolis.También hay que proceder a una revisión de los términos en que se encuentran estas influencias teotihuacanas y como se integran en la otra cultura. El término influencia puede ser tomado de varias maneras: por un lado, no implica necesariamente el contacto directo de gentes del altiplano con gentes de procedencia maya. En esta acepción la influencia teotihuacana podría reduirse a un intercambio indirecto con la aparición de unos productos aléctonos al área maya .Otra acepción más compleja comprendería a la influencia teotihuacana incorporada dentro del tejido social y político como parece entenderse en el caso del famoso vaso ceremonial encontrado en Tikal. La procesión de los personajes que van desde un templo teotihuacano hasta un templo maya con talud -tablero « a la teotihuacana» (Schele 1990). De un tipo diferente parece ser la relación que mantendrían los teotihuacanos con lo que Ponciano Ortiz ha denominado el enclave teotihuacano de Matacapan. Aquí parece sobreentenderse la voluntad de control de un territorio y el establecimiento de poblaciones teotihuacanas tal vez como lo sugiere la presencia de elementos tales como candeleros (más domésticos) (Ortiz 1993).

La sensación que predomina es que el modelo teotihuacano resulta tan exitoso que es exportado y/o imitado en otras áreas. Creo que hay que plantear el problema en otra dirección. García sugiere que algún problema muy fuerte tienen los teotihuacanos en el siglo III-IV d C . La mayoría de las colonias entendidas como consecuencia de la expansión del modelo teotihuacano podrían también entenderse,considerando el aspecto poblacional,como una respuesta a la concentración de población en un área urbana. Sería un fenómeno dual: por un lado la población más inmediata a la ciudad se concentraría en ésta mientras otra se marcharía. Bajo esta perspectiva el momento de expansión de la ciudad coincidiría con los conflictos que sugiere Cabrera para el Tlamimilolpa en el centro ceremonial y que parecen reflejados también en los estudios realizados en las cuevas de ese período en Teotihuacan (Cabrera 1987,Moragas 1995). Coincidiría con el momento de gran expansión de la cultura teotihuacana en otras áreas de Mesoamérica.

Los últimos años de Teotihuacan parecen ser consecuencia de una caída gradual en que los teotihuacanos convivirían con los coyotlatelcos en partes de la ciudad. Ésta ya no funciona como una metrópolis bajo un fuerte control estatal sino que éste se va diluyendo en una serie de asentamientos aislados que tienen en común elementos de carácter mesoamericano.

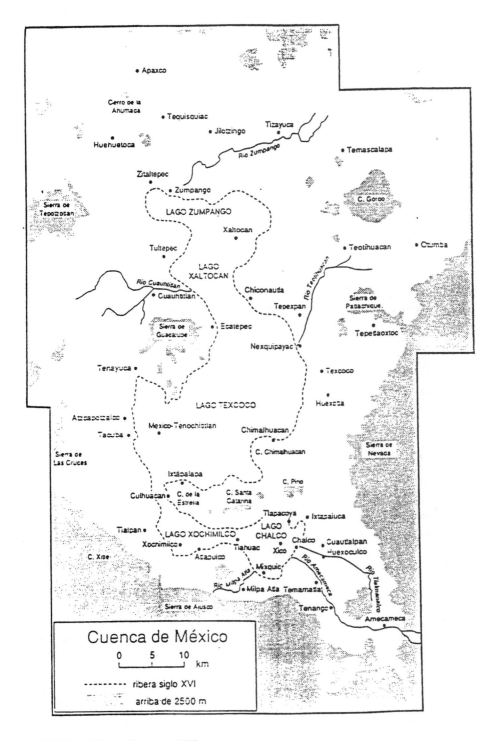

El Valle de México (Parsons 1995)

Año	Valle Teotihuacan	Teotihuacan-Valle de México	Puebla-Tlaxcala	Cuenca México	Oaxaca	Uaxactun
1500				Azteca IV		
1400						
1300	Azteca	Azteca		Azteca III	Monte	
1200						
1150				Azteca II	Alban V	
1100						
1000	Mazapan	Mazapan		Azteca I		Tepeu III
950						
900				Tollan		
850						
800	Coyotl.	Coyotl.	Texcalac			Tepeu II
750						
700	Metepec	Metepec		Coyotl.		Tepeu I
650						
600	Tardío	Tardío				
550				Metepec		
500	Xolalpan	Xolalpan		Xolalpan Tardio		Tzacol
450						
400	Temprano		Tenanteyac	Xolalpan Temprano	Monte	
350		Temprano				
300	Tardío Tlamimilolpa			Tlamimilolpa	Alban IIIA	
250						
200	Temprano					
150	Miccaotli			Miccaotli		
100					Monte	Chicanel
0	Tzacualli	Tzacualli		Tzacualli	Alban II	
100	Cuanalan terminal	Patlachique				
150		Tezoyuca				
200	Tezoyuca	Ticoman IV	Tezoquipan			
250		Cuicuilco			Tardío Monte	
300	Cuanalan tardío	Ticoman III		Ticoman		
400	Cuanalan medio	Ticoman II			Alban I	
500	Cuanalan inicial	Ticoman I		Zacatengo	temprano	Mamon
600			Texoloc		Rosario	
700	Chiconautla	Zacatengo				
750	Altica			Manantial	Guadalupe	
800						
900				Ayotla		
1000						
1100			Tlatempa		San Jose	
1150						
1200						
1300		Tlatilco			Tierras	
1400		Tlapacoyan	Tzompantepec		Largas	
1500						

Millon (1979) adapt. por Rattray	Rattray (1993)	García Cook (1979)	García (1993)	Blanton(1978) Drennan(1983)	Ball(1981)

Tomado de Raúl García (1993)

Cronología de México Central, Oxaca y el área Maya (García Chávez 1993).

Bibliografía

ACOSTA,JORGE
1964   *El Palacio del Quetzalpapalotl.* Memorias INAH no 10. México.
CABRERA CASTRO, RUBÉN
1982   *Memoria del Proyecto Arqueológico Teotihuacan.* Colección Científica no 132,INAH.México.
CABRERA CASTRO, RUBÉN
1987   «La secuencia arquitectónica del Edificio de los Animales Mitológicos en Teotihuacan.»AAVV: *Homenaje a Román Piña Chán* pgs 349-371 UNAM México.
GARCIA CHAVEZ, RAÚL
1993   « Evidencias Teotihuacanas en Mesomérica y su posible significado para la cronología de Teotihuacan.» en *Taller de Discusión de la Cronología de Teotihuacan* (24-27 de noviembre de 1993 Materiales para la Discusión ,III sesión : 207- 228,coordinado por Rosa Brambila y Rubén Cabrera.CET/FNA/ INAH,San Juan de Teotihuacan,México.
MANZANILLA, LINDA
1985   «El sitio de Cuanalan en el marco de las comunidades pre-urbanas del Valle de Teotihuacan.» Jesús Ruíz, Rosa Brambila y Emma Pérez Rocha. (edit) *Mesoamérica y el Centro de México*: :137-178, México.
ibidem
1990   Estudio de túneles y cuevas en Teotihuacan.2a fase .*Boletín del Consejo de Antropologia* :171-172 ,INAH
ibidem
1994   »Geografía Sagrada e Inframundo en Teotihuacan» *Antropológicas* , nº11, Nueva época.pgs 53-66,UNAM.
ibidem, (et alii)
1994   « Caves and Geophysics : An Approximation to the Underworld at Teotihuacan, México.»*Archaeometry*,vol 36,no 1,Oxford University. London
ibidem
1994   «Las cuevas en el mundo mesoamericano.»Ciencias nº 36: 59-66.Facultad de Ciencias-UNAM. México.
MANZANILLA, LINDA
1993   *Anatomía de un conjunto residencial teotihuacano en Oztoyohualco.*IIA-UNAM.vol I-Las excavaciones.vol II-Los trabajos específicos.México.
MARCUS, JOYCE
1989   « From Centralized Systems to City-States.Possible Models for Epiclassic».Diehl, R. (edit). *Mesoamerica after the decline of Teotihuacan* pgs 201-208.Dumbarton Oaks.
MC CLUNG DE TAPIA, EMILY
1984   *Ecología y Cultura en Mesoamérica.* IIA-UNAM,México.
MILLON, RENÉ
1973   *Urbanization at Teotihuacan.*México.vol 1 The Teotihuacan Map Text. University of Texas Press.Austin.
ibidem
1988   «The Last Years of Teotihuacan Dominance».en Yoffee,N y Cowgill,G.(edit) *The Collapse of Ancient States and Civilizations*:pgs102-164. The University of Arizona Press.Tucson.

MORAGAS SEGURA, NATALIA
1995   *Aportaciones cronológicas y ceremoniales en dos cuevas situadas en el sudes-
        te de la Pirámide del Sol ,Teotihuacan ,México* Tesis de Licenciatura, Dpto de
        Prehistória ,História Antiga,Universitat de Barcelona.
MULLER, FLORENCIA
1978   *La Cerámica del Centro Ceremonial de Teotihuacan.*SEP/INAH. México.
ORTIZ, PONCIANO
1993   »Algunos elementos Teotihuacanos en la Costa del Golfo,Matacapan,Ver:un
        ejemplo de enclave Teotihuacano.»en *Taller de Discusión de la Cronología de
        Teotihuacan* (24-27 de noviembre de 1993) Materiales para la Discusión ,III se-
        sión : 207- 228,coordinado por Rosa Brambila y Rubén Cabrera.CET/FNA/
        INAH,San Juan de Teotihuacan,México.
PARSONS, Jeffrey BRUMFIELD, Elisabeth HODGE, Mary
1993   «Are Aztec I Ceramics Epiclassic?Implications of Early Radiocarbon Dates from
        Three Aztec I Deposits in the Basin of Mexico»Conferencia presentada en
        'Rethinking the Epiclassic», XIII,CICAE,México D.F.
RATTRAY, EVELYNN
1981   *Ceramics and Chronology : The Teotihuacan ceramic cronology: Early Tzacualli
        to Metepec phases.*Manuscrito inédito para el volumen IV de la serie Urbanization
        at Teotihuacan,editado por René Millon.Copia Fotografiada del Laboratorio del
        Teotihuacan Mapping Project.
ibidem
1993   »Fechamientos por Radiocarbono de Teotihuacan.»en *Taller de Discusión de la
        Cronologia de Teotihuacan* (24-27 de noviembre de1993).Materiales para la Dis-
        cusión; 137-166,compilado por Rubén Cabrera Castro y Rosa Brambila.CET/
        FNA/INAH.Z.A.T.
SANDERS,WILLIAM T.
1964   *The Teotihuacan Valley Project.:The final progress report.*Sobretiro de
        Pennsylvania State University.Marzo 1964.28 pags
Ibidem
1965   *The cultural Ecology of the Teotihuacan Valley.* Departament of Sociology and
        Anthropology,Pennsylvania State University,University Park, Pennsylvania.
ibidem
1986   *The Toltec period occupation in the Valley.Part 1 Excavations and Ceramics.*The
        Teotihuacan Valley Proyect Final Report,volumen 4.n+13,Occasional Papers in
        Anthropology. Departament of Sociology and Anthropology.The Pennsylvania
        State University.University Park, Pennsylvania.
SANDERS,WILLIAM T.PARSONS,JEFFREYSANTLEY, ROBERT
1979   *The Basin of Mexico:The Cultural Ecology of a Civillization.*Academic Press,New
        York
SCHELE,LINDA ET AL.
1990   *A Forest of Kings:The untold history of ancient maya.* William Morrow and Co,New
        York.
SEJOURNE,L.
1959   *Un Palacio en la Ciudad de los Dioses: Exploraciones en Teotihuacan 1955-58.*
        Ciudad de México INAH.
ibidem.
1966   *Arqueologia de Teotihuacan ; La cerámica.*FCE,México D.F.

STOREY,REBECCA
  1992   *Life and death in the ancient city of Teotihuacan.A modern paleodemographic synthesis.*Tuscaloosa,Alabama University Press
VIDARTE DE LINARES,JUAN
  1964   *Exploraciones arqueológicas en el Rancho de la Ventilla.* Archivo técnico Departamento de Monumentos Prehispánicos.Informe Mecanoscrito.INAH.

ESPAÑA Y AMÉRICA: EL ENCUENTRO DE DOS SISTEMAS ALIMENTARIOS

María de los Angeles Pérez Samper
Universidad de Barcelona

El descubrimiento de América en 1492, que se produjo precisamente en el curso de la búsqueda de una nueva ruta hacia la tierra de las especias, dio lugar a una de las más extraordinarias ocasiones de toma de contacto de diferentes sistemas alimentarios en la historia de la humanidad, no sólo por sus consecuencias más inmediatas, que permiten observar el momento del encuentro y la compleja y ambivalente reacción ante la novedad, por una y otra parte, sino sobre todo por las notables consecuencias a largo plazo que la toma de contacto tuvo para la alimentación del Nuevo y el Viejo Mundo, tras un largo y complicado proceso de incorporación de los nuevos productos a los respectivos sistemas alimentarios de una y otra parte del océano.[1]

Desde los viajes de Colón y de manera paulatina a medida que iba desplegándose el descubrimiento y la conquista, las Indias fueron dando a conocer a españoles y europeos plantas y animales que sorprendían por su rareza. En muchos casos se trataba de alimentos y condimentos. Desde las cartas de Colón los relatos de los descubridores, conquistadores, funcionarios y misioneros se esmeraron en presentar todos y cada uno de los nuevos hallazgos.

Pedro Mártir de Anglería en sus *Décadas del Nuevo Mundo* justificaba su interés en recoger los pequeños detalles de las costumbres indígenas invocando a Plinio y otros «sabios insignes»:

---

1. Sobre el proceso de integración de los productos americanos en los sistemas alimentarios mediterráneos vid mi ponencia al congreso «La Mediterrànea, àrea de convergència de sistemes alimentaris (segles V-XVIII), celebrado en Palma de Mallorca del 29 de noviembre al 2 de diciembre de 1995. Actas en prensa.

«Con las cosas ilustres mezclaban otras oscuras, pequeñas con las grandes, menudas con las gordas, a fin de que la posteridad, con motivo de las cosas principales, disfrutara del conocimiento de todas, y los que atendían a asuntos particulares y gustaban de novedades pudieran conocer regiones y comarcas particulares, y los productos de las tierras, y las costumbres de los pueblos, y la naturaleza de las cosas.»[2]

Gonzalo Férnandez de Oviedo, citando igualmente a Plinio, manifestaba una intención similar en la «Dedicatoria» del *Sumario de la natural historia de las Indias*, publicado en 1526:

«Imitando al mismo (Plinio), quiero yo, en esta breve suma, traer a la real memoria de vuestra majestad lo que he visto en vuestro imperio occidental de las Indias, islas y tierra-firme del mar Océano (...) E primeramente trataré del camino y navegación, y tras aquesto diré de la manera de gente que en aquellas partes habitan; y tras esto, de los animales terrestres y de las aves y de los ríos y fuentes y mares y pescados, y de las plantas y yerbas y cosas que produce la tierra, y de algunos ritos y ceremonias de aquellas gentes salvajes.»[3]

Poco a poco los cronistas hicieron un esfuerzo por clasificar los nuevos productos, y entre ellos los productos alimenticios, en función de su semejanza y de su diversidad, de acuerdo con los puntos de referencia y patrones culturales de origen. Así el maíz era descrito comparando sus granos a los garbanzos y sus panochas a las del panizo. De las tortillas de maíz que comían los mexicanos se decía que eran una especie de pan, invocando a la tradición alimentaria mediterránea. El pimentón era una especie de pimienta. El pavo era como una gallina grande, similar al pavo real, del que tomó el nombre. Las judías se parecían a las habas, la legumbre más común en la época medieval.

Los cronistas no sólo recogían información sobre los nuevos productos alimenticios, plantas y animales, que iban conociendo, también reunían numerosas noticias sobre las costumbres alimentarias de los pueblos indígenas, anotando los productos que consumían, la forma de prepararlos y condimentarlos y la manera de presentarlos.

Anglería al relatar el primer viaje de Colón recogía ya interesantes noticias sobre la alimentación de los pueblos del Caribe, refiriéndose a los ages, la yuca y el maíz y tratando de establecer comparaciones con los productos españoles y europeos:

«Estos (indios) pacíficos se alimentan con raíces, semejantes a nuestros nabos, ya en el tamaño, ya en la forma, pero de gusto dulce, semejantes a la castaña tierna; ellos les llaman ages. Hay otra clase de raíz que llaman yuca, y de ésta hacen pan; pero los ages más los usan asados o cocidos que para hacer pan, y la yuca, cortándola y comprimiéndola, pues es jugosa, la amasan y la cuecen en tortas. Y esto es lo admirable: dicen que el jugo de la yuca es más mortífero que el acónito, y que bebiéndolo mata al punto; pero el pan de esa masa todos han experimentado que es sabroso y saludable.
El pan lo hacen también, con poca diferencia, de cierto trigo harinoso, de que tienen mucha abundancia los de la Insubria y los granadinos españoles. La panocha tiene de larga más de un palmo, tira a formar punta, y tiene casi el grueso del brazo. Los granos están admirablemente dispuestos por naturaleza: en la forma y el tamaño se parecen a la legumbre alverjón;

2. Pedro Mártir de ANGLERIA: *Décadas del Nuevo Mundo*, Buenos Aires, Ed. Bajel, 1944, p. 280.
3. Gonzalo FERNANDEZ DE OVIEDO: *Sumario de la natural historia de las Indias*, Madrid, Historia 16, 1986, Edición de Manuel Ballesteros, ps. 47-49.

de verdes están blancos: cuando maduran se ponen muy negros; molidos son más blancos que la nieve. A esta clase de trigo le llaman maíz.»[4]

Gonzalo Fernández de Oviedo en el *Sumario de la natural historia de las Indias* y en la *Historia general y natural de las Indias* también recogía abundante información sobre la dieta alimentaria de los indígenas, fijándose especialmente en el maíz y la yuca, que consideraba como base de la alimentación americana, influenciado por el papel predominante del pan en la alimentación española. Sobre el maíz escribía:

«Cogido este pan y puesto en casa, se come de esta manera: en las islas comíanlo en grano tostado, o estando tierno casi en leche; y después que los cristianos allí poblaron, dase a los caballos y bestias de que se sirven, y esles muy grande mantenimiento; pero en Tierra-Firme tienen otro uso de este pan los indios, y es de esta manera: las indias especialmente lo muelen en una piedra algo concavada, con otra redonda que en las manos traen, a fuerza de brazos, como suelen los pintores moler los colores, y echando de poco en poco poca agua, la cual así moliendo se mezcla con el maíz, y sale de allí una manera de pasta como masa, y toman un poco de aquello y envuélvenlo en una hoja de yerba, que ya ellos tienen para esto, o en una hoja de la caña del propio maíz o otra semejante, y échanlo en las brasas, y ásase, y endurécese, y tórnase como pan blanco y hace su corteza por desuso, y de dentro de este bollo está la miga algo más tierna que la corteza; y hase de comer caliente, porque estando frío ni tiene tan buen sabor ni es tan bueno de mascar, porque está más seco y áspero. También estos bolos se cuecen, pero no tienen tan buen gusto; y este pan, después de cocido o asado, no se sostiene sino muy pocos días, y luego, desde a cuatro o cinco días, se mohece y no está de comer.»[5]

El otro producto que Fernández de Oviedo destacaba en la alimentación indígena era la yuca:

«Hay otra manera de pan que se llama cazabe, que se hace de unas raíces de una planta que los indios llaman yuca (...) y para hacer pan de ella, que llaman cazabe, rállanla, y después aquello rallado, extrújanlo en un cibucan, que es una manera de talega, de diez palmos o más de luengo, y gruesa como la pierna, que los indios hacen de palmas, como estera tejida, y con aquel dicho cibucan torciéndole mucho, como se suele hacer cuando de las almendras majadas se quiere sacar la leche, y aquel zumo que salió de esta yuca, y es mortífero y potentísimo veneno, porque con un trago súbito mata; pero aquello que quedó después de sacado el dicho zumo o agua de la yuca, y que queda como un salvado liento, tómanlo, y ponen al fuego una cazuela de barro llana, del tamaño que quieren hacer el pan, y está muy caliente, y no hacen sino desparcir de aquella cibera exprimida muy bien, sin que quede ningún zumo en ella, y luego se cuaja y se hace una torta del gordor que quieren, y del tamaño de la dicha cazuela en que la cuecen, y como está cuajada, sácanla y cúranla, poniéndola algunas veces al sol, y después la comen, y es buen pan; pero es de saber que aquella agua que primero se dijo que había salido de la dicha yuca, dándole ciertos hervores y poniéndola al sereno ciertos días, se torna dulce, y se sirven y aprovechan de ella como de miel o otro licor dulce, para lo mezclar con otros manjares; y después también tornándola a hervir y serenar, se torna agrio aquel zumo, y sirve de vinagre en lo que le quieren usar y comer, sin peligro alguno. Este pan de cazabe se sostiene un año y más, y lo llevan de unas partes a otras muy lejos, sin se corromper ni dañar, y aun también por el mar es buen mantenimiento, y se navega con él por todas aquellas partes y islas y Tierra-Firme, sin que se dañe si no se moja. Esta yuca de este género, que el zumo de ella mata, como es dicho, la hay en gran cantidad en las islas de San Juan y Cuba y Jamai-

4. ANGLERIA: ob. cit., p. 8.
5. FERNANDEZ DE OVIEDO: *Sumario de la natural historia de las Indias*, p. 61.

ca y la Española; pero también hay otra que se llama boniata, que no mata el zumo de ella, antes se come la yuca asada, como zanahoria, y en vino y sin él, y es buen manjar; y en Tierra-Firme toda la yuca es de esta boniata, y yo la he comido muchas veces, como he dicho, porque en aquella tierra no curan de hacer cazabe de ella todos, sino algunos, y comúnmente la comen de la manera que he dicho, asada en el rescoldo de la brasa, y es muy buena.»[6]

Los primeros pueblos indios con que se encontraron los españoles eran habitantes de las islas del Caribe y en su alimentación el pescado también ocupaba un lugar importante. Navegando Colón por las costas de Cuba en su segundo viaje, narra Anglería un anécdota que es bien reveladora, no sólo de la importancia del pescado en la dieta indígena, sino de las diferencias culturales y sociales en el valor otorgado a los alimentos. Las iguanas, a las que el cronista llama «serpientes», que eran el manjar más apreciado por los indios, reservado a los privilegiados, eran, en cambio, rechazadas por los españoles:

«Recorriendo las costas del puerto, vió no lejos de la orilla dos chozas de paja, y en muchos lugares fuego encendido, e hizo bajar a tierra algunos hombres armados que fueran a las casetas. Bajaron, y no encontraron a nadie; pero hallaron puestas al fuego en asadores de madera unas cien libras de pescado, y con el mismo pescado dos serpientes de a ocho pies. Llenos de admiración miran alrededor por si ven algunos indígenas, sin que se divisara nadie en todo lo que se extendía la vista (pues al acercarse los nuestros se habían refugiado en las montañas los dueños del pescado).
Sentáronse y disfrutaron contentos de los peces cogidos con ajeno trabajo, dejando las serpientes, las cuales afirman que en nada absolutamente se diferencian de los cocodrilos de Egipto sino en el tamaño; pues de los cocodrilos dice Plinio que se encontraron algunos de dieciocho codos, pero las mayores de estas serpientes tienen ocho pies.
Después de bien comidos, penetrando en el próximo bosque encontraron varias serpientes de esas colgadas de los árboles con cuerdas, que unas tenían la boca atada con cordeles, otras quitados los dientes.
Después (...) vieron como setenta hombres en la cima de cierto peñasco alto (...) bajaron de las rocas a las naves unos setenta: trabaron amistad, y el Almirante les hizo regalos y entendió que eran pescadores, enviados a pescar por su rey, que preparaba a otro rey solemne convite. Llevaron a bien y se alegraron de que la gente del almirante se hubiera comido el pescado puesto a la lumbre, supuesto que habían dejado las serpientes; pues no hay vianda alguna que estimen tanto como las serpientes aquellas, tanto que los plebeyos no pueden comerlas, como entre nosotros pasa con los faisanes o pavos; pero peces dijeron que aquella noche cogerían otros tantos.
Preguntados que por qué se disponían a asar los peces que habían de llevar a su rey, respondieron que por podérselos presentar frescos e incorruptos.»[7]

Sin embargo, no pasaría mucho tiempo hasta que algún español especialmente aventurero se arriesgara a probar el manjar indígena, con gran éxito.

La entrada en contacto de ambos mundos quedó marcada por el deslumbramiento provocado por la novedad. Pero los españoles que llegaban a las Indias contemplaban la nueva realidad desde fuera, con sorpresa. Y la interpretaban desde la superioridad que les otorgaba el pleno convencimiento que tenían de pertenecer a una civilización superior que les autorizaba a dominar el mundo. Los pueblos indios, y naturalmente también su alimentación, eran en general considerados como bárbaros o primitivos, inferiores a los europeos.

---

6. FERNANDEZ DE OVIEDO: *Sumario de la natural historia de las Indias*, ps. 61-63.
7. ANGLERIA: ob. cit., ps. 34-35.

Uno de las principales argumentos utilizados para probar la barbarie indígena era el canibalismo. Comer carne humana era para los españoles una prueba contundente de la inferioridad de los indios, un testimonio de su deshumanización. Si comían a otros hombres no podían ser plenamente humanos.[8] Colón desde el primer viaje oyó hablar de los indios comedores de hombres. Cuando los llegó a conocer comentaba significativamente que semejante dieta dejaba su marca sobre la figura de los indígenas. En su relación del cuarto viaje escribió: «Otra gente hallé, que comían hombres: la desformidad de su gesto lo dice.»[9]

Los cronistas recogían con horror y una cierta morbosidad las noticias de canibalismo. Pedro Mártir de Anglería al relatar el primer viaje de Colón escribía:

«Adquirieron noticias de que no lejos de aquellas islas, había otras de ciertos hombres feroces que se comen la carne humana, y contaron después que esa era la causa de que tan temerosos huyeran de los nuestros cuando se acercaron a sus tierras, pensando que serían caníbales; así llaman a aquellos feroces, o caribes.
Dejaron al lado del Mediodía las islas de estos obscenos, casi a mitad de camino de estas islas. Estos pacíficos se quejan de que los caníbales asaltan perpetuamente sus islas para robarlos con continuas acometidas, no de otro modo que en los bosques los cazadores persiguen a las fieras con violencia y con trampas. A los niños que cogen, los castran como nosotros a los pollos o cerdillos que queremos criar más gordos y tiernos para comerlos; cuando se han hecho grandes y gordos, se los comen; pero a los de edad madura, cuando caen en sus manos, los matan y los parten; los intestinos y las extremidades de los miembros se las comen frescas, y los miembros los guardan para otro tiempo, salados, como nosotros los perniles de cerdo. El comerse las mujeres es entre ellos ilícito y obsceno; pero si cogen algunas jóvenes las cuidan y conservan para la procreación, no de otra manera que nosotros las gallinas, ovejas, terneras, y demás animales.»[10]

En el segundo viaje colombino Anglería insiste en el tema, describiendo las casas de los caníbales:

«Entrados en las casas, echaron de ver que tenían vasijas de barro de toda clase: jarros, orzas, cántaros y otras cosas así, no muy diferentes de las nuestras, y en sus cocinas carnes humanas cocidas con carne de papagayo y de pato, y otras puestas en los asadores para asarlas. Rebuscando lo interior y los escondrijos de las casas, se reconoció que guardaban cada uno con sumo cuidado los huesos de las tibias y los brazos humanos para hacer las puntas de las saetas, pues las fabrican de hueso porque no tienen hierro. Los demás huesos, cuando se han comido la carne, los tiran. Hallaron también la cabeza de un joven recién matado colgada de un palo, con la sangre aún húmeda.[11]

El mismo horror manifestará Bernal Díaz del Castillo, que insistía repetidamente sobre los sacrificios rituales de los aztecas:

«Y llegado el Pedro de Alvarado a los pueblos, todos estaban despoblados de aquel mismo día, y halló sacrificados en unos cues hombres y muchachos, y las paredes y altares de sus

8. Vid Anthony PAGDEN: *La caída del hombre natural. El indio americano y los orígenes de la etnología comparativa*, Madrid, Alianza Editorial, 1988, ps. 118-130. Sobre el canibalismo en el Viejo Mundo en la época medieval vid el interesante artículo de Pierre BONNASSIE: «Consommation d'alimens immondes et cannibalisme de survie dans l'Occident du haut Moyen Age» en *Annales. Economies, Sociétés, Civilisations*, nº 44, septiembre-octubre de 1989.
9. Cristóbal COLON: *Diario. Relaciones de viajes*, Madrid, Sarpe, 1985, p. 219.
10. ANGLERIA: ob. cit., p. 7.
11. ANGLERIA: ob. cit., p. 15.

ídolos con sangre y los corazones presentados a los ídolos; y también hallaron las piedras sobre que los sacrificaban, y los cuchillazos de pedernal con que los abrían por los pechos para sacarles los corazones. Dijo el Pedro de Alvarado que habían hallado en todos los más de aquellos cuerpos muertos sin brazos y piernas, e que dijeron otros indios que los habían llevado para comer, de lo cual nuestros soldados se admiraron mucho de tan grandes crueldades.»[12]

En el extremo opuesto, cuando los conquistadores entraron en contacto con civilizaciones indígenas avanzadas, no dejaron de manifestar una cierta admiración hacia la alimentación, diferente pero abundante y variada, de las clases privilegiadas. Un caso muy indicativo será la conocida descripción que Bernal Díaz del Castillo hizo de la comida del emperador Moctezuma:

«En el comer, le tenían sus cocineros sobre treinta maneras de guisados, hechos a su manera y usanza, y teníanlos puestos en braseros de barro chicos debajo, porque no se enfriasen, y de aquello que el gran Montezuma había de comer guisaban más de trescientos platos, sin más de mil para la gente de guarda; y cuando había de comer salíase el Montezuma algunas veces con sus principales y mayordomos y le señalaban cuál guisado era mejor, y de qué aves y cosas estaba guisado, y de lo que le decían de aquello había de comer, y cuando salía a lo ver eran pocas veces y como por pasatiempo. Oí decir que le solían guisar carnes de muchachos de poca edad, y como tenía tantas diversidades de guisados y de tantas cosas, no lo echábamos de ver si era de carne humana o de otras cosas, porque cotidianamente le guisaban gallinas, gallos de papada, faisanes, perdices de la tierra, codornices, patos mansos y bravos, venado, puerco de la tierra, pajaritos de caña, y palomas y liebres y conejos, y muchas maneras de aves e cosas que se crían en estas tierras, que son tantas que no las acabaré de nombrar tan presto. E ansí no miramos en ellos; más sé que ciertamente desde que nuestro capitán le reprendía el sacrificio y comer de carne humana, que desde entonces mandó que no le guisasen tal manjar. (...) Traíanle fruta de todas cuantas había en la tierra, mas no comía sino muy poca de cuando en cuando. Traían en unas como a manera de copas de oro fino con cierta bebida hecha del mismo cacao; decían que era para tener acceso con mujeres, y entonces no mirábamos en ello; mas lo que yo ví que traían sobre cincuenta jarros grandes, hechos de buen cacao, con su espuma, y de aquello bebía (...) estábamos admirados del gran concierto y abasto que en todo tenía (...) le servían al Montezuma, estando a la mesa cuando comía (...) tortillas, amasadas con huevos y otras cosas substanciosas, y eran muy blancas las tortillas, y traíanselas en unos platos cobijados con sus paños limpios, y también le traían otra manera de pan, que son como bollos largos hechos y amasados con otra manera de cosas substanciales, y pan pachol, que en esta tierra así se dice, que es a manera de unas obleas...»[13]

Pero, entre el horror del canibalismo y la admiración hacia los suntuosos banquetes del emperador azteca, los españoles, convencidos de su superioridad, despreciaron en general la dieta alimentaria de los habitantes del Nuevo Mundo, que consideraban inferior. Nunca pretendieron adaptarse a la alimentación indígena y, en consecuencia, el sistema alimentario español fue inmediatamente trasplantado a América. Según anotaba Anglería en su libro *Décadas del Nuevo Mundo*, en el segundo viaje colombino ya se cargaron en los barcos numerosos animales y plantas para la alimentación de los españoles que iban al Nuevo Mundo y no sólo para su consumo inmediato, sino para criarlos y sembrarlos, con el

12. Bernal DIAZ DEL CASTILLO: *Historia verdadera de la conquista de la Nueva España*, México, Espasa Calpe, 1955, p. 92.
13. DIAZ DEL CASTILLO: ob. cit., ps. 192-193.

fin de asegurar la continuación de las costumbres alimentarias españolas en las nuevas tierras:

«El Prefecto prepara, para sacar crías, yeguas, ovejas, terneras y otras muchas con los machos de su especie; legumbres, trigo, cebada y demás semillas como éstas, no sólo para comer, sino también para sembrar. Llevan a aquella tierra vides y plantas de otros árboles nuestros que no hay allá; pues en aquellas islas no encontraron ningún árbol conocido, fuera de pinos y palmas, y éstas altísimas y admirablemente duras, grandes y rectas por la riqueza del suelo, y también otros muchos árboles que crían frutos desconocidos. Refieren que aquella tierra es la más fértil de cuantas las estrellas rodean.»[14]

Los productos llevados a América se aclimataron perfectamente de inmediato y la fertilidad de la tierra hizo posible que se obtuvieran buenas cosechas. Anglería, hablando de la isla La Española, elogiaba la fertilidad del suelo, en que prosperaban los nuevos productos traídos de España:

«Escucha la relación que ellos hacen de la fertilidad de aquel valle y la benignidad de aquel suelo. A la orilla de ese río muchos han amojonado huertos para cultivarlos, de los cuales todo género de verduras, como rábanos, lechugas, coles, borrajas y otras semejantes, a los dieciséis días de haberlas sembrado las han cogido en regular sazón; los melones, calabazas, cohombros y cosas así los cogieron a los treinta y seis días, y decían que jamás los habían comido mejores. Estas hortalizas las tienen recientes todo el año. Raíces de las cañas de cuyo jugo se saca el azúcar, aunque sin jugo que se coagule, criaron hasta en quince días cañas de a codo. De las vides o pámpanos que plantaron, dicen asimismo que, a los dos años de puestas, comieron de ellas buenas uvas, pero que por la excesiva frondosidad echan pocos racimos. Además un campesino sembró un poco de trigo hacia primeros de Febrero, y ¡cosa admirable!, a la vista de todos llevó consigo a la ciudad un manojo de espigas sazonadas el día 30 de Marzo, que aquel año era vigilia de la Resurrección del Señor. Las legumbres maduran todas dos veces al año.
He escrito lo que todos los que de allá vuelven han contado unánimes de la fecundidad de aquella tierra. Sin embargo, algunos dicen que, en general, no lleva bien el trigo.»[15]

Ya desde el primer momento los productos que componían la alimentación de los indios les parecieron a los españoles inferiores y menos nutritivos y los desecharon. El afán de los descubridores era seguir disponiendo de los productos básicos en su dieta habitual y especialmente el trigo, pues el pan era el centro de la alimentación española de la época. El mismo Pedro Mártir de Anglería, refiriéndose al sustento de los primeros colonizadores de La Española, señalaba la inferioridad del maíz y del cazabe frente al trigo:

«Reconocen que el pan de la isla es de poco alimento para los que están acostumbrados a nuestro pan de trigo, y que por este camino se debilitan las fuerzas de los hombres. Por eso el Rey ha mandado, hace poco, que siembren (trigo) en diversos lugares y en varios tiempos del año...»[16]

En los primeros años se enviaba a América todo género de víveres y rápidamente se introdujeron en las nuevas tierras conquistadas los productos tradicionales españoles, especialmente la tríada mediterránea, trigo, vid y olivo. En 1525

---

14. ANGLERIA: ob. cit., p. 11.
15. ANGLERIA: ob. cit., p. 30.
16. ANGLERIA: ob. cit., p. 107.

el embajador veneciano Andrea Navagero en su *Viaje por España* escribía: «Toda la tierra alrededor de Sevilla es muy hermosa y abundante de trigo, vino, aceite y de otras muchas cosas.(...) Todo el vino y el trigo que aquí se cría se manda a las Indias...»[17] Aunque Navagero no lo dice también se enviaba gran cantidad de aceite. Durante toda la primera mitad del siglo XVI una parte importante del comercio español con las Indias estaba formada por productos alimenticios, especialmente los ya citados, trigo, vino y aceite, también ganado de todas clases. Después, a medida que los cultivos y los ganados se extendieron en la propia América, el comercio de estos productos descendió.[18]

A mediados del siglo XVI Bernal Díaz del Castillo, en su *Historia verdadera de la conquista de la Nueva España*, atestiguaba el éxito de los productos europeos en México:

> «... (los indios) labradores de su naturaleza lo son antes que viniésemos a la Nueva España, y agora crían ganado de todas suertes y doman bueyes y aran las tierras, y siembran trigo, y lo benefician y cogen, y lo venden, y hacen pan y biscocho, y han plantado sus tierras y heredades de todos los árboles y frutas que hemos traído de España y venden el fruto que procede dellos...»[19]

Gonzalo Fernández de Oviedo, en su *Historia General y Natural de las Indias*, de 1535, ensalzaba la rápida difusión en América de los productos procedentes de España:

> «¿En cual tierra se oyó ni se sabe que en tan breve tiempo, y en tierras tan apartadas de nuestra Europa, se produciesen tantos ganados e granjerías, y en tanta abundancia como en estas Indias ven nuestros ojos, traídas acá por tan amplísimos mares? Las cuales ha rescebido esta tierra no como madrastra, sino como más verdadera madre que las que se las envió; pues en más cantidad e mejor que en España se hacen algunas dellas, así de los ganados útiles al servicio de los hombres como de pan, y legumbres, e fructas, y azúcar, y cañafistola; cuyo principio destas cosas, en mis días salió de España, y en poco tiempo se han multiplicado en tanta cantidad, que las naos vuelven a Europa a la proveer cargadas de azúcar, e cañafistola y cueros de vacas.»[20]

Hablaba repetidamente el cronista del tema a lo largo de la obra, por ejemplo, trata de la proliferación de los naranjos, limoneros y otros árboles frutales[21] y de diversas verduras como el apio, el culantro, las zanahorias y los nabos.[22] Todavía mayor énfasis ponía en la extensión de los ganados de todas clases. Sobre los cerdos escribía:

---

17. José GARCIA MERCADAL: *Viajes de extranjeros por España y Portugal*, Madrid, Aguilar, 1952, vol. I, p. 851.

18. Para los datos detallados de la significación de los productos alimenticios en el comercio español con América vid la monumental obra de Pierre CHAUNU: *Seville et l'Atlantique. 1504-1650*, París, 1955-1959, 12 vols. Muy útil resulta el resumen *Sevilla y América (siglos XVI-XVII)*, Sevilla, 1983.

19. DIAZ DEL CASTILLO; ob. cit., p. 669.

20. Gonzalo FERNANDEZ DE OVIEDO: *Historia General y Natural de las Indias*, Madrid, Biblioteca de Autores Españoles, 1959, 5 vols. Edición y estudio preliminar de Juan Pérez de Tudela Bueso. Vol. I, p. 8.

21. FERNANDEZ DE OVIEDO: *Historia General y Natural de las Indias*, vol. I, ps. 245 y ss.

22. FERNANDEZ DE OVIEDO: *Historia General y Natural de las Indias*, vol. III, p. 328.

«Con estas dos naos se había juntado otra en la mar, que iba de la Nueva España cargada de tocinos: que es otra cosa nueva e para se notar, porque no ha quince años que ningún puerco había de los de España, e de los que pasaron de estas islas se han hecho tantos e tan grandes hatos, e innumerables monteses, que ya las naos cargan de los tocinos.»[23]

Un viajero extranjero, Leonardo Donato, en su *Relación de España* de 1573, al tratar de las Indias señalaba esta exportación del sistema alimentario español a las nuevas tierras americanas, no para los indígenas, sino para satisfacción de los colonizadores, que querían continuar su estilo de vida tradicional:

«Los víveres de este nuevo mundo bien se puede fácilmente creer que sean por sí mismos suficientes a las necesidades de sus habitantes, porque por tantos millares de años que han estado fuera de nuestro conocimiento han vivido así como hasta el presente y quizá con más abundancia de la que tienen ahora. Todavía, por delicadeza, no por necesidad de los españoles que allí han ido, los cuales parece que no se sabían acostumbrar al pan de maíz que el país produce, se acostumbra llevar allí de España alguna cantidad de centeno, de vino y alguna cosa que en las Indias no haya. Pero, como he dicho, esto no se hace ya por necesidad, sino más bien por mayor comodidad de los nuevos habitantes.»[24]

Pero los españoles que se habían ido a las Indias, descubridores, conquistadores, colonizadores, no podían dejar de tomar contacto con la alimentación americana, por motivos varios, desde la simple curiosidad ante lo desconocido, hasta la extrema necesidad, para poder sobrevivir al terminarse sus víveres, situación muy frecuente en los primeros tiempos del descubrimiento y durante las expediciones de conquista. Incluso a veces por afán de conocimiento científico, como será el caso de la expedición de Francisco Hernández a Nueva España durante el reinado de Felipe II.[25]

Un ejemplo muy típico de curiosidad ante lo nuevo es el caso de la iguana. A pesar de hallarse revestida del prestigio de ser un plato muy apreciado por los indígenas, reservado a los poderosos, primero era rechazada como alimento por los españoles, pero acabaría por ser probada con muy buenos resultados gastronómicos. El relato que Anglería hace de la primera oportunidad en que los españoles comieron iguanas en la isla de La Española, entre el segundo y el tercer viaje de Cristóbal Colón, resulta muy revelador. Ofrece un valioso testimonio del modo en que superaron la barrera que separaba el recelo y hasta la repugnancia ante el alimento desconocido –de connotaciones claramente desagradables para personas en cuya civilización el consumo de reptiles se rechazaba en condiciones ordinarias–, del placer en la degustación de un nuevo plato, de sabor diferente y atractivo, incluso exquisito, hasta el extremo de convertirse los degustadores en fervorosos adeptos del nuevo manjar. Además proporciona interesante información sobre el modo de cocinar las iguanas entre los pueblos indígenas:

«Aprendieron más tarde que esas serpientes nacen en la isla, y los nuestros hasta ahora no se habían atrevido a gustarlas por su fealdad, que parecía causar horror, no sólo asco. El

23. FERNANDEZ DE OVIEDO: *Historia General y Natural de las Indias*, vol. V, p. 320
24. GARCIA MERCADAL: ob. cit., vol. I, p. 1237.
25. José M. LOPEZ PIÑERO: «Francisco Hernández: La primera expedición científica a América» en José M. LOPEZ PIÑERO; José Luis FRESQUET FEBRER; María Luz LOPEZ TERRADA; José PARDO TOMAS: *Medicinas, drogas y alimentos vegetales del Nuevo Mundo. Textos e imágenes españolas que los introdujeron en Europa*, Madrid, Ministerio de Sanidad y Consumo, 1992, ps. 197-315.

Adelantado (Bartolomé Colón), inducido por el gracejo de la hermana del cacique, determinó catarlas poco a poco; pero apenas el sabor de aquella carne comenzó a gustar al paladar y garganta parecía que las deseaba a boca llena. Después ya no las probaba con la punta de los dientes o aplicando apenas los labios, sino que, habiéndose hecho todos glotones, de nada hablaban ya sino del grato sabor de las serpientes y de que tales viandas eran más exquisitas que no lo son entre nosotros las de pavo, faisán y perdiz.

Pero si no se guisan de un modo determinado pierden el sabor, como los pavos y faisanes como no se rebocen con lardo y se asen en asadores. Abriéndolas desde el cuello hasta la ingle, lavadas y limpiadas con esmero, presentadas después en círculo a modo de culebra que duerme enroscada, las ponen apretadas en una olla que con ella quede llena, echándoles encima un poco de agua con pimienta de la isla, y poniendo debajo fuego tenue de cierta leña olorosa y que no hace humo. Del abdomen así destilado se hace un caldo como néctar, según dicen, y cuentan que no hay género alguno de viandas igual a los huevos de las mismas serpientes, que se digieren por sí solos y fácilmente. Así cocidas y frescas gustan mucho, y guardándolas algunos días están sabrosísimas. Basta de comidas, vamos a otra cosa.»[26]

El ejemplo de la iguana es revelador de la ambivalente actitud humana ante un alimento nuevo. Al producirse el encuentro con un sistema alimentario diferente y desconocido entra en juego una dialéctica de atracción y rechazo, característica de la condición omnívora del ser humano. Atracción por lo nuevo, que supone ampliar y diversificar los tradicionales recursos alimentarios y que lleva a investigar productos, a aclimatarlos y cultivarlos, a comerciar con ellos, a integrarlos en el sistema culinario. Pero, a la vez, recelo y en ocasiones hasta rechazo, hacia lo que es desconocido y potencialmente peligroso, que pertenece a otro sistema alimentario diferente, y en el caso de América considerado primitivo e inferior, y que frecuentemente no se sabe como integrar en el sistema culinario propio.[27]

El alimento es además de una necesidad biológica un signo social que puede alcanzar significados diversos y que se utiliza frecuentemente como elemento para establecer relación. En muchos casos eran los indios los que salían al encuentro de los españoles para ofrecerles sus productos como un regalo y un homenaje, sobre todo en los primeros momentos. El domingo 14 de octubre de 1492 Cristóbal Colón escribía en su diario:

«... la gente que venía todos a la playa llamándonos y dando gracias a Dios. Los unos nos traían agua, otros cosas de comer; otros, cuando veían que yo no curaba de ir a tierra, se echaban a la mar nadando y venían y entendíamos que nos preguntaban si éramos venidos del cielo. Y vino uno viejo en el batel dentro, y otros a voces grandes llamaban todos, hombres y mujeres: «Venid a ver a los hombres que vinieron del cielo, traedles de comer y beber».[28]

Anglería narra múltiples ejemplos, deteniéndose en algunos de ellos en comentar la calidad de los nuevos sabores que se ofrecían a sus paladares:

«... y los indígenas de ambos sexos depuesto todo temor, con rostro alegre, le llevaban dones (como que no había molestado a nadie en su venida): unos, loros; otros pan, agua, conejos, pero principalmente palomas torcaces, mayores que las nuestras, las cuales el Almirante dice que fueron de mejor sabor y gusto que nuestras perdices; por lo cual, como quiera que al comer advirtieran que de ellas se exhalaba cierto olor aromático, mandó que a algunas, acaba-

26. ANGLERIA: ob. cit., p. 57-58.
27. Claude FISCHLER: El (h)omnívoro. El gusto, la cocina y el cuerpo. Barcelona, Anagrama, 1995.
28. COLON: ob. cit., 45.

das de matar las abrieran la garganta, y encontró los buches llenos de flores olorosas, y dedujeron que de estas provenía aquel gusto nuevo de las torcaces; pues es conforme el creer que las carnes de los animales absorben la naturaleza del alimento.»[29]

Aparte de los presentes espontáneos, pronto los indígenas comprendieron lo que deseaban los españoles y para propiciar su ánimo, además de los tributos exigidos, les ofrecían toda clase de regalos, entre ellos muchos alimentos, incluídos los más apreciados:

«Encontró allí a treinta y dos régulos reunidos en la corte de Beuchío Anacauchoa, que esperaban con los tributos, los cuales, a más de las gabelas mandadas, para ganarse la benevolencia de los nuestros llevaron regalos muy grandes de ambas clases de pan, a saber: del de raíces y del de trigo e innumerables hutias, esto es, conejos insulares y pescados, y para que no se corrompieran o pudrieran los llevaron asados, y de las serpientes que arriba dijimos obtienen el primer lugar entre las cosas de comer, y que son muy semejantes a los cocodrilos: las llaman *yuanas*.»[30]

Para conseguir comida los españoles recurrían también al intercambio con los indios. Anglería al relatar las exploraciones de Alfonso Niño, de 1499-1500, escribía:

«Cría aquella tierra en abundancia ciervos, jabalíes, conejos, en el vello, en el color y en el tamaño semejantes a las liebres, y palomas y tórtolas: las mujeres crían en las casas patos y ánades, como entre nosotros. En los bosques revolteaban a cada paso los pavos (mas no pintados y de varios colores, pues el macho se diferencia poco de la hembra), y por los arbustos de las lagunas, los faisanes.
Son los curianos dispuestos cazadores, y matan fácilmente con certeros saetazos cualesquier cuadrúpedo o ave. Los nuestros pasaron allí muy bien algunos días, pues al que les llevaba un pavo le daban cuatro alfileres o pulseras; por un faisán, dos; por una paloma o tórtola, una; por un pato lo mismo o una cuenta de cristal. En esta permuta trataban replicando, regateando y dejándolo, igual que lo hacen nuestras mujeres cuando se enredan con los vendedores.»[31]

Al trueque recurrió también habitualmente Hernán Cortés en la conquista de Méjico. Según cuenta, por ejemplo, Bernal Díaz del Castillo, al narrar la llegada al río de Tabasco:

«... vinieron cerca de nosotros cuatro canoas, y en ellas obra de treinta indios, y luego se les mostró sartalejos de cuentas verdes y espejuelos y diamantes azules. (...) Entonces el capitán les dijo (...) que veníamos de lejanas tierras y eramos vasallos de un gran emperador que se dice don Carlos, el cual tiene por vasallos a muchos grandes señores y caciques, y que ellos le deben tener por señor, y que les iría muy bien en ello, y que a trueque de aquellas cuentas nos den comida y gallinas. Y respondieron dos dellos (...) y dijeron que darían el bastimento que decíamos y trocarían de sus cosas a las nuestras (...) Y trujeron pescado asado y gallinas, y frutas de zapotes y pan de maíz...»[32]

En otras muchas ocasiones los españoles, con frecuencia faltos de sustento y hambrientos, arrebataban por la fuerza a los indígenas sus alimentos para po-

---

29. ANGLERIA: ob. cit., p. 40.
30. ANGLERIA: ob. cit., p. 57.
31. ANGLERIA: ob. cit., p. 82.
32. DIAZ DEL CASTILLO: ob. cit, p. 36-37.

der comer, hasta el punto de dejarles a veces sin víveres y condenarles al hambre. Este recurso, muy común en la conquista, constituyó indudablemente una de las formas más extremas de la explotación de los pueblos indígenas por parte de los conquistadores.[33] Los ejemplos pueden ser también múltiples. Bernal Díaz del Castillo narra, por ejemplo, una de las ocasiones en que los conquistadores se avituallaron sobre el terreno:

> «... acordamos que fuese Pedro de Alvarado la tierra adentro a unos pueblos que teníamos noticia que estaban cerca, para que viese qué tierra era, y para traer maíz y algún bastimento, porque en el real pasábamos mucha necesidad; y llevó cien soldados y entre ellos quince ballesteros y seis escopeteros (...) que en aquellos pueblos los halló muy bastecidos de comida y despoblados de aquel día de indios, que no pudo hallar sino dos indios que le trujeron maíz; y ansí hubo de cargar cada soldado de gallinas y de otras legumbres, y volvióse al real sin más daño les hacer, aunque halló bien en qué, porque así se lo mandó Cortés, que no fuese como lo de Cozumel. Y en el real nos holgamos con aquel poco bastimento que trajo, porque todos los males y trabajos se pasan con el comer.»[34]

El expolio de los indios podía resultar contraproducente, si lo que se deseaba era controlar una región. En la conquista de México Cortés, fiel a su política de hacer aliados, procuraba en la medida de lo posible que sus hombres no se excedieran en la búsqueda de alimentos. Bernal Díaz del Castillo escribe al relatar la estancia en la isla de Cozumel:

> «Y desque (Cortés) vió el pueblo sin gente y supo cómo Pedro de Alvarado había ido al otro pueblo, e que les había tomado gallinas y paramentos y otras cosillas de poco valor de los ídolos, y el oro medio cobre, mostró tener mucho enojo dello (...) Y reprendióle gravemente al Pedro de Alvarado, y le dijo que no se habían de apaciguar las tierras de aquella manera tomando a los naturales su hacienda. (...) Y les mandó volver el oro y paramentos y todo lo demás, y por las gallinas, que ya se habían comido, les mandó dar cuentas y cascabeles, y más dió a cada indio una camisa de Castilla.»[35]

Ya desde los primeros tiempos de la presencia española en América, en determinadas circunstancias los indígenas, para alejar a los colonizadores españoles y evitar su asentamiento, llegaban a sacrificar las cosechas y reducirse al hambre, como un último y desesperado medio de defensa:

> «Preso Caunaboa con toda su familia, el Almirante determinó recorrer la isla (La Española); pero le informaron que había tal hambre entre los insulares que habían muerto ya más de cincuenta mil hombres, y que caían todos los días a cada paso, como reses de un rebaño apestado.
> Lo cual se supo que les aconteció por su malicia. Pues viendo que los nuestros querían escoger asiento en la isla, pensando ellos que podían echarlos de allí si faltaban los alimentos insulares, determinaron, no solamente abstenerse de sembrar y plantar, sino que cada uno comenzó en su provincia a destruir y arrancar las dos clases de pan que tenían sembrado (maíz

---

33. Ricardo PIQUERAS CESPEDES: «Sin oro y muertos de hambre: Fracaso y alimentación en la expedición de Pánfilo de Narvaez a la Florida» en *Boletín americanista*, 39-40, Barcelona, 1989-1990, ps. 175-184. Y «Aspectos alimentarios de la conquista: la Venezuela de los Welser» en *Conquista y resistencia en la Historia de América*, Barcelona, Universitat de Barcelona, 1992, ps. 77-88. Vid también tesis doctoral inédita, Universidad de Barcelona, 1995.
34. DIAZ DEL CASTILLO: ob. cit., p. 93.
35. DIAZ DEL CASTILLO: ob. cit., p. 56-57.

y yuca) del cual hicimos mención en el libro primero, pero principalmente entre los montes cibanos o cipangos, porque conocían que el oro en que aquella provincia abundaba era la causa principalísima que detenía a los nuestros en la isla.

Entretanto mandó (el Almirante) un capitán con escuadrón de armados que explorase el lado meridional de la isla. Entonces manifestó que todas las provincias que había recorrido sentían tal penuria de pan que, en el espacio de dieciséis días, nunca habían comido más que raíces de hierbas y de palmillas o frutas silvestres de árboles del monte. Guarionex, cuyo reino no estaba tan apretado del hambre como los demás, dió a los nuestros algunos alimentos.»[36]

Al margen de esta relación conflictiva, hay que destacar que hubo algunos productos americanos que tuvieron enorme éxito entre los españoles, por razones diversas. Sin cambiar su sistema alimentario los españoles buscaron un lugar para incorporar determinados alimentos y condimentos. Rápido fue, por ejemplo, el triunfo del pimiento, buen sustituto de la preciada, pero costosa, pimienta oriental, que alegraría la simple y rutinaria dieta de las clases populares, acompañando con frecuencia al imprescindible pan y realzando el sabor de los potajes y guisos. Mucho más significativo resultó el caso del chocolate, que triunfó de inmediato como bebida de prestigio. Rápidamente los españoles lo adaptaron a su gusto endulzándolo con azúcar.

El licenciado en medicina Juan de Cárdenas, en sus *Problemas y secretos maravillosos de las Indias* de 1591, explicaba con gran detalle la receta del chocolate, tal como lo consumían los españoles en América a fines del siglo XVI. Además de endulzarlo con miel y sobre todo con azúcar, a las especias tradicionales americanas le añadían otras venidas del Viejo Mundo. En España se seguiría básicamente la misma fórmula que primero había sido elaborada por los españoles en América, a partir de la bebida azteca original. Al chocolate se le atribuían todo género de excelencias gastronómicas y medicinales. Según escribía Cárdenas:

«... en esta preciosa y medicinal bebida entran, sin el cacao, especias que llaman de Castilla y otras que acá llamamos de la tierra. Las especias castellanas son canela, pimienta, anís, ajonjolí, etc. (...) de las indianas especias (...) se echa una especia que los indios llaman gueynazactle, así como los españoles orejuelas. (...) Esta especia digo que se echa en el chocolate muy sabia y acordadamente, lo primero por su buen olor, pues con él da gracia de fragancia y suavidad a esta bebida (...). Da asímismo un muy gracioso sabor, mediante el cual entra muy más en provecho lo que se bebe; también ayuda el gueynacaztle con su buena complexión (...) mediante todo lo cual conforta el hígado, ayuda a la digestión del estómago, destirpando toda ventosidad y malos humores (...)

Al gueynacaztle se sigue segundo en orden el mecasuchil, que (...) es en la composición (...) semejante al gueynacaztle, porque juntamente participa de alguna astricción con delicadeza de partes y no carece de buen olor, de todo lo cual le resulta no sólo calentar y consumir las humedades flemáticas, pero amigablemente confortar el hígado con mediano calor (...), y junto con esto da ganas de comer (...)

La tercera en orden y primera en suave y regalado olor es el llamado Tlixochil y nuestro romance vainillas olorosas, (...) añaden al chocolate un muy apazible y suve olor (...)

También se cuenta por especia el achiote (...) Echase el achiote en esta bebida así para darle un rojo y gracioso color, como para dar sustento y engordar al que la bebe (...) es una de las más saludables especias que lleva, así para desopilar como para provocar la regla y el sudor, salvo que, porque no dé mal sabor, de debe echar en cantidad muy templada, y de este modo, junto con hacer los dichos efectos, ayuda a quebrar la piedra de los riñones y despedir por la

---

36. ANGLERIA: ob. cit., p. 45.

orina todo humor grueso, y vuelvo a decir que se persuadan todos los que beben el chocolate que estas especias, que se han declarado, jamás hacen daño a nadie, echándose mayormente poco de cada cosa. Suelen algunas personas, por sentirse frías de estómago o de vientre, echar al chocolate unos chiles tostados y unos granos mayores de culantro seco, llamados pimienta de la tierra (...) ambas son calidísimas, y así se debe echar de ellas muy poca cosa o ninguna, si el cuerpo peca en demasiado calor (...)

(...) digo que todas las sobredichas especias, que en esta indiana y apetitosa bebida entran, se deben buscar frescas; no quiero decir acabadas de coger (...), sino que no sean añejas, pasadas de tiempo, mohosas y carcomidas, sino las mejores que en su género hallarse pueden; sólo el cacao se requiere añejo, porque mientras más añejo más aceitoso y mantecoso será, aunque también repruebo uno muy apolillado y carcomido que las mujeres usan, porque este tal, como cosa podrida y corrompida, no puede hacer provecho.

Juntos pues los dichos materiales, será ésta la dosis o cantidad ordinaria, que a cien cacaos se le eche media onza de recaudo de toda especia, que, hablando más en romance, es como decir que de cada especia (...), se eche a peso de medio tomín (...), todo lo cual junto, si se pesase, vendría a ser poco más de la media onza; verdad es que en éste puede haber más y menos, quiero decir que el que sintiere en sí necesidad de calor y sobra de frialdad podrá cargar algo más la mano en las dichas especias, pero que el que de sí siente ser muy cálido, no sólo quite de la cantidad ordinaria, pero con sólo el anís que eche de las especias de Castilla y muy poquito de las de la tierra, le sobra y será más sano, y otrosí le usen las personas cálidas con atole y azúcar, porque este tal chocolate engendra menos calor que el que se bebe con miel y desatado con agua caliente.

Juntas pues todas las especias con el cacao, se deben tostar (...) y si de esta suerte se tuestan (...) se corrige mucho la parte cruda e indigesta del cacao, (...) por donde se debe reprobar el maldito uso de los confiteros, que confitan el cacao crudo, porque pese más, y es aquello enriquecer a costa de salud ajena. Juntas pues todas y tostadas, se muelan muy bien, habiéndole quitado al cacao su cascarilla (...) después de bien molido todo, hay diferencia en formarle, porque los que quieren guardarle para mucho tiempo le forman en tablillas y en éstas se conserva por lo menos dos años. Los que quieren irlo poco a poco gastando, suelen cocer la dicha masa con un poquito de agua en una ollita, y así puede durar no más de ocho días, porque luego con la humedad se enmohece; otros finalmente lo hacen cada día, mayormente si es para beber con atole, porque el formado en tabletas es para beber deshecho en agua muy caliente. Otros lo forman de otras mil maneras, pero lo más común es lo que se ha dicho.

Es ya costumbre antigua al tiempo de hacer el chocolate moverlo y batirlo en tanto grado, que venga a levantar una gran espuma y en tanto se tiene por mejor el chocolate en cuanto es más espumoso. Yo confieso ser muy sano el batirlo y quebrantarlo, por cuanto con aquel continuo movimiento se adelgaza la grosedad y crudeza del cacao; pero por otra parte juzgo por muy malo beber aquella espuma, supuesto que no es más que un poco de aire, que avienta el estómago, impide la digestión y aun se suele poner, como dicen, sobre el corazón y causar terribles tristezas (...)

(...) aunque es verdad que cada cual dama se precia de hacer su nueva invención y modo de chocolate, con todo esto el más usado generalmente en todas las Indias es el formado en tabletas, el cual tomó origen de las damas guatemaltecas, y este asímismo es aquel que se deshace con su agua caliente y su puntica de dulce, que le da mucha gracia; otro hay que, después de molida la masa, la deshacen y baten en agua fría hasta que levante espuma y después la mezclan con esta poleada hecha de maíz llamada atole, y éste es el que de ordinario se gasta y vende por todas estas plazas y calles mexicanas; otros finalmente lo suelen hacer con pinole, que es como decir echar en lugar de atole un polvo que se hace de maíz tostado, y aun algunas personas, para más fresco, le hacen de cebada tostada (...) y otro día entiendo que lo harán con leche de gallinas, según se usan cada día para madama gula de nuevas invenciones.»[37]

---

37. Juan de CARDENAS: *Problemas y secretos maravillosos de las Indias*, Madrid, Alianza, 1988, ps. 140-146.

Al mismo tiempo que los españoles entraban en América en contacto con la alimentación indígena, los indios americanos entraron en contacto con la alimentación europea. Los españoles, para atraérselos, les obsequiaban con productos traídos de España. Colón en su diario del viaje del descubrimiento anotó diversos ejemplos del intercambio de alimentos. El 16 de octubre escribía:

> «... hallé un hombre solo en una almadía que se pasaba de la isla de Santa María a la Fernandina, y traía un poco de su pan, que sería tanto como el puño, y una calabaza de agua, y un pedazo de tierra bermeja hecha en polvo y después amasada, y unas hojas secas, que debe ser cosa muy apreciada entre ellos, porque ya me trajeron en San Salvador de ellas en presente (...) yo le hice entrar, que así lo demandaba él, y le hice poner su almadía en la nao y guardar todo lo que el traía, y le mandé dar de comer pan y miel y de beber.»[38]

El 16 de octubre Colón anotaba un comentario en el mismo sentido: «... y también les mandaba dar para que comiesen cuando venían en la nao, y miel y azúcar...»[39] Más importancia cobraba el intercambio alimenticio cuando se trataba de personajes de relieve en la comunidad indígena. El 16 de diciembre escribía: «Después a la tarde vino el rey a la nao (...) Pusiéronle de comer al rey de las cosas de Castilla y él comía un bocado y después dábalo todo a sus consejeros y al ayo y a los demás que metió consigo.»[40]

El 18 de diciembre el diario colombino recoge una noticia similar, en que se observa muy bien la jerarquización indígena en la distribución de las viandas que estaban probando por primera vez:

> «... venían con el rey más de doscientos hombres (...) Hoy estando el almirante comiendo debajo del castillo, llegó a la nao con toda su gente. (...) así como entró en la nao, halló que estaba comiendo a la mesa debajo del castillo de popa, y él, a buen andar se vino a sentar a par de mí y no me quiso dar lugar que yo me saliese a él ni me levantase de la mesa, salvo que yo comiese; yo pensé que él tendría a bien de comer de nuestras viandas; mandé luego traerle cosas que él comiese; y cuando entró debajo del castillo, hizo señas con la mano que todos los suyos quedasen fuera, y así lo hicieron con la mayor prisa y acatamiento del mundo, y se asentaron todos en la cubierta, salvo dos hombres de una edad madura, que yo estimé por sus consejeros y ayo, que vinieron y se asentaron a sus pies; y de las viandas que yo les puse delante, tomaba de cada una tanto como se toma para hacer la salva, y después luego lo demás enviábalo a los suyos, y todos comían de ella; y así hizo en el beber, que solamente llegaba a la boca y después así lo daba a los otros...»[41]

Paralelamente, las noticias de los hallazgos y también los nuevos productos iban llegando a España. Ya al regreso de su primer viaje Colón llevó consigo varios productos del Nuevo Mundo recién descubierto para presentarlos a los Reyes Católicos. Según cuenta el cronista Francisco López de Gómara en su *Historia General de las Indias*, el Almirante ofreció a los monarcas, entre otras cosas, algunos productos alimenticios:

> «Tomó diez indios, cuarenta papagayos, muchos gallipavos, conejos (que llaman hutias), batatas, ajíes, maíz, de que hacen pan, y otras cosas extrañas y diferentes de las nuestras,

---

38. COLON: ob. cit., p. 49.
39. COLON: ob. cit., p. 49.
40. COLON: ob. cit., p. 104.
41. COLON: ob. cit., p. 107.

para testimonio de lo que había descubierto. Metió asimismo todo el oro que rescatado habían en las carabelas (...). Estaban los Reyes Católicos en Barcelona cuando Colón desembarcó en Palos, y hubo de ir allá. (...) Presentó a los Reyes el oro y cosas que traía del otro mundo; y ellos y cuantos estaban delante se maravillaron mucho en ver que todo aquello, excepto el oro, era nuevo como la tierra donde nascía (...). Probaron el ají, especia de los indios, que les quemó la lengua, y las batatas, que son raíces dulces, y los gallipavos, que son mejores que pavos y gallinas. Maravilláronse que no hubiese trigo allá, sino que todos comiesen pan de aquel maíz.»[42]

La sorpresa de los Reyes Católicos ante la diversidad alimentaria resulta bien reveladora de la mentalidad de la época y de las dificultades que experimentaron españoles y europeos para comprender y asumir la novedad americana.[43]

Los soberanos tuvieron el privilegio de disfrutar la primacía de conocer y gustar los nuevos alimentos venidos de América. Además de los primeros productos citados por López de Gómara, maíz, ajíes, batatas, pavos, muchos otros productos fueron enviados a España. Anglería relata la llegada de Antonio Torres con doce naves a Cádiz, en marzo de 1494, anotando las muestras que trajeron, entre las que figuraban también algunos productos alimenticios y advirtiendo cuidadosamente sobre el modo de gustarlas:

«Al fin de que, llamando a los farmacéuticos, especieros y perfumistas, puedan comprender lo que producen aquellas regiones y lo cálida que es su superficie, te envío algunas semillas de toda especie, corteza y médula de aquellos árboles, que se supone son de canela. Si se te ocurre, Príncipe Ilustrísimo, gustar, ya los granos, ya ciertas pepitillas que observarás se han caído de ellos, tócalas aplicando suavemente el labio; pues aunque no son dañinas, sin embargo, por el demasiado calor son fuertes y pican la lengua si se les aplica despacio; pero si acaso por gustarlos se enciende la lengua, en bebiendo agua desaparece aquella aspereza. También el portador te dará en mi nombre ciertos granos blancos y negros del trigo con que hacen el pan (maíz), y lleva un tronco de madera que dicen es de áloe, el cual si haces partir, sentirás el buen olor que emana de él.»[44]

Fernando el Católico fue seguramente la primera persona en Europa que probó la piña americana, con gran agrado, según cuenta Pedro Mártir de Anglería:

«Otra fruta, dice el invictísimo rey Fernando que ha comido traída de aquellas tierras, que tiene muchas escamas, y en la vista, forma y color se asemeja a las piñas de los pinos; pero en lo blanda al melón, y en el sabor aventaja a toda fruta de huerto; pues no es árbol, sino yerba muy parecida al cardo o al acanto. El mismo Rey le concede la palma. De ésta no he comido yo porque de las pocas que trajeron, sólo una se encontró incorrupta, habiéndose podrido las demás por lo largo de la navegación. Los que las comieron frescas donde se crían, ponderan admirados lo delicadas que son.»[45]

Años más tarde la piña americana le fue también ofrecida a Carlos V, según cuenta José de Acosta, pero el Emperador, más cauto que su abuelo, se conformó con olerla y no quiso probarla:

---

42. Francisco LOPEZ DE GOMARA: *Historia General de las Indias*, Madrid, Orbis, 1985, 2 vols., I, *Hispania Victrix*, ps. 49-50.
43. J. H. ELLIOTT: *El Viejo Mundo y el Nuevo 1492-1650*, Madrid, Alianza, 1972.
44 ANGLERIA: ob. cit., p. 25.
45. ANGLERIA: ob. cit., p. 182.

«Al Emperador don Carlos le presentaron una destas piñas, que no devio costar poco cuydado traerla de Indias en su planta, que de otra suerte no podía venir: el olor alabó: el sabor no quiso ver que tal era.»[46]

Las diversas actitudes de ambos soberanos ante la piña prefiguran las futuras posturas de las sociedad española ante los nuevos productos alimenticios llegados de América, oscilando entre la curiosidad y el recelo ante lo nuevo. Otros personajes compartirían estas primeras experiencias. El embajador Andrea Navagero, entre curioso y entusiasta, relató algunos de sus propios descubrimientos personales en su *Viaje por España* de 1525:

«Vi yo en Sevilla muchas cosas de las Indias y tuve y comí las raíces que llaman batatas, que tienen sabor de castañas. Vi también y comí, porque llegó fresco, un hermosísimo fruto que llaman...[47] y tiene un sabor entre el melón y el melocotón con mucho aroma, y en verdad es muy agradable.»[48]

Los nuevos productos los conocerán también muy pronto los botánicos, que los intentarán aclimatar y cultivar en sus jardines y huertas, como fue el caso del médico sevillano Nicolás Monardes.[49]

Comenzó así un proceso de gran trascendencia que provocaría con el paso del tiempo cambios significativos en la alimentación europea y también en la americana. El Nuevo Mundo aportó al Viejo sobre todo plantas, algunas de las cuales, como el maíz y la patata, contribuyeron a superar las cíclicas crisis de subsistencias que castigaban los sistemas alimentarios europeos, basados entonces fundamentalmente en el pan. El Viejo Mundo aportó al Nuevo también muchas plantas, pero fue especialmente relevante el aporte de carne, vacas, ovejas, cabras, cerdos, volatería, que reforzaron de manera notable la dieta alimentaria indígena, pobre en proteínas de origen animal.

Los sistemas alimentarios, en los que podemos distinguir entre estructuras y elementos, actúan muchas veces como lenguajes. Al entrar en contacto entre ellos, generalmente sus estructuras, sus sintaxis, se mantienen y lo que se incorpora son meramente elementos, palabras, productos. Pero el sistema general se conserva. La influencia de fuera podrá ser mayor o menor, en función de razones variadas, pero la lógica interna se resiste a cambiar y cambia muy lentamente.[50]

Si no nos reducimos a observar los productos aislados e intentamos comparar los sistemas alimentarios americanos y los sistemas alimentarios europeos, nos daremos cuenta que los productos fuera de su contexto original funcionan de for-

---

46. José de ACOSTA: *Historia natural y moral de las Indias*, Sevilla, Juan de León, 1590, ed. facsímil con introducción por B.G. Beddall, Valencia, Hispaniae Scientia, 1977, p. 244.

47. El nombre no figura en el original, pero se trata seguramente de la piña americana o ananá.

48. GARCIA MERCADAL: ob. cit., Tomo I, p. 851. Navagero también cita los mismos productos en su carta A J.B. Ramusio de 12 de mayo de 1526, vid GARCIA MERCADAL: ob. cit., Tomo I, p. 886.

49. José M. LOPEZ PIÑERO: «Nicolás Monardes: El estudio de la materia médica americana desde Sevilla» en José M. LOPEZ PIÑERO; José Luis FRESQUET FEBRER; María Luz LOPEZ TERRADA; José PARDO TOMAS: *Medicinas, drogas y alimentos vegetales del Nuevo Mundo*, ps. 111-196.

50. FISCHLER: ob. cit., vid especialmente el capítulo dedicado a las vías del cambio, ps. 147-174.

ma diferente y cobran un significado distinto, que tiene poco que ver con su estricto valor nutritivo y mucho con su sentido cultural.

Esta pequeña antología de textos de varios cronistas de Indias puede ayudar a dar idea sobre la actitud mental que presidió uno de los aspectos básicos, aunque tal vez no demasiado conocido ni suficientemente valorado, del descubrimiento y conquista de América, el encuentro, a veces pacífico, a veces violento, entre dos grandes sistemas alimentarios, el del Viejo y el del Nuevo Mundo, siempre oscilando entre la atracción y el rechazo.

QUETZALCÓATL:
UNA VISIÓN ANTROPOLÓGICA,
ICONOGRÁFICA Y FILOSÓFICA

Victòria Solanilla Demestre
Dept. d'Art
(UAB)

Introducción.

Desde siempre, la figura de Quetzalcóatl ha ejercido una atracción muy fuerte por lo complicado, extenso e interminable de su papel, íntimamente ligado a la vida y costumbres de los pueblos mesoamericanos.

Todos los historiadores de Nueva España (siglos XVI-XVII) lo citan como tema importante para estas gentes. Por ejemplo: como dios, fue el más importante entre los nahuas. Fue también prototipo sacerdotal, dando su nombre a sacerdotes que servían a otras deidades. Y finalmente, como héroe cultural jugó un gran papel en la conquista de Tenochtitlán. En este sentido, fue gobernante y sumo sacerdote de Tula (o Tollan), pero su vida se rodeó de mitos, de tal manera que se confunde en muchos aspectos con el ser divino, el dios Quetzalcóatl.

Hay un hecho que tampoco debemos olvidar: los aztecas conservaron la tradición de que Quetzalcóatl regresaría por el oriente en un año *Ce Acatl*, precisamente cuando llegaron a Veracruz los conquistadores españoles (1519). Esto les sirvió para que éstos pudieran conquistarlos, ya que Moctezuma estaba seguro de que era Quetzalcóatl que regresaba a tomar posesión de su reino[1]: concretamente, Hernán Cortés era Quetzalcóatl, la Serpiente Emplumada, el rey legendario de los toltecas por fin retornado para recobrar sus tierras, tal como se esperaba desde siglos atrás. El conquistador se aprovechó de ello: fue utilizado para explicar, justificar o glorificar. La Serpiente Emplumada les convenía a todos. A los

---

1. SAHAGÚN, 1956, 4: 43-44.

indios les permitió comprender la intrusión española, y a éstos aprovecharse de la situación.

No obstante, más tarde algunos indígenas se dieron cuenta de la «falsificación» y siguieron esperando la vuelta del verdadero Quetzalcóatl, que les liberaría del yugo español. Otros, que querían darse importancia ante los conquistadores, insistieron sobre la santidad y la virtud del personaje, y en particular sobre el hecho de que aborreciera los sacrificios humanos. Un noble descendiente de la dinastía de los reyes de Texcoco, don Fernando de Alva y Ixtlilxóchitl, incluso insinuó que Quetzalcóatl pudo haber sido Cristo[2]. Y tenemos también otro testimonio sobre este particular, el de Fray Diego Durán, que propuso otra solución al enigma[3]: el hombre santo y piadoso, blanco y barbado, debía de haber sido algún compañero de Cristo, posiblemente santo Tomás, apóstol de las Indias, según la leyenda. Esto no era nuevo, puesto que ya en 1515 se había sugerido la participación de santo Tomás de Meliapor en un hipotético desembarco en Brasil[4].

Toda esta teoría probaba que, aun en el plano de la religión, el pasado mesoamericano era digno de una gran civilización. Por lo tanto, esta manera de rehabilitación fue bien recibida por los indígenas aculturados.

El otro punto de vista, más actual, es la persistencia en México de una tendencia nacionalista con algunos cambios, en particular el abandono de la referencia a santo Tomás o a cualquier influencia del Viejo Mundo. Será, pues, un sabio auténticamente indio lo que quieren reconocer en Quetzalcóatl (que tenía barba, como dios viejo con mucha experiencia y sabiduría) quienes niegan la ausencia en América antigua de grandes reformadores religiosos creadores de alta espiritualidad, comparables a los que fueron engendrados en otros lugares por milenios de civilización y de intercambios entre culturas distintas. Séjourné lo califica como fuente de toda vida espiritual en Mesoamérica[5].

En el lado opuesto está la tendencia difusionista extrema, que no admite que las civilizaciones precolombinas se hayan desarrollado aisladas del resto del mundo. El dios pálido y barbudo sirvió de argumento a los que asignan a estas culturas un origen o por lo menos influencias europeas[6], africanas, asiáticas u oceánicas (la Atlántida).

Si nos basamos en similitudes imaginarias más o menos aceptables, hubo investigadores que identificaron a Quetzalcóatl con Atlas, Osiris e incluso Hotu Matúa, poblador de la isla de Pascua[7].

Lo cierto de todo esto es que la Serpiente Emplumada gustaba a todos, y en particular a historiadores y especialistas de las religiones: a los unos, porque creen que les permite remontarse más en el pasado mesoamericano; a los otros, porque les ofrece una inesperada figura de reformador religioso prehispánico.

---

2. CORTÉS: 49; y ALVA IXTLILXÓCHITL, 1952.
3. DURÁN, 1967; y PIÑA CHÁN, 1985: 69.
4. CLASTRES, 1975: 28.
5. SÉJOURNÉ, 1957.
6. HEYERDAHL, 1971.
7. GRAULICH, 1988: 6.

Visión antropólogica

En este apartado trataremos esencialmente la figura de *el Señor Quetzalcóatl, rey de Tula*. En él deja de existir la comunión entre reptil y pájaro, que más adelante explicaremos, para eclipsarse ante el Señor Quetzalcóatl, a quien representarán en lo sucesivo.

Tuvo que elaborarse y cristalizar el concepto de Quetzalcóatl como mito religioso para que surgiera en la vida cultural del pueblo nahuatl un hombre o varios que encarnasen los ideales de esta mística.

Se ha demostrado que los antiguos mexicanos, sacerdotes y gobernantes, copiaron su manera de ser y hacer sobre los patrones divinos y mitológicos, en un esfuerzo de integración del mundo de los mitos en la realidad humana y su acción.

Con toda seguridad, muchos sacerdotes y gobernantes añadieron a su nombre el de Quetzalcóatl; pero sólo un *Ce Acatl Topiltzin Quetzalcóatl* se destaca con nitidez en la Historia.

El esfuerzo por separar los elementos míticos de los históricos se trasluce en el problema de las fuentes indígenas. En efecto, las que hablan de Quetzalcóatl-hombre hablan de él dándole una serie de atributos divinos, lo que comporta confusiones mítico-históricas. Ciertas sombras y contradicciones que aparecen en los textos provienen de las malas interpretaciones que hicieron los cronistas de la Conquista.

Las fuentes principales a las que se puede recurrir para estudiar este aspecto de Quetzalcóatl-hombre son: los *Anales de Cuauhtitlán*, conocidos también con el nombre de *Códex Chimalpopoca*[8], que contienen la genealogía y los hechos más importantes de la historia de Tula; la *Historia Tolteco-Chichimeca*[9], y el *Códice Bodley*[10], que relata la historia de la religión mixteca desde el siglo VII hasta la Conquista; y finalmente los trabajos de Seler[11] sobre los códices religiosos, incansablemente confrontados con restos arqueológicos y narraciones míticas a lo largo de cincuenta años.

Al describir su indumentaria, según aparece en los códices, veremos que cada cosa tiene su significado:

- *la barba* es la característica más notable del rey de Tula. Así aparecerá en los códices: es un atributo de la ancianidad;
- *los puntos redondos* que, en números simbólicos de cinco y siete adornan su frente y su cuello, son las piedras preciosas por las que se le señala en los códices; y también son los emblemas de la esencia indestructible;
- *la flor en forma de mitra* que emerge de un círculo es uno de los motivos más asociados a Quetzalcóatl: representa la materia floreciente gracias a la penitencia (Quetzalcóatl fue el iniciador de esta práctica). La parte posterior ostenta

---

8. CÓDICE CHIMALPOPOCA, 1945.
9. HISTORIA TOLTECO-CHICHIMECA, 1976.
10. CASO, *Interpretación del Códice Bodley...*, 1960.
11. SELER, *Comentarios...*, 1963.

- *dos líneas ondulantes entremezcladas con triángulos*, que equivalen a la estrella matutina;
- cayendo sobre su nuca, en el extremo de una cinta, hay *el jeroglífico clave*: representa un ciclo temporal y está constituido por dos triángulos yuxtapuestos cuyo punto de encuentro es un círculo[12];
- el atributo más importante de su cuerpo es *el caracol* (entero en el cuello o en secciones planas en el pecho). Es un signo de generación, de nacimiento[13]. En el mundo maya el caracol significa: conclusión, totalidad. Es el generador de espiritualidad (fig. 1).

Esto sugiere la llegada del conocimiento interior al mundo, conocimiento cuya gestación requiere toda una existencia.

Lo que hace de Quetzalcóatl un rey es su determinación de cambiar el curso de su existencia, de iniciar una marcha a la que sólo le obliga una necesidad última. Él es el soberano porque obedece su propia ley, en lugar de obedecer a la de otros; porque es fuente y principio de *movimiento*.

Hay otra interesante descripción de su atavío[14]. Según Sáenz, en los códices aparece con:

- *ocellopilli*, que es un gorro cónico hecho con piel de jaguar y rematado por el
- *chalchihuitl*, o piedra preciosa;
- a continuación se aprecia como un moño rojo en la frente, con dos alas de mariposa;
- la cara está pintada con dos colores: el negro y el amarillo. A veces aparece con máscara en forma de pico de pájaro;
- detrás de la cabeza, el *cuezalhuitóncatl*, que es un tocado de plumas rojas y rígidas en forma de abanico;
- orejeras de turquesa;
- un peto de piel de jaguar, junto con el *cózcatl* (collar de caracoles);
- el cuerpo está pintado de color negro;
- lleva un *máxtlatl*, o taparrabos;
- *ocelocotzéhuatl*, que son ajorcas de piel de jaguar bajo las rodillas;
- *cactlis*, las sandalias blancas;
- una bolsa de copal (*copalxiquipilli*) en la mano izquierda, y un incensario (*plemaitl*) en la derecha (fig. 2).

Son, pues, según se puede ver, dos explicaciones complementarias de su indumentaria, fruto de un detenido estudio de los códices, como hemos citado más arriba, como también hizo Seler (ver nota 11).

A continuación trataremos brevemente la historia de *Ce Acatl Topilzin Quetzalcóatl* a base de las fuentes obtenidas a través de la arqueología principalmente y las de tipo escrito (crónicas) antes citadas (fig 3).

---

12. SÉJOURNÉ, *Pensamiento y religión...*, 1957.
13. SÉJOURNÉ, *El universo...*, 1984, 42.
14. SÁENZ, 1962.

Los toltecas llegaron a los valles centrales de Mesoamérica a principios del siglo X, provenientes de Jalisco o del sur de Zacatecas. No se conoce por el momento su época prehistórica. En los textos disponibles es generalmente el aspecto mítico el que predomina, al igual que ocurre en el texto de origen tolteca.

El personaje que gobernaba a los toltecas, *Mixcóatl*, es el primero de carne y hueso que se conoce. Conquista el valle de México y arrasa los restos de Teotihuacán que aún permanecían en pie. Funda la primera capital tolteca: *Culhuacán*, única ciudad que sobrevivió tres siglos a la llegada de los aztecas y después a la Conquista posterior, pero ya no como ciudad tolteca. Fue un gran conquistador de tierras. Dejó embarazada a *Chimalmán* y murió. Su hijo: *Ce Acatl Topilzin Quetzalcóatl* fue educado por sus abuelos en *Tepoztlán*, ciudad que conserva todavía una gran tradición de Quetzalcóatl. Un grupo de nobles defensores del linaje de *Mixcóatl* lo llaman para suceder a su padre en el trono. Él acepta y va a buscar los huesos de su padre, los entierra bajo el actual monte de la Estrella y sobre su tumba construye un templo y lo hace un dios. En el año 980 d.C. gana al usurpador y se establece en Tula. (Según el códice Chimalpopoca[15], Tula ya existía, y por lo tanto no fue fundada por Quetzalcóatl).

Este relato, que parece muy simple, no lo es tanto. Tiene varias complicaciones y versiones, pues este hijo póstumo de *Mixcóatl* fue concebido a los cuatro años de su muerte. En los Anales de Cuauhtitlán[16], lo «arreglan» diciendo que Quetzalcóatl nació de la unión de *Mixcóatl* con *Chimalmán*, que murió en el parto, y que su abuela *Cihuacóatlquilaztli* crió al niño. Otra versión dice que *Chimalmán* fue fecundada por una piedra de jade[17].

Dejando aparte este aspecto del nacimiento, seguimos los pasos de Quetzalcóatl-hombre. Sobresalen sus cualidades de joven devoto que practica el autosacrificio y de gran guerrero[18]; se asienta en Tollan (Tula), cuyo nombre proviene de *Tonallan* (el lugar del Sol)[19]. La transforma en la capital de un imperio y en un gran centro religioso, «como lo era México al tiempo que a él vinieron los españoles»[20]. Aquí se confunden las dos ciudades y sus dioses.

En Tollan pasan los días, sigue haciendo conquistas, se distingue por sus ayudas al pueblo y poco a poco va envejeciendo. Al cambiar la sociedad teocrática tolteca y pasar a una militarista, surgieron desavenencias en Tula contra este gobernante. Es aquí donde se enmarca la conocida escena de la embriaguez: Quetzalcóatl cae en el pecado a causa de los engaños de *Tezcatlipoca*, que le dice que lo rejuvenecerá con una medicina (el pulque). Quetzalcóatl el rey, el sacerdote, el sabio, se emborracha bebiendo pulque. Hace llamar a su hermana *Quetzalpétlatl* y pasa la noche con ella. Cuando Quetzalcóatl vuelve en sí, se da cuenta de lo que ha hecho y de que por ello debe marcharse de Tollan. Así lo hizo, con un grupo de gentes que lo acompañaban, y se dirige hacia el este, perseguido por el hermano enemigo. Por el camino funda la ciudad de Cholula. Llega al mar por la zona de Veracruz, se embarca y desaparece. Hay otra versión que dice que se autoinmola en una pira y se convierte en Venus.

Esta historia de Quetzalcóatl en Tollan recubre un fondo de verdad histórica. Traduce en términos solares la ascensión y el declive del último gran imperio de México central, antes de que surjan los aztecas, que se pretenden herederos suyos. Quetzalcóatl era el cuarto sol y Tezcatlipoca y Huitzilopochtli, dioses mexicas, inauguraron el quinto, pero sabían perfectamente que Quetzalcóatl debía volver y destruir el sol azteca.

Y por último, hablando siempre de Quetzalcóatl-hombre, hay quien cree[21] que, proyectándolo sobre un fondo tradicional amerindio general: el de la tradición chamánica, se entendería mejor. Cree que hay muchos ejemplos en su historia que se prestan a la comparación. A los chamanes se les conoce como personas que curan, y como tal se le tenía en Mesoamérica. También se dice que envejece, que está enfermo y que se cura milagrosamente. Otro paralelismo chamánico.

15. CÓDICE CHIMALPOPOCA, 1945.
16. Véase nota 8.
17. MENDIETA, 1: 89.
18. Historia de los Mexicanos...: 217.
19. DURAN, 2: 149.
20. Historia de los Mexicanos...: 242-243.
21. DORSINFANG, 1974: 119.

Como resumen de todo lo aquí expresado, se puede afirmar (como antes se ha dicho) que el esfuerzo por separar los elementos místicos de los históricos tiene su origen en el problema de las fuentes indígenas. Se expresan en un estilo literario propio, en que todo se mezcla: lo verdadero con lo falso; lo real con lo imaginario; lo racional con lo pasional; y lo histórico con lo mitológico. Se han de analizar, pues, críticamente, para encontrar lo real y lo emocional, lo verdadero y lo imaginativo, porque en su lenguaje las palabras son símbolos.

Visión iconográfica

Este segundo apartado abarca a Quetzalcóatl como hombre y como dios.

De una u otra forma, los diversos aspectos que posee el personaje son los siguientes:

a) *dios de luz*, en tanto que planeta Venus que aparece y desaparece, y que por tanto es también dios de la muerte y del renacer;

b) *dios creador*, al que se debe la recreación del mundo actual después del último cataclismo cósmico, y que por su sacrificio participa en la aparición de los astros (Sol y Luna);

c) *héroe cultural*, ya que no solamente resucita a los hombres arrancando del infierno los huesos de los muertos, que vivifica regándolos con su sangre, sino que también les enseña a alimentarse dándoles a conocer el cultivo del maíz;

d) *dios del viento (Ehécatl)*, tocado a menudo con un sombrero cónico, con una concha espiral y con grandes pendientes en forma de gancho es como se le representa como dios del viento, y por lo tanto benefactor de la humanidad.

Veamos ahora las formas en que se le representa, básicamente en *monolitos, estelas y columnas*. Principalmente aparece representado de tres formas distintas: en forma humana o con pico de ave o como serpiente emplumada.

Cuando aparece en *forma humana* lleva con frecuencia la indumentaria y atributos citados en el apartado anterior. Esto ocurre fundamentalmente en los códices. Ahora bien, la arqueología demuestra que la imagen de Quetzalcóatl no aparece jamás fuera del contexto de la religión náhuatl[22]. Por ejemplo, en *Xochicalco* hay tres estelas frente al templo del mismo nombre con representaciones de Quetzalcóatl[23] que revelan los conceptos religiosos tejidos en torno a él basados en las ideas mayas del ciclo venusino. Era por tanto una deidad dual. En este caso se trata de un mortal que descubre una nueva dimensión humana de la que hace partícipes a sus semejantes.

Según Piña Chán[24], en Xochicalco es donde se creó el dios Quetzalcóatl, como se puede observar en el basamento-templo (templo de Quetzalcóatl o basamento de las Serpientes Emplumadas), donde aparece como elemento decorativo

---

22. SÉJOURNÉ, 1984.
23. PIÑA CHÁN, 1985: 33-34 y figura 37.
24. PIÑA CHÁN, 1985: 30 y 39.

fundamental el símbolo de la deidad, la serpiente de plumas preciosas o pájaro-serpiente con caracoles cortados sobre el cuerpo, con crestas en la cabeza, lengua bífida y cola rematada en un haz de plumas: o sea, la representación de una serpiente alada y divina; y también en las tres estelas antes citadas.

Afirma que fue en *Xochicalco (Morelos)*, porque allí existía una población abierta a influencias de otras culturas, adoptando ideas y simbologías de Teotitihuacán, para asociarlas a los conceptos de Venus, que también habían desarrollado los mayas, a la vez enriquecidos con aportaciones de un grupo de la Costa del Golfo.

Cuando aparece representado con *pico de ave* simboliza la nueva advocación de la época militarista: ser hijo de la Tierra y el Cielo, lo cual representa el espacio entre ambas regiones: el aire. Es el pájaro que representa esta región colocada sobre los pilares cósmicos: el Universo en sus distintos planos y direcciones, compuesto de cuatro árboles que surgen de las profundidades y se proyectan en el cielo. Como muestra de ello se han encontrado figuras mexicas hechas de barro o de piedra. Entonces era el dios Ehécatl[25].

Sahagún dice: «Este Quetzalcóatl, aunque fue hombre, teníanlo por Dios y decían que barría el camino de los dioses del agua, y esto adivinaban, porque antes que comienzan las aguas hay grandes vientos y polvos, y por esto decían que Quetzalcóatl, dios de los vientos, barría los caminos de los dioses de las lluvias para que viniesen a llover.»

A este dios Ehécatl se le representó en esculturas y pinturas con una máscara bucal en forma de pico de ave o pato, y se le asociaba a los templos de planta circular, para permitir que el aire, convertido en viento, pudiera darle mejor la vuelta o rodearlo, y no chocar contra los ángulos de la pared si hubiera sido un edificio cuadrado o rectangular. Según Motolinía, hay dos clases de templos: bajos; y altos, con plataforma y con muchas gradas. Ejemplos de ellos los encontramos en Cholula (donde está su origen), en Malinalco, en Cempoala, en Calixtláhuaca y en Tenochtitlan (enfrente del Templo Mayor, dedicado a Tláloc y Huitzilopochtli).

En tiempos cercanos a la conquista, el culto de Ehécatl-Quetzalcóatl era el más extendido, pero tenía un rango menor que el del dios creador.

Y en tercer lugar, cuando se le representa como *serpiente emplumada* es cuando encontramos más ejemplos, pues abarca todas las etapas de Mesoamérica antes de la Conquista (fig. 4).

En este caso, da forma a la hibridación de dos especies opuestas: la tierra y el aire; o sea una unión de materia pesada, adherida al suelo, y de una sustancia alada.

Aquí, otra vez Séjourné[26] dice: «No es sólo el reptil que tiende a unirse al cielo, sino el pájaro que aspira a la tierra...».

El movimiento que conduce a la creación está concebido en términos de fuerzas opuestas: ascendente (reptil) y descendente (pájaro). Entonces, irguiéndose en toda su longitud, sin abandonar el suelo, es como el reptil llega a encontrar al pájaro.

---

25. PIÑA CHÁN, 1985: figura 54.
26. SÉJOURNÉ, 1984.

A finales de la etapa Clásica, ya va surgiendo un cierto espíritu guerrero; por ejemplo, en Teotihuacán (pintura mural y cerámica), en Xochicalco (relieves) y en Piedras Negras, Tikal y Bonampak (estelas y pinturas).

Además debemos añadir tres factores que también ayudarán a este cambio:

a) comercio a lugares alejados;
b) éxodo de artesanos especializados;
c) dispersión de sacerdotes-jefes que llevan el nombre de Quetzalcóatl (dios) conectado a la lengua del grupo que guían.

Ejemplos: lápida de *La Venta*, en que se representa a un sacerdote del culto a la serpiente alada[27]. Preciosas cabezas realizadas en una perfecta escultura, que ocupa los tableros del Templo de las Serpientes Emplumadas de *Teotihuacán*[28], y en las múltiples pinturas murales de la misma ciudad, donde aparecen por ejemplo sacerdotes del culto a la deidad de la Serpiente Emplumada[29], o en sus cerámicas[30].

Anteriormente habíamos hecho referencia a *Xochicalco*, cuando hemos citado el basamento en talud y cornisa en el que se ven los sacerdotes de Quetzalcóatl como serpiente emplumada[31], encima del que se levantó el templo con talud y muro vertical, cerrado por un techo de paja.

Y, pasando a la época militarista, a causa de los tres factores que hemos citado anteriormente, llegamos a *Tula*, donde encontramos columnas en forma de serpiente emplumada en la pirámide de Tlahuizcalpantecuhtli, y también en el muro del Coatepantli.

---

27. PIÑA CHÁN, 1985: fig. 16.
28. PIÑA CHÁN, 1985: figs. 20-21.
29. PIÑA CHÁN, 1985: fig. 27.
30. PIÑA CHÁN, 1985: fig. 31.
31. PIÑA CHÁN, 1985: figs. 33-34.

En *Copán* hay dos monolitos. En *Uxmal* la encontramos en el Juego de Pelota, en el edificio norte del Cuadrángulo de las Monjas y en el Templo 1 de la Pirámide del Adivino. Allí su culto llegó con el nombre de *Kukulkán* (pájaro-serpiente), llevado por sacerdotes del mismo nombre[32], entre el 900-1000 d.C.

Y por último en *Chichén Itzá* se encuentra en el Juego de Pelota como sepiente emplumada realista; en las pilastras serpentinas, chacmoles y altares con atlantes en el Templo de los Guerreros, en el Templo de los Jaguares (rayos solares) y el Templo del Castillo.

Todo esto muestra cómo evolucionó el culto y la religión de Kukulkán (o Quetzalcóatl), a su vez el estilo artístico y su manera de expresarlo.

Visión filosófica

En el pensamiento náhuatl se repite siempre la aventura del hombre que se convierte en sol. Esto afirma el origen humano de la divinidad.

Quetzalcóatl es el primer hombre que se convierte en dios: es la fórmula misma de este triunfo lo que constituye su enseñanza. Es un mortal que descubre una nueva dimensión, de la que hace partícipes a sus semejantes.

A través del mito, el hombre quiere explicar sus misterios, utilizando el pensamiento mágico (fusión del deseo y del acto consumado) para elaborar una historia que satisfaga en su espíritu los conflictos de su realidad.

A través del tiempo y de las circunstancias, el hombre fija por medio de palabras, figuras y leyendas su concepción de la vida y de la muerte.

En el lenguaje mítico no hay tiempos definidos, ya que el pasado se imbrica en el presente, y el futuro en el pasado; los símbolos son máscaras polimorfas que se transforman bajo la acción de mecanismos complejos de negación y de olvido.

En el centro de la gran creación del cosmos y de los dioses, Quetzalcóatl desarrolla una actividad importante: como ya hemos mencionado anteriormente, inventa el calendario y domestica los alimentos, por lo que se presenta como dios del tiempo y el que domina la región de la vejez. En su otro aspecto, se le conoce como dios de los alimentos y de la comida.

En su nombre, Quetzalcóatl, pájaro-serpiente o serpiente emplumada, concretiza esta obsesión de la dualidad que ha atormentado verdaderamente al hombre.

En el espíritu de la implicación del ser divino con el fin de llevar a cabo actividades distintas, otro mito explica que un día en que el sol amenazó quedarse quieto, Tlahuizcalpantecuhtli le clavó una flecha, obligándolo a proseguir su movimiento. A partir de este momento, Quetzalcóatl adquirió una importancia preponderante en la cosmogonía. Se sabía de la existencia de cuatro edades de la Tierra, cuatro soles destruidos por elementos naturales. El quinto sol, que corresponde a nuestra era, estaba protegido por Quetzalcóatl y se le llamó *Nahui Ollín* (4-Movimiento). Estaba amenazado por terremotos, que serán los que harán terminar este ciclo. Todo el sentido de la vida y de la muerte se resume en una palabra: *movimiento*, símbolo de vitalidad y a la vez de cataclismo.

---

32. PIÑA CHÁN, 1985: fig. 45.

También le debemos a Quetzalcóatl y a su hermano gemelo Xolotl el nacimiento de los humanos, que lo hicieron a partir de la materia fría de la muerte junto con la materia caliente de los dioses vivos, concepto que recuerda que del fin nace el principio y que una voluntad sublime puede hacer de la muerte un volver a nacer.

En cuanto a Quetzalcóatl-Ehécatl, como dios del viento, es la sustancia que alimenta el fuego, participando de esta manera de la muerte sucesiva de los elementos: el fuego vive de la muerte del aire; el agua apaga el fuego, pero puede ser consumida por él; la tierra se embebe de agua para ser fértil. Todo muere y renace, vive de los otros y muere por los otros. Desde este punto de vista, Quetzalcóatl es creación ininterrumpida: es él quien infunde el soplo de vida.

Quetzalcóatl también está ligado al mundo acuático a través del collar de caracoles de mar y de sus colgantes de oro en forma de concha estriada. Es su propio principio creador el que le relaciona con el agua después de las sequías. En *Teotihuacán*, la fusión pájaro-tigre-serpiente indica el equilibrio perfecto de Quetzalcóatl, que al renacer se funde con el principio acuático de la vida y la agricultura.

Los sabios-sacerdotes chiapanecos explicaban así el nombre de *Cuchulchán* (la serpiente emplumada que camina sobre el agua), a quien también identificaban con *Tláloc*, dios de la lluvia.

Gucumatz, de la mitología guatemalteca, posee igualmente el sentido de «principio acuático».

Sahagún[33] escribe que las ceremonias de sacrificios celebradas a comienzos del año por los mexicas se consagraban a los *tlaloques*, dioses menores de la lluvia, ayudados por Tláloc y Chalchiutlicue, la de la falda de turquesas, diosa del agua; o bien por Quetzalcóatl como dios del viento. Por esta causa aparece Quetzalcóatl en los mitos en relación con Tláloc.

Tlahuizcalpantecuhtli, Señor de la Casa de la Aurora, es Quetzalcóatl, que representa los más altos valores de la lucha humana y divina para vencer el mund de las tinieblas y de la muerte.

En cuanto a *Venus*, debe hundirse cada día en las capas del infierno, luchando contra los poderes destructores. Aquí Xolotl lucha para obtener la victoria de Venus ascendente como estrella de la mañana.

Y para terminar, el mito se reelaborará más tarde en el de Quetzalcóatl-hombre, y abarcará el ciclo completo del planeta en la trayectoria de su órbita.

Quetzalcóatl simboliza *espíritu* y *materia* (Serpiente Emplumada); la *luz* que triunfa de entre las tinieblas (Tlahuizcalpantecuhtli, Venus como estrella de la mañana y Xolotl, o Venus como estrella de la noche), y Ehécatl, dios del viento.

Conclusión

Quetzalcóatl, como dice PIÑA CHÁN[34], «era un concepto resultante de un profundo sentido y simbolismo religioso que se integró a través del tiempo en

---

33. SAHAGÚN, 1956.
34. PIÑA CHÁN, 1985: cap. III.

aportaciones de distintas culturas y que a finales del Clásico llegó a sintetizar muchas ideas en una verdadera filosofía, en una antigua religión casi monoteísta que se extendió temporalmente por toda Mesoamérica».

Cuando desaparece Xochicalco (Tamoanchán) como centro religioso y comercial de importancia, convirtiéndose en ruinas, sólo quedó el recuerdo de haber sido el lugar de origen de Quetzalcóatl, el creador del Vº Sol y de la nueva humanidad, el descubridor del maíz, inventor del calendario. A la vez que también fue deidad del tiempo cíclico y de la lluvia: Señor del tiempo-Tláloc.

De todo esto se puede deducir que Quetzalcóatl no nació de un personaje real, sino que fue el dios que dio su nombre a varios sacerdotes-gobernantes, que se llegaron a confundir con la deidad; o sea que, en el proceso de transformación, primero fue el dios, luego el mito y después el hombre; es decir, hombres que vivieron en la leyenda, en el lugar mítico que habían creado para situarse en su universo.

Bibliografía - Notas

1. SAHAGÚN, Fray Bernardino de
1956   *Historia General de las Cosas de Nueva España,* ed. A.M. Garibay, 4 vols., México.
2.a. CORTÉS, Hernán
1969   *Cartas de relación,* México.
b. ALVA IXTLILXOCHITL, Fernando
1952   *Obras históricas,* Editora Nacional, 2 vols.,México.
3.a. DURÁN, Fray Diego
1967   *Historia de las Indias de Nueva España y Islas de Tierra Firme, escrita en el s. XVI,* Ed. A.M. Garibay, 2 vols., México.
b. PIÑA CHÁN, Román
1985   *Quetzalcóatl, Serpiente Emplumada,* F.C.E., México.
4. CLASTRES, Hélène
1975   *La Terre sans mal. Le prophétisme Tupi-Guarani,* Paris.
5. SÉJOURNÉ, Laurette
1957   *Pensamiento y religión en el México Antiguo,* F.C.E., México.
6. HEYERDAHL, Thor
1971   *The bearded Gods speak,* in «The Quest for America», pp. 199-238, London.
7. GRAULICH, Michel
1988   *Quetzalcóatl y el espejismo de Tollan,* Instituut voor Amerikanistiek, v.z.w., Antwerpen.
8. CÓDICE CHIMALPOPOCA
1945   *Códice Chimalpopoca. Anales de Cuauhtitlán y leyenda de los Soles,* ed. Primo P. Velázquez, facs. UNAM, México.
9. HISTORIA TOLTECO-CHICHIMECA
1976   *Historia Tolteco-Chichimeca,* ed. P. Kirchhoff, L. Odena y L. Reyes García, facs. INAH, México.
10. CASO, Alfonso
1960   *Interpretación del Códice Bodley 2858,* Soc. Mexicana de Antropología, México.
11. SELER, Eduardo
1963   *Comentarios al Códice Borgia,* 3 vols., F.C.E., Buenos Aires-México.

12. SÉJOURNÉ, Laurette
1984   *El universo de Quetzalcóatl,* F.C.E., México.
13. Véase el punto 5.
14. Véase el punto 8.
15. SÁENZ, César A.
1962   *Quetzalcóatl,* INAH, México.
16. Véase el punto 8.
17. MENDIETA, Fray Jerónimo de
1945   *Historia eclesiástica indiana,* 4 vols., México.
18. GARCÍA ICAZBALCETA, J.
1941   *Historia de los mexicanos por sus pinturas,* en «Nueva colección de documentos para la historia de México», ed. Pomar Zurita, Relaciones Antiguas, pp. 207-240, México.
19. Véase el punto 3.
20. GARCÍA ICAZBALCETA, J.
1941   *Historia de los mexicanos por sus pinturas,* en «Nueva colección de documentos para la historia de México», ed. Pomar Zurita, Relación de la genealogía, pp. 240-256, México..
21. DORSINFANG SMETS, Annie
        La place et le sens de Quetzalcoatl dans la pensée méxicaine, en «Bulletin des Sciences de l'Académie Royale des Sciences d'Outre-Mer», vol. 1974-2, Bruxelles, pp. 114-124.
22. Véase el punto 12.
23. PIÑA CHÁN, Román:
        Véase el punto 3.b
24. Véase el punto 23.
25. Véase el punto 12.

GRAN CHIRIQUÍ, MODELOS PRECOLOMBINOS Y CAMBIOS A PARTIR DE LA CONQUISTA

Meritxell Tous Mata
Museu Etnològic de Barcelona

Introducción.

Gran Chiriquí es una de las subáreas culturales que forman La Baja América Central. Geográficamente, abarca el suroeste de Costa Rica y las vertientes del Pacífico y del Atlántico, así como los territorios situados tierra adentro del oeste de Panamá. No obstante, debido a la falta de estudios y excavaciones sistemáticas estos límites geográfico-culturales pueden variar en un futuro.

Aunque Gran Chiriquí se considere una única área cultural, la variabilidad ecológica y su impacto en el desarrollo cultural, hacen que esta zona se divida en 4 subregiones:

- Diquís, formada por las planicies y la costa sur de Costa Rica.
- Chiriquí, que comprende la costa noroeste del Pacífico de Panamá.
- La Provincia de Bocas del Toro en la costa atlántica de Panamá.
- Talamanca, que comprende los territorios situados tierra adentro entre Costa Rica y Panamá.

Según la definición de Robert P. Drolet (1983, 1984, 1988 y 1992), el desarrollo cultural de Gran Chiriquí se divide en tres periodos:

- Periodo I. Arcaico o Precerámico (5.000 - 500 a.C.)
- Periodo II. Formativo (500 a.C. - 600/700 d.C.)
- Periodo III. Precontacto (700 - 1.520 d.C.)

Cristóbal Colón en su cuarto viaje (1.502) fue el primer europeo en avistar la costa atlántica de América Central. Desde este primer contacto hasta la Conquista y colonización efectiva de esta zona pasaron casi 100 años. Este hecho fue debido, fundamentalmente, al poco interés que ofrecía la zona en comparación con otras áreas. Gracias a esta diferencia temporal podemos observar algunos de los aspectos del proceso aculturador que empezaron con el «Rescate» y terminaron con la desarticulación e incluso desaparición física de algunos grupos indígenas debido a las epidemias -que llegaron antes que los propios conquistadores- y las primeras encomiendas de 1569.

1. Evolución socio-política y organización territorial en el Gran Chiriquí precolombino.

1.1 Periodo I. Arcaico o Precerámico (5.000 - 500 a.C.).

Los primeros vestigios de ocupación humana en Gran Chiriquí se hallan tierra adentro, en las tierras altas de Talamanca, asociados a abrigos rocosos que van desde pequeñas a grandes y múltiples cuevas, y en las cuencas de los ríos del oeste de Panamá, asociados mayoritariamente a corrientes de agua secundaria y en muchos casos con zonas de selva alta (Drolet 1988:169). Posiblemente, estos primeros pobladores se organizaron en pequeñas bandas autónomas y su fuente de alimentación era la caza y la recolección.

Sobre el 2.300/2.000 la fase Boquete sucedió a la de Talamanca. Observamos un cambio importante en los restos de cultura material, las grandes y pesadas hachas bifaciales de cuñas muy agudas, aptas para el trabajo de la madera, dieron paso a nuevas formas como las hachas pulidas de menor tamaño -muy eficaces para desforestar- y las «manos» que señalan la aparición de una inicipiente agricultura de tubérculos, árboles y posiblemente maíz que complementaría la antigua dieta.

La introducción de la agricultura como elemento importante dentro de la dieta de los antiguos habitantes provocó un aumento considerable en la población y la reorganización de los asentamientos. Progresivamente, las antiguas bandas nómadas formaron pequeños poblados de carácter sedentario o seminómada, a la vez que empezaron a colonizar nuevas zonas para ser cultivadas.

1.2. Periodo II. Formativo (500 a.C. - 600/700 d.C.).

La cultura material relacionada con este periodo muestra que los habitantes de Gran Chiriquí basaron, mayoritariamente, su dieta alimentaria en el cultivo del maíz y de la yuca, aunque la recolección, la pesca y la caza siguieron siendo elementos importantes en su alimentación.

Las excavaciones arqueológicas muestran que a principios de la Era Cristiana se produjo un espectacular crecimiento de la población que se observa en el aumento de yacimientos en toda el área. Posiblemente la expansión de la agricultura fue la causa directa de esta explosión demográfica.

Como ya se ha señalado anteriormente, en la casi totalidad del área de Gran

Chiriquí, comenzó a producirse un lento proceso de organización territorial. Los pequeños caseríos dispersos, que poco a poco habían crecido en número y en complejidad cultural, comenzaron a agruparse y a articularse entre sí. Algunos de éstos se convirtieron en unidades mayores con una cierta complejidad política e integraron a su alrededor un número variable de estos antiguos caseríos. Consecuentemente, se crearon los primeros pequeños territorios integrados e independientes dirigidos por una élite, pudiéndose considerar estas unidades como incipientes cacicazgos.

Este proceso evolutivo es fácilmente reconocible en la subárea del Diquís donde los pequeños caseríos independientes y dispersos, localizados en los pequeños valles de las tierras altas, se articularon alrededor de los grandes centros socio-ceremoniales de Buenos Aires, Las Ánimas, Térraba, etc. Generalmente, cada área local estaba formada por la agrupación de 7 a 10 caseríos de aproximadamente 1 o 2 hectáreas y un centro mayor que podía sobrepasar las 5 hectáreas como el sitio Bolas.

La integración de los pequeños caseríos en un área territorial mayor comportó, evidentemente, una relación jerarquizada entre ellos, a la vez que determinó su desarrollo cultural, religioso y socio-político.

El ascenso de grandes familias o clanes -élite- al poder provocó el rápido desarrollo de las artes. Posiblemente artesanos a tiempo completo realizaron gran cantidad de objetos que de alguna manera reforzaron el poder de las élites gobernantes, que precisaban de una extraordinaria parafernalia y de un gran número de símbolos distintivos, tanto en las ceremonias religiosas y los ajuares funerarios, como en la vida cotidiana.

Muestra de todo ello son las grandes esferas líticas (asentamientos de Bolas y Térraba en Costa Rica), las esculturas de tamaño natural (yacimiento de San Vito y Barriles en Panamá) y los ricos ajuares funerarios compuestos por metates ceremoniales profusamente decorados, pequeños colgantes de piedra pulida, cerámica de gran calidad, etc.

El final de esta etapa se caracteriza por la aparición de conflictos entre los diferentes cacicazgos -así lo demuestra el progresivo aumento al culto de las cabezas-trofeo- que posiblemente lucharon entre sí por la conquista de nuevas tierras de cultivo o por la simple expansión política-territorial.

Se produjo un gran movimiento de población/conquista desde las tierras altas del interior (tradición/fase Aguas Buenas) hacia las zonas costeras (tradición/fase Concepción), lo que comportó grandes cambios en los patrones de asentamiento, de subsistencia, en la producción de artefactos, etc. W. Haberland (1984:242) afirma que, posiblemente, el sitio Barriles en Panamá pasó a ser la capital del gran territorio unificado. Esta unidad territorial desapareció sobre el 600 d.C., Barriles fue abandonado y sus estatuas violentamente destruidas. No existe un criterio unánime respecto al motivo que desencadenó esta ruptura, algunos investigadores como O. Linares (1977:313) lo atribuyen a la explosión del volcán Barú, mientras que otros como M.J. Snarskis (1984:220), lo relacionan con unas posibles migraciones de grupos de habla Chibcha procedentes de Colombia.

1.3. Periodo III. Precontacto (700 - 1.520 d.C.).

Durante este periodo los antiguos pobladores de Gran Chiriquí siguieron ocupando las tierras bajas, cercanas a los ríos principales donde los suelos ricos en depósitos alubiales permitieron la intensificación del cultivo del maíz principalmente.

El incipiente proceso de organización territorial que se llevó a cabo durante el periodo anterior desembocó en la formación de grandes unidades territoriales y en la consecuente nuclearización de la población. Todo ello fue posible gracias a la aparición de grandes caciques o jefes que desarrollaron un complejo sistema de alianzas y de dependencias necesarias para aglutinar, articular y mantener la unidad de estos enormes territorios.

Se crearon grandes centros con una extensión superior a las 100 hectáreas y con un número de habitantes que oscilaba entre los 500 y 1.000 individuos. Gracias a un mayor dominio de la técnica y a una rígida organización social se construyeron casas colectivas, grandes plataformas ovaladas o circulares, rodeadas de muros de contención y rematadas por un techo cónico de palma. Estos palenques, sin cesar agrandados y modificados, albergaron a varias familias y se agrupaban en diferentes sectores residenciales (Baudez et al 1993:128).

La articulación de estas villas nucleares (Drolet 1988:187) a una cadena formada por otros asentamientos comportó una ordenación jerárquico-espacial que se tradujo en la especialización de los centros y en la organización del trabajo. Principalmente hay dos tipos: los productores de alimentos (esencialmente maíz) y los encargados de otras activiades como la manufactura de cerámica, la talla de piedras, la producción de artefactos líticos, etc. Posiblemente, existió una tercera clase que correspondería a los centros domésticos ocupados por la élite.

Como ejemplos de dicha especialización señalamos: sitio Murciélago, un asentamiento de carácter agrícola; y la uniformidad de los tipos cerámicos.

El yacimiento de Murciélago, con una superficie de 4 Km2, está formado por tres sectores: un área residencial; un espacio de aproximadamente 100 hectáreas utilizado como campo agrícola principal situado entre el área residencial y el río; y el cementerio localizado en lo alto de la loma al oeste de la zona residencial (Drolet 1983:39-41). Esta última ocupa una área de 30 hectáreas -lo que indica una población estimada de 500-600 personas- y está dividida en cinco sectores de 2 a 7 Ha. y otro sector de 2 Ha. que posiblemente sirvió para actividades públicas o como área de depósito de comida. Cada sector está constituído por agrupaciones de 2 a 3 casas circulares, con un diámetro que oscila entre los 15 y 30 m., rodeadas por cantos rodados y conectadas mediante un complejo sistema de rampas y pavimentos. Cada casa formaba la unidad básica de cada sector y probablemente representó un grupo multifamiliar. La agrupación de de 2 ó 3 viviendas parece indicar la integración de estos grupos, posiblemente en linajes.

A diferencia de otros periodos, la cerámica presenta una gran homogeneidad tanto en las técnicas de producción y decoración, así como en la iconografía e iconología, que junto con su distribución en grandes áreas sugiere la existencia de industrias locales que dependían de los diferentes territorios socio-políticos.

El poder de las élites evidentemente también alcanzó el aparato ideológico y/o religioso. Mediante un complicado entramado de creencias, ritos, etc., sacerdotes y gobernantes cohesionaron a los grupos sociales bajo una ideología, requisito necesario para la articulación de la estructura social y por lo tanto para el desarrollo exitoso de dichos cacicazgos. Las élites gobernantes encontraron en la producción artística una fórmula efectiva para difundir sus planteamientos de manera amplia y exacta. Así, la producción de artesanos además de reforzar el poder de las propias élites, dotó a los individuos, al grupo social y al territorio, de una serie de símbolos que los diferenciaban y cohesionaban frente a los demás grupos.

Las élites hicieron uso de todas y cada una de las artes para dicho propósito. Así, hallamos una producción muy sofisticada dotada de una fuerte carga simbólica realizada por especialistas, que produjeron gran cantidad de objetos de oro (influencia de Panamá y Colombia), de cerámica polícroma como el tipo Negro y Rojo sobre Crema o la cerámica Aligator (MEB 5.815, MEB 24.836 y MEB 24.842) y tipos monocromos como el Armadillo o Tarragó Biscuit (MEB 24.833, MEB 24.834, MEB 24.835 y MEB 24.837), de metates ceremoniales, etc.

La mayoría de estos objetos formaban parte de los ricos ajuares funerarios u ofrendas halladas en los grandes cementerios construídos sobre pequeñas elevaciones, situados fuera de las zonas habitacionales, donde evidentemente se enterraron los poderosos caciques y sus familias.

Estos cementerios se caracterizan por la profusión de esferas líticas de más de 2 m. de diámetro; de petroglifos con complicadas e indescifrables inscripciones; pilares de basalto que posiblemente fueron utilizados como marcadores de tumbas y figuras con espiga (MEB 14.054 y MEB 14.053) que también se han encontrado en complejos habitacionales. Posiblemente, todos estos elementos formaron parte de un complicado ritual de carácter público. Su localización en complejos funerarios y la agresividad que muestra su iconografía (guerreros portando cabezas-trofeo, etc.) enfatizarían el rol de la guerra y del jefe militar de la zona (Drolet 1992:233).

No hemos de olvidar que, paralelamente a esta producción artística y a la creación de grandes cementerios, existió una tradición de carácter «popular» cuyos logros estéticos quiza no fueron tan espectaculares como los primeros, aunque tecnológicamente si fueran comparables, como lo demuestran la producción de cerámica utilitaria y el material lítico empleado en las tareas del campo. En cuanto a las costumbres funerarias, estos grupos siguen enterrando a sus muertos bajo el piso de sus casas.

2. Procesos de cambio y transformación a partir de la presencia europea.

La Provincia de Costa Rica o Nuevo Cartago fue una de las últimas zonas de La Baja América Central en ser conquistada y colonizada. Ello fue debido, entre otros, a los siguientes aspectos:

- A pesar de que Cristóbal Colón describió el área como una de las provincias más ricas de Las Indias, las expediciones posteriores mostraron que la zona no era tan abundante en recursos naturales ni en densidad de población. Esto último, posiblemente fue debido a las epidemias y brotes pandémicos de peste que asolaron toda América Central desde 1520 hasta 1548.

- La falta de interés tanto de las autoridades metropolitanas como de las indianas ocupadas en la conquista, colonización y explotación de otras áreas.
- Paralelamente, y debido a la promulgación de las Leyes Nuevas para la proteción de los indios y el más o menos control efectivo de los territorios tras la creación de la Audiencia de Guatemala, no se «autorizó» una conquista a «sangre y fuego» como la de Guatemala o Nicaragua -llevadas a cabo por Pedro de Alvarado y Pedrarías Dávila respectivamente- ni tampoco se permitió el repartimiento de indios hasta 1569.
- Aunque se firmaron capitulaciones con objeto de conquistar y poblar el territorio, la mayoría de las expediciones fracasaron debido a los aspectos expuestos anteriormente y a la resistencia activa de la población. La primera ciudad que se fundó en Gran Chiriquí fue Nuevo Cartago (1563) que al igual que el resto de asentamientos españoles fue abandonado, permaneciendo únicamente Santiago de Talamanca fundado en 1605.

En definitiva, la falta de alicientes, sobre todo económicos, retardaron la conquista y colonización efectiva de la Provincia de Costa Rica hasta finales del siglo XVI.

Administrativamente, después de muchos cambios y transformaciones en el mapa colonial, el área cultural de Gran Chiriquí quedó dividida entre la Provincia de Costa Rica o Nuevo Cartago (1562) dependiente de la Audiencia de Guatemala (1543) y la Gobernación de Veragua dentro de la Audiencia de Panamá (1535).

Tal y como se ha señalado, la conquista y colonización de la Província de Costa Rica fue muy larga y en muchos de los casos infructuosa para aquellos que la llevaban a cabo. En este proceso distinguimos tres etapas que se diferencian entre sí, principalmente, en el impacto que tuvieron sobre la población indígena.

2.1 Primeros contactos (1502-1561)

Cristóbal Colón en 1502 fue el primer europeo en avistar las costas del Atlántico de Costa Rica y Panamá. Primero desembarcó en Cariay -actual Puerto Limón- y más tarde lo hizo en la Bahía de Zorobató (Bocas del Toro). Mantuvo diversos contactos con la población y mediante el «Rescate» obtuvo objetos de oro a cambio de material europeo (objetos de hierro y cuentas de cristal).

Otras expediciones que cruzaron el territorio fueron las de Gaspar de Espinosa (1516) que por el Pacífico llegó hasta el Golfo de Nicoya y la de Francisco Pizarro y Gaspar de Espinosa (1520) que arribaron hasta la Isla Burica.

No fue hasta 1522 con la expedición de Gil González Dávila en que por primera vez se exploró la mayor parte del territorio de Costa Rica. Gil González desembarcó en Punta Burica y recorrió por tierra y hacia la costa del Pacífico todo el territorio de Costa Rica, Nicoya y Nicaragua, mientras que sus buques exploraban las costas del Pacífico hasta el Golfo de Tehuantepec (México) según unos historiadores o hasta el Golfo de Fonseca (El Salvador) según otros. Esta expedición entró en contacto con la mayor parte de grupos indígenas que vivían en la Península de Burica y en la cuenca y desembocadura del río Grande de Térraba, es decir, la casi totalidad del área cultural de Gran Chiriquí.

Dentro de la Gobernación de Veragua también se llevaron a término viajes de expedición como los de Felipe Gutiérrez en 1534 o el de Hernández de Badajoz en 1540.

Durante estas expediciones, generalmente, no se llevaron a cabo actos de conquista o colonización, sino que se trataban de viajes de reconocimiento con el fin de evaluar las riquezas de la zona o expediciones realizadas por adelantados para intentar delimitar administrativamente los territorios -solapamiento territorial entre la Provincia de Costa Rica y la Gobernación de Veragua. No obstante, fueron el primer paso en el proceso aculturador de los habitantes de Gran Chiriquí que se llevó a cabo a través del «Rescate» o intercambio indoeuropeo. Múltiples son las referencias de esta práctica, como ejemplo citamos a Fray Bartolomé de Las Casas: «Traían mantas de algodón y jaquetas y unas águilas de oro bajo que traían al cuello. Estas cosas traían nadando a las barcas, porque aquel día ni otro los españoles salieron a tierra. De todas ellas no quiso el Almirante que se tocase cosa por, disimulando, dalles a entender que no hacían cuenta de ello, y cuento más dellas se mostrase menosprecio tanta mayor codicia e importunidad significaban los indios de encontrar (...). Mándoles dar el Almirante cosas de **rescate** de Castilla». (1981:Libro II, capítulo XXI).

Las excavaciones arqueológicas realizadas en yacimientos tardíos señalan la presencia europea en el área. Doris Stone (1966:44) afirma que, en la región del Diquís y en la vecina de Talamanca se han hallado en las sepulturas indígenas, gran cantidad de cuentas de Millefiore de vidrio azulado y retorcido, así como objetos de hierro tales como hachas, cuchillos, puntas de lanza y tijeras. Algunos de los asentamientos donde aparece mezclado el material prehispánico con el europeo son: Paso Real, Curré, Chánguena, Zapotal y Peñas Blancas.

Se produjo pues una incorporación -no substitución- de objetos de origen europeo dentro de la cultura tradicional de los pueblos que ocupaban el área de Gran Chiriquí. Así, entraron a formar parte de la parafernalia religiosa y político-cultural utilizada por las élites dominantes como símbolo de poder y prestigio. Esta incorporación denota el inicio del proceso aculturador.

No obstante, cabe señalar que si bien estos objetos aparecen junto a material prehispánico, las características técnicas, iconográficas, etc. de este último continuan siendo las mismas que para la fase Chiriquí (700/800 - 1.520 d.C.). Arqueológicamente tampoco se han detectado cambios en los patrones de enterramiento, ya que éstos siguen siendo los característicos para el Periodo III - túmulos demarcados por cantos rodados y estructuras con paredes y tapa formada también por cantos rodados. Además la población siguió ocupando las mismas zonas habitacionales sin cambios aparentes en el urbanismo o distribución interna de los pueblos.

Algunos autores (Zamora: 1980) afirman que la práctica del rescate provocó la transición de un sistema económico simple a otro más complejo en el que el comercio adquiría más importancia. Recientes excavaciones señalan que el intercambio era una más de las actividades llevadas a cabo por estos pueblos, es más, debido al proceso de organización territorial descrito anteriormente, se produjo una especialización de los centros y una organización del trabajo. Así, posiblemente, diversos productos circularon a través de estas redes. Junto a este intercambio de carácter local, no hay que olvidar el realizado a gran escala, prueba de ello son los objetos de tumbaga procedentes del centro de Panamá o la cerámica tipo Armadillo o Tarragó Biscuit hallada en Guayabo de Turrialba -Vertiente Atlántica - Tierras Altas Centrales de Costa Rica.

2.2 Primeros asentamientos y fundaciones españolas (1561-1569).

Con la fundación de ciudades se hizo efectiva la presencia de españoles en la zona. No obstante la mayoría de ellas fueron abandonadas o trasladadas debido a las características físicas de los lugares donde se fundaron o bien porque no eran rentables, es decir los colonos -esencialmente hombres procedentes de las expediciones- no hallaron las riquezas esperadas tanto en recuros humanos como en materias primas (oro). Juan de Vázquez de Coronado muestra en sus cartas el estado de algunas de estas «ciudades»: «(...) entré en Landecho, que solamente gozaba del nombre de poblado a los diez; hallé solos cuatro soldados y tan determinados de dejar la tierra, que sino supliera la necesidad con regalos que las hice me alteraran los que traía». (1964:12).

Juan de Cavallón, primer Alcalde Mayor de la Provincia de Nuevo Cartago y Costa Rica, fue el primero en fundar asentamientos españoles fijos en esta Provincia, éstos son: Castillo de Austria (1560-1563), Villa de los Reyes de Puerto Landecho (1561-?) y Castillo de Garcimuñoz (1561-1563). Aunque no se fundó ninguna ciudad en el área de Gran Chiriquí, se inicia ya la penetración española en la zona debido a que estos asentamientos se tomaron como punto de partida para la posterior conquista y colonización de las tierras situadas al sur.

Con Juan de Cavallón no se llevó a cabo ningún repartimiento de indios. No obstante, evidentemente hubo un importante movimiento de la población, debido a que las ciudades además de situarse en zonas próximas a la costa -aprovechamiento del tráfico marítimo hacia el sur- se localizaron allí donde la población indígena era más numerosa, tal es el caso de Castillo de Garcimuñoz.

Las tres ciudades fundadas por Juan de Cavallón fueron abandonadas y en 1562 marchó como letrado a la Audiencia de Guatemala totalmente arruinado y enfermo.

Juan Vázquez de Coronado fue el verdadero artífice de la Conquista ya que bajo su gobierno se fijaron los primeros asentamientos reales y la mayor parte de la población indígena de Costa Rica quedó sometida a la Corona. Trasladó la capital de la provincia desde Castillo de Garcimuñoz a Cartago (1563), creándose así la primera ciudad definitiva, y fundó Nuevo Cartago (1563-?) en el área de Gran Chiriquí debido al elevado número de población indígena que allí halló.

A imitación de otros conquistadores, Juan Vázquez de Coronado dejó por escrito todo aquello que vió en sus expediciones. Comparando estas fuentes, ricas en descripciones, con la información dada por la arqueología podremos conocer algunas de las transformaciones socio-políticas, religiosas, culturales, etc. que se habían producido en Costa Rica en la segunda mitad del siglo XVI. Hemos de recordar, que si bien este material escrito es muy importante y útil, debido a la propia visión etnocéntrica del conquistador, al desconocimiento del área y de los pueblos que la ocupaban, así como el hecho de que algunos de los datos que se aportaban servían como justificación de la empresa ante la corona, hacen necesaria la revisión de todo este material escrito.

En 1563, Juan Vázquez de Coronado dirigió una expedición al Valle del Diquís desde la meseta central (Cartago) hacia Quepos y desde allí hasta la cuenca del río Térraba. La primera cosa que llamó la atención al conquistador fue la existencia de tres «Provincias» principales: Quepos, Coto y Turucaca de las cuales dependían otros pueblos. Esta división nos muestra la separación del área en extensos territorios unificados e independientes que se corresponden con los grandes cacicazgos descritos para la fase Chiriquí. Además también señala la existencia de alianzas entre ellos, así por ejemplo Coctú y Turucaca estaban aliados, entre otros, con Cia, Uriaba, Borucac y Cabra.

Para comprender la disposición de los asentamientos y su organización interna, contamos con la minuciosa descripción que Vázquez de Coronado hizo de Coctú, principal asentamiento del territorio Coto situado en el Valle del Diquís: «Estaba asentado en una cuchilla de sierra; era de hechura de un huevo; tenía solas dos puertas, una al este y otra al oeste, era cercado de dos palizadas a manera de albarandas; (...) había en el fuerte ochenta y cinco casas redondas, de cocuruchos como bóveda; cabrían en cada una de ellas cuatrocientos hombres. Estaban las casas puestas de orden no vista: junto a la puerta estaba una casa, luego delante dos, luego tres y de tres en tres iban ciertas hileras, de cuatro en cuatro iban otras y a la otra puerta tornaban a disminuir con la misma orden hasta quedar en una, con la proporción dicha. Hacia la parte del norte había una quebrada grandísima, a la parte del sur había otra menor, por manera que solamente podía ser ganado el fuerte por las dos puertas. (...) y así por sus hileras tenían hechos callejones entre las casas, por las cuales se mandaban de tal manera que las casas quedaban algo altas del suelo, tenían troneras y estaban a partes de industria por cercar, por tal modo que desde ellas, sin ser vistos herían a los que entraban en el fuerte (...). Tiene otro fuerte junto aquel, que tendrá doce casas: está al modo destotro habrá en ambos más de mil y seiscientos hombres de pelea».

«(...) asentadas cada casa una de otra cuatro piés, antes menos que más, y con gran compás; y entre cuatro casas se hace una placeta, a la cual van por callejones hechos a mano, porque las casas estan altas del suelo como media vara de medir; (...) son redonda y las vigas que tienen de gordor dos brazos; son de paja muy bien puestas y muy altas y el remate de arriba a manera de capitel. (...) en cada casa de estas viven veinte y cinco vecinos con sus mujeres e hijos y algunas más y menos como tienen la familia. Caben en cada casa cuatrocientos hombres». (Vázquez de Coronado 1964:33-50).

El proceso de nuclearización de la población en grandes villas, formando centros densamente poblados, registrado en la fase Chiriquí está perfectamente reflejado en esta descripción. La disposición del asentamiento y el tipo de arquitectura concuerda con asentamientos prehispánicos como el de Murciélago (Ver apartado 1.3.). Lo que sin duda es érroneo en esta descripción es el número de habitantes ya que según ésta había 97 casas con 25 vecinos con sus mujeres e hijos (familia compuesta por lo menos por 2 padres y tres hijos) que harían un total de 12.125 individuos, cifra muy por encima de la realidad.

Las construcciones de palenques que rodeaban el sitio indican la intensidad de las guerras entre esta provincia y las vecinas. Es así como la guerra se convierte en un factor decisivo en las relaciones entre asentamientos. Ésta puede ser a diferentes niveles: internas por la consecución de un mayor rango social entre los diferentes clanes (en Coctú habían 7); como actividad socio-ceremonial -que no denota un proceso de expansión territorial-, con el fin de capturar hombres (cabezas-trofeo) y niños y mujeres para convertirlos en sirvientes y finalmente por motivos territoriales, por la obtención de nuevas tierras de cultivo, la anexión de nuevas ciudades, etc.

La rivalidad existente entre los distintos caciques de la región, sin duda alguna facilitó la actuación de Vázquez de Coronado, ya que los caciques se sometían incondicionalmente a cambio de conseguir ayuda con la que vencer a sus enemigos tradicionales. Tal es el caso del cacique de Quepos que estaba en lucha permanente con Coto, hallándose en la ciudad de Coctú prisionera la hermana de este cacique junto a otros niños y mujeres empleados como esclavos.

Tal y como indica la descripción, Coctú se hallaba divida en sectores, lo que implicaba un sistema de organización para las actividades domésticas y económicas por áreas, así como la existencia de varios clanes o familias, un total de 7 caciques en Coctú. Vázquez de Coronado en otros escritos afirma que cada uno de éstos era el líder de un grupo, señal inequívoca de la existencia de clanes o linajes. Como máxima autoridad del territorio unificado estaría un único individuo, el «Cacique Principal». Este tipo de organización política nos remite de nuevo a la integración y articulación de diferentes villas formando un mismo territorio que sin duda facilitaba el flujo de bienes e información.

Las descripciones que hace Vázquez de Coronado al enumerar las riquezas de la zona permiten conocer cuáles eran las principales actividades de subsistencia, así como de los bienes que circulaban por el área: «(...) tienen mucho oro y ropa, grande abundancia de mantenimientos, maíz, frisoles, calabazas, algodón yuca, plátanos, zapotes y todos otros géneros de frutas de las que hay en estas partes». (Vázquez de Coronado 1964:46).

A finales de 1563 Vázquez de Coronado dirigió otra expedición hacia Bocas del Toro. Desembarcó en Turucaca (costa del Pacífico) y por tierra cruzó la cordillera. En enero del año siguiente tomó posesión de los pueblos situados junto a la Bahía del Almirante (Bocas del Toro) y de todo el Valle del Guaymi. Durante esta expedición localizó el Río de la Estrella, situado en el Valle del Duy, rico en depósitos auríferos y fundó un registro de minas y repartió varios yacimientos entre los hombres que formaban sus huestes.

La conquista y posterior fundación de ciudades son un indicador de que el proceso de aculturación de las sociedades autóctonas de Gran Chiriquí estaba en pleno desarrollo. No obstante, todavía no se habían alcanzado cotas elevadas en la eliminación de la cultura aborigen, muestra de ello son las descripciones de Vázquez de Coronado que concuerdan en gran medida, con la información dada por la arqueología. No obstante, la fundación de ciudades en lugares aptos para la agricultura y con un importante contingente de mano de obra son un presagio de lo que ocurriría años más tarde, el repartimiento de indios y la consecuente desarticulación de estos grupos.

La hostilidad y rebelión permanente de los grupos indígenas, la incapacidad de los españoles por valerse de sí mismos y la prohibición de repartir indios en encomiendas particulares hizo que la mayor parte de la población española abandonase el área. Así por ejemplo, Cartago en 1569 tenía 80 habitantes y en 1573 solo 40 soldados.

2.3 Primeras encomiendas y desarticulación de los grupos indígenas (1569-1600).

En 1569, Perrafán de Ribera sucedió en el cargo a Vázquez de Coronado cuando este murió de regreso a Costa Rica en un naufragio. A diferencia de su antecesor, hizo uso de una desmesurada violencia, comparable a la utizada por Pedro de Alvarado en la conquista de Guatemala, en el sometimiento de la población indígena.

Realizó una expedición por las costas del Atlántico hasta la Bahía del Almirante en busca del oro y de las minas de la Estrella, posteriormente cruzó la cordillera y fundó la ciudad de Nombre de Jesús (1571-1572?) en el territorio de Coto. Aunque para los españoles la desembocadura del río Térraba era una zona totalmente adversa, eligieron este lugar por haber encontrado mano de obra muy abundante y por situación geográfica, debido a que era un buen lugar para crear un puerto donde recalasen los barcos que hacían la ruta de Nueva España a Tierra Firme y los Reinos del Perú. Aunque la vida de esta ciudad fue muy corta marcó el inicio del periodo colonial en el sur de Costa Rica.

Fue este gobernador quien por primera vez y de acuerdo con las autoridades locales, pero transgrediendo las Leyes Nuevas para la proteción de los indios y las ordenanzas de la Audiencia de Guatemala, quien en 1569 repartió entre sus hombres en encomienda a los habitantes de Coctú, Borica, Cia, Cabra, Tabiquere y Xarixaba, entre otros. Se otorgaron a 85 vecinos 106 encomiendas con un total de 23.874 tributarios, restando únicamente para la corona tres pueblos: Pacaca, Quepo y Chome (Kramer, Lovell y Lutz 1993:57). Perrafán de Ribera justificó ante la Audiencia y la Corona el repartimiento de indios aduciendo que era la única manera de mantener una población española estable necesaria para el buen funcionamiento de la Provincia.

No obstante, Perrafán de Ribera en mayo de 1973 marchó de la Provincia totalmente arruinado. El fracaso de su gobierno se debió a la constante oposición de la población indígena, la cual cosa hacia fluctuar la cantidad de mano de obra, a que no se obtuvieron las riquezas esperadas al igual que tampoco se localizaron las minas de metales preciosos que supuestamente se hallaban en aquella área.

Con la marcha de Perrafán de Ribera la Provincia quedó en un total desamparo. Le sucedieron en el título Alonso Anguciana y Gamboa que continuó con la conquista (expedición a la región de Suerre), reconstruyó algunas de las ciudades y sometió a la población indígena del área central, procediendo de nuevo al repartimiento de los naturales en encomiendas. Diego de Artieda y Chirino capituló ante el rey la culminación de la conquista de Costa Rica, dirigió una expedición hacia Bocas del Toro y fundó la ciudad de Artieda del Nuevo Reino de Navarra (1577-1579). Diego de Sojo en 1605 repartió en encomienda a los vecinos de Santiago de Talamanca (fundada en 1605 por Juan de Ocón y Trillo) 8 poblaciones indígenas.

Después de más de un siglo de incursiones y luchas de conquista la Provincia de Costa Rica se hallaba prácticamente pacificada, por lo que empezó la auténtica colonización española y la consecuente desarticulación e incluso desaparición de grupos indígenas. No obstante, no hemos de olvidar la resistencia que estos grupos siguieron ofreciendo, prueba de ello es el levantamiento en Santiago de Talamanca en 1607 que casi destruyó la ciudad.

Como ya se ha mencionado, durante este último cuarto de siglo se llevó a cabo el repartimiento de indios en encomiendas, una de las principales causas -junto con las epidemias y la violencia generada por la conquista- que causó la desarticulación de la mayor parte de grupos indígenas. Gracias a esta práctica los españoles recibían tributo a cambio de instrucción religiosa y cultural, ofreciendo al indio la posibilidad de formar parte de un sistema cultural «superior» y sobre todo de alcanzar el reino de los cielos al convertirse a la fe cristiana. Este intercambio es la institucionalización de la aculturación (Zamora 1980:103).

Tras la creación de las encomiendas, los indígenas no sólo estaban obligados a pagar el tributo impuesto, sino que también debieron incorporar a su propia cultura elementos ajenos tales como el aprendizaje de nuevos oficios -carpintero, calafateros, etc.-, el cultivo de nuevos productos como el trigo y el cuidado del ganado vacuno, equino y bovino introducido por los españoles. Es decir, se produjo en la sociedad indígena un cambio radical en el sistema económico -entre otros- ya que entraron a formar parte de una sociedad radicalmente diferente, con otro tipo de necesidades y con un desigual reparto de las cargas y los beneficios.

Pocas son las noticias escritas que tenemos sobre la población indígena, las únicas corresponden a censos de vecinos. No obstante se han realizado excavaciones en sitios indo-hispánicos cuyos resultados, sin duda alguna, nos dan gran cantidad de información de lo sucedido en Gran Chiriquí después de su conquista y posterior colonización.

Las excavaciones llevadas a cabo en Sitio Paso Real (Quintanilla 1986) y en Potrero Grande (Corrales 1986) muestran lo avanzado que estaba el proceso aculturador a finales del siglo XVI en la cuenca del río Grande de Térraba. Al igual que en otros yacimientos más tempranos (ver apartado 2.1) se ha reportado material europeo -cuentas de cristal y objetos de hierro- junto con el indígena como ofrenda funeraria. No obstante, mientras que anteriormente sólo se trataba de una incorporación de elementos extranjeros, en estos yacimientos se puede hablar de una casi substitución, a la vez que se detectan importantes cambios en el patrón funerario, en la manufactura de la cerámica y en las herramientas de trabajo.

El cementerio de Paso Real no es ni tan solo un recuerdo de aquellos utilizados por las élites con petroglifos, grandes esferas líticas y figuras antropomorfas con espiga (ver apartado 1.3). Las tumbas carecen de una estructura definida, ya no se utilizan los cantos rodados ni los marcadores característicos de la fase Chiriquí.

La cerámica tipo Aligator o Tarragó Biscuit ha desaparecido por completo y en su lugar, y como ofrenda funeraria, se ha hallado una cerámica tosca, sin pintura o engobe y de desgrasante muy grueso. Podemos deducir que no sólo se habían perdido los conocimientos y la tecnología necesarias para su manufactura, sino que posiblemente también habían desaparecido los alfareros cualificados del período prehispánico. Además, la incorporación de nuevos tipos señala cambios a un nivel ideológico-superestructural, recordemos la importancia de la cerámica como vehículo donde plasmar las representaciones mágico-religiosas. Al desestabilizarse la cultura que las producía y consecuentemente perder todo el valor ideológico que tenían, ya no había razón alguna para seguir produciendo estos tipos cerámicos.

La presencia de objetos de hierro, tres puntas de lanza y dos artefactos sin identificar, muestra la substitución de los instrumentos tradicionales realizados en piedra por sus homólogos en hierro, más efectivos para las tareas domésticas, la caza, la agricultura, etc. Observamos aquí también un cambio en la tecnología ya que estos objetos se realizaron a partir de hojas de cuchillo, puntas de bayoneta o espadas de los conquistadores y colonos. Además de este reaprovechamiento, también se incorporaron objetos ya elaborados como cuchillos, tijeras y hachas.

3. Elementos de origen Precolombino que sobrevivieron a la Conquista y Colonia

A pesar del proceso de desestructuración y desaparición física que los grupos indígenas del área de Gran Chiriquí sufrieron a causa de la presencia europea, la escasa población que sobrevivió, sin duda alguna, retuvo algunos rasgos de su cultura originaria. No es mi intención enumerar todos y cada uno de ellos, ya que no es tema de este artículo, pero sí indicaré dos aspectos que pueden deducirse de lo expuesto hasta ahora.

La colonia intentó destruir la mayor parte de la cultura indígena, no obstante conservó aquellas instituciones que les pudiesen beneficiar, tal es el caso de la figura del cacique. Al crearse las encomiendas se produjo una superposicón de esta nueva estructura de poder sobre la existente, es decir los antiguos caciques conservaron parte de su antiguo estatus al dejarles a su cargo cierta cantidad de indígenas -en realidad se convirtieron en encomenderos. Con ello se intentó dar una apariencia de continuidad entre ambos mundos, a la vez que de alguna manera se legitimizaba la nueva situación. Además de los caciques, los «indios principales» también gozaron de ciertos privilegios, ya que ejercieron funciones de tipo municipal en los pueblos de indios.

A diferencia de lo ocurrido en el plano económico y político, la religión indígena fue uno de los elementos que se intentó eliminar por completo y de inmediato. En Gran Chiriquí, al igual que el resto de América Central, la presencia de la Iglesia Católica se dió desde el principio de la Conquista, no obstante no sería hasta finales del XVI en que su presencia será más numerosa y su labor de «evangelización» más efectiva. En 1563 está documentada la existencia de dos franciscanos -Fray Pedro de Betanzos y Juan de Estrada- en toda Costa Rica. A partir de 1580 y de forma paralela al proceso colonizador, aumentaron también el número de conventos -Esperanza y Cartago- y de monjes franciscanos.

Aunque la población indígena aceptó el Catolicismo como nueva religión, las antiguas creencias no fueron abandonadas en su totalidad. Los resultados de las excavaciones en sitio Paso Real muestran la continuidad de ciertas prácticas precolombinas como: la ubicación del cementerio en una loma fuera de la zona habitacional; la antigua costumbre de depositar ofrendas y alimentos en las tumbas; y la continuidad de parte del ritual funerario cuyo indicador es la gran cantidad de materia orgánica quemada. El mantenimiento de ciertas tradiciones no sólo les vinculaba a su antigua cultura, sino que también les aseguraba su supervivencia en la Colonia.

Anexo

5.815: Recipiente decorado. Tipo Negro y Rojo sobre Crema o Cerámica Aligator. Periodo III (1.200-1520 d.C.). Cerámica. Alt.: 15,2 cm., Diám.: 15,8 cm. M.E.B. 62-5. Recipiente de base convexa y cuerpo fusiforme. Decoración polícroma con formas geométricas que representan un saurio. Este tipo cerámico, uno de los más comunes en Gran Chiriquí, se ha hallado, generalmente, en cementerios como ofrenda funeraria.

24.836: Recipiente decorado. Tipo Negro y Rojo sobre Crema o Cerámica Aligator. Periodo III (1.200-1520 d.C.). Cerámica. Alt.: 7,3 cm., Diám.: 11,4 cm. M.E.B. 349-28. Recipiente de base convexa y cuerpo lenticular. Dos asas cerca de la boca. El nombre de Alligator Ware se debe a que el elemento decorativo más representado es el aligator (tipo de saurio). El triángulo con el punteado interior representa las escamas y las líneas verticales u oblicuas las marcas longitudinales del animal.

24.842: Recipiente decorado. Tipo Negro y Rojo sobre Crema o Cerámica Aligator. Periodo III (1.200-1520 d.C.). Cerámica. Alt.: 14,5 cm., Diám.: 16,6 cm. M.E.B. 349-34. Recipiente de base convexa y cuerpo fusiforme. Decoración polícroma con motivos geométricos. Asociado a este tipo cerámico, en los grandes cementerios y como ofrenda funeraria, también se ha hallado gran cantidad de material hispánico como objetos de hierro y cuentas de cristal.

24.833: Recipiente trípode. Tipo Armadillo o Tarragó Biscuit. Periodo III (1.200-1520 d.C.). Cerámica. Alt.: 9,7 cm., Diám.: 13,2 cm. M.E.B. 349-25. Recipiente de base convexa y cuerpo subglobular. Tres soportes mameliformes. Este tipo marca el zénit en la producción cerámica de Gran Chiriquí. Sus características técnicas -paredes de menos de 2 mm. de grosor- y su alto valor estético -formas muy elegantes con pequeños adornos aplicados- muestran que posiblemente fueron realizadas por artesanos especialistas a tiempo completo.

24.834: Recipiente decorado. Tipo Armadillo o Tarragó Biscuit. Periodo III (1.200-1520 d.C.). Cerámica. Alt.: 12,5 cm., Diám.: 17,3 cm. M.E.B. 349-26. Recipiente de base convexa, cuerpo fusiforme y carena redondeada. Decoración zoomorfa (ranas) de bulto en la parte superior. Este tipo cerámico se caracteriza por una gran homogeneidad en técnicas y tipologías, que unido a su restringida difusión, sugieren la posibilidad de un único origen común que se ha fijado en la vertiente del Pacífico en Chiriquí.

24.835: Recipiente decorado. Tipo Armadillo o Tarragó Biscuit. Periodo III (1.200-1520 d.C.). Cerámica. Alt.: 10,3 cm., Diám.: 12,2 cm. M.E.B. 349-27. Recipiente de base convexa, cuerpo fusiforme y carena redondeada. Decoración zoomorfa (osos hormigueros) de bulto en la parte superior. Por sus características, este tipo cerámico fue empleado exclusivamente como ofrenda funeraria o como objeto de comercio con otras áreas. Se han encontrado fragmentos en Guayabo de Turrialba, Vertiente Atlántica - Tierras Altas Centrales de Costa Rica.

24.837: Recipiente trípode. Tipo Armadillo o Tarragó Biscuit. Periodo III (1.200-1520 d.C.). Cerámica. Alt.: 11,3 cm., Diám.: 13,5 cm. M.E.B. 349-29. Recipiente de base convexa y cuerpo carenado de paredes convexas. Tres soportes con decoración zoomorfa (peces). En la producción artística correspondiente al Periodo III se observa una cierta uniformidad iconográfica, los motivos más representados: ranas, peces, aligatores, etc. aparecen tanto en la cerámica como en la orfebrería.

14.052: Figura antropomorfa con espiga. Periodo III (1.000-1520 d.C.). Piedra. Alt.: 43 cm., Ancho: 19,5 cm., Fondo: 10 cm. M.E.B. 176-83. Figura masculina en posición hierática. Cara cubierta por una máscara de felino y brazos cruzados sobre el torso. Piernas rectas y separadas que toman forma de espiga en la parte inferior. Estas figuras aparecen generalmente asociadas a las grandes esferas, ambas deberían ser monumentos fijos. Posiblemente representan deidades impersonales, sacerdotes o guerreros.

14.053: Figura antropomorfa con espiga. Periodo III (1.000-1520 d.C.). Piedra. Alt.: 36 cm., Ancho: 18,3 cm., Fondo: 10,5 cm. M.E.B. 176-83. Figura masculina en posición hierática. Rostro con decoración facial y brazos rectos que se apoyan en la cadera. Piernas rectas y separadas que toman forma de espiga en la parte inferior. Vemos una influencia de Sitio Barriles en la espiga, en la constante presencia de serpientes -cara y cinturón- y en el tratamiento del cuerpo y de los miembros, nunca de bulto redondo, siempre pegados al cuerpo.

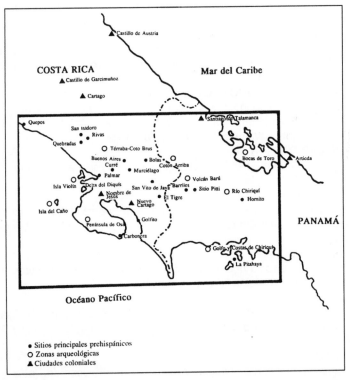

Mapa del área cultural de Gran Chiriquí donde se señalan los principales asentamientos prehispánicos, zonas arqueológicas y ciudades coloniales.

Bibliografía

BAUDEZ, CLAUDE F.
1993   *Investigaciones arqueológicas en el delta del Diquís.* México y Costa Rica: CEMCA y DRCSTE.

CASAS, BARTOLOMÉ DE LAS
1981   *Historia de las Indias.* Madrid: Círculo del Bibliófilo.

CORRALES ULLOA, FRANCISCO
1986   «Prospección arqueológica en Potrero Grande, Diquís». *Vínculos.* Vol. 12, núm. 1-2 San José de Costa Rica, p. 51-67.

DROLET, ROBERT P.
1983   «Al otro lado de Chiriquí, el Diquís: nuevos datos para la integración cultural de la región de Gran Chiriquí». *Vínculos.* Vol. 9, núm. 1-2 San José de Costa Rica, p. 25-76.
1984   «A note of southwestern Costa Rica». En: F.W. Lange y D. Stone, ed. *The archaeology of Lower Central America.* Albuquerque: University of New Mexico Press, p. 254-262.
1988   «The Emergence and intensification of complex societies in Pacific Southern Costa Rica». En: F.W. Lange, ed. *Costa Rican art and archaeology.* Boulder: University of Colorado, p. 163-168.
1992   «The house and the territory: the organizational structure for chiefdom art in the Diquis subregion of Greater Chiriquí». En: F.W. Lange, ed. *Weath and hierarchy in the intermediate area.* Washington, D.C.: Dumbarton Oaks Research Library and Collection, p. 207-241

HABERLAND, WOLFGANG
1984   «The archaeology of Greater Chiriquí». En: F.W. Lange y D. Stone, ed. *The archaeology of Lower Central America.* Albuquerque: University of New Mexico Press, p. 233-254

KRAMER, WENDY, W. GEORGE LOVELL Y CHRISTOPHER H. LUTZ
1993   «La conquista española de Centroamérica». En J.C. Pinto Soria, ed. *Historia General de Centroamérica. El Régimen Colonial (1542-1750).* Madrid: Sociedad Estatal Quinto Centenario y FLACSO, p. 21-93.

LINARES DE SAPIR, OLGA
1977   «Adaptative Strategies in Western Panamá». *World Archaeology.* Vol. 8, nº 3, p. 304-319.

LOTHROP, SAMUEL K.
1963   *Archaeology of the Diquís delta, Costa Rica.* Papers of the Peabody Museum of Archaeology and Ethnology, Harvard University, Vol LI. Cambridge: Peabody Museum.

QUINTANILLA, IFIGENIA
1986   «Paso Real: un sitio indo-hispánico en el valle del Diquís». *Vínculos.* Vol. 12, núm. 1-2 San José de Costa Rica, p. 121-134.

SNARSKIS, MICHAEL J.
1984   «Central America: the Lower Caribbean». En: F.W. Lange y D. Stone, ed. *The archaeology of Lower Central America.* Albuquerque: University of New Mexico Press, p. 195-232.

STONE, DORIS
1966   *Introducción a la arqueología de Costa Rica.* San José de Costa Rica: Museo Nacional.

VÁZQUEZ DE CORONADO, JUAN

1964   *Cartas de relación sobre la conquista de Costa Rica.* San José de Costa Rica: Academia de Geografía e Historia de Costa Rica.

ZAMORA ACOSTA, ELÍAS

1980   *Etnografía histórica de Costa Rica (1561-1615).* Publicaciones del Seminario de Antropología Americana, vol. 16. Sevilla: Publicaciones de la Universidad de Sevilla.

PROBLEMÁTICA ACERCA DE LAS PRIMERAS GOBERNACIONES EN COQUIBACOA (VENEZUELA)

M. Teresa Zubiri Marin
Universidad de Barcelona

Según el plan de 1501 llevado a cabo por la Corona para la búsqueda del «paso» a la Especiería, se conciertan dos capitulaciones con orden de población en las nuevas tierras: una a favor de Alonso de Ojeda[1], al que se le otorga la gobernación de Coquibacoa, la primera concedida para la Tierra Firme y que se centraba en el territorio al que dio su nombre en su primer viaje y que no se delimitaba, ya que todo quedaba a merced de los descubrimientos que efectuara por el golfo de Venezuela y otra concertada con Vicente Yáñez Pinzón concediéndosele la región costera del norte del Brasil.

El profesor Ramos Pérez afirma que estas dos capitulaciones ofrecen un esquema diferente a las concedidas con anterioridad, ya que tanto a Ojeda como a Yáñez Pinzón se les otorgan mayores mercedes y privilegios con el objetivo de reactivar la empresa descubridora.

La capitulación de Alonso de Ojeda, que es la que particularmente nos interesa, está concebida para una acción de asentamiento en la tierra que se le sealaba, la de Coquibacoa, y tambin para una accin de gobierno, como de una forma clara se afirma en el documento:

> « E sus Altezas, avida consideracin a lo que gastastes e sevistes e por lo que agora vos obligais a servir, vos hazen mered de la governaçion de la isla de Cunquivacoa que vos descubristes ...»

---

1. A propsito de esta gobernacin, el profesor Ramos Pérez presentó un trabajo al XXXIV Congreso Internacional de Americanistas de Viena, titulado: *La gobernación de Coquibacoa y la fundacin de Santa Cruz, primer asiento colonizador de los españoles en Sudamérica.* Akten des 34 Internationalen Amerikanistenkongress. Wien, 1960, pp.799-809.

Lo que se reitera cuando se le dice:

> « que sea nuestro gobernador desa isla Coquibacoa e su tierra e jurediçion».

Por otra parte, en esta capitulación la tarea descubridora tiene también un valor singular como se demuestra al hacérsele concesión a Ojeda dentro de su ámbito:

> « de todas e qualesquier cosas que hallardes en las islas e tierra firme de su gobernaçion, as en lo descubierto como en lo que de nuevo descobrierdes»[2].

Y no solamente se concibe así, sino que la acción se realiza, puesto que en el litoral designado, llegó a crearse un establecimiento, con aspiraciones de permanencia, a pesar de su rápida frustración.

Ahora bien, lo que nos importa extraer de este estudio es el reparto de las tierras costeras descubiertas, pues en él queda prefigurado un ámbito - el que se otorga a Ojeda - que permanecer inalterado, a reserva de lo que fuera descubriéndose a Occidente. De este modo se nos describen 4 unidades: la concedida a Yáñez Pinzón por el Oriente, hasta las tierras que descubrió el Almirante, que constituyen la 2 unidad; al Occidente de ésta queda una tierra sin adjudicar, la de Curiana, que según Ramos Pérez, puede estar destinada para Guerra, mientras que la 4, desde Curiana al Occidente es la que se confía a Ojeda[3]. Esta distribución ser la base que es conveniente conocer con toda claridad para poder llegar a - concretar el territorio que posteriormente se confiaría a Martín Fernández de Enciso.

Pero, antes de concluir con este problema del reparto de tierras previsto en 1501, es preciso tener en cuenta que el área otorgada a Ojeda queda, con la exclusión citada de Curiana -que viene a ser el límite oriental-, determinada de una forma vaga, como es natural en un territorio apenas descubierto:

> « que vos, el dicho... entreis en la isla o en las otras que allí estan cerca della que se dizen - Quinquevacoa en la parte de la tierra firme »[4]

Así pues, la denominación de Coquibacoa que se da a la gobernación de Ojeda abarca a más de la tierra de Coquibacoa las tierras próximas. Por eso, afirma Ramos Pérez que con ese nombre conviene distinguir dos territorios: uno el descubierto por Ojeda, así denominado, y otro el de toda la gobernación, que con Coquibacoa como referencia, abarca un área más extensa[5].

Insiste el profesor Ramos Pérez tanto en este punto como en la importancia de la capitulacin al decir que con su base « es incuestionable que legalmente,

---

2. *Cédulas Reales relativas a Venezuela (1500-1550)*. Edición de las fundaciones Boulton y Mendoza, con prólogo de Enrique Otte. Caracas, 1963, pp. 2-6. Se encuentra íntegro el asiento - capitulación concedida a Ojeda. También figura esta capitulación en Martín Fernández de Navarrete: *Colección de los Viajes y Descubrimientos que hicieron por mar los españoles desde fines del siglo XV*. B.A.E. Madrid, 1955. Con prólogo de Carlos Seco Serrano, T.II, pp. 60-62 y en C.O.D.O.I.N.A.M. Tomo XXXVIII, pp. 468-475.

3. D. Ramos Pérez: «Alonso de Ojeda en el gran proyecto de 1501». *Boletín Americanista*, números 7-8-9, Barcelona:1961, pp.59 y ss.

4. Martín Fernández de Navarrete: *Colección* ... T.II, p. 62, y en *Cédulas Reales* ... , pp. 7-9.

5. D. Ramos Pérez: *Alonso de Ojeda ..., p. 66.*

desde este momento, es Alonso de Ojeda gobernador de Venezuela inaugurándose con él la nómina de gobierno aunque sólo afectara a una parte de la fachada Caribe.» Asimismo, añade que «del mismo modo que fué el descubridor de la casi totalidad de su contorno marítimo, iba a ser el primer gobernante actuante, el primer arquitecto de la Venezuela naciente»[6].

Por lo que respecta a la capitulación concedida a Diego Caballero, sobre la cual también existía una gran oscuridad, igualmente el profesor Ramos Pérez ha publicado un trabajo[7] en el que la explica con todo detalle.

Pero, antes de que pasemos a hablar directamente de ella, conviene considerar las causas por las que le fué concedida. Así veremos que, fracasado el intento de Alonso de Ojeda de crear una gobernación permanente en Coquibacoa, y fracasados también los proyectos del Padre Las Casas y de Gonzalo Fernández de Oviedo, así como también la empresa que posteriormente lleva a cabo Ojeda con Diego de Nicuesa en el Darien este ámbito, tras el paso del gobernador Pedrarias -que se polarizará en Panamá- va a quedar fuera de su atención, ya que, aunque se le confía, a Diego Caballero en la práctica no la ocupará.

Así, al permanecer vacía la costa caribe del continente sudamericano, los hombres más influyentes de Santo Domingo, aprovecharon la circunstancia para hacer recaer en ellos su gobernación. De esta manera tenemos a Rodrigo de Bastidas, que recibe la gobernación de Santa Marta, como el Licenciado Villalobos la de Margarita, del mismo modo que Fernández de Oviedo tendrá la de Cartagena de Indias -que no acepta-, mientras Ampis, establecido en las islas de los Gigantes (Curaao, Aruba y Bonaire), espera merecer la de Coquibacoa de Ojeda. Quizá se tratara más bien de una parte, extendida sobre Curiana, pues el área propia de Coquibacoa se le entrega al escribano de la Audiencia de Santo Domingo, Diego Caballero, pues así aparece, restringida a límites concretos en la capitulación que obtiene, fechada en Toledo el 4 de Agosto de 1525:

«cien leguas .... desde el cabo de San Roman hasta el cabo de la Vela».

Probablemente, como afirma Ramos Pérez, la razón de esta restricción territorial está en que, como a Ojeda, se le confía también una tarea descubridora, apoyada en la esperanza de que el Maracaibo pudiera ser un paso hacia la Mar del Sur.

Así se lee en dicha capitulación que estara especialmente dedicado para:

« descubriere muchos secretos en aquella tierra y la otra Mar del Sur y ser yo muy servido, por estar en el paraje de navegación de la especiera»[8]

A pesar de todo lo expuesto, esta capitulación no tuvo efectividad porque su poseedor, quizá por inactividad o por razones personales, no llegó a utilizarla. Por esta causa, en 1526 se extenderá nueva capitulación a favor del bachiller Martín

---

6. Ibidem, p. 67.
7. Esta capitulación está estudiada por el profesor Ramos Pérez en el artículo titulado: «Diego Caballero y su capitulación para el Maracaibo». *Boletín de la Academia Nacional de la Historia,* n. 175, Caracas, 1961, pp. 344-352.
8. Cfr. *Documentos inéditos de Indias.* T. XXII, pp. 125-130, y en la *Colección de Documentos inéditos para la Historia de Colombia,* T.I, doc.38, pp. 140-143.

Fernández de Enciso, con título de gobierno[9], en un nuevo replanteamiento de actividad sobre este espacio costero.

Ciertamente, Enciso no es un personaje improvisado ni mucho menos desconocedor de aquellas costas, con lo cual es fácil adivinar que su experiencia no pueda emplearse sin un claro propósito.

Se sabe que nace en Sevilla en la segunda mitad del siglo XV y que se licencia en Derecho. Hacia el año 1503 se embarca por primera vez hacia las Indias[10], estableciéndose en Santo Domingo, desde donde realiza algunas expediciones de rescate por las costas de Cartagena, Urabá y Darién con lo que consigue reunir importantes caudales.

Si bien de estos primeros hechos de Enciso tenemos una información muy vaga, no sucede lo mismo con respecto a su actuación a partir de 1509. Se sabe que Alonso de Ojeda en este fecha, revalidada de nuevo su gobernación y asociado con Diego de Nicuesa, necesita fondos para su empresa y durante su estancia en La Española, obtiene de Enciso un navío lleno de hombres y provisiones a cambio del título de Alcalde Mayor de la gobernación de Urabá. Por tanto, tenemos a Enciso unido a Ojeda y a Nicuesa en la expedición que se dirige a la fortaleza de San Sebastián en 1510. El primero en llegar a dicho lugar es Ojeda, cuyos hombres acosados por los indios le presentan quejas por la tardanza de Enciso.

Así nos lo relata el Padre de Las Casas:

> « Ojeda cumplía con ellos dándoles esperanza de la venida del bachiller Enciso, que cada día esperaban»[11]

Alonso de Ojeda deja el mando de Urabá a Francisco Pizarro y parte para Cuba, Jamaica y Santo Domingo, donde encontrar la muerte. Por eso sus compañeros, en vista de que no volvía, embarcan en dos bergantnes de los cuales uno se va a pique y el otro al mando de Pizarro se refugia en el puerto de Cartagena donde entra Enciso con una nao y un bergantín, y como polizón va Vasco Núñez de Balboa, de lo que nos habla Las Casas cuando dice:

> « no dejó Vasco Núñez de Balboa de ir en el navío metido en una pipa, dijose que contra la voluntad y sin saberlo Enciso»[12]

Fernández de Enciso, una vez allí, persuade a la expedición para que regrese a Urabá, pero llegados a dicha provincia y debido a los constantes ataques de los indios, deciden dirigirse al Darién, donde al ser nuevamente atacados, relata Las Casas que:

---

9. D. Ramos Pérez: *Alonso de Ojeda* ... ,p. 350.

10. No es posible precisar la fecha de su paso a las Indias puesto que los registros que se conservan comienzan en 1509, como se puede ver en el: *Catálogo de Pasajeros a Indias,* T.I, que publicó Cristóbal Bermúdez Plata. Sevilla, 1947.

11. Bartolomé de Las Casas: *Historia de las Indias*, T. II, lib.II, cap.LIX, p.400. Las ediciones mejores de esta obra son las de Agustín Millares Carlo con un estudio preliminar de Lewis Hanke. F.C.E. México-Buenos Aires, 1951, en 3 tomos y la de la B.A.E. Madrid, 1957, con estudio de Juan Pérez de Tudela, tomos 95 y 96.

12. Ibidem, T.II, lib.II, cap.LXII, p.408.

« hincáronse de rodillas y con mucha devoción encomendáronse a Dios e hicieron voto a Nuestra Señora de la Antigua»[13]

Tras su victoria sobre los indios Las Casas refiere que:

« acordó Enciso y todos de asentar luego allí una villa que se llamase Santa María del Antigua delDarién, que era nombre propio del pueblo de los indios»[14]

A partir de este momento, dan comienzo las desavenencias entre Núñez de Balboa y Enciso a causa de la supremacía en la gobernación que muchos querían para sí. Por este motivo, Balboa, culpando a Enciso de haberle usurpado la gobernación de Urabá, le forma proceso, le confisca los bienes y le hace regresar a España. De esta circunstáncia nos da testimonio Fernández de Oviedo, cuando expone que Balboa:

« tomó cierta información contra l e de hecho le hizo meter preso en un bergantín y lo desterró e mandó que se fuese a España»[15]

A su regreso a España, Enciso expone sus quejas ante los Reyes quienes deciden enviar a Pedrarias Dávila al Darién, para que actue de forma conveniente para el esclarecimiento de los hechos.

En este viaje realizado en 1514 le acompaña el propio Enciso con el cargo de Alcalde Mayor, quien hace condenar a Balboa y le obliga a que le indemnice por los daños causados; a pesar de todo, Balboa es perdonado y se le nombra Adelantado del Mar del Sur y Gobernador de Panamá, pero el ambicioso Pedrarias Dávila le acusa falsamente de alta traición por lo que Balboa es condenado y ejecutado en la plaza de Acla.

A partir de ese año 1514 no se sabe nada en concreto acerca del bachiller Fernández de Enciso, aunque se cree que hacia 1519 se encontraba en España gestionándose probablemente por entonces la capitulación para Venezuela que le será concedida en 1526.

Bibliografía

ARELLANO MORENO, Antonio
1974   *Breve Historia de Venezuela (1492-1958).* 2 edición. Caracas.
MORON, Guillermo,
1971   *Historia de Venezuela.* Caracas, 6 vols.
OTTE, Enrique
1963   *Cédulas Reales relativas a Venezuela, (1500-1550).* Caracas.

---

13. Ibidem, T.II, lib.II, cap.LXII, p. 41.
14. Ibidem, T.II, lib.II, cap.LXIV, p. 415.
15. Gonzalo Fernndez de Oviedo: *Historia General y Natural de las Indias,* parte II, lib.XXVII, cap. IV, p. 428. Edicin de la Real Academia de la Historia en 4 tomos y 3 partes, publicados en Madrid en 1851- 52-53 y 55 respectivamente.

RAMOS, Demetrio

1961   «Alonso de Ojeda en el gran proyecto de 1501 y en el tránsito del sistema de descubrimiento y rescate al de poblamiento». *Boletín Americanista*, números 7-8-9. Barcelona.

RAMOS, Demetrio

1961   «Diego Caballero y su capitulación para el Maracaibo». *Boletín de la Academia Nacional de la Historia,* número 175. Caracas.

SALCEDO BASTARDO, José Luis

1993   *Historia fundamental de Venezuela.* Caracas,

SUCRE, Luis Alberto

1964   *Gobernadores y Capitanes Generales de Venezuela.* Caracas.

MESA II

Resistencia, rechazo e identidad sobre sociedades cimarronas

Coordinadores:
Miquel Izard
Javier Laviña
Ricardo Piqueras

DECLARACIÓN DE SREBRENICA

Conmovidos todavía por las masacres perpetradas en Bosnia, los coordinadores de la mesa «Resistencia, rechazo e identidad», manifiestan:

La agresión occidental a América, iniciada en 1492, de una violencia dantesca -que las mujeres padecieron doblemente- implicó exterminar población caribeña, acosar naciones recolectoras, convertir en siervos a los súbditos de los estados excedentarios y obligarlos a fingir y disimular, aparentando aceptar la cultura cristiana, esclavizar a los escasos despojos de la caza en Africa y la apocalíptica travesía atlántica o desarraigar millones de europeos y miles de asiáticos forzados a emigrar.

Los invasores sólo se adueñaron de una pequeña parte del nuevo continente y el resto, la inmensa mayoría del territorio, lo siguieron señoreando sus aborígenes, pero pudo cobijar también fugitivos de las regiones controladas por los conquistadores, desde nativos, mestizos y mulatos rechazando la explotación colonial, hasta blancos refractarios al orden que imponían los suyos pero, por encima de todo, africanos que no querían ser esclavos. Gentes que pudieron sobrevivir aislados, guareciéndose entre aquéllos aborígenes, formando grupos monocolores o, lo que pensamos fue más usual, organizando sociedades pluriétnicas abiertas, alternativas, nuevas y resistentes. Y sugerimos que a todas estas últimas, fuesen de isla, selva o sabana, se las debería llamar cimarronas.

Si los historiadores en lugar de recordar lo acontecido, no sólo devenimos funcionarios del olvido, sino que, además, al servicio del sistema, colaboramos a la fraudulenta inversión semántica de llamar caníbales a los devorados, civilizados a los asaltantes o salvajes a las víctimas y, por añadidura, glorificamos, a los primeros y satanizamos o caricaturizamos a los segundos, reproduciendo, acríticamente, patrañas por aquéllos pergeñadas o escamoteando el verdadero rostro de la embestida al llamarla gesta civilizadora, perderemos la capacidad de observar, entender o discernir y, a la par, cualquier autoridad moral para llegar a ser albaceas de la memoria.

FORMAS ALTERNATIVAS DE APROXIMACIÓN AL HECHO RELIGIOSO AFROAMERICANO

José Gregorio Bracho Reyes
Universidad de Barcelona

La pretensión de acercamiento al hecho cultural afroamericano pasa por una ineludible y seria mirada hacia sus formas de religiosidad, en uno de cuyos apartados se inscribe el culto a San Benito (objeto y sujeto de nuestro interés y que se lleva a cabo en el occidente venezolano). Nos parece pertinente aclarar que la cultura africana constituye un sistema de interrelaciones dinámicas de las cuales la religión es su mayor exponente. Creo que podríamos decir que en Africa todo es religión. Por ello en América la religiosidad impregnó todas las actividades del hombre africano (al cual el poder blanco europeo transformó en esclavo negro o «pieza de Indias» en aquel proceso, fatal y conocido por todos, de emigración forzada hacia lo que hoy se conoce con el nombre de América), extendiéndose y regulando hasta sus actividades más profanas. Pero un intento, serio y respetuoso, de acercamiento a esta compleja realidad nos obliga a desprendernos de unos cuantos moldes conceptuales restringidos y de no pocos prejuicios eurocéntricos que hasta esta fecha han marcado el discurso no sólo de las mentes reaccionarias de occidente sino también, de muchos teóricos y estudiosos « vanguardistas de buen corazón » y similar intencionalidad.

Una racionalidad construida sobre las bases de la exaltación de la razón instrumental, utilitaria, funcionalista, mecanicista o práctica, que niega el valor cognitivo o expresivo que tienen los aspectos subjetivos no nos sirve para adentrarnos en esos mundos en los cuales aún la realidad sigue nutriéndose de esa fuente maravillosa de renovación que es el Imaginario. Se intenta proponer una apertura conceptual, una visión holística y desprejuiciada que supere lo anecdótico, la narración exótica y folklorizante del hecho cultural afroaméricano en general y del culto a San Benito en particular.

Hasta ahora se ha otorgado demasiado poder al discurso de la ciencia positiva negándose o desvalorizándose las voces de quienes desde otras perspectivas llegan a regiones de la realidad humana a las cuales el discurso cientificista oficial no puede llegar. La ciencia es una de las formas de conocimiento de las que se puede valer el hombre, no la única. Sacralizar la ciencia positiva occidental y presentarla como la única opción válida de acceso a la «verdad» es convertirla en instrumento de represión, arma de los poderosos. En este sentido podemos apreciar como en Afroamérica la articulación de un discurso religioso, poético e histórico, que se estructura con elementos provenientes de diversas fuentes (hechos palpables, realidad onírica, etc...), todas válidas, surge como oposición al totalitarismo de la ciencia positiva occidental y es una vía más complementaria y alternativa de acercamiento a las verdades del hombre.

La cuestión de la religiosidad afroamericana precisa de un examen reinterpretativo. Esta revisión, que debería abarcar la casi total reformulación terminológica y conceptual, debería ser de una amplitud tal que permita, además de un estudio en profundidad de la propia estructura y contenidos filosóficos (que por supuesto trascienda el mero hecho fenomenológico), místicos y simbólicos de la religiosidad afroamericana en la diversidad de sus manifestaciones, abarcar su significado histórico y contemporáneo como elemento que permitió la dramática lucha por la integridad psíquica y preservación de un ethos específico que sobrevivió a todas las presiones ejercidas desde el poder político e institucional. Se trata de un intento de reivindicación del discurso alternativo, el que se teje con la animación de recursos tanto materiales como inmateriales, palpables y etéreos, metafóricos, simbólicos y concretos. Porque pensamos que el pensamiento coherente puede ser planteado en términos puramente científicos como poéticos y metafóricos, defendemos un concepto amplio de racionalidad y entendemos ésta como esa capacidad de estructurar el mundo y de dotarlo de sentido independientemente de los contenidos expresivos que se utilicen para ello. Por ello nos parece tan racional el pensamiento mágico o religioso del hombre afroamericano como el pensamiento científico moderno ya que, ambos coinciden en el intento de poner al mundo en estructura, de ordenarlo. Debemos entender que el pensamiento del creyente afroamericano en muchas ocasiones no es reducible ni traducible en términos instrumentales y esto nada tiene que ver con la cantidad ni la calidad de los conocimientos sino, con otra forma de aprehender la realidad. «...se han producido serias equivocaciones cuando se ha intentado interpretar tipos de comportamiento cuya intención es simbólica, como si fueran ensayos errados que pueden ser prácticos y científicos » (Beattie: 1972: 101).

No se puede seguir defendiendo a estas alturas la supuesta asepcsia cognoscitiva y epistemológica de la ciencia positivista tradicional, sobre todo cuando ya, y desde hace tiempo, ésta está siendo cuestionada hasta por las llamadas ciencias duras. Sólo bastaría hacer un breve repaso a algunos de los postulados de la física moderna para percatarnos de ello. Nuestra intención es acercarnos al entendimiento de realidades humanas, por tanto tenemos claras varias cuestiones: por una parte, que no lograremos ser asépticamente objetivos puesto que hemos nacido sujetos, por tanto nunca dejaremos de ser subjetivos además, creemos en el valor cognitivo y expresivo de los aspectos subjetivos. Sujeto y objeto se encuentran en una relación dialógica, forman parte de una misma totalidad y son en todo caso realidades interdependientes. Ya que, ninguna exposición de una realidad social y cultural en términos humanos puede estar completa si no hace referencia a lo que significa para el grupo social dicha relación, trataremos de tocar de forma más o menos clara, aunque sucinta, algunos aspectos que tienen que ver con la forma de aprender y aprehender la realidad, o mejor dicho de hacer su representación de la misma, del hombre afroamericano en su variante afrozuliana. Queda claro que como tales nos presentaremos desde nuestra propia subjetividad para interpretar y exponer nuestra realidad, nuestro pasado y nuestro presente, un presente que no es tanto consecuencia de un duro y traumático pasado como de las imágenes que se han proyectado del mismo.

Insistimos en que una gran muralla se levantará siempre para quien pretenda adentrarse en el particular mundo de la religiosidad y la cultura afroamericana (quizás con mucho el menos cartesiano de los mundos posibles) manteniéndose dentro de los herméticos parámetros (utilitaristas, funcionalistas, mecanicistas, desarrollistas, puristas, etc...) del pensamiento «científico» del poder occidental.

El culto a San Benito en el sur del lago de Maracaibo o de como se articula un discurso contrahegemónico alternativo

> «Pero el sistema exigía tanta vigilancia y tanta fortaleza moral, que muchos sucumbieron al hechizo de una realidad imaginaria, inventada por ellos mismos, que resultaba menos práctica pero más reconfortante.» (G. García Márquez: Cien años de soledad).

La introducción de la figura de San Benito, el santo negro, también llamado San Benito el Moro, a la costa sur del lago de Maracaibo debió estar a cargo de quienes a finales del siglo XVII estaban llevando oficialmente la Misión de Maracaibo, los padres franciscanos y capuchinos.

Según Vaquero Rojo (1985), el santo negro perteneció a la rama de los franciscanos observantes. Revisando el mapa misional nos damos cuenta de la gran actividad que los señores pertenecientes a esta orden tuvieron a lo largo y ancho de toda la provincia.

> «En 1691 se les encomendaba oficialmente (a los capuchinos) la Misión de Maracaibo, de la que se hicieron cargo los valencianos. En 1749 la recibieron los capuchinos navarros, quienes continuaron hasta 1818, en que, por imperativos de la guerra se extingue la Misión.
> Con respecto al Sur del Lago sabemos que los agustinos residieron en Gibraltar desde el año 1600 hasta 1775, es decir durante ciento setenta y cinco años, tiempo más que sobrado para que estos frailes, considerados como «excelentes doctrineros», propagaran la religión con los métodos y motivaciones más oportunas». (Vaquero: 1985 : 25).

La propagación de la figura de este santo negro por territorio americano se comenzó a dar entre los siglos XVII y XVIII, extendiéndose pronto su culto por México, Centro América, Chile, Brasil, Colombia y Venezuela. Este fenómeno es muy anterior a la canonización de Benito proclamada por Pío VII el día 23 de mayo de 1807, por lo cual es de suponer que no estuvo a cargo del clero diocesano la introducción de esta singular figura en territorio americano.

Pensamos que en su afán de domesticación (evangelización) los frailes asentados en una zona como la del sur del Lago de Maracaibo, con una altísima concentración de esclavos negros, acudieron al recurso de aculturación consistente en la propuesta (Anglés>25/M2imposición) de la figura de un santo hermano de «raza». Así es como con la finalidad de asimilar al esclavo dentro del modelo impuesto por el colonialista se utilizó el recurso, efectivo desde el punto de vista estratégico, «apostólico» y psicológico de presentar a San Benito, un santo negro en el cual la población de origen africano volcara sus energías y necesidades religiosas y espirituales. Y nada más alejado del pensamiento religioso afroamericano que el sectarismo dogmático del occidental. El negro aceptó el santoral propuesto por el hombre blanco, el cual fue digerido y reinterpretado, dotándolo de la fuerza telúrica y litúrgica de la religiosidad de origen afro.

Se puede apreciar como existe durante todo el período colonial un afán por cristianizar al esclavo negro, pero no con el propósito de permitirle la integración a la sociedad global como un prójimo más sino para que, una vez aceptados los nuevos valores y símbolos del grupo hegemónico, se conformase con el papel que le tocaba representar por «voluntad divina» en el nuevo modelo económico- social en el que había sido injertado a la fuerza.

Cabe comentar que una de las excusas que utilizaban los traficantes de esclavos para llevar a cabo su labor depredadora era la de que, no estando los negros educados en la fe cristiana, era pues menester arrastrarlos en sus embarcaciones hasta el «Nuevo Mundo» donde encontrarían la salvación y saldrían del estado de salvajismo en el cual estaban sumergidos.

> «Hay que salvarlos del demonio, persuadirlos a que abandonen sus fetiches para que abracen la fe cristiana y trasladarlos al Nuevo Mundo, para salvarlos de sus pecados, pagando con duro trabajo su entrada al reino de Dios». (Citado por García: 1992: 12).

Lo cierto era que el negro pasaría a ser el combustible básico para que se desarrollase el orden de modernidad y progreso excendentarista de occidente.

Se dictaron disposiciones que obligaban a los propietarios de esclavos a dar a estos enseñanza religiosa y a hacer que estos cumplieran con las obligaciones del culto. El amo debía pues pagar a los sacerdotes para administrar los oficios religiosos, además el esclavo debía ser bautizado dentro del año de ingreso al país.

Pero aunque el esclavo era bautizado lo cierto era que el amo se preocupaba muy poco por la educación religiosa de sus esclavos entonces este papel fue directamente asumido por el clero.

Se fue entonces propiciando la creación de cofradías en las cuales se agrupaban los esclavos, siempre controlados por la autoridad colonial, para rendir culto a santos católicos como San Benito, San Juan, Nuestra Señora del Rosario, etc...

Si bien el amo no participaba en la formación de estas cofradías y demás asociaciones, es cierto también que éste aceptó y en muchos casos estimuló la creación de las mismas ya que, veía en ellas un medio de control de los grupos africanos. El esclavo se adoctrinaba (léase aculturaba) bajo la tutela de un santo católico, pero por otra parte y como ya hemos dicho, el amo no podía permitir la integración del negro en el mundo de los blancos, por ello aunque se propició su catolización, la creación de cofradías se utilizó como estrategia de exclusión ya que, estas permitían mantenerlos al margen, dentro de una esfera de catolicismo especial para esclavos.

En cuanto al tiempo libre se resolvió, que en los días de precepto, luego de cumplir con las obligaciones religiosas se autorizara al esclavo para entregarse a diversiones «simples y sencillas», siempre bajo la mirada de sus amos y de sus mayordomos. No percatándose pues, que detrás de estas «simples y sencillas» celebraciones se estaba entretejiendo y reestructurando todo un arsenal de símbolos culturales que servirían de principal escudo frente a los despiadados intentos de deculturación y degradación moral practicados por el poder colonial.

> «Las autoridades coloniales permitieron desde el siglo XVI a los esclavos ciertos días de fiesta ... se trataba, no de complacer a los negros sino, de facilitarles la ilusión de cierto albedrío, cultivarles el sentimiento de que podían realizar sin trabas ciertas actividades propias ... los amos sabiendo que la resistencia humana tenía límites, no se arriesgaban a prohibir las fiestas en el campo o los caseríos. Además ellos agregaban ciertas apariencias de libertad. Durante algunas horas daban la ilusión de mando y de que los santos eran tan poderosos que sobrepasaban la autoridad de los amos». (Acosta:1967:201- 205).

Frente a una altísima tasa de mortalidad, aumento del índice de esclavos fugados y por otra parte una baja productividad debida al ladinismo y la fatiga residual del esclavo, vemos entonces como el amo, dueño de las plantaciones propició o en todo caso aceptó la creación de un marco social en el que el negro esclavo, asociado en cofradías, cabildos o gobiernos de santo comenzaría a recrear su mundo así como sus relaciones con el prójimo y su entorno.

Aunque sea cierto que la función de control social en los países de ámbito católico quienes mejor la aseguraban eran las cofradías y otras asociaciones religiosas, también se debe decir que éstas insospechadamente (por el poder oficial) favorecieron la formación de una conciencia de grupo que reforzaba el avivamiento de antiguos lazos y la creación de otros nuevos de fuerza similar entre los esclavos negros. Con las cofradías se comenzó a configurar de alguna manera todo un « stock» de códigos que permitirían al esclavo una franca comunicación, clandestina y subterránea, con sus hermanos de infortunio. Con la formación de las mismas asistimos a un doble juego ya que, estas funcionaron y se dirigieron hacia direcciones inimaginadas por el poder hegemónico oficial.

> «Finalmente debemos destacar que, no obstante todos los esfuerzos realizados para liquidar el ancestro cultural y la vida de relación entre los esclavos, e introducir la división entre ellos, a la larga se produjo siempre la normal acción solidaria que nace entre seres obligados a convivir y que sentían en común una misma explotación implacable. Como no fue posible una comunicación franca y pública brotó entre ellos una comunicación horizontal, subterránea. La necesidad de transmisión de informaciones secretas, como recurso de supervivencia, creó una moral de clandestinaje y contribuyó al fortalecimiento y sincretización de ciertas sectas de origen africano». (Moreno: 1977: 29 - 30).

El hombre africano arrastrado por la modernidad occidental hacia territorios totalmente desconocidos, era indudablemente mucho más que una máquina de producir riqueza y llegó hasta lo que hoy llamamos América con todo un bagaje cultural con el cual fue marcando todas las áreas de la vida en el Nuevo Mundo.

En todas las áreas donde se implantó el sistema de esclavitud las relaciones estuvieron marcadas, como es de suponer, por una violencia que fue llevada hasta sus máximas consecuencias, violencia en todas las formas posibles y en todos los órdenes: físico, moral, espiritual, espacial, simbólico, etc...

Para mantener el sistema de sometimiento, el amo utilizó, por ejemplo, mecanismos de violencia moral y simbólica a través de los cuales trató de sembrar en el esclavo un profundo sentimiento de inferioridad, temor e inseguridad. El amo degradó los símbolos culturales del hombre negro, imponiendo los suyos hasta el punto en que este para poder mantenerlos y mantener su integridad tuvo que disfrazarlos.

Parte de la estrategia deculturadora practicada por el poder fue la que consistió en satanizar y perseguir, cuando ridiculizar no les parecía suficiente, cualquier signo cultural del esclavo que pareciese peligroso. No obstante todos los rapaces esfuerzos realizados para liquidar y anular la ancestral carga cultural de los esclavos traídos desde Africa, estos se vieron amortiguados por la acción solidaria que nace entre seres que se sentían hermanos en el infortunio. La fuerza y vitalidad que hoy se puede apreciar en la cultura de los descendientes de esclavos en la América del Sur y el Caribe nos enseña que nunca un dominador consigue eliminar por completo la carga cultural de los dominados.

En este sentido se debe decir que la religiosidad afroamericana ha sido el depósito histórico en el cual los pueblos latinoamericanos han podido preservar su identidad cultural frente al despótico proceso de colonización, esclavitud y despojo impuesto, configurándose como un escudo contrahegemónico. La religiosidad afroamericana fue conductora de una unidad institucional negra y permitió agrupamientos que fueron y son verdaderos centros de resistencia cultural.

Las distintas variables de la religiosidad afroamericana, con mayor o menor reelaboración de los modelos africanos, se convirtieron en una superestructura religiosa que dio significado y permitió la sobrevivencia física y espiritual de importantes sectores de la población negra en América, además de servir de respuesta antitética al paternalismo tiránico que la Iglesia cristiana ayudaba a imponer como institución del sistema etnocéntrico oficial. la religión, sin duda, fue y es el más poderoso transmisor de los valores esenciales de la negritud americana.

La modernidad dejó unos terribles vacíos en el hombre afroamericano que sólo la religiosidad y el imaginario pudieron dotar de sentido ya que, fueron las principales fuentes de las que se nutrió la existencia de un ser al cual el poder europeo occidental trató de reducir a la nada.

A través de las asociaciones de tipo religioso como las cofradías, cabildos, gobiernos de santos, etc... y mediante un proceso de aculturación antagonista, por medio del cual la cultura dominada adopta los aspectos de la cultura del dominador, pero manteniendo la propia racionalidad (Deveraux: 1975), el esclavo pudo darse a la tarea de reestructurar el mundo, su mundo, el cual carecía de sentido dentro del régimen impuesto por el hombre blanco.

Alrededor del hecho religioso el esclavo se aglutinó para reelaborar y levantar todo su mundo simbólico ya que, sin orden simbólico no existe orden humano. Ello le permitió estar en paz consigo mismo y oponerse al sistema de opresión impuesto por medio del recurso de la contramodernidad, del cual nos habla Balandier en su obra *Antropológicas,* publicada en 1975. Así, el hombre negro articuló la resistencia ante la aculturación impuesta, exaltando hasta el paroxismo los valores y elementos identitarios que consideraba propios en oposición a los impuestos por el poder hegemónico.

El Imaginario y el sentido religioso del afroamericano comienzan a constituirse como formas de resistencia, como fuerza de choque que estalle frente a los comportamientos y actos normatizados por la lógica del poder. Entonces se abren las ventanas del acto sin concepto, de la estética misma como motor de transformación de la realidad humana. Se produce una auténtica ruptura en el orden moral, espiritual, estético y existencial en general. Las orientaciones de los rituales afroamericanos no se detienen en lo funcional, utilitario o cognitivo sino que trascienden hasta aspirar a la construcción de un orden nuevo orden cósmico y es allí donde se evidencia en ellos una vocación y orientación de tipo estético.

Para el creyente afroamericano no existe un mundo material separado de una inmaterial o espiritual. Todo cuanto afecta su entendimiento y sus sentimientos es identificado como perteneciente a la realidad. Lo objetivo y lo subjetivo forman parte de una misma unidad más global que es la vida. El cosmos, así como el espacio y el tiempo están cargados de vida, es decir existen subjetivizados. El tiempo y el espacio no aparecen como homogéneos y lineales sino que, son vividos como heterogéneos y discontinuos. No existen tiempos ni espacios iguales para la experiencia humana. Hoy sabemos que la física moderna (teoría cuántica, principio de incertidumbre, relatividad, etc...) presenta unos cuantos paralelismos con este modo de interpretar la realidad, totalmente reñido con los supuestos ideales de pureza objetiva del positivismo y con los principios de una física clásica que aún hoy se sigue enseñando en las escuelas.

Para el creyente afroamericano todo lo que existe en el mundo material posee una contraparte o doble espiritual y abstracto y viceversa. Los dos niveles de la existencia, el material y el espiritual son inseparables, no existe incompatibilidad entre ellos y de su buen interrelacionamiento depende la vida misma. El mundo natural existe en la medida que existe un mundo sobrenatural. Nosotros somos porque nuestros antepasados han sido y de alguna forma son aún. Somos pasado y presente que se funden en un espacio y un tiempo sagrados.

Las cofradías y hermandades sirvieron como substitutos de los desintegrados linajes o clanes y aún hoy operan como un importante factor de cohesión social, posibilitando a sus miembros la preservación de unas normas básicas de solidaridad y cooperación.

Es, insistimos, a través de la religiosidad que el negro reorganizó su mundo particular y articuló una respuesta eficaz a la sistemática negación de la condición humana impuesta por el poder colonial.

A través del culto a San Benito, el hombre negro ubicado en la cuenca sur del Lago de Maracaibo, pudo fundirse con el otro, con su hermano de infortunio, rompiendo en el momento ritual la discontinuidad entre su ser y la condición humana que la era negada, además pudo recomponer su mundo, un mundo aparte, paralelo al del hombre blanco al cual le estaba negada la integración.

Pero veamos una cosa, la religiosidad afroamericana aunque está implantada dentro del cristianismo, difiere en mucho de las prácticas y creencias de la Iglesia oficial. Es bueno recordar que al negro no se le permitía comulgar con el hombre blanco y es que hasta en el plano mismo de las expresiones litúrgicas oficiales, el acceso del esclavo al mundo del blanco estaba prohibido.

Así vemos como el culto al santo corre paralelo e independiente de los dictámenes de la Iglesia Católica, además de estar alejado del control clerical. El creyente, aunque se considera católico, es anticonfesional y en muchos de los casos anticlerical. La relación con el santo es una relación directa en la cual no tiene porque mediar la Iglesia. El creyente acude sí, sin falta a las manifestaciones colectivas en honor al santo, en las que se refuerzan los lazos de solidaridad étnica.

La religiosidad está unida al concepto de familia, pero este es un concepto amplio ya que, en esta caben todos los hombres y mujeres con un pasado común.

La moral y la religiosidad se llenan de contenidos distintos y en no pocas ocasiones opuestos a los de la oficialidad. Al santo lo podemos ver vestido de alegres colores, bailando al ritmo de los tambores, mostrando un total desenfado. Nada que ver con la imagen hierática de los santos «incontaminados» de la Iglesia católica. Y es que el santo no deja de ser un miembro más de la familia, un bien colectivo espiritual. Reinterpretada la figura del santo católico, San Benito se nos presenta como un miembro más de la comunidad, el cual tiene acceso directo a Dios, con poderes pero falible, como el amor mismo. La religiosidad se organiza sobre las bases de lo concreto, cargando de significación a seres y espíritus con los cuales el creyente mantiene una especie de parentesco. Los santos están dotados tanto de virtudes como de defectos. No son seres sobrenaturales y abstractos sino, entes naturales y concretos. Y es que como nos dice Gustavo Martín, «...la idea de un dios lejano, de unos santos y espíritus abstractos, resulta incompatible con este tipo de racionalidad.» (Martín:1990). San Benito baila tambor, bebe ron con sus vasallos, se conmueve ante la gracia y belleza femeninas y se equivoca en ocasiones, por lo cual sufre los castigos de sus creyentes que no obstante no pierden la fe. Se debe destacar la tentativa de eliminación de todo carácter abstracto a lo sobrenatural, dándose un proceso inverso y opuesto al propuesto por la Iglesia católica, en el sentido de que es el santo quien se acerca al creyente y reproduce sus comportamientos «...esto determina que en estas culturas los individuos no internalizan la culpa y por lo tanto son poco llamados a desordenes esquizofrenicos» (Anglés>25/M2MARTIN : 1990). Estamos pues frente a un claro caso de moral religiosa alternativa, sin duda opuesta a la moral represiva del poder de la «Santa Iglesia Católica».

> «Los diez mandamientos no son universalmente aceptados... son para los ricos, que pueden permitirse el lujo de observar esta leyes, pero no para los pobres, porque ellos tienen sus propios códigos más adecuados: Hay que ser humanitario, repartir todo con la familia, cuidar a los hijos y a los padres, no se debe robar al vecino, pero engañar al patrón o al comerciante no es una falta muy grave, porque éste no sufre cuando pierde un poco de dinero. Vivir en concubinato tampoco es pecado» (Pollak-Eltz:1994: 123).

A través del culto no se busca la salvación individual sinó, la búsqueda de la comunión de todo un grupo, la «salvación a través de la devoción colectiva». Es la fe de un grupo sometido que reacciona solidariamente, una fe que abraza la causa de la libertad.

Se sabe que las ceremonias rituales con toques de tambor siempre sirvieron de prolegómeno a cualquier acto de sublevación de esclavos durante la colonia. Sosa Rodríguez nos habla de la presencia del código secreto abakuá en los documentos de conspiración esclavista dirigida por el negro liberto José Antonio Aponte en 1812. En este sentido podemos apreciar que el catolicismo practicado por el creyente afroamericano es más de tipo social (e irreverente) que místico.

En el culto a San Benito, con la institución del Gobierno de Santo, vemos como el conjunto de gestos y símbolos son verdaderos vehículos expresivos, mediaciones substitutivas paralitúrgicas de una nueva religiosidad, a través de la cual se abolió la burocracia de la fe y el negro canalizó su deseo de fraternidad, organizando alrededor de esta y de manera coherente su vida social y espiritual.

En torno a lo sagrado y con la figura de San Benito como paradigma, el esclavo asentado en las tierras bajas de la cuenca sur del Lago de Maracaibo, comenzó a vertebrar un mundo con valores distintos a los propuestos por la oficialidad. La religiosidad reinterpretada por el esclavo negro y sus descendientes fue un básico factor socializante ya que permitió, la vertebración de un mundo humano.

El hombre negro exalta sus valores hasta niveles de paroxismo en oposición a un sistema que lo degrada, somete, discrimina y pretende aniquilar como ser humano. Se tejió entonces toda una red de significaciones alrededor de una fe subversiva y libertaria. Comprobamos con ello que los grupos afrovenezolanos han usado brillantes estrategias por medio de las cuales demuestran que la religiosidad puede ser un vehículo efectivo que lleva a la acción y expresión contrahegemónica.

La comunidad afrovenezolana asentada en el sur del Lago de Maracaibo aparece como un reducto de descendientes de esclavos negros en un país (Venezuela) en el cual aún no estando institucionalizada la segregación, existe una clara linea de demarcación racial. Es allí donde quizás podemos encontrar alguna de las claves para entender la vigencia del culto a San Benito ya que, «...si este rito sigue cumpliéndose es porque el tiempo de la libertad aún no ha llegado, es porque los amos siguen siendo los otros» (Ascencio:1972: 72).

En la actualidad el culto a San Benito en el sur del Lago de Maracaibo y su evento ritual, conocido con el nombre de Chimbángueles tiene plena vigencia y existe, no como pieza de museo sino, transformándose, asimilando nuevos elementos que luego son reinterpretados. Este se asume como una victoria por parte del hombre afrozuliano ya que, con ello demuestra (aunque sea de manera modesta) que se pudo abrir una grieta en ese muro represor y aniquilador del poder occidental, negador de esas versiones de la realidad propuestas por el «otro».

La esclavitud en América no debe ser vista como una cosa perteneciente á un remoto pasado pues, esta en realidad sólo desapareció a nivel de las formalidades y en su dimensión económica, pero sigue vigente a nivel simbólico y de la discriminación en un continente en el que el aporte cultural de las comunidades negras se asume como «asimilado», hipócrita estrategia de la oficialidad para minimizarlo, folklorizarlo e invisibilizarlo. Los ideólogos del sistema insisten en borrar al negro y sus aportes bajo un demagógico discurso de mestizaje y racial - democracia, que no pretende acabar con la discriminación en realidad sino, dar cierta licencia al negro para que borre sus rasgos más «duros», blanqueándose, pero es allí entonces cuando emergen figuras como la de San Benito y sus Chimbángueles lanzando el valiente grito del cimarronaje cultural.

Bibliografía mínima consultada

ACOSTA SAIGNES, Miguel
1967   *Vida de los esclavos negros en venezuela*. Edit. Hespérides. Caracas.
BACHELARD, Gastón
1973   *Epistemologia*. Edit. Anagrama

BASTIDE, Roger
1967   *Les ameriques noires*. Payot. París.
BEATTIE, John
1972   *Otras culturas*. Fondo de Cultura Económica. Madrid.
DEVERAUX, Georges
1974   *Etnopsicoanalisis complementarista*. Edit. Amorrortu. Buenos Aires.
DUSSEL, E.
1974   *Historia de la iglesia en américa latina*. Edit. Novaterra. Barcelona.
ELIADE, Mircea
1967   *Lo sagrado y lo profano*. Edit. Guadarrama. Madrid.
GARCIA, Antonio
1972   *El distrito sucre*. Maracaibo.
GARCIA, Jesús
1992   *Afrovenezuela: una vision desde adentro*. Edit. Apicum. Colección «El otro discur-
        so». Caracas.
LEVI-STRAUSS, Claude
1968   *Antropologia estructural*. Edit. Eudeba. Buenos Aires.
1968   *El pensamiento salvaje*. Fondo de cultura económica. México.
MARTIN, Gustavo
1990   *Homologicas: escritos sobre racionalidades*. Edit. Faces. U.C.V. Caracas.
MORENO. F, Manuel
1972   *Africa en américa latina*. Unesco. México.
POLLAK-ELTZ, Angelina
1994   *La religiosidad popular en america latina*. Edit. San Pablo. Caracas.
VAQUERO, Antonio
1985   *San Benito de Palermo*. Edit. Atenas. Madrid.

DEVANEOS IRRESPONSABLES: CARTOGRAFÍA E HISTORIA ¿LA LEGITIMIDAD QUE NUNCA EXISTIÓ?

A. Cara Ribas
F.J. Vizuete Villay
Universidad de Barcelona

Una palabra puede significar mucho o nada, puede ser relevante o no, puede estar incluida dentro de nuestro vocabulario cotidiano, puede sorprendernos con matices que desconocíamos... En un trabajo las palabras clave suelen repetirse una y otra vez, y difícilmente poseen las mismas connotaciones. Los términos mapa, cartografía, cartógrafo... surgirán a menudo en nuestro análisis. Nos parece imprescindible intentar descifrarlos como paso previo. Dice P.E. James:

> "El hombre es como una hormiga en una alfombra, que puede conocer perfectamente la estructura de la misma a su alrededor, pero sin idea de lo que ocurre fuera de su campo visual. Para reducir las grandes dimensiones de la superficie terrestre a proporciones tales que puedan abarcarse de una sola ojeada hace uso el geógrafo de los mapas."[1]

Esta idea podría ser una de las primeras que nos vienen a la mente. aunque nos parece incompleta pues omite (consciente o no) otros usos y contenidos de esta representación. Llenando el anterior marco encontramos alusiones a la historia humana para aclarar la utlidad del documento, equiparándolo a la escritura (por ejemplo).

> "Incluso para los pueblos primitivos que vivían como guerreros y cazadores moviéndose continuamente, era vital conocer la dirección y distancia de sus recorridos y sintieron también la necesidad de comunicarse unos a otros el conocimiento del terreno; de esta manera debieron nacer los primeros mapas."[2]

---

1. RAISZ, E. *Cartografía general* , p. 6
2. MARTIN MERAS, L. *Cartografía marítima hispana* , (Introducción)

Otros autores no separan su concepción religiosa de la ciencia cartográfica. Con ello definen sus estudios y objetos a los que prestarán atención.[3]

En la linea historicista, el cartógrafo es el oráculo y la fábrica de tan magnos documentos. El creador de mapas es el "enciclopedista" que reúne el "saber humano" sobre una Tierra en "perpétua" expansión.

> "Desde el comienzo de los descubrimientos, los cartógrafos adquieren gran importancia, tanto para auxiliar con sus cartas las navegaciones que se emprenden, como para acoplar los datos que los nautas les ofrecen al retorno, con sus apuntes y fijación de situación de lo visto. Así, los cartógrafos pasan a ser los notarios de los descubrimientos, comenzando la captación de los más hábiles. (...) La agregación del conocimiento del dibujo de la tierra que iba descubriéndose da a las cartas el carácter de un noticiario."[4]

Hasta ahora podríamos decir que tenemos una definición de mapa que incluye el por qué de su existencia, su "legitimidad y antigüedad cultural", y una forma no ya fotográfica del espacio, sino evolutiva en función del conocimiento de cada cultura. Aquí el mapa es un documento histórico sujeto a un posible análisis por el historiador, siendo la cartografía la ciencia que engloba el estudio y la creación de mapas.

> "La palabra cartografía es un neologismo puesto en circulación (...) en la segunda mitad del siglo XIX, para referirse al estudio de los mapas antiguos. El significado de la palabra se ha ampliado desde entonces pues incluye también el arte y la ciencia de construir mapas contemporáneos.(...) Entendemos por cartografía el arte, ciencia y tecnología de hacer mapas y el estudio de éstos como documentos científicos y artísticos. A su vez, mapa sería todo tipo de representación a escala, de la tierra o de cualquier cuerpo celeste. Dentro de esta denominación se incluyen toda clase de mapas, planos, cartas, dibujos arquitectónicos y secciones de edificios, modelos tridimensionales y globos."[5]

De la anterior cita surgen conceptos inexplorados hasta ahora, uno de ellos hace referencia al contenido artístico de estas representaciones. Se fusionan ciencia, técnica y arte en una misma labor ¿Por qué no otros? A partir de esta interpretación se introducen otras variantes y usos del mapa; licencia que permite aceptar como válidos mapas irreales para lo que piensan los coetáneos[6.]

El mapa parece perder el "rigor científico" en beneficio de la "belleza" visual. Así se convierte en un testimonio intelectual de las élites del momento; denota posición social y se erige en atributo designador de los cultos, que no dudan en retratarse con el compás, el sexante y el globo terráqueo a sus espaldas. Pero no confundamos, no es lo "mismo" un mapa decorativo que un mapa con decoración; en cambio esa ornamentación debía responder a una estética e ideología determinada.

---

3. "(...) fórmula que permitirá conocer sin gran esfuerzo e incluso seguir con notoria e incesante curiosidad el proceso figurativo y dimensional del mundo, que ha sido uno de los problemas que más han preocupado en todo tiempo al hombre, después, claro está, de sus relaciones con el Sumo Hacedor de todas las cosas que es Dios."SANZ, C. *Cartografía histórica de los descubrimientos australes* , p. 4

4. *Atlas del Mundo*, 1492-1992

5. MARTIN MERAS, L. *Cartografía marítima hispana*, (Introducción) y JOLY, F. *La Cartografía*, ps.4-5

6. MARTIN MERAS, L. *Cartografía marítima hispana* , (Introducción)

"A estas alturas del tema parece indicado establecer una distinción entre mapas realizados para servir de elemento decorativo y mapas con elementos decorativos; los primeros estarían vacíos de contenido científico mientras que **en los segundos la decoración sería un complemento que no afectaría al valor cartográfico**.(...). El mapa de Europa con forma de mujer (Johann Putsch, 1537), Asia como Pegaso (H. Bünting, 1582) Suiza como un oso, los Países Bajos como un león (Gourmont, c. 1550) sería una consecuencia político-mitológica de la segunda opción."[7]

Estamos llegando a una visión más amplia; el comentario anterior hace referencia a valores políticos insertos en el mapa. Este documento va a ser el principal instrumento de "dominación" espacial, y la civilización europea-occidental (considerándose la única válida) incluirá dentro del espacio natural lo que considera culturas inferiores. Su subyugación será una parte del intento/esfuerzo mayor por controlar el planeta.

"Desde que el hombre trató de dominar el espacio, generalmente el ámbito en el que vivía, debió verse obligado a trazar una representación del mismo, para señalar los puntos de interés, el camino y alguna proporción de las distancias. Es, por lo tanto, el primer signo de lo que necesita conocer."[8]

Balboa es un de tantos casos; se atrevió a entrar protegido con su armadura completa en el que bautizó "Mar del Sur" y tomó su posesión en nombre de los reyes de "España". Suponemos que si un indígena presenció la escena debió quedar sorprendido y conmocionado. Durante el 99% del pasado de la humanidad la gente siempre ha convivido con la naturaleza, porque era parte integrante del ecosistema. Es nuestra cultura la que decide que siempre se ha luchado contra la naturaleza para dominarla.[9]

Siguiendo con la definición del mapa, éste adquiere su máximo valor en la interpretación de F. Joly:

"Por tanto, el mapa es una construcción subjetiva sometida a normas preestablecidas, tanto de selección como de representación. En él, los objetos no están representados tal y como son, sino mediante símbolos o signos más o menos descriptivos y susceptibles de variaciones cuantitativas."[10]

Una extraña disensión surge entre cartógrafos, pues mientras unos hablan de carácter **artístico**[11]...otros autores aluden al efecto ideológico de lo que hoy, quizá intencionadamente, queremos llamar arte, valorando el documento a posteriori y no en su momento histórico.

---

7. MARTIN MERAS, L. *Cartografía marítima hispana* , (Introdución)
8. *Atlas del Mundo*, 1492-1992
9. "Pa" nuestro Miquel Izard
10. JOLY, F. *La Cartografía* , p. 2
11. "Los cartógrafos medievales llamaban al mapa Imago Orbis o Pictura Mundi y el concepto de mapa como pintura pervive hasta tiempos muy recientes. El mapa medieval se desarrolló desde una miniatura de un códice hasta llegar al altar de las catedrales; decorado con escenas imaginarias en brillantes y dorados colores era a menudo la obra de un artista más que la de un geógrafo. Este carácter artístico peduró en las cartas portulanas, sobre todo las de la escuela catalano-mallorquina. Los mapas del mundo de los siglos XVI y XVII sirvieron de vehículo para divulgar las maravillas de las tierras recién descubiertas y estuvieron decorados con papagayos y gigantes en Brasil, llamas en Perú, pingüinos en la Tierra de Fuego, elefantes en la India, negros y animales fantásticos

"El hecho histórico siempre deja testimonios, con los que se reconstruye, gracias a la interpretación de los documentos, pero la carta o mapa es algo más que un recipiente de hallazgos. Es también un programa, como lo demuestran las cartas medievales, que adivinan lo desconocido, conteniendo islas, tierras o ciudades muchas veces fantásticas. Son igualmente una incitación, capaz de prender con la llama de su fantasía los propósitos de audacia, para ir a desvelar recónditos lugares desconocidos."[12]

Para nosotros el mapa es un documento histórico que plasma, junto a los conocimientos geográficos de un momento determinado, los sueños e intenciones de una sociedad respecto a su ámbito cercano o lejano. Incorpora valores políticos, históricos, publicitarios...Esos mensajes están adaptados a las convenciones expresivas de la época, pero no por ello son simple decoración. El mapa responde (como el cartógrafo y la ciencia que cultiva) en última instancia al poder político-económico que le mantiene; respalda y justifica las acciones del poder. Con la intención de descifrar el contenido no "científico" de estas representaciones (que llegaron a marcar la forma de ver el mundo de los coetáneos) nos vemos en esta investigación.

Los inicios de una relación de conveniencia

"La historia, el pasado, es asunto de todos. Algunos historiadores profesionales lo han comprendido, y han tratado de dar de la historia y del conocimiento histórico una definición más colectiva, menos especializada y técnica".[13]

"La concepción que encierra una cartografía, y que acuña la imagen geográfica del mundo que adquieren las personas, es demasiado importante para ser puesta únicamente en manos de los cartógrafos."[14]

Mirar el mapa es aparentemente sencillo. El problema radica en la concepción que de estos gráficos tenemos interiorizada en nuestra mente. Nos tememos que su visión significa la contemplación mayestática de la realidad absoluta de una tierra y sus contenidos. ¿Quién se atreve a discutir lo inscrito sobre un papel capaz de guiarte sin "error" al otro confín del mundo? ¿Quién duda del espacio que ocupa un determinado lugar dentro de esa magia capaz de hacerte visitar el mundo sin moverse de casa? Hoy los mapas nos conducen a lugares idílicos; si planificamos unas vacaciones, nada más fiable que nuestro mapa... ¿Qué funciones podrían tener los mapas en el pasado? Pongamos por caso mediados del siglo XVI; desde 1492 para el mundo occidental se están produciendo una serie de cambios impresionantes, siendo posible que ya antes se haya iniciado un cambio trascendental: Dias franquea el cabo de Buena Esperanza[15.]

---

en Africa. Por su parte el océano aparece siempre surcado por naves y animales fantásticos como sirenas, tritones y toda clase de divinidades en el agua." (Martín Meras, L. *Cartografía marítima hispana* , -Introducción-)

12. *Atlas del Mundo*, 1492-1992
13. CHESNAUX, J., *Hacemos tabla rasa del pasado, p.* 23
14. PETERS, A., *La Nueva Cartografía*, p. 7 Este autor fue el promotor de nuestras iniciales investigaciones y por eso le damos nuestro reconocimiento. En todo caso lamentamos profundamente el uso comercial de la proyección que no es suya pero lleva su nombre, habiéndole enriquecido ($); habiendo empañado hasta desacreditar algunas ideas que nos parecen nobles y solidarias.
15. "Al punto más austral del continente lo bautizó con el nombre de "Cabo de las Tormentas", nombre que cuando volvió a casa fue cambiado por el de "Cabo de Buena Esperanza". "Este descubrimiento", le dijo a Dias el rey Juan II "nos da la buena esperanza de poder llegar hasta la India". (RITCHIE, C., *La búsqueda de las especias*, p. 14).

244

Aún el paradigma tolemaico no había relevado al católico circular, que ya "hacía aguas", y el recambio se resquebrajaba: el mar ni hervía ni destrozaba barcos en el Ecuador; Africa no estaba conectada por tierra con un supuesto continente austral y ya hacía tiempo que "subían" hasta Europa recursos y esclavos de ese horno infernal que era la tierra más allá del Ecuador. Colón aleja las temibles y destructoras cascadas del fin del mundo, encuentra "tierras nuevas" ¿Serán las islas de Brasil, San Brandán...? El paraíso tras su primer viaje parece estar en el oeste no en el dogmático este...El mundo Occidental se tambalea. En cambio existe un documento que, no sólo conserva su validez, sino que aumenta su importancia hasta alcanzar el centro científico cultural de Occidente durante un prolongado período. El mapa incorpora las "nuevas tierras"; las técnicas portulanas nos permiten llegar a ellas y tomar los bienes que aquí abundan; nos indican lo que se puede encontrar en ellas y nos permiten el más fabuloso viaje hacia tierras no regladas por parámetros europeos. El efecto debió ser impactante y casi idólatra. El mundo ya no era una cuestión divina sino humana, pero sólo unos pocos eran capaces de destilar lo nuevo y hacerlo digerible al resto.

En cuanto a la población común, el mapa adoptó un doble discurso: el primero ininteligible para el profano pero obvio; esos maravillosos pergaminos llevaban, con la guía de un iniciado, a tierras repletas de riqueza donde "los perros se ataban con longanizas" y, por qué no, mujeres bellísimas y complacientes esperaban junto al resto del botín a que alguien llegase y las tomase. No olvidemos que el mundo de la conquista es masculino y sacralizador de la propiedad, pues "lo descubierto" estaba ausente de propietarios según los "sabios" de ayer y de hoy (que todavía ahora ilustran nuestros billetes y monedas). En un segundo nivel el discurso informaba sobre las monstruosas prácticas que cometían el resto de "pseudohumanos"; éstas los hacían susceptibles de represión y castigo e indudablemente los desposeían de cualquier derecho que pudiesen reclamar en sus propias tierras, y advertían del peligro que corría cualquiera que se aventurase en ellas sin la debida protección y permiso del titular-nominal de cada espacio concreto.

El efecto de estos documentos no puede ser medido por el volumen de publicaciones que en los siglos XVI, XVII, XVIII debieron afectar principalmente a la clase comerciante. El trabajo sobre poblaciones no alfabetizadas debe inscribirse en el efecto de los oráculos "culturizados" que poseía cada pueblo y que implicaba la interpretación de los alfabetizados expuesta al resto de la población. En este sentido, resulta interesante un análisis más medieval del uso del mapamundi a través de Biblias, de grandes diseños como el Hereford y el Hebstorf en lugares preminentes de catedrales o los "murales-retablos" que ilustran determinados pasajes histórico-geográficos. Un mapamundi de pequeño tamaño en una Biblia pudo influir en más población durante mucho más tiempo que toda la gran producción de Mercator o De Bry.

Por otra parte las cartas, en el período renacentista, cobran importancia como vehículo transmisor de información (su difusión en copias se distribuye entre toda la élite cultural de Europa) siendo traducidas en mapas.

Libros y películas célebres han inmortalizado el valor de estos documentos; hasta Cantinflas, burlador de mitos e ironizador de realidades,[16] encuentra su

---

16. CANTINFLAS, M., *Por mis pistolas*

"veladora" tras haberse reído de la historiografía oficial y de la abrumadora producción cinematográfica sobre el mito del Oeste americano. En cambio, su mapa es infalible, es el pequeño cañón donde se encuentra la plata el que ha variado...

Mapa, poder y cultura

Cuando una sociedad se estructura en jerarquías de dominados y dominadores, la visión que cualquier colectivo tiene del mundo se convierte en instrumento ideológico en manos del explotador, para legitimar y perpetuar su supremacía. No importa que el poder sea religioso o laico; sea lo que sea lo que creó el mundo o de dónde provenga, éste (el mundo) adopta la forma más idónea para el que ejerce el poder. Esta imagen de la Tierra responderá siempre a varios interlocutores: legitimación interna o/y público externo. En la medida que ambos interlocutores están presentes, el discurso no los margina. Incluso hoy el aborigen no representado no es olvidado, sino que se (le) (nos) convence de su pequeñez e insignificancia. A fin de cuentas, se (le) (nos) está diciendo que no es nadie para la Historia y la Geografía.

> "La particular importancia de la cartografía radica en el hecho de que la concepción que ésta encierra configura la imagen del mundo que adquiere la persona. Por eso la cartografía es de interés general(...)."[17]

Una de las formas de tratar este tema es ejemplificarlo a través de casos "paradigmáticos" que nosotros conocemos. Si en la definición de Cartografía existían calificativos como arte, política, dominación de la naturaleza..., si la Cartografía ha dejado de ser precisión científica por una vez, no es extraño que algunos cartógrafos se salten lo que le dicen al público para descalificar las culturas "no homologadas".[18]

> "Las primeras civilizaciones.- Con ellas aparece en los mapas un nuevo concepto, no ya utilitario, sino intelectual. El hombre trata de representar el Universo según sus concepciones, con la geografía que conoce, mezcla sus ideas cosmogónicas, y en los mapas empiezan a aparecer lugares míticos, genios, etc., todo ello rodeando a una zona central, que es en cada caso el país del autor, al que éste considera siempre como centro del Universo y su zona más importante. Sólo el conocimiento completo de la Tierra desterrará estas ideas, que hasta entonces se repiten indefectiblemente a través de los siglos y de los lugares."[19]

Conocemos una pluma más ingeniosa que la propia para replicar a estos especialistas. La superioridad se hace chiste para convencerse a uno mismo y a sus "socios culturales" de la moralidad y justicia de actos repudiables sobre aquellas culturas diferentes, y por ello, "inferiores".

---

17. PETERS, A. *La nueva Cartografía*, p. 7
18. "La Geografía se sirve de dos elementos principales para definir la tierra: la descripción literaria y la representación cartográfica. La cartografía es la ciencia o el arte de trazar los mapas;(...) Los mapas universales corresponden a un período de cultura superior, cuando el hombre ya había formado conciencia de su universalidad y de su historia." (SANZ, C. *Guía de la exposición Oriente-Occidente*, -Nota preeliminar-)
19. VAZQUEZ MAURE, F. *Lectura de mapas*, p. 286

"El hombre es un animal como los otros que, si piensa suficientemente, deduce que es un animal como los otros: ésa es toda la diferencia. Lo que pasa es que el hombre no piensa suficientemente casi nunca."[20]

En el "festival pro-occidentalista" los cartógrafos rompen con su presunta cientifidad. La exactitud en el pasado no es virtud cultural, más bien es una tara. Ahora la precisión es primitiva:

"En general, estos croquis de los pueblos primitivos presentan únicamente las zonas de las que tienen conocimiento directo, aunque en ocasiones sean muy extensas. esto es lo que los hace tan precisos y reales.(...) La habilidad cartográfica de los esquimales es aún más conocida. Las deformaciones que en sus mapas se aprecian son resultado del concepto primitivo de distancia, que no es geométrico sino cronométrico."[21]

¿Representan lo mismo diez quilómetros en llano o en pendiente para alguien que no recorre un papel sino un territorio? La virtud de los mapas de estas culturas reside en que cualquiera de sus miembros es capaz de trazarlos y , basados en la experiencia, se convierten en una información no manipulable. Nosotros, somos en general estériles y dependemos de unos especialistas en quienes confiar. Así se genera el poder por el conocimiento diferencial, que no necesariamente por un mayor conocimiento.

"Sin embargo, no es condición humana silenciar por un tiempo prolongado, lo que es conocido por muchos hombres, y así comprendemos que a la par que en Portugal se decretaba la pena de muerte, para los encargados de custodiar los "roteiros", que osaran darlos a conocer a personas agenas a los servicios oficiales, se autorizara, por privilegio real, la expedición de cartas o mapas, convenientemente alterados en sus líneas formales, y en los que se eliminaba cuanto interesaba ocultar."[22]

La imagen del mundo en cualquier cultura posee una gran importancia dentro de la interpretación global que hace cada grupo: configura las limitaciones geográficas a que se enfrenta, satisface el ego étnico colocando a cada grupo como centro del mundo, articula buena parte de las creencias del colectivo (tanto a nivel ecológico/económico como "genético" y religioso) ubica a los enemigos/amenazas (periféricos)... En las culturas que desarrollan una jerarquización estricta y elaborada, esta visión pasa a manos de intermediarios religioso-políticos que actúan como mediadores entre un grupo, progresivamente más alejado de la génesis e interpretación de la cosmovisión oficial, y esa interpretación y sus generadores ("divinos" y humanos). En la medida que se consuma ese distanciamiento, la imagen del mundo que posee cada cultura, se convierte más en un instrumento manipulable y de hecho manipulado en aras a la legitimación de los dominadores y sus "funcionarios". Esta "intervención" no se ejecuta estrictamente en el ámbito cartográfico, el mapa sólo es un elemento más de ese proceso, pero su análisis resulta sumamente interesante. El calendario, incluyendo su organización y nombres, es otro instrumento muy influyente en esa misión. Por ejemplo, los sacerdotes egipcios conocían perfectamente el calendario solar y lunar pero

---

20. GALA, A. *El manuscrito carmesí*, p. 277
21. VAZQUEZ MAURE, F. *Lectura de mapas*, p. 286
22. SANZ, C. *Mapas antiguos del mundo*, p. 56

lo alteraron lo suficiente para conseguir que la crecida del Nilo fuera indescifrable para los profanos y así controlar el ciclo agrario básico en su economía. La Iglesia católica no ha cesado de usarlo desde su creación.[23]

En nuestro marco de investigación nos parece adecuado iniciar este breve bosquejo por el paradigma medieval del mundo. Es sobradamente conocida la proyección circular, un disco plano que representaba "todo lo existente". En su interior existía 1/7 de mar y el resto de tierra, supuestamente dispuestas por dios. En este contexto situaron Jerusalén en el centro del disco y dieron a Europa un porcentaje considerable del total. Frente a ella estaba el Islam y más allá la India (un todo mítico-desconocido).En esta globalidad estaban tanto las huestes infernales del Anticristo como todas las maravillas que Dios había creado pero negado al hombre (por el pecado original). Como el paraíso estaba cercano a dios y su ubicación se suponía al este, esa coordenada fue la pauta superior en la orientación de los mapas.

Por supuesto el pueblo tenía una cosmovisión mucho más realista y ligada a su espacio cercano, chocando en muchos puntos con los preceptos eclesiásticos, pero en general se puede decir que no era cuestionada salvo por eruditos (los más de ellos clérigos) por ser ajena a su vida cotidiana. De todos modos, como muchos de los discursos aprendidos desde la niñez y sin uso práctico, esta visión prestó un incuestionable servicio al limitar las "utopías sociales" y legitimar la maniquea división entre cristianos e infieles y entre bien (cristianos civilizados) y mal (demoníacos periféricos) permitiendo la cohesión y hasta el apoyo social en la mayoría de enfrentamientos con musulmanes o pueblos del límite civilizado. Podemos decir que esta cosmovisión, ya agredida por los portulanos (tolerados en la medida en que pasaban por ser instrumentos técnico-prácticos y nada más), se tambaleó realmente al chocar con otro paradigma, el Tolemaico; exportado por los exiliados bizantinos tras la "caída" de Constantinopla. Fue divulgado por el nuevo imperio Otomano, avalado por el tan preciado "barniz clásico" en aquella época. Esta concepción del mundo ya había rivalizado con el disco plano romano, siendo la alternativa helenística y esférica de éste. Roma nunca tuvo problemas en tener múltiples dioses, al igual que en admitir diversas concepciones del mundo. De aquí pasó a Bizancio como cosmovisión oficial del Imperio de Oriente y, más allá, llegó a ser la visión de los otomanos.

La perpetuación del paradigma tolemaico, sin ser cuestionado, es fruto (a nuestro entender) de una serie de virtudes "políticas", que no cartográficas, que lo convertían en elemento esencial de la legitimidad y el monopolio de estos tres poderes que sin dudar le prodigaron alabanzas. Estas "virtudes" consistían básicamente en hacer un mundo mucho más pequeño que el representado por Erastótenes; al mismo tiempo, en una gradación climática no simétrica, señala la imposibilidad de vida bajo el Ecuador, lo que combinado con el Sahara, ya ponía coto humano a la frontera Sur de Roma. Si a ello sumamos su consideración de que el Indico es un mar cerrado por el continente Austral-Antípoda que conecta con el Sur de Africa y el Sureste asiático, más los mitos de un Atlántico terrorífico que inventaron los fenicios y distribuyeron en gran escala los cartagineses, tenemos un todo combinado con la hiperbórea polar, que ideológicamente se presta a unas determinadas utilizaciones.

---

23. Para más información consultar: WHITROW, *El tiempo en la Historia*, Crítica, Barcelona 1988

Para Roma un mundo pequeño y cerrado por tres lados (que son los cuatro si sumamos Medos y hordas bárbaras) implicaba la mejor forma de hacer creer a sus súbditos que ellos eran el único orden posible. Para Bizancio la herencia natural y helénica de Roma, y la inviabilidad de rutas alternativas para las especias, le convirtieron en el único puente a las riquezas de extremo Oriente, salvando su estabilidad al sumar Europa Occidental al desorden que impera en el resto del Orbe. No es difícil entender así la política geográfica de los otomanos: Tolomeo parece la "panacea clásica" que los conducirá a ser herederos de la Ruta de la Seda. Si el diseño viniera dado por la limitación de conocimientos, podría interpretarse que es una visión adapatada a la época, pero la elección de múltiples variables que hace Tolomeo, llevan a pensar en una posición más política que científicamente correcta. Roma, Bizancio o "Turquía" poseían informaciones que demostraban el flagrante error de esa cosmovisión, pero prefirieron omitirlas o escamotearlas.

Capítulo aparte merece el Imperio Chino: basado en sus concepciones religioso-políticas, que tenían como nexo al propio emperador y como dinamizador su etnocentrismo, generó una cosmovisión circular con China en el centro - El Imperio Medio- como continente, y una serie de islas periféricas con nombres como "Europa", "Libia" o "Africa". Parecen "olvidarse" de Japón. Todas sus exploraciones terrestres, registradas en los Anales Imperiales, no harán variar esta imagen, pese a que sus cartógrafos alcanzan unos niveles en el interior del Imperio no superados por los europeos hasta finales del siglo XIX. La penetración jesuita en China se apoyará en un mapamundi adaptado al "gusto" imperial, que será el que les abrirá la puerta de la Corte Celeste. El centro del mundo chino sólo abandonará Pekín para irse al Kailas por imperativo budista y de conocimientos, y aún así en secreto, dado que el emperador es el pilar que sujeta la bóveda celeste si está en el centro del mundo.

Defendiendo intereses comunes

"Dios creó el Mundo de la Nada (Dogma de fe)// España, en gran parte, lo descubrió,, cristianizó y civilizó (Cartografía e Historia)."[24]

En ocasiones cartografía e historia aparecen explícitamente unidas. Suelen ser los casos en que se habla de "descubrimientos", ya sean continentales o de profundización en determinadas regiones. "Ciencia y memoria" parecen unirse puntualmente para "anexionar nuevos conocimientos" en el todo científico mundial, que está restringido a lo que controlan o conocen los "blancos" y sus educados de otros orígenes[25.]

Pero estas apariciones puntuales no son como pudiera parecer encuentros casuales, sino la asistencia a actos "oficiales" de un matrimonio ya antiguo. La Cartografía muestra a quienes le son profanos una fachada absolutamente cien-

---

24. SANZ, C., *Mapas antiguos del mundo*, p. 1
25. "En gran parte, esta mejora en la navegación hizo que en los siglos siguientes el mundo conocido aumentara su extensión en más del doble, y este aumento dio lugar, a su vez, a los hechos más destacados de la Historia."(RAISZ, E. *Cartografía General*, p. 35)

tífica, dedicada a la esquematización (con el mayor rigor posible) de las realidades espaciales que nos afectan. Su rigor sólo está cuestionado por la capacidad técnica que la respalda y que sus "sacerdotes" aparentan esforzarse contínuamente por mejorar. Esta imagen fue en otros períodos falsa, pese a que las analogías historiográficas parezcan atribuirle esa cualidad evolutiva. Todavía hoy esa idea es parcialmente incierta, y tras esta máscara se ocultan aplicaciones tendenciosas. Desde que existe lo que se define como "civilización" y hasta el siglo XIX, se alude de forma descalificadora a todas aquellas culturas periféricas o sujetas a hipotéticos intereses desde la Cartografía, en aras al servicio de la élite dominante en cada caso (chinos, musulmanes, cristianos....). A partir del siglo XIX la situación, aunque cambiante, no difiere en el fondo. Se priorizan las cuestiones urbanas en un sesgo occidental contemporáneo, transmitiendo la imagen de un mundo vacío en ausencia de ciudades. Esta omisión es parte de una nueva táctica que pretende satanizar la cultura no occidental, y transporta la misma carga que el paradigma cristiano; es decir, la universalidad y unicidad del sistema socio-cultural en el que el cartógrafo se inscribe[26]. La supuesta desaparición de unos elementos decorativos que nunca fueron sólo eso, es falsa; responde a la misma estrategia. El coloreo sistemático de todo territorio sujeto a un estado, mantiene el atractivo de los mapas. Cada espacio dominado por una potencia europea lucirá un color específico distintivo, aunque ese dominio sea nominal: así se convertirá en Inglaterra o Francia, y de ellos será cada metro cuadrado o persona que esté inscrito bajo ese color. Desaparecen pueblos, convirtiéndolos en rebeldes o renegados de la cultura "madre". Tras la "descolonización" cada estado asumirá un nuevo color haciendo al mapa más polícromo, pero manteniendo el aparente orden interior que en ningún caso se corresponde con su actividad social-histórica. Con ello se consigue que el espacio no urbanizado (como la Amazonia) sea un lugar vacío o dependiente en la expansión civilizadora.

> "El gobernador, general Miguel Torralvo, expide el certificado exigido por las empresas petroleras que operan en la costa de Colombia. Los indios no existen, certifica el gobernador, ante el escribano y con testigos. Hace ya tres años que la ley 1905/55, aprobada en Bogotá por el Congreso Nacional, estableció que los indios no existían en San Andrés de Sotavento y otras comunidades indias donde habían brotado chorros de petróleo. Ahora el gobernador no hace más que confirmar la ley. Si los indios existieran serían ilegales. Por eso han sido enviados al cementerio o al destierro."[27]

Los supuestos "primitivos" son ninguneados por la cartografía. Producciones tan interesantes como certeras son arrinconadas por una sola razón silogista, el "primitivo" sólo puede producir cosas "primitivas" y éstas son "primitivas" porque las producen "primitivos".

---

26. "Porque, como Pinheiro Marques dijo, en el acto del Museo Naval de 1988, se estaba desarrollando una "conciencia planetaria". En otro plano, los grandes de la ciencia cartográfica histórica, Armando Cortesão y Avelino Teixeira da Mota escribieron que, como consecuencia del inicio de los descubrimientos, se inició también, de hecho, una gran revolución espiritual, intelectual, científica, económica y social, como resultado de la posibilidad de las vastas relaciones internacionales que se abrían y del contacto con pueblos de lejanas partes, antes no conocidas. Y el vehículo de tales novedades estuvo en el desarrollo cartográfico."Atlas 1492-1992 y SANZ, C. *Cartografía hica. de los descubrimientos australes*, p. 10

27. GALEANO, E. *Memoria de fuego III*

"La diferencia residía en el enfoque. Los blancos modifican constantemente el mundo para acomodarlo a su dudosa visión del futuro. Los aborígenes consagraban todas sus energías mentales a conservar el mundo tal cual era. ¿Qué tenía eso de inferior?."[28]

El paradigma científico decide omitir lo que no es "seguro" y se concentra en el plano de la geografía física o en aquellas alteraciones a esta visibles: serpientes de asfalto o de hierro,... Así se hará célebre el siglo XIX por la "Pax Británica" entre las guerras napoleónicas y la franco-prusiana. Dado que el nativo no existe, el proceso colonial ruso o estadounidense dejan de serlo. El colonialismo se medirá, no en función de la víctima, sino en la voluntad del colonizador de proporcionar "autonomía política" en ciertas áreas. Por otra parte, la historia de la Cartografía actual, tiende a dar soporte técnico-científico a la Historia Oficial; así, seguir ensalzando el descubrimiento/conquista de América. Poder y Cartografía se han dado la mano en bastantes ocasiones [29]. Llega un punto en que la invisibilidad de lo diferente no tiene que trabajarse puesto que ya ha sido asumida. Se hablará de solidaridad y acuerdo entre pueblos, pero sólo entre los "legalmente existentes". Es otro ejemplo de la cartografía al servicio del poder. [30]

El aborigen es sujeto pasivo e invisible de los alardes científico-militares de Occidente. La muerte o el reciclaje parecen ser las únicas vías.

En el discurso cartográfico referente a la historia de la evolución humana, el mapa es considerado como otro elemento más que indica las diferentes etapas culturales que ha experimentado el individuo en su devenir. Sigue el trazado general de la Historia y actúa como herramienta técnica y divulgadora; se marida así más con la Historia.

"(...) a fin de que puedan admirarlos y estudiarlos, no sólo los especialistas, historiadores o geógrafos, sino todos cuantos se interesan por el proceso de la evolución cultural, que ha elevado al hombre, personal y colectivamente, al estado de su grandeza presente."[32]

La historia de la Cartografía se circunscribe a la historia de las élites, y se alista en la misión de hacernos creer que la gente común sufre retrocesos o avan-

28. CHATWIN, B., *Los Trazos de la Canción*, p. 148

29. "El resultado fue un nuevo mapamundi trazado por Juan Domingo Cassini en el pavimento del Observatorio de Paris en 1862, y que constituye uno de los mapas fundamentales de la Historia. Uno de los resultados curiosos de estas determinaciones fue que Francia apareció mucho más pequeña de como la había representado Sanson. Se cuenta que Luis XIV dijo a Cassini que con sus mediciones "había quitado a Francia más de lo que el Rey le había dado en todas sus guerras de conquista"."RAISZ, E. *Cartografía General* , p. 49 y "Los vencedores, que justifican sus privilegios por el derecho de herencia, imponen su propia memoria como memoria única y obligatoria. La Historia oficial, vitrina donde el sistema exhibe sus viejos disfraces, miente por lo que dice, y más miente por lo que calla. Este desfile de héroes enmascarados reduce nuestra deslumbrante realidad al enano espectáculo de la victoria de los ricos, los blancos, los machos y los militares."GALEANO, E. *Ser como ellos*

30. "Porque la Cartografía viene así a registrarnos no solamente los avances sucesivos en el conocimiento de la tierra, con el trazado de sus perfiles, como puede quererse hacer un retrato, sino también para apoyar la economía e incluso los pactos entre pueblos. Cabe así mencionar la atención que se prestó a la línea del Tratado de Tordesillas, como también en los proyectos de tratados de límites, motivo por el que presentamos el diseño del mapa que se guarda en el archivo de Simancas." (*Atlas del* Mundo, 1492-1992)

32. SANZ, C. *Mapas antiguos del mundo* , p. 2

ces significativos en su vida por la capacidad o no de los que se autotitulan líderes. [33]

Nos referimos al matrimonio entre cartografía e historia cuando observamos que la primera crea sólo aquello que el poder político, a través de la Historia, reconoce. Desaparecen islas o tierras, se cambian sus posiciones en favor de una u otra potencia y no se desvela el misterio del interior de sus tierras hasta que, arrastrados por el interés inmediato y el "coraje" de un personaje que se convertirá en histórico, se produce el "descubrimiento". La Historia corresponde a su pareja aceptando aquellos nombres y cuentos que, escapando al cronista, llegan al cartógrafo en los relatos de los navegantes, aceptando como ciertos tanto nombres como hechos que al integrarse en la "Historia" parecen ya indiscutibles. La Cartografía"adula" a su "pareja" dando condición de cartógrafo a personajes relevantes del discurso. El Papa Borgia tiene su mapamundi; Colón no es sólo un marino, alcanza la condición de cartógrafo por sus descubrimientos. No hemos visto un mapa suyo, pero alguien lo ensalza al nivel de Ptolomeo. [34]

El enlace sentimental es ardiente e impetuoso. Historia y Cartografía se unen decididamente para impulsar el carro del desarrollo y la civilización a través del influjo que ejercen sobre los personajes, que ya asumidos, pretenden hacernos creer que también teledirigieron[35.]

Si la interpretación del mapa por la gente común se limita a una supersticiosa lectura estricta, el profesional de la cartografía acepta que sus "productos" son simples esquemas acotados por el interés que lo genera y por el servicio que están destinados a prestar. Se supone que el mapa es una realidad parcial vinculada exclusivamente al servicio óptimo de lo que se le encomienda. Un mapa de carreteras reflejará con la mayor exactitud vías de comunicaciones, localidades... Un mapa militar incluirá puntos estratégicamente útiles para diferentes supuestos del ejército (cotas de altura, etc.) así mapas hidrográficos, excursionistas o de cualquier temática... La discriminación se hará dentro de "lo real" en función de unos objetivos. El cartógrafo entrega a "la buena fe" de sus compañeros la posibilidad de falsedades, aceptando de forma acrítica la labor de sus colegas. Los mapas no pierden en ello ni un ápice de su valor como "realidad absoluta" y se esquiva el debate interno. No sabemos si la cartografía ha perdido su vocación social o si nunca la tuvo. Los enseñantes y los historiadores aceptamos estos documentos "sin saber el oficio y sin vocación"[36]. Asumimos el primer documento que cae en nuestras manos referente a lo que pretendemos ilustrar, que no documentar, y usamos el mapa como un maquillaje del discurso. En el mejor de los casos alguien fabrica su propio mapa a partir de mudos, pero sin buscar la proyección idónea

---

33. "Pero cuando el hombre se paralizó, tras el hundimiento del Imperio Romano, cuando cesó el comercio a distancia y las sociedades feudales comarcalizaron la vida, apenas se mantuvo la imagen del mundo en los pequeños cenáculos del saber eclesiástico. Así cabe citar el mapamundi de las Etimologías, de San Isidoro, que era un simple esquema que representaba un círculo (el globo terrestre)." (*Atlas del* Mundo, 1492-1992)

34. *Atlas del Mundo*, 1492-1992

35. "En los momentos actuales, en que rememoramos el descubrimiento de América, se nos hace irreprimible el deseo de interrogar a la cartografía de entonces por ese papel incitante que pudo jugar. Máxime cuando tal hazaña dependía forzosamente de una concepción cosmográfica.(...) Este fue el reto que se imponía Cristóbal Colón, hace ahora quinientos años." *Atlas del Mundo*, 1492-1992

36. La frase pertenece a SERRAT, J.M.

por desconocimiento. El cartógrafo tampoco entra en este juego, por ser de profanos o porque nadie lo invitó. Así la visión acrítica se perpetúa en la totalidad social y (como el investigador de armas bacteriológicas o nucleares) produce para el sistema instrumentos ideológicos que no levantarán remordimientos pese a ser potencialmente genocidas.

El cartógrafo aceptó sin dudar, en su momento, las visiones del cronista y en una reprocidad "científica" el cronista aceptó lo que el primero en su sapiencia plasmaba. La sumisa aceptación rebasa lo "gremial" y sirve de forma clara al poderoso, que en definitiva es quien escribe la Historia. Si reseguimos el pedegrí de cartógrafo & cronista, nos encontramos con abundantes coincidencias que les vinculan sistemáticamente al poderoso. Esta aceptación no tiene por qué ser (como el servicio) consciente; basta con la aceptación y reproducción de los predecesores en el oficio y la "buena voluntad" se convierte en el más fiel y honrado servidor de la mentira. ¿Quién hubiera salvado de la hoguera a un cartógrafo judío productor de portulanos en la Edad Media cuando el mar ocupaba una séptima parte de la Tierra, y los portulanos reflejaban un Mediterráneo antidogmático por desmesurado en longitud y latitud? [37]

Pese a que el portulano era eufemísticamente considerado como una herramienta náutica exclusivamente, sólo se han conservado aquellos de un valor más didáctico o decorativo, siendo frontal la colisión con los mapas del paradigma cristiano en un momento en que la Inquisición tomaba la visión del mundo como elemento para encausar a presuntos herejes[38]. Desde entonces las administraciones, las compañías privilegiadas o, ya a finales de la Edad Moderna el ejército, fueron "la bestia que amamantó al discurso". ¿Quién se atreverá a afirmar que la Cartografía no salió en defensa del orden de los imperios coloniales de Occidente, por ejemplo, a partir del siglo XVI?

"Si se llama a la historia en defensa del orden establecido y de los intereses de las clases dirgentes es por el rodeo de la ideología difusa: manuales escolares, filmes y televisión, imaginería..."[39]

Poco o nada hemos hallado en nuestra investigación sobre el contenido inserto en las tierras que los "cartógrafos-artistas" describían como nuevas (aunque pueda tratarse de las conocidas Europa del Este o Africa Sahariana). Creemos que la iconografía que aparece en el interior de gran parte de "mapas históricos" no es neutra en información. Pero este elemento no se ha tomado en cuenta, ni en su momento ni en la actualidad, pues se considera un aspecto dejado en manos del creador-copista por ser "acientífico" y supuestamente irrelevante[40.] Resulta que la "libertad" del creador se centra en bestializar y deshumanizar zonas de interés potencial para la sociedad occidental. Lo decorativo no puede interpretarse literalmente. Uno de los mensajes que contiene toda esta simbología, es el de poder reprimir, explotar, dañar... a estas culturas de "extrañas costumbres".

---

37. RAISZ, E., *Cartografía general*, p. 31
38. "En 1316, el médico y filósofo italiano Pietro d'Abano fue acusado por la Inquisición de porfiar en la "pagana" teoría de los antípodas, y sufrió tortura hasta morir." (PETERS, A., *La Nueva Cartografía*, p. 26)
39. CHESNAUX, J., *Hacemos tabla rasa del pasado*, p. 31
40. PETERS, A., *La Nueva Cartografía*, p. 22

"Son características de estos mapas las líneas de "fantasía", hechas a pluma, y que llenan espacios que de otro modo habrían de estar en blanco. El título, la escala y las notas aclaratorias iban dentro de un marco, formado por figuras de animales y por productos del país. Estas decoraciones no siempre eran afortunadas; el dibujante, que con toda probabilidad no había salido nunca de Holanda, tenía ideas muy rudimentarias sobre las regiones tropicales; por ejemplo, se veían a veces figuras de reyes africanos viviendo en palacios holandeses. La orientación al Norte estaba muy lejos de ser universal; (...) El defecto principal de los mapas holandeses [del Renacimiento] radica a veces en su deficiente información. El que los mapas presentasen grandes espacios en blanco restringía su venta, y los dibujantes, arrastrados por el aspecto comercial de la obra, rellenaban los huecos con datos de cualquier clase, o hacían extensivos los detalles de paises conocidos a los desconocidos, practica correiente en los mapas antiguos."[41]

Esta explicación podría hacerse extensible a mapas del período y anteriores y nos parece una forma de soslayar una de las funciones primordiales del mapa. De hecho los datos contenidos podrían haber sido de otra índole. Los iconos que iluminan estos mapas fueron sustituidos progresivamente por letra, lo que no "embellece" pero sí perpetúa una información en el espacio y en el tiempo. Para colmo, un seguimiento de los mapas medievales y renacentistas que se conservan, hace ver que la creatividad de los diversos autores no radica en esas gárgolas cartográficas, pues los monstruos son los mismos y se sitúan en las mismas zonas (costa de Africa/Siberia) durante toda la Edad Media. Siguen el *Apocalipsis* y describen las huestes infernales que rodean a los fieles devotos. Ya en el Renacimiento la libertad estribará en elegir al monstruo que se colocará en cada nueva zona hasta entonces desconocida.

Aparece el monstruo

Buscando una información diferente a la que nos ocupa nos encontramos reiteradamente un icono, el del caníbal de la zona Amazónica. Nos pareció significativo que, cartógrafos incapaces de detectar el Orinoco o la corriente del Amazonas, sí supiesen caracterizar a todos los aborígenes (sin distinciones) de un amplio territorio. Por casualidad encontramos otros elementos no menos sutiles ni escabrosos, semi-humanos monstruosos dispersos por todas las partes que nuestra cultura consideraba "incivilizadas"; animales imposibles, fantásticos... y un impresionante contingente de leyendas, mitos,... los más de ellos descalificando al aborigen, pues los europeos del momento tenían intereses en aquellas zonas. Al nombre de una tribu seguía casi siempre una coletilla "descriptiva"de varias palabras.

En un mundo medieval, moderno y contemporáneo en que la gran mayoría de la población no sabía leer ni escribir, se trazaron vehículos simbólicos de comunicación: el dragón diablo, el macho cabrío infernal, las serpientes aladas, los monstruos marinos bíblicos, o incluso el simbolismo de determinadas flores y plantas, constituían mensajes claros para quien debía asumirlos e interpretarlos.

Seducidos por la visibilidad tergiversada del habitante autóctono, nos sumergimos en estos mapas históricamente poco explorados. El cartógrafo nos dio res-

---

41. RAISZ, E. *Cartografía general*, p. 42

puestas imperialistas y empezamos a encontrar elementos que configuraban un cuadro exótico, fantástico, y legitimador de la actuación del agresor occidental. En el continente americano hemos apreciado algunas falacias; el uso indiscriminado del canibalismo en todo el imperio colonial portugués (antes en el Caribe español), en el norte de México, los Andes o el Río de la Plata. El cambiante discurso francés dependiendo del interés comercial (Canadá) o colonizador (Louisiana y Brasil) según el período y el objetivo inmediato que se persigue -el aborigen será sociable y amable o "cruel carnicero" a gusto de la metrópoli-[42]... Junto a esto aparecen otras características que legitiman el derecho europeo a la conquista, para "civilizar o restablecer el orden natural". La desnudez, contradecida en las mismas fuentes que lo alegan; el "primitivismo", vistiendo de pieles a los teóricos desnudos y asimilándolos a un eslabón anterior de la evolución de la especie humana (pese que la teoría como tal no será establecida hasta mucho después); las viviendas "trogloditas"; la vagancia, con chinchorros por todas partes; el nomadismo, que aparece como despego falaz a la tierra y permite que el ideal de agricultor pueda reclamar como suyas tierras "vírgenes";... A todo ello hay que sumar la cleptomanía, diciendo los europeos que los que roban son los otros. Y para colmo de extravíos, la sodomía. ¡OH! Ese terrible vicio que justifica la conquista y el exterminio, siendo curioso que con tales prácticas no hubiesen dado antes con su propio fin por la imposibilidad de reproducirse. Todo induce a pensar que estos argumentos pueden responder a la jurisprudencia medieval, que fija taxativamente bajo qué parámetros es legítimo dominar a una cultura que no ha tenido contacto con el cristianismo.[43]

La diversificación del discurso se completa con otros aspectos. La "legítima" extensión de la Reconquista será usada igual que el espíritu de cruzada. La primera, en principio, para Canarias o Antillas, tan ilógica como la donación pontifícia de unas islas que eran desconocidas por un emperador romano. El indio será musulmán y con ello habrá negado a Dios, pese a no conocerlo jamás en la vertiente católica. Pero también podrá ser semi-humano, por las "leyendas" medievales, que lo ubicaban en la costa de Africa, pero que al "crecer" el mundo se desplazan al confín lucrativo donde el europeo intenta medrar. El sciapod canario-sahariano se podrá encontrar en Siberia; los seres de cabeza en el pecho del Cáucaso viajarán hasta el Llano de Venezuela. Junto a ellos hombres con cabeza de jabalí (precanadiense), con cabeza de pájaro, o absolutamente siniestros, ocuparán al lado de violentos enanos, centauros, gigantes... el espacio que ambiciona el occidental en todo el globo. ¿Quién puede censurar la caza y exterminio de un inhumano o de un ser demoníaco? El europeo estará arropado por el ajusticiador de infieles (Santiago) y por seres alados (ángeles) que sujetan honorables plafones occidentales en tierra infiel... La naturaleza también tiene que tergiversarse. Se desvirtúan animales conocidos y explotados a los dos lados del Atlántico: castores con grandes colmillos de morsa. ganado caprino, lobos, ratas, jabalíes, serpientes...son dotados de dimensiones descomunales o atributos antinaturales que choca con los célebres principios aristótélicos.

---

42. JACQUIN, P. *El Ocaso de los pieles rojas* , p. 20 y 60.
43. Es curioso que Antilia o Brasil, por ejemplo, impliquen presencia cristiana anterior que debió ser aniquilada y así legitimar la conquista por haber rechazado los naturales la verdadera fe.

Esto tiene un sentido ideológico que se opone a lo conceptuado como creación divina. Los animales marinos sufren transformaciones similares, agrandando su tamaño (cangrejos, langostas, calamares, bogavantes) o deformándolos (ballenas con doble orificio de respiración) en una táctica que Hermann sugiere como de acotamiento ideológico de rutas comerciales.[44]

De igual forma surgirá una Naturaleza agresiva, ríos (Amazonas y De la Plata) de aspecto repulsivo y simulando una enorme serpiente. La significación metafórica de la flora y vegetación debe ser tan importante como la zoomórfica en un período en que cada imagen contiene un significado críptico para nosotros. Algunos de estos mensajes podrían ser la legitimación de actividades "culturizadoras" por parte de la Iglesia; la atracción de inmigrantes en proyectos coloniales embrionarios...

Si cada "descubridor" obtenía unos determinados privilegios sobre las tierras que supuestamente, y sólo sobre el papel, anexaba al imperio, cómo no pensar que utilizase mitos como las Siete Ciudades de Cibola, el Dorado, Quivira... con el fin de recabar fondos que financiasen su expedición o "habitantes domesticados" que pusiesen a producir aquellos hipotéticos derechos que él adquiría al servir a la Corona. Así topamos con exageraciones en la abundancia de recursos, con lagos, montañas, ciudades o islas imaginarias. En el mismo plano pero opuestamente, aparecerán factores de repulsión, pretendiendo alejar al profano de zonas donde no interesa que penetre la competencia: la isla magnética ártica, que arrancando toda la parte metálica de un barco lo desguaza (protegiendo el monopolio Stroganoff de pieles siberianas, las pesquerías norteuropeas, Groenlandia o una hipotética ruta del noroeste). [45]

Algunas de las culturas soñadas como la Gran Quivira será desplazada progresivamente de Sur a Norte, en una persecución de lo que nunca fue; igual sucederá con el reino de Anián y ambos darán lugar a la reproducción de poblaciones asiáticas en norteamérica. El Preste Juan será buscado en Asia y Africa; no cabe duda que todo ello serán elementos de atracción. Pero en un sentido opuesto y legitimador, aparecerá la presencia musulmana en América, justificando la prolongación de la Reconquista; o la ilusoria soberanía cristiana atestiguada por infinidad de mapas, escudos, cruces... sobre un espacio del que apenas conocen sus costas.

Capítulo propio merece la leyenda de las amazonas, extraidas de La Iliada y sobre las que célebres autores se preguntarán cómo han llegado a América. Pero

---

44. "Estas visiones horripilantes no son hijas de la fantasía del aridísimo Olaus Magnus, sino que tienen una larga ascendencia; a través de los árabes y los grecorromanos de la Antigüedad, se remontan seguramente a los fenicios, quienes, para eliminar la competencia de otros pueblos navegantes, poblaron todos los mares de terroríficos seres fabulosos. Más precisamente la venerable antigüedad de estas fábulas se cree prueba de su veracidad. Quien recorre el Mar del Norte ha de ser hombre de animoso corazón. Por eso los ingleses buscan a un caballero "sans peur et sans reproche" cuando se disponen a iniciar su empresa". HERRMANN, P. *Grandes exploraciones geográficas* , p. 19

45. "en los parajes nórdicos, habitados por toda suerte de monstruos infernales! Hay en primer lugar la "montaña magnética", una peña gigantesca, toda ella de hierro o -¡peor aún!- de diamante, de "treinta tres millas de perímetro", que aparece registrada todavía en un mapamundi de fines del siglo XVI, cuya fuerza magnética es tal, que los barcos pierden todos sus clavos y partes de hierro, para derrumbarse como castillos de naipes y hundirse inexorablemente."HERRMANN, P. op.cit., p. 19

también surgirán en Centro-Africa, y siendo de raza humana, parece que su único delito será el de oponerse al "natural" orden patriarcal del mundo, pues la pericia guerrera era intrínsecamente apreciada por la élite renacentista como atributo que engalanaba a los mejores humanos. La huella toponímica es impresionante, tratándose posiblemente de uno de los mitos más absurdos del período que tratamos: el Amazonas. Es la aportación legendaria más relevante de la discriminación sexual que aún impera. Un análisis de género aportaría revelaciones, máxime teniendo en cuenta que la crueldad atribuida al aborigen es motivo de comentarios explícitos y destacados en este caso concreto. La clave estriba en señalar la ferocidad sublimada de una mujer que siempre ha encarnado el mal, junto a otros pecados. Las sirenas, de carácter femenino, implicarán muchos de esos pecados y al final la muerte, pero al menos sólo serán parcialmente humanas. Son confluencias de un discurso ideológico tendente a justificar la exclusión de la mujer de la vida social externa a la familia por su peligro, salvo Isabel la Católica.

Los "conquistadores" pretendían embarcar a cuantos desesperados hubiese para ponerlos a su absoluto servicio y dependencia, como las plantaciones brasileñas que hoy siguen captando esclavos y que oficialmente no existen.

La India maravillosa en el subconsciente, volviendo a América

La "equivocación" de Colón al llamar "Las Indias" a lo que luego se denominó "América" no es tal. En el imaginario de la cultura occidental existía un sólido mito sobre el incomparable atractivo de la India, que la convertía en referencia obligada de cualquier sueño de grandeza y poder. Con los autores clásicos comienza a fraguarse la leyenda. Herodoto (*Historias*), uno de los padres de la geografía, antropología y zoología fantástica, sitúa en la India las principales y curiosas maravillas que hay en el mundo. Ctesias (*La Indika*, V-IV AC.) establece en estas tierras una frontera geográfica y humana: en ellas habitan pueblos extraños como los *cinocéfalos* (semi-humanos con cabeza de perro), *pigmeos*, mujeres que paren una sóla vez... Un contemporáneo Alejandro Magno, Megástenes (*Indika*), dedica parte de su narración sobre la India a las razas de sus habitantes; a la colección de monstruos ya descritos se suman *panotis* (caracterizados por sus grandes orejas con las que se envuelven para dormir), *antípodas* (personas que tienen los pies orientados al revés) y *brahmanes o gimnosofistas* (sabios desnudos).

Sin lugar a dudas las historias que relatan las aventuras de Alejandro Magno fueron las que lanzaron a la fama, con sus pros y contras, a este país del oriente. El *Pseudocalístenes* (s. III, anónimo) es la gran referencia. La India aparece llena de riquezas: oro, plata, diamantes, templos de esmeraldas envueltos en nubes de niebla...alicientes que dispararían la imaginación del más incrédulo de los "europeos".

Coetáneos al *Pseudocalístenes* son las historias "evangelicas" de los apóstoles (siglos I-III aproximadamente); en los *Hechos* que relatan las acciones de Tomás, se nos dice que éste se ha encaminado a la India para enfrentarse a los antropófagos.

Si alguien necesitaba sabios consejos para emprender algún viaje peligroso podía pedir su parecer a los ancianos de la India. En la *Homilía* (521), leyenda cristiano-siria sobre los viajes de Alejandro, el conquistador decide encaminarse hacia el "País de la Oscuridad" y acude a este país para pedir consejo. La India también es la puerta del Paraíso. En "La vida de San Macario" (siglos VII-VIII) los viajeros que intentan alcanzar el territorio de lo sobrehumano (se encuentra hacia el Oriente) son frenados por este ermitaño romano (Macario), el cual los convence de la utopía del proyecto. Hacia el norte de este mítico país se halla el Valle de los Diamantes (*El libro de las maravillas de la India*, Buzurg, siglo X); más tarde Mandeville (siglo XIV) explicará las múltiples funciones de estas piedras preciosas, incidiendo en el valor que les otorga la cultura occidental: quien los posee es viril, valiente, vence al adversario si la guerra es justa, protege de bestias y animales salvajes, de los malos sueños, del veneno...

En una cultura en la que el hombre es principal protagonista, no pueden faltar referencias a la mujer. En la India se encuentra el árbol *Wak-Wak*; de él brotan en primavera las mujeres más bellas que existen, una vegetación que cualquier hombre desearía tener en su jardín (*Libro de las maravillas de la creación*, Quazwini, siglo XIII?). Muchos autores medievales pensaron que en la isla Taprobana (Ceilán) se encontraba el Paraíso Terrenal, lleno de tesoros custodiados por dragones y grifos (*Roman de toute Chevaliere*, Thomas de Kent, 1280). La lista de anécdotas y de obras podría continuar; concluiremos con J. Mandeville (*Viajes*, siglo XIV) y su influencia en los posteriores "descubrimientos". Su obra fue mucho más seguida que la de Marco Polo, siendo tenida muy en cuenta por los "geógrafos" hasta el siglo XVI. Mandeville consideró que la India la formaban un grupo de islas muy pobladas, divididas en tres grandes regiones: India Mayor (correspondería a su extensión actual), India Menor (abarcaría la zona de Etiopía y Pakistán), Tercera India (se localizaría por las tierras del Himalaya). Esta confusión sobre el territorio de la India se vio reflejada en numerosos mapas de la Edad Moderna.

¿Quién no querría conquistar la India y su "alter ego" América?

Punto y seguido

Los argumentos oficiales que han perdurado sobre el "Descubrimiento" y la Conquista de América son entre otros, la culturización y evangelización de unas gentes poco evolucionadas dentro de los parámetros de progreso occidental. Por lo tanto no caben interpretaciones que aborden acciones de violencia continúa, asesinato, robo, violación, destrucción cultural...Se argumenta desde la visión impuesta de que las hechos violentos, si se produjeron, fueron aislados y probablemente en defensa propia.[46]

A partir de aquí pueden extraerse conclusiones rocambolescas: América comenzó a existir a partir de su "Descubrimiento", entra en la Historia de la Humanidad con fecha propia, el 12 de octubre de 1492.[47] El poder divino personalizado ofrecerá un año después todas las tierras exploradas a cien leguas de las islas de Cabo Verde y las Azores a la corona castellana, especificando que es Dios

---

46. SANZ, C., *Mapas antiguos del mundo*, p. 22
47. "La "Carta de Colón" es el primer documento impreso referente a la Historia de América, puesto que se trata de su propio descubrimiento". (SANZ, C., *Mapas antiguos del mundo*, p. 52)

quien lo autoriza, porque a él pertenecen los reinos, imperios, personas...de cualquier lugar del planeta.[48] A raíz de este permiso había que elaborar argumentos e instituciones legales para explotar y conquistar con "derecho" y sin cargos de conciencia; se firma el Tratado de Tordesillas (1494) y se crea la Casa de Contratación (1503). Suele olvidarse que uno de los aspectos principales del Tratado de Tordesillas es el de consolidar la conquista de las Canarias, ya que las islas del sur del Archipiélago quedaban fuera del anterior Tratado (Toledo) y así consensuar una expansión mundial evitando conflictos entre las potencias emergentes.[49] En todo caso, este consenso es una tregua entre España y Portugal, pues disputarán cuando les interese cerrando filas ante la presencia de una tercera potencia.[50] Al no estar especificada la medida de la legua cada potencia podía adoptar un valor determinado en función de cada momento y lugar, por lo tanto, el descontrol cartográfico estaba garantizado dentro de unos límites. En realidad la disputa "hispano-lusa" precede al acuerdo de Tordesillas. De no haber existido la confrontación no se entendería la necesidad de un tratado[51]. El acuerdo es una fachada frente al resto de reinos occidentales para afirmar la propiedad de las rutas y tierras "descubiertas". El conflicto quedó patente en los mapas apareciendo en el discurso iconográfico de los mismos. La disputa por las islas de las especias se traducirá en falsear mapas; Magallanes deduce la posesión de las Molucas para España antes de emprender su viaje. Carlos V no rechazó esta gran oferta. Los Portugueses no dudaron en recurrir a trucos cartográficos para reivindicar su posesión, [52] e incluso para disputar la posesión del Estrecho de Magallanes.[53]

Diego Ribero, acerca las Molucas en sus mapas (el Padrón Real) y las incluye en el área de influencia española. El caso llegó a tal punto que Carlos V vendió las Molucas a Portugal (Tratado de Zaragoza, 1529) , pero sabiendo que sus cartógrafos seguirían representándolas en los mapas bajo su soberanía.[54]

El mismo Ribero coloca en uno de sus mapas el estandarte de Castilla sobre Pekín. Nadie se hubiera atrevido a insolentar al Imperio chino sino desde Sevilla y con un "pobre papel".

En definitiva, el mapa poca o ninguna información nos ofrece sobre el aborigen en sí, su presencia ilustra en función de los intereses europeos. El nativo que sea reciclable fácilmente no aparecerá a no ser por casualidad o en el momento de su conquista; si fue eliminado rápidamente, también será invisible. Detectar un

---

48. "(...) la qual linea diste de qualquiexa de las Yslas, que vulgaxmente llaman de los Azoxes y Cabvexde cien leguas hácia el Occidente y Medio dia. como queda dho. No obstante Constituciones y Oxdenanzas Apostolicas, y otxas qualquiexa que en contraxio sean : confiando en el Señor, de quien pxoceden todos los bienes, Ymperios y Señorios(...)" (BULA de 1493, *Cartografía y relaciones históricas de ultramar*, documentos)

49. MARTIN MERAS, L., *Cartografía marítima hispana*, p. 72

50. "Y, fundamentalmente, el riesgo de un ataque inglés a los dominios españoles, acabaron llevando de nuevo a la negociación a las monarquías ibéricas." (REQUENA, F., op. cit. p. 24)

51. REQUENA, F., op. cit. p. 9

52. MARTIN MERAS, L., *Cartografía marítima hispana*, p. 77

53. SARMIENTO, P. op. cit. p. 190 y TAILLEMITE, E., *Por mares desconocidos*, ps. 18-19

54. "Así en la carta de 1542 de Alonso de Santa Cruz el *meridianus particionis* pasa por las bocas del Ganges al oeste de Sumatra y en Brasil la línea ya no pasa por el estuario del Plata, sino 10º más al este para quitar a Portugal también un buen trozo de Brasil." (MARTIN MERAS, L., *Cartografía marítima hispana*, p. 79)

aborigen en un mapa equivale a localizar una resistencia enconada frente al europeo. El respeto a su cultura no existirá, descalificando sus costumbres, hábitos de vida, asignándoles nombres a los pueblos que sólo son significativos para la cultura occidental, etc. Pese a lo que digan algunos especialistas en cartografía [55] es lógico pensar que un documento creado y autorizado desde el poder estatal responde a unos intereses concretos, máxime el mapa, que está dirigido a un objetivo publicitario y de divulgación que hace referencia constantemente a zonas en litigio. Si a ello se añade el valor estratégico de algunos de estos documentos, encontraremos un "cóctel" de artimañas y mentiras. [56]

Los mapas son un documento poco utilizado por el historiador; en las ocasiones en que son usados suele ser de forma acrítica e ilustrativa. Nosotros hemos intentado explicar la no neutralidad del mapa.

> "Pero la fecha conmemorativa del 92 bien merecía la entrega de este libro gráfico que, con sus mapas, no habla con palabras, sino a voces."[57]

Los voces que siguen gritando son las de los olvidados.

Bibliografía consultada

ACOSTA, V.
1992   *Viajeros y maravillas*, (3 vols.), Monte Avila, Caracas.
ASIMOV, I.
1992   *La formación de América del Norte*, Alianza, Madrid.
BAGROW, S.
1964   *History of cartography*, C.A. WATTS & CO. LTD., Londres.
BRAUN & HOGENBERG
1966   *Civitates orbis terrarum (1572-1618)* The world publishing company Cleve, Cleveland.
BRICKER & TOOLEY
1976   *Landmarks of mapmaking*, Phaidon, Oxford.
BURGER, J.
1992   *Aborígenes*, Celeste, Madrid.
CAVALLO, G.
1992   *Cristoforo Colombo e l'apertura degli spazi*, Instituto Poligrafico, Roma.

---

55. "A finales del siglo XVI, (...) el mundo estaba ya concebido y representado en su forma y dimensiones reales.(...) mapas racionales, desembarazados ya de todo carácter subjetivo, y capaces de constituir una referencia para la eventual localización de cualquier lugar."JOLY, F., *La Cartografía*, p. 17
56. "Pero por temor de toparse con corsarios ingleses, que podrían hacer un mal uso del conocimiento, le indicó que no incluyera ninguna de las islas de los mares del Sur y que trazara la línea costera del Perú sólo desde Arica hasta Paita. Dos líneas verticales, una trazada a siete grados de latitud sur y otra a doce, servirían para aseñalar la posición de las islas Salomón, que se extendían, dijo, a lo largo de cinco grados de latitud. Debían emplazarse a mil quinientas leguas al oeste de Lima (...)."GRAVES, R., *Las islas de la imprudencia*, p. 57, "Y cuando, a pesar de todo, se publicaban en los mapas nuevos conocimientos, lo que se perseguía era, mediante la introducción de datos erróneos, confundir a los rivales en la lucha por la conquista colonial del mundo."PETERS, A., *La Nueva Cartografía*, p. 43
57. INTRODUCCION 1492-1992

CEINOS, P.
1990   *Minorías étnicas*, Integral, Barcelona.
CLUB INTERNACIONAL DEL LIBRO
1989   *Atlas del mundo (1492-1992)*, Barcelona.
CHALIAND & REGAUD
1986   *Atlas del descubrimiento del mundo*, Alianza, Madrid.
CHATWIN, B.
1991   *Los trazos de la canción*, Mucnik, Barcelona.
CHESNEAUX, J.
1984   *¿Hacemos tabla rasa del pasado?*, Siglo XXI, Madrid.
GALA, A.
1990   *El manuscrito carmesí*, Planeta, Barcelona.
GALEANO, E.
1992   *Memoria de fuego (III)*, Siglo XXI, Madrid.
GALEANO, E.
1992   *Ser como ellos*, Siglo XXI, Madrid.
GRAVES, R.
1989   *Las islas de la imprudencia*, Edhasa, Barcelona.
HARLEY, J.B.
1990   *Maps and the columbian encounter*, The golda meir library, Melwaukee.
HARLEY, J.B.
1987   *The history of cartography*, I-II, Chicago Press, Chicago.
HARRISSE
1968   *Découvert et évolution cartographique de Terre Neuve*, N. Israel, Amsterdam.
HARVEY
1991   *Medieval maps*, The british library board, Londres.
HERRMANN,P.
1982   *Grandes exploraciones geográficas: Asia, Australia y las regiones polares*, Labor, Barcelona.
HUMPREYS, A.L.
1989   *Antique maps and charts*, Bracken books, Londres.
INEGI
1992   *Cartografía histórica del encuentro entre dos mundos*, Ins. Geográfico Nacional, Madrid.
JACQUIN, P.
1990   *El ocaso de los pieles rojas*, Aguilar, Madrid.
JOLY, F.
1979   *La cartografía*, Ariel, Barcelona.
MARTIN MERAS, L.
1993   *Cartografía marítima hispana*, Lunwerg editores, Barcelona.
MARTIN, R. (dir.)
1994   *Historia de España*, vols. 9, 11, Salvat, Barcelona.
MASON, S.
1988   *Historia de las ciencias 1*, Alianza, Madrid.
MINISTERI O DEL EJERCITO
        Cartografía y relaciones históricas de ultramar, Madrid
MORALES PADRON, O.
1988   *Atlas histórico cultural de América*, I-II, Las Palmas.
NEBENZHAL, K.
1992   *Atlas de Colón y los grandes descubrimientos*, Magisterio, Madrid.

NORDENZIOLD, A.E.
1973   *Facsimile-Atlas*, Dover Publications, N. York.
ORTELIUS, A.
1967   *Teatrum orbis terrarum*, Rand Mc. Nally &Co., Chicago.
PETERS, A.
1992   *La nueva cartografía*, Vicens Vives, Barcelona.
POTTER, J.
1988   *Antique maps*, Country life books, Londres.
RAISZ, E.
1965   *Cartografía general*, Omega, Barcelona.
REQUENA, F.
1991   *Ilustrados y bárbaros*, Alianza, Madrid.
RISTOW, W.
1972   *A la carte*, Library of congress, Whasington.
RITCHIE, C.
1994   *La búsqueda de las especias*, Alianza, Madrid.
SANZ, C.
1967   *Cartografía histórica de los descubrimientos australes*, Imprenta Aguirre, Madrid.
SANZ, C.
1958   *Guía de la Exposición Oriente-Occidente*, Madrid.
SANZ, C.
1961   *Mapas antiguos del mundo*, Gráficas Yagües, Madrid.
SARMIENTO DE GAMBOA
1988   *Viaje al estrecho de Magallanes*, Alianza, Madrid.
SEYMOUR, I.
1980   *The mapping of América*, Harri N. Abrams Inc., N. York.
SHIRLEY, R.W.
1984   *The mapping of the world*, The holland press limited, Londres.
SOLER, M.
1995   *Altaïr*, nº7, Barcelona.
TAILLEMITE, E.
1990   *Por mares desconocidos*, Aguilar, Madrid.
V.V.A.A.,
1991   *Dominación y resistencia*, Libre pensamiento, Madrid.
V.V.A.A.
1991   *Le gran Atlas des Explorations*, Encyclopedia Universalis, París.
VAZQUEZ MAURE, F.
1986   *Lectura de mapas*, Instituto Geográfico Nacional, Madrid.
VAZQUEZ, F.
1989   *El dorado*, Alianza, Madrid.
WOLF, H.
1992   *América. Early maps of the New World*, Prestel, Munich.
WRIGTH, R.
1994   *Continentes robados*, Anaya/Mucnik, Madrid.

Anónimo del siglo XVI

VOCES LITERARIAS CIMARRONAS EN LOS ESTADOS UNIDOS

Àngels Carabí
Universidad Barcelona

La concesión en 1993 del Premio Nobel de Literatura a la escritora afroamericana Toni Morrison vino a consolidar un cambio que durante años se estaba cimentando en el ámbito literario de los Estados Unidos: la clara y definitiva apertura del canon al reconocer, validar e incorporar las voces literarias de las llamadas culturas de minorías étnicas en los Estados Unidos, especialmente, las manifestaciones afroamericanas.

El premio concedido a Toni Morrison no significó un hecho aislado. A finales de la década de los años 70 y definitivamente en los 80, surgió una serie de escritoras negras que iban a irrumpir con una fuerza extraordinaria en el panorama literario de los Estados Unidos. Escritoras de la talla de Alice Walker (Premio Pulitzer 1988), Gloria Naylor (American Book Award 1983), Maya Angelou, June Jordan, Gwendolyn Brooks, Nikki Giovanni, Audre Lorde, Sherley Ann Williams, Margaret Walker, la muy reciente y popular Terry McMillan entre otras y, desde luego, Toni Morrison, Premio Pulitzer en 1988 y Premio Nobel de literatura en 1993. Estas autoras amplían e innovan el panorama literario al escribir desde un punto de vista genuino e ignorado a lo largo de la historia, desde la perspectiva de la mujer y de la mujer negra.

Ya en los inicios de la esclavitud, la mujer de color sufrió la absoluta falta de reconocimiento social y se convirtió en el ser «invisible» por excelencia. Desde el momento en que la mujer africana fue llevada al nuevo continente con el fin de cumplir las funciones de reproductora y trabajadora en las plantaciones, su condición de ser humano fue prácticamente anulado y su dignificado papel como continuadora de la especie en su tierra natal se vió desvalorizado. En el nuevo continente, considerada por su naturaleza de esclava como propiedad y no como ser humano, su función social perdió su carácter sagrado. Pasó a ser una máquina generadora de esclavos que engrosaban, con un gasto mínimo, las filas de trabajadores. Sirvienta del hombre blanco, criada de la mujer blanca y de los hijos de sus amos, los humillantes abusos de que era objeto eran indescriptibles. Totalmente desprotegida por el hombre negro debido a su naturaleza de esclavo, aglutinaba además las frustaciones de su compañero de raza. Esclava y al servicio de todos, la mujer negra se convirtió en «la mula del mundo», como indica la polémica autora afroamericana, Zora Neale Hurston, en su libro *Their Eyes Were Watching God.*

Desde el punto de vista literario, la figura de la mujer negra fue incorporada en la literatura escrita por la población blanca, en especial en la literatura sureña. Es interesante destacar, como indica la crítica Barbara Christian en su excelente libro *Black Women Novelists,* la existencia de tres estereotipos literarios de mujer negra recurrentes en la literatura escrita por autores y autoras blancos. Un personaje muy extendido es el que representa a una mujer negra, un tanto obesa pero fuerte y sólida, obediente aunque a veces gruñona, fiel a sus amos, dedicada al cuidado de los hijos de los plantadores -más que al de los suyos propios- y con grandes pechos que la vinculan a una actitud maternal. Es la denominada «mammy», una típica figura de mujer afroamericana que la versión cinematográfica de la novela de Margaret Mitchell, *Lo que el viento se llevó* ha popularizado de una manera espectacular. Pero, ¿conoce el lector o el espectador el nombre verdadero de esa «mammy»? ¿Sabemos algo de su vida?, ¿de su «esposo»?, ¿de sus hijos? ¿Sabemos qué piensa de su situación? La escritora sólo refleja la felicidad y la devoción que la «mammy» manifiesta hacia sus amos y hacia los hijos de sus amos y por ello se convierte en la sirvienta ideal, tan ideal que resulta pura ficción. La «mammy» real aparece en las narrativas esclavistas, recopilaciones de testimonios dejados por escritoras negras y que reflejan el punto de vista de esas mujeres. Las «mammys» existían; eran las sirvientas que residían en casa de sus dueños y que estaban a cargo de las tareas domésticas y del cuidado de los hijos. Pero las narrativas esclavistas, en lugar de resaltar su fidelidad y abnegación hacia los amos de la plantación, las muestran como mujeres totalmente descontentas con su situación y a menudo deseosas de envenenar a sus dueños.

Otro estereotipo de mujer de color que aparece en la literatura blanca es el de la «loose woman», la mujer ligera de cascos. De tez más clara, mulata, la «loose woman» encarna el atractivo sexual (considerado como pernicioso por la sociedad sureña) que la mujer blanca está educada a reprimir, pero que no se prohibe gozar al hombre blanco. Aceptar la existencia de la mulata resultaba comprometido para una sociedad temerosa del mestizaje; por ello, a diferencia de la persistente figura de la «mammy», los relatos anteriores a la guerra civil raramente incluyen a la «loose woman» en sus escritos. En contraste con la liviana y superficial aceptación de su papel como mujer sensual con que la literatura de la sociedad dominante describe a este tipo de mujer, los testimonios esclavistas reflejan una imagen de mulata trágica, frecuentemente maltratada y objeto de los abusos sexuales de su dueño, de los hijos del amo o del capataz de la plantación.

Una tercera imagen de mujer negra era la de la «conjure woman», la maga. Al igual que la «loose woman», la hechicera aglutinaba los aspectos oscuros de la existencia humana. Si la mulata resultaba el chivo expiatorio de la represión sexual, la maga estaba en contacto con el mundo sobrenatural, prohibido y a la vez temido por los seguidores de la fe cristiana. A este respecto cabe indicar que, si bien las religiones africanas eran ridiculizadas y menospreciadas por la sociedad dominante, lo cierto es que la presencia de religiones paganas reforzaba el espíritu de cruzada de los cristianos y, de alguna forma, proporcionaba una excusa moral para reafirmar el carácter «redentor» de la estructura esclavista. Así, paradójicamente, la figura de la hechicera se convirtió en el pilar necesario para asegurar la continuidad de una sociedad que la rechazaba.

Los estereotipos literarios de mujer negra estaban creados e iba a ser muy difícil para la mujer de color, escritora, residente en el Norte y con un cierto nivel cultural, desasirse de ellos. Además, había que contar con que los lectores y lectoras a quienes iban a ser dirigidos sus escritos pertenecían a la población blanca ya que la esclavitud prohibió alfabetizar a las personas de color. Si las heroínas de sus relatos tenían que ser efectivas, había que buscar un modelo de mujer que se aproximase a la sensibilidad del lector blanco. Era necesario «ennoblecer» la naturaleza de unos seres considerados durante siglos más próximos al reino animal que al género humano. Dado que las virtudes de la mujer habían sido exclusivamente encarnadas por la dama blanca, el modelo a crear debía aproximársele. Las heroínas tenían que ser bellas, educadas, refinadas, castas y espirituales. Dado que la tez oscura no era considerada hermosa, resultó necesario recurrir a un tipo de mujer cuyo color de piel fuera próximo a la sociedad dominante.

La figura de la mulata culta y refinada surgió como única posibilidad para encarnar los ideales de belleza requeridos. El tema de «passing» de «pasar por», de parecer blanca y de actuar como una mujer blanca se impuso en la literatura producida por las escritoras afroamericanas de la segunda mitad del siglo XIX y se extendió hasta mediados del siglo XX. Como representantes de esta tendencia cabe destacar la obra de autoras como Francis Ellen Harper, Jessie Fausset y Nella Larsen, entre otras. Existe una clara excepción: la obra de Zora Neale Hurston, una mujer liberal y liberada, muy popular y activa en la «Harlem Renaissance» de los años 20 que, interesada por la cultura afroamericana, incorporó el habla, el folklore de su gente y dibujó unas heroinas de color revolucionarias que huían de los estereotipos creados. Sin embargo, la historia acotó rápidamente este nuevo camino abierto. La obra de Zora Neale Hurston exploraba la vida de personajes considerados irreverentes debido a su libertad de expresión y a su sensualidad, lo que motivó el rechazo de la escritora por parte de los críticos afroamericanos, varones de clase media y seguidores de la tradición literaria que imperaba en esos momentos. Habría que esperar más de treinta años, a la llegada de las escritoras de la década de los años 70, para que Zora fuera reconocida y considerada como pionera de una nueva generación de creadoras.

El cambio radical en el devenir histórico de la población afroamericana tuvo lugar a lo largo de los años 50 y definitivamente en los años 60. El Movimiento de los Derechos Civiles impulsado por líderes como Martin Lutero King confirió a la población negra una visibilidad que la historia le había negado. La comunidad negra, de forma masiva por primera vez en la historia, salió a la calle para pedir ser tratada como seres humanos. Las manifestaciones multitudinarias reivindicaban el fin de la segregación racial en las escuelas públicas y el acceso a una educación igualitaria. El objetivo se logró el 17 de mayo de 1954, fecha en que la discriminación racial en las escuelas públicas fue declarada inconstitucional. La población negra reclamaba asimismo la desegregación racial en el transporte público. Tras organizar boicots intensos que en Montgomery llegaron a durar más de una año, el 26 de diciembre de 1956 el Tribunal Supremo dictaminaba como inconstitucional las leyes de Alabama que discriminaban a los pasajeros por el color de su piel. Cinco años más tarde, en 1961 se abolía la discriminación racial en los autobuses interestatales gracias a la actividad de los «freedom riders». El movimiento «sit-in», movimiento de protesta pacifista encabezado por miles de estudiantes de todo el país (negros y blancos) y cuyo objetivo era eliminar la discriminación en los lugares públicos -cafeterías, restaurantes, aseos-, puso de manifiesto el gran potencial de la masa estudiantil. En las manifestaciones, el slogan «Black is beautiful» significó mucho más que un mero cambio estético.

Al término de los años 60, la población de color había adquirido un sentido de sí misma. En lugar de ser vista y definida por la sociedad dominante, la comunidad negra había logrado autoafirmarse. Había adquirido una visibilidad propia.

En el ámbito literario, los resultados no se hicieron esperar. Las mujeres de color, alentadas por su muy activa colaboración en las demandas sociales y por el creciente Movimiento Feminista, volcaron en sus escritos el despertar que experimentaban como mujeres y como mujeres negras. Desde este doble punto de vista único comenzaron a definirse partiendo de lo que les era más próximo: su familia, sus hijos, sus vecinos, su comunidad y, desde luego, las otras mujeres negras. Herederas de una tradición centenaria de supervivencia, volcaron en sus escritos la fortaleza, el pragmatismo y el humor necesario que ha conllevado la afirmación de una vida marcada por la supervivencia. Receptoras y transmisoras de una riquísima tradición oral, el pasado esclavista se convirtió en una fuente de inspiración y de fortaleza, en lugar de perpetuarse como un período de vergüenza. De todo este proceso se desprendió una necesidad de claridad, de llamar a las cosas por su nombre. La temática de sus obras se caracteriza por una ausencia de miedo, incluso por una crudeza que sorprende pero que devuelve al lector un sentido de lo verdadero. El lenguaje adquiere a menudo un carácter incisivo, pero al mismo tiempo limpio. Existe una sinceridad espeluznante, un negarse a vivir en la ambigüedad que caracteriza la literatura de las novelistas de los años 70. Las heroínas femeninas ya no deben asemejarse al modelo de mujer blanca ni intentar pasar por blanca y la mujer de color, de tez oscura, se revela con su fuerza, su amor a la vida y con la seguridad que le confiere el haber superado épocas conflictivas.

En esta tradición se inscriben las autoras mencionadas al principio de este artículo. De entre ellas, sobresale una de las escritoras más representativas de esta generación, Toni Morrison. La escritora Nobel ha publicado hasta el momento seis novelas, todas ellas traducidas al castellano por Ediciones B. Los títulos de sus obras son: *The Bluest Eye* (1970), *Sula* (1973), *Song of Solomon* (1977), *Tar Baby* (1981) *Beloved* (1988), merecedora del Premio Pulitzer y *Jazz* (1992).

Uno de los temas puntales en la obra de Toni Morrison es su meditada y profunda denuncia de las consecuencias devastadoras, deshumanizantes y distorsionantes del racismo.

En su primera novela, Ojos Azules, la autora narra la historia de una niña pequeña, Pecola, frágil y vulnerable que crece en un hogar donde reina la penuria económica y el caos. El desamor que sus padres le profesan debido a la inestabilidad familiar, provoca en ella un sentimiento de inseguridad que se traduce en una negación de su propia estética. Ansiosa de ser reconocida, cree que si fuera hermosa sería amada. Pero para ella, como para toda la población de color, el modelo estético resulta determinado por la sociedad blanca. Los patrones de belleza se cifran en ser blanco, tener el pelo lacio y rubio y los ojos de color azul. Cada noche, Pecola, al acostarse, reza por tener algo que la convierta en una niña hermosa: poseer unos ojos azules. Para una niña negra, desear que sus ojos sean azules significa negar las características de su raza, negarse a sí misma. Incapaz de afrontar su realidad, la inventa. El proceso de distorsión interna es espeluznante y el destino de la pequeña Pecola es la enajenación de sí misma: la locura.

El propósito de Toni Morrison es denunciar, por medio de esta conmovedora historia, la naturaleza devastadora de una estética impuesta por la sociedad dominante que tiene como único objetivo, afirmar su propia superioridad convenciendo al «otro» de su inferioridad y perpetuar así, los roles de amo/esclavo. La subversión a esta imposición es materializada en la novela por otra niña, Claudia quien, ya desde pequeña, rechaza el modelo de belleza impuesto. Cuando en las fechas de Navidad se le obsequia con una muñeca blanca y de ojos azules —la única muñeca posible—, Claudia la destruye como prueba de afirmación de su identidad afroamericana y como rechazo a un modelo impuesto.

Otra característica de la prosa de Toni Morrison es la inclusión en sus relatos de la riqueza del legado cultural afroamericano. En su novela *La Canción de Salomón*, la autora incorpora el mito del vuelo de la tradición afroamericana como metáfora de liberación. Milkman, un joven negro de familia acomodada y residente en el Norte en los años 60, pero inmaduro como su nombre indica, realiza un viaje iniciático a la tierra de sus antepasados donde descubre sus raíces y su identidad. Su viaje culmina en una máxima apertura, al trascender su individualidad y descubrir al final de su periplo que puede, al igual que lo hizo su mítico bisabuelo esclavo Salomón, realizar su vuelo literal y metafórico hacia la libertad. Si bien el tema mítico del vuelo ha sido tratado desde los tiempos clásicos, Toni Morrison basa su relato en las leyendas afroamericanas de la esclavitud que narran cómo ciertos esclavos traídos de África lograron escapar de la servidumbre de las plantaciones sureñas ascendiendo en el aire y volando hacia sus tierras de origen. Al enlazar la historia personal del protagonista de la novela con una dimensión mítica, Toni Morrison ennoblece el pasado afroamericano y convierte a Milkman en simbólico forjador de una nueva concepción del hombre de color que parte del descubrimiento de su tradición para afirmar el presente y el futuro de su gente.

La voluntad de Toni Morrison de penetrar en el pasado esclavista culmina en su obra *Beloved*, una novela espléndida basada en una historia real. Sethe, una esclava que logra finalmente huir con sus hijos a un estado abolicionista, súbitamente decide darles muerte al ver al capataz de la plantación aproximarse para apresarlos de nuevo. Tres de los niños consiguen sobrevivir a la violencia de Sethe pero Beloved, su pequeña, perece víctima del brutal ataque materno. La melancolía y la tristeza presiden los dieciocho años siguientes de la vida de Sethe, perseguida por el fantasma del recuerdo hasta que un día, Beloved reaparece. La presencia de la añorada hija provoca el resurgimiento del período esclavista. En deuda con Beloved, Sethe lo revive hasta el límite. Y el lector, sobre todo el lector afroamericano, se ve sumergido de pleno en el período más humillante y vergonzoso de su historia, un pasado del que la población negra ha hecho lo posible por escapar. El objetivo de Toni Morrison es doble. Por un lado, la novela le permite mirar del frente al fantasma del período esclavista para revivirlo, sobrevivirlo y, de este modo, poder seguir adelante. No existe un futuro sólido para su gente, dice la escritora, sin la plena incorporación del pasado, por dura y penosa que sea la experiencia. La novela adquiere una dimensión catártica donde el lector se sumerge en la memoria para poder olvidar.

El otro objetivo de la escritora es, de nuevo, denunciar la distorsión y la devastadora deshumanización que comporta una actitud racista. Si el lector o lectora -indica Toni Morrison-, es capaz de comprender lo que puede llegar a sentir una madre para decidir dar muerte a sus hijos antes que devolverlos a la esclavitud, comprenderá, a nivel muy profundo, el horror del racismo. La novela es hermosa, durísima y poética. Y el resultado es un desafío.

Toni Morrison es asimismo un desafío. Tiene un cometido claro y lo lleva a cabo de una forma espléndida. Su obra devuelve a su gente un sentido de identidad que la historia a lo largo de los siglos les ha negado. Afirma la valía y la riqueza de la cultura afroamericana y la solidez y la voluntad de afirmación de la mujer de color. Rompe los estereotipos que han distorsionado la tradición de su cultura y muestra, mediante su lenguaje musical y riquísimo, y a través de su vasta galería de personajes, la complejidad de la población afroamericana . Es una escritora valiente que se atreve a poner en tela de juicio los valores de la cultura dominante, y lo hace seduciendo al lector por medio de su magia y de su pluma de mujer afroamericana.

Obras citadas

CHRISTIAN, Barbara.
1980   *Black Women Novelists: The Development of a Tradition.* Westport, Conn: Greenwood Press
HURSTON, Zora Neale
1978   *Their Eyes Were Watching God.* Chicago: University of Illinois Press
MITCHELL, Margaret
1961   *Gone With the Wind.* New York: MacMillan Co.
MORRISON, Toni
1970   *The Bluest Eye.* New York: Washington Square Press
1973   *Sula.* New York: American Library.
1977   *Song of Solomon.* New York: Alfred Knopf.
1981   *Tar Baby.* New York: New American Library
1988   *Beloved.* New York: Alfred Knopf.
1992   *Jazz.* New York: Alfred Knopf.

AFROCOLOMBIANOS:
IDENTIDAD Y TERRITORIO

Teresa Saldarriaga García

Introducción

El reencuentro con la identidad y el reconocimiento con el territorio ha sido una constante de los pueblos afrocolombianos. Este proceso se inicia con la resistencia cimarrona al inicio de la trata y ha sido en múltiples manifestaciones desde la guerra y de la paz una presencia permanente y vivificante en la historia colombiana aunque oficialmente no había sido reconocida.

La presencia como comunidades negras en la sociedad civil se ha ido logrando paulatinamente, hasta el reconocimiento definitivo en la nueva constitución colombiana del 91. La Ley reconoce un derecho al territorio, y a una educaciión propia que propicie procesos de reconocimiento de la identidad afrocolombiana.

Nosotros los latinoamericanos y en este caso los afrocolombianos, somos en esencia pueblos orales, la historia nuestra está consignada en las memorias de las gentes, además en los archivos y bibliotecas. Las claves de nuestra identidad están en ese gran caudal de saberes, herencias, recuerdos y tradiciones que se expresan en la cultura y la mentalidad y se recogen en la memoria colectiva, donde la oralidad es entonces, la voz de nuestra historia.

Estos artículos están orientados dentro de estos criterios y la información se consigna y se presenta en medios audiovisules[1].

Estos artículos que presentamos a continuación dan a conocer algunos aspectos del quehacer histórico y presente de las comunidades negras en Colombia. Se

---

1. I material audiovisual ha sido elaborado y presentado por Teresa Saldarriaga y el cuadro audiovisual de Palenque. Teresa es documentalista y realizadora de cine en Colombia.

ha tomado como base dos trabajos que corresponden a dos zonas bien diferenciadas en Colombia, a nivel geográfico, pero que comparten unas características etnicas similares: poblaciones negras, un mismo origen: descendientes de antiguos esclavos y un mismo sentir: luchar por el reconocimiento de sus tradiciones, usos, costumbres, y proceso histórico, como también aportar y compartir experiencias y alternativas de vida.

El primer artículo esboza el proceso de poblamiento que se llevó a cabo en un poblado nortecaucano, en el occidente de Colombia, específicamente en el corregimiento de Villarrica. El trabajo, ha sido el resultado de una campaña de recuperación cultural a través de la tradición oral fundamentalmente. Hace parte de todo un trabajo investigativo tendiente a la recuperación y reconocimiento de la propia historia, de la identidad negra que aún vive en diversas regiones del Pacífico y Atlántico colombiano.

El segundo artículo da a conocer dos experiencias con las comunidades negras del Atlántico colombiano. La experiencia que aquí se narra corresponde al Palenque de San Basilio, y ha sido el resultado de varios años de convivencia compartida con sus habitantes, para construir desde la historia comunitaria una propuesta pedagógica para la identidad.

EL POBLAMIENTO EN EL NORTE DEL CAUCA. EL CASO DE VILLARRICA

Margrieth Nazareth Cortés[2]
Universidad de Valle, Cali

...cuando se denominaba La Bolsa, Villarrica era más rica. El Primer pueblito fue en el sitio denominado «El Palito», después se vino a extender por los lados del cementerio y después del estanco hacia acá, se fundó Villarrica.

...mi mamá iba a Cali cada mes, no habían caminos y había que viajar a pie, a caballo, o esperar que bajaran las cargas de plátano, para ponerla en la balsa, que la manejaba un «experto». Las cargas las llevaban hasta Juanchito. La sacaban por el río hasta Juanchito. El viaje duraba todo el día, había que llevar su olla y se prendía el fogón... A Juanchito llegábamos a las 6 o 7 de la noche. Llevábamos naranjas, banano, arrascadera, café y cacao, que lo vendíamos en la antigua galería de Cali...

Esta es la historia contada por los habitantes de Villarrica, al norte del Departamento del Cauca, en el Occidente Colombiano. Es la historia de los abuelos contada por los abuelos, y por sus sucesivas generaciones.

El departamento del Cauca está situado al occidente colombiano, hace parte de la región pacífica y gran parte de ella está habitada por poblaciones negras, descendientes de antiguos esclavos de la región, que día a día, mediante diferentes procesos de lucha, mediante el trabajo a sol y a sombra, han ido estableciendo sus formas de vida y de organización que responden a todo un cúmulo de tradición ancestral africana, de adaptación a las administraciones coloniales y de reconocimiento y legitimación republicana.

---

2. Licenciada en Historia. Candidata a Doctora en Ciencias Políticas y Sociología, especialidad: Cooperación y Desarrollo. Universidad Complutense de Madrid. Responsable Area de Proyectos Fundación por los Pueblos Indígenas de Iberoamérica

Durante muchos años, la región se caracterizó por las grandes haciendas, que constituyeron la forma fundamental de organización del espacio. Estas, se relacionaban con la economía minera payanesa en la medida en que servían para la reproducción de la mano de obra en las minas, pero también constituían formas de explotación agrícola y en menor escala, de explotación ganadera.

La mayoría del terreno de las haciendas lo conformaban los bosques primarios que en algunos casos eran desconocidos por sus mismos propietarios.

La crisis de las haciendas en la región nortecaucana es señalada por Germán Colmenares como un proceso generado con anterioridad a las guerras de Independencia y a la abolición de la esclavitud.

Afirmó el autor que los hacendados debieron sustituir la mano de obra esclava por otras formas de sujeción del trabajo desde finales del siglo XVIII.[3] Sumado a esto, se presentan el cimarronee y la emancipación como elementos coyunturales para la desarticulación de la gran propiedad territorial.

Las haciendas, al verse afectadas, ofrecieron a los antiguos esclavos, ahora libres, el usufructo de tierras boscosas con consentimiento a cambio de la obligación de servir unos días fijos por actividades laborales de las haciendas.

Dado que el eje central de este trabajo es el Poblamiento y Formación de los pueblos nortecaucanos, es imprescindible tener en cuenta las formas de poblamiento que se gestaron en la región. Por tal razón, exponemos a continuación las características poblacionales del Norte del Cauca que se pudieron haber presentado.

1. Colonización endógena (Al interior de las haciendas)

La colonización endógena se dio en tierras boscosas pertenecientes a las haciendas y donde los antiguos esclavos establecieron parcelas de cacao, plátano y especies menores de animales. Este fenómeno fue facilitado en parte, gracias a la inestabilidad política y las continuas guerras del siglo XIX en el gran Cauca. Predominó la ubicación de los negros en las regiones aledañas de los ríos, en sus orillas, donde se fueron estableciendo en forma gradual.

2. Terrazgueria

Después de la abolición de la esclavitud, mucho de los antiguos esclavos se convirtieron en terrazgueros, es decir, en aparceros dentro de las mismas haciendas, los cuales debían pagar una renta por el usufructo de la tierra. Esta forma productiva fue cambiando en la medida en que se consolidaban los cultivos, y eran abandonadas las haciendas por sus propietarios; los antiguos esclavos dejaron de cumplir con el pago de renta a las haciendas y a través de procesos variados de lucha y defensa contra desalojos fueron consolidando la pequeña producción parcelaria.

---

3. COLMENARES, Germán. «La Independencia ensayos de la historia social». Instituto Colombiano de Cultura, 1986 pág 150.

Estudios previos realizados en algunos poblados de la región nos permite asegurar que durante las tres primeras décadas de este siglo y después de resistir al pago de terraje, desalojos y reivindicar el derecho a la tierra, los campesinos nortecaucanos terminaron el proceso de apropiación de aproximadamente 10.000 hectáreas de tierra. En ellas llegaron a aportar el 40% de la producción cacaotera nacional, lo que permitió que la población negra se reafirmara social y racialmente. Pero alrededor de los años 40 se presentan una serie de problemas técnicos relativos a la producción de cacao, que la población campesina no puede superar, y que facilitó la posterior descomposición del campesinado.

Los años 60 cambia el rumbo de la historia: hay la tendencia acelerada de expansión de la economía azucarera hacia el sur del Valle geográfico del río Cauca. Esto significa, por parte de los ingenios, necesidad de incorporar nuevas tierras que, en este caso, estaban en parte en poder de campesinos negros. Los ingenios, para ampliar sus propiedades, adquieren mediante compra, la tierra de las haciendas, ejercen presiones económicas o jurídicas sobre las fincas campesinas para obtenerlas por compra-venta o arrendamiento.

La historia del poblamiento de Villarrica atraviesa dos situaciones en el primer cuarto de este siglo, que marcan la posterior organización y urbanización paulatina: las constantes inundaciones causadas por los desbordes del río Cauca y los desalojos de «nuevos» propietarios que van dirigidos a los antiguos aparceros, terrazgueros o pequeños propietarios que habían adquirido la tierra mediante la compra a los hacendados. Estas formas de desplazamiento natural y arbitrario obliga a la invasión de tierras ubicadas en zonas más altas y abandonadas. Aquí, los espesos guayabales, cañabrava y juncos que componían el monte, tienen que ser derribados para la posterior construcción. El levantamiento de sus chozas, como lo había sido años atras con sus abuelos, tiene que ser en forma clandestina y en horas nocturnas, cuando no pudieran ser vistos; *las casas eran paridas: anochecía, amanecía un lote y al otro día ya estaba una casa, con los materiales que daba el mismo monte la gente se alistaba de día y en la noche se iba a montar el rancho*, como cuentan sus habitantes.

Es la tierra que con los años se van trabajando y acondicionando al vivir diario. Se cultivan las tierras, se abren caminos, se crea un pequeño mercado local, se restablecen tradiciones culturales, se va recuperando el derecho a vivir con dignidad.

Relaciones de producción y la lucha por la tierra

El Valle geográfico del río Cauca que atraviesa la zona vallecaucana, empieza a sufrir desde la post-guerra transformaciones tales como el establecimiento de industrias procesadoras, especialmente de la caña de azúcar, apertura de mercados externos y ampliación del mercado local. Surgen así nuevas clases como las campesinas agrícolas que presionan para que los campesinos desocupen sus tierras y se conviertan en asalariados.

Como elemento fundamental en el desarrollo del proceso de poblamiento del Norte del Cauca, son las relaciones sociales de producción quienes marcan las formas en que se pueden gestar las demás relaciones, esto es, familiares, sociales, económicas. En el Norte del Cauca hay un marcado cambio en las relaciones sociales de producción, las que en primera instancia son controladas por la familia, en una producción doméstica en pequeña escala; posteriormente un cambio notable: la producción a gran escala que proletariza al campesinado, antes dueño de su tierra y su cultivo.

Así, las relaciones sociales de producción que se gestan aquí, aunque estén inmersas dentro del marco productivo de tendencia capitalista, está caracterizada por situaciones particulares de la región. Por consiguiente, se debe tener en cuenta, qué tipo de relaciones se mantienen en cada una de las diferentes etapas por las que atraviesa la región en su desarrollo histórico, como puede ser el establecer la relación de su campesinado en la condición de parcelero, de terrazguero, de pequeño propietario o de campesino proletario.

En Villarrica, si la organización social de los primeros pobladores fue muy inestable por la misma distribución que tenían en la zona, la esperanza de sobrevivir y poseer algún día tierra propia., aún se mantiene.

La familia se convirtió en la base fundamental para la organización del poblado. Cada uno de sus miembros contribuía para sacar adelante el terreno que poseían y obtener así los medios necesarios de subsistencia. Las actividades en la finca empezaban muy temprano y la mano de obra era complementada con aquellas personas allegadas a la familia, fundamentalmente en tiempos de cosecha. La solidaridad y cooperación permiten una mayor integración, tanto a nivel familiar como comunal.

Este cooperativismo es quizá el resultado de la forma de organizar las actividades en torno a la finca, las cuales emplean al máximo la mano de obra familiar, que requieren inversiones bajas de capital y permanecen aisladas de las instituciones burocráticas. «Un buen campesino debe ser un trabajador generalizado, capaz de atender los diferentes cultivos y de reemplazar su infraestructura a medida que se van deteriorando».

En Villarrica, como en muchas comunidades campesinas, la actividad económica gira en torno a la finca, donde igualmente se ubica el sitio de habitación, hay diversidad de cultivos, que en gran medida suplían las necesidades del campesinado. Una finca se caracteriza por poseer árboles de sombrío (importante para cultivos como del cacao), y diversidad de cultivos como el café, el plátano, árboles frutales, ..., productos que permitían, en otras épocas ingresos permanentes y suplir al mismo tiempo las necesidades de consumo familiar, materiales para la construcción de viviendas como la guadua, cañabrava, iraca, cordelería, rellenos para colchones, hojas de plátano o de vihao para envolver alimentos como la panela, plantas medicinales, gran variedad de animales domésticos (gallinas, pavos, cerdos).

Cada uno de los miembros de la familia tienen su labor en la finca, generalmente los adultos se encargaban del mercadeo del producto en los mercados locales y los más jóvenes y niños a la recolección de la cosecha.

Hoy en día se recuerdan los tiempos pasados con un doble sentimiento de nostalgia y alegría. La vida entonces, con todas sus luchas y enfrentamientos entre hacendados, terratenientes, las élites, los gobernantes (que conformaban el mismo grupo), era más agradable, se vivía bien, las necesidades se suplían sin mayor dificultad. Hoy, muchos de sus habitantes extrañan los desayunos con la arepa de maíz, café o chocolate procesado en casa, del bueno. La leche, los huevos, la yuca, el plátano y las frutas nunca faltaba. De la venta de productos como el cacao se obtenían ingresos para poder vestirse y divertirse.

Hoy, las fincas están desapareciendo con la extensión de los ingenios de caña en la región. Sus habitantes jóvenes se ven obligados a desplazarse a zonas urbanas, donde se ubican en los cordones marginales de la ciudad. Pero también hoy quedan los que no se rinden en el proceso de lucha y continúan en la tierra, reclamando, exigiendo sus derechos, sosteniendo su cultura, reivindicando su historia y transmitiendo su propia identidad.

El resultado de estas luchas se ve día a día. El territorio para las comunidades negras no es sólamente un campo productivo, es ante todo un espacio donde se construye la cultura, se ubica el espacio y el tiempo de la historia, y se reconoce la identidad, por lo tanto constituye el espacio que con los siglos y a través de esfuerzo, trabajo y entrega en cualquier condición -como esclavos, libres o campesinos- se ha ido conquistando y adecuando al diario vivir en América. Es el espacio donde se forjan los elementos de la identidad y se indaga el sentir afroamericano.

Las diferentes actividades y programas de etnoeducación que se lleva al interior de las comunidades negras, así como el logro para la protección y desarrollo de los derechos culturales, económicos, sociales, territoriales y políticos mediante la promulgación de la Ley 70 de 1993, así lo demuestran.

El interés por las propias comunidades de rescatar su identidad y de ser partícipes de la vida nacional cada día es más evidente con la celebración de foros locales, regionales y nacionales que forman una sola voz. Su objetivo: exponer el orgullo de ser negro, las expresiones artísticas y culturales propias del ser afroamericano, de ser afrocolombiano, conocer y dar a conocer nuestro papel en la historia y exigir el respeto que todo ser humano se merece.

ETNOEDUCACIÓN EN PALENQUE: UNA PROPUESTA PEDAGÓGICA PARA LA IDENTIDAD[1]

Clara Inés Guerrero García[2]
Universidad Javeriana, Bogotá

> *«Se lo dijo y se le olvidó,*
> *lo vió y lo creyó,*
> *lo hizo y lo comprendió»*
> CONFUCIO

Este es el relato de una experiencia, la del proceso etnoeducativo que se está adelantando en el Palenque de San Basilio en Colombia, enmarcado dentro de la propuesta gubernamental de la etnoeducación y la estamos construyendo como una búsqueda autónoma de identidad y participación comunitaria, autogestionando el conocimiento.

El Palenque de San Basilio es la Comunidad Afrocolombiana más emblemática, porque es el único Palenque que ha mantenido esa característica desde sus inicios. Su fundación está articulada a la épica colombiana con la gesta cimarrona y desde hace casi cuatrocientos años es considerado territorio libre. Palenque está localizado a 50 kilómetros de Cartagena de Indias y tiene una población de 7000 habitantes, sin contar los miles de palenqueros que están dispersos en las ciudades de la costa colombiana y venezolana hasta Caracas.

Antecedentes

En los años ochenta un grupo de palenqueros iniciaron una serie de acciones encaminadas a lograr que la historia, la lengua y la cultura propias, se articularan a los programas de educación de las escuelas y los colegios con la intención de

---

1. Ponencia presentada en el Primer Coloquio Internacional de Estudios Afro-Iberoamericanos. UNESCO y Universidad de Alcalá de Henares. Mayo de 1994
2. Candidata a Doctora en Historia de América, Universidad de Alcalá de Henares. Docente Investigadora de la Universidad Javeriana. Asesora Programa de Etnoeducación de Palenque

propiciar procesos de recuperación de la identidad, porque su paulatina pérdida ha traído serios problemas a la comunidad, tales como el desconocimiento de la autoridad de los abuelos (y en esa medida de los saberes heredados y practicados durante cuatro siglos); la vergüenza de ser negros y la desconfianza en sus capacidades para lograr autogestión de su crecimiento como personas y como pueblo. En el año 88, este grupo, con el apoyo de abuelos, amas de casa, padres de familia, personas de la comunidad en general, le presentó al Ministerio de Educación esta propuesta y así se da inicio oficial al Programa de Etnoeducación de Palenque, y con él a la investigación y formulación de un modelo pedagógico para la identidad. En el año 89 nos vinculamos al trabajo auspiciados por la Universidad Javeriana, para implementar y desarrollar el método de recuperación comunitaria de la historia en la consulta a la memoria colectiva, que ha sido construido desde la propia lógica de mentalidad y siempre desde la perspectiva de la identidad. El equipo de Palenque necesitaba un método y nosotros necesitabamos un proceso colectivo, organizado en torno a un necesidad esencial.

Al iniciar un trabajo de historia colectiva, una de las primeras necesidades que saltan a la vista es la de darle un asidero en procesos sociales que tengan convocaciòn para lograr continuidad, fundamento y utilidad social a la investigación histórica, planteada desde la conciencia del ser histórico como ser transformador, que es, tal vez como la historia tiene significado para las personas en su diario vivir. Este ha sido un paradigma de mi oficio de historiar.

Punto de partida

Dijo León Tolstoi: «Describe magistralmente tu aldea y serás universal».

Esta frase nos permitió entender que la evidencia de los parámetros de la identidad eran el punto de partida para la búsqueda del propio método de conocimiento, que consideramos es el camino certero para lograr procesos autogestionarios de participación comunitaria.

Al entender el tejido que une lo diverso y articula el conocimiento consultando en la memoria, indagando en la mentalidad, la historia y la cultura, se logra hacer evidente la identidad.

Dame un método para tener un método, ha sido nuestra gran indagación de estos años, para lograr reconocernos y crecer más allá de las fronteras y los pueblos. Aprender a leernos con ojos desprevenidos y conscientes contrarresta el modelo ajeno de identidad, que es impuesto como único y el mejor para referencia. Este modelo ajeno ha hecho carrera en la academia y en la escuela en todos los momentos de nuestra historia, con palabras técnicas se disminuye el peyorativo significado de ser distinto por ser negro, indio, mestizo, pobre o desposeído de riquezas y derechos. La dominación impuesta en el comportamiento colectivo a través del modelo ajeno, distinto y discriminador de identidad, es un elemento básico de la mentalidad colombiana y latinoamericana. La resistencia y la permanencia son los otros fundamentos. El modelo ajeno e impuesto no logró ser identidad, la fuerza de lo propio y lo apropiado se lo impidieron y así lo mestizaron.

Relacionándolo todo y hasta buscándole cinco patas al gato, elaboramos conceptos y construímos pensamientos, los mestizos americanos, mezclados como fusión genética y como comportamientos colectivos, somos una identidad mestiza con lógica mágica y organización racionalista, tenemos un sentido común que relaciona todo y cada acto útil del diario vivir, tiene coherencia porque relaciona algún aspecto inmediato o remoto, del más acá o del más allá, y siempre con una sabiduría doméstica y una destreza para la convivencia y la cotidiana comunicación.

Lo particular de cada individuo, de cada comunidad, de cada pueblo, es lo que le da la condición de diverso y distinto, lo que le imprime su sello peculiar a esa lógica mestiza. Somos distintos, nunca ajenos; somos diversos más no menores ni menos que cualquier otro, no importa lo poderoso que sea. Al final de cuentas, por nuestra condición de mestizos, portamos la información milenaria de la especie. Como memoria colectiva y como memoria genética, nuestro comportamiento es el resultado de una múltiple función de modos de ser y entender, de mentalidades y saberes heredados de los cuatro troncos genéticos de la especie humana; es por ello que tenemos abuelos en todo el planeta. Esa característica, la de ser la síntesis de la especie nos crece y nos universaliza. Hace quinientos años en el momento del primer acto de amor, del primer coito o el primer grito al encontrarse pieles de distinto color, de diferente hablar, comer...., de igual o muy parecido amar y de un irreflexivo odiar, dieron comienzo a estos pueblos que por su variedad y por su unidad de síntesis nos permiten reconocernos terrícolas, capaces de comprender a cualquier pueblo y sentirse en familia como especie.

Esa visión de adentro hacia afuera tiene mucho que ver con el entender el mestizaje como el entretejido de múltiples mentalidades, memorias que heredamos de muchos pueblos. De ahí que se plantee el reconocimiento de ser afrocolombiano como un ser humano que tiene raíces profundas en Africa y mezcla de costumbres, saberes, atmósferas, pieles, aires y nuevos territorios en América, con el sello de Europa y nexos de conocimientos con los otros pueblos del planeta. Nuestros mestizajes se iniciaron en un acto de incomprensión, eran seres extraños los que se encontraron y dieron origen a estos pueblos complejos y a la vez tan despistados.

Siempre hemos sabido que Palenque no puede entenderse como aislado, porque quedaría cercenado al perder sus referentes inmediatos: la región y el país, que con todo su mezcolanza de mentalidades, saberes, memorias, problemas y una gran confusión sobre su identidad ejerce influencia y envuelve a este pueblo pequeño, confundido en su destino.

Dame un método para tener un método

Don Víctor Cañón, un médico curandero colombiano, al comenzar la enseñanza de su oficio de manera muy afortunada, invita al conocimiento con esta frase que para nosotros se convirtió en paradigma: «Para morirse hay que tener alientos y para inventar hay que tener con qué».

La educación fue el gran basamento para darle forma y utilidad a este proceso de construcción de un método histórico de conocimiento propio, a partir de la indagación en la mentalidad, consultando la memoria colectiva para evidenciar la identidad y hacerla vívida en el comportamiento diario a través de la pedagogía.

La Pedagogía puede transformar el comportamiento colectivo, el ser y el pensar para construir una manera de ser autónomo. Es un método autónomo. Es un método histórico porque la mentalidad requiere en su estudio y sobre todo en su entendimiento que sea descifrado según su transcurrir en el tiempo en su expresión del yo colectivo.

Potenciar lo propio para lograr crecer en una conciencia creadora como una manera de ser universal, naturalmente libre, es como se podría actuar en armonía. La relación consciente entre el acto y la palabra es una posibilidad de romper con la dualidad en el sentido común, es el que da la lógica elemental al comportamiento colectivo. La armonía de los seres libres se logra con actos diarios, con modos de ser, con maneras de actuar, con formas de entender, con conceptos que hacer; a todos estos aspectos toca la pedagogía.

En un comienzo, este trabajo estaba orientado dentro de la investigación - acción - participación (I.A.P.), del cual seguimos teniendo en cuenta, sobre todo, las maneras y los mecanismos de la participación comunitaria. Para la I.A.P., la historia se lee con nuevos y propios ojos, pero nosotros necesitábamos una participación creadora en el reconocimiento del sujeto histórico, del ser transformador. Para ello era muy importante el tejido de las historias familiares, las narraciones y articulaciones de la propia historia y la importancia local de cada una de ellas. Entendimos entonces, que había que replantear este trabajo de historia colectiva, tomando cada uno de los elementos de cualquier investigación y darle un carácter que responda a una necesidad colectiva de consulta a su memoria y develación de su propia manera de ser, es decir, un proceso de búsqueda de identidad. Fue así como planteamos un presupuesto investigativo que fue el que desarrollamos en el trabajo de Palenque. Partimos de que en la comunidad, al ser los individuos portadores en sí mismos de los elementos de la investigación, se es sujeto - objeto al mismo tiempo, pues es la comunidad la que se investiga (lo dice la I.A.P.), es fuente porque porta su memoria colectiva y genética y es método porque lo construye desde su propia lógica de mentalidad. De esta manera se autogestiona el conocimiento y se potencia la participación autónoma en sus propios procesos.

El aprender haciendo, ha sido el camino pedagógico elemental que ha articulado cada uno de los talleres, eventos, seminarios, jornadas de investigación, creaciones colectivas y asesorías. Sabíamos que teníamos que encontrar el espejo revelador de la manera de ser, actuar y pensar, que refleja la mentalidad para desvelar la lógica como una manera de construir conceptos, lenguajes de expresión y comportamientos colectivos, actos cotidianos que dan la concreción del ser humano.

El método de consulta a la memoria colectiva es una propuesta de indagación sobre la identidad y la gran fuente para la conciencia creadora. La memoria colectiva es una fuente viva, presente y movida por el tiempo donde imprime recuerdos y huellas. La vida cotidiana privada o pública, familiar o social, individual o colectiva, es el ámbito o hábitat del tiempo presente. La memoria entonces, abre sus puertas en el presente y a través de un tejido de recuerdos, un enlazar continuo de huellas, un espacio insondable de olvidos y pesares de sueños y fantasías, como presencia y como ausencia en todos y cada uno, con la ayuda de la imaginación tejida por el tiempo, para reconocer identidades, evidenciando herencias para entender el presente y tomar las riendas del futuro.

Para la consulta a la memoria colectiva partimos del presupuesto de la memoria de los sentidos y sus prolongaciones. Su indagación se hace en el cotidiano desde el presente, por ello se indaga en la mentalidad, utilizando como herramientas los sentidos, la imaginación y la creatividad, como materia prima los recuerdos y las huellas en los tiempos; como ejes de la articulación, las leyes de la dialéctica y en el sentido de pertenencia al colectivo para trabajar la identidad. Como referentes universales el tiempo y los procesos (el movimiento) y el espacio y las estructuras (el fundamento). Las fases de la investigación la organizamos en cuatro grandes bloques siguiendo el camino de lo sensible a lo conceptual, como lo hace el arte y los métodos guiados por una lógica dialéctica.

Sensibilización y acercamiento. Indagación y articulación. Síntesis y expresión. Confrontación. La fase de la confrontación es fundamental en un proceso colectivo, pues es ahí, donde el espejo revelador se presenta en toda su dimensión y la comunidad se refleja y se desvela a sí misma. Sigue vigente el planteamiento inicial: se conoce en lo subjetivo y se universaliza en lo objetivo.

Teníamos para ese momento un armazón -guía de método, más bien una serie de ideas de método ordenadas con coherencia y necesitadas de una aplicación sistemática e imaginativa para lograr crear una propuesta propia de método de conocimiento que nos lleve a evidenciar la identidad para que sea el basamento de los comportamientos autogestionarios, como una posibilidad de construir armonía y felicidad. Teníamos en las manos una utopía, un equipo y una comunidad dispuestos a emprender una aventura de construir caminos propios de conocimientos.

En un comienzo los talleres masivos fueron los medios más prácticos para conocer las herramientas metodológicas. Los fuimos construyendo y al poco tiempo entendimos como el taller es un espacio permanente de elaboración de conocimientos, herramientas, saberes, de evidencias, de certezas, de miedos, de fobias, de asuntos, de problemas, de las vivencias cotidianas de las personas y del pueblo. Es un taller de tejidos de tiempos, de enlaces de sucesos, de búsquedas de entenderes. Es por eso que a partir del taller portátil cada miembro del equipo tiene una continuada actitud de estar siempre en proceso de indagación con los sentidos alertas, con la imaginación que relaciona y la creatividad que expresa en la síntesis, en disposición permanente. Las reuniones colectivas o los talleres propiamente dichos se desarrollaron siguiendo los tres ejes esenciales del proceso del conocimiento: el sensible, el conceptual y el expresivo. De tal manera que se sigue el camino propuesto (de lo sensible a lo conceptual) y se parte del cuerpo como herramienta de conocimiento. El ser sensible. Dicho de manera elemental, la memoria imprime y la mentalidad expresa. Luego viene la mente como herramienta de conocimiento, el ser pensante. En esa fase de manera sistemática se descifra la lógica, se confronta en la teoría. En el tercer eje se da la relación del proceso entre el ser sensible y el ser pensante para lograr la conciencia del ser creador. El ser expresivo.

Todo el manejo del método se lo orienta para que la creación artística logre una expresión universal. El eje sensible y el expresivo se orientan desde el teatro y el conceptual desde la narración, con la pretensión de que cada pieza sirva de espejo revelador de la identidad y que esté concebida como obra de arte. Los materiales se recogen en medios audiovisuales.

Todo este proceso esta orientado y confrontado por el colectivo, en este caso la comunidad de Palenque y en especial los estamentos educativos con los padres de familia que son a su vez: amas de casa, campesinos, vendedoras de frutas, entre otros; las organizaciones comunitarias y los vecinos interesados en este proceso etnoeducativo.

El proceso

En un comienzo y hasta casi la mitad del proceso creíamos que la participación masiva en los talleres era la fórmula más acertada para lograr la construcción colectiva de la identidad partiendo de un método histórico, fueron muy buenas experiencias y se logró difusión y comunicación sobre este proceso. Pero lo propuesto era demasiado lento y con resultados esporádicos y no muy claros. Hace dos años tomamos la decisión con el equipo coordinador de seleccionar según intereses, aprendizaje y compromiso con el planteamiento, a un equipo de treinta personas para que se encarguen de la multiplicación del método en la comunidad, y la asesoría a comunidades en procesos similares.

Estas personas son maestros etnoeducadores, amas de casa, artistas, campesinos y maestros de afuera con largos años de experiencia y trabajo continuado en Palenque. Ese es el equipo de multiplicadores que en estos momentos está adelantando los fundamentos de la educación palenquera, para continuar con las fases de la formulación del modelo pedagógico.

La indagación de la vida cotidiana para descifrar su lógica nos lleva a interpretar la mezcla de lo mágico con lo religioso, que han sido hasta ahora las dos grandes lógicas del conocimiento de la especie. De acuerdo a su cosmovisión, para los palenqueros el principio ordenador del mundo terrenal, está en la naturaleza, y en esa medida hace parte de su biología (como lo dice el pensamiento mágico) y acepta, también, que el principio ordenador del mundo del más allá es el Creador que tiene el derecho de regir los destinos de todos (como lo dice el pensamiento religioso).

Al combinar estas dos lógicas para aplicarlas a su vida diaria, logra dimensionar una armonía del ser humano con la naturaleza y una aceptación de un ser indescifrable que maneje el universo. Esta combinación de lógicas es el reflejo de los muchos saberes, herencias y memorias que han dejado huella en la mestiza mentalidad palenquera.

Develar la lógica de la comunidad de Palenque nos llevó a indagar en los aspectos más diversos y tal vez, menos ortodoxos, partimos de las lógicas corporales, de las mañas al levantarse (p.e.), de la doble intención de los chismes, de la manera de transmitir las noticias locales y mundiales, del contenido implícito de las cantaletas, de los sueños y sus interpretaciones, de la consulta al futuro en oráculos de humo, de agua, de café o de barajas, en la comunicación permanente con el más allá y la suma confianza con las ánimas, en el sentido de la solidaridad que es una constante en cada palenquero, en su condición de ser libres por su historia de apalencados, en la manera de nacer y morir, en cada aspecto de la mentalidad expresada en el diario vivir como elemento importante para ese descifrar enrevesado de las lógicas individuales, barriales, de los cuagros[3], para tejer la lógica palenquera. El proceso que sigue el equipo tiene las herramientas metodológicas básicas para llegar con certeza a descifrar y desvelar su propia lógica. Por ahora podemos decir que es una lógica familiar guiada por el femenino orientar de la abuela, es un pensamiento integral de relación múltiple con gran tendencia a la utilidad. Con un sentido y manejo del tiempo similar a los tiempos paralelos del más allá. Su entender es concordante con las leyes de la naturaleza, y siente la pertenencia a ella y al cosmos, asimilándolo a éste a la incertidumbre del más allá. La historia se la entiende con presente, pasado y futuro y se recuerda en presente permanente y se dimensiona al más allá en una relación temporal paralela.

El método construido desde el propio entender, desde la propia lógica, se logra al desmenuzar los elementos básicos de la estructura del pensamiento. Para esta fase de la construcción del currículo es de mucha importancia sustentarse en la estructura de la lengua, en la herencia de la historia y en la vivencia de la cultura.

Creer que la síntesis del conocimiento lo da la fórmula, ha sido la manera como la ciencia racionalista ha simplificado el conocimiento y lo ha traducido en lenguaje científico. Ese criterio se queda corto para indagar las propias maneras de pensar y ha propiciado un modelo ajeno de conocimiento que ha traído consecuencias nefastas para el proceso de aprendizaje y para el entendimiento de este mundo, cada día más parecido a las historias de magia que a la razón positivista.

El indagar sobre el sentido pedagógico nos permitió entender las maneras tradicionales de educar. La mecánica de este proceso se puede sintetizar en el enseñar haciendo, y el aprender viendo y haciendo; es entonces, un proceso eminentemente práctico con resultados de inmediata confrontación.

De los «descubrimientos» más significativos en este proceso, fue el del mito de Catalina Luango, que se desveló al intentar hacer un diagnóstico de la situación general de la mujer palenquera. Ha sido muy significativo, también, el entender que así como hay una lengua propia, se tiene una religión de características muy singulares que nos llevan a pensar y en especial a investigar esta religión que creemos es propia. De la misma manera hemos entendido la organización social y sus leyes. Estos «descubrimientos» son unos de los ejes de la investigación, que está orientada desde los parámetros generales de la historia, la lengua y la cultura.

Palenque es una cultura oral-visual, con un ritmo muy marcado por la percusión y en especial los tambores. La lengua criolla palenquera es gesto, palabra y ritmo. Esas características nos llevaron a indagar sobre la propia dramaturgia y las formas narrativas en general como puntos claves para descifrar la lógica palenquera y en esa medida acercarnos a las redes simbólicas de la mentalidad.

La formulación es un método pedagógico que pretende recuperar y afirmar la identidad, tiene necesariamente que consultar a la memoria colectiva el modelo de ser humano que se ha ido configurando en la tradición y que de alguna manera marca los comportamientos colectivos. En Palenque es muy evidente: Benkos Bioho, el héroe legendario constructor de la condición de ser libres.

Dos personajes han sido los hilos maestros de la historia de Palenque: el héroe Benkos Bioho y el mito Catalina Luango. Sobre estas dos historias, que nos revelan una manera de ser y entender colectiva, hemos logrado darles consistencia y certeza al tejido comunitario de las historias familiares y en esa medida de las historias de Palenque.

La gran cantidad de información recogida en esta fase del trabajo, se ha consignado en material audiovisual, en los diarios de campo del equipo de investigadores, en las notas de talleres y jornadas de investigación, en las puestas en escena, en las canciones, fotos, grabaciones y en los relatos de los participantes. Esta información es la que nos ha dado la materia prima inicial para organizar el *CENTRO DE VIDA DE LA MEMORIA PALENQUERA*. Nuestro necesitado Centro de Documentación orientado y regido por los abuelos para lograr integrar escuela y comunidad y buscar, también, los referentes de autoridad perdidos con la identidad.

Una investigación colectiva tiene una serie de características y circunstancias que son a veces dignas de un relato surrealista. Implica ante todo una adaptación de ritmos y maneras individuales y colectivas de acercarse al conocimiento. Necesita que se mantenga un permanente tejido de saberes, un gran sentido de solidaridad y unas altas dosis de paciencia con una convicción y certeza que solo lo permite el amor hacia lo que se hace y de lo que se vive. Con esos ingredientes es como nos resultó en Palenque lograr armonizar y poner en marcha un trabajo que de comienzo lo sabíamos utópico y que al volverlo acto diario, es a veces titánico y por lo general muy creador.

Este ha sido a grandes rasgos el proceso de Palenque hasta el momento. Ahora entramos en la fase de confrontar con la teoría, indagar las memorias impresas de archivos, bibliotecas, academias. Es el momento de sistematizar este trabajo de campo. Llegamos hasta un punto, ahora necesitamos seguir la fase conceptual para que el método y el currículo, el modelo en total, reflejen, potencien y universalicen la mentalidad palenquera para lograr el objetivo del modelo pedagógico: crecer como seres humanos creadores y naturalmente libres, para mejorar la calidad de la vida, autogestionar los procesos y aprender a vivir como ciudadanos respetuosos del otro.

Esta convivencia en Palenque me enseñó muchas cosas; por ejemplo, aprendí a entender mi propia lógica, comprendí el ritmo de la vida similar al del baile, supe que los niños son un bien común, que los locos son amados, que los ancianos son consultados y respetados, que el pensamiento mágico conoce el sentido común de la naturaleza. Aprendí también, que en el presente se tejen los hilos de la historia para descifrar los símbolos en la narración de los tiempos. Ese aprendizaje, para mí ha sido esencial, supe con certeza que los historiadores somos ante todo narradores de tiempos. Por algunas corrientes de pensamiento, muy de moda en el siglo XIX, nos acostumbramos a ejercer nuestro oficio como cronólogos, ordenadores de sucesos, intérpretes especializados de la realidad segmentada. Esa manera tan ortodoxa de ejercer el oficio, allá en Palenque se me volvió conflicto, hasta a aprender a interpretar el tiempo desde la relación paralela, de raros momentos lineales y de gran facilidad de traslado por tiempos y dimensiones. Aprendí por fin que soy narradora de tiempos, en esa medida puedo ser de entendimiento universal y el método histórico, por esa condición de manejar el tiempo y el espacio en múltiples relaciones, permite con mayor certeza un acercamiento al sentir de la identidad.

Para terminar el relato de esta experiencia quiero que recordemos a José Arcadio Buendía en «Cien Años de Soledad», cuando encerrado en su cuarto en Macondo y con unas herramientas elementales descubre que la tierra es redonda, algo ya demostrado hacía mucho tiempo en el mundo.

Madrid, Mayo de 1994

Bibliografía

Este material ha sido tomado de diarios de campo, informes, cartas y documentos de trabajo colectivo en Palenque.

LA MEDICINA TRADICIONAL EN LA LOCALIDAD AFROVENEZOLANA DE TAPIPA*

Gabriel Izard
Universidad de Barcelona

Este trabajo pretende mostrar la medicina tradicional o mágico-religiosa de la localidad barloventeña de Tapipa. Se trata de un sistema de prácticas y creencias médicas que dispone de su propia conceptualización de la enfermedad, que responde a ella de una forma determinada, y que está relacionado, como cualquier otro sistema médico, con un universo religioso. Es necesario empezar dando un repaso a ese entorno religioso, formado por la religiosidad popular afrovenezolana y la religión curativa de María Lionza.

1. La religiosidad popular afrovenezolana y la religión de María Lionza

La cristianización

El proceso histórico de la esclavitud de los africanos y sus descendientes en Venezuela supuso la imposición del catolicismo y la aparición de una nueva religión. Esta imposición, una de las principales preocupaciones de la Iglesia, se plasmó en la obligatoriedad del adoctrinamiento de los esclavos, que consistía en la explicación de los elementos más importantes de la fe católica (los Misterios, los Mandamientos, la vida de Jesucristo y otras figuras sagradas) y la enseñanza de las oraciones. Los propietarios de esclavos se mostraban a menudo reticentes ante esta cuestión, ya que eran ellos quienes debían sufragar los gastos que compor-

* Trabajo realizado gracias a una beca de la Comissió Interdepartamental per a la Recerca i la Innovació Tecnològiques (CIRIT) de la Generalitat de Cataluña

taba, entre otras cosas, el sueldo del sacerdote y la construcción de una capilla. Pero en el fondo, como señala Javier Laviña, a pesar de este conflicto existía una convergencia de intereses, ya que el objetivo del adoctrinamiento no era otro que el de inculcar la idea de resignación, el sometimiento del esclavo a la voluntad del amo y al orden establecido.[1] La cristianización se convertía así en el instrumento para que el negro se incorporara de forma dócil al sistema esclavista.

Un aspecto importante de este proceso de cristianización fue la existencia de las cofradías religiosas, fomentadas por las autoridades eclesiásticas y dedicadas a la celebración de festividades católicas, que agrupaban a esclavos y/o negros libres. Las cofradías solían organizar las celebraciones de su Santo Patrón y otros actos como los festejos de Corpus Christi y las procesiones de Semana Santa, ya fuera por iniciativa propia o por encargo de las autoridades.[2]

Estas instituciones permitían al poder eclesiástico realizar su proselitismo religioso y al mismo tiempo ejercer un mayor control sobre los negros al tenerlos organizados, pero también permitían a los esclavos y negros libres establecer vínculos de solidaridad y ayuda mutua, ya que por ejemplo podían sufragar los gastos médicos, en caso de enfermedad, y de enterramiento de los miembros más desfavorecidos. Por otra parte, es muy posible que los esclavos, principalmente los bozales (los nacidos en Africa), aprovecharan las cofradías para mantener sus cultos bajo la forma de divinidades cristianas. Pero con el tiempo los elementos africanos se irían diluyendo en la nueva religiosidad que se estaba formando, caracterizada hasta nuestros días por el lugar central que ocupan unas figuras sagradas determinadas (San Juan, San Pedro, San Benito), la preponderancia de la participación popular directa por encima de la del sacerdote, la gran importancia de la música y la manifestación de formas intensas de solidaridad y afectividad entre las personas.[3] La religiosidad popular era en este sentido absolutamente subversiva, ya que expresaba un orden social no sólo distinto, sino opuesto, al del sistema esclavista, un orden social basado en la unión y la igualdad de los fieles ante las figuras sagradas. Así pues, aunque los opresores insistieron en la idea de resignación inherente al cristianismo, los esclavos tomaron de éste la idea de solidaridad, y del adoctrinamiento coercitivo, represivo, surgió la religión que permitió a los africanos y a sus descendientes resistir y mantener la esperanza.

La religiosidad popular afrovenezolana

Esta religión formada a lo largo de la experiencia histórica de la esclavitud sigue siendo el más importante elemento distintivo de la identidad negra venezolana. El antropólogo Alfredo Chacón la divide en un ámbito propiamente religioso y un ámbito mágico.[4] Por lo que respecta al primer ámbito, los actos religiosos pueden ser multitudinarios o doméstico-comunales. Los primeros son aquellos realizados en las calles de los pueblos y en los cuales participa toda la comunidad; y los segundos son aquellos realizados en una residencia familiar pero en los que par-

---

1. V. Javier Laviña (transcripción e introducción), Doctrina para negros, Barcelona, 1989.
2. V. Miguel Acosta Saignes, «Las cofradías coloniales y el folklore», en Cultura Universitaria, nº 47 (1955).
3. V. Alfredo Chacón, Poblaciones y culturas negras de Venezuela, Caracas, 1983.
4. V. Alfredo Chacón, Curiepe, Caracas, 1979.

ticipa buena parte de la comunidad. Los principales actos multitudinarios afrovenezolanos son las celebraciones de las festividades de San Juan, San Benito, San Pedro y Corpus Christi, que tienen lugar en distintos puntos del país. En las dos primeras la población se apropia de la figura del santo, guardada el resto del año en la iglesia, y la pasea por el pueblo cantando y bailando al ritmo del tambor; en la tercera se escenifica bailando en la calle una historia de la época esclavista; y en la celebración de Corpus Christi una cofradía cuyo origen se remonta a la época colonial reproduce la expulsión de los demonios danzantes por el Santísimo Sacramento. La fiesta de San Benito también es organizada por una cofradía, el «gobierno de San Benito».

En cuanto a los actos religiosos doméstico-comunales, están el velorio de cruz, los velorios a los santos, el bautizo de agua y los velorios y novenarios en honor de los muertos. En el velorio de cruz, celebrado en el mes de mayo, mes de la cruz, se canta y se recitan décimas en honor de ésta. Los velorios a los santos consisten en cantar y rogar a la imagen de algún santo para pedirle algún favor o en pago de promesa, es decir para pagar un favor recibido, como también puede hacerse con la imagen de San Juan y San Benito en su día. En el bautizo de agua se hace en la casa un bautizo como el de la iglesia, y los padrinos echan sobre el niño agua bendita al tiempo que rezan el Padre Nuestro y el Credo. Los velorios y novenarios dedicados a los muertos se realizan en la casa del difunto, donde acude buena parte de la comunidad a rezar, para permitir el descanso definitivo de su alma.

El ámbito mágico de la religiosidad popular engloba un sistema de curación de la enfermedad, tanto física como espiritual, conocido con el nombre de medicina mágico-religiosa. Los tres protagonistas de este ámbito son el ensalmador, el curioso y el brujo. El primero cura las enfermedades naturales, con excepción del mal de ojo (malestar de los niños provocado por la fuerte mirada de algún adulto), mediante el acto médico-ritual del ensalme, el cual consiste en una combinación del recitado de oraciones y ensalmes (invocaciones mágicas dirigidas a alguna figura sagrada) y la utilización de plantas medicinales.

El curioso cura además las enfermedades causadas por alguna otra persona, es decir los «daños». Su terapéutica es más compleja que la del ensalmador (a las plantas medicinales se añaden las esencias y los actos rituales de exorcismo del mal), y también su forma de establecer el diagnóstico, que se basa en la lectura del humo del tabaco, de la orina y vestidos del paciente... Debe su nombre al hecho de que tiene que indagar, preguntar para conocer la naturaleza del mal del enfermo y su causante.

El brujo se encarga de introducir cualquier «daño» en un individuo por orden de otro que suele estar movido por la envidia, de robar su alma o de producirle la locura, y para ello se sirve de partes del cuerpo de la víctima (sus uñas, pedazos de su cabello...) o incluso de su fotografía o su nombre, de «paquetes» compuestos por plantas o partes de animales que se introducen en la casa de la víctima, y de oraciones especiales (por ejemplo oraciones católicas dichas al revés).

La medicina mágico-religiosa afrovenezolana tiene muchos elementos en común con otras medicinas tradicionales latinoamericanas. Uno de los principales es la idea de la dualidad frío/caliente, simplificación de la doctrina hipocrática que afirma que cada individuo, así como las enfermedades, las medicinas, las plantas, los alimentos y la mayoría de cosas naturales, posee una complexión térmica determinada; por lo tanto, la práctica médica consiste en la averiguación de la complexión natural del paciente y de la complexión de la enfermedad, y en restaurar el equilibrio perdido mediante las dietas, las medicinas, etc. Esta doctrina era la base de la medicina científica española en la época de la conquista, y pasó a América, donde ha sobrevivido mejor que en España, en una versión simplificada que estipula que las hierbas medicinales y los alimentos son de cualidad fría o caliente y, quizás con menos frecuencia, también las enfermedades o las causas que las provocan. El principio hipocrático de los opuestos prevalece en las curas, y un remedio frío se utiliza para una enfermedad caliente y viceversa con la intención de restablecer la armonía perturbada. Ahora bien, como prevalece la teoría clásica de la preponderancia de calor en el cuerpo sano y del frío como la anormalidad a corregir, las hierbas utilizadas suelen ser de cualidad caliente.[5]

La existencia de curanderos afrovenezolanos se remonta a la época colonial, cuando abundaban entre los esclavos y los negros libres, y un documento de 1603 ya nos habla de un hechicero participante en un alzamiento de esclavos recolectores de perlas en la isla de Margarita.[6] Fueron perseguidos y procesados como herejes por las autoridades civiles y religiosas, y es que el curanderismo constituía también una respuesta subversiva, una forma de rebeldía, un cimarronaje cultural como los otros elementos de la religiosidad popular.

La religiosidad popular afrovenezolana incluye también toda una serie de creencias y relatos sobre seres sobrenaturales. De entre ellos destacan los encantos, personajes ambivalentes, ni buenos ni malos, que viven en el agua de los ríos y las lagunas y que secuestran a los niños para llevarlos a sus dominios. El origen de estos seres está en la expulsión del diablo del Cielo: cuando el ángel rebelde cayó, arrastró consigo a otros ángeles; algunos fueron con él al Infierno y se convirtieron en diablos, pero otros se quedaron en la Tierra convirtiéndose en encantos.[7]

La religión de María Lionza

La medicina médico-religiosa de las áreas rurales afrovenezolanas, y especialmente de Barlovento, está siendo influida en los últimos años por la religión curativa de María Lionza. Muchos barloventeños emigrados a Caracas o a otros grandes centros urbanos han vuelto a sus lugares de origen como devotos o como sacerdotes-curanderos de esta religión, propagando sus prácticas y creencias.

No se sabe prácticamente nada sobre la antigüedad de la religión. Hay quien la remonta a la época prehispánica, y hay quién sitúa su inicio en los tiempos de la dictadura del general Gómez en el primer tercio del siglo XX. Lo que sí está claro es que la expansión del culto es un fenómeno de la segunda mitad del siglo XX, cuando se va convirtiendo en una religión popular en las ciudades, especialmente en los suburbios pobres.

Una de las principales características de esta religión es su permeabilidad y ductilidad, la continua incorporación de nuevos elementos. En este sentido des-

5. V. George M. Foster, «Relaciones entre la medicina popular española y latinoamericana», en Michael Kenny y Jesús M. de Miguel (comp.), La antropología médica en España, Barcelona, 1980.
6. V. Xiomara Cáceres, El sentimiento religioso de los esclavos (tesis de grado inédita), Caracas, 1985.
7. V. Fernando Madriz Galindo, Folklore de Barlovento, Cumaná, 1964.

taca la incorporación a partir de los años sesenta de rasgos de la santería cubana y del espiritismo de Alain Kardec. La influencia de la santería se aprecia en la importancia ritualística de los colores, de los sacrificios de animales, en la formación de «líneas» o «cortes» de divinidades y en el papel principal que han ido adquiriendo la posesión y el trance. En cuanto al espiritismo, su influencia se observa también en la importancia de la invocación de espíritus.

La religión de María Lionza tiene un panteón muy amplio. En la cima se encuentra la diosa (identificada por la mayoría de mitos con divinidades indígenas precoloniales) y a su lado, formando las Tres Potencias, el cacique indígena Guaicaipuro y el Negro Felipe, dirigente de la independencia cubana. Después viene una larga lista de divinidades, agrupadas en cortes, entre las que destacan la «corte tradicional» (otras reinas y los Don Juanes, espíritus de la naturaleza), la «corte celestial» (los santos católicos), la «corte india» (otros caciques y princesas indígenas), la «corte africana» (las Siete Potencias de la santería cubana y varios líderes negros históricos) y la «corte histórica» (dirigentes de la Guerra de Independencia).

Los sacerdotes de la religión de María Lionza, que pueden ser hombres o mujeres, son los llamados «bancos», y suelen conocer los problemas familiares y sociales de los creyentes-pacientes. Son ayudados por los médiums, personas jóvenes que se encuentran en período de aprendizaje de la condición de banco.

Casi todos los rituales de la religión de María Lionza tienen como objetivo la curación de la enfermedad, física y psíquica, y la superación de la mala suerte y los problemas cotidianos en general. Hay un conjunto de ritos simples, que pueden ser llevados a cabo por el banco o directamente por el interesado, como son las oraciones, las ofrendas y los pagos de promesa a las diferentes divinidades del panteón para obtener o agradecer su favor. Las ofrendas suelen ser esencias (líquidos prefabricados que se adquieren en tiendas especializadas), perfumes, velas, flores, incienso, tabaco, aguardiente, ron... Los pagos de promesa pueden consistir en oraciones, ofrendas y/o sacrificios de animales como gallinas y palomas.

En cuanto a los rituales más complejos, dirigidos por los bancos, pueden ser realizados en las casas de éstos o en algunos lugares específicos, llamados «portales», que suelen estar situados en las montañas o los ríos. El ritual complejo más importante es el de purificación, que tiene como objetivo el exorcismo de los malos espíritus enviados por alguien que perjudican al enfermo. El ritual de purificación tiene dos momentos principales, el «despojo» y el «cierre» del paciente. En el primero se extrae el mal espíritu o la mala influencia mediante las oraciones, los baños en ríos, los sacrificios de animales, el echamiento de humo de tabaco, los golpes en el cuerpo con ramas... Los signos exteriores que permiten ver la presencia de malas influencias pueden ser los problemas psicológicos, los fracasos en las acciones emprendidas y las conductas extrañas y agresivas. Con el cierre, provocado por oraciones, santiguados en el cuerpo, baños en agua bendita, entrega de algún amuleto al paciente, humo de tabaco..., se evita el retorno de la mala influencia.

Durante el ritual de purificación o cualquier otro ritual, algún médium o el propio banco pueden ser poseídos por uno o varios espíritus de las divinidades del panteón. Durante el trance, el poseído aconseja a los fieles presentes o al paciente,

da recetas médicas, recrimina malas conductas o el incumplimiento de promesas...
El carácter de la posesión varía según cuál sea el espíritu recibido por el médium,
y así María Lionza y los santos católicos son espíritus tranquilos mientras que las
divinidades indígenas y negras son espíritus más violentos que el médium debe
domesticar.[8]

La religión de María Lionza es una religión de toda la Venezuela urbana que
incorpora elementos afrovenezolanos y afroamericanos, que se ha desarrollado
este siglo y que se ha extendido después por las áreas rurales, mientras que la
medicina mágico-religiosa y la religiosidad popular afrovenezolanas, de ámbito
rural, son elementos distintivos de la identidad afrovenezolana forjada a lo largo
de la experiencia histórica de los africanos y sus descendientes.

Pero no hay duda de que el vínculo entre estos dos universos médico-religio-
sos es muy estrecho, ya que ha existido y existe entre ellos un juego de influencias: la medicina mágico-religiosa y la religiosidad popular afrovenezolanas han
de haber desempeñado un papel importante en el proceso de formación de la
religión de María Lionza, que se ha nutrido de todos los sistemas médico-religio-
sos venezolanos, y la religión de María Lionza, al extenderse por las áreas rurales, ha influido también en ellas.

2. La medicina tradicional de Tapipa

Antes de mostrar la medicina tradicional de Tapipa, conviene describir brevemente la localidad y la región geográfica y cultural de la que forma parte, Barlovento.

Barlovento está formado por un conjunto de valles situados al este de Caracas en el estado Miranda. A mediados del siglo XVII se instalaron las primeras
haciendas de cacao trabajadas por esclavos negros, pero fue en el siglo XVIII
cuando el cultivo de ese producto colonial se convirtió en la principal actividad y
la región se fue configurando como el área de mayor concentración de negros
esclavos de las provincias venezolanas. El cacao, cultivado ahora en pequeña
escala y vendido por los campesinos a una empresa estatal que se encarga de
su comercialización, sigue siendo el principal producto barloventeño.

La historia ha convertido pues a Barlovento en la región negra por excelencia.
Los rasgos distintivos de la identidad cultural afrovenezolana tienen su máxima
expresión en esta tierra: la fiesta de San Juan, los velorios de cruz, los ensalmadores y curiosos, la música estrechamente vinculada a las celebraciones religiosas, forman la espina dorsal del paisaje cultural barloventeño.

Tapipa es una población de unos 1500 habitantes, situada a 120 kilómetros de
Caracas y rodeada de haciendas de cacao. Algunas son de grandes dimensiones,
suelen pertenecer a gente de la capital y son administradas por un «mayordomo»,
mientras que otras, más pequeñas, pertenecen a gente de Tapipa o de los caseríos (pequeñas poblaciones) cercanos. Muchos habitantes de Tapipa tienen pe-

---

8. Sobre la religión de María Lionza, v. Nelly García Gavidia, Posesión y ambivalencia en el culto
de María Lionza, Caracas, 1987; Gustavo Martín, Magia y religión en la Venezuela contemporánea,
Caracas, 1983; Angelina Pollak-Eltz, Cultos afroamericanos, Caracas, 1977.

queñas parcelas («conucos») en las que cultivan yuca, ñame, caraotas y otros tubérculos y legumbres para el consumo familiar. Otros poseen también parcelas («vegas») en las que cultivan plátanos para el autoconsumo o para la venta.

Aunque la agricultura, y especialmente el cultivo del cacao, es la actividad económica principal, en las últimas décadas han ido apareciendo nuevas actividades que ocupan a un amplio sector de la población. Entre ellas destacan el trabajo en las areneras (empresas dedicadas a la recolección de arena del río para la fabricación de cemento) y la enseñanza.

Ensalmadores y curiosos

En el área de Tapipa hay bastantes ensalmadores y ensalmadoras. Los más conocidos son tres: Mateo, Cleofes y Pedro.

Mateo tiene más de setenta años y ya no trabaja. Su especialidad ha sido siempre el mal de ojo, la enfermedad que sufren especialmente los niños a consecuencia de la fuerta mirada de algún adulto. Este, el «ojeador», puede provocar la enfermedad consciente o inconscientemente; si lo hace conscientemente, el móvil que lo impulsa es la envidia (por ejemplo, una mujer estéril envidiosa de la madre del niño, o una persona pobre envidiosa de la buena situación económica de los padres). Los síntomas que presenta el enfermo son diarreas, vómitos o pérdida del apetito. El hecho de que en muchas ocasiones el mal de ojo sea echado sin mala intención hace que no sea considerado un «daño».

La terapéutica utilizada por el ensalmador contra esta enfermedad consiste en la acción ritual del «santiguado»: se santigua al niño con un ramo de plantas medicinales y al mismo tiempo se recita un ensalme. Mateo utiliza uno dirigido a la Virgen del Carmen. El santiguado, como todos los actos curativos que realizan los ensalmadores, debe hacerse tres veces en tres días distintos, y después el ensalmador enciende una vela a la figura sagrada a quien se le ha dedicado el ensalme.

Las plantas medicinales utilizadas para la curación del mal de ojo y cualquier enfermedad pueden recolectarse en el monte o ser cultivadas en el conuco, la hacienda de cacao o el patio de la casa.

Hay ocasiones en que el mal de ojo es más grave de lo normal, debido a que la mirada del ojeador era especialmente fuerte, y entonces la curación consiste en un «ensalme cruzado»: el niño debe ser santiguado por dos ensalmadoras y un ensalmador o dos ensalmadores y una ensalmadora. Por otra parte, si el ojeador es un familiar de la víctima, se trata de un «mal de ojo» familiar, también más fuerte de lo normal. Para proteger a los niños de la enfermedad, los padres les colocan al nacer, o durante el bautizo de agua, unos amuletos llamados «resguardos»; uno de los más comunes es un collar del que cuelga, cerrado en una pequeña bolsa de cuero, un pedazo del cordón umbilical.

El mal de ojo también puede ser lanzado contra una casa, un conuco o cualquier otra propiedad, y en este caso el ojeador también puede actuar inconscientemente o conscientemente movido por la envidia. El ensalmador realiza entonces el mismo ritual sobre el objeto o dentro del espacio afectado.

Mateo también cura las «torceduras» o «falseaduras», es decir las dislocaciones de los huesos de los pies, las muñecas o los tobillos. El ensalmador soba repetidamente la parte dislocada y hace sobre ella el gesto de la cruz al tiempo que pronuncia un ensalme, que en el caso de Mateo va dirigido a San Ildefonso.

Pedro es mayordomo de una de las mayores haciendas de cacao de Tapipa, posee una vega de plátanos a la orilla del río Tuy y trabaja unas pequeñas parcelas cacaoteras de las que es arrendatario. Es el mayor especialista de la zona en la curación de la mordedura de culebra, muy abundante en Barlovento. Pedro elabora un antídoto llamado «contra» con una gran cantidad de plantas medicinales, aguardiente y canela. Si la herida es de culebra venenosa, frota la contra en la herida y la da a beber a la víctima al tiempo que recita tres ensalmes dirigidos a Jesucristo y varios santos. Al terminar cada ensalme hace tres veces la señal de la cruz sobre el cuerpo del paciente, y una vez finalizado el ritual enciende unas velas a los santos invocados. Si la mordedura es de serpiente no venenosa pronuncia los ensalmes sin utilizar la contra.

Pedro también cura el mal de ojo, santiguando al niño igual que Mateo y recitando tres veces un ensalme, que transcribo a modo de ejemplo: «Jesucristo rey del cielo, Jesucristo en paz bajó/ en Jueves Santo en la noche con sus discípulos cenó/ Te hago este ensalme en el nombre de Nuestro Señor Jesucristo/ para que me libres a (nombre del enfermo)/ de males de mal de ojo y males contagiosos/ Amén/ Cristo Paz, Paz Cristo, Cristo Paz».

Cleofes es uno de los ensalmadores más reputados de toda la zona. Vive en el caserío de San Jorge, y cultiva tres pequeñas haciendas de cacao de su propiedad y un conuco de ñame y yuca.

Cleofes también cura el mal de ojo, la mordedura de culebra y la falseadura. El mal de ojo lo combate con un santiguado realizado con plantas medicinales. Este mismo santiguado, junto con una oración dirigida a San Cipriano, lo utiliza para curar el dolor de cabeza. La mordedura de culebra la trata con una contra de aguardiente y plantas y un ensalme dirigido al Santísimo Sacramento. Para curar la falseadura de un pie, un tobillo o una muñeca frota yodo y alcohol sobre la parte dislocada mientras reza una oración a Jesucristo. Cleofes cura también otros dolores de los huesos y los músculos de cualquier parte del cuerpo, sobando la parte afectada y rezando tres Padres Nuestros y un ensalme.

Cleofes trata también la «culebrilla», nombre con el que se conoce un herpes en forma de pequeña culebra que suele aparecer en la cintura. Existe la creencia de que si las erupciones llegan a cubrir toda la cintura se produce la muerte del enfermo. Para combatirla Cleofes elabora una contra con hierbamora, aguardiente y aceite de coco que aplica en la cintura y pronuncia un ensalme dirigido al Santísimo Sacramento. Esta contra la utiliza a veces también para curar la mordedura de culebra, por lo que hay que destacar el hecho de que se apliquen tratamientos tan parecidos (el mismo ensalme y a veces incluso la misma contra) para curar dos enfermedades unidas por un nombre común derivado del hecho de que el herpes tenga forma de culebra.

Por último, Cleofes cura las «lombrices» (parásitos que afectan sobre todo a los niños) dando a beber al paciente una infusión de plantas y frotándole cebolla cruda por todo el cuerpo excepto el vientre, para que las lombrices se concentren allí y sean luego evacuadas. Después hace la señal de la cruz sobre la barriga del niño y reza el Padre Nuestro y otro ensalme.

En cuanto a los curiosos, aunque hay varios en las localidades cercanas, hombres y mujeres, en el área de Tapipa sólo hay uno, Jacinto. Vive en el caserío de Tapipa Grande y cultiva un conuco de yuca, ñame y caraotas; por otra parte, sale de vez en cuando a cazar lapas y chigüires, dos roedores de gran tamaño que abundan en toda Venezuela. Como otros curiosos, es banco de la religión de María Lionza.

Lo primero que hace Jacinto cuando le llega a su casa un paciente es leer el tabaco (fumar un cigarro puro y observar las formas que va adquiriendo la ceniza) o leerle las vibraciones de las muñecas y las sienes palpándolas con las manos. De esta forma sabe si se trata de una enfermedad «puesta», si se encuentra ante un daño. El diagnóstico lo establece en una pequeña habitación en la que hay un altar con las figuras de Santa Bárbara, las Tres Potencias, Santa Elena y San Martín.

Si el daño consiste en alguna enfermedad física carente de gravedad, Jacinto receta al paciente algún preparado de plantas medicinales, esencias y aguardiente, y también puede indicarle que realice algún acto mágico (por ejemplo, a un señor que tiene el ojo hinchado a causa de un palo que le saltó mientras cortaba leña, le dice que queme el palo y sople el carbón y que pronuncie unas palabras para alejar el mal).

Pero si el daño consiste en una enfermedad mental como el insomnio, la amnesia o la locura, lo más posible es que deban realizarse uno o más rituales de purificación en el portal o «campo de desembrujo», un claro en el bosque de una colina que está a unos 300 metros de su casa. En estos rituales Jacinto es ayudado por su hijo y un sobrino que son médiums. Rodea al paciente de velas, pólvora y botellas con esencias y aguardiente, y realiza el despojo de la mala influencia rezando oraciones, invocando a los dioses del panteón de la religión de María Lionza, mojando al enfermo con esencias, aguardiente, agua bendita o alguna contra elaborada con plantas medicinales, y echándole el humo de los puros que va fumando; también puede sacrificar animales (normalmente gallinas y palomas) y rociar al paciente con su sangre, o bañarlo en algún río cercano. Después de despojar al paciente, los médium hacen lo mismo a Jacinto con aguardiente, humo y esencias para sacarle las malas influencias que hayan podido entrarle durante la ceremonia. La sesión de despojo va siempre seguida de una de cierre, en la que Jacinto imposibilita el retorno de la mala influencia mediante actos similares a los anteriores.

En alguna de estas ceremonias, Jacinto, y a veces también alguno de los médium, es poseído por alguna divinidad. Durante el trance habla en lenguas extrañas y suele aconsejar recetas al enfermo y los creyentes presentes en la ceremonia, pero también puede reprenderlos por alguna mala conducta como el impago de una promesa. Jacinto y los médiums no saben nunca qué divinidad les ha poseído, y son los asistentes a la ceremonia los que la identificar por el comportamiento del poseído, por los licores que bebe...

Jacinto también es ensalmador, y cura enfermedades como el mal de ojo, la culebrilla y la mordedura de culebra. Para combatir el primero coloca sus manos sobre los ojos del niño y reza el Padre Nuestro y la oración de San Cipriano, después sopla siete veces en cruz sobre su cuerpo. La mordedura de culebra la cura dando a beber al paciente y aplicándole sobre la herida una contra hecha con limón, aguardiente, plantas medicinales y siete culebras no venenosas, y diciendo un ensalme dirigido a San Pablo, San Benito y San Pantaleón, el mismo que utiliza Pedro. Trata la culebrilla cortando sobre el paciente una vena de hoja de plátano y pronunciando el mismo ensalme.

Como ha podido observarse, ninguno de los ensalmadores y curiosos presentados se dedica exclusivamente a la medicina, sino que la compaginan con la agricultura. Esta última es la base de su sustento, ya que no cobran por sus servicios; en todo caso, algunos pacientes les obsequian con unos pocos bolívares o con algún regalo. Todos ellos afirman que curan únicamente por hacer el bien a sus semejantes.

Los pacientes de Mateo, Cleofes y Pedro son habitantes de Tapipa o de los caseríos cercanos, mientras que los de Jacinto, además de ser mucho más numerosos, vienen también de Caracas e incluso de otras regiones del país. En esto radica otra diferencia entre el ensalmador y el curioso: el primero suele ser conocido en su localidad y los alrededores, mientras que la fama del segundo trasciende esos límites.

Mateo y Cleofes aprendieron sus conocimientos de sus padres, que también eran ensalmadores, y Cleofes, por su parte, está enseñando a uno de sus hijos. Pedro fue iniciado por una mujer de su pueblo natal cuando tenía dieciocho o veinte años. Jacinto aprendió a curar el mal de ojo, la culebrilla y la mordedura de culebra de su abuelo, que era ensalmador; por otra parte, cuando era joven tuvo una serie de experiencias extrañas («unas locuras», como él dice) que le hicieron darse cuenta de que sus poderes iban más allá; entró en contacto con espiritistas y sacerdotes de la religión de María Lionza en Caracas, donde estuvo trabajando unos años, y con el tiempo se convirtió en banco.

Aparte del uso que hacen el ensalmador y el curioso de las plantas medicinales, la gente las emplea constantemente para curar diversas enfermedades, ya sea por su cuenta o pidiendo consejo a algunas de las muchas persones sabias en la materia. En Tapipa y sus alrededores, entre estos conocedores de las cualidades curativas de las plantas destacan el curioso Jacinto, Fernando, mayordomo de una hacienda cacaotera, y Ursula, una mujer que vive en Tapipa Grande. Las enfermedades tratadas de esta forma son el asma, la gripe, el sarampión, las hemorragias vaginales, la sarna y los parásitos intestinales. También el «pasmo», la enfermedad provocada por un enfriamiento brusco y repentino del cuerpo (por ejemplo cuando alguien, después de remover cacao fermentado, el cual desprende un vapor muy caliente, se moja con la lluvia o se baña) cuyos síntomas son un fuerte escozor en el cuerpo, artritis y parálisis; y la «pava», la mala suerte en la vida (en el amor, en los negocios) provocada por algún brujo por orden de algún enemigo de la víctima.

Las plantas se hierven para obtener una infusión llamada «guarapo», que puede ser utilizada de dos formas, bebida o untada por el cuerpo. Los especialistas en el uso de las plantas medicinales, así como los ensalmadores y curiosos cuando las utilizan en sus curas, basan su aplicación en el ya explicado principio hipocrático de la oposición frío/caliente. De esta forma las plantas medicinales consideradas frías se utilizan para contrarrestar el exceso de calor provocado por las enfermedades calientes y viceversa con la intención de restablecer el equilibrio perdido.

Actitud de los habitantes de Tapipa ante la enfermedad

Además del ensalmador, el curioso y el uso de plantas medicinales existe en Tapipa y los alrededores la alternativa de la medicina científica (en el pueblo hay una medicatura rural con médico fijo y en Caucagua, la capital del distrito situada a 15 kilómetros, hay un hospital). La elección de una terapéutica u otra (la del ensalmador, la del curioso, las plantas medicinales y la científica) depende de la actitud de cada cual ante los distintos sistemas médicos. De esta forma, según se crea en el daño o no, se puede acudir a un curioso o a un médico para combatir la misma enfermedad, ya sea física o mental. Y según se crea o no en la eficacia del ensalme, se puede acudir al ensalmador o al médico para tratar la misma enfermedad, como la falseadura, la mordedura de culebra o la culebrilla (que recibirá otro nombre, herpes, en el caso de que se confíe al médico su curación) y se puede creer o no en la existencia de determinadas enfermedades; en cuanto a esto último, el mal de ojo puede ser concebido como tal y ser tratado por el ensalmador, o puede ser concebido como una diarrea y/o una infección parasitaria y ser tratada por el médico.

Por lo que respecta a las plantas medicinales, todo el mundo cree en su eficacia. Su uso puede ir acompañado del uso de la medicina científica, y así alguien puede, por ejemplo, tratar una gripe con plantas y con las medicinas que le recete el médico al mismo tiempo.

Las personas que creen en el daño y en el papel del curioso utilizan también la medicina científica cuando creen que su enfermedad no tiene una causación sobrenatural. Por otra parte, las personas que creen en la eficacia del ensalme pueden o no creer también en el daño, y también hacen compatible el uso de la medicina del ensalmador con la medicina científica; así, acudirán al médico cuando su enfermedad no sea una de aquellas cuyo tratamiento es propio del ensalmador (falseadura, culebrilla, mordedura de culebra y mal de ojo).

La religiosidad popular, en la cual se inscribe la medicina tradicional o mágico-religiosa, tiene otro elemento referente a la relación del individuo con la enfermedad: el pago de promesa. Este consiste en la realización de algún acto de agradecimiento prometido a la figura sagrada a la que se le ha pedido un favor, el cual suele ser la curación de alguna enfermedad propia o de algún familiar. En Tapipa mucha gente paga promesa a Jesucristo y a San Juan Nepomucemo, patrón de la localidad. Una manera común de pagar promesa al primero es desfilar cada Miércoles Santo vestido de nazareno, con túnica lila, en la procesión que acompaña la figura de Cristo cargando la cruz, o cargar el Santo Sepulcro en la procesión de Viernes Santo. En cuanto a San Juan Nepomucemo, el pago de promesa puede hacerse cargando su imagen en la procesión de su día, el 19 de mayo. Anteriormente también se podía pagar promesa organizando un velorio en honor del santo al que se hubiera pedido su favor, pero esta práctica ya ha desaparecido en Tapipa.

Tanto en el pago de promesa como en la utilización de la medicina del ensalmador y el curioso, el individuo confía su salud a Dios, Jesucristo y los santos. Y es que los ensalmadores y curiosos, como ellos mismos afirman, no son más que intermediarios entre los seres sagrados y los hombres. En el caso de los curiosos influidos por la religión de María Lionza, como es el caso de Jacinto, a las figuras sagradas citadas se añade todo el panteón de esa religión. Los encantos también están entre estos seres sagrados ya que Jacinto, por ejemplo, les pide permiso para curar antes de iniciar las sesiones de purificación que se llevan a cabo en los ríos. En definitiva son los seres sagrados quienes ayudan a combatir la enfermedad.

AGRESIÓN, RECHAZO Y FORJA DE SOCIEDADES ALTERNATIVAS

Miquel Izard
Universidad de Barcelona

Más de una vez he mostrado mi perplejidad por que, contrastando con engaños, ninguneamientos y falacias de la historia oficial (en adelante **HO**), algunos
creadores mencionen en sus obras lo que nosotros desatendemos o consigan, con
cuatro pinceladas, describir ambientes, anhelos o emociones que nosotros olvi-
damos. Barry Unsworth en su última entrega, *Hambre sagrada*, no sólo por-
menoriza la trata, detallando caza o azarosa y dantesca travesía atlántica, además evoca sociedades del nuevo continente formadas por nativos y esclavos
huídos y la segunda parte de la novela gira alrededor de la tentativa libertaria de
africanos y blancos sobrevivientes a un motín, que en Florida acogieron algún
pielroja.[1]

1. Naciones y estados

El ejército guatemalteco perpetró otra masacre, esta vez contra gentes de la
comunidad Aurora 8 de octubre, en el aniversario de su creación y Maruja Torres
enfatiza comentándolo, «En Guatemala, donde todo es de la oligarquía, la palabra organizarse equivale a subversión».[2] Y añado por mi parte que aquélla es
continuación de lo que empezó hace 500 años, pues los bien llamados reyes
católicos pusieron no sólo los cimientos del estado español, sino también de la

---

1. Barcelona, 1995, Emecé. También menta cimarrones de forma reiterada Susana Fortes en su
Querido Corto Maltés, Barcelona, 1994, Tusquets.
2. *El País Semanal,* 29/10/95.

sociedad excedentaria en el mismo, debiendo, para ello, recurrir a la violencia contra sus súbditos, la inquisición pongo por caso, a la vez que contra habitantes de América para saquear recursos y capturar mercados.

Pero organización social y distribución espacial de colectividades americanas eran, en 1492, antagónicas de las del resto del orbe, tres o cuatro estados ocupaban poco más del diez por ciento del continente, mientras multitud de naciones autosuficientes señoreaban el resto, casi el noventa por ciento. Muchos de quienes se ocupan de éstas coinciden en los calificativos, no conflictivas, naturales, comunitarias, lúdicas, hedonistas, autodeterminadas o armónicas.[3] Tendría por características culturales comunes y naturales que el ocio y buscar la mayor satisfacción posible mediante placeres sensuales que, por añadidura, son gratuitos, sea el eje generatriz alrededor del cual gira su vida; siendo nómadas, en potencia, su creación es por esencia intelectual -ello supone una agilidad especulativa sorprendente- y no han dejado restos materiales espectaculares; si bien puede fascinar la estética de su cestería o cerámica; es imperceptible la frontera entre abastecimiento, moral o intercambios; sorprendió, y sigue sorprendiendo, a cuantos entraron en contacto con ellos la ausencia de religión, familia o estado;[4] conocen la agricultura pero se abastecen, mayormente, cazando, pescando o recolectando.

En los pocos estados, el excedentarismo se concretó en una muy sofisticada agricultura, basada en uso intensivo de agua y abonos, implicando desigualdades, recurso a religión, ejército o familia y manifestó su desmedido poder con enormes construcciones, legándonos restos materiales notables o grandiosos, Teotihuacán, Dzibilchaltún o Tiahuanacu.

Es sabida la democrática organización iroquesa, Franklin dijo, 1751, «Resultaría bastante extraño que seis naciones de ignorantes salvajes fueran capaces de establecer un proyecto de unión de ese tipo, y capaces de ejecutarlo de manera tal que subsista desde hace siglos y parezca indisoluble; y que, sin embargo, una unión semejante sea impracticable para diez o doce colonias inglesas». Y Wright, que lo menciona, añade, «Los nuevos americanos otorgaron poco crédito a los «ignorantes salvajes» de quienes aprendieron. Ornamentaron Washington, su centro ceremonial, con los íconos de Grecia y Roma e hicieron hablar latín -e pluribus unum- a su águila. Sus historiadores incluso han tratado de negar o disminuir el precedente iroqués, pero lo cierto es que la república de colonizadores se apropió de ideas indias tanto como de territorios indios. Y no sólo de la papa, el tomate o el frijol» (145-145).

---

3. Así adjetiva a los sioux el protagonista del film *Danza con lobos* de Costner. Mientras para Ronald Wright, «El pueblo debatía en la casa de la ciudad durante días, hasta lograr la armonía - el ideal de la sociedad cherokee», *Continentes robados. América vista por los indios desde 1492*, Madrid, 1994, Anaya & M. Muchnik, 128.

4. Para no alargar innecesariamente esta nota voy a mencionar sólo tres casos, el ilustrado Félix de Azara decía de los charrúas, «No adoran a ninguna divinidad, ni tienen ninguna religión [...] No tienen, igualmente, ni leyes, ni costumbres obligatorias, ni recompensas, ni castigos, ni jefes para mandarlos. Tenían otras veces caciques, que en realidad no ejercían ninguna autoridad sobre ellos» (*Viajes por la América Meridional*, Madrid, 1969, Espasa-Calpe, 190); Francisco de Mora y Pacheco decía de caribes de la Costa Atlántica, «Creía yo que en el mundo no podía haber nación tan bárbara que no tuviese deidad a quien adorar» («Relación geográfica del partido de Chontales, 1743», *Wani*, Managua, 7[ene-jun 1990], 47); Colón se sorprendió en su primer viaje - y lo repitió varias veces - por carecer los nativos de «secta» alguna, *cfr.* Rafael Sánchez Ferlosio, *Esas Yndias equivocadas y malditas*, Barcelona, 1995, Destino, 161.

Quisiera citar todavía, escogiendo al azar, otra muestra de la perplejidad de forasteros ante culturas para ellos extrañas; Bougainville, en su circunnavegación, visitó el sur de las Indias y mencionó «naturales que habitan esta región de América, tanto al norte como al sur del río de la Plata, [que] forman parte de aquellos que todavía no han podido ser sojuzgados por los españoles y que éstos llaman *Indios bravos* «; los veía valientes y aguerridos y enfatizaba haber pasado la época «en la que un español hacía huir mil americanos»; más adelante mencionaba patagones, «nada en ellos anuncia un carácter feroz», sus únicas armas eran boleadoras, herramientas que utilizaban para cazar, «ninguno parecía tener superioridad sobre los otros», «se les contentaba con muy pocos gastos».[5]

Wright reproduce documentos iroqueses o cherokees que ilustran sobre su cultura u optimismo ante el futuro. Jimmie Durham, manifestó en el Congreso, 1978, «En el idioma de mi pueblo hay una palabra que significa tierra, Eloheh. Esta misma palabra también significa historia, cultura y religión. No podemos separar nuestro lugar en la tierra de nuestras vidas en la tierra, ni de nuestra visión y significado como pueblo. Desde la infancia se nos enseña que los animales e incluso los árboles y plantas son nuestros hermanos. De modo que cuando hablamos de tierra no estamos hablando de propiedad, de territorio y ni siquiera del trozo de tierra sobre el cual están situadas nuestras moradas y crecen nuestros cultivos. Estamos hablando de algo verdaderamente sagrado». Y la dirigente Wilma Matahombres, en su discurso sobre el estado de la nación en 1990, sostuvo: «A medida que nos aproximamos al siglo XXI no puedo evitar sentirme esperanzada respecto a nuestro futuro [...] a pesar de todo lo sucedido a nuestro pueblo a través de la historia, hemos logrado aferrarnos a nuestra condición de cherokees [...]. Dentro de doscientos años el pueblo se congregará exactamente aquí y habrá una nación cherokee muy fuerte» (370-371).

2. Cariz, etapas y ámbito de la agresión

El 12 de octubre de 1492 Colón, buscando llegar al Asia, tropezó con unas islas y creyó haber dado con el edén por la belleza del lugar y el carácter de sus habitantes; pero ya al día siguiente la codicia, que no disimularon y su afán, sin mesura, por arrebatarles la mayor cuantía posible de oro supuso recurrir a pillaje, tortura, violación o asesinato. En una primera etapa, de esclavización y despilfarro, los castellanos, ansiaban dar con la vía que permitiera seguir navegando hacia poniente y precisaban mano de obra que extrajera oro en las islas (debía amortizarse el costo de nuevas expediciones) y cultivara para avituallar naves y alimentar conquistadores. Veían el mundo antillano y aledaños como mera etapa y no se inquietaban por la evidente mengua de nativos; dilapidados éstos en muy poco tiempo, organizaron razzias en las costas continentales y a poco, vaciada la región, debieron recurrir a la trata de africanos.

---

5. *Viaje alrededor del mundo,* Barcelona, 1982, Adiax, 39, 40 y 95-97. Más adelante, al llegar a las islas del Pacífico, le asombraron sus nativos y los describía como si hubiese dado con el paraíso terrenal, *cfr.* 140-159, 164-172, 179-180.

Encuentros con el mundo azteca,1519, y con el Tawantisuyu, 1530, implicaron cambio radical de la empresa. Los castellanos intuyeron ricos yacimientos de plata (dado el valor de los tesoros hallados) en la vecindad de estados con una densidad notable y dejaron de buscar el paso marítimo para llegar a las riquezas asiáticas, habían hallado sus Indias en el Nuevo Mundo. Utilizarían súbditos de los reinos conquistados como siervos en la minería de la plata, actividad no primordial pero central (a su alrededor girarían todas las demás) y el afán de lograr el mayor lucro factible implicó intentaran incrementar compulsivamente productividad y consumo, con los corregidores, pongo por caso, obligando a los nativos a adquirir lo que no necesitaban o a padecer, contra su voluntad, el reparto de hilazas.

Para dominar vastas poblaciones y neutralizar el rechazo indígena al nuevo orden social y económico, los agresores debieron recurrir a un complejo aparato represivo, basado en violencia física, ideológica y cultural, que incluso afectó a los blancos,[6] racismo embrutecedor (perjudicaba a las víctimas tanto como degradaba a quienes lo practicaban), mitificación del pasado, menosprecio por la cultura de los demás o incapacidad para entender el funcionamiento de sociedades diferentes.

La colonización desarraigó a la vez millones de africanos, para que los pocos sobrevivientes trabajasen como esclavos en plantaciones o minas, e implicó el exterminio, afortunadamente a muy largo plazo, de gentes de naciones autosuficientes, dado que habían mostrado su total negativa a devenir siervos.[7] La índole de la conquista incluso supuso que algún invasor decidiera refugiarse o quedarse entre los aborígenes; Jerónimo de Aguilar trató de convencer a Guerrero para que regresase con él, pero este soldado había hallado su lugar en el mundo entre los mayas.

La segunda etapa, iniciada en 1519, implicó el control occidental sobre los pocos estados excedentarios, sus periferias y algunas costas, en conjunto poca cosa más del 10% del Continente; Estados Unidos ocupaba, en 1776, apenas un 14% de su territorio actual.

La tercera etapa, captura y ocupación de territorios que los blancos llamaban *desiertos* se inició hacia 1849[8], consecuencia del hallazgo de oro en California, y culminó hacia 1890 tras la conquista del sur del sur de las actuales Argentina y Chile y del oeste de los actuales USA. La cuarta etapa, ocaso de los últimos paraísos, se inició hacia 1890, irrupción en Amazonia, y ahora está concluyendo, de forma dramática.[9]

---

6. José Toribio Medina recordaba personas castigadas por brujería, blasfemia, bigamia, «delitos en razón del pecado de la carne», frailes «solicitantes de monjas» y un largo etcétera (*Historia del Tribunal del Santo Oficio de la Inquisición de Lima, 1569/1820,* Santiago de Chile, 1956, Fondo Histórico y Bibliográfico J.T. Medina. Citado por E. Galeano, *Memoria del fuego,* Madrid, 1983, Siglo XXI, I, 185).

7. Necesidades crecientes de mano de obra para el Perú o la Nueva España, conjugadas con la dantesca hecatombe demográfica, vinculada sin duda al desgano vital, degeneraron en la caza de niños nativos en sus periferias para alimentar criaderos de esclavos. Pueden consultarse, por citar sólo un par de casos, Alvaro Jara, *Guerra y sociedad en Chile,* Santiago, 3 1981, Editorial Universitaria y David R. Radell, «The Indian Slave Trade and Population of Nicaragua during the Sixteenth Century», en William M. Deneven, ed.,*The native population of the Americas in 1492,* Madison, 1976, University of Wisconsin Press, 67-76.

8. Véase el parecer de Sánchez Ferlosio al respecto, *Esas Yndias,* 182.

9. Una denuncia impactante en Javier Moro, *Senderos de libertad. La lucha por la defensa de la selva,* Barcelona, 1992, Planeta/Seix Barral.

Toda sociedad conquistadora elabora una ideología justificando y sacralizando su actuación, llamo Leyenda apologética y legitimadora a la pergeñada sobre la conquista de las Indias (en adelante **Lal**) y pienso tiene algunas peculiaridades o connotaciones: pionera, fue modelo para las que más adelante forjarían Gran Bretaña, Holanda o Francia; una sutil variante fue componente primordial del discurso nacionalista de los estados surgidos de la mal llamada independencia latinoamericana, las oligarquías beneficiarias del proceso debieron idear supuestos antagonismos irreversibles con la Metrópoli, pero necesitaban dejar bien patente que descendían de colonizadores y no de indios o africanos. Gobiernos españoles rescataron la **Lal** intentando neutralizar la crisis interna, más o menos derivada del 98, y el desprestigio internacional, vinculado a noticias sobre el comportamiento del ejército expedicionario en Cuba (era lógico compararlas con lo que se recordaba de la conquista) o a campañas en protesta por el asesinato legal de Ferrer y Guardia. Algo más tarde la **Lal** devino uno de los pilares del credo franquista y volvió a eclosionar a raiz del Quinto Centenario.

Reiterar el discurso sin tener en cuenta trabajos detallando el cariz de la agresión es otra peculiaridad de la **Lal**, bien poco original por cierto. No es este el lugar para inventariar aquéllos, pero quiero mentar alguno. Montaigne deploraba, a poco de la invasión, «¡Tantas ciudades arrasadas, tantas naciones exterminadas, tantos millones de pueblos pasados a filo de espada, y la parte más rica y bella del mundo devastada por el negocio de perlas y de pimienta!».[10] Georg Friederici publicó, 1925 y en alemán, una obra de abrumadora erudición, con notable aparato crítico, intentando no cargar las tintas contra Castilla, aduciendo consabidas excusas, era cosa de la época o peor actuaron otros europeos; bastante racista, no se le podría tener por pronativo, más bien los menospreciaba. Y a pesar de ello es un sobrecogedor alegato: «De los hechos abominables perpetrados contra los indios en tiempo de la Conquista sólo conocemos una mínima parte, y los que conocemos no siempre eran los peores. Una parte de los más bestiales no ha llegado a nuestro conocimiento porque se los silenciaba sistemáticamente [...]. Los cronistas tuvieron ante sí los informes, pero ahogaron en el silencio su contenido [...]. En general, no conocemos tampoco más que uno de los dos lados de la realidad». O «Las guerras intestinas de los españoles, las cruzadas contra los moros y las campañas de conquista de las islas Canarias fueron, manifiestamente, guerras de despojo y la escuela en que se formaron los conquistadores de América. La crueldad de su modo de hacer la guerra en este Continente hizo del nombre de español piedra de horror y de espanto entre las gentes de aquel tiempo. Por doquier matanzas y esclavización de indígenas, violación de sus mujeres, incendios de sus aldeas y destrucción de sus culturas.[...] Pedro Mártir emplea la palabra latina 'despascere', arrasar, para designar la asoladora conducta de los españoles» (391-392 y 462-463).[11]

---

10. *Essais*, III, VI, citado por J. Lafaye, *Los conquistadores,* México, 1970, Siglo XXI, 9. En esta entrega las cursivas son mías.

11. *El carácter del descubrimiento y de la conquista de América,* México, 1987, FCE, 3 vols. [1ª edición en castellano, 1973]. El parecer de Friederici es demoledor y quiero citar algún fragmento más «Mancharon su fama de descubridores y la gloria de su patria, con sus tropelías de cazadores de esclavos y de torturadores de hombres, navegantes tan capaces como Ojeda»(303). «La mejor manera de hacer ver como se procedía en las expediciones de conquista y como se manifestaban

Laurette Séjourné en la larga introducción de su conocido manual, menciona, pongo por caso, un «cataclismo, frente al cual palidecen las más sombrías catástrofes de la historia» y, páginas antes, hablando del Perú dice, «Lo primero que impresiona es la aparición de lo que podría llamarse el reverso de la ideología oficial: un hervidero de bajas pasiones que cubriría de ridículo la menor alusión a la santidad de los fines perseguidos. [...] Y eso no tanto a causa del número y de la variedad de esos crímenes, cuanto a que la verdad sobre ellos fue siempre revelada por una u otra banda [...y evoca] una sociedad en la cual era la regla el perjurio, el homicidio por traición, las matanzas colectivas, las más feroces represalias y los robos a mano armada».[12]

También es tajante Todorov , «El deseo de hacerse rico ciertamente no es nuevo, y la pasión del oro no tiene nada de específicamente moderno. Pero lo que sí es más bien moderno es esa subordinación de todos los demás valores a éste».[13]

Hay suficientes estudios actuales, Moya Pons, señala en el prefacio, «Si algún mérito tiene este libro ha sido el descubrir que detrás de la letra de las leyes, que en muchos casos se hicieron con muy buenas intenciones, también había una alta dosis de codicia y de mala fe orientada a sacar la mayor cantidad de oro y perlas de las Antillas a expensas del trabajo forzado de cientos de miles de indios, hombres, mujeres y niños que en menos de treinta años desaparecieron para siempre de la faz de la tierra».[14] Los chilenos Góngora y Jara recopilaron información al respecto,

---

en ellas la crueldad y ferocidad de los soldados, su rapacidad, su falta de disciplina y su carencia de moral, es esbozar brevemente algunas de ellas, que pueden considerarse como ejemplos prototipo de casi todas. Cuando Alonso Pérez de Tolosa hizo su marcha de Venezuela a Nueva Granada, fueron atacadas por sorpresa cada una de las aldeas indias [...]. Los hombres [...] fueron todos pasados a cuchillo o esclavizados, las mujeres violadas, y ellas y los niños arrastrados como esclavos detrás de la tropa, cuando podían moverse. Las aldeas fueron concienzudamente saqueadas, obligándose a los antiguos propietarios de los bienes a transportar el botín sobre sus espaldas, como esclavos de sus nuevos señores (390). «Los ejemplos que acabamos de enumerar son altamente característicos de esta faceta de la Conquista española, del trato dado a los habitantes y poseedores del país. Como lo revelan ya de por sí su número, su coincidencia total y la jerarquía de las víctimas, no se trata, ni mucho menos, de casos aislados, de explosiones de salvajismo de unas cuantas personalidades sueltas y desalmadas que desentonaron de su medio, sino de un principio, de actos de los caudillos y jefes de los conquistadores, de una técnica de la conquista, manifestada y sostenida durante más de medio siglo y que no lograron alterar ni corregir ni en un ápice aquellas abundantes providencias de los monarcas españoles, tan bien intencionadas en cuanto a su tenor literal» (403). «El rapto de las mujeres, sacadas a la fuerza de las aldeas, y de las chozas, robadas de las plantaciones y los caminos, había provocado ya el desastre de la primera colonia española en suelo americano [...] y siguió haciendo estragos [...] en todas partes, sin excepción. Era ésta una costumbre usual e inveterada entre los conquistadores, y la Corona no lo ignoraba. Todas estas mujeres eran pasto de los torpes apetitos y el desenfreno de los conquistadores. Y con los soldados participaban de estos abusos los oficiales, los funcionarios y los mismos curas y frailes, de tal modo que los tales excesos, llevados a cabo sin que nadie la atajara, en la mayor impunidad, encanallaban moralmente a todas las clases sociales de la Conquista. [...]/ Una parte considerable de los casos de comercio sexual entre españoles e indias reducíase a violaciones y atropellos; es una larga historia que no cesa» (416-17).

12. *América latina. I. Antiguas culturas precolombinas*, Madrid, 1972, Siglo XXI, 63 y 51. Este parecer o los anteriores podría compararse con la conocida afirmación de López de Gómara, el «descubrimiento» habría sido «la mayor cosa después de la creación del mundo, sacando la encarnación y muerte del que lo creó»; parecer que repitió casi textualmente Mario Vargas Llosa en un simposio en la Fundación San Telmo, Sevilla, abril del 92.

13. *La conquista de América. El problema del otro*, México, 21989, Siglo XXI, 154.

14. *Después de Colón. Trabajo, sociedad y política en la economía del oro*, Madrid, 1986, Alianza, 10.

aquél dice de la armada enviada a Tierra Firme: «Las leyes dictadas en 1513 distaron mucho de resolver todos los conflictos de poder y de derecho que se podían plantear *en una sociedad basada en la conquista y el botín*«;[15] y ve analogías entre al Andalus y América, ocultadas por la **HO** española[16] allí, también después de 1492, se siguió cazando gente para cobrar rescate o esclavizarla,[17] y finaliza «guerras peninsulares y más tarde las conquistas canarias y africanas nos muestran la formación de tipos de guerreros fronterizos y la práctica de cabalgadas casi continuas, que los españoles y portugueses transportaron a las nuevas tierras de conquista de América. [...]/ Lo peculiar de este tipo de combatientes no es precisamente el afán de botín, ya que éste se da en todos los ejércitos [...]. Lo que es propio de estas fronteras es la esclavitud. [...]/ La perduración de estas conquistas esclavistas y la vitalidad de las bandas depende de la ocupación restringida o total del territorio y de las condiciones que existían en él para sustentar a una capa señorial sobrepuesta, que elimine las bandas y correrías. Este paso no se dio nunca en Berbería donde los europeos se mantuvieron fieles a una política de ocupación restringida, alianzas y protectorados. En América, la transición se produjo en diversos momentos, según la situación y riqueza del territorio y el tipo de población indígena» (103-105).

Quizá en la primera etapa, de caza humana y despilfarro, se siguió en las Indias la táctica puesta en práctica en el Magreb, pero en saberse lo que encerraba México se recuperó la ya perpetrada en Andalucía, esclavizar a los aborígenes *in*

---

15. *Los grupos de conquistadores en Tierra Firme, 1509-1530. Fisonomía de un tipo de conquista*, Santiago, 1962, Universidad de Chile, 40. Y sobre el Istmo dice que con Ojeda y Balboa, los esclavos quedaban en Darién, pero con Pedrarias un acuerdo de octubre de 1514 permitió su venta en las Antillas o en Castilla a cambio de mercaderías. Balboa, representó inútilmente la ventaja de no dejarlos salir de la tierra, y protestó violentamente en sus cartas de 1515 al Rey, contra la política devastadora de los recién llegados (20). Menciona,»expediciones de castigo y pacificación, practicadas por cuadrillas de compañeros» tras el repartimiento de aborígenes panameños y pertinentes fugas y sublevaciones locales. Y añade, «Inevitablemente, esta actividad de una soldadesca que se especializó en tales empresas, dio lugar a un retorno a prácticas esclavistas después de la encomienda, una reactivación de la conquista en pequeña escala, en desmedro del sistema estable de la encomienda» (30). Cita memorial de Rodrigo de Colmenares, 1516, en el que «los conquistadores solicitan que los cautivos sean plenamente asimilados al estatuto de esclavitud, y no queden como naborías, obligados a servir, pero inalienables, como lo habían declarado en Santo Domingo» (41). Enfatiza que «la venta de esclavos en Santo Domingo existió constantemente, y fue una de las bases de la economía de Tierra Firme» (41) y que «también la Iglesia participaba de las ventajas de las entradas, recibiendo limosnas descontadas del botín antes del reparto» (42).

16. Gómara habría dicho «comenzaron las conquistas de indios acabada la de moros, porque siempre guerrearon españoles contra infieles». Citado por Lafaye, 53.

17. Insiste, «Desde fines del siglo XIV a finales del siglo XVI se desarrolla un nexo de relaciones de comercio marítimo, corso y capturas esclavistas en el vértice occidental del Mediterráneo y en aguas del Atlántico, hasta el cabo Bojador, cuyos protagonistas son andaluces, portugueses, canarios, habitantes de los presidios castellanos y portugueses del Africa y corsarios berberiscos. [... y] sorprende la analogía con el mundo de las islas y tierras firmes del mar Caribe, tal como se desarrolló en las cuatro primeras décadas del siglo XVI [...]. En uno y otro caso, los cautivos se consiguen, sea por salteos súbitos de pequeñas flotillas, sea por la presencia, en la costa de fortalezas, presidios o ciudades, de donde salen cabalgadas hacia el interior aborigen. [...] ¿Cómo no recordar, frente a estos relatos [sobre el norte de Africa], los asaltos 'al cuarto del alba', que describe Las Casas?/ Las islas Canarias, otro teatro clásico de cabalgadas esclavistas desde el siglo XIV hasta la conquista de Alonso de Lugo, son a su vez punto de partida de cabalgadas en la Berbería atlántica, incluso a veces a Guinea. / [...] el número de cautivos que se rescataban por dinero, en Africa como antes en la frontera granadina, parece haber sido considerable. [...] Aparte algunos casos, excepcionalmente revelados en las crónicas es indudable que la casi absoluta totalidad de los cautivos en las entradas americanas ha caído en servicio perpetuo, sea como esclavos legales, sea como naborías» (91-97).

situ. La cuestión ha sido estudiada por Silvio Zavala, en una obra aplastante, mencionándola en los primeros cincuenta años de conquista, así como el incumplimiento de leyes devolviéndoles la libertad y el cautiverio de gentes de naciones de la frontera norte.[18] Aporta cantidad impactante de información, imposible de sintetizar acá, pero menciona que Nuño de Guzmán, unos de los más connotados cazadores, fue acusado «de haber hecho esclavos en guerra y fuera de ella, mandando herrar hasta a los niños de pecho, y haber sacado de Pánuco más de 4 000 esclavos sin orden de su majestad» (51).

Hace ya 32 años Jara pormenorizó el caso chileno, la organización sistemática de *malocas,* captura, incluso por parte de religiosos, de nativos pacíficos o belicosos, en especial mujeres y niños, para venderlos, en Perú; abuso que provocó impactante revuelta, 1599, utilizada como justificante para nuevos atropellos y para su legalización. Hasta Kirkpatrick, un agente de la **Lal**, menciona el tema, Colón habría prometido a Santángel desde las Azores al volver del primer viaje «oro cuanto overen menester» y «esclavos cuantos mandaran cargar».[19]

Por su parte Lafaye es taxativo al recordar que la mayoría de los nativos se opuso a la conquista y a la evangelización, provocando que se engendrara la excusa de la guerra justa, y añade, «Es fácil imaginar los abusos a los que habría de dar lugar. A fin de procurarse esclavos, los conquistadores provocaban la resistencia de sus víctimas indígenas, para vencerlos y sojuzgarlos «justamente» (85). Alejandro García, a su vez, recuerda la caza de siervos para las minas septentrionales de la Nueva España e incluso el asalto a misiones y reducciones, «hasta tal punto que para la mayor parte de las tribus indias recibir el cristianismo se convirtió en sinónimo de verse reducidos a la esclavitud».[20]

3. Resistiendo y desdeñando

Insisto, a finales del siglo 15 coincidieron, y no fue casual, el inicio de la implantación definitiva de la sociedad excedentaria y la expansión occidental atlántica que culminó con la agresión a América. Lo primero supuso impresionantes persecuciones y/o exclusiones étnicas, morales, sexistas e ideológicas: en Castilla, desde 1492 de judíos, antes y después de gitanos,[21] homosexuales (pragmática de Medina del Campo,1497, mandando a la inquisición acometerles, quemarlos en la hoguera y quedarse sus bienes), moriscos (iniciada en 1499 por el mismo Cisneros) o heterodoxos (a partir de 1525). Por supuesto la legislación también servía para acosar cualquier refractario; algunos acechados lograron pasar a las Indias y allí se esfumaron en el enorme espacio o recrearon sus sociedades.[22]

---

18. *Los esclavos indios en Nueva España*, México, 1968, El Colegio Nacional, 461.

19. Jara, *Guerra y sociedad* (1ª edición francesa, 1961) y Kirkpatrick, *Los conquis tadores españoles,* Madrid, 71960, Espasa-Calpe, 23.

20. *Civilización y salvajismo en la colonización del Nuevo Mundo. Un ensayo sobre la penetración de la cultura europea,* Murcia, 1986, Universidad de Murcia, 154.

21. Si los historiadores no se han interesado por este acoso si lo ha hecho algún creador, puede escucharse a Juan Peña 'El Lebrijano' cantando *Persecución* un relato bien documentado de Félix Grande. Pista que debo a mi buen amigo el profesor Sergio Bagú.

22. Hay bastante información sobre los judíos en América en Boleslao Lewin, «Los marranos en las Indias», *Revista Conservadora del Pensamiento Centro Americano*, Managua, 71(ago 1966), 23—30.

Algo más tarde, miles de personas fueron marginadas de Inglaterra por resultar incompatibles con la nueva ética y, calificadas de ladrones, prostitutas o cualquiera de las lindezas que el sistema endilga a los que devienen involuntariamente forajidos, fueron desterrados a las costas atlánticas de la América septentrional; allí se perdieron, entre nativos o no, sin que sepamos gran cosa más de ellos.

En el nuevo continente, el rechazo al excedentarismo revistió distintas variantes y osaría sugerir una primera tipología, si algunos grupos sólo pudieron resistir la agresión acudiendo a diversos argucias, otros desdeñaron de forma total la civilización occidental negándose a aceptarla.

Entre aquéllos citaré en primer lugar a los pocos súbditos de estados excedentarios aborígenes que sobrevivieron a la conquista, y a sus descendientes, esclavizados en la práctica, aunque no legalmente, y forzados a aceptar la cultura, en el sentido más amplio de la palabra, de los agresores, de la que la religión era, por supuesto, pieza esencial. Se vieron obligados a la simulación y al fingimiento, a aparentar que toleraban lo que les imponían pero siguieron vinculados, de forma furtiva, a sus hábitos anteriores o a sus creencias ancestrales. También en Europa a demasiados se les coaccionó al disimulo y la hipocresía, musulmanes y judíos apremiados a convertirse al catolicismo, homosexuales a disfrazar sus inclinaciones afectivas o mujeres sanadoras a actuar clandestinamente.

A finales del período colonial, cuando se inició el segundo intento, dirigido por los ilustrados, para implantar en las Indias y en Europa, una sociedad del todo excedentaria, el proceso implicó también en ambos continentes, desalojar miles de personas de zonas rurales, donde residían desde tiempo inmemorial, que tras éxodo más o menos largo acabaron en las ciudades desarraigados, desaculturados y sin un trabajo y el debido salario para cubrir necesidades mínimas - lo que en las comarcas de orígen podía solventarse por varios y diversos caminos - que en algunos lugares se llamó clases peligrosas, vinculadas para sobrevivir a actividades degradadas y degradantes que menospreciaban, del juego a la prostitución, del robo al pordioseo, y que elaboraron una nueva cultura, de los marginados, antagónica de la de quienes les habían ahuyentado o de la de quienes no les aceptaban en las urbes, sin que, por supuesto, sepamos gran cosa de la misma.[23] Y en contra de lo que dice la **HO** la mayoría de europeos o asiáticos que desde mediados del siglo 19 cruzaron el océano lo hicieron obligados, arrancados o barridos de sus propias comarcas.

Entre los que rehusaron plena, total y razonadamente la propuesta occidental destacan miembros de las naciones autosuficientes, algunos alejándose de la zona ocupada por aquéllos, otros, o los mismos después, viéndose obligados a defender su cultura y su territorio con las armas, a pesar de ser, los más, pacíficos de natural; la epopeya mapuche devino emblemática. E insisto, a lo largo del período colonial y en la práctica hasta finales del siglo 19, los occidentales controlaron parte bien pequeña del Nuevo Mundo -no gran cosa más que una franja costera de unos se senta kilómetros de ancho- lo que supuso muy considerables facilidades para ocultarse o perderse en el interior, en escondrijos de los que nunca sa-

---

23. Véase el excelente trabajo del malogrado Alberto Flores Galindo, *Aristocracia y plebe. Lima, 1760-1830,* Lima, 1984, Mosca Azul.

bremos gran cosa pues las posibilidades de sobrevivencia se debían en buena parte a esto mismo, al hecho de que no fuesen conocidos.

La esclavitud de los africanos sólo pudo mantenerse en las plantaciones generando los patronos una cultura del sometimiento capaz de aniquilar las peculiaridades humanas de las víctimas, pero alcanzando tal nivel de violencia que fue muy considerable el porcentaje de rebeldes dispuestos a lo que fuese para recuperar su calidad primigenia. Algunos se escabulleron en solitario, siéndoles bien difícil sobrevivir, dados los sofisticados mecanismos de recaptura sin los que el sistema no habría podido funcionar, otros consiguieron encontrar acogida entre naciones nativas,[24] pero devinieron mucho menos vulnerables cuando pudieron agruparse unos cuantos, organizando comunidades más o menos trabadas y duraderas, si bien me malicio que la forma más estable y permanente se dio al juntarse escurridizos de plantaciones con pielesrojas, blancos, mestizos o mulatos y sugiero que a todas estas sociedades, con mayor o menor porcentaje de africanos se las llame cimarronas; tenían todas en común algunas características culturales, ser nuevas, tan nuevas como cualquiera, pero de estas sabemos con cierta aproximación la época de surgimiento, resistentes, sus miembros tenían en común la oposición al proyecto occidental, antagónicas, a nivel ético o del abastecimiento, de lo que perpetraban los explotadores blancos y alternativas, pues recreaban sin cesar la cultura autosuficiente originaria.

Pero las variantes son muchas, hubo casos aislados, personas solas esfumándose individualmente, o en grupos minúsculos, podría llamárseles, apartados, desligados o separados.[25] Otros en su huida hallaron cobijo entre naciones aborígenes, se les suele llamar renegados, desertores o tránsfugas.[26] Dada la cantidad de viajes marítimos, riesgos materiales o naturales, motines o revueltas, algunos náufragos o alzados pudieron alcanzar islas o tierra firme.[27] Hostigamientos con la coartada de cuestiones religiosas, no cesaron desde inicios de la moderni-

----

24. *Cfr.* Richard Price, *Sociedades cimarronas*, México, 1981, Siglo XXI, 41 y 62.

25. Algunos se desvanecían huyendo de la justicia y no olvidemos cómo, por qué y a favor de quien procedía ésta. Balboa, inicios de 1511 y cerca de Urabá, encontró en casa del cacique Careta a tres compañeros de Nicuesa, «que cuando éste pasaba en busca de Veragua, temiendo ser juzgados por males que habían hecho, se habían escapado de las naves ancladas», que el cacique «trató muy amigablemente. Habían pasado ya 18 meses, por lo cual los encontraron completamente desnudos lo mismo que los demás indígenas, y cebados como los capones [...] los alimentos de los indígenas les parecieron en aquel tiempo manjares y viandas regias». Anglería al contarlo añade una evaluación ética, «habían vivido sin las cuestiones del *mío* y *tuyo*, del *dame* y del *no te doy*, las cuales dos cosas traen, obligan y arrastran a los hombres a que, viviendo, no vivan. Pero eligieron volver a los cuidados de antes», *Décadas del Nuevo Mundo*, Buenos Aires, 1944, Bajel, 141, década II, libro III, capítulo I. Y Bougainville en la obra mencionada habla más de una vez de desertores, incluso de sus naves, de «bandidos» o de africanos fugitivos de las islas depósito que tenían los holandeses, ya cerca de las Molucas, *Viaje*, 32, 40, 42, 85 y 247.

26. Azara se maravillaba de otra variante, niños o mujeres hechos prisioneros por charruas que «los llevan consigo y los dejan en libertad entre ellos. La mayoría se casan y se acostumbran a su género de vida, siendo raro que quieran dejarlo para volver entre sus compatriotas», *Viajes*, 192.

27. Varias leyendas lo sostienen para explicar la presencia africana en la Costa Atlántica de la actual Nicaragua, *cfr.* Izard, «Poca subordinación y menos ambición», *Boletín Americanista*, 42-43 (1992-1993), 173-174; y Anglería decía que cerca de la actual Panamá los castellanos encontraron negros, pensando habrían venido de Etiopía, curiosamente a robar, y tras también zozobrar su nave se quedaron en aquella tierra, decía así mismo que se enfrentaban con los nativos, *Décadas,* III, 200, libro I, capítulo II.

dad, implicaron la retirada al otro lado del Atlántico de comunidades enteras intentando rehacer su vida más o menos recluídos, fueran valdenses o menonitas.

4. Sociedades cimarronas

Los escurridizos incluso podían emboscarse en el interior de alguna Antilla, en especial las que los castellanos calificaron, estúpidamente, de islas *inútiles*, así san Vicente, donde se escabulleron cantidad de caribes que se mezclaron con africanos, dando lugar a los caribes negros, uno de los grupos que más tarde constituirían la población de la Costa Atlántica. O Puerto Rico, donde los fugitivos no eran molestados por haber llegado a una especie de acuerdo tácito con los españoles.[28] Pero en la mayoría de las islas ello fue impensable, el sistema de plantación, basado en miles de esclavos, no podía tolerar, bajo ningún concepto, este mal ejemplo y los mencionados cazadores de evadidos se encargaban de capturarlos y castigarlos de forma ejemplar para aterrorizar al resto de siervos.

En el continente los recalcitrantes tenían muchas más posibilidades y en colonias esclavistas, el caso del Brasil es emblemático, en las que la cantidad de africanos era muy elevada, la cuantía que conseguían huir era también considerable. Dadas las peculiaridades del paisaje americano, podemos hablar de dos clases bien diferentes de cimarroneras, de selva y de llano. En las primeras, la Amazonia pongo por caso, la frondosidad protegía de los occidentales pero, a la vez, aislaba de otras poblaciones, cimarronas o no, y las comunicaciones eran esencialmente fluviales y no siempre fáciles.[29] En las que señorearon territorios que los castellanos apodaron llanos la naturaleza podía ser hostil para forasteros (perdedora, falta o exceso de agua, dificultades para sobrevivir si no se sabía cazar o recolectar) y por lo mismo un excelente santuario para escapados. Las mismas características, extensos pastos, tierra abierta o aislamiento, supusieron que a la vez encontrasen allí refugio muchos cuadrúpedos europeos también escapados de las comarcas controladas por los occidentales, en esencia equinos y vacunos, que recuperaron su estado natural, la libertad, y proliferaron; los castellanos les llamaron orejanos, mostrencos o mesteños y supusieron una ampliación de la fauna comestible, aunque la nativa ya era considerable y abundante, y la posibilidad, para los forajidos, de serlo de caballería, lo que incrementó de forma impactante su movilidad y disminuyó, a la vez, su vulnerabilidad. Más tarde, este potencial pecuario supuso que los occidentales deseasen controlarlo y ensayasen liquidar a los cimarrones calificándolos de cuatreros.[30]

El número de cimarroneras fue considerable, de muchas no queda ni el recuerdo, pero quiero mentar las más conocidas, infinitas llanuras del oeste del Mississippí, a la vez santuario septentrional para quienes huían de la Nueva España; la Costa Atlántica de la América central, de Belice a Panamá; el Llano entre los Andes y el Orinoco; toda la cuenca Amazónica y el extenso sud del sud, don-

---

28. Véase Angel G. Quintero Rivera, «La cimarronería como herencia y utopía», *David y Goliath*, Buenos Aires, 48(nov 1985), 37-51.
29. José Luis Ruíz-Peinado lleva años trabajando sobre comunidades al norte del Amazonas.
30. En su afán de eliminarlos se elaboró el conocido discurso que los tenía por bárbaros frente a la civilización.

de resistieron naciones aborígenes, los ranqueles por citar un caso, y varias sociedades cimarronas, huasos, morocuchos o gauchos.[31]

5. Fuentes e informaciones

Rescatar el pasado de estas gentes y comunidades, neutralizar funcionarios del olvido que no son gran cosa más que la voz de su amo, implica utilizar los datos archivísticos leyendolos como en un espejo, para obtener una imagen invertida, con toda seguridad mucho más cercana a la realidad, y dar con nuevos informantes, creadores -novelistas, pintores o fotógrafos-, viajeros o la impresionante producción propia, literatura oral a veces difícil de localizar. Para el caso del Llano contamos con una obra excepcional, el *Diario de un llanero* de Antonio José Torrealba, verdadera enciclopedia del tema.[32]

---

31. Una primaria aproximación a la Costa en mi trabajo mencionado, para la gente del Llano pueden consultarse mi *Orejanos, cimarrones y arrochelados. Los llaneros del Apure,* Barcelona, 1988, Sendai o «Pensando en el sur. El Llano en el siglo XVII», *Anuario de Estudios Americanos,* Sevilla, LI-1(1994), 65-89 y sobre los últimos, «Cimarrones, gauchos y cuatreros», *Boletín Americanista,* 44 (1994), 137-154.

32. Editado y estudiado por Edgar Colmenares del Valle, Caracas, 1987, UCV y Gobernación del Estado Apure, 6 vols. *Cfr.* mi «Los de a caballo», *Boletín Americanista,* 39-40(1989-1990), 107-124.

PAISAJES Y PERSONAJES DEL IMAGINARIO

Javier Laviña
Universidad de Barcelona

La región de Vuelta Abajo está situada en el extremo occidental de la isla de Cuba. Tradicionalmente fue, y sigue siendo una zona tabaquera, esta forma de explotación económica provocó un poblamiento disperso, de relativa, poca densidad formado por campesinos libres considerados blancos, o al menos así los considera el novelista Anselmo Suárez en **Colección de Artículos**[1] donde se recogen y reflejan las costumbres del campo cubano. Suárez perteneció a la generación de escritores de costumbres cubanos de la pasada centuria que recogen la vida del campo. Las costumbres agrarias que aparecen referidas son consideradas tanto para esclavos y hombres libres como una de las desgracias de Cuba porque se oponen a la modernidad.

El campo representaba la brutalidad y el freno para la modernización de la colonia. La descripción de la realidad de una parte importante de los escritores de fines del XIX estaba marcada por la conciencia de la crisis del sistema esclavista. Algunos de ellos pertenecientes a grupos urbanos intermedios veían la esclavitud como una de las lacras de Cuba, y formaron parte de los sectores abolicionistas, pero sus planteamientos estaban cargados, por otro lado, de racismo y paternalismo. Tanto Anselmo Suárez como Cirilo Villaverde estaban incluidos en este sector de escritores[2].

El preciosismo del paisaje y la poética de las descripciones de los lugares contrastan con la dureza de los personajes en una muestra de sensibilidad hacia

---

1. SUÁREZ, Anselmo: *Colección de artículos.* En *Costumbristas cubanos el siglo XIX.* Prol. BUENO, Salvador. pp. 297-304. Caracas 1985..
2. GONZÁLEZ, Reynaldo: *Contradanzas y latigazos.* La Habana 1992.

el campo. Frente a estas consideraciones sobre la vida rural aparecen las ideas de modernidad, lujo y progreso que prometían las ciudades. El refinamiento urbano contrastaba con la rudeza rural. El escritor costumbrista parece una suerte de ilustrado decimonónico que estaba absolutamente obnubilado por la idea de progreso que suponía la vida urbana y la dulcificación del paisaje que se producía con el cultivo de la caña de azúcar.

Junto a él podemos situar a Cirilo Villaverde con dos novelas, **Excursión a Vuelta Abajo y Cecilia Valdés**. En la primera recoge la vida rural de la región, y también parece sucumbir a la belleza de los paisajes y a la idea de progreso que implicaba la ocupación de las llanuras y el cultivo de la caña. Su visión del campo cubano es crítica respecto a la esclavitud, aunque rezuma racismo, y totalmente idílica en cuanto a los campesinos libres. La novela **Cecilia Valdés** es una mezcla de folletín de amor y esclavitud donde la mulata aparece como el arquetipo de la pasión y el deseo pero como mujer estigmatizada por el color no es apta para el matrimonio. El costumbrismo nos refleja la típica visión que se desarrolló, y que lamentablemente perdura todavía hoy en Cuba, de la mulata como arquetipo sexual. La mujer mulata como paradigma de sexualidad es general en la literatura americana, al menos, escrita por hombres. La novela es también un monumento de la capacidad descriptiva de una sociedad en crisis, tanto del sistema productivo como del político, y percibida en estos sentidos por Villaverde [3]. Una tercera obra esta, según dice el propio Villaverde recogida por él en 1843 y publicada finalmente en 1982, **Diario del Rancheador**, es una buena fuente histórica. En ella se recoge el testimonio de un rancheador que se dedicaba a la búsqueda y captura de cimarrones en la región de Vuelta Abajo, donde casi día a día va describiendo las penurias y trabajos de los rancheadores. Esta obra se aparta del carácter idílico de las anteriores, los paisajes son duros, los personajes aparecen como enemigos a batir y siempre están presentes las dificultades del terreno y de los hombres que colaboran con los cimarrones. En los tres trabajos de Villaverde y en el de Suárez aprecen los paisajes y personajes que han forjado la historia de la región de Vuelta Abajo. Ingenios azucareros, cafetales, sitios y potreros, se alternan con serranías, picachos y cuevas refugio de cimarrones. Libres y esclavos blancos y de color aparecen como potenciales enemigos. Los peligros y dificultades dan un cierto aire de amargura la diario.

Los paisajes

La región de Vuelta Abajo en el occidente de Cuba se caracteriza por la variedad de paisajes. Desde las montañas calizas a las planicies fértiles los pisos ecológicos se van describiendo y contraponiendo en los relatos de los autores. Las fuentes históricas recogidas en los archivos también nos ofrecen esa diversidad de paisajes y de personajes que ocupaban la región.

La zona central está formada por montañas altas, escarpadas, calcáreas. La serranía, brava, divide el departamento en dos áreas, una de planicies, fértil y rica

---

3. GONZÁLEZ, Reynaldo: *Contradanzas y latigazos..* La Habana 1992. p 89.

que en el siglo XIX conoció el auge de la expansión azucarera, y creció al calor de la demanda internacional.

Frente a este paisaje fértil y civilizado, según los autores, cuidado por los hombres y ganado a la naturaleza por el tesón y el trabajo, aparecen los manglares, siempre inseguros, pantanosos y refugio de forajidos.

La ruptura de los paisajes viene marcada por los picos y serranías que dividen la zona. **La transición de la tierra llana a las sierras es casi repentina, particularmente desde los ingenios de Mendive hasta mas allá de Candelaria, describiendo una curva cuyo extremo se introduce en Los Palacios; porque al salir de Guanajuay desde la punta de Barlovento del Mariel hasta la meseta o planicie en que remata Jabaco o la loma de Zayas, se advierte que hay que bajarse a las montañas que se distinguen majestuosas y azules en lo profundo de un valle.**[4] La zona llana es a los ojos del autor un cántico a la civilización. El azúcar, industrioso y clave del desarrollo cubano, consiguió someter a hombres y tierras. Los látigos que castigaban con caricia cruel las espaldas de los esclavos, convirtieron las llanuras en una zona de cultivo, civilización y progreso, la descripción que hace de ella Villaverde es bien recurrente de la mentalidad «moderna» y modernizante del autor, **esa tierra desmontada, medida, deslindada por cercas de piedra; cultivada, y poblada; que por bóveda tiene un cielo azul, transparente, y un sol que la alumbra en todas las estaciones del año; que goza de un ambiente puro y aromado por los azahares del cafeto, del mango, la guásima, los limones y el palmito; porque todas estas delicias, todo este encanto desaparece al pisar el viajero los límites de La Tumba**[5], **quien vadeando un arroyo y bajo una frondosa arquería de cañas bravas penetra en el monte firme y espeso por una vereda**[6].

Esta zona es a ojos del autor un *locus amenus* donde el hombre de bien encontrará refugio y seguridad. El problema se planteaba en el intento de conjugar modernidad y esclavitud. Si la ocupación de las áreas planas era un síntoma claro de civilización ¿cómo se podía conjugar con la esclavitud que representaba un elemento de antigüedad?, el conflicto, al menos en las obras utilizadas para la elaboración de este trabajo, queda sin esclarecer.

La zona montañosa se describe como de una enorme feracidad, pero despoblada, poco cultivada y según Villaverde muestra el atraso de la población. Poco mas adelante el autor nos describe, pese a todo, las bondades de la sierra, de los pájaros que la pueblan y la belleza y tranquilidad que se dan en esa zona. inhóspita, signo de barbarie y falta de civilización. Estas montañas eran el refugio de bandidos, cimarrones y gentes que escapaban, o querían escapar del control del estado, de ahí la dualidad con la que son descritas, bellas en el paisaje pero salvajes y peligrosas.

El autor, acompañado de un guajiro, continúa viaje continúa hasta el Cuzco donde el pico del Aguacate es atravesado por un río que lo divide en dos y permite franquear el paso. Desde aquí Villaverde continuó solo su viaje y para, en parte

---

4. VILLAVERDE, Cirilo. *Excursión a Vuelta Abajo*. La Habana 1981. p 9.
5. Llámase así con rara coincidencia el último ingenio plantado en las faldas de la sierra. Nota del autor.
6. VILLAVERDE, Cirilo. *Excursión...* La Habana 1981. p 11.

espantar sus temores y, relajarse dejó que su caballo le llevara por las lomas en pendientes y bajantes hasta llegar al camino que le habían indicado, la frondosidad de la montaña no dejaba pasar los rayos del sol, los bejucos y las yayas oscurecían el día, solo el canto de los pájaros y los gritos de las jutías daban alguna nota que rompía la dificultad y angostura del camino. El bosque, y en general la serranía aparece como una naturaleza peligrosa para el viajero. Posiblemente esta sensación estaba marcada por el miedo y los peligros de asaltos y contratiempos que ofrecía la espesura y frondosidad de los bosques. Finalmente Villaverde encontró el cauce del río que baña San Diego Nuñez y lo siguió para alcanzar la villa.

La ciudad, con un puerto ancho y extenso, se alza sobre lomas de manera que de nuevo las cuestas hacen que el relator se sienta incómodo de la situación y llegó, en primera instancia a comparar la villa con un ataúd, aunque en la obra rectifica su parecer y lo compara con un banco de seis patas. Para Villaverde, la ciudad estaba situada en un lugar poco propicio para el progreso. Pese a la presencia del elemento humano, que parece gustar a Villaverde, no encuentra que San Diego Nuñez fuese una auténtica urbe. Quiere volver a recalcar la idea de ciudad y de modernidad. La ciudad ofrecía, sin embargo, pocos alicientes al viajero, en parte por la mala ubicación en la que se hallaba. Pero parece lógica la fundación en el lugar donde estaba porque en el siglo anterior la zona había sufrido los ataques de corsarios y piratas.

Aquí el autor entra en un terreno que vale la pena repensar. La ciudad vivía del comercio ilegal con los franceses lo que había permitido que junto a las casas de yaguas se alzaran algunas de tejas y mampostería que denotaban la riqueza de algunas familias. Uno de los problemas que planteaba el contrabando era que si ciertamente permitía un despegue económico como contrapartida la falta de vigilancia en los puertos convertía a estas ciudades en un blanco para los piratas.

Los ingenios azucareros y los cafetales habían conseguido extenderse con una relativa importancia y la construcción del puerto por donde poder colocar sus productos en el mercado internacional parecía demostrar esta riqueza. Los ingenios de San Diego Nuñez se extendían por la parte baja del partido, mientras que las zonas de lomas y montañas estaban ocupadas por los cafetales. Una tercera forma de explotación de la tierra eran los sitios y potreros que estaban establecidos en zonas menos fértiles y peor comunicadas con la capital del partido. Estas formas de ocupación económica daban lugar a poblamientos diferenciados. Ingenios, cafetales y sitios respondían a espacios ecológicos diversos, y generaban formaciones socioeconómicas diferenciadas.

Los personajes

El grupo humano descrito por estos costumbristas cubanos del XIX son básicamente gentes del campo. Los autores ponen especial interés en la descripción de los campesinos libres, que fueron el principal aporte demográfico de la región de Vuelta Abajo antes de la expansión azucarera. Las expectativas laborales y económicas de estos campesinos libres eran bien limitadas. El sistema y la ocupación de tierras no daban demasiadas oportunidades a los hombres y mujeres libres.

Junto a los sitieros, que eran arrendatarios de tierras a los que se describe como gente miserable amarrados, de alguna manera, a la tierra que apenas si les da para mantenerse aparecen el mayoral y el guajiro.

El oficio de mayoral, encargado de velar por la marcha de los ingenios y cafetales, una de las salidas que le quedaba al campesino pobre, era desestimada porque producía holgazanería en los que ejercían la profesión, **no lo dude uste, camarada, pocos o ninguno de los que montan en mulas y gastan cuero** (látigo), **los verá usted que los abandonen para doblar el lomo sobre el machete de chapear, aunque se mueran de hambre**[7]. **Esta opinión de otro hombre libre sobre la función y utilidad de otro hombre libre refleja el desprecio que había sobre estos intermediarios entre amos y esclavos. De alguna manera el estatus social que podrían alcanzar no compensaba la dependencia que generaba.**

El tercer tipo humano que aparece es el guajiro, hombre pobre, blanco, que no quiso someterse a nadie y que tenía como base para la estructura de su vida una trilogía, su caballo, su machete y su hembra. Sin estos elementos el guajiro, orgulloso y pendenciero no tenía sentido. Este parece ser el personaje idealizado por los costumbristas. Signo de independencia y virilidad.

Hombre no sometido ni doblegado por el sistema. No trabajaba para no depender de nadie. Se limitaba a recoger una cosecha que le diera para sobrevivir. Era, sin embargo, desde el punto de vista de los cimarrones, el enemigo a batir. Libre y en cierta manera libertario que no aceptaba estar sometido a nada ni a nadie, se convertía en un perseguidor eficaz y despiadado de los esclavos que habían huido de su condición. Las diversiones del guajiro aparecen claramente definidas y se dividen, después de la trilogía anteriormente citada entre las peleas de gallos y los perros[8], animales no solo de compañía sido de rastreo y caza de cimarrones.

Todas las pertenencias del guajiro le acompañaban en su cabalgadura, la hamaca y poco mas componen los útiles de que disponía, su vida era nómada y según Villaverde **la casa del guajiro es todo él**[9]. Este relato del guajiro y de la casa descrita por Villaverde contrasta con la descripción **El Guajiro** de Suárez Romero[10], respecto a la casa habitación aparece, efectivamente, como magra de bienes. **Conténtase con taburetes de cuero, con una mesa de pino o de cedro toscamente formada... Esto por dentro, que por fuera la yerba parece tragarse la casa.**

Los hombres y mujeres guajiros van tosca y pobremente vestidos, solo se arreglan cuando van de fiesta o cuando los hombres van a la gallera. Este campesino que aparece orgullosos y desafiante en los relatos de Villaverde es tachado de descuidado, haragán, por Suárez, solo hace una siembra **aran un pedazo de tierra, y luego que han echado la semilla se sientan a mirar para el cielo** [11].

El guajiro aparece y se nos muestra como un individuo que despierta contradicciones, es por una parte el hombre libre que no se somete, pero también el mejor colaborador del sistema al ofrecerse como garante del orden social esclavista.

---

7. VILLAVERDE, Cirilo. *Excursión a Vuelta Abajo.* La Habana 1981. p 72.
8. VILLAVERDE, Cirilo. *Excursión ...* La Habana 1981. pp. 65-66.
9. VILLAVERDE, Cirilo. *Excursión ...* La Habana 1981. p.70.
10. BUENO, Salvador. *Costumbristas cubanos del siglo XIX. Caracas* 1985. p. 297.
11. BUENO, Salvador. *Costumbristas cubanos del siglo XIX.* Caracas 1985. p. 300. Cfr. GENOVESE, Eugene.G. *Esclavitud y capitalismo.*

Súarez, convierte al guajiro en un desastre, parasitario y enemigo del progreso. Sin embargo Villaverde le ensalza y parece envidiar su apego a la libertad.

No podían faltar en las novelas de costumbres del campo cubano los esclavos y negros libres. Estos personajes son el signo mas claro del atraso cubano. Su presencia es en las novelas un elemento necesario pero ajeno al país. Villaverde reproduce conversaciones con esclavos haciendo la transcripción de la fonética y el lenguaje empleado por ellos queda marcado como ridículo. Por otra parte el servilismo del que hacen gala los esclavos contrasta con una conducta taimada para evitarse complicaciones. Estos fenómenos fueron bien conocidos por los amos, que interpretaban la falta de conocimiento del idioma como clara muestra de la inferioridad del negro y el servilismo como estupidez de los esclavos. Servidumbre y servilismo fueron dos elementos que siempre trataron de inculcar en los esclavos para de esta manera crear un sentimiento de inferioridad[12] entre los esclavos que permitiera mas facilmente su dominio, sin embargo el sevilismo fue, casi siempre, fruto de la estrategia de supervivencia y la servidumbre contestada y oculta por la mascara de la ignorancia. Las buenas intenciones del esclavo nuca quedaron claras, Villaverde describe como el esclavo guardero intentaba oponerse a que los blancos entraran en su casa, por donde había pasado un cimarrón. Excusas de todo tipo parecen presentar al esclavo como un ser estúpido. Sin embargo lo que pretendía era evitarse problemas y no delatar al cimarrón.

En las novelas y artículos no aparecen los cimarrones como protagonistas. La única referencia a cimarrones, se hace sin presencia física. Los esclavos huidos habían estado en el potrero de *El Cuzco*, donde se acercaron a descansar el viajero y un guajiro que les sirvió de guía. El guarda del potrero, negro esclavo, les abrió la puerta de la finca pero no les ofreció pasar al bohío, pese a la falta de hospitalidad entraron en la casa. Recorrieron el interior y el guajiro descubrió un *chuzo y un cutucú*.

Y al mismo tiempo me presentaba, para que los examinara, un palo de yaya largo como hasta dos varas, quemado o curado, según dicen los que lo usan, a cuyo extremo tenía atado o encajado un pedazo de hoja de machete de dos filos, agudo cual puñal, especie de dardo venablo, arrojadizo también; y una bolsa a la manera de las jabas, hecha de pellejo de jutía, arma y objeto de que siempre van provistos los negros cimarrones apalencados en las sierras.[13] Después de un brusco interrogatorio, en el que no faltaron las amenazas e insultos el negro guardero confesó, **Anoche ha estado aquí el hijo de Pascual, *el invisible,* con su cuadrilla. De ellos son este chuzo y este cutucú**[14] El cimarrón aparece como un peligro en el imaginario, presente pero no visible. Antes de salir del potrero, Chicuinga el guarda, les advirtió que no fueran por la Peña Blanca. Era muy posible que la cuadrilla del *invisible* se hubiera instalado en esa zona. El guajiro que acompañó a Villaverde no hizo caso y apareció muerto. La proximidad de la muerte con la advertencia y la presencia de cimarrones nos lleva a pensar que fueron los cimarrones quienes mataron al guajiro. Estas son las únicas alusiones a los cimarrones de Vuelta Abajo.

12. Barcelona 1971.
13. VILLAVERDE, Cirilo. *Excursión...* La Habana. 1981, p 26.
14. VILLAVERDE, Cirilo. *Excursión...* La Habana 1981, p 27.

Estos cimarrones imaginarios contrastan con el imaginario y la imaginación que los cimarrones despertaron en la región durante esos años del siglo XIX. En la obra recogida por Villaverde **Diario del rancheador**, aparecen los mismos paisajes y personajes que en las novelas anteriormente citadas, sin embargo la visión de dulzura, sosiego y posibilidades que ofrecen los novelistas contrasta con la rudeza de las descripciones del rancheador. La lluvia, el fango, la colaboración de los libres con los esclavos huidos contrastan con los valores y la audacia de los guajiros y campesinos. Las montañas no son la feracidad y zona umbría sino el refugio de los que hay que eliminar, del enemigo a batir.

La situación de los cimarrones en la isla dependía de la participación y complicidad en la huida de los esclavos y negros libres que habitaban en las aledaños de las serranías. Los cimarrones eran alertados de la presencia de rancheadores en la zona e intercambiaban algunos alimentos con los negros que les servían de intermediarios.

Vuelta Abajo a mediados del siglo se convirtió en una región de expansión azucarera y cafetalera y por lo tanto en una región de esclavitud, lucha y huida. Las condiciones geográficas convirtieron a las montañas en un paraíso de libertad. Los esclavos se retiraban a las grutas de las cimas desde donde controlaban los movimientos de los rancheadores. El pánico que causaban entre propietarios y habitantes de la zona llegó a crear el mito de la existencia de grandes palenques.

Realmente la huida de esclavos a las serranías fueron considerables. Ya en 1797, el inicio del azúcar de Vuelta Abajo aparecen informes sobre partes de negros huidos[15]. La situación se complicó hasta el punto de que en 1814 aparece un informe dirigido al ayuntamiento de la Habana donde se describe la situación de terror que padecen los vecinos de la Sierra del Cuzco por la presencia de cimarrones, hay «**muchos negros cimarrones y que divididos en varias partidas de hasta veinte o treinta hacen salidas a proveherse de viandas en los ingenios y cafetales**»[16]. El informe habla de los destrozos causado en la región, y de la facilidad de movimientos de los cimarrones que les permitía desplazarse grandes distancias. Las autoridades coloniales ordenaron que se dispusieran rancherías por la zona y se consiguieron apresar cuatro cimarrones. En la persecución de los cimarrones que duró dos meses por la sierra se encontraron ranchos, algunos de cierta importancia, pero abandonados desde hacía tiempo[17].

Los cimarrones aparecieron no solo en las serranías de la isla de Cuba sino en la imaginación de los habitantes, un informe del capitán de Cayajabo en Vuelta Abajo informa de la presencia de mas de 500 cimarrones en la región, dando toda una serie de detalles sobre los daños que han causado y las muertes de vecinos a manos de los cimarrones[18]. Ante la alarma de los informes se autorizaron varias expediciones, finalmente la Junta de Fomento recibió un informe del

---

15. Archivo Nacional de Cuba. (A.N.C.) *Real Consulado y junta de Fomento*. Legajo 140 Nº de Orden 6890. 6 de Septiembre de 1797. «En el partido de Guanajuay con solo siete ingenios aparecen 43 negros huidos».

16. A.N.C. *Real Consulado y Junta de Fomento*. Leg. 141. Nº de Orden 6296- Habana 18 de febrero de 1814.

17. A.N.C. *Real Consulado y Junta de Fomento*. Leg. 141. Nº de Orden 6925. Abril de 1814.

18. A.N.C. *Real Consulado y Junta de Fomento*. Leg. 141. Nº de Orden 6934. 30 de Enero de 1819.

Teniente de Filipinas, que fue a desbaratar el palenque donde se relata que los informes anteriores eran falsos[19].

Villaverde, conocedor de la zona no describe en sus novelas la presencia de cimarrones pese a que eran frecuentes y causaban el temor de propietarios y arrendatarios[20].

Los cimarrones no aparecen como personajes en la novelística de los escritores cubanos sino como sombras, apenas dibujados, casi desapercibidos, pero presentes en el desasosiego y en los crímenes cometidos. Cimarrones que poblaban y repoblaban los espacios conquistados a las dificultades del terreno, pero que no merecieron sino una breve referencia en la novela de Villaverde.

Expertos libertarios que luchaban y defendían su independencia sin reparos que no se entregaban a la codicia de los rancheadores a los que plantaban cara.

Personajes reales y no solo de ficción que dificultaron la expansión azucarera y que vivieron con la cooperación de esclavos y libres que voluntaria o de manera forzada colaboraron con estas mujeres y hombres que vendieron cara su libertad.

Cimaronaje real, imaginario y ficticio supuso en Cuba un grito de libertad, una esperanza que sirvió para crear una referencia para los esclavos. Una meta y una situación que, en cierta medida, creó una forma de resistencia y salida de la esclavitud, al margen de que la presencia de cimarrones en la zona provocara mas huidas o se crearan mas palenques.

Fuentes

Archivo Nacional de Cuba. (A.N.C.) *Real Consulado y Junta de Fomento.* Legajo 140 Nº de Orden 6890. 6 de septiembre de 1797.

A.N.C. *Real Consulado y Junta de Fomento.* Leg. 141. Nº de Orden 6296- 18 de febrero de 1814.

A.N.C. *Real Consulado y Junta de Fomento.* Leg. 141. Nº de Orden 6925. 14 de abril de 1814.

A.N.C. *Real Consulado y Junta de Fomento.* Leg. 141. Nº de Orden 6934. 30 de enero de 1819.

A.N.C. *Real Consulado y Junta de Fomento.* Leg. 141. Nº de Orden 6934. 26 de febrero de 1819.

Bibligrafía

BUENO, Salvador
1985   *Costumbristas cubanos del siglo XIX.* Caracas.
GONZÁLEZ, Reynaldo
1992   *Contradanzas y latigazos.* La Habana.

---

19. A.N.C. *Real Consulado y Junta de Fomento.* Leg. 141. Nº de Orden 6934. 26 de febrero de 1819.
20. Cfr. VILLAVERDE, Cirilo. *Diario de un rancheador.* La Habana 1982.

SUÁREZ, Anselmo

1985   *Colección de artículos.* En *Costumbristas cubanos el siglo XIX.* Prol. BUENO,
Salvador. Caracas.

VILLAVERDE, Cirilo

1981   *Excursión a Vuelta Abajo.* La Habana.

VILLAVERDE, Cirilo.

1982   *Diario de un rancheador.* La Habana.

«LAS DISPENSAS DE COLOR».
UN DISCURSO SOBRE LA DESIGUALDAD.
CARACAS, SIGLO XVIII[*1]

Maria Elena Morales
Antropólogo, Universidad Central de Venezuela

La sola palabra cimarrón propone automáticamente nociones de rebeldía, resistencia, rechazo, movilización, es decir, un cambio. Esta ponencia, sin embargo, intentará a través de un ejemplo concreto, mostrar como algunos intentos de movilización o rechazo social no proponen, necesariamente, un cambio en la representación social de la realidad impuesta. Partiremos de la historia que versa sobre Juan Gabriel Landaeta y Diego Mexías Bejarano, individuos denominados pardos[1] por la sociedad colonial caraqueña de finales del siglo XVIII, que se vieron inmersos en una gran disputa social por haber expresado a la corona su deseo de ser considerados como «blancos»[2] . Esta peculiar, digamos, rebelión, hizo surgir gran cantidad de documentación oficial de oposición a éstas que ha sido objeto de análisis y hay quienes piensan actualmente que reflejan el comienzo de un verdadero proceso nivelador hacia la igualdad civil a consecuencia de una

---

* Version basada en mi tesis de grado (1992); *Las dispensas de calidad de pardo de Juan Gabriel Landaeta y Diego Mexias Bejarano: Motivaciones,oposiciones y valoraciones. Caracas, siglo XVIII.* Escuela de Antropologia. Facultad de Ciencias Económicas y Sociales. Universidad Central de Venezuela. Caracas. 170 pp (mimeografiado)

1. La voz pardo en el contexto de finales del siglo XVIII se utilizaba para designar a los individuos que eran «tenidos y reputados» como descendientes de la mezcla de blancos y negros, más que una categoría racial rígida la interpretamos actualmente como una categoría de status social amplia basada fundamentalmente en la «reputación» de los individuos como «pardos» sin que se haya cumplido, necesariamente, la relación genética.

2. La fuente documental referida a estas peticiones fue recopilada por Santos Rodulfo Cortés (1978); *El régimen de «Las Gracias al Sacar» en Venezuela durante el período hispánico.* Fuentes para la Historia Colonial de Venezuela., Biblioteca de la Academia Nacional de la Historia. Caracas. Tomo I y II

emergente lucha de clases.[3] Sin embargo, el análisis de los textos emitidos, desde una perspectiva antropolingüística[4], ha producido una interpretación diferente de las motivaciones de dichas solicitudes. Estas más que una lucha social reflejaron una lucha individual a través de un discurso del rechazo, si,a una identidad impuesta y socialmente construída[5], pero basado, paradógicamente, en la aceptación de los conceptos culturales que justificaban su imposición y por lo tanto su discriminación[6] . Señalar algunas características de este discurso es el interés de esta ponencia con la finalidad de resaltar, a través de los conceptos culturales y las estrategias discursivas que se manejaron, la importancia de considerar la conducta cimarrona como un proceso de resignificación de los conceptos culturales impuestos para una reimaginación de un nuevo universo y orden social.

¿Quiénes son los solicitantes?

Actualmente, la Caracas colonial en la segunda mitad del siglo XVIII es interpretada como una sociedad jerarquizada y «poco permeable»[7] .Su estructura social ha sido analizada desde diversos puntos de vista los cuales han resaltado, por un lado, las variables económicas, por otro, el componente étnico e incluso su carácter estamental. Sin embargo, alejándonos un poco de esa disyuntiva, se puede afirmar que la documentación de la época muestra, a través del lenguaje utilizado, la tendencia a identificar y a clasificar a los individuos bajo diversas nominaciones de carácter racial y que reflejan, a su vez, el fuerte proceso de mestizaje que atravesaba la sociedad y el intento de ordenar y jerarquizar el mismo por parte de los individuos. Podemos encontrar voces tales como: «pardos», «morenos», «mestizos», «blancos», «negros» e infinidad de intermediarios como «quinterones», «cuarterones», «salto a atrás», «tente en el aire» entre muchos otros para referirse tanto a grupos como a individuos.

De esta manera tenemos que tanto J.G. Landaeta como D. Mexías Bejarano eran individuos «tenidos y reputados» como pardos. Al nacer, en Caracas en 1735 y 1741, respectivamente, fueron inscritos en el libro de bautismo de Inferiores de la Catedral de Caracas[8]. En este sentido, debemos resaltar que la iglesia como institución

---

3. Federico Brito Figueroa (1987); *Historia Economica y Social de Venezuela*, Edic. Biblioteca de la Universidad Central de Venezuela, UCV, Caracas, Tomo IV. (1º edic. 1974) pp 1228

4. En nuestro caso supone dar una mirada antropológica a un hecho del pasado a través del análisis del discurso como método para discernir a través de las estrategias lingüísticas la finalidad o ideología de los discursos. Sobre estrategias discursivas e ideología ver Teun van Dijk (1993); «Principles of discourse analysis», **Discourse and society**, Vol. 4 (2)

5. En el sentido que señala la sociología del conocimiento. Ver Peter Berger y Thomas Luckmann (1968); *Construcción Social de la Realidad*, Edit. Amorrortu, Buenos Aires

6. La misma idea afirma Carol Leal , refiriéndose a la cantidad de peticiones que hicieron los pardos para obtener la «gracia» de utilizar «tapetes» en las iglesias, cuando dice: «...sugieren por el contrario la permanencia y continuidad de una conciencia de pertenencia a un orden fundado en la subordinación fiel y jerarquizada. Se podría decir que hay una prolongación de la estructura interna de la desigualdad...» Carol Leal (1990); *El Discurso de la Fidelidad: Construcción social del espacio como símbolo del poder regio. Venezuela, siglo XVIII*, Academia Nacional de la Historia. Caracas. pp 255

7. C. Leal *El Discurso...* pp 15

8. Archivo Eclesiastico de la Iglesia de la Catedral de Caracas.

oficial de la colonia ejercía la función, entre otras, de clasificar o tipificar a los individuos socialmente, inscribiéndolos en libros separados según la calidad que se le atribuyera, e iniciando así el proceso de categorización individual por el cual las personas se percibirían y serían percibidas socialmente en lo sucecivo[9] .

Este mecanismo de categorización se reactivaría nuevamente al momento del matrimonio en el que serían registrados en el Libro de Casamientos de Inferiores de la iglesia de Altagracia de Caracas[10] al contraer nupcias, respectivamente, con Maria Gracia Bejarano y Juana Antonia Bejarano, hermanas integrantes de una acomodada familia parda caraqueña.

Juan Gabriel Landaeta, por su parte, fue posiblemente comerciante, a pesar de descender de una familia de arraigada tradición militar[11] .Su dedicación a oficios de mercería lo percibimos a finales del siglo XVIII cuando reclama, a través de un juicio civil, cierta mercancia de telas[12] lo que igualmente constatamos a través de su testamento en donde se inscribe la posesión de 3 casas tiendas[13] .

Por otro lado, Diego Mexías Bejarano fue médico reconocido por el Real Protomedicato. Dicha institución se instaló en Caracas en 1777 para inspeccionar y evaluar la profesión médica y por el cual en 1778 fueron llamados 14 «curanderos», entre los cuales se encontraba D.Mexías, para un exámen que evaluaría sus conocimientos Aprobó el exámen del 8 de julio de 1778, recibiendo el título de médico el 10 de abril de 1779, y la confirmación del mismo por parte del rey de España el 22 de abril de 1787[14] . Hay que decir que ejercía dicha profesión mucho antes de su aprobación. Ya desde 1772 había obtenido una certificación que el Dr. Lorenzo Campins (Protomédico Interino) le había extendido por «las enseñanzas teóricas y prácticas sobre Medicina y Cirujía que le había impartido al beneficiado, y de las pasantías que había realizado en los Hospitales de San Pablo y de Ntra. Sra. de la Caridad...»[15] .

El ser considerados pardos, tanto oficialmente como públicamente, no les impedía poseer o por lo menos aparentar una sólida situación económica, tomando en cuenta que las Leyes de Indias les prohibía a los grupos considerados «inferiores» poseer o exhibir ciertos privilegios sociales. En este sentido, la tenencia de numerosos esclavos era una costumbre social que denotaba prestigio, sobre todo en ambientes urbanos y que teóricamente podían exhibir solo los blancos de calidad. A pesar de esto, en 1788 J.G. Landaeta y D.Mexías Bejarano al ser registrados en la matrícula parroquial de Altagracia[16] como residentes de la casa

---

9. Maria Elena Morales (1994), «»Si yo por mi color soy pardo y no moreno...»: Mecanismos sociales de construcción de la identidad social. Caracas, siglo XVIII». Ponencia presentada en el Simposio «Construcción histórica de identidades étnicas y regionales» en el XVL Congreso de la Asociación Venezolana para el Avance de la Ciencia ASOVAC, Coro, Venezuela (mimeografiado)

10. Archivo Eclesiastico de la Iglesia de Altagracia

11. Tanto su padre como su abuelo, sus hermanos y su suegro siguieron la carrera militar destacándose en muchos casos en la protección y defensa la corona española en las colonias americanass. Ver S. R. Cortés, *El régimen..* pp. 281 a 338

12 Archivo del Registro Principal de Caracas, Sección Civiles, 1793

13. Archivo del Registro Principal de Caracas, Sección Testamentarias, 1803

14. Emanuele Amodio (1990); "Médicos y curanderos en Caracas a finales del siglo XVIII", Simposio Internacional: «La Ilustración en Hispanoamérica y en España: Convergencias y Divergencias», Caracas (mimeografiado)

15. S.R. Cortés *El Regimen de....*, pp 354

16. Archivo Arquideocesano de Caracas, Seccion Matriculas Parroquiales, año 1788

de su suegro Francisco Domingo Bejarano, ya viudo, con sus respectivas esposas e hijos, 24 personas entre ellos, aparecen como poseedores de 47 esclavos (adultos y niños) y 13 agregados.

La dispensa de calidad y el discurso oficial. Los discursos paralelos

Las peticiones

Es J.G. Landaeta en 1788 el primer individuo que se tenga conocimiento en Caracas, en pedir al rey ser considerado blanco. A través de una carta escrita y enviada por medio de un «agente de negocios», el cual viaja a Madrid y solicita en nombre de él y su familia:

> «...que a los hijos, nietos, y demás familia del suplicante no le sirva de impedimento la diferencia de color para alternar y contraer matrimonio con los blancos del estado llano: para entrar y profesar en cualquier religión; y para vestir hábitos clericales, seguir estudios, ascender a las órdenes sagradas a título de capellanía o de cura Animarum: habilitándoles en caso necesario para todo, de cualquier defecto que pudiera objetárseles...»[17]

En los mismos términos, D. Mexías Bejarano solicita se le dispense la calidad de pardo en 1793 y en 1796 sobre todo para que su hijo Diego Lorenzo sea aceptado en las órdenes religiosas y en la universidad[18]. En los dos casos, la petición se hace a título individual incluyendo a la familia, solicitando en primer término que le sean concedidos privilegios que por su calidad se le estaban prohibídos.

Intencionalmente los argumentos para la solicitud se enumeran seguidamente para justificar su petición. La consideración en este análisis, de la intencionalidad se debe a que desde una perspectiva del análisis del discurso[19], los textos, en este caso escritos, se consideran como el resultado lingüístico producido por una interacción entre los participantes, es decir entre el que escribe y el que lee, en otras palabras, un texto está siempre cargado de intenciones con un fin determinado que, por lo tanto, influenciará tanto en la escogencia de las ideas como en el orden en que se presentarán, asi como las estrategias discursivas para expresar las mismas.

Desde este punto de vista, el primer procedimiento discursivo que se utilizó en una primera argumentación, es la descripción positiva de la conducta de sí mismos y de sus respectivas familias:

> «...el suplicante en toda su ascendencia no se encuentra esclavitud, ilegitimidad, ni otro vicio que puede servir de impedimento...»
> «...como herederos del honor y méritos que contrajeron en Vuestro Real Servicio sus abuelos y bisabuelos...»

---

17. S. R. Cortés *El Régimen de*...., tomo II, pp 69- 71
18. S. R. Cortés *El Régimen de*...., tomo II, pp 38-44
19. Adriana Bolivar (1992); «Análisis del Discurso», Maestría de Lingüística, Universidad Central de Venezuela, mimeografiado

En el caso particular de la primera petición, se utilizó un segundo procedimiento discursivo para dar forma a una segunda argumentación, este consiste en la utilización de dos estrategias complementarias, la representación positiva de si mismo y su familia y la representación negativa del grupo al cual es adscrito socialmente, para justificar su excepcionalidad[20].

Para referirse a si mismo y su familia:

> «...todos vecinos honrados y muy estimados...oriundo de casta mestizo de los que en la provincia llaman leopardos, pero sin vicio de esclavitud, ilegitimidad, ni otro defecto de natales...»
> «...hijo legítimo...casado...nieto legítimo...con la nota de valor, aplicación, capacidad y conducta...»
> «...fidelidad...esmerándose todos en el cumplimiento de sus obligaciones...dignos...herederos del honor y méritos...tienen una mayor actitud y recomendación...»

En contraste, para referirse a los mestizos utiliza los siguientes términos:

> «...de ordinario nacen de adulterio y de otros ilícitos y punibles ajuntamientos...infames e inhábiles...»
> «...mala crianza...vicios y pésimas costumbres...los de color vario indignos de la sociedad y de honores públicos..»

A partir de esto, pensamos que la concepción de orden social se basaba principalmente en la relación inequívoca que parecía existir entre el origen y conducta. Es decir, origen africano = esclavitud, ilegitimidad, vicios, no apto para honores públicos.

Las oposiciones

Como ya hemos anticipado, el discurso oficial, comprendido por un acta y una representación al rey del Cabildo de Caracas, otra de la Universidad y el Obispo[21], se fundamentaba en la misma concepción de orden social, utilizando en sus textos, los mismos procedimientos discursivos para su justificación.

Así tenemos que las argumentaciones de las tres instancias se resumen en una primera enumeración de características negativas asociadas al origen de los individuos:

> «Los pardos o mulatos son aquí vistos con sumo desprecio y son tenidos y reputados en la clase de gente vil, ya por su origen, ya por los pechos que nuestras Reales Leyes imponen, y ya por los honores de que ellas mismas los privan...»

---

20. Nos hemos basado en el análisis antropolingüístico que sobre los catecismos políticos se ha realizado recientemente en donde se describe este mismo procedimiento utilizado para justificar el sistema conceptual propio en contra del discurso antagónico. Ver Nidya Ruiz (1994); «Los catecismos políticos en España y América (1793-1814)» En García P. Izard, M. y Laviña, J Memoria, creación e historia: Luchar contra el olvido. Publicaciones Universidad de Barcelona, Barcelona

Asimismo, es una estrategía lingüística utilizada para justificar la desigualdad en discursos racistas (T.van Dijk Principles....263) citado por Nidya Ruiz (1994); «Los catecismos políticos...pp 225

21. La documentación de oposición es bastante más extensa y por razones de espacio solo resaltamos los párrafos que componen la argumentación de dichos discursos. Ver la recopilación hecha por S.R. Cortes El régimen...pp 38-71

«Los primeros negros que pasaron a la América han llegado a nuestros puertos marcados con toda la imnominia de la barbarie, y con toda la infamia de la esclavitud. Hombres estúpidos, groseros, desnudos...estos hombres son los ascendientes que forman el principal tronco de la genealogía de los pardos.»

«...los descendientes de la mezcla de negro y blanco, nunca pueden llegar a sus troncos sin llegar a la esclavitud...»

Nuevamente utilizan la misma estrategia complementaria, que implica la representación positiva del grupo al cual representan y la representación negativa del grupo de pardos, mestizos, zambos, etc, esta vez enfatizando la relación antagónica entre dos grupos.

Así tenemos que los referentes lingüísticos para referirse al grupo de pardos y otros grupos considerados inferiores son:

«...gente vil...ellos han de descender precisamente de esclavos, de hijos ilegítimos...»

«...origen bajo y despreciable...la bajeza de su origen y de su conducta...hombres dotados de un talento tan perverso...»

En contraposición los referentes lingüísticos para referirse al grupo de blancos:

«..el pueblo español...la más noble porción de los vasallos de V.M. en estas provincias..»los que se precian de traer su origen puro de los varios reinos que circula el trono de V.M...de aprecio distinguidas por sus bellas cualidades y servicios...»

Nuevamente, el origen de los individuos pretende definitr tanto su conducta como su posición social: europeos-blancos = legitimidad, buena conducta, honores públicos

En conclusión, estos micro discursos representan un intento de movilidad social, por parte de algunos individuos. Pero esta movilización no se intentó a través de un cambio de conceptualización de la realidad que los categorizaba y discriminaba. Por lo contrario, hubo una reutilización de los mismos buscando en la excepcionalidad el acceso a otra categoría social.

En el caso de los discursos revolucionarios, si podemos incluir dentro de ellos a la conducta cimarrona, por definición deberían entonces implicar necesariamente una redifinición de los conceptos culturales de su universo social y por consecuencia una reimaginación del mismo.

RESISTENCIA A LA CONQUISTA:
LA GUERRA DEL HAMBRE

Ricardo Piqueras
Universidad de Barcelona

La presente ponencia tiene como objeto poner de manifiesto la importancia del factor alimentario en las relaciones euroindígenas del siglo XVI, y como llega a ser un elemento de primer orden en la estrategia de la conquista. El dominio y la seguridad alimentaria de los grupos de conquista en el ámbito geográfico de la llamada «Tierra Firme»[1], pasaba casi siempre por el control de los recursos indígenas y estos, conscientes de ello, utilizaron el factor alimentario como una alternativa de resistencia frente a la agresión. Seguramente el primer indígena antillano que salió corriendo, huyendo de la mala pinta de los barbudos españoles y de sus hambrientas espadas, lo haría por no poder o querer atender sus amenazantes demandas de oro y alimentos. El hambre y las riquezas no son buenas compañeras, por lo que rápidamente entendieron los conquistadores que no podían dedicarse a la búsqueda de aquellas, sin tener mínimamente satisfechos sus estómagos. Aquel indígena que puso distancia de por medio no sabía que estaba inaugurando, de forma consciente, la historia del cimarronaje. «Huido», «alzado», «bravo», «fugitivo», «cimarrón»; nombres que designan desde muy temprano[2] a los animales, indios o negros, que rechazaban y escapaban al rodillo de la conquista y al control colonial. La huída temporal o permanente de sus comunidades fue la forma más directa y efectiva, que no la única, que tuvieron los indígenas de luchar por la supervivencia y conservar su libertad personal.

La libertad del indígena se vio amenazada por múltiples razones a la llegada

---

1. Nombre con el que se designaban en las primeras décadas, las tierras del litoral meridional del Caribe, desde Trinidad hasta centroamérica.
2. v. José Juan Arrom, y Manuel A. García Arévalo. *Cimarrón*, Santo Domingo, 1986.

de los europeos. Buscaban el oro y la plata que teóricamente acumulaban y escondían, exigían su trabajo, forzaban su conversión o necesitaban sus alimentos. Las diversas fuentes de este período nos revelan que a veces, fue un simple campo de maíz o la existencia de un pequeño poblado bien abastecido, lo que motivaba el contacto, la tensión y el enfrentamiento, provocando el inicio de una serie de actitudes cimarronas de rebeldía y defensa estratégicas por parte indígena, que tenían como objetivo la salvaguardia de sus hogares, sus familias o los alimentos de los cuales dependía la supervivencia diaria.

En la dinámica de la conquista, el indígena esta inicialmente en disposición de seguir con su modelo alimentario original, basado en los frutos de la caza-recolección, la pesca o la horticultura, resultado de la relación específica establecida con el territorio. Dicho modelo se enriquecerá en mayor o menor medida con las aportaciones posteriores europeas, pero de entrada asistirá a la incapacidad de los castellanos de autoabastecerse y de conservar enteramente el suyo, viéndose forzados a incorporar numerosos elementos de los modelos de alimentación indígenas.

La presión que ejercerán los castellanos por normalizar su consumo alimentario, fuera de la seguridad de los pocos núcleos «estables» costeros como Santa María la Antigua, Cartagena, Santa Marta, Coro, Maracaibo, Valencia o Cumaná, en sus internadas por los actuales territorios de Venezuela y Colombia, recaerá directamente sobre las comunidades indígenas con las que se encuentren. Situados en un área de conquista marginal desde el punto de vista de los intereses de la corona, estos enseguida aprenderán a señalar con una mano la dirección de la ruta del oro, siempre fuera de sus territorios para verlos desaparecer rápidamente, mientras con la otra escondían los alimentos que les permitían continuar allí donde estaban.

Las problemáticas alimentarias de los conquistadores acompañan a la propia dinámica expansiva occidental y comienzan a darse desde el mismo momento en que a finales del XV, los castellanos abandonan la «seguridad» alimentaria de la Tierra Firme peninsular y se lanzan a una gran aventura que en primer término es fundamentalmente marítima, para después convertirse en aventura terrestre fronteriza.

El interés por la alimentación y los productos nativos vino dado en función de la necesidad que se tuviera de ellos en momentos determinados. Las adaptaciones y cambios que se fueron produciendo, se hicieron siempre desde una óptica eurocéntrica en la que el ideal hubiera sido encontrarse con una realidad alimentaria similar en cuanto a productos agrícolas o animales comestibles a la peninsular. Todo cambio en esta realidad representaba a priori un riesgo inherente de desestabilización, por lo que los castellanos intentaban alejarse lo menos posible de su propio modelo. El médico Luis Lobera de Avila[3] lo dejaba claramente especificado a mediados del XVI en una obra médica sobre el régimen de la salud:

---

3. Formado científicamente en Francia, Lobera de Avila pasó la mayor parte de su vida al servicio de Carlos I como médico adscrito a su corte. Toda su producción literaria se ajusta a los esquemas bajomedievales del galenismo arabizado, apoyándose sobre todo en los textos de Galeno, Avicena y de Rhazes.

«no conviene que el hombre deje su costumbre que tiene en el comer y beber o en cualquier movimiento o ejercicio que hace, y aunque la tal costumbre sea fuera de regla de sanidad, no la deje ni se pase a lo que la razón pide, si no fuera poco a poco, porque es imposible hacerse hombre mudanza sin estar enfermo»[4].

Sin embargo la realidad y la necesidad, ninguna coerción es tan efectiva como el hambre, obligarían pronto a prestar una mayor atención a la diversidad alimenticia de las diferentes sociedades indígenas con las que entraron en contacto. La obligada adaptación alimentaria en su contacto con los nuevos espacios se traduce en el conocimiento de nuevos productos como el maíz, la yuca o la papa, las frutas tropicales, pescados, carnes y aves nunca probados; de sus gustos, texturas y olores, muy diferentes a los europeos, y de la integración progresiva de muchos de ellos en su universo cultural alimentario.

Al iniciarse el ciclo de conquistas continentales a partir de 1519, los grupos de conquista contarán ya con una base alimentaria de partida formada por el maíz o el pan de cazabe indígenas y el tocino de procedencia ibérica. Una base alimentaria conseguida gracias a la estabilización temporal del colono-conquistador en el marco antillano, que permitió el abastecimiento inicial de gran parte de las entradas continentales del período de conquista. En pocos años, las estancias de los conquistadores proporcionaban ya los estratégicos caballos y los prolíficos cerdos, verdaderas despensas ambulantes, buen tocino, maíz y el duradero cazabe. La procedencia posterior de los dos últimos productos, una vez internados en el territorio y lejos de las bases de apoyo, serán los cultivos y chacras indígenas, sus ocasionales depósitos alimentarios y su capacidad para satisfacer los deseos de alimentación de unos grupos humanos, que solían perder rápidamente cualquier suficiencia en el terreno alimentario.

En este aspecto, toda expedición de la época procuraba realizar un abastecimiento previo, en función de la cantidad de personas que integraban la hueste, de la duración prevista de la entrada y de las posibilidades económicas del grupo. Sabían pués la cantidad inicial de alimentos con que contaban y el número de personas que tendrían que ser alimentadas diariamente, pero desconocían todo aquello que les sucedería una vez internados en el territorio. Si contaban con baquianos experimentados, cosa usual dado el interés por contar con gente experimentada que redujera los riesgos de la jornada, estos eran conscientes de las dificultades de todo índole que tendrían que superar y seguramente conocían que entre estas dificultades se destacaban siempre las relativas a la subsistencia cotidiana. No es que esperasen la aparición de conflictos a las primeras de cambio, pero sabían, a pesar de la confianza general que podía darse en el grupo, que iban a introducirse en una dinámica que no podían prever y difícilmente controlar.

El contacto euro-indígena que se produce durante las expediciones, venía provocado lógicamente por la propia presencia de la hueste en territorios indígenas. Como hecho esencialmente violento, la conquista trastocó todos los aspectos de la vida social de las comunidades indígenas, poniendo en jaque su supervivencia e independencia como grupos étnicos con una determinada identidad. Los conquistadores solo podían sobrevivir extrayendo todo lo posible del indígena, a través de la dominación y la violencia. Las formas de abastecimiento de la hueste, basadas en el rancheo y el saqueo, requerían frecuentemente la utilización de altas dosis de violencia y coerción para cubrir las necesidades diarias de alimentación, en base a la producción alimentaria indígena. En función del mayor o menor éxito en el abastecimiento alimentario, las huestes evolucionaban con una mayor o menor estabilidad. Cuando la capacidad de oferta del medio indígena era suficiente para ir cubriendo las demandas alimenticias de la hueste, aún a costa de ir agotando las existencias alimenticias de las comunidades por donde atravesaban, la hueste no tenía mayores preocupaciones que ir confirmando sus expectativas iniciales de alcanzar su dorado particular. Cuando las necesidades diarias no podían ser cubiertas, ya fuera por falta de colaboración, o porque no se encontraban poblados indígenas con la suficiente frecuencia como para reponer la despensa, el fantasma del hambre, con todas las consecuencias de dependencia física y psicológica que este provocaba, solía hacer su aparición.

Rancheos y rescates

La dependencia alimentaria de las huestes con respecto al medio indígena hizo que automáticamente, la alimentación de estas últimas, como alimentación de guerra, de campaña, se convirtiera en uno de los principales problemas que debían afrontar los indígenas.

Los conquistadores consideraban que tenían derecho a forzar la colaboración nativa en materia de alimentación, cuando no a apropiarse directamente de cualquier recurso comestible que se encontrara en los poblados por donde pasaran. El problema era que estos, planificaban su avance muchas veces en función de la presencia de dichos poblados en la ruta y por ello, los conflictos se sucedían con bastante regularidad. El conquistador:

> «provocó una catastrófica destrucción de los sistemas de acumulación energética indígenas, de entrada porque añadió una dimensión sorpresiva y agotadora a las posibilidades de consumo americanas, depredando compulsivamente el equilibrio de recursos y la capacidad de acumulación de las poblaciones encontradas»[5].

El conquistador actúa en todo momento como un agente específicamente depredador en el terreno alimentario. La relación de las huestes con el mundo indígena durante la época de la conquista, se basaba fundamentalmente en dos conceptos, inicialmente diferentes pero complementarios en la práctica: El rancheo y el rescate.

Técnicamente el rancheo consistía en un ataque a poblados indígenas, hostiles o supuestamente hostiles, aunque la actitud indígena siempre fue un factor de segundo orden por debajo de los intereses de la hueste. Como en todo acto de guerra, y el rancheo se inscribe en el corazón de las actividades armadas de las huestes, la utilización de la violencia era el mecanismo que permitía la obtención de una serie de beneficios, y el botín, repartido entre los soldados-rancheadores era el principal de estos. El gobernador alemán Ambrosio Alfinger, en su segun-

---

4. Lobera de Avila, Luis. *Libro del régimen de la salud, y de la esterilidad de los hombres y mujeres y de las enfermedades de los niños, y otras causas utilísimas*, Valladolid, 1551, pp.67-68.
5. Vives Azancot, Pedro A. «Los conquistadores y la ruptura de los ecosistemas aborígenes», en Solano F y otros, *Proceso Histórico al conquistador*, Madrid, 1988, p.113.

da jornada por tierras venezolanas, en 1531, llega a un poblado de los indios pacabueyes que le niegan el recibimiento. El motivo de dicha actitud y la respuesta del gobernador, la encontramos en la crónica de Fernández de Oviedo:

> «no se fiaban de los nuestros, ni por amonestación alguna no quisieron venir; por lo cual el gobernador los mandó ranchear»[6].

El rancheo era práctica común para la imposición del dominio militar, utilizada como en el caso anterior, como represalia ante actitudes hostiles o sospechosas frente a los requerimientos de los cristianos. El rescate fue desde siempre una transacción comercial, un intercambio realizado con los indígenas, a los cuales, aprovechando las diferencias en las escalas de valores de ambas culturas, se les cambiaba toda una serie de objetos, conocidos con el nombre de abalorios, por oro, perlas o diferentes productos alimenticios. Según refiere el padre Las Casas en su «Historia de las Indias»:

> «rescatar es vocablo que nuestros españoles usan por trocar una cosa por otra»[7].

Al contrario que el rancheo, el rescate era inicialmente una actividad de comercio pacífico, aunque esta siempre dependió de la voluntad de una de las partes, y pronto se dieron cuenta los castellanos de que esta, podía ser dirigida mediante diferentes grados de coacción. Dos simples ejemplos bastarán para mostrar la utilización de esta práctica de intercambio intercultural. En 1531, Diego de Ordás, en su aventura por el Orinoco, utilizaba los rescates para entablar amistad y apoyo de los indios de la costa de Paria, lo que permitiría a este contar con una base de apoyo conocida como San Miguel de Paria: **«les dió mucho Rescate de camisas e hachas e machetes e otras muchas cosas de joyas»**[8]. De la misma manera, el establecimiento de la ranchería de Maracaibo, durante la primera entrada de Alfinger, dio lugar a la dependencia general de esta práctica para conseguir alimentos, ante las dificultades que ofrecía la zona para la agricultura y la poca motivación para el trabajo de la gente del gobernador, :

> «Allí no se cogía ni sembraba
> Mas era de rescates el sustento»[9].

Las «Ordenanzas de Descubrimiento, Nueva Población y Pacificación de las Indias» dadas por Felipe II, en 1573, dejaban establecida como política oficial la necesidad de establecer un trato comercial siempre favorable a los castellanos.

> «Para contratar y rescatar con los indios y gentes de las partes donde llegaren se lleven en cada navío algunas mercadurias de poco valor como tijeras peines cuchillos achas anzuelos bonetes de colores espejos cascaveles quentas de bidrio y otras cosas desta calidad»[10].

---

6. Fernández de Oviedo, G. *Historia General y Natural de las Indias*, cap.II, B.A.E. t.CXIX, Madrid, 1959, p.11.
7. Las Casas, B. *Historia de las Indias*, II, B.A.E. Madrid, 1957, p.135.
8. Interrogatorio presentado por el procurador Juan Ruiz, en nombre de Diego de Ordaz, pregunta XVIII, op.cit. p.120.
9. Castellanos, Juan de. *Elegías*, Parte II, Elegía I, canto I, B.A.E. t.IV, Madrid, 1944, p.189.
10. *Ordenanzas de población de 1573*, op.cit. p.14.

Pueblos con o sin

La alimentación de las huestes, era ciertamente y valga la comparación con la conocida expresión de muchos de los textos de las capitulaciones de Indias, una alimentación «a su costa y minsyon», desde el momento en que la hueste debía actuar como un cuerpo armado autosuficiente, en todos los aspectos. Los problemas de cocina y alimentación que se pudieran presentar, los tenían que solucionar sobre la marcha los propios conquistadores, en función de las necesidades y recursos que se fueran presentando en cada momento. Quedaba claro que los indígenas eran siempre el principal recurso.

Si el soldado-colono integrado en la hueste buscaba alimentos, los indígenas prefirieron muchas veces resguardar los suyos ante la codicia ajena. Ante el yo te pido y te exijo foráneo, estaba el yo te niego y te escondo local. De esta manera los contactos euro-indígenas se convertían en una verdadera guerra del hambre, en la que el objeto de las disputas no era tanto el oro, que siempre buscaban, como el alimento diario.

La actitud del indígena ante la presencia hispana fue sin embargo muy heterogénea, alternando entre la hospitalidad y colaboración alimenticia y la hostilidad mas latente, que no siempre significaba un enfrentamiento directo, sino la adopción de tácticas como la desaparición temporal o la política de tierra quemada, consistente en no ofrecer ninguna concesión ni ventaja al enemigo.

Las informaciones del diario de Felipe Hutten, sobre la entrada de Jorge Espira de 1535 en busca del Meta, la Historia Indiana de Nicolás Federman o la Relación de Esteban Martín, sobre la II entrada de Ambrosio Alfinger, son algunas de las fuentes que coinciden en señalarnos las diversas posibilidades que se dieron en el contacto alimentario entre conquistadores y comunidades indígenas.

1. *Pueblos habitados dispuestos a ofrecer una colaboración alimenticia*. La actitud de la hueste vendría encaminada a intentar mantener esta ayuda toda costa, al menos mientras durase la necesidad de la misma.

> « encontramos al cacique o señor del pueblo con todos sus habitantes y súbditos en sus casas y en tranquila posesión y con la comida y bebida necesarias con arreglo a sus costumbres, y con algunas cositas de oro que nos regalaron, recibiéndonos muy bien»[11].

2. *Pueblos habitados, que deciden oponer resistencia activa a la hueste*. En función del estado militar y sanitario de la hueste, se planteará batalla o guazábara y en caso de resultado favorable de la misma, se ejercerá una dura represión contra la población vencida.

> « había un pueblo en el cual los indios se defendieron y rechazaron a nuestros infantes; pero tan pronto como los caballos corrieron contra ellos y les hicieron retroceder, muchos de ellos fueron muertos»[12].

---

11. *Historia Indiana*, p.170. Nación xidehara.
12. Diario de Felipe Hutten, sobre la expedición de Espira, en J. Gabaldón Márquez (comp.), *Descubrimiento y conquista de Venezuela*, B.A.N.H. 55, Caracas, 1962, p.363.

3. *Pueblos que ante la llegada de la hueste, son rápidamente abandonados, dejando entre otras cosas, víveres.* La hueste se aprovechará automáticamente de estos hasta agotarlos y proseguir forzosamente la marcha.

«De allí marchamos a otro pueblo; y de éste a otro pueblo, situado en un río grande y bello; no encontramos ningún indio, en cambio muchos víveres»[13].

4. *Pueblos abandonados intactos, sin alimentos.* Siempre podían ser utilizados como lugares de refugio temporales, pero la falta de vituallas, obligaba a seguir adelante o a una constante búsqueda de alimentos por los territorios circundantes.

«entramos en un pueblo grande pero completamente abandonado por los indios, y sin utensilios»[14].

5. *Pueblos, no solamente abandonados, sino quemados y de los cuales, la hueste no puede obtener el mas mínimo provecho.*

«al incendiar los tres pueblos demostraron que lo habían hecho debido a su desesperación o desconcierto y obstinación y suponiendo que serían asaltados por nosotros; y antes de permitir que gozáramos de sus provisiones y bienes, los quemaban para que no fueran aprovechados por ellos ni por nosotros»[15].

En condiciones de inferioridad de la hueste, hacer la guerra a las comunidades indígenas por las que se pasaba, significaba seguramente bajas, heridos y hambre, mientras que el ofrecimiento de paz y alianzas, venía asociada automáticamente a la ayuda alimenticia. Por el contrario, hacer la guerra en condiciones de superioridad militar, permitía la obtención del botín alimentario pertinente y la forzada colaboración de los vencidos supervivientes.

La «guerra del hambre», entablada entre conquistadores e indígenas, se llevaba a término de múltiples maneras. Eran corrientes el envenenamiento de los víveres abandonados o la colocación de puyas semienterradas en las entradas de las casas, lo mismo que en los campos de cultivo e incluso en los granos y frutas por recoger:

«Y en las labranzas en el suelo llano,
Do mas acude la cudicia loca,
Y aún dentro del espiga de aquel grano,
Y en la madura fruta que provoca
A que coja la hambrienta mano,
Con riesgo de los dedos y aun de boca
No siempre remediado de Minerva,
Pues las mas destas puyas tienen yerba»[16].

La resistencia frente al intruso, convertía a los campos y sementeras en verdaderos campos de batalla, con el botín agrícola, vital para unos y otros de por medio:

---

13. Diario de Hutten, op.cit. p.360.
14. op.cit. p.361.
15. *Historia Indiana*, p.173-174.
16. Castellanos, Juan de. *Elegías*, Parte II, Elegía III, canto I, op.cit p.228.

«luego se proveyeron de comida de algunas labranzas que no muchas jornadas de allí estaban, lo cual yendo a traer, procuraron los indios que lo habían sembrado, defendérsela»[17].

El indígena aprovechaba cualquier momento de debilidad del adversario para causar bajas entre sus filas. Comunes son en los documentos de la época las descripciones sobre ataques a soldados que se apartaban del campamento en busca de alimentos o que despistados, se internaban mas de la cuenta en el bosque, tras un apetitoso venado. Tradicionalmente y como norma de seguridad general, las huestes en campaña avanzaban durante gran parte del día y acampaban al anochecer para descansar y pernoctar. Durante el día, el castellano podía defenderse utilizando todo su potencial ofensivo, caballos y perros incluídos, pero la noche era siempre del dominio de la naturaleza y de sus moradores, el jaguar, el yacaré, la anaconda y el indio.

«El día siguiente prosiguieron su camino todo el día, hasta que fué de noche, por la costa del mismo río abajo, y durmieron a la vera dél»[18].

Alojamientos con agua y leña

Todo campamento, también llamado Real o alojamiento, independientemente del tiempo que se tuviera que ocupar, debía intentar reunir dos condiciones básicas: La primera pasaba por ofrecer garantías defensivas suficientes para la seguridad de la hueste. En territorio hostil y desconocido, cualquier precaución en este sentido era poca. La sospechosa actitud que mantuvieron los Guaycaríes, uno de los muchos grupos indígenas con los que contactó Nicolás Federman, durante su primera entrada en Venezuela, determinó a este mantener una actitud prudente y defensiva.

«Por lo cual no pasamos la noche en ningún pueblo o aldea, tomando durante el día las necesarias provisiones y acampando en campo abierto y en un lugar seguro»[19].

Se buscaban sitios abiertos o situados en posiciones fáciles de defender a la hora de repeler cualquier agresión y los contactos se realizaban siempre a plena luz del día, a resguardo de posibles sorpresas y emboscadas. La segunda condición pasaba por la cercanía o proximidad de un curso de agua del cual pudieran abastecerse, tanto hombres como los distintos animales de la hueste, caballos, cerdos, vacas, mulas o perros si se llevaban. Reunidas estas dos características, lo siguiente que se requería era hacer acopio de leña para encender los fuegos de campamentos. Un campamento «decente», era todo aquel que contaba con un mínimo aprovisionamiento de agua y de leña. Estos dos elementos, pensemos que en el marco de la hueste, el vino, que era la bebida usual de las tripulaciones de los navíos, desaparece, para dejar paso al agua de ríos o lagos, eran indispensa-

17. Aguado, fray Pedro de. op.cit. cap.IX, p.525.
18. Fernández de Oviedo, G. *Historia General y Natural de las Indias*, Segunda Parte, lib.VI, cap.VI, B.A.E. t.CXIX, Madrid, 1959, p.23.
19. Federman, Nicolás. *Historia indiana*, B.A.N.H.55, t.II, Caracas, 1962, p.217.

bles para mantener la seguridad física y alimentaria de la hueste, dando a la misma sensación de tranquilidad y de normalidad cotidiana.

> «encontramos un pequeño arroyo que corría al pie de la montaña, a través de un bosque. Allí acampamos, pues de él dependía nuestra suerte y salud»[20].

La leña servía para encender los fuegos de campamento, alrededor de los cuales giraría la actividad nocturna de los mismos. El fuego o los fuegos, ya que siempre se encendían varios de ellos, distribuidos por el campo o Real, permitían una mínima visibilidad y por lo tanto aseguraban la capacidad defensiva de la hueste en caso de ataques nocturnos por sorpresa, ahuyentaba a las posibles fieras como jaguares, caimanes o serpientes que siempre intranquilizaban el sueño a cielo abierto de los hombres en estas latitudes y principalmente permitía cocinar las raciones de aquellos alimentos que se llevaban o que se habían ido consiguiendo durante la marcha.

Difícil era pensar en hacerse una buena cena diaria, sino contaban con el lugar y los materiales necesarios para realizar un buen fuego de campamento. Las entradas de Alonso de Herrera (1534) y Diego de Ordás (1531), por discurrir por cauces fluviales y zonas de inundación en función de la estación, serían buenos ejemplos de la precariedad de medios con que muchas veces contaron los conquistadores para realizar una mínima cocina de campaña.

> «remedio de hacer candela en que aderezar eso poco que tenían de comer, no le hallaron en muchos días por estar toda la tierra anegada, que entraba entonces el invierno. Mas de cuando topaban algunos troncones o raigones de árboles, que los había por allí muy grandes, juntábanse a ellos y encima hacían candela y aderezaban lo que había que aderezar para comer»[21].

El hecho de hacer candela, de encender lumbre para cocinar los alimentos representaba la posibilidad de comer caliente, aunque solo fuese una sopa de cualquier pescado o un puñado de granos de maíz tostados. Gran parte de la expedición de Herrera transcurre en el Orinoco y sobre bergantines, con lo cual las dificultades de hallar leña y que además esta estuviese seca, aumentaban considerablemente. La solución pasaba por bajar a tierra a pernoctar, pero las dificultades de un terreno inundado, infestado de insectos y de difícil acceso y la presión indígena, desaconsejaba muchas veces abandonar la teórica seguridad de las embarcaciones.

Más clara aún era la necesidad de acampar cerca de algún curso de agua que les permitiera, no solo tener agua suficiente para beber, sino para lavar las ropas empapadas de sudor, limpiar y curar a los enfermos y heridos, aprovechar los recursos de pesca, si los había y obtener agua con que guisar los alimentos. Citas como los que se encuentra por ejemplo en la narración de Fray Pedro Simón, sobre la primera hueste de Pedro Maraver de Silva en 1569, pueden encontrarse en la mayoría de las expediciones, que buscaban siempre la máxima comodidad durante el transcurso de sus jornadas.

---

20. Federman, Nicolás. op.cit. p.231.
21. Aguado, fray Pedro de. *Recopilación Historial de Venezuela*, cap.II, B.A.N.H. 62, Caracas, 1963, p.492.

> «se ranchearon sobre una quebradilla de buena agua, que no hallaban en toda aquella tierra otra cosa buena sino ésta y pescado»[22].

La cita anterior de Simón nos habla del aprovechamiento de los recursos, en este caso la pesca, por parte de las huestes cuando estas acampaban. El concepto de campamento en el marco de las huestes del XVI, sugiere ante todo la idea de descanso del esfuerzo diario y recuperación de fuerzas. El hecho de suspender la actividad diaria daba oportunidad para dedicar mas tiempo a la alimentación, al cuidado personal o ajeno y al máximo descanso posible.

> «Al fin lo encontró la india, y encendiendo lumbre y calentando la comida que llevaba, se la dio con que quedó algo confortado»[23].

Fin de la actividad, acampada, agua, alimentación, conceptos que solían ir directamente relacionados y que nos lleva a pensar que el mundo diario de las huestes venía muy marcado por dos tiempos claramente diferenciados, el de actividad durante el día y el de reposo, al anochecer.

El tiempo de actividad estaba dominado por actividades propias de una milicia en marcha, el caminar continuo, la búsqueda de una buena dirección o de un buen paso, el hallazgo de un poblado, el paso de un río, o la posibilidad de obtención de alimentos, yuca, maíz, venados, frutas silvestres. Es un tiempo también donde se impone el factor militar, la tensión armada, los posibles contactos hostiles con el mundo indígena, en definitiva, de lucha y cansancio. En este tiempo no cabe pensar en colocar ollas al fuego para hacer una sopa, hervir carne de venado o hacerse un buen asado de pecarí. Sobra la cocina, puesto que no se le puede dedicar un mínimo de tiempo. Había que esperar al fin de la jornada, cuando la hueste se detiene, se da de beber y comer a los caballos, se instalan los centinelas y uno puede entonces dedicarse a tareas mas gratas, tanto a la mente como al estómago.

> «Durante todo el día no encontramos el otro camino del que nos hablaban los guías, y llegó la noche. Acampamos cerca de un riachuelo, comiendo algo de los mantenimientos o comida que habíamos traído y que pronto se nos acabaron»[24].

El tiempo de la alimentación se intentaba pues situar en los tiempos de reposo, cuando era posible ir a buscar agua y leña, preparar un buen fuego, preparar y calentar los alimentos obtenidos y relajarse comentando las incidencias de la jornada y las posibilidades de alcanzar los objetivos marcados. En este contexto, el fuego de campo es el elemento clave de la cocina de la hueste y uno de los mecanismos a partir de los cuales se fortalecían los vínculos sociales internos. La frase «se hacía cocina al andar»aplicada a los grupos de conquista, refleja un concepto de alimentación y cocina de campaña ligada a esa imagen del hombre, del grupo en movimiento; buscando, inquiriendo sin descanso y al mismo tiempo intentando alimentarse de la manera mas completa y satisfactoria posible.

---

22. Simón, fray Pedro. *Noticias Historiales*, Séptima noticia historial, cap.VI. B.A.N.H. 67, t.II. Caracas, 1963, p.528.
23. Ibíd.
24. Federman, N. op.cit. p,230.

Es en el fondo, una doble cocina, donde al mismo tiempo que se transforman los alimentos que van a ser consumidos, se elabora y va cociéndose el plato de los elementos míticos, que acompañan a cada hueste. Estamos hablando de una alimentación de frontera, lo que viene a significar ante todo, inestabilidad y dificultades para mantener una cierta normalidad alimentaria. Inestabilidad provocada por ejemplo por los guías forzados, que equivocaban continuamente las direcciones para conducir a los castellanos a zonas despobladas que acabaran con ellos, aún a costa de sus vidas, como sucedió en la primera entrada de Federman, en busca del Mar del Sur:

> «hice despedazar a dos de ellos para atemorizar los demás, pero de nada sirvió esto porque preferían perecer a ser prisioneros nuestros y nos habían conducido por ese camino para vengarse y hacernos morir de hambre»[25].

Tácticas como los ataques al alba, intentando la sorpresa o la utilización de hogueras de pimienta a favor del viento, fueron utilizadas por los caribe contra la hueste de Diego de Ordás, que penetraba por el Orinoco:

> «salieron a ellos los caribe que alli avia en son de guerra amenazándoles y haziendo alaracas según ellos tienen de costumbre en los tales autos e echándoles aumadas de agi contra el viento segun ellos hacen en la guerra»[26].

Quemas o te queman

Las quemas de poblados eran usuales por ambos bandos, los unos como actitud previa de resistencia para no dejar espacio al enemigo, y los otros como acto posterior para dar escarmiento a los grupos que se resistían. La mayoría de los grupos de los llanos venezolanos no veían demasiados problemas en quemar sus chozas y huir temporalmente a las montañas o la selva, hasta que hubiera pasado el peligro, con la certeza de que no les costaba demasiado esfuerzo la reconstrucción de un espacio doméstico, realizado con materiales vegetales, hojas, ramas, troncos, fáciles de encontrar y trabajar.

Quizás una de las más curiosas formas de resistencia alimenticia, por el cambio de papeles entre indígenas y castellanos que nos presentan las crónicas, fue la llevada a cabo por los indios de Carao, un poblado del Orinoco, donde se alojó a invernar en 1534 Alonso de Herrera, en su intento de alcanzar el Reino del Meta, intuído anteriormente por Diego de Ordás. Situado a dos leguas del río, tierra adentro, la zona era especialmente rica en yuca y maíz, razón por la que Herrera escoge el sitio para invernar, mientras se hacía el cazabe suficiente para la continuación de la jornada. Los españoles, se convierten en verdaderos trabajadores indígenas, puesto que a falta de colaboradores o auxiliares nativos:

---

25. *Historia Indiana*, p.230.
26. Interrogatorio presentado por el procurador Juan Ruiz, en nombre de Diego de Ordás, pregunta XLIII, en F.Pérez Embid, *Diego de Ordás, compañero de Cortés y explorador del Orinoco*, Sevilla, 1950, p.130.

«iban por la yuca a las labranzas, arrancábanla y traíanla a cuestas a su real, y por sus propias manos la rallaban, exprimían y aderezaban para hacer el casabe»[27].

Los hombres de Herrera iban almacenando el cazabe, en un bohío, al que los indígenas una noche, pretendieron incendiar, con no demasiada fortuna:

«con una flecha de fuego tirada con un arco, pegase fuego al bohio donde los españoles juntaban el casabe, para que pegádose el fuego en aquel bohío, se les quemase el matalotaje»[28].

Estamos pues ante una escena en la que los nativos, en su propio poblado, han de intentar destruir un bohío en el que los castellanos almacenaban reservas del principal alimento indígena, el cazabe, confeccionado además por ellos mismos. Parece que los españoles tuvieran que asumir el papel del indígena, como única alternativa de salir adelante en su empresa. Utilizan las cabañas indígenas, producen y consumen un alimento inicialmente extraño a su marco cultural, y además, lo defienden ante la agresión de sus verdaderos propietarios. La indianización del conquistador en su descenso por el sendero del hambre, significaba la única posibilidad de acercarse al mito, llamárase este Meta, Dorado, Manoa o Paititi, aún perdiendo paradójicamente, parte de su propia identidad cultural. El precio de intentar la búsqueda mítica era el regreso a una naturaleza, de la cual precisamente, el conquistador había pretendido salir al sucumbir a los encantos de los hechizos de el Dorado. La práctica de la conquista fue en si misma un descenso a la naturaleza, en la que el conquistador pasó a ser un ser irracional, casi bárbaro. El español se vuelve indio, puesto que asocia a este con la naturaleza, con el salvajismo, con la barbarie.

Conclusiones

En definitiva, la dependencia alimentaria del medio indígena, marcó el desarrollo de numerosas entradas, forzó el contacto cultural entre conquistadores e indígenas y sirvió para que los castellanos justificaran una serie de prácticas y actitudes muchas veces claramente genocidas, propias de situaciones extremas en áreas fronterizas. Si las huestes hubieran sido totalmente autosuficientes en materia alimentaria, los roces e imposiciones de los europeos en la Tierra Firme, hubieran tomado a corto plazo un cariz seguramente menos agresivo. Seguirían buscando el oro, el mito, se seguirían perdiendo por llanos y selvas, pero al menos no hubieran actuado con tanta necesidad de contacto inmediato. La necesidad constante de no perder el hilo de las zonas pobladas para ir abasteciéndose, les hacía ir de poblado en poblado, causando destrucción, muerte y esclavitud entre sus habitantes, siempre que la hueste necesitase imponer su control. La coacción, las represalias, la violencia en general por razones alimenticias, fue una característica propia de los grupos de la conquista que, desde su incapacidad de entender la diferencia, no encontraron formas más humanas y adecuadas para establecer un contacto que ellos mismos provocaban.

27. Aguado, fray Pedro de. op.cit. cap.III, p.496.
28. Aguado, fray Pedro de. op.cit. p.496. El matalotaje hacía referencia a la provisión de comida que se llevaba en cualquier embarcación de la época.

MOCAMBOS REBELDES:
DE LA DIFERENCIA A LA INDIFERENCIA

José Luis Ruiz-Peinado Alonso
Universidad de Barcelona

"De las cenizas de la muerte y de la destrucción, en el crisol de la conquista y el colonialismo, los cimarrones afro-americanos crearon culturas y sociedades singulares, y de algún modo encontraron la fuerza para seguir adelante. Incluso hoy en día, en que estos pueblos siguen viéndose amenazados por la represión de los gobiernos nacionales, siguen luchando, e insistiendo en el derecho que tienen a definirse a sí mismos y a definir su mundo." (R.Price)

Introducción

En Brasil, durante la época de la esclavitud, la forma más eficaz de resistencia de la población negra consistía en la huida y el establecimiento de comunidades de fugitivos denominados ladeiras, mocambos, o quilombos. Mocambo[1] era con mucho el término más popular aplicado a estas comunidades, aun cuando quilombo pasó a ser de uso común en el siglo XVIII (SCHWARTZ, 1981: 164).

En la Amazonia brasileña, el recurso a la fuga y a la ocupación de territorios encontró en la región de los ríos Trombetas y Erepecurú condiciones naturales favorables para desarrollar nuevas formas de subsistencia y reconstruir un mundo social original. Desde finales del s. XVIII, estos mocambos controlaron, según Salles (1988), el mayor espacio físico conquistado por negros en el antiguo esta-

---

1. Mocambo o Cimarrón sera utilizado indistintamente en este texto para hacer referencia a estas sociedades. Mocambo es el término utilizado en los ríos Trombetas y Erepecurú, pero cimarrón nos es más próximo al referirnos a estas sociedades en castellano.

do de Grão-Pará (actualmente Pará). De su formación, organización y tamaño dieron cuenta varias expediciones organizadas por la Cámara del Estado del Pará, así como los informes de algunos viajeros y religiosos que recorrieron los ríos en plena época de la esclavitud.

La selva como espacio territorial de los mocambos

En las sociedades mocambeiras del pasado y del presente, el acceso a los recursos extraídos de la selva amazónica (caza, pesca, recolección, horticultura...) no se produce individualmente, sino a través de la pertenencia al colectivo de personas que integra la comunidad. Es decir, la identidad de grupo es la que rige los derechos de explotación del entorno. No obstante, la mera pertenencia al grupo no basta para explicar ni la identidad de los mocambeiros ni el funcionamiento social de las comunidades cimarronas, ya que toda su organización depende de un conjunto de prácticas magico-religiosas que hacen de intermediarias entre los espíritus de la selva y los ríos y el acceso de los recursos existentes por parte de los que habitan en ella.

Dentro del mocambo no existe propiedad privada de la tierra. El aprovechamiento de los recursos naturales se realiza en concepto de usufructo colectivo regulado por cada grupo. Por otra parte, todo el espacio que controlan los grupos del mocambo se considera "cedido" por los pueblos indígenas que originalmente han habitado en estas áreas[2]. Así lo explica la tradición oral, que da cuenta de cómo diferentes grupos índigenas crearon un "espacio territorial"[3] para ellos. En la actualidad, tanto índigenas como cimarrones tienen libertad de tránsito entre las diferentes áreas que ocupan.

La territorialidad, pues, está marcada por el derecho de uso del entorno y de la participación en un ritual mágico-religioso común. La condición de miembro de la comunidad garantiza igualitariamente el acceso a la base territorial y propicia una concepción colectiva de la sociedad. Las operaciones de distribución y redistribución de los productos obtenidos, así como del intercambio interno y externo, sirven como instrumento de equilibrio, ajuste y reciprocidad.

Esta base territorial la comparte todos los miembros de cada grupo: fundadores, descendientes, y los que se fueron integrando con el tiempo (tanto negros como indígenas o fugitivos blancos). Esto explica porqué las prácticas organizativas y culturales no tenían porque ser originalmente africanas, como tampoco lo son en la actualidad. Más bien se fueron seleccionando y modificando dentro del grupo en función de su viabilidad interna y externa.

Los esclavos negros (africanos o afroamericanos) huyeron de las plantaciones y fundaron los mocambos. Indígenas dispersados por la presión colonizadora y fugitivos blancos de la sociedad colonial hallaron refugio en estas sociedades

---

2. De hecho, aún hoy se encuentran restos arqueológicos de los primeros moradores índigenas.

3. Los espíritus de los sueños, son una representación material de las almas de los difuntos que pertenecieron al pueblo que vivió en ese lugar,los pajes índigenas son considerados como los mejores conocedores de los secretos de la selva, con los cuales compartieron un mismo espacio geográfico. " Los espíritus vivían en el río y en los lagos, en los remansos de las cascadas y que eran"gente", espíritus de índigenas, a los cuales había que pedirles permiso para poder pasar y a trabes de los cuales le llegaba el poder de curar". Información obtenida del paje (chamán) cimarrón Chico MELLO, de la comunidad de Javari en el río Erepecurú. 1990.

alternativas y fueron también decisivos a la hora de recrear las nuevas formas de convivencia. Como afirma Martínez Montiel (1992), el mocambo es zona de refugio de una cultura acrisolada, donde el control social y defensivo a partir del ritual, le permite equilibrar sus fuerzas, su energía y su ideología.

Originalmente, el proceso de construcción de la colectividad cimarrona se centró principalmente, como apunta Bandeira (1987) en la recuperación de la libertad y de ciertos aspectos de la vida social que anteriormente eran manipulados por el poder para imponer su dominación. La identidad dada a los negros a partir del color vino impuesta desde fuera hacia dentro, mientras que la identidad cimarrona es construida desde dentro hacia afuera y se expresa como identidad étnica (Bonfil, 1990; Bandeira, 1987).

De la diferencia a la indiferencia

Las diferentes visiones que ha tenido el mundo colonial y sus descendientes de las respuestas dadas por los colectivos negros a lo largo de la historia para poder mantener, defender y recrear su diferencia en cuanto que colectivos independientes ha variado a lo largo de la historia. A mediados del Siglo XVIII se las llegó a reconocer como sociedades independientes, pero en nuestros días se han vuelto sencillamente invisible

Para entender la evolución de la visión de estos grupos por parte de la sociedad blanca hegemónica resulta fundamental el discurso del llamado Luso-Tropicalismos. Que es una ideología utilizada para explicar y justificar la presencia portuguesa en Brasil, Africa y Asia y ha sido adoptada por el discurso oficial de muchos de los países afectados para justificar "la democracia racial" y la inexistencia de racismo en el seno de sus sociedades. "*Dado o fundo cultural e racial absolutamente único de Portugal metropolitano, os exploradores e colonizadores portugueses revelaram uma capacidades especial -que não se encontra em mais nenhum povo de Mundo- para se adaptarem às terras e povos tropicais. O colonizador portugues, basicamente pobre e humilde, não teve as motivações exploradoras dos seus congéneres dos países mais industrializados da Europa. Por conseguinte, ele entrou inmediatamente em relações cordiais com as populaçoes não-europeias que encontrou nos trópicos..., no Brasil, do qual a vasta e socialmente predominante população mestiça constitui o testemhunho vivo à liberdade da relação social e sexual entre portugueses e não-europeus...., todo o preconceito ou discriminação nos territórios anteriormente,..., governados por Portugal pode atribuir-se a preconceito de clase, mas nunca de cor*» (cita recogida por Bender, 1973: 22).

Hasta los años veinte de este siglo la mezcla racial (indios, negros y blancos) fue percibida por las élites brasileñas como un impedimento genético a cualquier proyecto de crear una identidad nacional, basada ésta en la civilización, orden y progreso al estilo europeo. De hecho, la miscigenación era entendida como un debilitamiento del "espíritu nacional", principalmente a partir de la necesidad de tener que crear un discurso nacionalista englobador de los diferentes proyectos de Estados Nacionales tras su independencia de las colonias. Esta devaluación de la pureza blanca fue, así mismo, compartida por la mayoría de las elites gobernantes de los demás países americanos y alimentada por los pensadores europeos. Como ejemplo, baste citar las palabras de un historiador ingles del siglo XVIII que, al reflexionar sobre la situación de Jamaica, advertía que si fuesen admitidos negros en Inglaterra el resultado sería una mezcla contaminada, "la nación entera se asemejaría a portugueses y moriscos en el color de la piel y en la bajeza de mente" (Galvão,1937: 221; Bender, 1973: 26).

A partir de los años veinte, en Brasil se produjo un fuerte auge cultural y político, que se inició con el movimiento modernista. Intelectuales y artistas recuperaron las aportaciones negras a la sociedad brasileña como elemento enriquecedor para la historia y como elementos integrantes de esta nueva sociedad, aunque en realidad sólo de forma teórica. Pero no será hasta la publicación de *Casa grande e senzala* de Gilberto Freyre (1933) que cambiará definitivamente la percepción interna sobre el valor de la mezcla racial y de la "genuina" forma de ser brasileña. El complejo de inferioridad vivido hasta el momento en el seno de la sociedad se transformará en una multirracialidad positiva proyectada hacia afuera. A partir de este discurso se planteará por primera vez una exposición detallada de lo que podría llamarse la identidad nacional brasileña, en la cual estarían representados todos los elementos que la integran, lo indígena, lo negro y lo blanco, con valores asignados previamente a cada uno de ellos. Los rasgos biológicos y culturales se habrían fusionado para dar esa miscigenación que será el moderno Brasil y, por lo tanto, homogeneizará al pueblo brasileño. La democracia racial será un hecho y a ésta se le llamará "Luso-Tropicalismo", termino acuñado por el propio Gilberto Freyre para aglutinar el legado Portugués.

Este planteamiento fue rápidamente recogido por el discurso político oficial y fue institucionalizado como "verdad de fe" con el apoyo de otros escritores que siguieron desarrollando esta tesis. "La imagen oficial que de sí mismo tiene Brasil es la de un país donde la raza no importa" (Bender, 1973: 97). El prejuicio por color de la piel o la diferencia cultural no existe públicamente, es un país donde domina la armonía racial y las diferencias que puedan existir vendrán dadas por los desajustes económico-sociales entre las personas. La ascensión social a través de las oportunidades económicas, vendrán dadas por la movilidad individual, mas que por la movilidad como grupo. Las personas (negras, mulatas, indias...) que consigan situarse mejor en el escalafón social serán las que previamente hayan renunciado a su pasado como grupo diferente y aspiren a integrarse en un modelo oficialmente "homogéneo", presentado como positivo y universal, pero de hecho excluyente (existe racismo)." Dios creó a los Portugueses y los Portugueses crearon a los Mestizos" (refrán popular recogido en Bender, 1973: 26).

A partir de los años cincuenta, la dictadura salazarista en Portugal adoptará las tesis luso-tropicalistas para justificar su presencia en el Continente Africano, la India y Timor. Se invitará a Gilberto Freyre para que realice un viaje por las colonias, fruto del cual escribirá *Um brasileiro em terras portuguesas*, texto que difundirá internacionalmente la ideología del luso-tropicalismo y cuyos argumentos utilizará Portugal para intentar convencer a la opinión publica del derecho que tenía a permanecer en Africa para proteger y mantener "los paradigmas de la democracia racial"[4].

---

4. En la actualidad, estas mismas premisas siguen funcionando en los discursos oficiales de los PALOP (Países de Lengua Oficial Portuguesa).

La visión del "otro" dentro de la democracia racial se irá perfilando desde los años veinte hasta nuestros días como un discurso unificador y eliminador de diferencias dentro del proyecto nacional. Lo indígena y lo africano se tratarán como algo del pasado y se producirá una tendencia "natural" a su integración en un proyecto homogéneo con una cultura común marcada por el predominio blanco. En este contexto, los indios son vistos como referente del pasado o, en el caso de aquellos todavía no integrados, como marginales del presente que deber ser apartados en reservas o sencillamente aniquilados. Los negros han pasado a convertirse en uno de los pilares de esta fusión de "razas", han aportado su trabajo como esclavos (al igual que los indios) para poder levantar la economía de la plantaciones, minas, etc., han impregnado de "africanía" la cultura dominante y, sencillamente, cualquier problema de racismo se considera zanjado con el fin de la esclavitud en 1888.

La situación real es bien distinta: pueblos indígenas que reivindican su derecho a seguir siéndolo y comunidades afro-americanas que desean seguir recreando sus particularidades. Lo que pasa actualmente poco tiene que ver con el discurso integrador promovido por las élites brasileñas en busca de una identidad a caballo entre el mundo occidental al que pertenecen y otros mundos a sus pies, de los cuales viven y que siguen resistiéndose a capitular en un proyecto que no es el suyo.

El proyecto de integración a la sociedad nacional conlleva la práctica de borrar las diferencias "culturales" de los diferentes grupos (indígenas, afro-americanos), mediante la sustitución de los contenidos propios de estas culturas por la de la cultura nacional dominante. Así, se pretende promover la idea de que un Estado es la expresión de una "sociedad homogénea" que posee una misma lengua, una misma historia y una cultura única. Para ello se integra a los diferentes grupos índigenas a través de programas de alfabetización obligatoria sólo en portugués y se promulga la idea de una historia común con la población afro-americana desde el momento en que se abole la esclavitud y se concede la "ciudadanía".

Desde la perspectiva del Estado y de su discurso oficial, la diversidad y la diferencia son obstáculos para la consolidación nacional que implican riesgos para la seguridad[5] y dificultan el desarrollo económicos deseado.

La invisibilidad

El concepto de invisibilidad ha sido creado por Nina Friedemann (1992) para referirse a la situación de las comunidades negras en Colombia, aunque también podría extrapolarse a la mayoría de la población Afro-Americana. "*La invisibilidad es una estrategia que ignora la actualidad, la Historia y los derechos de las minorías étnicas [y no tan minorías]. Y su ejercicio implica el uso de estereotipos entendidos como reducciones absurdas de la complejidad cultural, que desdibujan peyorativamente la realidad de los grupos así victimizados*" (Friedemann, 1992: 5).

---

5. A este respecto cabe citar el proyecto Cala Norte, creado durante la dictadura militar por motivos de seguridad nacional, y que consistía en comunicar todo el perímetro norte de la Amazonia brasileña con sus vecinos a costa de ocupar el área de gran cantidad de comunidades índigenas.

Los mocambos no son ajenos a esta situación de invisibilidad, tan distinta del discurso oficial promovido por el estado brasileño amparado por las tesis del luso-tropicalismo. Para ilustrarlo, sirva el ejemplo de las comunidades cimarronas del río Trombetas, en la Amazonia brasileña.

En 1990, José Sarney, el primer presidente brasileño elegido democrática-mente tras la dictadura militar, firmaba una ley federal por la cual se creaba una reserva forestal de 400.000 Ha. en la margen izquierda del Río Trombetas bauti-zada con un bonito nombre indígena: Saraca-Taquera. Esta enorme reserva se encuentra situada frente a otra, de carácter biológico, consistente en la protección de tortugas de río. Ambas reservas ocupan el límite sur del área proyectada para la futura central hidroeléctrica de Cachoeira-Porteira, proyecto que una vez fina-lizado acabará con los diferentes ecosistemas del río Trombetas y su entorno inmediato, incluidas por supuesto las dos reservas antes citadas.

La reserva Saraca-Taquera iba ha estar "vigilada" por una multinacional nor-teamericana, ALCOA, a cambio de explotar una mina a cielo abierto de bauxita. La implantación de esta multinacional fue presentada por las autoridades estata-les del Pará y del municipio de Oriximina, responsables administrativas de esta zona de la Amazonia brasileña, como un ejemplo de desarrollo económico y de "progreso". La explotación minera se enmarcaba dentro de un proyecto nacional de ocupación y obtención de los recursos naturales haciendo hincapié en el cui-dado del entorno medio ambiental.

Debido a las presiones internacionales recibidas por el rápido deterioro de la Amazonia la creación de una reserva forestal servia de tapadera ecológica para seguir esquilmando la selva, pero mostrando una preocupación "ecológica" por parte del Estado y de la multinacional.

Lo más sorprendente de este caso fue la coincidencia geográfica de este proyecto con varios asentamientos de comunidades cimarronas. Estas comuni-dades, que llevaban más de doscientos años viviendo y resistiendo en la zona acababan de desaparecer, sencillamente se habían vuelto invisibles. La presen-tación y el debate del Estado/multinacional sobre este proyecto se enmarcó en un contexto de máximo respeto al entorno ecológico, pero no se dijo una pala-bra acerca de las poblaciones que vivían en la región. No obstante, ALCOA sí se mostró interesada por financiar grupos de vigilantes armados para impedir la ocupación de la reserva por parte de campesinos o garimpeiros (buscadores de oro). En la zona no vivía nadie. ¿Como podía ser que "nadie"se hubiera entera-do de la existencia de cimarrones? ¿El Estado del Pará no tenia constancia de las siete guerras que había mantenido con estas comunidades entre 1800 y 1888?. Los sociólogos y administradores de la multinacional que recorrieron el área, ¿no los vieron?

Las comunidades cimarronas, a través del A.R.Q.M.O.[6], del Movimiento Ne-gro del Pará denominado CEDENPA,[7] y de los misioneros católicos (Verbitas), comenzaron a movilizarse y denunciar la implantación del proyecto. La organi-zación de la lucha por parte de todas las comunidades negras fue dirigida por los líderes (tanto hombres como mujeres) de los diferentes asentamientos cima-

---

6. Asociación de Descendientesde Quilombos del Municipio de Oriximina.
7. Centro de Estudios y Defensa del Negro en el Pará.

rrones[8]. El CEDENPA y la Iglesia Católica denunciaron la situación ante las instituciones oficiales y la opinión pública e incluso se contó con la colaboración de una O.N.G. brasileña, Comissao Pro-Indio de São Paulo, que había conseguido dinero de una fundación católica alemana para establecer la delimitación de las áreas colectivas[9].

El departamento de Medio Ambiente del Estado del Pará pidió un informe sobre el posible impacto de las actividades mineras en el entorno ecológico y sobre las comunidades "adyacentes". Las denuncias del CEDENPA comenzaron a surtir efecto. Para ello se contrató a un equipo de investigadores/as de la Universidad Federal de Pará, el N.A.E.A. (Núcleo de Altos Estudios Amazónicos), fundado por investigadores formados en París. Este organismo realizó un informe (de coste astronómico y pagado en dólares por la multinacional) que demostraba el impacto negativo sobre los pobladores de la zona y evidenciaba que se trataba de cimarrones que llevaban más de 200 años ocupando, que no poseyendo, las riberas y los terrenos interlacustres del Trombetas y del Erepecurú. Por lo tanto, acogiéndose a la Ley Federal y Estatal en su artículo 68, los descendientes de cimarrones tenían el derecho de pertenencia y ocupación del territorio que estaban ocupando.

Las diferentes posiciones de ALCOA en lo relativo a estas comunidades fue variando por momentos. En un principio sencillamente no existían (tesis postulada por el Estado y el municipio). Una vez desatado el conflicto se les identificó como campesinos pobres, "nordestinos", implantados en la zona hacía apenas una década. Posteriormente, si bien los documentos e informes presentados por las comunidades cimarronas forzaron el reconocimiento de su origen cimarrón, se alegó que, al proceder de Surinam (la antigua Guayana Holandesa, donde existen las comunidades cimarronas más grandes de América) no eran más que extranjeros (en su tierra) y, por tanto, carecían de derecho a acogerse a las leyes brasileñas.

Finalmente se celebró una audiencia pública en Oriximina (capital del municipio), donde se enfrentaron todos los afectados e interesados por el desarrollo del proyecto minero. Por una parte, una nutrida representación de todas las comunidades afectadas apoyadas por toda la gente que les brindó su ayuda durante este largo proceso de denuncia. Por la otra, los representantes brasileños de la multinacional, las autoridades locales, algún parlamentario oriundo de la zona (ligado a los intereses latifundistas) llegado expresamente como representante oficial y una multitud de trabajadores y campesinos pobres pagados por la oligarquía para demostrar el "interés" del pueblo por el desarrollo económico de la zona (además de dinero, por asistir se les ofreció puestos de trabajo en la mina).

Finalmente, el resultado de la Audiencia Publica, las protestas del movimiento negro en Estados Unidos frente a al sede de ALCOA y, no menos importante, la devaluación del precio de la bauxita, hicieron que se suspendiera el proyecto de "la mina ecológica". Por el momento.

---

8. Según el Anuario Estadístico do Estado do Pará (1980-1987) los descendientes de cimarrones que habitan en el municipio de Oriximiná se cifran en unos 6000. Actualmente constituyen 19 comunidades emparentadas mediante linajes que se ubican en las riberas del Trombetas y del Erepecurú y en las zonas inter-lacustres.

9. No obstante, la mayoría del dinero se empleó en los gastos internos de la O.N.G. y en el pago de los técnicos contratados.

Las comunidades Cimarronas del río Trombetas y del Erepecurú no sólo han mostrado la falacia de las tesis de la "democracia racial", sino que se han hecho más "visibles" que nunca a los ojos de la sociedad blanca. Más importante aún es que siguen sin aceptar la definición que da el Poder de sí mismo y de ellos. Tampoco pretenden crear un Estado propio ni integrarse en el que están. Sólo pretenden seguir siendo Cimarrones.

Bibliografía

BRASIL, R.
1990   "Projetos e Violência", Resistência, 84: 4.
BANDEIRA, M. L.
1987   "Negros e Blancos na frente pioneira de Vale do Guaporé (Brasil): Representaçoes Etnicas", en V Congreso Internacional, Asociacón Latino-Americana de Estudios Afro-Asiaticos, Actas del Congreso celebrado en Buenos Aires del 7 al 11 de 1987:
BENDER, J.
1973   Angola sob o Dominio Português, sa'dacosta, 1980 Lisboa.
BONFIL, G.
1990   Pensar nuestra cultura , Alianza Editorial, México.
CRUZ, E.
1952   Procissão dos séculos, Vultos e Episódios da história do Pará, Imprensa Oficial, Belem.
FRIEDeEMANN, N. de
1992   "Negros en Colombia: identidad e invisibilidad", Wiñay Marka, 17: 4-9.
FRIKEL, P.
1970   "Os Kaxúyana. Notas etno-históricas", Publicaçoes Avulsas, 14: 9-24.
FRIKEL, P.
1971   "Dez Anos de Aculturação Tiriyó. 1960-70. Mudanças e problemas", Publicaçoes Avulsas, 16: 5-87.
MARTINEZ MONTIEL, L. M.
1992   Negros en America., C.F.R. Ed. Mafre. Madrid.
PRICE, R.
1981   "Introducción", en PRICE, R. (comp.),Sociedades Cimarronas. Comunidades esclavas rebeldes en las Américas, S. XXI, México: 11-39.
REIS, J.J.
1992   "Recõncavo rebelde: revoltas escravas nos engenhos baianos", Afro-Asia, 5: 100-126.
SALLES, V.
1988   O Negro no Pará: sob o regime da escravidão, 2ª ed., Ministerio de Cultura, Belem.
SCHWARTZ, S. R.
1981   "El Mocambo: resistencia esclava en la Bahía Colonial", en R. Price (comp.), Sociedades Cimarronas. Comunidades esclavas rebeldes en las Américas, S. XXI, México: 162-184.

COMUNIDAD DEL SUR:
40 AÑOS DE VIDA

Rodrigo Vescovi
Universidad de Barcelona

*El mensaje debe ser pan y orgasmo; de lo contrario,
podemos vivir aunque para nada, podemos crear
una revolución que, en última instancia, no merecerá la pena.*

David Cooper

Lo común y lo ajeno

La llegada e imposición del sistema colonial castellano, a tierras de lo que es ahora la República Oriental del Uruguay, altera totalmente el desarrollo de ese territorio y la vida de sus habitantes. Desde ese momento y hasta la actualidad se producen fuertes contradicciones sociales, paralelas a las de otras partes de América, pero como es lógico con particularidades específicas de ese lugar y de su posterior evolución.

El sistema excedentario se ve en antagonismo con sociedades autosuficientes, las cuales se regían por valores y formas de producir diferentes. La primera resistencia que encontró la sociedad excedentaria fue la de los indios, quienes vivían en comunidad con la naturaleza y entre ellos. En nombre de la civilización y el progreso fueron expoliados de sus culturas e incluso, en muchos casos, eliminados[1].

---

1. A continuación se cita un fragmento que explica, según la visión de los vencedores, la razón del exterminio de estos indios: «Ya en pleno dominio de la República, los últimos charrúas –mezclados con otros pueblos– siguieron constituyendo un grave problema, pues como no se adaptaron a la vida civilizada, ni tenían medios de subsistencia, se dedicaron al bandidaje y al maloneo, obligando al Gobierno a perseguirlos, exterminándolos en las costas del río Queguay, refugiándose los últimos en Brasil». Obra citada de Serafín Cordero.

Más tarde muchos gauchos y otros sectores (que en otras latitudes fueron llamados cimarrones) renegaban del sistema ya imperante y se autoexcluían[2].

Hasta nuestros días se mantiene ese rechazo al capitalismo, por parte de las clases subalternas y organizaciones políticas que tienen un proyecto preestablecido de sociedad o tan sólo una firme negativa a esa dominación. Algunos luchan con armas y otros se involucran lo menos posible en el sistema; sin trabajar por un salario, sin respetar la propiedad privada, organizándose en lo cotidiano de manera alternativa, etcétera. El sujeto de este artículo, Comunidad del Sur, es una de las tantas expresiones de esa larga resistencia.

En el Uruguay, hasta mediados del siglo xx, el nivel de vida, en líneas muy generales, incluso de los asalariados, está entre los menos malos del mundo. Eso y la política de conciliación de clases llevada a cabo por los distintos gobiernos, provoca algunos períodos de cierto apaciguamiento de las contradicciones.

Paz social que se romperá a partir de la segunda mitad del siglo xx: conflictos que no han cesado y que llegan a ser muy cotidianos y tensos a finales de los sesenta, principios de los setenta, cuando se acentúa la polarización de las dos clases. Esos fueron los años más combativos que tuvieron los sectores populares en su enfrentamiento, más bien resistencia, a la clase dominante y su régimen. Muchos comités de barrios, sindicatos, asociaciones, grupos políticos, se coordinan y practican la acción directa (ocupación de lugares de trabajo y estudio, manifestaciones, huelgas, enfrentamientos, justicia revolucionaria, acciones armadas, peajes obreros, expropiaciones, colectividades...).

En esos años (1968-1973) se dan otros ejemplos de lo que se pueden llamar sociedades, o simplemente momentos o aspectos, cimarrones, es decir puntos concretos de lucha. Entre otros: los campamentos de los cañeros azucareros de Artigas en sus marchas reivindicativas hacia Montevideo[3]; los comités de barrio adonde se asumían problemas de manera conjunta; ollas populares para comer todos juntos o alimentar a los trabajadores en huelga, protestar contra la represión y el aumento de precios, evitar los cortes de luz por impago; la convivencia y

---

2. Miquel Izard, en su artículo «Cimarrones, gauchos y cuatreros», Boletín Americanista. 44 (1994) 137-154, Barcelona), explica en la pág. 143, como: «En 1795 el marqués de Sobremonte, gobernador de Córdoba, convocó junta de hacendados para organizar una milicia que detuviera vagos y malentretenidos y los enrolara en la marina real (Pomer, 73-74)». Seguidamente en el mismo texto se hace referencia a Rodríguez en su cita «convenía mucho al servicio de Dios, del Rey y del común, el establecer una partida volante, sin mansión ni residencia alguna, aunque no fuese de más de diez de tropa (que supone por cien paisanos según el temor que les tienen estas gentes) con un comandante recto, y celoso, y que con facultades a imitación del prevoste, persiguiese y arrestase a los muchos malévolos, desertores y peones de todas las castas, que llaman gauchos o gauderios, los cuales sin ocupación alguna, sin beneficio sólo andan vaqueando y circulando entre poblaciones (...) viven de lo que pillan, ya en changadas de cueros, ya en arreadas de caballada robadas, y otros insultos para el tráfico clandestino, sin querer conchabarse con los trabajos diarios de las estancias, labranzas, ni recogidas de ganados, por cuya razón se halla todo en suma decadencia, y sin temor a nadie, ni a las justicias».

3. «En los próximos días demostraré en forma fehaciente, los excesos cometidos y provocados por los cañeros que actúan en asamblea permanente, conduciendo como rehenes a mujeres y niños, y viviendo en los caminos, generalmente a la intemperie, sufriendo y haciendo sufrir a quienes los acompañaban, todos los penosos afanes de su viaje, sin medios de educación para los menores, sin higiene ni salubridad para ninguno de los integrantes de la caravana, manteniéndose en una promiscuidad peligrosa para la moral colectiva». Adolfo Tejera, Ministro del Interior. (44), citado por E. Fernández Huidobro en Historia de los Tupamaros, Tomo II.

la preparación en los cantones de los grupos armados[4]; las ocupaciones de lugares de estudio y trabajo...

E incluso la supervivencia en la cárcel junto a los otros compañeros[5].

En todos estos casos, los luchadores sociales en su resistencia al estado-capital debieron organizar sus vidas, al menos en algún aspecto, de manera distinta, rompiendo en la práctica muchos de los valores y esquemas del sistema que rechazaban. Lo común y colectivo se impone al individualismo, las relaciones mercantiles son rotas para darse tentativas de relaciones humanas, más afectivas, de necesidad del uno con el otro. El compromiso y la responsabilidad con los compañeros y el grupo, suplanta al desinterés y competitividad por el otro que hay, en su mayoría, fuera de estas «sociedades cimarronas».

De comité a barrio, de estudiantes a obreros, de no presos a presos se da un apoyo mutuo importante.

---

4. «Los cantones eran comunidades, donde de pronto se juntaban 15, 20 compañeros viviendo en un mismo lugar, y viviendo no durmiendo simplemente. El cantón era una base de operaciones, de ahí solamente salías a actuar a una acción militar y volvías. Convivíamos todos, es decir nos teníamos que cocinar, dormíamos ahí, hacíamos nuestros ejercicios militares ahí, hacíamos nuestro aprendizaje de como armar y desarmar, limpiar los fierros, como hacer un explosivo casero, o quizás no tan casero, hasta como hacer un documento falso, es decir, el cantón militar era una base de formación global. Ahí, convivían compañeros que no eran solamente de Montevideo, yo por ejemplo conviví con quince compañeros más en una chacra en las afueras de Montevideo, que era un cantón militar, donde la mitad eran cañeros del norte, de Bella Unión y la otra mitad éramos de Montevideo y de esa otra mitad, la mitad provenía del movimiento estudiantil y el resto proveníamos de otros lados. O sea que también era una instancia de tratar de juntar distintos sectores dentro de la misma organización para el intercambio. La vida en los cantones era muy linda.

(...) dependía de cada chacra. Nosotros teníamos algunas cosas plantadas afuera, teníamos chanchos, gallinas para la subsistencia, teníamos una mula para ir a buscar agua porque no había agua ahí. Nos levantábamos de madrugada, siempre había alguien que se levantaba antes porque le tocaba rotativamente ordeñar las vacas, (...) teníamos una hora de gimnasia y después nos sentábamos todos a desayunar juntos y a tomar mate. Después, las tareas estaban distribuidas, durante el día trabajábamos mucho, a unos les tocaba plantar a otros quinchar a otros cuidar de los chanchos, gallinas, lo que fuera. De tardecita empezábamos con los ejercicios militares, o los que fuera. (...) Era una vida muy rudimentaria, muy austera porque había muy poca plata, siempre hubo muy poca plata, el cigarrillo estaba racionado, juntábamos el tabaquito que había en el suelo de los puchos y lo volvíamos a armar una y otra vez.

Nos distribuíamos las tareas de la cocina, siempre entre hombres y mujeres, rotativo siempre, no había diferenciación en las tareas, ninguna. Cuando llegaba la noche ahí en el fogón, charlábamos, discutíamos desde temas políticos hasta temas personales, problemas de convivencia que se dieran ahí, inquietudes de algún compañero\a... o sea la vida era muy rica, muy comunitaria. Normalmente éramos grupos muy unidos, (por) el hecho de compartir todo juntos». Fragmento de una entrevista realizada por el autor, el 16-V-1995 en Montevideo, a Yessie Macchi.

5. «(...) la cárcel de mujeres siempre se caracterizó por la gran afectividad que había entre las compañeras, se traducía también en abrazos, eso ayudó muchísimo, nos acolchonó mucho contra, justamente, lo que era la total despersonalización de nosotras que quería hacer el enemigo. Los gestos, el abrazo, el tomarse las manos, el llorar juntas, el reír juntas, el teatro que hacíamos en la cárcel, la continua dramatización de todas nuestras experiencias en forma de teatro, en forma de canto, en forma de murga. Eso fueron, todos, hechos que sirvieron mucho a lo que era mantener, dentro de nosotras, muy vivo el espíritu de lucha pero también la identidad personal, cada una era lo que era y cada una era mujer, más allá de que te pusieran uniforme, te raparan el pelo y te pusieran un número (...) no pudieron destruirnos, físicamente nos acortaron la vida eso está muy claro, pero sí es cierto que a nivel político y a nivel afectivo no lograron destruirnos». Entrevista (16-V-95) del autor a Yessie Macchi, militante histórica del Movimiento de Liberación Nacional-Tupamaros.

Comunidad del sur

Comunidad del Sur fue fundada por jóvenes anarquistas en agosto de 1955[6] en Montevideo, al mismo tiempo que el país entraba en una crisis a todo nivel.

Nace como una seguidora más del cimarronaje y la resistencia al sistema capitalista y además como una forma de exigir su radical transformación hacia una verdadera comunidad humana mundial.

A fines de los sesenta, principios de los setenta, siendo fiel a su principio de no aislarse, desarrolla un foco de militancia a nivel barrial; cooperativismo obrero; de producción y de vivienda; participación en los liceos populares y ayuda a trabajadores en huelga[7]. Además de participar en la ROE (Resistencia Obrero Estudiantil) y los GAL (Grupos de Acción Libertaria), mantiene una relación solidaria y clasista con UTAA (Unión de Trabajadores Azucareros de Artigas), agrupación combativa que nucleaba, sobretodo, a trabajadores sin tierra del norte del país, y que a menudo no encontraba apoyo de las esferas sindicales reformistas. Los contactos surgieron a partir de las cinco marchas que desde 1962 realizó UTAA hacia Montevideo, como denuncia y protesta. Entre 1969 y 1971, pequeños grupos de cañeros realizaron una experiencia en Comunidad del Sur, para aprender formas de organización autogestionaria. A su vez, miembros de la comunidad convivieron en el campamento de los primeros, sumándose a las múltiples tareas del mismo, como la construcción de una policlínica. Se hicieron grupos de discusión permanentes y coincidieron también en el Segundo Encuentro Intercomunitario[8].

A fines de junio de 1973, los militares dan el golpe de Estado, incrementándose la brutal represión que se venía dando desde 1968.

---

6. «Inicialmente, en la calle Salto, a la Comunidad del Sur se la llama «la casa de los locos». A medida que se van haciendo funciones; matar una rata en casa de una vecina que estaba sufriendo (-¡los muchachos!) se ganan la gratitud. Pero después en una fiesta que la policía dice que se tiene que pedir permiso, no se pide, se pone un camión en una esquina, otro en otra esquina, se corta la calle y se hace una fiesta que participa toda la manzana.
Un día de Reyes en Montevideo hubo un ciclón que tiró una columna de alumbrado, como no venía la UTE, tuvimos la idea de levantarlo nosotros (...) llamábamos a la puerta de los vecinos y le preguntábamos: - ¿le cambiamos el hilo? - ¡sí, sí! (-los muchachos otra vez). Un vecino no quiso, luego los hechos demostraron que era un fascista, un hombre del orden». Fragmento de una reciente entrevista (14-XI-95) en Barcelona, del autor a un exintegrante de la Comunidad del Sur, con catorce años organizado en dicha agrupación.
7. Uno de los ejemplos que creo que es interesante señalar, es el acuerdo que toma con el sindicato gráfico para que en caso de conflicto, se exprese públicamente su solidaridad y se les acompañe en los paros parciales o las huelgas generales. Como se consideran libres del yugo del salario, el patrón y la explotación, por ser obreros organizados cooperativamente, piensan que parar su actividad en caso de conflicto no tiene mucho sentido, pues no se enfrentan a ninguna patronal. Pero siendo conscientes de que una huelga no sólo significa la presión de los trabajadores a su patronal, sino que además desencadena, al paralizar la industria, presión a quienes usufructúan esa producción, resolvieron: no aceptar, ni entregar trabajos de empresas capitalistas en época de conflicto, no emplear trabajos o materiales que fueran hechos por rompehuelgas y poner a disposición de los compañeros en lucha su trabajo y sus máquinas para la realización de impresos. Por último ven la necesidad de destacar en toda situación conflictiva una búsqueda de soluciones de fondo a la estructura de la sociedad de explotación del hombre por el hombre.
8. Este segundo encuentro fue en 1973. En el Primer Encuentro Intercomunitario, en 1969, se crea el Centro Comunitario Latinoamericano, para la relación entre las diferentes comunidades de Argentina (Tierra, Siembra, Fértil) y Uruguay (del Sur, Demos) y los Grupos Comunitarios de Bolivia.

Como explica un exintegrante de Comunidad del Sur, en la extensión de la persecución que se da a partir de 1972 se llega a reprimir, reiteradas veces, a él y sus compañeros:

«También éramos agitadores en algún sentido. (...) Cuando venían a cazar a la Comunidad del Sur, no venían a intentar, inicialmente, la destrucción de un grupo, venían a cazar a los miembros del grupo, ellos hacían de alguna manera una separación.

En esa represión indiscriminada de 1972-1973, no es que dijeran cerremos la Comunidad del Sur, pero sistemáticamente un cuerpo de fusileros, de artillería, infantería, se turnaban y venían. Cuando desapareció lo que nosotros denominábamos el tejido social, ya solamente estábamos sometidos al hecho de que torturan a alguno, o que algún loco o no tan loco, más bien un miembro del otro bando dijera: éste, seis meses preso. Entrábamos escalonadamente. Yo estuve 16 días, después dos años; otros compañeros estuvieron más o menos el mismo tiempo. Otra vez estuvimos presos un grupo de nueve.

No parecía posible que el grupo, en esas circunstancias, permaneciera allí. Entonces se empezó a investigar en América, la posibilidad de trasladar todo el colectivo, por lo menos las personas. Estuvo un grupito, poco menos de la mitad, en Perú; allí hubo una especie de desarraigo. Siempre digo, que en ese sentido éramos más europeos, por nuestra formación, que no lo que pudiera ser una sociedad en el Perú. Allí estuvimos empleados en alguna facultad, otro vendiendo libros... Al no funcionar un arraigo allí, al final, coincidiendo con un grupo de unos cinco que estaban presos en Argentina, se fueron para Suecia. Eso para mi ha significado una especie de corte importante en el grupo porque unos se quedaron en Buenos Aires, otros se fueron a Alemania, otros nos vinimos para España...

El grupo que ha vuelto (a Uruguay) tuvo una estancia de ocho o diez años (1975-1983) en Suecia[9]. Se ha reinstalado siguiendo unas pautas semejantes, haciendo algunas cosas viejas y otras diferentes, pues la gente ha cambiado y la sociedad uruguaya también».*

De la refundación en Montevideo hasta el día de hoy, la comuna se mantiene ampliando y variando proyectos y conocimientos. En la actualidad existe un caserón en Montevideo destinado a centro de reuniones, imprenta, librería, biblioteca, talleres (tejidos, cerámica...). La vivienda está en las afueras de la capital, en el kilómetro 16 del Camino Maldonado. En una iniciativa con grupos afines, han comprado una parcela de tierra para establecer huertas y agricultura ecológicas.

---

9. La experiencia en Suecia (Estocolmo), con el agregado de nuevos compañeros suecos y latinoamericanos, fue bastante sólida y en gran medida innovadora. La siguiente cita lo demuestra: «El exilio al que fuimos lanzados, significó una ruptura de fronteras y el descubrimiento de nuevos espacios. No sólo en un sentido geográfico sino, y sobretodo, en lo cultural e ideológico. Y aunque muchas veces ello estuvo acompañado de dolor y conflictos, conllevó un posible enriquecimiento tanto a nivel individual como en relación a una más compleja y más adecuada percepción social.

Así son muchas, y muchos, los que fuimos fecundados por el feminismo (...) otros fueron impactados por la falsedad de los «socialismos reales», (...) también el desarrollo y el progreso se desmoronaron como pretendidos sinónimos de bienestar humano. (...) El ecologismo abre entonces los ojos a aspectos de la realidad y al mismo tiempo exige nuevas dimensiones a los proyectos que se pretendan revolucionarios». Editorial del nº 74 de *Comunidad*, marzo de 1990.

Bases programáticas fundamentales[10]

Se basan en la autogestión como meta y camino, pues la ven como una forma de transformación que se puede concretar en el presente y servir para la creación de un orden nuevo que destruya el antiguo estado de cosas.

Ven en los organismos autogestores los encargados de preparar a los hombres y crear organizaciones sociales activas y eficaces, ligadas unas con otras, para que en un momento de ruptura y revolución, sean capaces de responder a las necesidades del momento y cimentar bases sólidas de la nueva sociedad socialista y libertaria. De ahí la importancia de Comunidad del Sur como modelo, a nivel de práctica y a nivel teórico, sobretodo como una perspectiva federalista, es decir de comunidad de comunidades. En esos organismos de lucha, los hombres reaprenden el sentido de la vida, se proyectan hacia una vida nueva, comienzan la revolución. Pero aclaran que esto no significa que sea posible llegar al socialismo por mera agregación de individuos a las pequeñas comunidades formadas dentro del régimen capitalista.

Afirman que los grupos, al igual que los individuos, no escapan de la influencia del sistema. De ahí que digan que Comunidad del Sur, como expresión del movimiento comunitario, lejos de ser homogénea y coherente, refleja esa interdependencia entre el movimiento social general y las expresiones o experiencias de «vanguardia». En la medida que se da esa proyección se supera la institucionalización, el sectarismo, la disolución. A continuación se mencionan otros ejemplos a tener en cuenta para no reproducir el sistema: un caso de integración son algunas cooperativas de trabajo que buscando el máximo beneficio y compitiendo dentro de las leyes mercantiles, se convierten en meras empresas capitalistas en que o bien los obreros se autoexplotan, o bien pasan a ser pequeños burgueses. El aislamiento, por su parte, lleva a los grupos a cerrarse, alejándose del resto del movimiento que persigue el mismo fin e intentando conseguir una estéril perfección interna. Otra de las desviaciones que remarcan, de las que se pueden dar con respecto a un proyecto comunitario, es la reproducción de relaciones esenciales de la sociedad global (dependencia-dominación, intelectuales-manuales, acusadores-culpables).

Presentan sus bases manifestando que sólo ese cambio global, en tanto proyecto y tarea puede darle sentido a cada experiencia parcial.

De ahí que se consideren:

Revolucionarios en la práctica y en las ideas, en la totalidad del hacer comunitario y en los intentos federalistas. Revolucionarios en cuanto a como se procesa y se produce el cambio social proyectado, táctica y estrategia, siendo la acción directa la forma de luchar y organizarse.

Libertarios por los medios y fines (democracia directa y federalismo). Por no buscar mejoras dentro del sistema: ni de salarios, ni control obrero, ni cogestión,

---

10. Cita de Comunidad en el Primer Seminario Intercomunitario. Buenos Aires. Junio 1969: «Si bien las ideologías son elementos básicos en la definición de toda situación y en la elección de los medios para lograr los fines, se vuelven realmente operativas cuando son compartidas y elevadas por los participantes como base de orientación».

Estas bases las fueron forjando en los años sesenta, volviendolas a republicar en *Comunidad*, a principios de los ochenta.

ni elecciones libres. Tampoco limitarse a la crítica de la sociedad actual, sin vivir en la medida de lo posible su abolición, forzando los límites en la actualidad.

Comunistas por la forma cómo se organizan los seres humanos para producir, distribuir y administrar los bienes que responden a sus necesidades. Por ser conscientes que las relaciones sociales están determinadas por las relaciones de trabajo y de producción, proclaman la autogestión y la propiedad común.

Rechazan los «socialismos de estado» o «liberación nacional» porque en todos esos casos las relaciones reales de producción y de vida son similares a los otros países del mundo.

Buscan crear un poder colectivo real sobre las condiciones de existencia, preguntándose de manera común y no individual los fenómenos. Considerando que el hombre comunista implica integrar al otro como necesidad.

Comunitarios por cómo se organiza la vida cotidiana, teniendo en cuenta la estructura social y ecológica. Basándose en el urbanismo y la educación. Son fundamentalmente antiestatistas y anticentralistas. Sienten la necesidad de una organización que abarque todos los aspectos de la vida y garantice el comunismo y la libertad. Esa organización sería la comuna como conjunción de todas las agrupaciones e individualidades de la región, mediante la formación de consejos. Los consejos (comisiones) comunales son mandatarios de acuerdos emanados de la base, no podrían ejercer ninguna forma de poder clásico, dado que no dependerían de ninguna forma de poder central ajeno a la propia comunidad. Tendrían el carácter de asegurar la debida cooperación en los servicios de interés común, como educación, transporte, limpieza. Más allá de la comuna como unidad fundamental habrán de organizarse federaciones regionales e internacionales de comunas.

Están por una sociedad no militarista, por la destrucción de fronteras estatales. Piensan que en general los partidos, los sindicatos y las cooperativas sectoriales repiten los esquemas del capitalismo y el estatismo, por considerar al hombre como un simple elector, consumidor o productor, reclamando solamente su participación parcial.

Hay que destacar que reclaman la satisfacción de las necesidades vitales, entendiendo por estas no sólo las relativas a la subsistencia (vivienda, alimentación salud...), sino también las necesidades afectivas de relación, de educación...

Vida cotidiana

La fuente para desarrollar este punto ha sido, casi exclusivamente, el testimonio del exintegrante de Comunidad del Sur entrevistado. Por lo tanto se refiere al quehacer comunitario durante los años sesenta y principios de los setenta.

Tras iniciar el proyecto en pleno corazón de Montevideo, se mudan a un barrio lejos del centro. Entonces vivirán en un terreno de 300 metros por 70. Cuando entra él, en 1962, son ocho miembros, en los años 1971 y 1973 son más de cincuenta personas, con distintos casos de integración. En general había cinco niveles: los que viven, los que están experimentalmente, los que trabajan en alguna de sus cooperativas, los que participan de alguna actividad y los simpatizantes.

Un día en la Comunidad del Sur podría empezar a las siete de la mañana, desayunando en su lugar de vivienda habitual una pareja o más compañeros, con sus hijos bebés. Los chavales de seis a trece años desayunaban todos juntos pues tenían su propia vivienda. Hasta el almuerzo se realizaban las cinco actividades principales: la imprenta, un estampo de telas, el preescolar (que se realizaba allí, pero venían también otros niños del barrio). Al contrario de los escolares, quienes iban al colegio o el bachiller del barrio. Otras tareas eran la huerta y los servicios (lavadero, la cocina, cuidado de los niños) en los que participaban indistintamente hombres y mujeres.

Los almuerzos se hacían según los grupos de actividades, en la cena se reunía toda la comunidad. Por la tarde se planificaban tareas, se seguía con los servicios o trabajos, se jugaba, etcétera.

A las ocho de la noche los más pequeños estaban listos para dormir y los escolares ya habían cenado.

Los sábados se organizaban diversos actos, por la noche había una importante actividad creativa. Inclusive con participación externa. El domingo comían todos juntos. Alguno aprovechaba entonces para cantar o recitar algún poema.

Los niños y otras generaciones

Como antes se explica, los nenes dormían en un local, solos. Regularmente eran ayudados por un adulto: «Ordenando muy poco, porque esa es una actividad propia, pero de repente tenías que decirles que se bañaran... A partir de los seis años se cuidaban entre ellos, se atendían, de alguna manera se conocían, se aceptaban los comportamientos diferenciados que tenían, claro que alguna vez se peleaban y se agarraban a las piñas». Comenta el por ese entonces habitante de Comunidad del Sur. «Solían ser los mismos niños quienes elegían al adulto para que los acompañara en alguna actividad (desde llevarlos de excursión hasta arbitrarles un partido de fútbol).»

En algún caso, por la constantes críticas de los pequeños con respecto al encargado de cuidarlos, explicadas en la asamblea general, se reemplazaba de esa función a esa persona y se intentaba además solucionar el problema de relación.

Los adolescentes participaban en muchas reuniones, a veces planteaban que con según que actitudes o acciones, los mayores se salían de lo proyectado, de los objetivos por ellos mismos creados. Y así había una constante introspección grupal.

Si bien ciertas responsabilidades y hábitos se dividían por edades, de lo que se trataba justamente era que en lo cotidiano no existiera esa brusca separación por edad que hay en la sociedad global. En Occidente, sobretodo, es costumbre desplazar a los ancianos (por presentarseles como improductivos) de las tareas y decisiones. En esa comuna había un viejito de 80 años, que tenía su función, nunca dejó de hacer algo. Era el que se levantaba más pronto, el que acostumbraba a pelar patatas, a calentar agua, en fin a mezclarse con los demás miembros del grupo. Como explica el entrevistado de Comunidad: «no se entendía como una edad de acorralamiento social, todo lo contrario, era un participante como otro cualquiera. Con su capacidad física. De repente en una reunión que duraba hasta las cuatro de la mañana, él por ejemplo, a las dos estaba nocaut (K.O) y se iba a la cama y decía: están hablando demasiado».

Para los integrantes de esta «Común-Unidad» lo importante es el tender a suprimir la jerarquización de las figuras fijas (por ejemplo el poder que podría dar a aquellos que trajeran el dinero). Pero también rechazan la antítesis vulgar, el liberalismo: que cada uno haga lo que quiera. Pues se traduce en una ausencia de roles, en no saber lo que hacen los demás porque no hay escenarios de convivencia.

«Complicarse» la vida para sentirla

En ese lugar común se critica globalmente el sistema imperante y se trata de no reproducirlo, por eso se analiza cada elemento y a cada objeto se le intenta dar su función humana correspondiente. De ahí que se hable de juguetes jugados, que necesitarán un espacio lúdico, y no de productos mercantiles. Por eso es que se crea la comisión de ropa, encargada de comprar la vestimenta necesaria, intentado esquivar modas y consumismo.

Las relaciones personales y, por tanto, las amorosas y sexuales eran también replanteadas. Las parejas que iban a vivir allí solían experimentar en un primer momento un cuestionamiento total de la manera de amar. La mayoría de las parejas formadas fuera de la comunidad se separaron. Las que se componían de uno de la agrupación y otro de afuera solían traer algún tipo de conflicto, pues no eran los dos los que decidían juntarse con el grupo sino que uno arrastraba al otro. Las formadas dentro de la comunidad fueron sólidas y estables.

Hubo también una esporádica experiencia de interrelación en la que participaron unos pocos y, que al parecer, algunos vivieron con mucha tensión[11].

Impureza y éxito

Al comentar con el entrevistado ¿de qué manera se consigue todo lo proyectado en Comunidad del Sur?, contesta:

«Yo no puedo decir que nosotros consiguiéramos pureza, lo que sí puedo decir es que analizábamos, esto que sería, la impureza para descubrir adonde realmente estaba el tema».

A continuación comenta un hecho concreto, explicando de esta manera, lo preguntado anteriormente:

«Cuando todos los adultos, en 1975, vamos a parar al Cuartel de la Marina, allí en el puerto (de una a seis semanas), y quedan un par de adolescentes y toda la gurisada... se dan unas situaciones, que es cuando yo digo, que de alguna manera, para medirlo en una palabra, hubo

---

11. El entrevistado explica otras experiencias de multirrelación: «*Cecilia*(...) una comunidad brasileña que colectivizaron la totalidad de lo que pudieron y lo pasaron muy mal, explotaron.
Otro caso fue un grupo de teatro, que era una comuna, el *Living Theatre*, a donde estaba Julian Beck. Ellos lo vivieron mejor, pero también con bastantes tensiones. Incluso porque los vimos, vinieron a vernos, estuvieron en Uruguay de clandestinos.»

éxito. Esto es que gente que no vivía en la comunidad pero eran vecinos, les dan de comer a los gurises y viene una compañera y les lava la ropa. Los liceales (a partir de 12 años) se hacían la comida y hacían la comida para los demás, algún adolescente cambiaba los pañales. Lo resolvieron entre ellos y con la participación de nuestro entorno. Quizás porque el aspecto afectivo era grande. Había una apetencia, sobretodo en los más jóvenes, por estar juntos».

Un lugar en el mundo

Comunidad del Sur es tan solo uno de los tantos proyectos[12] que han habido a lo largo de la historia que además de atacar la miseria de esta sociedad ofrecen una visión liberadora para toda la humanidad, mediante nuevas formas de vida en común.

A través de ejemplos como el analizado en este artículo, el anarquismo y/o comunismo no aparece solamente como una sociedad futura, sino como un movimiento histórico que nace desde, y por antagonismo a, la existencia de clases sociales, como una comunidad mundial de la resistencia.

La experiencia de Comunidad del Sur evidencia que, aunque con límites, se puede amar, jugar, relacionarse, vivir de otra manera a la impuesta. Pero demuestra también que solamente habrá liberación integral de un individuo o grupo cuando la sociedad en su conjunto sea libre.

Pues si bien el futuro debe tener vida palpable en el presente, en la medida de lo posible y contra los límites impuestos por el modelo existente, no hay que pensar que un grupo o una región se puede liberar integramente del yugo del Capital, aislándose de la sociedad, proclamando por decreto su libertad. La ideología que ha llevado a creerse que se puede fundar un nuevo sistema libre en tan sólo un rincón del planeta ha sido siempre un freno para los intentos de revolucionar el mundo entero. El famoso «socialismo en un sólo país» de Stalin es tan solo un ejemplo.

Quizás lo importante de este proyecto es que aunque ni ellos ni nadie haya conseguido, por el momento, cambiar el curso de la corriente, siguen nadando a contracorriente.

Los cuarenta años demuestran que después de mucho buscar y proyectar, estos modernos «cimarrones» parecen haber encontrado un lugar en el mundo, un lugar desde el cual cambiarlo.

---

12. Ejemplos históricos con enormes diferencias pero con el elemento comunitario en común, entre otros, son: los antiguos Quilombos, muchas comunidades indígenas, La Comuna de París, las colectividades y organizaciones de base de Ucrania (Mackno) en la Revolución rusa, las colectividades en la Revolución Española, algunas comunas chinas, los kibbutzim antes de la instalación del Estado israelí y los numerosos intentos de comunidades voluntarias contemporáneas (las comunas hippies, la colectividad «Cecilia» en Brasil o los actuales okupas).

Bibliografía consultada

1977   *A: rivista anarchica* nº 2, Milán, marzo.
ACEVEDO DÍAZ, Eduardo
1894   *Ismael*. A. Barreiro y Ramos, Editor. Montevideo.
AZCUY AMEGHINO, Eduardo
1991   *Artigas y los indios*. Ediciones Andresito, Montevideo.
Banco de la República Oriental del Uruguay: Museo del gaucho.
BARRIOS PINTOS, Aníbal
1991   *Los aborígenes del Uruguay*. Librería Linardi y Risso, Montevideo.
CORDERO, Serafín
1960   *Los Charrúas: síntesis etnográfica y arqueológica del Uruguay*. Editorial Mentor,
         Montevideo.
D'ELÍA, Germán
1969   *El movimiento sindical*, Editorial Nuestra Tierra, Montevideo.
ERRANDONEA, Alfredo
1972   *Explotación y dominación*, Editorial Acción Directa, Montevideo, octubre.
FERNANDEZ HUIDOBRO, E.
1994   *Historia de los tupamaros*, Tae editorial, Montevideo, octubre.
IZARD, Miquel
1994   «Cimarrones, gauchos y cuatreros» *Boletín Americanista*. 44 (enero) págs.137-
         154. Barcelona.
LOZANO, Pedro; DE AZARA, Félix; LARRAÑAGA, Dámaso A.; ZORRILLA DE SAN
MARTÍN, Juan; ACEVEDO DÍAZ, Eduardo
1968   *Los indios del plata*, Editorial Arca, 1968.
REDES (Red de Ecología Social)
1994   *Tierra Amiga* nº24, Uruguay, mayo.
ROSENCOF, Mauricio
1987   *La rebelion de los cañeros*, Tae editorial, Montevideo.
PRIETO, R.
1979   *Trabajadores rurales y proceso revolucionario*, Instituto Latinoamericano, Estocolmo.

Revistas vaciadas

Comunidad del Sur
         Comunidad nº 3, agosto de 1966; nº 20, agosto de 1980; nº 45, noviembre-
         diciembre de 1984; nº 64, mayo-junio de 1988; nº 74, marzo de 1990. Montevi-
         deo y Estocolmo. *Encuentro*, Montevideo, julio 1988.
JAZÁN, I.
1969   *La comunidad, respuesta y desafío*, Montevideo, noviembre.

¿ABSURDOS O MAL INTENCIONADOS? MAPAS DE UN "NUEVO MUNDO": VENEZUELA - GUYANA (SIGLOS XV - XVIII) AMÉRICA: UN DESCUBRIMIENTO ANUNCIADO

F. J. Vizuete Villar
A. Cara Ribas

Desde la Cartografía algunos autores han buscado los antecedentes del cómo y el por qué "España" llegó a "descubrir" unas nuevas tierras más allá del Atlántico. En este ámbito se incide en la existencia de un "destino manifiesto" que empuja a determinados entes hacia un lugar privilegiado o marginal en el mundo. "España", parece ser, merece ocupar el lugar más destacado en la Historia Universal.[1]

> "ERATOSTENES: ..."Por naturaleza el ecumene es mayor de Oriente a Occidente...de tal modo, que a no ser por la amplitud del mar Atlántico, podríamos ir desde Iberia a la India navegando sobre el mismo paralelo." (Erastótenes, citado por Estrabón, Y,4,6)// SENECA: ..."¿Cuántos días de navegación hay desde las costas de España hasta la India?. Poquísimos si empuja la nave un viento favorable." (Séneca. *Quaestiones naturales*, Prefacio)[2]

Si el destino no fuera suficiente para corroborar la primacía "ibérica", la Historia, no discutida sino dictada, acabará de demostrarlo.

---

1. "Ya desde la más remota antigüedad filósofos y geógrafos puede asegurarse que intuían más que sabían el destino que se reservaba al país de las "Columnas de Hércules", de Aristóteles, a las "costas de España", de que nos habla nuestro compatriota Séneca. **La historia y la geografía mandan, y España, como su hermano y habitador del mismo suelo, Portugal, han escuchado su mandato**. Las consecuencias de estas premisas son conocidas de todos: el afán tenaz por llegar a Cipango y Catay, es decir, el Asia; el encuentro, mejor que descubrimiento, primero de un continente, América, y despeés de otro, Oceanía; la primera circunnavegación de la tierra, iniciada por Magallanes y concluída por Juan Sebastián Elcano..." (SANZ, C., *Guía de la exposición Oriente - Occidente*, p. VI)

2. SANZ, C., *Guía de la exposición Oriente - Occidente* p. X

"En las postrimerías del siglo XV y comienzos del XVI,cuando apenas acababa de realizarse la reconquista del territorio nacional y el establecimiento de su unidad política, España lanzóse, valiente y decidida, al descubrimiento, conquista y civilización de un nuevo mundo, llevando a él, íntegramente, todo su espíritu cristiano y su organización política y social. Realmente, puede afirmarse que era una nueva España la que se trataba de crear al otro lado de los mares, al incorporar a nuestra civilización multitud de pueblos cuya existencia había permanecido completamente ignorada. En esta épica empresa los portugueses se muestran no menos activos y afortunados."[3]

"- El "error científico de Colón"- no puede empañar el valor de las fuerzas espontáneas de que surge la conquista. Esta es como el relevo de la Reconquista ibérica" (P. VILAR, *Historia de España*, p. 51)

Lo falso se convierte en verdadero, el atropello, la violencia...se traducen por "la suerte de conocer a otras culturas". El vencedor a través de la Historia sigue pisando y maltratando.

Es curioso cómo los autores que describen la conquista hablan de la Península con el nombre de "España"; nosotros insistimos en que este nombre es posterior a la mal llamada "Reconquista" y a los primeros "contactos " con América. Una prueba de ello es la bula papal de 1493. Alejandro VI define así a "España":

"Alexandro Obispo, Siexvo de los siexvos de Dios. A los Ilustxes caxísimos en Christo, hijo Rey Fernando, y muy amada en Christo hija Ysabel Reyes de Castilla, de León, de Aragón, de Sicilia y de Granada: Salud y bendición apostólica".[4]

Con América sucederá un tanto de lo mismo; cualquier nombre será válido mientras surja del tintero y la cultura occidental, haciendo reivindicar el neoeuropeismo de las tierras "descubiertas" y conquistadas. América no existirá hasta que sea convertida en un espejo deformante de Europa. Aún así no se le reconocerá oficialmente su "nacimiento" al mundo occidental porque cuestionaría los discursos jurídico-míticos de las potencias coloniales (entorno a la India o a viejas tierras soñadas).

El creador de mapas tiene la capacidad de "bautizar" unas tierras y gentes que ya tenían nombre y el historiador apadrina la "ceremonia" perpetuando una adopción forzosa.[5]

"(...) puso Waldseemüller el nombre de "América" a la gran isla meridional. En un folleto que acompañaba al mapa decía su autor: "No veo qué se puede oponer a llamarle Americia, es decir, tierra de Americo, su descubridor, hombre de inteligencia bien despierta..., o América, ya que tanto Europa o Asia tienen nombres derivados de otros de mujeres". El nombre "América" no fue aceptado durante bastante tiempo, hasta que Apiano y Mercator llamaron así también a la parte septentrional de aquel continente."[6]

---

3. *Cartografía y relaciones históricas de ultramar*, p. 1
4. *Cartografía y relaciones históricas de ultramar*, (documentos)
5. "El cartógrafo alemán Martin Waldseemüller representó por primera vez en 1507 las tierras descubiertas por Colón como un nuevo continente, pero dado que a causa de un error atribuyó su descubrimiento a Américo Vespucio, denominó al nuevo continente "América" tanto en su planisferio como en el globo que dibujó en aquel mismo año" PETERS,A. *La Nueva Cartografía* , p. 42
6. RAISZ, E. *Cartografía General* , ps. 36-37

A la Corona Española no le gustará nada el término pero la fuerza del cartógrafo acabará por imponerlo:

"El empleo de la expresión Nuevo Mundo disminuía la fuerza imperial. <<América>> fue una voz de rebeldía contra el primer vocabulario que estaba acuñando la corona. Contrariaba una decisión imperial. A nadie se le ocurrió que el nuevo continente se llamase Colonia o Colombia, o Columbia. Jamás lo propuso Las Casas. La denominación que quería imponer España fue la de Indias dada por Colón. Y así se dictaron las Leyes de Indias, se formuló el Derecho Indiano, se habló de los indios, se escribieron las Historias de Indias, se redactó la Política Indiana, etc. No se trataba, pues, de volver por la gloria de Colón, sino de darle un tratamiento asiático al Nuevo Mundo."[7]

De igual modo se comporta, aún hoy, Gran Bretaña que denomina a "nuestras" Antillas (término interesado) como "Indias Occidentales".

Consideramos que la toponimia es un elemento fundamental en cualquier estudio de áreas centrado en lo que podríamos llamar "proceso de contacto" entre la cultura occidental y el resto. Este elemento jugará un papel legitimador importantísimo a todos los niveles espaciales . Las escalas irán desde el ámbito continental al más nimio detalle en el espacio, suplantando sistemáticamente las denominaciones aborígenes para generar una sensación de pertenencia y de realidad doméstica al nuevo habitante. Se está fomentando la inmigración y la recreación de unas coordenadas espacio-temporales próximas al europeo que se pretende atraer. Al mismo tiempo se genera una falsa imagen de "nacionalidad"[8] al estar dotando al topónimo de un valor atemporal. Cualquier nombre instalado en un mapa dará la sensación de que la "realidad" que enuncia siempre estuvo ahí. Por otra parte la implantación en el mapa de nombres foráneos, y sólo de esos, sugiere un vacío de elementos extraeuropeos que permiten la ficción de un mundo vacío. "Venezuela" será otro ejemplo más de estos procesos.

"Surgió entonces un nombre nuevo en la geografía de este hemisferio: un nombre tan italiano por su origen como por su **ironía**: Venezuela (una Venecia chiquita). Habían visto una población edificada sobre el mar pero de casas de paja y palos."[9]

Contenidos y mensajes

Previo al descubrimiento colombino Europa había elaborado un discurso legendario apoyado en narraciones (vikingas, irlandesas, o de marinos de diferentes lugares) que trataban de viajes por el Atlántico.

Los cartógrafos han escogido mayoritariamente a Behaim como punto de ruptura entre la Edad Media y la Moderna; en esta decisión han influido ciertos aspectos: una fecha simbólica (1492); una plasmación en forma de globo, que se enfrenta al concepto cristiano de tierra plana y al de forma tolemaica; la inclusión

---

7. ARCINIEGAS,G.:*Amérigo y el Nuevo Mundo,.p.342*
8. Nacionalidad y lengua han ido de la mano desde mucho antes de la aparición del moderno concepto de nacionalismo, siempre vinculado a opciones de cohesión política entorno al poder y su justificación retrospectiva.
9. ARCINIEGAS, G. *Amérigo y el Nuevo Mundo"*, p.212

premonitoria de los mitos que se conocían sobre tierras en el Atlántico... Estas "historias", que fueron introduciéndose en los mapas, dejaban una puerta abierta a diversos discursos que legitimaban un hipotético descubrimiento y conquista de tierras al oeste de Finisterre. Al mismo tiempo estos documentos pasaron a ser imprescindibles para poder realizar un viaje a aquellos "nuevos mundos portentosos", consiguiendo así una fuerza casi bíblica por transmitir la segunda función que se les asigna y que ha querido ignorarse: propagar el discurso que permitirá a los soberanos y conquistadores justificarse y autoasignarse un halo heroico-evangélico. Nuestra propuesta de trabajo es indicar pautas de lectura y reflexión entorno al contenido del interior de las tierras que describe esta cartografía.

Para el caso que nos ocupa el territorio podría definirse desde términos históricos y cartográficos como **"tierra firme"**o **"Paria"** en un primer contacto y **"Gran Colombia"** durante el largo y oculto período de conquista. Esta zona acumula prácticamente todos los elementos "carto-historiográficos" que se desarrollarán en el mundo colonial para legitimar la "justa conquista".

Después del primer viaje de Colón, éste descubre a las poblaciones indígenas como gentes de buen carácter y acogedoras; incluso su lenguaje es dulce frente a la común descripción legitimadora que los occidentales hacen de otros aborígenes, por ejemplo los guanches (Canarias).

> "Los taínos eran parte de la cultura indígena sudamericana arauaca, y alcanzaron su mayor desarrollo en La Española. Impresionaron grandemente a los colonizadores españoles por la sofisticación alcanzada en las técnicas agrícolas, alfarería, construcción de canoas, utilización de fibras y manufacturas de ornamentos de oro. También habían desarrollado una estructura social avanzada asentada en vías horticulturales, donde construyeron casas elaboradas denominadas bohíos, tuvieron dinastías de jefes llamados *caciques*, y practicaban juegos de pelota y bailes. De los taínos, Colón escribiría más tarde : *"Son gente afectiva y sin avaricia o egoismo, y dados a servir, por lo cual certifico a Su Alteza que creo no hay mejor gente o tierra en el mundo. Aman a sus vecinos como a ellos mismos y tienen el más dulce hablar en el mundo, y son gentiles y están siempre sonriendo".* "[10]

El Papa, Alejandro VI, ratificará estos informes en la bula de 1493.[11] De hecho los indios antillanos mantuvieron a los primeros grupos de españoles.[12] A partir de la desaparición del fuerte Navidad el discurso sobre los aborígenes, emitido por los conquistadores, cambiará radicalmente amparándose en este hecho no esclarecido. Debía justificarse el sometimiento y la explotación de estos pueblos para obtener beneficios, y esto era insostenible si los caribeños eran gente de tantas virtudes. Desde este momento comenzará una escalada de descalificaciones

---

10. OTTENWALDER, J.A., *Altaïr*, nº3 p. 33

11. "(...) navegando por el Max Occeano, hallaxon ciextas Yslas remotisimas, y tambien tiexxas fixmes, que hasta ahoxa no habian sido pox otxos halladas, en las quales habitan muchas gentes, que viven en paz, y andan, segun se afirma, desnudas, y que no comen caxne. Y a los dhos. mensaxexos vuestxos pueden colegix estas mismas gentes, que viven en las susodhas, Yslas, y tiexxas firmes cxeen que hay un Dios Cxiador en los Cielos, y que parecen bastante aptos paxa recibir la fe Catolica, y sex enseñados en buenas costumbres." (BULA 1493, *Cartografía y Relaciones Históricas de Ultramar*)

12. "El principal de la olla caribeña es el conocimiento de la riqueza natural de estas islas tropicales (frutas, hierbas, tubérculos, hortalizas, pescados, mariscos, aves y caza), en gran parte aprendidos por los primeros conquistadores españoles de los indígenas caribes. Entre saqueo y brutalidad, Colón tomó nota de alguno de los hábitos nativos, (...)." (DOWELL, J., *Altaïr* nº 3, p.63)

contra ellos/as hasta que su desaparición las haga innecesarias. De ser "vegeta-rianos" pasarán en breve a ser antropófagos

"Su fisonomía parece melancólica, pero su temperamento natural es afectuoso, leal y genero-so. Los cónyuges se aman hasta tal punto que la desparicíon de uno de los dos hace, con frecuencia, morir de tristeza al otro. No faltan a la palabra empeñada, incluso con los extran-jeros, pero se ofenden hasta la más pequeña injuria y se lanzan a la venganza con la misma precipitación con la que los vientos y las olas furiosos castigan a sus islas. Reservan para sus enemigos un odio mortal y se los comen."[13]

En el mapa de Juan de la Cosa (1500) ya se etiqueta a las gentes que habitan entre Venezuela y la Guyana como caníbales, suponemos que por pertenecer, por decisión europea (pues dificilmente debían saberlo), a la misma etnia que los caribes de las Antillas. Con este mapa comienza la saga de los antropófagos en América. Existe la duda de si el término *caníbal* surge de una mala transcripción de Colón, que cambia una "r " por una "n"[14], en su obsesión por encontrar térmi-nos alusivos a Cipango. *"Caníbales"* parece designar al grupo de los caribes e incorpora ya en su significado inicial el concepto de antropofagia. En todo caso, estos caníbales aparecerán en la costa de Venezuela pese a ser un mito ubicado inicialmente en Indonesia.

"Y lo demuestra también el hecho de que la fórmula está aquí partida sólo por la inserción de otro tema colombino, el de los "caníbales" que viven de carne humana. (...) Vespucci los lla-ma *camba (l) li* (variantes: *Cambelli* y *canibali*, que podría leerse también *canibali*, forma que se explica por un cruce entre un étnico local (cf. los Caribes de Colón) y el topónimo *Cambalu* (país de antropófagos, según Marco Polo) (...)"[15]

La vinculación a los mitos asiáticos [16] es incuestionable e incluso lógica dada la carga cultural y mítica del mundo europeo medieval. La sociedad europea aceptaba esta hipótesis, derivada de la interpretación de Colón sobre los habitantes de las "nue-vas tierras", y no podía menospreciar ni dejar de relacionar todo el bagaje mítico que poseía sobre estos temas. Sin embargo resulta sospechosa de manipulación política la selección del mito concreto que se esparcirá por toda América. La elección no sólo reducirá al aborigen al estereotipo europeo ¿invisibilidad? sino que se prestará deci-didamente a la legitimación del conquistador y al robo de las propias vidas de las víc-timas. El canibalismo sólo será parte del embeleco. No cabe duda de que se vertie-ron cientos de mentiras intencionadas que por supuesto son europeas...

"Allí encontraron resistencia en los indios.Les intimidaron con descargas de artillería. Se tra-bó una brava lucha. Hicieron veintidós prisioneros (...) y con esa riqueza se hicieron a la vela para España. <<Llegamos al puerto de Cádiz a quince días de octubre de 1498, donde fuimos bién recibidos y vendimos nuestros esclavos...>>**Dios sabe si en realidad hubo el combate de que habla Amérigo. Es claro que si llegan a España con unos cautivos que no se hayan tomado en guerra, los pierden, como los perdió Colón, por falta de experiencia...**[17]

---

13. *Guía del nuevo mundo*, p. 22
14. RITCHIE, C., op. cit. p. 16
15. FORMISANO,L. en *Amerigo Vespucci, Cartas de Viaje*, p.32
16. "No son muy bellos de rostro, pues tienen la cara ancha, que quieren parecerse a los tártaros."(VESPUCCI, A., p.106)
17 . ARCINIEGAS,G.: op.cit., pp.195-6.

Es dificil evaluar si esas farsas eran creidas en Europa o si eran puestas en duda. Quizá fuesen sólo aceptadas por los organos oficiales como pago a los "esfuerzos" de sus oficiales y forma de recabar impuestos en los puertos de arribo. Puede que fuesen creidas por el resto de europeos y en otra parte se ha dicho que el espíritu acrítico es el más fiel servidor de la mentira. Tal vez el historiador, impregnado del rancio olor a archivo creyó que las tesis oficiales eran aceptadas por toda la sociedad...[18]

Desde bastantes siglos antes del "descubrimiento" nuestra cultura buscó enemigos exteriores para salir victoriosa en la comparación entre etnias y sistemas de vida. Por ello inventaron razas, pueblos deformes, extraños, caníbales... Los "horrendos" habitaban en los márgenes del mapa, los confines del mundo. Plinio (siglo I) listó una gran serie de comedores especializados: *ictiófagos (N. de Africa), quelomófagos, agriófagos*, etc. A partir de aquí la difamación creció a pasos agigantados. Los europeos en su mentira simularon conocer todo de cada pueblo.

> "Y nos preguntaron de dónde veníamos y les dábamos a entender que veníamos del cielo (...) En esta tierra pusimos pila bautismal e infinita gente se bautizó, y en su lengua nos llamaban "carabi", que quiere decir "varones de gran sabiduría". (...) **Dice Américo que después de baptizados decían los indios *charaibi* que suena en su lengua (llamando a sí mismos) varones de gran sabiduría. Cosa es ésta de reir, porque aún no entendían qué vocablo tenían por pan o por agua, que es lo primero que de aquellas lenguas aprendemos (...)"[19]**

Las zonas del planeta descalificadas como "incivilizadas", contaban con unos habitantes, que entre sus múltiples defectos, eran devoradores de carne humana.

Cuando comenzó a gestarse la historia, doctrina y personajes de la cristiandad no se olvidaron de incluir a pueblos caníbales en zonas relativamente distantes a nuestra civilización. Los apóstoles Pedro y Andrés tuvieron que "visitar" la *Ciudad de los Antropófagos*; Andrés y Matías se adentraron en el *País de los Caníbales*, un lugar donde no se comía pan ni se bebía vino, sino carne humana y sangre de los extranjeros que apresaban. La localización de este país en los *Hechos*, podría situarse hacia la Escitia en la actual Crimea. Pero los contactos con estos monstruos no podían quedar en sólo esto; Andrés (muy activo) y Bartolomé los humanizaron con la ayuda de un ángel. El trato fue reducir su bestialidad y dotarlos de naturaleza humana a cambio de la conversión al cristianismo. En otro de los episodios de los apóstoles se nos explica que San Mercurio utilizaba a los *cinocéfalos* (dándoles la orden de recuperar sus naturalezas bestiales) contra todos aquellos que se resistían a la imposición del cristianismo; en estos momentos puntuales podían devorar a cuantos quisieran; la defensa de la "verdadera fé" hace inocuos los "pecadillos".

Además de los cristianos, judíos y musulmanes también se movieron en parámetros similares al tratar sobre poblaciones periféricas a su mundo. En los *Viajes de Elad-Ha-Dani* (siglo IX) los expedicionarios se encuentraron con el *País*

---

18 . Las partidas de cazadores de esclavos que asolaron Venezuela a principios del XVI fueron numerosas y autónomas, al punto de vaciar unas tierras que se describían como densamente pobladas. Para abundante información ver BENZONI; Girolamo: *Historia del Nuevo Mundo* Información difusa y abundante a lo largo de toda la obra

19. VESPUCCI, A., p.39

de los Caníbales en el intento de hallar las *Diez Tribus*. Los antropófagos eran llamados aquí *Rom-Rom* y estaban situados en la costa etíope.

Por otra parte, en *La Relación de los viajes de Suleymán* (851) aparecían caníbales en las cercanías de Ceilán; y tenían la fea costumbre de coleccionar cabezas si querían tener mujer, debiendo reunir el número de cráneos equivalentes al número de esposas que deseaban. Otro autor musulmán (Abu-Zeyd Hassan, *Relación de los viajes de dos musulmanes*, 878) sostenía que los chinos comían carne humana habitualmente, pudiendo comprarla en cualquier mercado.En ocasiones se ha sostenido que los antropófagos eran tan "salvajes" que se comían entre ellos, y en caso de necesidad, a su propia familia. La pregunta es ¿Por qué no se autoextinguieron? El misionero franciscano Odorico de Pordenone (siglo XIV) afirmaba que este hábito de comerse a la propia familia (los *hechos* los sitúa en la isla de Dondín).sucedía cuando uno de los integrantes padecía una enfermedad irreversible.

Marco Polo aderezó las características de los caníbales. En las islas Andamán habían poblaciones de idólatras desnudos y negros, que vivían como bestias salvajes sin ley y orden. Su cabeza era singular porque tenían ojos y dientes de perro (los viejos cinocéfalos), se comían crudos a las víctimas.

"Qué encontró Amerigo en esas costas? "Supimos que ésta era una gente que llaman caníbales, muy feroces, que comen carne humana". **De las leyendas que se extendieron por el mundo con mayor rapidez, y una de las más difíciles de verificar, fue esa de los antropófagos del nuevo mundo. Nació de los primeros viajes a las Antillas. Amerigo fue el más responsable de que se extendiese al Brasil.** Waldseemüller, con ese sentido de colores que puebla de fantasías y realidades los mapas antiguos, no puso sino tres líneas para nombrar al mundo brasilero en su planisferio de 1516: primero dijo que sus tierras las habitaban los antropófagos y agregó: "Brasilia sive Terra Papagalli". También de esto último el responsable fue Amerigo."[20]

Si el mito comienza antes del "contacto" con los aborígenes, al reseguir la Cartografía, encontramos otros elementos peculiares. El *Kunstman II* (mapa anónimo, 1502) presenta en las costas de lo que luego será América del Sur una curiosa imagen: un hombre asando a otro como si de un cordero se tratara. La calificación de "anécdota" se hace imposible, dado que la escena supera en precisión y tamaño al contorno de costas, convirtiéndose así en el elemento principal del discurso para esa zona geográfica. En 1509 una edición del *Mundus Novus* de Vespucci publicada en Estrasburgo, relata en viñetas sucesivas la traicionera actividad de los indios: simulando ser amistosos atacan por la espalda al europeo una vez ganada su confianza. La peculiaridad estribará en ver a unos/as aborígenes de exuberante melena rizada y habitáculos combinando cuevas y sólidas casas cuadradas de madera (los nativos aparecen desnudos). Este mismo gráfico es el que, por "casualidad", ilustrará la portada de Alianza del título de Las Casas.

Hasta 1516 los "mapamundis" de Reisch (1514), Schöner (1515) y otros se limitan a enunciar por escrito la presencia de antropófagos en la zona. No hemos podido contemplar el Waldseemüller de 1512, pero en su entrega a gran formato

---

20. ARCINIEGAS,G. *Amérigo y el Nuevo Mundo*, p.204-205

de 1516[21], encontramos en la zona la misma presencia. La imagen ha mejorado en cuanto a calidad gráfica. Se habla de *Terra Caníbalor (Cum hanc habitat antrophophagitur)*" Esta vez los caníbales están asentados en pleno interior del territorio. Su tamaño para el total del documento sigue siendo desmesurado, siendo el elemento en el que pone énfasis el discurso e impactantes los resultados difusores del documento. Aquí el antropófago comparte su espacio con ratas de un tamaño similar al de un oso, y los hábitos se han modificado dado que las "víctimas" son despedazadas y colgadas a trozos de los árboles.

En todos estos documentos destaca la capacidad del creador para describir a las nuevas poblaciones. En contraposición se demuestra la absoluta ignorancia de los "accidentes" geográficos, tan impactantes en esa misma zona como los ríos Orinoco y Amazonas, que curiosamente penetran con su corriente de agua dulce unos kilómetros en el mar; hecho extraño pues los conquistadores/exploradores acostumbraban a costear la tierra en lugar de adentrarse en ella.

Si seguimos a Waldseemüller o a Fríes (1525-1530 en edición alemana) encontramos otra contradicción relevante. Desde el principio del "Descubrimiento" se insiste en la desnudez del aborigen como coartada ideológica para justificar su inferioridad, pese a que se desmienta en los propios descubridores con sus hallazgos de algodón y sus saqueos "textiles".

"Incluso la desnudez, que podría sugerirle la edad de oro a un humanista a la inocencia primitiva a un fraile significa aquí la bestialiad para la mayoría de los observadores .(...) La desnudez como algo monstruoso: puso hombres sin ropa en su catálogo de prodigios. Incluso entre los doctos, la ropa se sobreestimaba como señal de civilización. "[22]

Ambos autores caracterizan al nativo vestido con gruesas pieles. Los rasgos de su fisonomía se completan con pelo crespo y una poblada barba. ¿Responden estas características a poblaciones indígenas americanas? A partir de aquí la mentira sobre la antropofagia es un río que no cesa y que surge o se adopta por toda Europa. Más bien fue la elucubración de los ansiosos occidentales que, con el fin de enriquecerse, tenían que describir escenas de canibalismo. Pero no se dieron cuenta qué tipo de facciones pintaron a los nativos. Quizás se autoretrataron sin saberlo.

"Los estereotipos de las *similitudines hominis* y **la figura familiar del hombre salvaje de los bosques** parece haber contribuido más a las imágenes populares."[23]

Mapas de la misma temática y naturaleza son los de Zorzi (1520) basado en la navegación de Bartolomé Colón, Zorzi (1529), Nancy Globe (1530),Frisius (1544), Medina (1555) o Diogo Homen (1568) entre otros, aunque el discurso parece progresivamente transferirse a la orilla derecha del Orinoco. Una excep-

---

21. "Consta, como en el mapa mundi de 1507, de doce cartas o planchas grabadas, cada una de las cuales mide 45,5 x 62 cms, (...) Encabeza este monumental trabajo cartográfico el título corrido en una sola línea, que hemos copiado antes. La apariencia artística de la Carta Marina del 1516 es insuperable, y los numerosos adornos que la decoran se atribuyen, con razón, a la inspiración y arte de un gran artista y grabador de la escuela de Durero, si es que el mismo genial maestro de Nüremberg no puso su mano en tan preciada obra, impresa por uno de sus amigos, Juan Grieninger, y sabiéndole, además, probablemente relacionado con Waldssemüller." (SANZ, C., p.113)

22. FERNANDEZ ARMESTO, F. *Antes de Colón*, p. 262

23. FERNANDEZ ARMESTO,F. op.cit, p. 261

ción es un anónimo (1538) que muestra escenas de la conquista y explotación del aborigen (recolección del palo Brasil), y que bajo el formato portulano, alcanzará una precisión superior a sus predecesores[24.]

Treschel (1541) no incopora nada nuevo, aunque en su *Geografía* nos ofrece las dos versiones imperantes hasta entonces. En el mapamundi un rótulo señala a los caníbales, aunque sin compartir espacio con un solo río, en unas tierras que todavía se confunden con Asia. En su *"Oceanus occidentalis"* reproduce la versión de Waldseemüller pero trasladando la rata a la derecha de los antropófagos y aumentando el número de individuos. Sin embargo todos mantienen una densa barba que todavía no se habían afeitado, y el mismo peinado.

Junto al canibalismo vuelve a surgir la cultura de la descalificación para el nativo considerado infrahumano.

> "Por último hay unos, distintos a los demás por su idioma, que viven como nómadas, descono-cen completamente la agricultura, se alimentan de hormigas y de tierra, y son los desechos de la especie humana. Se llaman otomacos." [25]

Sin embargo en todos los mapas queda claro que estas tierras pertenecen al rey de Castilla a través de grandes escudos que "rotulan" el documento o de pro-fusión de "banderas" en todo el territorio. En la línea deshumanizadora del nativo, encontramos el uso recurrente a figuras extraídas de la tradición cristiana y me-dieval. Serán las mismas "especies" que constituían las huestes del Anticristo y que ahora medrarán por terrritorio de Paria. Un mapa manuscrito, que anexamos al final del otro artículo, ("datado" en el siglo XVI, se encuentra en la Biblioteca Nacional de París y el autor que lo muestra lo hace sin referencia alguna pues hace sólo uso decorativo de tan preciado documento), incluye una "fauna" asombrosa. En la zona central de la actual Venezuela aparecen, prácticamente mezclados, caníbales, "musulmanes"[26], cinocéfalos (semihumanos con cabeza de perro), centauros, orejones y pseudohumanos con la cabeza empotrada en el pecho, los mismos que habían ilustrado el célebre mapa del palacio Topkapi (*Piri Reis*, siglo XVI) y que serán usados posteriormente.

El propio *Piri Reis,* mapa polémico donde los haya, incorpora junto a estos personajes, aquí con cabello flamígero y fenotipo de enano, cinocéfalos y hom-bres mono[27.]

> "Las descripciones de la tierra firme que hacía Colón, por muchas esperanzas de riquezas que él suponía, no se acercaban jamás al cuento de las cortes fastuosas del Millón de Marco Polo: al contrario, hacía pensar en comarcas de monstruos fabulosos: hombres con cola de perro, islas de mujeres, gentes sin cabeza, con la boca y los ojos en el estómago. Bajo la inspiración de Colón seguía girándose dentro de la geografía medieval."[28]

---

24. Ni siquiera los cartógrafos suministran casi nunca referencias completas de los documentos que utilizan. Anónimo, 1538-40, Portulano en atlas manuscrito. Biblioteca Real de la Haya.

25. *Guía del nuevo mundo*, p.108

26. "(...)lo que termina por asimilar a los indios con los turcos(<<quieren parecerse a los tárta-ros>>, dice la Carta[una de las cuatro de Vespucci, sin duda refiriendose a la descripción de Marco Polo), y acaso alude implícitamente a una cruzada de nuevo tipo"FORMISANO EN OP.CIT. P.28.

27. "Invirtiendo la teoría de la evolución, la concepción medieval del mono, pensaba en general que eran los descendientes degenerados del hombre."FERNANDEZ ARMESTO,F. p.248

28. ARCINIEGAS, G.:op.cit., p.321

En el mismo ámbito encontramos raras especies de animales: una "cabra" que luce a un tiempo cuernos y colmillos, o un "unicornio" peculiar. Todo ello contraviniendo el supuesto orden natural de la época.

"Aristóteles constató algunas correlaciones entre las estructuras de los animales, como por ejemplo, "Nimgún animal posee a la vez colmillos y cuernos", y "Nunca he visto un animal de dos cuernos con un solo casco". La naturaleza, apuntaba, nada hace en vano, de manera que ningún animal precisaba a la vez cuernos y colmillos para su protección. Aristóteles observó que los rumiantes poseían un estómago múltiple, así como que les faltaban dientes, y como "la naturaleza da invariablemente a una parte lo que quita de otra "[29]

En este ámbito de lo "natural" hay un interesante documento cartográfico de origen portugués (datado en 1519). Representa en la zona de los actuales Panamá y Colombia nativos de características "negroides" más que indios. Pertenece al *Atlas Miller* y aparece un paisaje de bosque claro en un área que debía responder a selva tropical. Esto insinúa que el cartógrafo no conoce el lugar y que representa al indio bajo estereotipos de la sabana africana; quizá intentó representar, en una visión futurista, a los cimarrones "panameños" de unos años más tarde; negros reprimidos por Ursua (el cimarrón apenas surgirá en los mapas pese a generar importantes comunidades rebeldes, negándose así cualquier derecho a la propiedad de sus refugios e incluso intentando olvidar la resistencia.). Tampoco duda en afirmar la abundancia de oro que allí se encuentra[30], faltando a la verdad pero respondiendo a los intereses europeos cuando se trata de incentivar la colonización. Los típicos estandartes y escudos reclaman una soberanía virtual. Esta descripción coincide con el topónimo que se asignará a la zona de Colombia inmediatamente después de su "colonización": "Castilla del oro", término que aparecerá en varios mapas (entre otros Ribeiro 1529).

"Un factor fundamental para el reclutamiento de una hueste o de un contingente de colonos era la promesa del reparto de un suculento botín de guerra o bien, en el segundo caso, de encontrar un maravilloso país abundante en toda clase de comodidades y riquezas. Recién descubierto el istmo panameño la región fue bautizada como Castilla del Oro, para facilitar el alistamiento de componentes de la expedición colonizadora."[31]

Sobre los aborígenes de esta zona cayeron todo tipo de embustes (falacias) que justificaba esclavizarlos o exterminarles. Balboa será el encargado de "corregir" demoníacas desviaciones; junto a la sodomía (Herrera,...) aparecen extraños seres nocturnos y casi vampíricos.

"Hay aquí además otra raza de hombres blancos, pero no de un blanco encarnado, como el de los europeos, sino más bien de un blanco lechoso (...) durante el día sus ojos son muy débiles para soportar la luz de sol, y lagrimean todo el tiempo, lo que les obliga a estar encerrados en sus cabañas, de donde no salen hasta que anochece. Son más bajos y menos robustos que los otros indígenas, e incapaces de realizar ejercicios violentos; sin embargo cuando se avecina la noche abandonan su indolencia para ir a correr por los bosques."[32]

---

29. MASON, S. *Historia de las Ciencias* , p. 52
30. "Hay uno que lanza unas llamaradas tan grandes que de noche se ven desde más de cien millas de distancia; el interior está lleno de oro fundido." (*Guía del nuevo mundo*, p. 91)
31. VAZQUEZ, F., op. cit, p. 22
32. *Guía del nuevo mundo*, p. 96

Estos personajes no desentonan en absoluto del discurso demonizador que permite liquidar o educar al indio y domesticar una naturaleza que engloba presencias satánicas.[33] Especies que el occidental desconoce[34] o inventa demuestran la presencia de anticristos que tintan a la conquista de cruzada.

Todo este discurso golbal bien podría haber sido articulado/"necesario" por las huidas de aborígenes, esclavos africanos y subalternos europeos hacia el interior del continente. Aprovechando los grandes espacios donde escapar, vivir o luchar, concentrándose así en esas tierras poderosos focos de resistencia.

> "Aquí se concentraron los primeros europeos, concretamente en Prince Rupert's Bay, enclave estratégico para controlar el tráfico marítimo y lugar de parada casi obligada para refrescar a las tripulaciones. Se sabía que la isla era rica en agua fresca, manantiales calientes, madera y se podía comerciar con los caribes sin problemas. Los piratas, exploradores y comerciantes más famosos pasaban por allí para hacer acopio de fuerzas antes de enfrentarse al Atlántico."[35]

El caribe o caníbal no parece tan peligroso para quien no trata de someterlo o, al menos, no muestra claramente esas intenciones

> "Se encontraban a cientos de leguas al sur de la costa explorada por Colón, y era tiempo de irse a juntar con Hojeda. Volvieron proa. Bordeando la costa hacia el Caribe, pasaron frente a la desembocadura del Amazonas sin entrar a explorarlo, y llegaron a la isla de Trinidad, ya descubierta por Colón. De sus habitantes dijo Américo que eran caníbales, de gentil disposición y buena estatura. "((Nos llevaron a una población suya, que se hallaba dos leguas adentro, y nos dieron de almorzar. Cualquier cosa que se les pedía, en seguida la daban, creo más por miedo que de buena voluntad))."[36]

Como esta zona acabará siendo disputada por cuatro potencias, surgirá otro tipo de discurso descalificador hacia estas culturas. Quien pretenda "usurpar" a España o Portugal unas tierras que según éstas les pertenecen deberá demostrar:

Que no pertenecen a ninguno de ambos imperios (se hace imprescindible la visibilidad del aborigen); que ese mismo "nativo-coartada" debe ser educado o erradicado, pues es "incivilizado" y la misión encomendada a los "ibéricos" (culturizar y evangelizar) no ha sido cumplida, siendo necesaria a la vez que urgente.

Un segundo grupo de mapas representa la tierra entre el Orinoco y el Amazonas, y responde al intento de ingleses y franceses de colonizar la Guyana, el mapa que inicia esa saga corresponde a Raleigh. Esta zona se magnifica en torno a 1599

---

33. "Hay otro animal monstruoso que tiene una bola bajo el vientre donde guarda su cría cuando quiere ir de un lado a otro; tiene el cuerpo y hocico de zorro, las manos y los pies como el gato, y las orejas como el murciélago (zarigüeya). Verdaderos murciélagos hay también muchísimos y vuelan en la noche mordisqueando a la gente." (*Guía del nuevo mundo*, p. 90)

34. "¿Quién podría enumerar la infinita cosa de los animales silvestres, tanta copia de leones, onzas, gatos, no ya de España, sino de las antípodas, tantos lobos cervales, babuinos y macacos de tantas suertes y muchas sierpes grandes? Y vimos tantos otros animales, que creo que tantas suertes no entrasen en el Arca de Noé, y tantos jabalíes y corzos y ciervos y gamos y liebres y conejos; y animales domésticos ninguno." (VESPUCCI, A., p.76)

35. SOLER, M., *Altaïr*, nº 17, p. 28

36. ARCINIEGAS, G., p. 209-10

y en ella se reproducen figuras medievales, seres semihumanos y el mito de las Amazonas. Al mismo tiempo aquellos aborígenes que por su aspecto pueden ser considerados humanos estarán "dotados" de costumbres pintorescas; suponemos que estos rasgos étnicos y culturales (trogloditas orejones) les inhabilita para tener derechos de cualquier tipo.

> "A pesar de que estas poblaciones son de buena estirpe, no debemos por ello dejar de advertir que todo indio lleva para su defensa un garrote llamado *aputu*, hecho de madera muy pesada; con un sólo golpe de dicha porra, la cual termina en una piedra puntiaguda, puden fracturar una cabeza." (...)
> "Una tribu considera las orejas largas como de suma belleza; es por ello que atan grandes pesos de las de los jóvenes, por lo que los lóbulos se vuelven muy largos y pendulares; los adornan luego con figuras grotescas pintadas de negro y de rojo."[37]

Raleigh apenas "tocó" tierras americanas, si bien había participado esporádicamente en ataques españoles y se había destacado en las campañas de Irlanda.

> "Gilbert murió, pero no su sueño. Tenía un medio hermano, Walter Raleigh, que había combatido junto a él en Irlanda y había navegado con él en alguno de sus viajes contra los españoles. Por la época en que Gilbert estaba navegando hacia Terranova, Raleigh era el principal favorito de la reina Isabel (...). Cuando Gilbert murió, Raleigh heredó su permiso para la colonización de Norteamérica.(...). Pero a diferencia de su hermano , Raleigh no fue allí él mismo (la reina no le permitía arriesgar su vida), pero equipó barcos y los envió. (...). Complacido, Raleigh llamó a la región Virginia en honor de Isabel, la «Reina Virgen». (Ella se sintió suficientemente halagada como para hacerlo caballero por esto). El nombre fue aplicado con amplitud por la época y cubría lo que hoy sería toda la costa Este de los Estados Unidos del norte de Florida. "[38]

Hulsius (1599) editó un mapa, con implicaciones claramente colonialistas, ilustrándolo con hombres mono, amazonas, semihumanos y armadillos que por entonces no debieron parecer muy naturales. Inglaterra estaba obligada (pese a su anglicanismo) a ser "papista" y para tener una parte de Sudamérica debía demostrar que ésta era tierra incógnita, más aún tierra pagana y demoníaca. Ante este espanto y el canibalismo (constituían un factor de disuasión para los colonos), se inventaron-desplazaron las Amazonas, relacionándolas con el mito del Dorado. Era un poderoso factor de atracción para superar los miedos anteriores.

De Bry (1599) reproduce básicamente el mismo mapa de Raleigh aunque suprime algunas de las ilustraciones, manteniendo el tono general. Hondius[39] (1599) mantendrá en todo el mapa matriz, aunque los cartógrafos señalan como diferencia que está coloreado. Pensamos que podría destacarse la presencia de grupos como los Aramacas. En otro documento posterior (Blaew, 1671) se hace referencia a los "indios Palenques" (¿cimarrones?) entre el Orinoco y la isla Mar-

---

37. *Guía del nuevo mundo*, p. 112
38. ASIMOV, I., op. cit. ps. 87-88
39. "Reina en esta rica comarca anfibia un rey que llaman el Dorado, porque todos los días aparece recubierto, a modo de una segunda piel, de un finísimo polvo de oro que lleva pegado al cuerpo gracias a un bálsamo aromático con el que lo untan. Se lo quita todas las noches y todas las mañanas lo recubren nuevamente, lo cual demuestra que el imperio de este príncipe posee minas de oro inextinguibles." (*Guía del nuevo mundo*, ps. 115-116).z

garita. De igual modo en otro mapa encontramos en el margen derecho del Orinoco grupos de lo que el autor denomina "indios blancos".

Los europeos medirán al aborigen no por el rasero de su cultura sino por el de su conveniencia. El objetivo descalificador se ciñe, por supuesto, a parámetros occidentales pero escogidos intencionadamente. A cada uno toca decidir si estos documentos. (mapas) merecen algún interés y, sobre todo, si el discurso explícito que incorporan se debe tener en cuenta. Sólo hemos pretendido abrir un camino; a quien quiera seguirlo, suerte,a quien no , perdón por las molestias.

Bibliografía consultada

ACOSTA, V.
1992   *Viajeros y maravillas*, (3 vols.), Monte Avila, Caracas.
ASIMOV, I
1992   *La formación de América del Norte*, Alianza, Madrid.
ARCINIEGAS, G.
1990   *Amérigo y el Nuevo Mundo*, Allianza, Madrid.
BAGROW, S.
1964   *History of cartography*, C.A. WATTS & CO. LTD., Londres.
BARTROLI, J.
1995   *Altaïr*, nº 10, 18, Barcelona.
BRAUN & HOGENBERG,
1966   *Civitates orbis terrarum (1572-1618)* The world publishing company Cleve, Cleveland.
BRICKER & TOOLEY
1976   *Landmarks of mapmaking*, Phaidon, Oxford.
BURGER, J.
1992   *Aborígenes*, Celeste, Madrid.
CAVALLO, G.
1992   *Cristoforo Colombo e l'apertura degli spazi*, Instituto Poligrafico, Roma.
CEINOS, P.
1990   *Minorías étnicas*, Integral, Barcelona.
CLUB INTERNACIONAL DEL LIBRO
1989   *Atlas del mundo (1492-1992)*, Barcelona.
CHALIAND & REGAUD
1986   *Atlas del descubrimiento del mundo*, Alianza, Madrid.
CHANDEIGNE, M.
1990   *Lisboa extramuros (1415-1580)*, Alianza, Madrid.
DOWELL, J.
1995   *Altaïr*, nº 3, Barcelona.
FERNANDEZ-ARMESTO, F.
1993   *Antes de Colón*, Cátedra, Madrid.
FITE, E.D.
1969   *A book of old maps*, Arno Press, N. York.
GALLEZ
1990   *La cola de dragón*, Instituto patagónico, Argentina.
GHEERBRANT, A.
1990   *El Amazonas, un gigante herido*, Aguilar, Madrid.

GIL TOLL
1995   Altaïr, nº 3, Barcelona.
GONZALEZ DE MOLINA, M.
1993   Juan Martínez Alier : Historia y Ecología, Marcial Pons, Madrid 1993
GONZALEZ OROPEZA, M.
1987   Atlas de la historia cartográfica de Venezuela, Enzo Papi, Caracas 1987
GRUZINSKI, S.
1991   El destino truncado del imperio azteca, Aguilar, Madrid 1991
GUADALUPI, G.
1991   Antony Shugaar : Guía del Nuevo Mundo, El País-Aguilar, Madrid 1991
HARLEY, J.B.
1990   Maps and the columbian encounter, The golda meir library, Melwaukee 1990
HARLEY, J.B.
1987   The history of cartography, I-II, Chicago Press, Chicago 1987
HARRISSE
1968   Découvert et évolution cartographique de Terre Neuve, N. Israel, Amsterdam 1968
HARRISSE
1969   Discovery of North América, N. Israel, Amsterdam 1969
HARVEY
1991   Medieval maps, The british library board, Londres 1991
HOUGH, S.J.
1980   The italians and the creation of América, Providence, Rhode Island 1980
HUMPREYS, A.L.
1989   Antique maps and charts, Bracken books, Londres 1989
INEGI
1992   Cartografía histórica del encuentro entre dos mundos, Instituto Geográfico Nacio-
        nal, Madrid.
INSTITUT CARTOGRAFIC
1991   La cartografia de la península Ibérica y la seva extensió al continent americà,
        Barcelona Abril.
NUÑEZ DE LAS CUEVAS
        Historia cartográfica de España"
LAS CASAS, B.
1985   Obra indigenista, Alianza, Madrid.
LUNNY, R.M.
1961   Early maps of North América, The New Jersey historical society, New Jersey.
MARTIN MERAS, L.
1993   Cartografía marítima hispana, Lunwerg editores, Barcelona.
MARTIN, R. (dir.)
1994   Historia de España, vols. 9, 11, Salvat, Barcelona.
MASON, S.
1988   Historia de las ciencias 1, Alianza, Madrid.
MINISTERIO DEL EJERCITO
        Cartografía y relaciones históricas de ultramar, Madrid.
MORALES PADRON, O.
1988   Atlas histórico cultural de América, I-II, Las Palmas.
NEBENZHAL, K.
1992   Atlas de Colón y los grandes descubrimientos, Magisterio, Madrid.
NORDENZIOLD, A.E.
1973   Facsimile-Atlas, Dover Publications, N. York.

NUÑEZ CABEZA DE VACA, A.
1993   • *Naufragios*, Alianza, Madrid.
ORTELIUS, A.
1967   *Teatrum orbis terrarum*, Rand Mc. Nally &Co., Chicago.
OTTENWALDER, J.A.
1995   *Altaïr*, nº3, Barcelona.
PAPENFUSE, E.C.
1982   *Atlas of historical maps of Maryland*, 1604-1904, The Hammond-Harwood House,
        Baltimore.
PASTOREAU, M.
1990   *Voies océans*, Hervas, París.
PETERS, A.
1992   *La nueva cartografía*, Vicens Vives, Barcelona.
POTTER, J.
1988   *Antique maps*, Country life books, Londres.
RAISZ, E.
1965   *Cartografía general*, Omega, Barcelona.
RISTOW, W.
1972   *A la carte*, Library of congress, Whasington.
RITCHIE, C.
1994   *La búsqueda de las especias*, Alianza, Madrid.
SANZ, C.
1967   *Cartografía histórica de los descubrimientos australes*, Imprenta Aguirre, Madrid.
SANZ, C.
1958   *Guía de la Exposición Oriente-Occidente*.
SANZ, C.
1961   *Mapas antiguos del mundo*, Gráficas Yagües, Madrid.
SARMIENTO DE GAMBOA
1988   *Viaje al estrecho de Magallanes*, Alianza, Madrid.
SEYMOUR, I.
1980   *The mapping of América*, Harri N. Abrams Inc., N. York.
SHIRLEY, R.W.
1984   *The mapping of the world*, The holland press limited, Londres.
SOLER, M.
1995   *Altaïr*, nº7, Barcelona.
TAILLEMITE, E.
1990   *Por mares desconocidos*, Aguilar, Madrid.
V.V.A.A.
1991   *Dominación y resistencia*, Libre pensamiento, Madrid.
V.V.A.A.
1991   *Le gran Atlas des Explorations*, Encyclopedia Universalis, París.
VAZQUEZ MAURE, F.
1986   *Lectura de mapas*, Instituto Geográfico Nacional, Madrid.
VAZQUEZ, F.
1989   *El dorado*, Alianza, Madrid.
VESPUCCI, A.
1986   *Cartas de viaje*, Alianza, Madrid.
WOLF, H.
1992   *América. Early maps of the New World*, Prestel, Munich.

MESA III

La reconstrucción de la historia amazónica

Coordinadora:
Pilar García Jordàn

LE TRIANGLE FRONTALIER
SOCIÉTÉS INDIGÈNES ET FRONTIÈRES SUR L'AMAZONE (XVI-XX° SIÈCLE)

Jean-Pierre Chaumeil
EREA-CNRS, Paris

L'article se propose d'analyser de façon comparative les transformations historiques de plusieurs sociétés indigènes (en l'occurrence les Omagua-Cocama, les Ticuna et les Yagua) situées de part et d'autre des frontières actuelles entre le Pérou, la Colombie et le Brésil. L'intérêt porté à cette zone de frontière fut motivé par plusieurs facteurs. Tout d'abord par la véritable mosaïque linguistique et culturelle des groupes qui l'occupent, mais aussi par l'écho des toutes premières chroniques de la découverte, celle d'Orellana en particulier, qui témoignent de la présence, sur cette portion d'Amazone, de sociétés d'une compléxité sociologique et démographique sans commune mesure avec ce que l'ethnographie contemporaine des basses terres a coutume de nous offrir. Outre ce caractère multi-frontalier, la région étudiée a en effet pour particularité historique d'avoir connu bien avant la découverte l'arrivée massive, par vagues successives (probablement dès le X° siècle jusqu'à la première moitié du XVI°), de populations Tupi originaires du centre Amazone et organisées en «chefferies» puissantes et hiérarchisées. Ces migrations anciennes sont à l'évidence une donnée essentielle pour comprendre le processus historique global et l'évolution des rapports inter-ethniques dans cette frange occidentale du centre Amazone. C'est ainsi qu'au fil des années les migrants Tupi constituèrent avec les populations établies (Ticuna et Peba-Yagua surtout) ce que l'on pourrait appeler un ensemble pluri-ethnique, carrefour d'un vaste réseau d'échange dont les ramifications sociologiques et économiques s'étendaient sur plusieurs milliers de kilomètres, connectant les grands systèmes interethniques du haut et du moyen Amazone. Une telle situation, exceptionnelle à plus d'un titre, soulève nécessairement de multiples questions d'ordre théorique quant à la définition, composition et relation des entités sociales (ethniques) conformant l'ensemble.

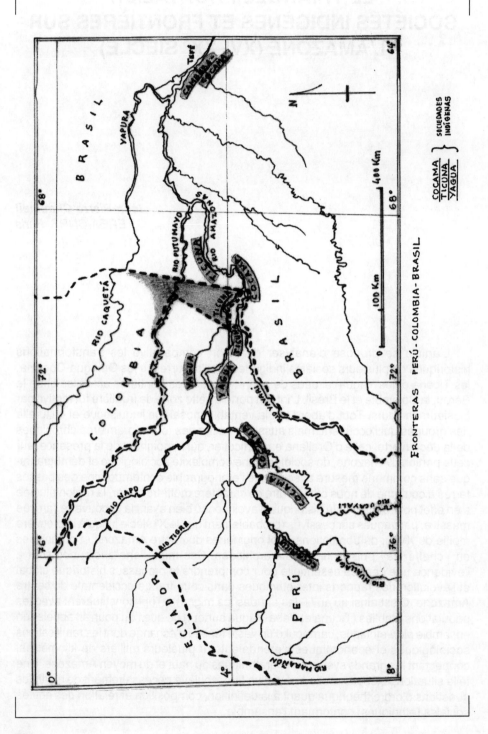

FRONTERAS PERÚ - COLOMBIA - BRASIL

En second lieu la région qui nous occupe s'est distinguée par sa longue tradition messianique, attestée dès le XVI° siècle et confirmée jusqu'à nos jours, où plusieurs mouvements de ce type se sont déclenchés chez les Cocama, les Omagua-Cambeba, les Yagua et les Ticuna. Bien que l'idéologie messianique de ces groupes puise au plus profond de leur culture et remonte ainsi à des périodes antérieures à la conquête, les conflits sanglants qui éclatèrent au moment du tracé des frontières coloniales entre l'Espagne et le Portugal, affectant la cohésion des grands ensembles indigènes, participèrent sans doute largement à ce regain messianique.

Or cette même région connait depuis une vingtaine d'années une recrudescence du religieux dans des proportions peu communes, touchant non seulement les sociétés indiennes mais aussi une large part de la population métisse régionale. Toutes ces sociétés en interactions constantes depuis des décennies, voire des siècles, ont adhéré à peu près à la même époque aux mêmes mouvements religieux tout en expérimentant de nouvelles formes de chamanisme. Cette montée en puissance du religieux au moment même où se consolide le mouvement politique indigène amazonien peut surprendre, elle n'en demeure pas moins un élément clé dans la dynamique du changement social et les processus de construction des nouvelles identités indiennes.

En proposant une lecture comparative des transformations historiques et actuelles affectant les sociétés indigènes du trapèze amazonien, ainsi qu'une analyse des différents processus, religieux plus que politiques dans le présent contexte, sollicités par ces mêmes sociétés dans la redéfinition de leur propre identité, notre étude se situe au coeur d'une réflexion sur les rapports complexes entre nationalisme, ethnicité et multinationalité. Il s'agira en particulier de montrer comment, par delà l'épineuse question des frontières, le religieux (concrètement le chamanisme et le messianisme - traditionnel ou de secte-) l'emporte sur le politique comme élément de continuité ethnique, renouant sans doute de meilleure manière avec la longue tradition historique de ces peuples. L'étude fournira ainsi l'occasion de s'interroger sur plusieurs points essentiels, notamment celui de la spécialisation ethnique comme élément d'insertion et d'identification dans des d'ensembles socio-politiques plus larges, ou celui tant discuté de l'émergence ou non de nouvelles catégories sociales dans l'Amazonie contemporaine.

Mais avant, il convient de rappeler brièvement l'histoire du litige frontalier entre les trois pays.

1. La guerre des frontières. De la bipartition à la tripartition

La démarcation des terres découvertes par l'Espagne et le Portugal devait correspondre, selon la bulle papale de 1493, à la ligne du méridien située à cent lieues des Açores et du Capt Vert. Après les réclamations du Portugal, cette ligne fut repoussée plus à l'ouest avec la signature l'année suivante du traité de Tordesillas. Mais ce traité n'est jamais validé sur le terrain. Tout au long des trois siècles de colonisation qui vont suivre, les deux puissances ibériques se disputeront sans relâche le haut Amazone. La politique des Portugais a consisté à repousser le plus possible cette frontière vers l'ouest. On se rappellera le voyage du Capitan Texeira (1638-39) fixant arbitrairement la ligne de démarcation sur le rio Aguarico, affluent du rio Napo. Dès lors, la «guerre des poteaux» s'engage sur plus d'un siècle; les bornes plantées par les uns sont systématiquement détruites par les autres (Chaumeil, 1992).

Durant la seconde moitié du XVII° siècle et la première moitié du XVIII°, les *bandeirantes* portugais (colons-aventuriers devenus personnages héroïques dans l'histoire du Brésil) harcèlent sans répit les missions espagnoles de l'Amazone à la recherche d'esclaves indigènes pour approvisionner le marché du Pará. Leur progression vers l'ouest n'est guère entravée par la faible résistance que leur opposent les missions jésuites trop éloignées de Lima pour bénéficier d'un appui militaire conséquent.. Les Portugais occupent peu à peu les deux rives de l'Amazone jusqu'à l'embouchure du rio Yavari tout en maintenant la thèse de la légitimité des frontières portugaises sur le rio Napo. L'avancée portugaise n'est contenue qu'après la signature des traités de Madrid en 1750 et de San Ildefonso en 1777, fixant les frontières entre les deux colonies aux rio Yavari et Caquetá (Yapura). C'est le dernier traité de frontière signé entre les deux puissances coloniales sur l'Amazone. Entre temps les Jésuites sont expulsés du Brésil en 1759, et du Pérou en 1768.

En application du traité de San Ildefonso, deux commissions (une pour chaque pays) sont nommées pour procéder aux tracés des limites. La commission péruvienne placée sous la direction de F. Requena, alors gouverneur général de Maynas, s'installe pendant dix années à Teffé (1781-1791) sans parvenir à un accord. Si rien n'est obtenu sur le terrain, en revanche le rapport rédigé à Madrid par Requena en 1799 fait l'effet d'une bombe et conduit à la **Real Cédula** de 1802 qui ordonne la réincorporation au Pérou de tout le territoire de Maynas. Cette date est fondamentale car, en effet, Maynas dépendait depuis 1716 de l'Audience de Quito, elle-même appartenant au vice-royaume de Nouvelle-Grenade (Colombie). Ce qui revient à dire que de 1716 à 1802 la vallée du haut-Amazone se trouvait politiquement séparée du Pérou. Le conflit frontalier très actuel entre le Pérou et l'Equateur plonge précisément ses racines historiques dans le fait que l'Audience de Quito fut responsable de Maynas durant près d'un siècle.

Avec l'indépendance des pays andins et la constitution du Brésil en Empire, les litiges frontaliers reprennent de plus belle. Après l'échec de la «grande Colombie» de Bolivar (1830), l'Equateur et la Colombie renouvellent chacun de leur côté leurs prétentions sur Maynas. En 1851 le Pérou signe une convention de navigation fluviale avec le Brésil qui lui fait perdre 80.000 km2 en échange de la libre navigation sur l'Amazone: le triangle Caquetá-Amazone-Yavari passe du côté brésilien avec pour nouvelle frontière la ligne géodésique reliant Tabatinga au rio Apaporis. La «guerre des frontières» sur l'Amazone va dorénavant concerner essentiellement le Pérou et la Colombie. Les tensions entre les deux pays s'enflamment encore au moment du boom caoutchoutier de 1880-1914, tout particulièrement lors des «scandales du Putumayo» concernant les agissements de la tristement célèbre Casa Arana, responsable du massacre et de la déportation de milliers d'Indiens sur le rio Putumayo.

Après la chute du caoutchouc, le Pérou et la Colombie reprennent les négociations et parviennent, grâce à l'accord préalable de 1851 avec le Brésil, à la signature, en 1922, du traité Salomon-Lozano garantissant à la Colombie une sortie sur l'Amazone. Le Pérou perd alors l'immense territoire compris entre le Caquetá et le Putumayo, ainsi que le «trapèze de Leticia». Ce traité représente le second moment fort de l'histoire des frontières sur l'Amazone: d'une **bipartition** Pérou/Brésil on passe à une **tripartition** Pérou/Colombie/Brésil, changement qui aura d'importantes répercussions sur les populations indigènes.

Les velléités de reconquête ne se font pas attendre du côté péruvien. La prise de Leticia en 1932 ouvre un nouvel épisode guerrier entre les deux pays, conflit armé qui dure un an (1932-33) et affecte les populations Ticuna et Yagua. En 1935 un traité de paix est enfin signé confirmant les frontières établies en 1922. Ce tracé définitif des frontières sur l'Amazone est favorable à la Colombie et au Brésil au détriment du Pérou qui doit se contenter de terres pour la plupart inondables. Il en résulte une présence de l'Etat plus forte aux frontières des deux premiers pays que de ce dernier.

2. Populations indigènes. Du bon usage de la visibilité ou non d'une identité ethnique

Les données archéologiques concernant la zone qui nous occupe confirment une occupation continue depuis le début de l'ère chrétienne et une série de migrations Tupi dès les IX-X° siècles (Bolian, 1975). Les Tupi repoussèrent vraisemblablement vers l'interfluve les populations précédemment installées, parmi lesquelles figuraient sans doute les ancêtres des Ticuna et des Yagua actuels. Ils progressèrent ensuite vers l'ouest dans plusieurs directions: les Omagua le long de l'Amazone et du rio Napo (Omagua-Yeté), les Cocama sur l'Ucayali et les Cocamilla sur le Huallaga.

2. 1. *Los nativos invisibles:* Les Tupi de l'Amazone

Aux premiers temps de la Conquête, rapportent les anciennes chroniques, les Omagua étaient un peuple riverain , établis en gros villages stratifiés (dépassant le millier d'individus pour certains) sur plus de 700 km de berge (du Putumayo au Napo) . Inscrits dans de grands réseaux d'échange régionaux, ils étaient dotés d'institutions politiques et religieuses très élaborées. Leur nombre à cette époque est évalué à plusieurs dizaines de milliers d'individus. A la différence des groupes de l'interfluve (Yagua ou Ticuna par exemple) les Omagua et les Cocama souffrirent plus cruellement les grandes épidémies qui les décimèrent par milliers. Selon A. Stocks (1981: 68-69) la population Cocama des missions aurait décliné d'environ 20.000 personnes entre 1560 et 1680 suite aux épidémies de peste et de variole; les Omagua des missions seraient passés de 30.000 en 1644 à 5 000 quatre ans plus tard suite aux mêmes épidémies.

Après le voyage de Texeira confirmant les prétentions territoriales du Brésil, les razzias esclavagistes des bandeirantes portugais leur laisseront peu de répit. Continuellement harcelés dans les missions jésuites entre 1685 et 1725, ils furent contraints à la fuite vers le haut Amazone et rassemblés autour de la mission de San Joaquin de Omaguas. De cette époque date la grande coupure en deux du peuple Omagua, séparé par un no man's land de 600 km entre les établissements péruviens à l'ouest du rio Yavari et ceux du Japura au Brésil (Grenand, 1995: 215).

En 1689 est fondée la mission carmélite de Sâo Paulo de Cambebas, comme contrepartie brésilienne de San Joaquin (Jorna, 1991: 216). Ironie de l'histoire, durant les XVII-XVIII° siècles, les Cocama et Omagua du Pérou vont se «spécialiser» (avec les Jebero de langue Capanahua) comme *ethnie-pilote* dans la capture et la pacification des groupes réfractaires aux missonnaires, ainsi que les Miraña le firent du côté brésilien comme pourvoyeurs d'esclaves à la solde des Portugais. Les Tupi du Pérou gagnèrent ainsi le belliqueux surnom de «corsaires de l'Amazone». Au milieu du XIX° siècle cependant, ces derniers étaient devenus «invisibles» aux yeux des voyageurs qui n'arrivaient plus à les distinguer des métis riverains (appelés *ribereño* au Pérou, *caboclo* au Brésil et *pionero colono* en Colombie). Détribalisés, parlant la *lingua geral*, le Portugais ou l'Espagnol selon les cas, ils n'étaient plus repérables en tant que groupe autonome et on les croyait à tout jamais disparus.

Il est cependant un domaine de la culture auquel les Cocama en particulier ont montré une fidélité sans faille: le chamanisme, et l'on comprend fort bien que cet aspect peu lisible hors des frontières indigènes ait pu échapper à l'observateur pressé. La réputation chamanique des Cocama, devenue proverbiale dans le haut Amazone, doit certainement beaucoup à leur position d'intermédiaire culturelle des époques antérieures et à l'image trans-ethnique corrélative qu'ils incarnent auprès des groupes voisins, depuis l'embouchure du Japura au Brésil jusqu'à l'Ucayali et au Huallaga au Pérou où A. Stocks a observé le même phénomène chez les Cocamilla (1981: 143). Il semble cependant que la réputation chamanique des Cocama se soit maintenue indépendamment du critère ethnique. C'est plutôt grâce à leur «invisibilité», étant à la fois de partout et de nulle part (jusqu'à récemment il n'y avait pas de village reconnu officiellement Cocama) qu'ils doivent en partie leur renommée, à l'instar de ce chamanisme subaquatique auquel ils sont associés et qui permet, tel un sous-marin, d'émerger et de disparaître sans se mouiller en tout point du territoire (Chaumeil, 1994). Le chamanisme aurait en quelque sorte immortalisé l'image du Cocama, mais pas l'entité correspondante.

Il faudra attendre les avancées, depuis une vingtaine d'années, du mouvement indigène pan-amazonien pour que les Tupi sortent officiellement de l'oubli et fassent de nouveau parler d'eux, mais cette fois comme «nation indienne»; Cocama-Cocamilla au Pérou, Omagua-Cambeba au Brésil. Les derniers recensements sont à cet égard édifiants: 20.000 Cocama, 5000 Cocamilla et 150 Omagua au Pérou (entre le rio Huallaga et la région de Caballo-cocha); 200 Cocama en Colombie (sur l'île de Ronda et le Putumayo); plus de 500 Omagua-Cocama au Brésil (depuis Tabatinga jusqu'à la région de Teffé), soit une extension totale couvrant plus de 1500 km le long de l'Amazone.

Malgré la distance qui sépare les Tupi du Pérou de ceux du Brésil, leurs revendications politiques et territoriales sont très similaires (voir les lois sur le statut de l'Indien et les droits à la terre dans ces deux pays). La première fédération Cocama-Cocamilla voit le jour dans les années 80 au Pérou, les Cocama de l'Ucayali s'organisent à leur tour ainsi que les communautés de base Cambeba près de Teffé au Brésil. En Colombie le niveau d'organisation est moindre vu la plus faible démographie des Cocama.

A partir de 1971 toutefois, de nombreuses familles Cocama du Pérou et du Brésil oublient leurs revendications territoriales pour suivre le tout récent mouvement messianique de Francisco Da Cruz (pour plus de détails sur le mouvement Cruziste voir Agüero, 1994). On se souviendra en effet de la ferveur messianique des Tupi de l'Amazone comme moteur probable de leurs migrations historiques sur le haut-Amazone à la recherche de la Terre sans Mal, thème auquel A. Métraux (1927) a consacré une étude devenue classique. C'est ainsi que les Cocama du Pérou émigrent depuis la ville de Nauta et divers hameaux riverains vers le centre de la forêt. Ils y attendent la fin du monde pour marcher vers la ville sainte (villa Alterosa) située sur la rivière Juí au Brésil. Rappelons que la libre circulation des populations indigènes de part et d'autre des frontières du Pérou, de la Colombie et du Brésil a été garantie dans le cadre du traité signé en 1935 entre les trois pays, accord toujours en vigueur aujourd'hui.

O. Agüero (1994: 70) note la tendance actuelle des Cocama du Pérou à se présenter comme «peruano» (et non comme «indigène») devant l'observateur étranger ou les autorités régionales. Selon l'auteur, ce fait est à mettre en rapport avec leur expérience historique du contact, qui les poussent à «couvrir» leur identité propre. La référence à la «peruanidad» ne serait donc nullement l'indice d'une dissolution ethnique et d'une identification totale au monde métis, mais celle d'une stratégie de façade. Agüero voit dans le mouvement Cruziste la confirmation de ce processus de maquillage de surface, de simulation identitaire. A. Stocks (1981) tire les mêmes conclusions pour les Cocamilla, qu'il baptise «nativos invisibles», parmi lesquels il distingue plusieurs niveaux d'identité, entre la «face indienne» cachée et la «face blanche» affichée (il propose cependant de les classer dans une catégorie à part, celle de société chola, point sur lequel nous reviendrons plus loin). Mêmes conclusions également pour F. Grenand (1995) et P. Jorna (1991) à propos des Omagua-Cambeba du Brésil. Si, dans ce cas, le ré-apprentissage de la langue maternelle est le réquisit pour accéder au statut d'Indien et au droit à la terre, les processus de gommage identitaire sont les mêmes. Selon l'analyse de F. Grenand, les Tupi de l'Amazone furent contraints à la transparence ethnique pour préserver une identité propre, une continuité; processus qui leur permet aujourd'hui, dans une certaine mesure, de resurgir de l'oubli. Comme le souligne l'auteur (*op. cit.*: 229), un fait culturel qui ne s'affiche plus cesse d'être combattu. Ainsi qu'il en fût sans doute avec le chamanisme, l'invisibilité ou la transparence ethnique apparaît ici comme un processus de simulation masquant la volonté de maintenir une identité toujours vivante.

2.2 Les «hommes noirs»: les Ticuna

A l'inverse des Tupi, les Ticuna, comme d'ailleurs les Yagua voisins dont nous parlerons plus loin, ont joué la carte de la visibilité maximale. En effet nous trouvons ici une présence ethnique et linguistique affichée sans discontinuité sur quatre siècles. La référence aux «ticuna» (tipuna, tokuna, etc. selon les transcriptions des chroniqueurs) apparaît dès le XVII° siècle et désigne aujourd'hui la même entité. La longue permanence de l'ethnonyme témoigne de la reconnaissance spécifique donnée à ce groupe dans un contexte où les dénominations d'autres peuples indigènes sont soumises à de fréquentes variations. L'ethnonyme est sans doute d'origine Tupi et signifierait quelque chose comme «hommes noires «. Les Ticuna se pensent en effet «noirs» face aux autres groupes indigènes (la plupart des informations concernant les Ticuna viennent de Goulard, 1994).

L'archéologie atteste une présence continue proto-Ticuna sur l'Amazone entre 100-1200 D.C., date parfaitement congruente avec l'arrivée des Tupi et le refoulement vers l'interfluve des anciennes populations occupant les berges. Après l'épisode de la séparation des Tupi du Pérou et du Brésil à la charnière des XVI-XVII° siècles, les Ticuna ont pu progressivement repeupler les rives de l'Amazone. On les trouve aujourd'hui repartis de la bouche de l'Atacuari au Pérou jusqu'au rio Jutaí au Brésil, soit une extension supérieure à 600 km le long de l'Amazone (il existe également un groupe Ticuna d'environ 200 personnes à hauteur du rio Purus). On estime leur population à 30.000 (7000 en Colombie, 18.500 au Brésil, 5000 au Pérou approximativement)

Les Ticuna sont organisés en clans et possèdent des moitiés exogames. Une autre bipartition oppose les Ticuna, qui s'autodénomment *du-ûgü* «les gens», aux *awane* «les ennemis», terme qu'ils appliquaient essentiellement aux Omagua. Il semble qu'ils aient aujourd'hui substitué cette catégorie par celle de *maiyu*, désignant «ceux du sud», probablement les Mayoruna de langue Pano, réservant/ aux Yagua l'appellatif *yowa*.

Durant la période jésuite les Ticuna des missions furent soumis comme les Omagua aux épidémies et aux raids esclavagistes des Portugais. Ils furent contraints eux aussi à se réfugier au Pérou mais effectuèrent de fréquents retours du côté brésilien en raison des incessants conflits inter-ethniques à l'intérieur des missions, notamment avec les Omagua et les Yagua. Le XVIII° et une partie du XIX° siècle se caractérisent par les continuels allers et retours des Ticuna des deux côtés de la frontière pour échapper à leurs poursuivants, tantôt brésiliens, tantôt péruviens. Entre 1820 et 1880 cependant, c'est-à-dire après l'indépendance et juste avant l'épisode sanglant du caoutchouc, les Ticuna connaissent une période de répit et tentent de s'installer de façon plus définitive et mono-ethnique sur leur territoire actuel. L'essor de l'industrie du caoutchouc et l'ouverture des «fundos gomeros» en territoire Ticuna au Brésil entrainent toutefois de nouvelles migrations vers le Pérou dont l'activité caoutchoutière se déploie surtout sur le Putumayo (Casa Arana).

Au moment de la tripartition fixée par le traité Salomon-Lozano de 1922, les Ticuna se trouvent répartis sur les trois frontières. Le traité de libre circulation de 1935, signé deux ans après la guerre entre la Colombie et le Pérou à laquelle participèrent de nombreux Ticuna, sauvegarde en quelque manière l'entité ethnique Ticuna en permettant les déplacements de part et d'autre des frontières internationales. Cependant bien vite les Etats concernés cherchent à contrôler ces déplacements transfrontaliers rendus plus difficiles avec l'octroi des titres de propriété concernant les terres indigènes (attribution de resguardos en Colombie). Cela revenait pour les Ticuna à définir pour la première fois leur appartenance comme colombiens, péruviens ou brésiliens, s'ils voulaient obtenir des terres (Seiler-Baldinger, 1983: 25). Les Ticuna, qui se considèrent comme appartenant à une même entité globale, doivent progressivement adopter des attitudes différentes et se distancier spatialement. Selon les déclarations d'un Ticuna rapportées par Seiler-Baldinger (op. *cit.*: 30): «es malo que los indígenas estén esparcidos por diversos países, porque así pierden su propia cultura».

Du côté brésilien on assiste aujourd'hui à des regoupements en gros villages de 2000 à 3000 personnes, comme dans le cas de Umariaçu, rappelant par la taille certains établissements antérieurs à la conquête. La plus importante concentration villageoise Ticuna au Pérou (Cushillo-cocha) totalise 1200 personnes alors qu'en Colombie les regroupements sont plus réduits et les Ticuna moins bien organisés politiquement du fait notamment d'une plus grande présence de l'Etat.Une large partie du trapèze colombien par exemple est déclarée *parque nacional* (Amaca-yacu, 170 000 hectares). En ce sens la faiblesse de l'Etat aux frontières du Pérou a permis une meilleure autonomie d'organisation des Ticuna: ces derniers envisagent même de se constituer en district sur l'ensemble du territoire où se trouvent les communautés et de prendre la mairie de Caballo-cocha (aux dernières élections ils échouèrent de peu). La politique de «fronteras vivas» est un élément nouveau pour le Pérou (voir le conflit avec l'Equateur), dans une moindre mesure pour la Colombie qui maintient une présence politique et militaire depuis le conflit de 1932-33, alors qu'elle a toujours été celle du Brésil. Malgré le traité de coopération amazonienne signé en 1978 et la tendance à la globalisation écono-mique entre les pays membres, les péruviens redoutent toujours les prétentions hégémoniques du Brésil (*Allpanchis* 45, 1995 ; Seiler-Baldinger *op. cit.*).

Si la catégorie des a*wane a* disparu, les Ticuna font maintenant la différence parmi eux entre les locuteurs en langue espagnole et ceux en langue portugaise, entre les «brasileños» d'un côté et les «peruanos-colombianos» de l'autre, entre «ceux du bas» et «ceux du haut». On pourrait au demeurant voir dans cette bipartition l'indice d'une acculturation linguistique en ce sens que la démarcation entre les deux blocs Ticuna s'établit non pas sur des différences relatives à la langue maternelle mais à partir des deux langues dominantes. Elle exprimerait en tout cas une situation socio-économique de dépendance.

Parallèlement à la distinction de langue existe une seconde coupure au niveau des alliances matrimoniales; les Ticuna du Pérou et de Colombie sont engagés dans des échanges matrimoniaux fréquents alors qu'ils n'en maintiennent pratiquement aucun avec ceux du Brésil, confortant cette idée de bipartition. En outre un nombre croissant de familles Ticuna péruviennes s'installent du côté colombien pour des raisons essentiellement économiques (meilleur soutien de l'Etat qui multiplie les plans d'aide aux communautés), phénomène que l'on retrouve aussi chez les Yagua.

Il faut rappeler ici certains éléments de l'organisation sociale Ticuna pour comprendre ces phénomènes de différenciation interne. Comme nous l'avons dit, les Ticuna sont organisés en clans et en moitiés, en vertu de quoi ils se pensent eux-mêmes divisés en différentes unités (les clans) globalement réparties en deux (les moitiés). Néanmoins, ce n'est pas ce dualisme global que les intéressés revendiquent aujourd'hui mais les **clans**, que les Ticuna traduisent en espagnol par «naciones» (communication personnelle de G. Désiré). Les Ticuna liraient ainsi les rapports au monde extérieur à travers la grille clanique. En théorie au moins, ils ne font pas plus de différence entre eux et les Yagua, par exemple ,qu'ils n'en font entre leurs propres clans: la différence ne serait pas de nature mais de degré. En fait, ici comme ailleurs, jouent les rapports de proximité spatiale. Les membres d'un même clan distants spatialement sont perçus comme «étrangers» alors que ceux de deux clans différents mais proches le sont beaucoup moins. Ce système basé sur la proximité spatiale et généalogique entre «naciones», et non sur un dualisme global potentiellement unificateur, permet d'expliquer la coupure observée au niveau des alliances entre groupes perçus «distants». En ce sens la totalité Ticuna sort sans doute fragilisée sur le plan socio-politique, comme en témoigne d'ailleurs l'échec récent concernant la constitution d'une fédération pan-Ticuna.

La distinction «haut/bas» dégagée précédemment est toutefois tempérée sur le plan religieux par l'adhésion massive des Ticuna au mouvement messianique de F. Da Cruz, dont on a parlé à propos des Tupi. Les Ticuna partagent en effet avec ces derniers une longue tradition messianique. Nous possédons des informations précises sur 9 de ces mouvements entre la fin du XIX° siècle et l'actualité, tant au Pérou qu'au Brésil (Goulard, 1994: 396-405). Le mouvement Cruziste de 1971, le dernier en date, n'est pas présent en Colombie car interdit par les autorités politiques de ce pays. J.P. Goulard propose, pour le cas Ticuna, une nouvelle lecture des relations inter-ethniques à partir du mouvement Cruziste. Selon lui la division ne reposerait plus uniquement sur les catégories traditionnelles (Indiens/ Métis-ribereños/ Blancs) mais sur l'opposition croyants/non-croyants, opposition établie sur une «tripartition» implicite: évangélistes-Cruzistes d'un côté (liés par la même attente messianique), catholiques de l'autre, considérés par la majorité des Ticuna comme des non-croyants. Dans l'optique Ticuna, on est «civilisé» à partir du moment où on est entré en religion (évangélique ou Cruziste s'entend). Ces facteurs participeraient, toujours selon le même auteur, à l'émergence d'une identité pan-Ticuna sur fond religieux, voire même d'une identité pan-ethnique à l'échelle régionale car, au moment du jugement dernier, les adeptes du mouvement (Ticuna, Cocama, Yagua, ribereños) devront tous marcher vers la ville Sainte, située sur le rio Juí au Brésil. L'identité globale Ticuna passerait donc plus volontiers aujourd'hui par le religieux contre le factionnalisme socio-politique et l'opposition linguistique. Le messianisme Ticuna pourrait ainsi s'interpréter comme une réaction au fractionnement ethnique en créant périodiquement des formes plus collectives et supralocales d'identification

2.3. *Les «hommes rouges»*: les Yagua

A l'instar des Ticuna, les Yagua ont opté pour la visibilité maximale. Ils sont connus dans la littérature depuis la fin du XVII° sous ce même ethnonyme. On les considère comme les derniers représentants de la famille linguistique Peba-Yagua comprenant initialement trois sous-ensembles: Les Yagua, les Peba et les Yameo (les deux derniers groupes ayant officiellement disparus, ce qui reste néanmoins à confirmer). Plusieurs étymologies du terme *yagua* sont possibles: celle dérivant du quechua *yawar*, «couleur de sang» traduit en tout cas parfaitement l'idée que les Yagua se font d'eux-mêmes en se proclamant «rouges» comme l'ara (éponyme du clan dominant) par opposition aux Ticuna qu'ils voient «noires», en accord d'ailleurs avec ces derniers (cf. supra).

Les Yagua subirent, comme les Ticuna, un repli vers l'interfluve au moment des migrations historiques Tupi sur le haut-Amazone car ils occupaient le territoire voisin situé immédiatement à l'ouest. Mais à la différence des Ticuna, les Yagua ne connurent jusqu'à très récemment qu'une seule appartenance territoriale depuis la conquête: le Pérou (si l'on excepte bien entendu l'épisode de l'Audience de Quito). Ils n'ont donc pas vécu de plein fouet tous les contrecoups des conflits frontaliers. Leur territoire actuel s'étend sur les deux rives de l'Amazone, depuis les environs d'Iquitos à l'ouest jusqu'à la quebrada Tucuchira en Colombie à l'est, du rio Putumayo au nord (frontière colombienne) jusqu'au Yavari au sud (frontière brésilienne). La population Yagua est estimée à 3500-4000 personnes (dont 350 en Colombie) réparties en une soixantaine de communautés dont les plus importantes ne dépassent pas 200 personnes. Ils sont donc loin d'avoir produit de gros villages à l'image des Ticuna.

Les Yagua possèdent un système de clans et de moitiés proche de celui des Ticuna, faisant penser à des contacts historiques étroits entre les deux groupes. Au niveau inter-ethnique Les Yagua opposent la catégorie *nihamwo*, «les gens», avec laquelle ils s'auto-désignent, à *mununu*, littéralement «ceux qui vivent loin», les ennemis traditionnels, terme qu'ils appliquent en priorité aux Witoto du Putumayo et aux Mayoruna du Yavari, mais pas aux Ticuna et aux Cocama qu'ils qualifient de *wanu,* «hommes» au sens générique, avec lesquels ils disent avoir toujours entretenus des relations d'échange. Les Yagua ont donc fixé des limites à leur système d'échange inter-ethnique qui recouvrent exactement le tracé des frontières internationales actuelles entre le Pérou, la Colombie et le Brésil. On peut bien sûr s'interroger sur une telle coïncidence de frontières. Toujours est-il qu'au delà de ces limites orientales, on entre dans le champ de l'altérité maximale du point de vue Yagua, assignant à la Colombie et au Brésil le caractère de terre étrangère.

L'histoire des Yagua durant la période jésuite est caractérisée par d'incessants allers-retours à l'intérieur des forêts pour échapper aux raids esclavagistes, aux épidémies, aux guerres inter-ethniques et aux tentatives de pacification des missionnaires. Au moment du caoutchouc les Yagua du Putumayo sont pourchassés vers le sud par la Casa Arana et doivent de nouveau employer la stratégie du repli dans la forêt profonde. Lors du nouveau tracé des frontières de 1922 il n'existait officiellement aucune famille Yagua du côté colombien. Ce n'est qu'à partir des années 70, sous le gouvernement du Général Velasco qui promulgua la *Ley de Comunidades Nativas* (1974), que l'on assiste au regroupement et à la sédentarisation des communautés Yagua le long de l'Amazone péruvien. Au même moment cependant, de nombreuses familles adhèrent au mouvement Cruziste, mais sans atteindre la ferveur des Cocama et des Ticuna. De fait un petit nombre seulement de communautés Yagua relativement fermées se déclarent aujourd'hui Cruzistes. Le processus de politisation engagé sous le régime vélasquiste culmine en 1984 avec la constitution de la *Federación de Comunidades Nativas del Bajo Napo y Bajo Amazonas*, regroupant une quinzaine de communautés (les plus proches géographiquement d'Iquitos) sur les soixante recensées, ce qui revient à dire que les Yagua de la frontière, pour la grande majorité, sont restés insensibles au mouvement fédératif amazonien. En revanche on observe depuis une quinzaine d'années une nette attirance chez ces derniers pour la Colombie (région de Puerto Nariño et de Leticia), voire même pour le Brésil (région de Tabatinga). Plusieurs raisons à cela, économiques (meilleur soutien, notamment sur les plans sanitaire et scolaire, sans exclure l'attrait financier du narcotrafic aux mains des Colombiens, ou du tourisme frontalier en provenance de Leticia), mais aussi religieuses (les sectes évangéliques, qui s'implantent fortement chez les Yagua frontaliers, ont leur base en Colombie). Selon les derniers recensements vivent en Colombie près de 350 Yagua, contre une centaine quelques années auparavant, dont 200 environ sur le centre touristique de Tucuchira (près de Leticia). Ces familles viennent toutes du Pérou où elles affirment avoir été maltraitées par les colons métis et justifient leur déplacement par le «meilleur traitement des autorités colombiennes» à leur égard. En réalité la situation des Indiens n'est guère meilleure en Colombie qu'au Pérou, mais les Yagua ne semblent pas vouloir retourner dans leur pays d'origine.

Ce transfert de populations au delà des frontières péruviennes est donc nouveau pour les Yagua et apparaît pour l'instant irréversible. Il favorise donc, exactement comme dans le cas Ticuna, une dichotomisation de la société en deux blocs relativement étanches. Les Yagua du Pérou ont en effet tendance à s'identifier comme «peruanos» et considèrent leurs «paisanos colombianos» comme étrangers, perception parfaitement en accord, soit dit en passant, avec le système de frontières ethniques dégagé plus haut. Une fois installés en Colombie, les nouveaux migrants n'entretiendraient quasiment plus de rapports réguliers avec leurs frères du Pérou s'ils n'avaient maintenu avec eux un lien fort; celui du chamanisme précisément auquel ils demeurent attachés malgré leur adhésion, pour la plupart, à l'évangélisme qui interdit formellement de telles pratiques. C'est ainsi que, depuis quelques années, se développe chez les Yagua un **chamanisme transfrontalier** qui dépasse d'ailleurs largement la sphère strictement ethnique. Sur le rio Atacuari par exemple, le chamane Norberto Cahuachi, rejeté en 1992 de sa communauté Yagua d'origine convertie à l'évangélisme, s'est installé légèrement en aval, à proximité de la frontière Pérou-Colombie, et entreprend plusieurs mois par an de longues consultations, tant en Colombie qu'au Pérou. Il ne s'agit nullement d'un cas isolé, plusieurs chamanes Yagua pratiquent de la sorte. Cette forme de spécialisation chamanique de part et d'autre de la frontière pourrait se confirmer dans les années à venir avec la diversification d'une clientèle urbaine économiquement plus aisée. D'une manière générale, le chamanisme Yagua jouit d'une excellente réputation régionale, aussi bien parmi les groupes indigènes voisins que chez les métis des villes, tout en gardant, à la différence peut-être du chamanisme Cocama, un fort caractère ethnique, clairement identifié à ce groupe. Valorisé à l'extérieur, il l'est aussi à l'intérieur. Le chamanisme, tel que les Yagua le pratiquent chez eux selon des critères disons plus traditionnels, demeure un élément toujours aussi vivant et central de leur culture. Loin de se contredire, les deux formes de chamanisme, l'une locale et plutôt centripète (intra-ethnique), l'autre supra-locale et centrifuge (transethnique) se renforcent au contraire mutuellement. La spécialisation chamanique pourrait ainsi devenir pour les Yagua un élément d'identification transfrontalier très important dans les prochaines années, et jouer un peu le rôle intégrateur du messianisme de la Sainte Croix observé chez les Ticuna et les Cocama voisins. Cette situation n'est pas non plus sans rappeler celle des Inga-Kamsa de la vallée du Sibundoy en Colombie ou encore celle des Colorado d'Equateur, trois sociétés qui ont également choisi avec un certain succès de se lancer dans la spécialisation chamanique comme forme d'identification ethnique à l'échelle supra-régionale.

* * *

Les trois exemples brièvement décrits ci-dessus confirment l'importance du facteur religieux dans la définition des entités indigènes actuelles du trapèze amazonien. L'omniprésence du religieux dans la région n'est en effet pas un phénomène récent; elle s'appuie sur une tradition messianique pluri-séculaire, enfouie au plus profond des cultures indiennes. Si par ailleurs le traité de libre circulation a favorisé la communication entre les groupes installés de part et d'autre des limites internationales, il n'est nullement suffisant, pas plus que les politiques indigénistes des pays concernés, pour expliquer les éléments de continuité et de rupture observés aujourd'hui dans ces mêmes sociétés.

Résumons-nous. Les Tupi ont connu une grande bipartition au moment des conflits frontaliers du XVIII° siècle, puis une tripartition avec le tracé des frontières internationales actuelles. A partir du milieu du XIX° siècle cependant, très affaiblis démographiquement, ils «disparaissent» comme entité visible pendant plus d'un siècle, puis «réapparaissent» dans les années 80. On avait cru à une dissolution ethnique, il s'est agi au contraire d'une stratégie de survie. Tout en s'organisant en fonction des politiques indigènes développées par chacun des trois pays concernes (comunidad nativa au Pérou, resguardo en Colombie, communauté de base au Brésil), ils se fédèrent aujourd'hui autour du mouvement messianique de la Sainte Croix (Cruzisme).

Bien qu'ils optèrent pour la stratégie inverse, celle de la continuité ethnique et de la plus grande visibilité possible, les Ticuna et les Yagua ont suivi grosso modo les mêmes processus de recomposition ethnique, avec le religieux en toile de fond. Les Ticuna développent une tendance à la bipartition entre, selon leur propre terminologie, les «gens du haut» (Pérou-Colombie) et «ceux du bas» (Brésil), mais cette distinction est tempérée là aussi par le religieux (mouvement de la Sainte-Croix, sectes évangéliques) qui opère une division globale non plus entre «haut/ bas», mais entre croyants/non-croyants (les «non-croyants» étant les catholiques). Dans la mesure où ces mouvements sont partagés par d'autres groupes indigènes et une partie de la population ribereña (qui reste cependant majoritairement catholique, c'est-à-dire non-croyante du point de vue Ticuna), le messianisme participe ici à la définition d'une identité pan-ethnique régionale.

A la différence des Ticuna et des Omagua-Cocama, les Yagua n'ont connu que très récemment l'expérience de la double appartenance nationale, aussi le processus de dichotomisation socio-politique observé dans les deux cas précédents n'est-il, en ce qui les concerne, qu'à l'état d'ébauche. Il correspond toutefois, comme on l'a vu, à la propre définition Yagua des frontières ethniques. Au Pérou, où réside pour l'instant 90% de la population Yagua, le mouvement indigène se développe dans deux directions différentes: un tiers des Yagua environ suit le mouvement fédératif tandis que les deux tiers restants, ceux précisément localisés près de la frontière colombienne, sont majoritairement concernés par la question religieuse. Plus que la présence croissante des sectes évangéliques, ou celle plus timide du mouvement de la Sainte Croix, c'est ici le développement d'un chamanisme supra-local, à dimension transethnique, qui assure le lien de part et d'autre des frontières. Il est en outre probable que cette forme de spécialisation chamanique devienne dans l'avenir un élément non négligeable dans la définition de l'identité Yagua.

Dans les trois cas, où les problèmes d'identification ethnique sont amplifiés par la présence de frontières internationales et l'émergence concomitante de sentiment nationaliste ou pseudo-nationaliste, le religieux (messianismes et chamanisme) prend donc pour l'instant le pas sur le politique (fédérations indiennes peu représentées régionalement) en ce qui concerne le maintien et la redéfinition des entités collectives indigènes. On pourrait résumer de façon très approximative (allant du local au plus global) la situation religieuse des trois groupes de la façon suivante:

	chamanisme local	chamanisme supra-local	messianismes
Cocama	x	XX	XX
Ticuna	X		XX
Yagua	XX	XX	x

Peut-on alors établir un parallèle entre la situation ethnique de ces groupes et le type de mécanisme religieux mis en oeuvre ? Si, des trois sociétés étudiées, les Cocama sont sans conteste les moins affirmés sur le plan ethnique, ils ont en revanche tout particulièrement développé les deux formules globales. Les Ticuna, qui maintiennent un fort sentiment d'identité ethnique, gardent vivante leur tradition chamanique, mais ils doivent aussi faire face, tout comme les Cocama, à la fragmentation ethnique du fait de leur répartition sur les trois frontières internationales. Il est intéressant d'observer à cet égard qu'ils ont surtout privilégié les deux positions extrêmes: le chamanisme comme support d'identité locale, le messianisme comme formule globale (maintien d'une identité globale de part et d'autre des frontières, voire une extension vers la dimension pan-ethnique). Les Yagua, qui ont expérimenté beaucoup plus tardivement la bipartition frontalière, sont des trois ceux qui ont le mieux conservé le chamanisme à l'intérieur des frontières ethniques. Le développement récent d'une formule supra-locale de chamanisme chez eux indiquerait néanmoins la présence d'une problématique commune à tous, celle d'une fragmentation ethnique croissante. Ces quelques observations demanderaient à être approfondies et surtout confirmées sur le terrain: elles laissent cependant entrevoir la possibilité d'une relation entre ethnicité et mouvement religieux. Dans ce système de relations, les Yagua occuperaient en quelque manière la position symétrique inverse de celle des Cocama, les Ticuna une position bipolaire, rapports exprimant assez bien à nos yeux les situations ethniques et politiques actuelles de ces groupes.

3. Remarques finales

Plusieurs thèmes dégagés dans cet article appellent divers commentaires sur des points d'intérêt général. Tout d'abord en ce qui concerne la question de la spécialisation comme support d'identité ethnique ou d'insertion dans des configurations sociopolitiques plus larges. On sait en effet que, durant la période précolombienne, plusieurs groupes amazoniens ont pratiqué certaines formes de spécialisation dans le contrôle ou la mise en circulation de produits valorisés tels que le sel, les hallucinogènes, le curare ou les sarbacanes, pour n'en citer que quelques uns. Dans le centre Amazone par exemple, la réputation d'expert en curare et en sarbacane a longtemps été tenue -avant la chute il y a quelques décennies de ces produits- par les Yagua et les Ticuna, de telle sorte que de nombreux groupes du piémont amazonien n'hésitaient pas à franchir des milliers de kilomètres pour s'approvisionner chez eux en poison et arme de chasse, en échange de sel notamment. Avec le démantèlement à l'époque coloniale de la plupart des grands circuits d'échange préhispaniques, beaucoup de ces groupes tombèrent dans l'anonymat, alors que d'autres surent au contraire profiter des avantages du système colonial (*c.f.* le commerce du curare durant la période jésuite). On a vu par exemple comment les Cocama et les Omagua du Pérou se spécialisèrent durant les XVII-XVIII° siècles dans la capture des «indios bravos», au cours d'actes de piraterie auxquels ils doivent néanmoins en grande partie leur survie physique (étant du côté des conquérants et non des persécutés). Il est intéressant d'observer à cet égard que c'est précisément lorsqu'ils choisirent de «disparaître» comme entité visible, comme s'ils cherchaient à se faire oublier pour leurs actes de piraterie passés, que les Cocama se spécialisèrent dans la forme de chamanisme la plus invisible qui soit en haute Amazonie: celle du *sumé* ou chamanisme subaquatique. En ce sens on pourrait voir dans la spécialisation chamanique des Yagua, non seulement une volonté d'affirmation identitaire, mais une référence implicite à ces mécanismes anciens de maintien de formes d'organisation plus collectives et supra-locales.

Cette remarque servira de transition avec le second point qui concerne précisément le chamanisme et, plus généralement, le religieux comme élément d'identification et de valorisation ethnique. Plusieurs auteurs ont signalé à juste titre l'extraordinaire vitalité du chamanisme dans de nombreuses régions d'Amazonie, tout particulièrement parmi les groupes détribalisés, ces cultures hybrides qui, comme les Cocama et bien d'autres, sont le fruit d'un bricolage post-colonial de fragments ethniques hétéroclites et qui ont souvent joué le rôle d'intermédiaire culturel ou économique auprès des Blancs. Leur proximité avec ces derniers et ce qu'ils incarnent de puissance technologique les a doté de fabuleux pouvoirs magiques aux yeux de leurs congénères restés à l'écart dans la forêt profonde. Ceci expliquerait pour le moins la position chamanique souvent prééminente de ces groupes intermédiaires et leur maintien dans les circuits d'échange interethnique actuels.

On peut également expliquer ce regain chamanique, voire le messianisme, comme une réaction contre la fragmentation ethnique qui caractérise de façon croissante le paysage culturel amazonien, doublée d'une volonté de créer de nouveaux espaces identitaires. A.-C. Taylor (1994: 118) développe à cet égard une argumentation intéressante selon laquelle les chamanes actuels, grands spécialistes s'il en est des altérités, seraient les derniers représentants (à défaut d'autres figures du religieux) de ces formes d'appartenance multiple qui auraient caractérisé naguère les grands ensembles pluri-ethniques du haut et du centre Amazone. Loin de représenter l'aspect le plus authentique de l'univers symbolique amazonien, poursuit l'auteur, le profil actuel du chamanisme apparaît en grande partie modelé par l'histoire coloniale et post-coloniale, ce qui est quand même assez différent de la thèse défendue par P. Gow (1994). Celui-ci voit en effet dans le chamanisme amazonien contemporain une pure création coloniale exportée en milieu indigène, thèse qu'il justifie en partie par l'hypothétique absence de cette forme de chamanisme chez les groupes les plus isolés.

Quoi qu'il en soit, il existe au moins deux autres bonnes raisons sans lesquelles le chamanisme indigène n'aurait sans doute jamais pu maintenir sa pleine activité. C'est tout d'abord l'extrême valorisation dont il jouit auprès de la population non-indienne de cette région, attitude, faut-il le préciser, loin d'être partagée partout dans les basses terres, tout particulièrement là où le chamanisme est relégué au rang de pratique démoniaque et qui, pour cette raison, n'a la plupart du temps pas survécu. C'est, ensuite, sa dimension plus proprement politique actuelle grâce à la participation de plus en plus active des chamanes dans la production des discours indigènes un peu partout en Amazonie. L'ensemble de ces paramètres explique sans doute la grande vitalité dont bénéficie de nos jours le chamanisme amazonien et les mouvements messianiques qui lui sont souvent associés.

Un dernier point retiendra notre attention: celui concernant le statut de ces groupes détribalisés dont les Cocama décrits dans cet article représentent en quelque sorte le modèle prototypique. Cette question a soulevé de nombreux débats ces dernières années (voir en particulier Stocks, 1981, Grenand, 1990, Chibnik, 1991, Mora, 1995). En bref, il s'agissait de savoir si l'on avait affaire à une nouvelle catégorie sociale ou, au contraire, à une simple phase transitoire vers la constitution d'une paysannerie amazonienne. Les ethnologues ont en effet coutume de classer les habitants de l'Amazonie en trois groupes: les amérindiens (nativo, indio), les natifs non-indiens (ribereño au Pérou, caboblo an Brésil) et les colons blancs (racionales). Or précisément les groupes qui nous intéressent ne rentreraient apparemment dans aucune de ces catégories, ne se définissant ni comme indien ni comme ribereño ou caboclo. A. Stocks (1981) a proposé à partir de l'exemple Cocamilla de leur réserver une catégorie à part: celle de *cholo*, désignant ainsi tout groupe désindigénisé mais non assimilé. Chibnik (1991) a systématisé cette opposition entre *cholo*, indien et ribereño et proposé le terme de «quasi-ethnic groups» pour éviter les confusions avec la figure classique du cholo andin. Cette catégorie regrouperait quelques unes des caractéristiques des groupes ethniques (dont l'auto-identification comme groupe distinct) avec l'ethnicité en moins. Quoi qu'il en dise, Chibnik voit dans ces «cultures résiduelles» à l'existence pourtant bien perceptible une étape transitoire et irréversible vers la «ribereñización». C'est précisément ce caractère irréversible et inéluctable de la transition vers le ribereño que C. Mora (1995) met en doute en s'appuyant sur le mouvement de récupération ethnique des Cocama-Cocamilla dont on a parlé dans ce texte. Comme le souligne l'auteur, les Cocama-Cocamilla maintiennent différents niveaux d'identité qu'ils peuvent adapter aux circonstances. S'ils ont fait récemment le choix de l'identité indienne, plutôt que de continuer à occulter toute identité distincte (en se déclarant par exemple peruano) ou de poursuivre la route vers la «riberenización», c'est que le choix de l'ethnicité (c'est-à-dire celui de rester provisoirement une minorité ethnique) a été jugé plus avantageux dans le contexte politique actuel du Pérou ou du Brésil, pour obtenir des terres ou le droit à l'éducation bilingue, par exemple. La catégorie de «sociedad chola» serait donc en définitive une fausse catégorie ou un faux problème. Plus ou autre chose qu'une forme culturelle inédite, il s'agit, pour reprendre l'expression de P. et F. Grenand (1990: 35) concernant l'identité cabocla de «compromis instables cherchant à préserver une liberté plutôt qu'une hypothétique intégration dans la nation».

Que la situation socio-politique globale décrite plus haut change et les choix pourraient alors s'inverser, comme le laisse prévoir la récente loi péruvienne de juillet 1995 sur l'investissement privé dans le développement économique des communautés indiennes et paysannes, ouvrant ainsi les territoires indigènes aux capitaux étrangers, avec les conséquences que l'on sait. La région du trapèze amazonien est en effet appelée à jouer un rôle important dans les grands projets de globalisation et de régionalisation économique et politique, en particulier avec le projet d'intégration Pérou-Brésil et l'ouverture des trois axes transocéaniques (la fameuse voie «Sâo Paulo-Tokio») en direction du littoral pacifique. Un de ces axes (reliant Belem à Paita) traverserait de plein fouet la région du Trapèze amazonien: plusieurs projets routiers sont prévus, qui couperaient les territoires indigènes Yagua et Ticuna, entre autres. A cet égard, la promulgation l'année dernière de la *Ley de Inversión privada* tombe à pic. Nul doute que tous ces grands projets, s'ils se réalisent, transformeront de manière radicale le paysage culturel du Trapèze amazonien et les sociétés qui l'habitent.

Bibliographie

AGUERO, O.
1994   *El milenio en la amazonia. Mito-utopía tupi-cocama, o la subversión del orden sim-bólico*, Quito-Lima, CAAAP/Abya-Yala, biblioteca Abya-Yala 9.
Allpanchis, 45
1995   "Entre dos Océanos. Los Andes entre el Pacifico y el Atlantico. Interconexion vial e integracion bioceánica". Cusco.
BOLIAN, C.E.
1975   *Archaeological excavations in the Trapecio of Amazonas: the Polychrome Tradition*, Urbana, Ph. D. University of Illinois
CEDI
1987-1990 *Povos Indigenas no Brasil.*
CHAUMEIL, J & J.P.
1981   «La canela y el dorado: los Indigènes du Napo et du haut-Amazone au XVI° siècle», *Bulletin de l'Institut Français d'Etudes Andines,* X (3-4), Lima: 55-86.
CHAUMEIL, J.P.
1992   «De Loreto à Tabatinga. D'une frontière l'autre: antagonisme sur l'Amazone au XIX° siècle et après», *L'Homme,* 122-124, XXXII (2-3-4), Paris: 355-375.
CHAUMEIL, J.P.
1994   «Los Yagua»: 181-307 *in Guía Etnográfica de la Alta Amazonia 1* (F. Santos & F. Barclay eds.), Quito, Flacso/IFEA.
CHAUMEIL, J.P.
1994   «Las redes chamánicas contemporaneas y las relaciones interétnicas en el Alto Amazonas», *Revista de Antropologia,* 1(1), Lima: 45-61.
CHIBNIK, M.
1991   «Quasi-ethnic groups in Amazonia», *Ethnology,* XXX(2): 167-182.
GOULARD, J.P.
1994   «Los Ticuna»: 309-442 *in Guia Etnografica de la Alta-Amazonia 1* (F. Santos & F. Barclay, eds), Quito, Flacso/IFEA.
GOULARD, J.P.
1994   «'Dios o Enviado de Dios'. El Cruzismo: Aproximaciones a un movimiento mesiánico en los Tupi-Cocama y los Ticuna», *Revista de Antropología,* 1(1), Lima: 125-134.

GOW, P.

1994 «River People: Shamanism and History in Western Amazonia»: 90-113 *in Shamanism, History, and the State* (N. Thomas & C. Humphrey, eds), Ann Arbor, The University of Michigan Press.

GRENAND, F.

1995 «Langue évanouie et quête identitaire. L'omawa dans la région de Tefé (Amazonas, Brésil)»: 209-236 *in Transitions plurielles. Exemples dans quelques sociétés des Amériques* (F. Grenand & V. Randa, eds), Paris, Editions Peeters/Selaf 349.

GRENAND, F. & P.

1990 «L'identité insaisissable. Les Caboclos amazoniens», *Etudes rurales* 120, Paris: 17-39.

JORNA, P.

1991 «Vuelta a la historia. Los Cambebas del rio solimoes»: 213-244 *in Etnohistoria del Amazonas* (P. Jorna & *alii* coord.), Quito, ediciones Abya-Yala/MLAL, colección 500 años n°36.

METRAUX, A.

1927 «Migrations historiques des Tupi-Guarani», *Journal de la Société des Américanistes* XIX, Paris: 1-45.

MORA, C.

1995 «Una revisión del Concepto de Cholo en la Amazonia peruana», *Amazonia Peruana*, XIII (25), Lima: 145-158.

MYERS, T.

1992 «The expansion and collapse of the Omagua», *Journal of the Steward Anthropological Society*, 20 (1-2): 129-152.

PORRAS BARRENECHEA; R. & A. WAGNER DE REYNA

1981 *Historia de los limites del Perú*. Lima, ed. Universitaria.

PORRO, A.

1981 «Os Omagua do Alto Amazonas. Demografia e Padrôes de povoamento no século XVII»: 207-231 *in Contribuiçôes a Antropologia em homenagem ao Profesor E. Schaden* (Hartmann, T. & Penteado Coelho eds), Sâo Paulo

PORRO, A.

1992 «Historia indigena do Alto e Médio Amazonas, séculos XVI a XVIII»: 175-196 *in Historia dos Indios no Brasil* (M. Carneiro da Cunha org.), Sâo Paulo, Editora Schwarcz Ltda.

SAMPAIO SILVA, O.

1991 «Notas sobre algunos pueblos indígenas de la frontera amazónica del Brasil con otros países de sudamérica»: 117-131 *in Etnohistoria del Amazonas* (P. Jorna & *alii*. coord.). Quito, ediciones Abya-Yala/MLAL, colección 500 años n°36.

SEILER-BALDINGER, A.

1983 «Fronteras, población y paisaje cultural en el Alto Amazonas», *Amazonia indígena*, 3 (6), Lima: 23-31.

STOCKS, A.W.

1981 *Los Nativos invisibles. Notas sobre la historia y realidad actual de los Cocamilla del rio Huallaga (Perú)*, Lima, C-AAA-P.

TAYLOR, A-C.

1994 «Génesis de un arcaísmo: la Amazonia y su antropología»: 91-126 *in Descubrimiento, conquista y colonización de América a quinientos años* (C. Bernand, compil.), México: Consejo Nacional para la Cultura y las Artes/ Fondo de Cultura Económica.

HISTOIRE ET ETHNOHISTOIRES DE LA HAUTE AMAZONIE. PERSPECTIVES SUR LES TRANSFORMATIONS DES RAPPORTS INTERETHNIQUES DEPUIS LA PÉRIODE COLONIALE.

Anne-Christine Taylor
EREA-CNRS, Paris

Au regard des habitants non autochtones des basses terres, la population indigène de la Haute Amazonie était, jusqu'à la fin des années 1970, très généralement divisée en deux catégories: celle des Indiens dits *auca* ou *indios bravos*, d'une part, occupant des territoires éloignés des centres de population métis, païens et habituellement monolingues, et celle des Indiens dits *mansos* ou *domesticos*, d'autre part, souvent établis à proximité des bourgades métis, fréquemment quichua-phones, nominalement christianisés et réputés «dociles». Cette catégorisation sommaire propre aux métis amazoniens se retrouvaient en version savante dans le discours anthropologique, qui distinguait couramment les sociétés dites «tradi-tionnelles» —considérées, de par leur isolement et leur contact plus récent avec la société nationale, comme proches d'un état primitif et donc marginalement touchés par l'histoire— et les sociétés «acculturées», celles des *mansos,* dont la discipline s'est d'ailleurs longtemps désintéressée précisément parce qu'elles étaient jugées trop érodées par l'histoire pour être dignes d'une étude ethnographique.

Cette bipartition du monde indigène amazonien en «sauvages traditionnels» et «domestiques acculturés» renvoie à une dynamique interethnique très singulière qui s'est mise en place en Haute Amazonie au cours du XVIII° siècle, et qui a modelé tant la forme des rapports sociaux, économiques et symboliques entre tribus que la nature des conceptions élaborées par ces sociétés sur les processus de change-ment et de métissage culturel qu'elles vivaient.

Le développement considérable des recherches éthnohistoriques depuis une vingtaine d'années ont permis de montrer que la colonisation hispanique du piémont andin oriental a provoqué un bouleversement radical du paysage ethnique dans cette région, en dépit de la fragilité de son emprise du point de vue spatial et démographique. En effet, l'impact conjugué des *correrías* esclavagistes menées par les habitants des bourgades amazoniennes, des politiques de réduction élaborées à partir de 1650 par les missions jésuites et franciscaines, enfin des vagues récurrentes de maladies épidémiques d'origine occidentale a eu des effets dramatiques pour les sociétés indiennes de la *montaña* (cf. Renard-Casevitz, Saignes et Taylor 1986, Santos Granero 1994).

L'implantation coloniale a signifié tout d'abord un effondrement démographique vertigineux, puisque, selon les estimations les plus couramment avancées, la population indigène de la Haute Amazonie a diminué d'au moins 80% entre 1550 et 1750, date qui marqué le nadir absolu de la courbe démographique dans cette région. Elle a également provoqué de modifications importantes dans les patrons d'habitat de ces groupes, notamment l'abandon des zones riveraines et un reflux généralisé vers les zones d'interfluve, les berges des grands fleuves servant d'habitat exclusivement, à partir des dernières décennies du XVII° siècle, aux populations regroupées dans les réductions jésuites ou liée aux *encomiendas* des bourgades coloniales. Corrélativement, elle a entrainé la disparition de nombreuses formations sociales typiques des groupes riverains villageois à structure sociale stratifiée, ainsi que le démantélement des réseaux intertribaux fondés sur des complémentarités rituelles ou commerciales, et la récupération par les jésuites des circuits d'échange interethniques du sel et du curare. Enfin, elle a suscité des processus de recomposition ethnique liés à l'afflux de groupes ou d'individus fuyant les *correrías* esclavagistes ou les *entradas* apostoliques, à peine moins dévastatrices.

Dans ce contexte de désastre, cependant, de nouveaux types d'aggrégats puis de formations sociales ont également commencé à se cristalliser. C'est le cas notamment de ces tribus d'origine coloniale appelées à jouer un rôle majeur dans les rapports interethniques, et qui sont à l'origine, au moins du point de vue culturel, des groupes *manso* contemporains, en ce sens que ce sont elles qui ont forgé et défini les mécanismes identitaires, les relations au soi et à l'altérité, typiques de ces sociétés. La constitution progressive de ces groupes renvoie à un ensemble de facteurs: le développement de comportements de transculturation, lié à la désagrégation de certaines ethnies particulièrement exposées aux raids esclavagistes, et dont les membres se voyaient contraints d'abandonner, ou du moins d'occulter, une identité associée à un risque d'asservissement; l'expérience de formes de mixité culturelle inédites dues au regroupement, au sein d'une même réduction jésuite, d'Indiens issus de sociétés différentes, à mesure que les réductions mono-tribales perdaient leurs effectifs par mortalité epidémique, fuite ou rébellion; l'élaboration de stratégies collectives d'adaptation à l'univers colonial, notamment dans le cadre de la niche offerte par les opérations militaires. Certains groupes, comme les Cocamas et les Xeberos, ont ainsi réussi au cours du XVII° siècle à s'attirer un traitement de faveur en servant de supplétifs dans les *entradas* et les *correrías*, situation qui a favorisé l'émergence de cette culture de l'ambiguité fondactrice, comme nous le verrons, de l'identité des groupes dit domestiques ou acculturés.

Cet ensemble de circonstances a donc nourri un processus d'ethnogenèse aboutissant, dans certains cas, à l'apparition de véritables «néo-tribus» directement issues de l'implantation coloniale en Haute Amazonie. Quels qu'aient été les contextes dans lesquels ces groupes ont pris forme -réductions jésuites et/ou bourgades metis, comme les Andoas, les Lamistas ou les Xeberos, zones de refuge sous la tutelle des Dominicains, comme les Canelos- ces formations présentent un certain nombre de traits communs qui justifient leur inclusion dans une catégorie unique.

D'abord, une identité spécifique clairement perçue du dehors comme du dedans, enracinée dans leur articulation au monde non indigène. Il faut en effet signaler qu'à partir de la fin du XVII° siècle on trouve ailleurs dans cette région, notamment dans le bassin du Rio Tigre, des agrégats sociaux multiethniques dotés d'une culture syncrétique, mais qui ne se sont pas formées en «ethnies» précisément par absence (jusqu'au boom caoutchoutier) d'une présence blanche qui les eut constituées comme telles. Par ailleurs, toutes ces formations néo-tribales sont culturellement hybrides, fondées sur le regroupement de fragments de sociétés hétérogènes: Zaparo et Kanduash dans le cas des Andoas, Quichua du Napo, de la *sierra*, Jivaro Achuar et Zaparo dans le cas des Canelos...etc. Ces bribes d'identités antérieures peuvent être à l'occasion rituellement evoquées, mais elles sont dans tous les cas subordonnées à une identité collective englobante forgée par le rapport entre ces sociétés et le monde métis. Cette identité est fondée sur une dualité ou une «bifacialité» combinant des institutions, des comportements et des attitudes tournées vers l'univers des colons, et d'autres orientées vers le monde des *Indios bravos* encore indépendants; elle est par ailleurs corrélative d'un patron d'habitat duel, les familles alternant entre des périodes de résidence dans les centres proches du front de colonisation et des périodes de résidence dans des établissements mono- ou plurifamiliaux situés dans les territoires de chasse, loin des Blancs mais proches des *auca*. La culture des ces groupes articule ainsi une «sphère ouverte», selon l'expression de F. Scazzochio (1979), dans laquelle les *Alli Runa,* les *mansos* christianisés, côtoient la société dominante et une «sphère fermée», celle des *Sacha Runa* (Whitten 1976), maîtres d'un environnement naturel et symbolique hermétique aux Blancs mais connecté, dans l'espace forestier eloigné des centres urbains, aux sociétés *auca* avoisinantes par des liens de parenté, de *compadrazgo* et de complémentarité chamanique.

Cette dualité constitutive reflète la fonction médiatrice jouée par ces néo-tribus entre les groupes indigènes insoumis et la société dominante coloniale puis créole. Aux premiers, les *mansos* assurent un approvisonnement en biens manufacturés occidentaux auxquels ils ont un accès privilégié, ainsi que des modèles de comportement à l'egard des non-indigènes; comme nous le verrons par la suite, ils constituent aussi et surtout, du fait même de leur proximité au monde blanc, un formidable réservoir de pouvoir chamanique. Aux seconds, ils offrent docilement leur travail et les fruits de leur labeur, un moyen de gérer à distance leurs relations avec les populations *auca* et les ressources qu'elles contrôlaient, et, tout particulièrement au XIX° siècle, un puissant mécanisme d'expansion économique et territorial, par le biais du cycle résidentiel propre aux sociétés indigènes «domestiques»: la présence des commerçants métis qui parasitent les Indiens et s'implantent éventuellement dans leurs centres de peuplement oblige les indigènes, pour préserver leur face s*acha runa*, a créer des établissements forestiers isolés, lesquels finissent par se transformer en hameaux à mesure que d'autres parents viennent s'y installer, attirant du même coup les familles métis dont dépendent les membres du groupe de *purina*, et tout le cycle recommence. Ce type de mécanisme, corrélatif d'un régime d'expansion démographique qu'ignoraient jusqu'à récemment les sociétés «traditionnelles», est à l'origine de presque tous les établissment métis dans *l'Oriente* équatorien au nord du Pastaza.

Quant aux insoumis, réfugiés, depuis le XVII° jusqu'au milieu du XVIII° siècle puis de nouveau à partir de 1860-80, dans les zones d'interfluve difficiles d'accès, leurs contacts avec le front de colonisation et d'évangélisation resteront très longtemps filtrés par ces groupes médiateurs établis près des bourgades ou le long des principales voies de communication; ainsi, les Napu Runa vont traiter avec les Tukano occidentaux et plus tard les Huaorani, les Canelos avec les Zaparo-Gaes du Bobonaza-Curaray et avec les Achuar septentrionaucx, les Andoas avec les Candoshi et les Zaparo orientaux (Shimigaes et Zaparo proprement dits), les Lamistas et les Chayavitas avec les Aguaruna...etc. Ce processus de filtrage permet certes aux *auca* de rester territorialement et socio-politiquement autonomes, mais il assure également leur intégration à distance à l'economie et plus généralement au monde colonial et néo-colonial, dans la mesure où les *mansos* répércutaient sur eux, en échange des biens manufacturés qu'ils leur transmettaient, une partie du travail de collecte de produits selvatiques exigé par les métis. Bien avant d'êtres directement touchés par le front de colonisation, les insoumis fournissaient donc de la *pita*, de l'or, des gommes et des résines pour le marché colonial puis national. En outre, ces groupes «domestiques» constituaient pour les *auca* un front de transculturation permanent. Contrairement aux limites intra-ethniques, généralement très rigides, les frontières sociales entre sociétés «traditionnelles» et «*manso*» sont en effet très fluides, de sorte que des individus issus de cultures *auca* peuvent les franchir, temporairement ou durablement, avec une grande facilité, par le biais de relations de marriage, de *compadrazgo* et d'apprentissage chamanique, les trois choses allant souvent de pair. De fait, s'il est vrai que les Quichua de forêt ont adopté très tôt un régime démographique de croissance continue, il est également vrai que leur expansion s'alimente d'un afflux discret mais régulier d'*auca* transculturés.

Le primitivisme attribué tant par les métis que par les ethnologues aux Indiens «sauvages» de *l'adentro* est donc très largement illusoire. Ces sociétés prétendûment traditionnelles ont à l'évidence vécu et produit une histoire chaude, pleine de bruit et de fureur, dont leur traditionnalité même est fortement tributaire. Dans cette perspective, il est tout aussi loisible de considérer les tribus «domestiques» d'origine coloniale comme une extension organique des cultures *auca*, grâce à laquelle elles ont pu pérénniser voire développer une certaine identité tribale, que comme une excroissance du monde colonial. En bref, les sociétés «traditionnelles» sont restées telles grâce à l'éthnogénèse de ces formations hybrides m*anso*, et leur «primitivisme» supposé est donc issu de la même histoire que celle qui a forgé les Canelos, les Andoas, les Lamistas et les autres. En même temps, ceux-ci n'ont pu se construire et croître qu'en s'appuyant sur les groupes forestiers insoumis et en se nourissant d'eux, puisque la persistance physique et identitaire des cultures «domestiques» dépend de la reproduction d'un hinterland tribal préservé d'une intégration directe à l'univers colonial et néo-colonial.

La configuration triadique typique de la Haute Amazonie septentironale, associant les métis, les *mansos* et les sauvages, n'a commencé à se modifier qu'au début du XX° siècle, à partir du moment ou les *auca* ont été progressivement absorbés par le système du *patronazgo* qui, dans la foulée du boom caoutchoutier, s'est diffusé dans la région; même après, les modèles de comportement linguistique et social enracinés dans le système colonial interethnique ont continué à façonner les relations entre *mansos* et *auca* jusqu'à ce que ces derniers se mettent à fonder leurs propres organisations politiques, à partir des années 1970-80. C'est justement à cette époque - et ce n'est pas un hasard- que les anthropologues ont commencé à s'intéresser enfin aux sociétés dites acculturées; songeons aux travaux pionniers de Whitten sur les Quichua Canelos (1976) et de Scazzochio sur les Lamistas (1979), aux recherches de Muratorio (1987), de Hudelson (1987) et de Mercier (1979) sur les Quichua du Napo, de Reeve sur les Canelos du Cararay (1985), enfin de Gow sur les Nativos de l'Urubamba (1991), sans parler du livre de Stocks sur les «invisibles» Cocamilla (1981) et de Fuentes sur les Chayavitas (1988). Ces études ont bien mis en évidence le caractère 'bifacial' de ces sociétés et la complexité qui en decoule; en réaction au préjugé selon lequel ces populations n'avaient de culture que résiduelle et désarticulée, elles ont également souligné la force de leur sentiment d'appartenance ethnique et la vigueur de leur ethnogénèse. Une telle approche a généralement conduit ces auteurs à les traiter comme des sociétés à part entière, essentiellement identiques aux groupes «traditionnels» qui faisaient l'objet d'une approche classiquement monographique. Parti pris parfaitement justifié, au demeurant, dans la mesure où les informateurs issus de ces cultures sont eux-mêmes prompts à mettre en valeur la spécificité de leurs rituels, de leurs structures familiales et de parenté, de leur mode de territorialité et de leur traditions orales pour justifier le caractère «tribal» de leur société. Cependant, l'homogénéité structurelle très marquée de ces cultures, pourtant éloignées les unes des autres et nées dans des contextes très différents, oblige à s'interroger sur les limites d'une telle perspective.

Il convient en effet se demander si ces groupes ne constituent pas, plutôt ou autant que des sociétés distinctes au sens courant en anthropologie, une culture transformationnelle generalisée avec des expression locales particulières. Nous avons déjà vu que leur mode de reproduction démographique, social et symbolique dépendait de leur articulation aux sociétés forestières indépendantes et, concrètement, d'un recrutement constant au sein des groupes *auca*. On peut aller plus loin, et montrer que l'élaboration d'une tradition culturelle spécifique à ces néo-tribus relève d'un processus de déculturation délibéré autant que de la construction d'un registre distinct dans l'ordre des pratiques et des représentations. On constate en effet que les éléments retenus comme marqueurs d'identité, et rendus psychologiquement saillants par contextualisation rituelle, sont le plus souvent tirés du monde blanc: fêtes liées au cycle liturgique chrétien, comme chez les les Canelos et les Quichua du Napo, fêtes patriotiques nationales comme chez les Nativos de l'Urubamba. Mais cet accent mis sur des aspects constitutifs du côté *alli runa* est corrélatif d'un processus parallèle de gommage de traits saillants des cultures *auca*, ou perçus comme caractéristiques des sociétés «sauvages», alors même que de nombreux traits de ces cultures-là sont récupérés sous une forme decontextualisée. Sommairement dit, la culture des groupes 'domestiques' est formée pour l'essentiel d'une culture «sauvage» délibérément 'banalisée', et de quelques éléments empruntés à la société dominante, fortement soulignés, eux, par un cadrage rituel plus ou moins élaboré.

C'est précisément pour cette raison que des individus provenant de sociétés *auca*s peuvent s'installer si facilement dans les groupes et la culture des *mansos*, sans être obligés d'acquérir pour autant un nouveau registre de savoir culturel. Il est vrai que le bilinguisme ou le multilinguisme est loin d'être universellement répandu en Haute Amazonie, dans la mesure où les personnes qui, par transculturation temporaire, apprenent à maîtriser une autre langue -par exemple le quichua- ne transmettent pas localement cette capacité à leurs enfants, qui sont donc obligés de l'apprendre en faisant eux mêmes l'expérience de la transculturation. Et pourtant, tant les capacités linguistiques comme les aptitudes sociales et techniques nécessaires pour fonctionner comme membre reconnu d'une société *manso* sont assimilées avec une rapidité et une aisance surprenantes. Il me paraît raisonnable d'en conclure qu'en dépit ou au-delà de leurs divergences empiriques les cultures *auca* et *manso* partagent un territoire commun, et que les différences entre elles naissent de manières distinctes de contextualiser et d'énoncer un savoir culturel opérant dans quelques domaines restreints d'intéraction, culturellement soulignés, plutôt que dans l'élaboration de deux registres de traditon entièrement autonomes; et il est vraisemblable que sur le plan cognitif, c'est le chamanisme qui sert de pont entre les deux modes d'expression culturelle, de même que c'est le chamanisme qui fournit à la fois le langage et l'armature principale des rapports sociaux entre *mansos* et *auca*. C'est dire que si les sociétés domestiques forment bien, à un certain niveau, des tribus et des cultures distinctes, elles constituent aussi et simultanément une culture généralisée de la transformation, un palier de transculturation et de métissage indigène au sein duquel les identités tribales, néo-tribales et métis circulent et se fondent l'une dans l'autre.

Il est pourtant un domaine où les cultures 'domestiques' paraissent avoir développé une tradition bien spécifique: celui de l'histoire, de la conceptualisation du passé. On y retrouve partout un schéma descriptif des états antérieurs de la société en fonction d'une périodisation par époques, généralement tripartite, très différent de celui qu'on peut observer dans les groupes «traditionnels». L'un des traits le plus frappants des cultures *auca* du haut Amazone septentrional est en effet leur occultation narrative du passé, et notamment de l'histoire des rapports avec le monde blanc. De fait, ces sociétés paraîssent entériner et même partager l'imputation d'ahistoricité que leur faisaient naguère encore les ethnologues, tant on a du mal à trouver dans ces groupes des énoncés ou des pratiques qui traduiraient une mémoire de l'histoire objective.

Prenons, à titre d'illustration, un exemple qui m'est familier, celui des Jivaro Achuar. On sait maintenant que les Jivaro actuels sont le produit d'une histoire longue, d'une remarquable continuité, fortement impliquée dans la trame du passé colonial et républicain de cette région, acteurs en définitive d'une histoire très mouvementée à l'échelle locale. Or de tout cela il n'est nulle part question dans la tradition orale «pré-moderne»: pas de mythes à caractère ou à contenu ostensiblement historique, si ce n'est celui, très répandu en Amazonie, du «mauvais choix», qui fait de la disparité entre Blancs et Indiens le fruit d'une maladresse accidentelle, mythe au demeurant peu connu et rarement raconté. Il n'existe même pas chez ces Indiens d'autres formes narratives, comme on en trouve ailleurs dans les basses terres, notamment chez les Arawak pré-andins, enchâssant des récits de guerres anciennes réelles. Bref, du passé, des agissements des aieux, et en particulier de cette histoire longue, intime et conflictuelle avec les Blancs, pas un traître mot; on ne parle dans cette société que de soi et de son propre passé, et l'histoire ne se conçoit, en définitive, que sous forme individuelle et strictement autobiographique.

Est-ce à dire qu'il n'y a aucune trace, aucune marque du passé dans cette culture? Bien sûr que si, mais sous des formes assez surprenantes. Ainsi, les restes archéologiques qui jonchent l'habitat jivaro ne sont jamais attribués à des ancêtres, mais plutôt à des êtres mythiques, des géants cannibales sans rapport avec l'humanité présente; les tribus jivaro disparues, qu'on connait par les archives, n'apparaissent qu'en de brèves et rarissimes epiphanies, sous les espèces de guerriers splendidement vétus, marchant à l'envers et parlant en sifflant, qui s'évanouissent au moindre soupçon de présence humaine; quant aux Blancs, ils figurent métonymiquement, par quelques éléments d'accoutrement ou de comportement, au bestiaire des chimères de brousse que personne ne prend très au sérieux. Deux aspects sont à retenir de ces faits sommairement évoqués: l'altérité extrême des membres du soi dès lors qu'ils relèvent du passé, et l'impossibilité de tenir un discours sur les actes de ces «ancêtres», d'en faire, plus précisément, les protagonistes d'un genre narratif.

La raison de l'un comme de l'autre est à chercher dans la nature des relations posées entre les vivants et les morts, et dans les notions, associées à ce système de rapports, sur la collectivité dont relève la personne, en l'occurence l'individu jivaro.

Les Jivaro se pensent sous les espèces d'un stock de silhouettes corporelles ou d'apparences singularisées, et plus particulièrement de visages. Ce stock d'apparences spécifiques est en outre fini et clos; il n'y a pas de création possible de nouvelles potentialités d'existence humaine, et toute naissance suppose donc une mort préalable. Il faut en plus que l'apparence, l'identité visuelle singulière du mort antérieur, soit dissociée de la personne à laquelle elle a été attachée, et plus exactement de la trajectoire de vie qu'a connu cet individu, pour que son identité puisse être recyclée. Cette conception recouvre une distinction implicite entre l'apparence physique, qui est générique tout en étant singulière, et la destinée, qui est strictement individuelle bien qu'elle soit en fait la même pour tous, en fonction du sexe. Le divorce entre la personne-envelope et la personne individualisée par son cours de vie s'effectue par le travail de l'oubli, en quoi consiste précisément le deuil jivaro; ainsi, le mort est d'abord coupé de ses rapports sociaux, par le biais de chants rituels qu'on lui adresse, puis verbalement dévisualisé, et sommé enfin de se transformer en une entité immatérielle, un esprit nommé *arutam*, transformation qui est la culmination de l'entreprise d'oubli volontaire du défunt et la condition du recyclement de son nom et de son apparence. A partir de ce moment-là, il ne reste du mort qu'un vague souvenir, très vite estompé, et on n'en parle guère, sauf de manière incidente dans le contexte particulier de l'autobiographie. L'oblitération du nom et de l'identité visuelle entraine l'oubli de la destinée du défunt, même si elle a été éclatante, pour la raison qu'elle se trouve dissociée de la personne qui l'a vécue: on ne peut en effet narrer et transmettre une biographie abstraite et anonyme sans se représenter l'individu -ou un individu- qui l'a incarné, et c'est justement cette évocation d'une image mentale que le traitement des morts rend impossible (Taylor 1994).

Ces morts oubliés sont pourtant, sous forme d'*arutam*, les partenaires des vivants dans un rituel essentiel à l'accomplissement d'une vie digne de ce nom, rituel qui consiste en la quête solitaire, sous hallucinogène, d'une rencontre avec un mort particulier. C'est de cette rencontre mystique que vient la possibilité d'une destinée, en l'occurence d'une destinée de guerrier, puisque c'est la vision de l'*arutam* qui donne à l'individu la maîtrise de la parole et la capacité à vivre une vie exemplaire. Le mort oublié concède en somme au vivant une biographie virtuelle et les moyens de la raconter, les deux choses allant de pair; et c'est dans le cadre des récits autobiographiques qu'on parlera éventuellement des morts (en les désignant nommément, mais avec l'adjonction d'une particule équivalente à notre expression «feu»), mais seulement dans la mesure où ils participent aux actions dont le narrateur est le sujet. Il est important de noter par ailleurs que l'*arutam* ne confère aucunement une postérité, une existence posthume dans la mémoire des gens; du héros que la rencontre d'un *arutam* permet à un homme de devenir, il ne restera rien après sa mort, si ce n'est une exemplarité privée de son support biographique, de son apparence singulière et de son nom, en bref quelque chose de mémorable mais dont il est impossible de se souvenir.

Cette manière de concevoir le rapport entre les morts et les vivants a des aspects corollaires ou des implications que je voudrais brièvement souligner. Tout d'abord, la condition de l'histoire jivaro, c'est-à-dire de l'autobiographie, est l'oubli; le passé, les morts doivent être éffacés de la mémoire pour que les vivants puissent faire de l'histoire et la dire. La société ne peut donc se penser, littéralement, qu'au présent. Et d'ailleurs, quelle société? La collectivité à laquelle on appartient est en effet conçue comme un simple aggrégat de singularités, globalement particularisé, au regard d'autres sortes d'humains ou de populations, par un stock propre d'apparences et par une communauté de comportements sociaux; elle n'est perçue ni comme un organisme, ni comme un système composé de segments sociaux nommés ou représentés, mais bien comme une espèce, notion compètement étrangère à l'idée de sujet collectif historique. Or, si la société, en tant qu'espèce, ne peut se penser qu'au présent, le seul passé représentable étant soit celui du mythe -qui est en fait une représentation de l'altérité et nullement de l'antériorité chronologique- soit celui de l'autobiographie, à l'échelle de l'indivu, il s'ensuit aussi que ce que nous appelons «histoire» ne peut se décliner qu'au présent. L'histoire objective est en quelque sorte téléscopée, en permanence réactualisée, autrement dit toujours et nécessairement contemporaine

Cela ne veut pas dire pour autant qu'elle se résume à l'état actuel des rapports avec les monde Blanc: en fait, le passé est présent dans toute son épaisseur tout en étant sans cesse contemporanéisée. Car il existe bel et bien dans la culture jivaro un type de discours qui ménage une large place aux Blancs et à l'histoire des rapports avec eux, et même une place exorbitante. Ce discours est celui des chants de guérison chamanique. Dans ce régistre-là, les étrangers en général et les Blancs pullulent, ainsi que leurs objets et leurs icônes, sous une forme qu'il faut rapidement évoquer. Typiquement, le chamane se décrit, dans ses chants, comme installé au coeur de lieux archétypalement blancs (des villes, des garnisons militaires, des tours de contrôle d'aviation, voire des cabinets de toilette...), vétus d'éléments de costume blancs (des bottes, une épée, un casque...), parlant leurs langues et manipulant les objets les plus significatifs de leurs univers: des moteurs, des avions, des armes... Dans le cadre de cet étrange bazar onirique, mélant des images d'époques, de races, de statuts différents, le chamane fait davantage que parler du monde extérieur et des Blancs en particulier; il s'identifie à eux, plus exactement il proclame et décrit cette identification.

Cependant, le chamane est avant tout un thérapeute; et ce discours sur les Blancs et sur l'identification à ces étrangers intervient donc toujours dans le contexte d'un rituel de guérison addréssé à un malade, habituellement passif et muet. Or les notions indiennes de la maladie sont comme on sait très différentes des nôtres. La maladie, pour les Achuar, est la souffrance en tant que telle, et non pas ce qui la cause; c'est bien l'expérience du symptôme qui est la maladie, au lieu d'être l'épiphénomène d'un processus plus fondamental. Par ailleurs, cette souffance est invariablement liée à une perturbation du tissu qui lie l'individu à son environnement socialisé, perturbation qui est vécue comme une altération de la conscience de soi génératrice de mal-être. C'est dire que la maladie est conçue essentiellement sous les espèces d'une expérience de la tranformation involontaire, et c'est cette métamorphose subie par le patient qui suscite en réponse l'élaboration, à des fins thérapeutiques, d'une transformation correspondante, celle du chamane en étranger et plus particulièrement en Blanc, métamorphose positive qui s'inscrit dans le cadre du seul discours jivaro explicite sur le monde non-indigène et sur l'histoire. Pourquoi? Pour une raison simple, mais dont les implications sont multiples: c'est que l'histoire du contact -et depuis le contact- est elle-même vécue et représentée comme une interminable et douloureuse transformation, et pas du tout comme une série d'évènements. Elle est, autrement dit, le processus du changement en lui-même, et non pas la série de faits qui le causent et qu'il entraîne. En définitive, si la maladie est la figure privilégiée de l'histoire dans cette culture, c'est à la fois par ce qu'elle est elle-même ressentie et conceptualisée comme l'état processuel douloureux par excellence, et parce qu'elle met en jeu une intériorisation des altérations qualitatives des rapports sociaux. Paradoxalement, les Jivaro prennent donc l'histoire beaucoup plus au sérieux que nous, puisqu'ils ne retiennent d'elle que l'essentiel, à savoir la transformation des choses (manifestement négative, de surcroît, en ce qui les concerne), et dédaignent l'écume des évènements.

Cette vision shamanique de l'histoire, focalisée sur le changement en tant que tel et indifférente au déroulement chronologique des faits qu'il suscite, n'est évidemment pas propre aux seuls Jivaro, et elle est certainement partagée par les sociétés dites acculturées. Mais la vision processuelle de l'histoire coexiste dans ces cultures-là avec une conception et un discours qu'on chercherait en vain chez les *«auca»*, et en apparence beaucoup plus proche de l'historiographie -plus exactement de l'historiologie- à la mode occidentale. On retrouve en effet chez les *manso* une perspective apparemment linéaire ou continuiste sur leur passé, une sorte de mythe historique ou plutôt un schéma méta-mythique qui découpe leur histoire -un peu à la manière andine- en une succession de temps ou d'ères discontinues. Ainsi, toutes ces cultures élaborent une distinction entre «Temps des Anciens» ou «Temps de la Sauvagerie», «Temps de l'Esclavage» (par exemple chez les *Nativos* etudiés par P. Gow) ou «Temps des Grands-Parents» (chez les Canelos) et enfin «Temps d'Aujourd'hui» ou «Temps de la Civilisation». Ces époques correspondent effectivement à des phases d'une histoire definie en termes de formes d'articulation à l'environnement sociale; les *Nativos* de l'Urubamba, par exemple, appartenaient jusqu' à la fin du XIX° siècle -c'est-à-dire aux «Temps de la Sauvagerie»- à l'un des groupes tribaux du vaste ensemble arawak pré-andin, celui des Piro, avant d'être asservis et désarticulés par les milices des barons du caoutchouc. Ceux qui survécurent furent ensuite regroupés dans des communautés attachées à des *haciendas* selvatiques, où ils travaillaient, aux «Temps de l'esclavage», comme *peones* pour le compte de patrons. En 1968 -avènement du «Temps de la civilisation»- les indigènes obtinrent enfin une certaine reconnaissance de leurs droits territoriaux villageois dans le cadre de la nouvelle loi des *comunidades nativas*. De la même façon, le «Temps des Anciens» tel que le decrivent les Quichua Canelos correspond assez bien à la période de formation de l'ethnie, au moment où cohabitaient, dans l'espace concédée à la mission dominicaine, des groupuscules d'individus zaparo-gae, jivaro, quijos et quichua serrano fuyant les réductions jésuites ou les exactions des *encomenderos*. Le «Temps des Grands-Parents» renvoie, comme chez les Nativos, à une periode d'asservissement sous le contrôle des missionnaires jésuites ou des commerçants qui détenaient le pouvoir dans les bourgades de l'*Oriente*; enfin, les «Temps d'Aujourd'hui» correspondent au passé récent de l'émancipation politique.

On a donc bien ici, à première vue, l'expression d'une vision historique linéaire et causale qui réfléchirait, sous une forme certes schématisée, l'évolution réelle de ces sociétés sur une profondeur d'environ deux siècles. Cela dit, si l'on analyse la thématique des discours indigènes sur cette succession de périodes, il apparaît rapidement que ces énoncés sont loin d'être véritablement historiques, au sens où nous l'entendrions; en réalité, ils décrivent et mettent en scène des états distincts de sociabilité, des formes statiques d'altérité sociale imaginée, exactement comme le font les mythes, bien plus qu'ils n'élaborent un discours narratif sur l'enchaînement des états antérieurs d'une société. Ainsi, le «Temps des Anciens» est, plus que le récit d'un temps passé réel ou d'un objet de mémoire, la figure d'une socialité «sauvage», une description stéréotypée de l'existence des *auca*: des gens esclaves de l'environnement forestier, socialement isolés, qui parlent tous une langue identique et se font sans cesse la guerre. De même, le «Temps de l'esclavage» synthétise une autre forme d'asocialité, celle projetée à l'horizon du monde blanc; le «*vivir a puro máquina*», selon l'expression des *Nativos*, l'absorbtion sans recours dans un univers de prédation socio-économique entièrement dominé par les machines. Cependant, ce Temps de l'asservissement est aussi vu positivement comme un temps d'apprentissage nécessaire, sous la houlette des patrons (qui, notons-le au passage, partagent cette vision de leur destinée historique) de la mixité à la fois économique, sociale et culturelle propre à l'état de civilisation. Celui-ci est en effet conçu comme un ensemble réglé de processus de transformation: transformation, par un certain type de travail, de ressources forestières «sauvages» en biens de consommation; transformation, dans le cadre d'une certaine structure de parenté et par le biais des rapports affectifs qui se tissent dans l'intéraction familiale, de «races» étrangères et distinctes -c'est-à-dire de tribus *auca*- en *Nativos* dûment métissés; enfin, transformation, par un certain type de rapport entre savoir chamanique et savoir scolaire, de l'«ignorance» sauvage mono-culturelle en connaissance des rapports interéthniques et donc de l'histoire. Le «Temps de la civilisation» constitue ainsi un certain état social et culturel, une forme de vie librement assumée et débarassée de la tutelle des patrons, devenue inutile car le savoir des processus sous-jacents à la mixité légitime est désormais intériorisé, reproduit et et transmis par ses propres agents.

On remarquera par ailleurs que ce schéma évolutif en trois étapes ne ménage aucune place à une explication des causes et des mécanismes du passage d'un Temps à l'autre, pas plus qu'on n'y retrouve en vérité l'idée d'une continuité nécessaire entre les états passés, présents ou futurs d'une société. Les différentes ères évoquées dans le schéma tripartite définissent des sociétés distinctes, et seul le dernier -précisément celui de la contemporanéité- est présenté comme un temps historique propre aux cultures des *mansos* et à elles seules. Ainsi, ces sociétés ne se conçoivent pas comme des entités transhistoriques, mais plutôt comme la synthèse d'une série de métamorphoses sociologiques; par ailleurs, l'état de civilisation -qui définit aux yeux des *Nativos* ou des *mansos* le propre de leur culture- est en réalité le processus même du changement, et il est donc toujours, par la force des choses, au présent. On comprend dès lors pourquoi, chez les *Nativos*, l'image rectrice d'une tradition saturée d'histoire, fabriquée par et avec elle, est tout simplement la consommation de repas définis comme *comida legítima*. Cet acte banal, nullement ritualisé si ce n'est dans la tête des gens, synthétise en effet l'ensemble des processus à la base de la civilisation: partager, dans le cadre d'une cellule familiale fondée sur la «mixité» raciale harmonieuse, la consommation de «nourriture convenable», c'est se situer à mi-chemin des Sauvages, qui vivent sans médiation de cueillette et d'une chasse indiscriminée, et des Blancs, qui vivent de conserves dans la médiation hyperbolique. Manger des tubercules produits par les femmes avec des outils achetés aux Blancs, et de la viande chassée par les hommes au moyen d'armes acquises grâce au travail, c'est aussi bien digérer, assurer la transformation et la reproduction réglée qui caractérise la civilisation, faire en définitive de l'histoire sans histoires, sans évènements susceptibles de rompre le cours du temps de la métamorphose.

La conceptualisation «acculturée» de l'histoire réfléchit donc parfaitement, tout en la décrivant, la dualité constitutive des sociétés *manso*. Ses manifestations discursives fonctionnent à la fois comme une tradition locale, fondatrice d'une identité «tribale» spécifique, et comme une description généralisée, commune à tous ces groupes, des processus d'hybridation qui leur ont donné naissance; ainsi, elles construisent simultanément des identités ethniques particulières -on est Canelos, Nativo, Napo Runa...etc.- et une culture globale, en tout cas régional, de transculturation. Elles reproduisent par ailleurs le caractère bifacial de ces sociétés en offrant une lecture duelle de l'histoire, puisqu'elles superposent un registre ostensible, apparemment occidentalisé, évolutif, linéaire et périodisé, et un registre plus discret, ou plus secret, focalisé sur la processualité actualisée, sur la métamorphose en tant que tel, registre proche de celui commun aux sociétés «traditionnelles». Elles sont aussi marquées au sceau de la dualité en ce qu'elles servent à métaphoriser tant une trajectoire collective -celle des groupes qui ont adopté une identité «domestique»- qu'une trajectoire individuelle, celle d'une personne qui aurait choisi de s'extraire d'une culture *auca* et de s'agréger à l'un des groupes *manso* voisins. Cette version ontogénétique évoque un parcours en trois temps, le premier -le Temps de la Sauvagerie- figurant la situation personnelle initiale, le second -le Temps de l'apprentissage forcé- la phase de résidence sous le contrôle soit d'un chamane soit d'un beau-père, ou les deux ensemble, puisque c'est presque toujours dans le cadre de ces rapports-là que s'effectue l'intégration d'un *auca*, le dernier «Temps de la civilisation» celui enfin d'une maîtrise à la fois sociale et intellectuelle des processus sous-jacents au mode de vie propre à la culture «domestique».

Le contraste empirique entre les formes d'historicité caractéristiques des sociétés dites «traditionnelles» et «acculturées» nous renvoie ainsi à cette relation de complémentarité, forgée par l'histoire, entre deux catégories ou états de société, unitaires sous un aspect, opposés sous un autre. Ces façons mutuellement intelligibles de se représenter le temps social ont déterminé l'histoire de la Haute Amazonie pendant plusieurs siècles tout autant qu'elles en sont le produit. A ce titre, elles constituent bien évidemment un objet d'étude incontournable pour les historiens, et pas seulement pour les anthropologues.

Bibliographie citè

FUENTES, A.
1988   *Porqué las piedras no mueren. Historia, sociedad y ritos de los Chayalmita del Alto Amazonas.* Lima CAAAP.
GOW, P.
1991   *Of Mixed Bood: Kinship and History in the Amazon.* Oxford, Clarendon Press.
HUDELSON, J.
1987   "The lowland Quichua as «tribe» in J. Ebrenreich (ed). *Political Anthropology of Ecuador: Perspectives from indigenous cultures.* Albany SLAA/CCLA. State University of New York: 59-79.
MERCIER, P.
1979   *Nosotros los Napo Runas. Mitos e Historia.* Iquitos, CETA.
MURATORIO, B.
1987   *Rucayaya Alonso y la historia social y económica del Alto Napa 1850-1950.* Quito, Abya-Yala.
REEVE, M.E.
1985   *Idemity as Process: the Meaning of Runappura for Quichua Speakers of the Curaray River,* Ann Arbor, Mich. University Microfils.
SCAZZOCHIO, F.
1979   *Ethmicity and bounday Maintenance among the Peruvian Forest Quichua.* Ph D. diss., Cambridge University.
STOCKS, A.
1981   *Los Nativos Invisibles. Notas sobre la historia y realidad actual de los Cocamilla del Río Huallaga.* Lima CAAAP.
WHITEEN, N. Jr.
1976   *Sacha Runa. Ethnicity and Adaptyation of the Ecuadorian Jungle Quichua.* Urbana, Illinois University Press.

LAS RELACIONES HISPANO-PORTUGUESAS EN EL NORTE DE MATO GROSSO, SIGLOS XVIII-XIX

Chiara Vangelista
Università degli Studi di Torino

En el año de 1718, Antonio Pires de Campo, *bandeirante* paulista, empezó en Cuiabá la explotación de los yacimientos aluvionales de oro de aquella región, abriendo así una nueva frontera del Brasil colonial. Con la actividad extractora y la consecuente inmigración desde Sao Paulo hacia los territorios orientales, se dio inicio a una nueva fase de poblamiento de los dominios portugueses que condujo pocos años después, en 1748, a la institución de la capitanía de Mato Grosso[1].

A partir de 1752 el primer gobernador de Mato Grosso, Antonio Rollim de Moura, puso las bases de la estructura administrativa de la capitanía y dio comienzo a la ordenación territorial de la frontera oriental no sólo formando núcleos de poblamiento a lo largo de los límites trazados por el tratado de Madrid de 1750, sino también fundando en los mismos límites y en el norte de Mato Grosso los dos más importantes centros de poder y de representación de la corona portuguesa: la capital de la capitanía, Villa Bella da Santissima Trinidade de Mato Grosso (1752) y, más hacia el norte, en las orillas del Río Guaporé, el fuerte de Nossa Senhora da Conceiçao (1760).

Una de las primeras consecuencias de este acto -que fue interpretado como un verdadero desafío a la territorialidad española- fue el inicio de las relaciones políticas, económicas y étnicas entre los portugueses, los esclavos y los indios de Mato Grosso y los asentamientos hispánicos, formados basicamente por las reducciones jesuíticas de Moxos y Chiquitos, fundadas desde el final del siglo XVII.

---

1. Señalo aquí las dos obras fundamentales de Affonso d'Escragnolles Taunya..*História das bandeiras paulistas*. Sao Paulo, Ediçoes Melhoramentos, 1975, 3 ts., y de Virgílio Corrêa..*História de Mato Grosso*. Rio de Janeiro, Instituto Nacional do Livro, 1969.

Este ensayo analiza algunos aspectos de estas relaciones, desde los años sesenta del siglo XVIII -época de la expulsión de los Jesuitas- hasta los primeros años del siglo XIX, caracterizados, en el lado hispánico, por las luchas por la independencia. A partir de la documentación encontrada en Archivo Nacional de Bolivia, Archivo General de Indias, Arquivo Histórico Ultramarino, Arquivo Nacional do Rio de Janeiro, se analizarán las diferentes estrategias territoriales, las relaciones commerciales a lo largo de la frontera, y los movimientos de población causados por la delimitación de los confines políticos[2].

1. La expansión portuguesa y la consolidación de la frontera

La fundación de Villa Bella en 1752 y la construcción del fuerte de Nossa Senhora da Conceiçao, en 1760, fueron los primeros actos con que el gobernador empezó en Mato Grosso la política portuguesa de frontera del siglo XVIII[3].

La capital de Mato Grosso, en una posición tan extraña respecto al territorio de la capitanía, y el fuerte a las orillas del Guaporé formaban parte del proyecto de fijar los controvertidos límites del Imperio, afirmando la posesión del territorio explorado y ocupado por los *bandeirantes*, bloqueando la improbable entrada española en Mato Grosso, y abriendo al mismo tiempo, para Portugal, vías de penetración en los territorios de las misiones de Moxos y de Chiquitos.

Esta última finalidad de la política portuguesa obedecía a dos intereses, profundamente relacionados entre sí, la expansión territorial del Imperio y la atracción de los indios de las reducciones, tanto para la explotación del oro, como para el poblamiento de la faja de frontera.

El poblamiento del Mato Grosso en el s.XVIII se produjo por el desarrollo de dos fuerzas en parte contrapuestas; la primera de dispersión en el territorio, para la búsqueda de yacimientos -oro y diamantes- y para evitar las obligaciones y las reglas de las ciudades. La segunda, impulsada por la Corona, de concentración en la faja de frontera para prevenir, en base al principio del *uti possidetis*, las reividicaciones territoriales de Castilla.

Ciudades, fuertes y destacamentos militares fueron las formas oficiales del poblamiento de la frontera, y desde ellos partían los pequeños grupos de moradores que en los ranchos situados en las orillas de ríos y riachuelos se dedicaban

---

2. Un financiamento MURST 60% sobre *Frontera y sociedad en Brasil* contribuyó en parte al desarrollo de la investigación en el Archivo General de Indias y en. el Archivo Nacional de Bolivia. La investigación en el Arquivo Histórico Ultramarino y en el Arquivo Nacional do Rio de Janeiro fue financiada por un proyecto MURST 40% sobre *Formas históricas del Estado liberal en América Latina*. Agradezco a Clara Lopez Beltrán por todo el apoyo que me dio en mi permanencia en Bolivia. En el texto serán utilizadas las abreviaciones siguientes: AGI (Archivo General de Indias); AHU (Arquivo Histórico Ultramarino); ANB (Archivo Nacional de Bolivia); ANRJ (Arquivo Nacional do Rio de Janeiro); CDA (Jaime Cortesao..*Manuscritos da coleçao De Angelis*. Rio de Janeiro, Biblioteca Nacional, 1952).

3. Sobre las fundaciones de Villa Bella y de Nossa Senhora da Conceiçao: AHU. Mato Grosso, caixa 6 doc. 10: *Lista das cartas ao serviço de Sua Magestade, remetidas para o Conselho Ultramarino pelo Governador e Capitao General do Mato Grosso em dezoito de junho de 1752 sobre o estabelecimento da Nova Vila*; *Ibíd*, doc. 18; AHU. Cartografia, Mato Grosso, docs. 852 y 856; AGI, Charcas 433: *Testimonio de las diligencias posteriormente actuadas sobre el destacamento de los Portugueses del Pueblo de Santa Rosa, en las Misiones de Mojos, año de 1762*.

a la caza, pesca y la extracción de metales, extendiendo paulatinamente la ocupación portuguesa. Los sucesores de Antonio Rolim de Moura continuaron hacia el sur la obra del primer gobernador, con la fundación del fuerte de Coimbra, de Villa María, y del presidio de Miranda. Al mismo tiempo, fue reconstruido en un nuevo lugar el fuerte de Nossa Senhora da Conceiçao, con la denominación de Príncipe da Beira[4].

La fundación de Villa María es un caso que explica con claridad las características de la política portuguesa de poblamiento de la frontera. La huída de unos sesenta indios de la misión de San Juan de Chiquitos ofreció al gobernador Luiz d'Albuquerque de Mello e Cáceres la oportunidad de fundar en 1778 Villa María do Paraguay, en la orilla izquierda del mismo río, frente a las misiones de Chiquitos, con la finalidad de confirmar la ocupación del territorio y de estimular el comercio, interno y de contrabando, con Cuiabá. La población de la villa fue formada con 78 indios procedentes de Chiquitos, más ochenta indios y moradores de la región[5]. En la crónica escasez de población luso-brasileña -acentuada por la dificultad de reducir a la población indígena local- la inmigración de los indios de Chiquitos fue aprovechada rápidamente (tres meses después) para la fundación de una villa que, gracias a las características de sus habitantes, habría sido naturalmente orientada al intercambio, por supuesto ilegal, con las provincias hispánicas.

El peligro de una ruptura de los equilibrios de frontera y de la consecuente invasión territorial está presente tanto en los documentos españoles como en los de Portugal. Para hacer una comparación voy a citar dos párrafos, sobre el tema, de Félix de Azara (1790) y de Ricardo Franco de Almeida Serra (1797):

«[Las] graves usurpaciones con que se ha alzado, ponen a los portugueses en proporción de internarse en el Perú, por un paraje donde no tiene el rey vasallos fuertes que puedan contener sus atentados, cuyas resultas precisamente han de ser fatales»[6]

---

4. Augusto Fausto De Souza..*Fortificaçoes no Brasil, época da respectiva fundaçao....* Rio de Janeiro, Typographia Universal de Laemmert, 1885; Antônio Leoncio Pereira Ferraz..*Memória sobre as fortificaçoes de Matto Grosso.* Rio de Janeiro, ed. por la *Revista do Instituto Histórico e Geográphico Brasileiro,* Imprenta Nacional, 1930. Sobre la construcción y el papel político-estratégico del fuerte Príncipe da Beira, ver Denise Maldi Meireles..*Guardiaes da fronteira. Rio Guaporé, século XVIII.* Petrópolis, Vozes, 1989, pp. 171-179.

5. AHU. Mato Grosso, caixa 28 doc. n. 37: *Termo da fundaçao do novo Estabelecimento a que mandou proceder o Ill.mo J. Luiz d'Albuquerque de Mello Pereira e Cáceres, Governador e Capitao General desta Capitania de Mato Grosso,* 6 oct. de 1778; Ibíd, caixa 18 doc. n. 37: *Carta de Luiz d' Albuquerque... a Martinho de Mello e Castro,* Villa Bella, 20 nov. de 1778. Ver también: Uacury Ribeiro de Assis Bastos..*Os jesuitas e seus successores (Moxos e Chiquitos, 1767-1830),* Coleçao da Revista de História. Sao Paulo 1974, pp.44. Una pequeña migración entre Chiquitos y Villa María habría continuado en los años siguientes, sobretodo como consecuencia de los motines en las misiones. A este propósito escribía Félix De Azara: «Quizás el motín o alboroto, que se dice acaba de suceder en Chiquitos, no ha tenido otro origen que la sugestión o apoyo de Albuquerque, donde se han refugiado últimamente con buen acogimiento algunos nuestros chiquitos, que serán probablemente los delincuentes principales» (*Correspondencia oficial e inédita sobre la demarcación de límites entre el Paraguay y el Brasil,* por Félix de Azara (13 oct. de 1790), CDA, vol. V, pp.355-445, pp.379-380.

6. *Correspondencia oficial e inédita...,* pp.379. Ver también Nicolas De Arredondo..*Informe del Virrey D.— a su sucesor D. Pedro Melo de Portugal y Villena sobre el estado de la cuestión de límites entre las cortes de España y Portugal, en 1795.* CDA, vol. V, pp.297-353; pp.341-345.

«Seos Portugueses nao Povoassem estas Minas, estariao os Espanhoes há muito annos em Mato Grosso, e no alto Rio e vedado Paraguay ehiriao gradualm.te estendendo as suas possessoes até Goyaz, e Minas Gerais»[7].

En verdad, las preocupaciones de los portugueses eran generadas más por la situación geopolítica que por una actitud real de los españoles de Charcas y de Asunción. Es suficiente examinar un mapa físico de la región para ver cómo las vías fluviales hacia las minas de Cuiabá beneficiaban a Asunción, en detrimento de San Pablo. Por otro lado, los portugueses de Mato Grosso se limitaron a pequeñas «erosiones» de los dominios de Castilla, relativamente poco más allá de los confines establecidos por los tratados de Madrid y de San Idelfonso[8]. En otras palabras, la faja de frontera entre los dos imperios se quedaba, en el siglo XVIII, en la misma situación territorial, aun si la línea de confín se desplazaba respecto a las indicaciones de los tratados, y casi siempre en favor de Mato Grosso.

Los territorios españoles que más podían ser amenazados por la expansión territorial potuguesa eran los de las misiones de Moxos, entre los Rios Mamoré, Guaporé (o Itenes) y Beni[9].

2. Moxos y Chiquitos

A ambos lados de la frontera estaban, frente por frente, dos diferentes estrategias de ocupación territorial. En Mato Grosso, se hallaba la ciudad capital, a 14 días de camino de las reducciones, el fuerte Príncipe da Beira y los moradores esparcidos, dedicado a la extracción de metales y a la caza de indios[10]. En Charcas se habían afirmado la misiones, en las cuales los Jesuitas habían recogido a los indios Moxo en varias reducciones ligadas entre sí[11].

Los Jesuitas en Moxos y en Chiquitos no sólo reunieron un gran número de indígenas, sino también desarrollaron un importante papel de ocupación, y en

---

7. ANRJ. Códice 807 vol. 17º: Ricardo Franco De Almeida Serra..*Descripçao da capitania de Mato Grosso, com a assinatura de ...*, fls. 2 aq 113, s.d. (1797). Este tema se presentará con mayor insistencia desde el período de la Independencia hasta la guerra del Paraguay.

8. La gran expansión territorial portuguesa se había desarrollado en el siglo anterior. Ver Basílio De Magalhaes.. *Expansao geográfica do Brasil até fins do século XVIII*. Rio de Janeiro, Imprensa Nacional, 1915; F. Mateos S.J..«El tratado de límites entre España y Portugal de 1750 y las misiones del Paraguay». *Miscellanea Americanista*. Madrid, C.S.I.C., 1952, t.3º, pp.531-573.

9. Para una detallada descripción de la región de Moxos, ver Francisco J.Eder,S.J..*Breve descripción de las reducciones de Mojos, circa 1772* (ed. por Josep M. Barnadas). Historia Boliviana, Cochabamba, 1985.

10. Sobre la estrategia de ocupación de la frontera del norte de Mato Grosso, ver AHU. códice 1213 doc. XVIII: *Carta do Gov. e Cap. General do Estado do Grao Pará Francisco Xavier de Mendonça Furtado escripta ao Secretario de Estado Diogo de Mendonça Corte real em 20 de janeiro de 1752* (fls. 224-233): «se estabelecerem nas partes que se julgarem mais convenientes algumas Povoaçoes fazendo na Principal huma fortaleza capaz de fazer respeito, e nao será necessario, que seja muito grande para nequelles districtos surtir este importante effeito». En la década de los setenta, los Castellanos proponen una idéntica estrategia de ocupación para contrarrestar la penetración portuguesa. AGI. Charcas 511: *Certificación de consulta hecha à S.M.... 4 de noviembre de 1771*; ANB. MyCh, vol. 4 (1773-1777). XIV: *Presidencia. Año de 1776*, 31 mar. de 1776.

11. Noticias etnográficas sobre los indios Moxo y sus parcialidades en Alfred Métraux..*The native Tribes of Eastern Bolivia and Western Matto Grosso*. Washington, Smithsonian Institution, 1942, pp.53-79.

412

consecuencia de defensa, del territorio de aquella parte de la provincia contra el movimiento de expansión portugués. A este propósito, el obispo Herboso señalaba en 1771:

> «La Conservación de estas Misiones en todos tiempos se ha juzgado Necesaria, asi por mantener la Christianidad de tantos Yndios, como el territorio que pertence a nuestro soberano, y en el Dia se aumentan los motivos con la Vezindad de la Nación Portugueza e cituada á los Margenes del Rio Ytenes, sin que los divida de los Payzes que poseen actualmente los Pueblos de la prov.a otra cosa q.e sus aguas, donde forman una Estacada que ya es Fortaleza formada cuidadosamente, y que amenaza, asi las reducciones como esta ciudad»[12].

Las fuentes portuguesas y matogrossenses muestran siempre un gran interés en relación a las misiones de Moxos y a sus indios. De Moxos se hacía notar la numerosa población, la buena organización de trabajo, las capacidades artesanales de los indios. He aquí dos descripciones de las misiones, una de 1750 (P. Joao Daniel), otra (Ricardo Franco de Almeida Serra) de 1797 -casi 30 años después de la expulsión de los Jesuitas-:

> «Sao muito populosas estas missoes castelhanas, por nao terem as pensoes portugueses na repartiçao dos índios aos brancos, e ausencias de suas casas. Vivem pois muito descansados, com muita paz, e sossego, sem os inconvenientes, distúrbios, e diminuiçao dos índios do domínio lusitano; e por isso descem sem dificultades muitos outros do gentilismo, porque nao tem a remora de haver ir servir aos brancos. Como estao senhores de si, nas suas povoaçoes aprendem vários ofícios, e fabricam finíssimas, e preciosas telas de algodão, contas de coquilho lavradas, e torneadas com muita indústria, mestria e fineza; e muitas outras manobras de igual primor, e estimaçao, que em certo tempo do ano costumam levar, e feirar à cidade de Santa Cruz de la Sierra, onde tem muitos compradores»[13].

> «A Provincia de Moxos he abundante em mantimentos, Caça e Peixe, tem muito Gado, vacuum e cavallar: os Indios que habitao sao pálidos, valentes eindustriozos, bons officiaes de Fundidores, escultores, Organistas eoutras obras. As mulheres fazem os mais perfeitos tecidos de Algodao; nella tambem se fabrica muito Assucar, eagoa ardente»[14].

Cuando Padre Joao Daniel redactó su descripción de Moxos, se había concluido el proceso de ocupación de la región por los Jesuitas, empezado en 1682, que puede ser dividido en tres etapas. En la primera etapa, desde 1682 hasta 1700, se desarolló el eje Mamoré-Las Pampas, con la fundación de diez reducciones; en la segunda (1700-1720), los Jesuitas se expandieron en Las Pampas y empezaron la penetración en los Baures, con la fundación de otras diez reducciones. Finalmente, en la tercera etapa (1720-1750), se fortaleció la presencia misionera en los Baures, con la fundación de otras seis reducciones[15].

---

12. ANB. MyCh, vol. 23 (1767-1774). XXIX: *El Obispo Herboso al presidente Benavides*, 9 abr. de 1771.

13. P. Joao Daniel..*Tesouro descoberto no Rio Amazonas*. separata dos *Anais da Biblioteca Nacional*, vol. 95, t. 1-2, Rio de Janeiro 1975, t.1, pp.295.

14. Ricardo Franco De Almeida Serra..*Descripçao da capitania de Mato Grosso ...*, fl.83. Más adelante Almeida Serra muestra una estadística de la población de las misiones.

15. Francisco J.Eder S.J..*Breve descripción...*, pp.XLIII de la introducción de Josep M. Barnadas. Sobre la historia y la organización de Moxos ver José Chávez Suárez..*Historia de Mojos*. La Paz, 1944 y Denise Maldi Meireles..*Guardiaes da fronteira....*

Después de 1750, las misiones de Moxos vieron bloqueada su expansión por la llegada al Guaporé de los portugueses, que cortaron el camino de los misioneros hacia la otra orilla del río[16]. Eder atestigua cuánto fue desagradable para los misioneros la llegada de los portugueses; aunque escriba palabras de elogio para el gobierno de Antonio Rolim de Moura y para su política en relación a los indígenas, denuncia al mismo tiempo a los moradores a lo largo del Rio Guaporé a los que considera delincuentes expulsados por la ciudad. Los luso-brasileños que moraban en ranchos espaciados en la selva cazaban y corrompían a los indios y, sobre todo, ocupaban las tierras de las misiones, construyendo sus casas y sembrando *no ya cerca, sino dentro de las reducciones* jesuitas[17].

La tensión entre lo padres jesuitas y los luso-brasileños de Mato Grosso alcanzó su momento álgido cuando Rolim de Moura destruyó la misión de Santa Rosa, para construir, en el mismo lugar, el fuerte de Nossa Senhora da Conceiçao[18]. La expedición militar contra los portugueses capitaneada por Juan Francisco Pestaña (1763-64) no sirvió para nada y entonces, ya desde 1760, los misioneros tuvieron que enfrentar el nuevo peligro representado pos los presidiarios del fuerte.

En efecto, la construcción de la fortificación concentró por muchos años (por lo menos hasta 1783) una gran cantitad de gente -lusobrasileños, indios y esclavos africanos- que tenía problemas de abastecimiento[19]; al mismo tiempo, los presidiarios empezaron una política de atracción de los indios de las reducciones. Las palabras de Francisco Eder, al respecto, son muy interesantes, pues muestran la cotidianidad de las relaciones de frontera, entre el fuerte y las misiones:

«Todos los presidiarios portugueses morían de hambre, pues sólo se alimentaban de caza y pesca. Cuando llegaron a la región, había en abundancia la una y la otra; pero, agotada o huída por causas de tantos y tan constantes cazadores, apenas sí encontraban algo que comer. Los esfuerzos por llevarse ganado, por más intentos que hicieran, siempre resultaron vanos. Y sabían que del otro lado del río las reduciones lo poseían en abundancia, doméstico y cimarrón. Por fin, se quejaban de la poca cantitad de sus indios, tanto más que ellos estaban obligados a soportar grandes molestias, en lugar de los indios»[20].

Las misiones jesuíticas estaban ya en sus últimos momentos. El catalán Antoni Aimeric i Vilajoana, responsable de la ejecución de la expulsión de los Jesuitas en

---

16. Francisco J.Eder,S.J..*Breve descripción*..., pp.43-44.

17. *Ibíd.*.pp.139-142. Cita de la pp.140.

18. Antônio Leoncio Pereira Ferraz..*Memória sobre as fortificaçoes* ...; Denise Maldi Meireles..*Guardiaes da fronteira*..., pp.135. Sobre la oportunidad de construir un fuerte en aquel lugar ver AHU. códice 1213, doc. XXI: *Juizo, que forma o Governador, e Cap.am General do Grao Pará, e Maranhao Francisco Pedro de Mendonça Gorjiao em carta dirigida ao mesmo Secretario de Estado de 3 de dezembro de 1751*; *Ibíd*, doc. XX: *Juizo, que o Bispo do Pará D. Fr. Miguel de Bulhoes expoe ao Secretario de Estado Diogo de Mendonça Corte Real, sobre a exploraçao, e navegaçao do Rio Madeira em carta de 12 de janeiro de 1752*; *Ibíd*, doc. XVIII:. *Carta do Gov. e Cap. General do Estado do Grao Pará Francisco Xavier de Mendonça Furtado escripta ao Secratario de Estado Diogo Mendonça Corte Real em 20 de janeiro de 1752.* Sobre las reacciones de la corona hispánica: AGI. Charcas 433, doc. citado en la nota 3, e *Ibíd*, *Carta del Marqués de Valdelirios*, 6 jul. de 1766.

19. En 1783 la población del fuerte era de 900 personas, dividas en 186 fuegos, en Denise Maldi Meireles..*Guardiaes da fronteira*..., pp.182.

20. Francisco J.Eder,S.J..*Breve descripción* ..., pp.44-45. A este propósito, ver las consideraciones de Denise Maldi Meireles..*Guardiaes da fronteira*..., pp.130.

Moxos, llegó a las misiones en septiembre de 1767 y los padres tuvieron que irse inmediatamente. A los Jesuitas sucedió la administración del gobernador de Buenos Aires. Cada reducción tuvo un administrador, dos curas, un corregidor de indios, dos alcaldes, cuatro regidores, un alguacil mayor, dos alcaldes de hermandad y un mayordomo. En Buenos Aires, un administrador general debía controlar todos los productos de los pueblos[21].

Las consecuencias de la expulsión de los padres fueron inmediatas, motines y decadencia de la actividad pecuaria; además, los conflictos entre administradores y curas fueron las causas más frecuentes de las huídas y emigraciones de los indios, tanto en Moxos como en Chiquitos. Si en 1767 la población de las reducciones era de 100.000 personas, en 1785 ésta se había reducido a 60.000[22]. Es a partir deste momento que las relaciones entre los portugueses del norte de Mato Grosso y los pueblos de Moxos se hicieron más abiertas y frecuentes.

3. El régimen post-jesuítico y el comercio en los confines

Denise Maldi, en su estudio sobre la frontera del Río Guaporé, muestra las raíces culturales, políticas y económicas, de las formas de intercambio que se establecieron en la frontera del norte de Mato Grosso:

> «O Guaporé refletia a concepçao lusitana da fronteira que se definia basicamente pela conquista, o povoamento e a defeza. Os capitaes-generais inúmeras vezes procuraram estimular o estabelecimento de una agricultura de subsistência e da criaçao de gado (pilhando as reses da margem esquerda). Seu objetivo, entretanto, era a auto-suficiência, e nao o comércio. A pilhagem e o roubo sao literalmente assumidos pelos capitaes-generais nas suas correspondências oficiais. Da mesma forma, os espanhóis, quando deixaram as missoes estabelecidas na margem ocidental, procuraram queimar e destruir as suas bemfeitorias. Portanto, além do desejo da conquista, do povoamento e da defeza, deve-se acrecentar também o ataque, caracterizando o estado de guerra, como um dos elementos definidores da fronteira setecentista»[23].

Por otro lado, tanto las relaciones conflictivas como el intercambio ilegal se desarollaban en un medio caracterizado por la pobreza de los recursos y la baja de

---

21. ANB. MyCh, vol. 24 (1768-1769). II: *Relación informativa sobre Chiquitos de Don Francisco Ramón de Hervoso y Figueroa, Obispo de Santa Cruz de la Sierra*, 1 mar. de 1769. Don Francisco Ramon Herboso fue encargado por la Audiencia de Charcas de organizar el gobierno de las antiguas reducciones. Acerca de las estrategias políticas internas en la transición de los Jesuitas hasta el gobierno de los curas, ver *Ibíd*, IV: *Reglamento sobre lo que se ha de observar en Chiquitos tocante á su Gobierno Temporal*, San Ygnacio, 4 mar. de 1769. Ver también: Uacury Ribeiro de Assis Bastos..*Os Jesuitas e seus successores*...,pp.39. Sobre la organización de las reducciones en Moxos, ver Denise Maldi Meireles..*Os guardiaes da frontera*...,pp.79-82. La descripción más completa de las misiones de Moxos está en: AGI. Charcas 433, 1761.

22. Francisco De Viedma..*Descripción geográfica y estadística de la provincia de Santa Cruz de la Sierra por D.—, su gobernador-intendente* (1793). CDA, vol. VI, pp.511-735.

23. Denise Maldi Meireles..*Guardiaes da fronteiras*..., pp.199. Sobre el saqueo portugués de ganado castellano, ver AGI. Buenos Aires 540: *Testimonio de una Información tomada sobre Robos de ganado, vacuño, y cavallar, que ejecutan los vassallos de Mag.d Fidel.sma* ..., 18 feb. de 1772, y el documento siguiente, de 17 de marzo del mismo año. Algunos años después, en 1787, el administrador general de las misiones afirmaba que los portugueses habían formado, solamente con los robos, una estancia de vacas y caballos. ANB. MyCh, vol. 6 (1786-1790). IV:. *Informe del Administrador General de Misiones D. Joaquin de Artachim*, Plata, 9 dez. de 1787.

produción de las antiguas reducciones[24]. Como se pudo observar, en la base de las denuncias de Francisco Eder, citadas anteriormente, los robos y violaciones de la frontera eran dictados muchas veces por las necesidades de subsistencia.

Con la decadencia de las misiones, la región de Moxos, según el gobernador de Mato Grosso Albuquerque, no ofrecía posibilidades de comercio[25]. No obstante, en dimensión local, la producción de las misiones, que no podía interesar a Portugal, era de gran importancia para las personas que vivían a las orillas del Guaporé. En las reducciones, los indios Moxos habían aumentado mucho la cantitad habitual de su producción. Junto a los productos tradicionales: maíz, mandioca, banana y algodón, se desarolló la producción de cacao -que era el principal producto agrícola de Moxos- y de café; el tradicional y reducido cultivo de azúcar creció considerablemente con la inmigración de esclavos africanos huídos de Mato Grosso[26]. El ganado, en fin, era la principal riqueza de Moxos y de Chiquitos y, como todas las fuentes castellanas ponen en evidencia, era la mejor garantía de la cohesión y estabilidad de las misiones. Sin embargo, lo que más impresionaba en ese tiempo a los observadores portugueses era la actividad artesanal de los indios, que era variada y de buena calidad: tejidos, trabajos en madera, herramientas[27].

El intercambio de la reducciones entre sí era constante, y se mantuvo también, en Moxos y en Chiquitos, después de la expulsión de los Jesuitas[28]. Por el contrario, las relaciones comerciales entre las misiones y Asunción y Buenos Aires no fueron nunca intensas, aun cuando toda la producción tenía teóricamente que ser enviada al administrador general en Buenos Aires[29].

Con la expulsión de los Jesuitas, toda la producción cayó de repente consecuencia de los motines y las facciones internas, el malgobierno de los curas, y las fuertes migraciones de los indios. Uacury Ribeiro de Assis Bastos sostiene que la baja real

24. Luiza Ricci Rios Volpato..*A conquista da terra no universo da pobreza. Formaçao da fronteira oeste do Brasil, 1719-1819*. Sao Paulo, Editoria HUCITEC, 1987.
25. AHU. Mato Grosso, caixa 16 doc. 4: *Carta de Albuquerque de Mello Pereira e Cáceres a Martinho de Mello e Castro*, 27 en. de 1774. Ver también: ANB. MyCh, vol. 2 (1767-1772), *Informe de Don Antonio Aymerich*, 7 sep. de 1769, e *Ibíd*, vol 8 (1787): *Informe de D. Lázaro de Ribera*, 20 dic. de 1787, e *Ibíd*, vol. 4 (1773-1777). XIV: *Presidencia. Año de 1776*, 31 may. de 1776. Albuquerque tuvo más atención para las posibilidades de comercio con las misiones de Chiquitos: AHU. Mato Grosso. Caixa 18 doc. 38: *Luiz d' Albuquerque de Mello ... a Martinho de Mello e Castro*, Villa Bella 22 nov. de 1778.
26. Alfred Métraux..*The Native Tribes...*, pp.58-59; Uacury Ribeiro de Assis Bastos..*Os Jesuitas e seus successores...*, pp.27-28; Denise Maldi Meireles..*Guardiaes da fronteira...*, pp.33.
27. Sobre la variedad y calidad de la producción indígena, ver ANB. MyCh, vol. 6 (1786-1790). IV: carta de D. Lázaro de Ribera, S. Pedro, 24 nov. de 1786.
28. ANB. MyCh, vol. 8 (1787). XIX bis: *Cartas de varios curas entre sí ..., años de 1776 y 1777*.
29. Ni los Jesuitas ni tampoco la administración de Buenos Aires abrieron una ruta permanente entre Chiquitos y Asunción, y de esta manera Moxos tampoco tuvo demasiados contactos con el sur. Desde el inicio de las misiones los Jesuitas se opusieron a la apertura de una vía, por el peligro representado por los Payaguá, Guaikurú y Paulistas (*Aspera crítica do Padre Lascamburu ao projeto do Padre Arce, que deseja estabelecer communicaçoes pelo Paraguay e o llatim e daí con os Chiquitos*, 23 ju. de 1692, CDA, vol. II; ver también: *Cópia de uma carta dos Moradores de Santa Cruz de la Sierra pedindo ao Governador do Paraguai socorro contra os Portugueses*, 22 mar. de 1692, *Ibíd*. Daniel J.Santamaría..«La puerta amazónica. Los circuitos mercantiles de los rios Madeira y Guaporé en la segunda mitad del siglo XVIII»..*Memoria Americana*, (Buenos Aires, 1993) n.2, pp.53-56. Esta situación era favorecida por los hacendados y mercaderes de Santa Cruz que podían así dirigir el comercio de los productos de las misiones con el Mato Grosso. Numerosos documentos del ANB muestran, por otro lado, como los Guaikurú abrieron y controlaron el camino entre Asunción y Chiquitos..

de la producción en las misiones fue mucho menor que la registrada por las fuentes, que se basaban en los bienes recibidos por el administrador general. En efecto, un informe de 1787 refiere que solamente 1/3 de la producción de los indios -y la de valor menor- se había entregado a la receptoría, mientras que los otros 2/3 llegaron ilegalmente al fuerte Príncipe da Beira y a los circuitos comerciales internos[30].

La marcha de los Jesuitas provocó una mayor dispersión de los productos de las misiones, consecuencia de la mayor libertad de que gozaban los portugueses de la Estacada en sus relaciones con los indios[31]. Los datos encontrados en la documentación hasta ahora consultada no permiten cuantificar un comercio que no era autorizado. Las canoas de las misiones, que llegaban al Príncipe da Beira, traían azúcar, chocolate, sebo, miel, y a la vuelta cargaban sedas, bretañas, cintos y hierramientas - procedentes de Europa por la ruta del Rio Madeira- y, también, oro y piedras. El ganado vacuno y caballar era sin duda el más requerido en Mato Grosso, tanto para las minas como para el sustento de la población, libre y esclava, de la Estacada y de Villa Bella.

En estos movimientos de mercaderías, los curas de Moxos cumplieron un importante papel[32]. Para los años 1786 y 1787 hay cuatro documentos que atestiguan la probable cotidiana costumbre de las relaciones comerciales entre los curas y los portugueses, en los pueblos de Exaltación, San Pedro, Trinidad, Loreto, San Joaquín y Magdalena[33].

Según numerosos testigos, tanto mercaderes portugueses como, más frecuentemente, los mismos presidiarios del fuerte eran bien acogidos por los curas, que compraban las mercaderías llevadas de Mato Grosso y abastecían a los Portugueses de grandes cantitades de vacas y caballos:

«Testigos aseguran q. los propios curas por lo q. respecta àlos Portugueses de la estacada, no solo les concienten las matanzas, y que se lleven sus efectos, ni el que se harreen ganados en pié, sino que también les embien, con los mismos dueños de la Hacienda en Canoas, y Balsas, Bacas vivas, con crias, carne muerta, sebo, y cuanto es posible como también caballos, unos de regalo, otros à cambio de efectos y otros vendidos, no sólo à aquellos estabelecimientos, mas también àotros particulares clandestinos comerciantes q. entran en la Provincia, yalos vecinos de S.ta Cruz»[34].

---

30. ANB. MyCh, vol. 6 (1786-1790). IV: *Informe del Administrador General de Misiones D. Joaquin de Artachin*, Plata, 9 mar. de 1787.

31. Las primeras expediciones de los portugueses destinadas a establecer intercambios con los Jesuitas y sus misiones. se realizaron en los años cuarenta del siglo XVIII, en la reducción de Santa Rosa, Virgílio Correa..*História de Mato Grossso*...pp.255.

32. ANB. MyCh, vol. 9 (1790). VII: *Circular dirijida à los Curas de la Prov.a con varias diligencias, exitandolos al cumplimiento de sus obligaciones, y providiendo los negociados y comercio clandestino*, San Joaquin de Baures, 25 ju. de 1786.

33. ANB. MyCh, vol. 9 (1790). XXIV: *Autos seguidos sobre un Barco Portugués que internó en el Rio Mamoré tocando en los pueblos de la Exaltación, y San Pedro en julio del año de 1786*: Ibíd, XXV: *Expediente que trata sobre unas campanas que mandó al fuerte de Príncipe da Beira el Vicario de la Provincia Fray Antonio Pestaloza*, San Pedro, 30 oct. de 1786;. Ibíd, vol 6 (1786-1790). IV: *Informe del Administrador General de Misiones D. Joaquin de Artachin, Plata, 9 de marzo de 1787*; Ibíd, vol. 8 (1787). VIII: *Testimonio del exped.te formado acerca del comercio ilícito que mantuvieron varios curas de Moxos con los Portugueses*, San Pedro, 3 oct. de 1787.

34. ANB. MyCh, vol. 6 (1786-1790). IV, cit. El 6 de marzo de 1785, el cura de Magdalena escribía al cura de San Pedro: «Teixeira (*presidiario de la estacada, n.d.A.*) el dia veinte de Diziembre murió, lo encomendará en sus sacrificios; pero para negocios no faltarán ótros» (ANB. MyCh, vol. 8 (1787), XIX bis: *Cartas de varios curas entre sí ... años de 1776 y 1777*.

Los expedientes presentan una gran variedad de formas de intercambio: comerciantes portugueses protegidos por el comandante del fuerte, el cual tomaba el 10% sobre los ajustes; simples trueques (por ejemplo, un cajón de cintos y calzones portugueses contra un «gran número» de gallinas); o también compras de reses con oro en granos y diamantes, como el caso del cura de San Joaquín, que vendió doscientas reses vacunas por *una sortija de oro y diamantes, dos escopetas y tres libras de oro*[35].

Por el momento es imposible reconstruir la evolución del intercambio entre los dos lados del Rio Guaporé. De la misma manera, no es posible afirmar que en los años ochenta del siglo XVIII se dio una intensificación del comercio de contrabando con respecto a la década anterior; es probable que, en aquellos años, la acción de Lázaro de Ribera como gobernador de Moxos (1784-1792) hubiera producido un rigor mayor en la denuncia de la ilegalidad[36]. Por otra parte, las informaciones sobre la reducción del rebaño nos permite plantear la hipótesis que, desde el final de los años ochenta, el volumen del intercambio en la frontera registrara una tendencia a la baja.

En efecto, los robos de los portugueses, y sobre todo el contrabando de ganado vacuno organizado por los curas, había empobrecido los rebaños recogidos y organizados, en cada reducción, por los Jesuitas. En 1791 Lázaro de Ribera denunciaba la desaparición en poco años de 9.600 reses de ganado vacuno y de 1.600 caballos en el pueblo de San Ignacio, que se quedaba con 200 vacas, 169 caballos, y cerca de 300 ovejas. La población, de 1.000 personas, no podía sobrevivir con unas reservas que continuaban diminuyendo[37]. Así, junto con el ganado, los indios también se iban porque «*faltando la Carne para mantener la Gente no hay sujección ni obediencia*»[38].

La alianza de los curas con los presidiarios de la Estacada provocó posteriormente la reducción de los rebaños limitando el abastecimiento de la población que, en consecuencia, se alejaba de los pueblos. La baja de la población, a su vez, reducía la capacidad productiva de cada pueblo y, por lo tanto, es probable que el volumen de los intercambios de la frontera sufriera una drástica reducción.

Igualmente, no es posible cuantificar ni siquiera indicar la tendencia del comercio de los esclavos africanos, aún más porque éste no aparece en la documenta-

35. Ver nota 32 y, también: ANB. MyCh, vol. 9 (1790). III: *Cartas del Gob. de Moxos, D.n Antonio Aymerich y Villajuana, escritas al señor Presidente de Charcas*, Loreto, 5 ago. de 1770.

36. En 1790 entró en vigor el nuevo reglamento de las misiones, de autoría de Don Lázaro de Ribera, iniciando así la que viene considerada la tercera fase de la historia de Moxos y Chiquitos, después del gobierno de los Jesuitas y de los curas. El reglamento redujo la autoridad de los curas y fortaleció el control fiscal de la distribución de los productos de las misiones. A partir de los años noventa, fue incrementada la producción de cera y de óleo vegetal, para la iluminación (Uacury Ribeiro de Assis Bastos..*Os Jesuitas e seus successores...*, pp.52-63. En base a la documentación compulsada en el ANB (MyCh), el nuevo reglamento no parece haber modificado las relaciones de intercambio en la frontera.

37. ANB. MyCh, vol. 12 (1791-1792). III: *Expediente de la Visita practicada en el Pueblo de S.n Ygnacio de Moxos Partido de Pampas* (Lázaro de Ribera, 27 sep. de 1791). La misma situación en Chiquitos es denunciada en: ANB. MyCh, vol. 28 (1786-1791). *Informe G.ral, que remitió el Gov.or interino dela Prov.a de Chiquitos D.n Antonio Lopez Carbajal con Fha de 27 de marzo de 1787 ...*

38. ANB. MyCh, vol. 12 (1791-1792). III. La misma situación es documentada en el mismo año para el pueblo de San Borja: *Ibíd.* IV: *Expediente de la Visita practicada en el Pueblo de S.n Borja de Moxos Partido de Pampas* (Lázaro de Ribera, 11 oct. de 1791).

ción que yo compulsé. Los esclavos africanos, en los documentos de Moxos y Chiquitos, son citados como prófugos huídos de la esclavidud[39] y, en efecto, los moradores de Cuiabá se quejaban de las *cotidianas* huídas de los esclavos, *los cuales, siguiendo el Paraguay, pedían protección en Asunción*[40].

El gobierno de Buenos Aires pretendía alejar lo más posible a los esclavos de los límites con Mato Grosso, para evitar la restitución, y para desalentar las contínuas violaciones de frontera de los portugueses a la búsqueda de sus esclavos[41]. En cualquier caso, los esclavos africanos de Mato Grosso eran codiciados por los españoles de Charcas y de Buenos Aires que, tal vez sobreestimaban su importancia numérica[42]. La compra -o la huída- de esclavos pone de manifiesto, más allá que las dinámicas económicas, otro aspecto de la sociedad de aquella frontera: el pasaje de los límites de los dos imperios como estrategia de individuos, familias, y grupos tribales.

4. La libertad al otro lado de los confines: las estrategias de migración en la frontera

En varias ocasiones, los funcionarios y los misioneros de Moxos afirmaron que las actividades comerciales de los portugueses y sus entradas a la búsqueda de los esclavos huídos, eran solamente pretextos para acercarse a los indios reducidos, y para convencerlos a ultrapasar los confines para congregarlos en el fuerte o en la ciudad de Villa Bella[43].

En efecto, la influencia de los Portugueses y las huídas de Moxos crecieron sensiblemente después de la expulsión de los Jesuitas. Es posible individuar dos fases diferentes, en este fenómeno. La primera, se sitúa inmediatamente después de la expulsión de los Jesuitas; la repentina desaparición de los padres en las reducciones provocó una fuerte dispersión de los Moxo, muchos de los cuales, por el miedo de nuevos tributos, se dirigieron al otro lado de los confines, bajo la influencia portuguesa[44]. La segunda fase, en pleno gobierno de los curas, muestra una intensificación de las tensiones políticas y sociales internas en los pueblos, y por dos motivos; el primero, la ruptura del equilibrio político, debida a la sustitu-

---

39. Lo mismo pasa en la documentación del Archivo General de la Nación Argentina, según lo señala Daniel J.Santamaria, «Para evitar el enojo. de los burócratas peruanos, los esclavos comprados a los mercaderes portugueses por los hacendados de Santa Cruz aparecen como «desertores» del fuerte Principe da Beira»» en «La puerta amazónica...», pp.56.

40. AHU. Mato Grosso, caixa 16 doc. 47: *Luiz d' Albuquerque de Mello e Cáceres a Martinho de Mello e Castro*, Villa Bella 18 deic. de 1772; *Ibíd*, caixa 18 doc. 3, 10 en. de 1778; *Ibíd*, doc. 8: *Camara de Cuiabá a S. M.*, 26 mar. de 1778.

41. ANB. MyCh, vol. 26 (1780-1785). *Circular*, San Xavier 22 sep. de 1784; *Ibíd*, vol. 7 (1787-1790). X: *Lázaro de Ribera al Virrey Don Nicolás de Arredondo*, 20 ago. de 1790.

42. Daniel J.Santamaría..«La puerta amazónica ...», pp.55-56, afirma que, según el Virrey Vértiz los esclavos en Mato Grosso eran 20/30.000. Las estadísticas matogrossenses dan, para el año de 1800, una población esclava de 12.000 personas (Virgílio Correa..*História de Mato Grosso*...

43. AHU. Mato Grosso. Caixa 6 doc. 8, carta de 22 de jun. de 1752; ANB. MyCh, vol. 6 (1786-1790). II: *Carta de don Lázaro de Ribera*, Loreto, 24 ago. de 1786.

44. ANB. MyCh, vol. 2 (1767-1772), *Informe de Don Antonio Aimerich, gobernador de Mojos*, 7 sep. de 1769. Sobre Chiquitos ver ANB. MyCh, vol. 24 (1768-1769). II: *Relación informativa sobre Chiquitos de Don Ramon de Hervoso y Figueroa, obispo de Santa Cruz de la Sierra*, 1 mar. de 1769.

ción de los caciques tradicionales con nuevas personalidades emergentes, más fieles a los curas mismos; el segundo - como ya señalé anteriormente- la caída vertical de las reservas de ganado. La falta de reses comportó, para los indios, una diminución del sustento en un régimen de trabajo más duro que el anterior, tanto por la diminución poblacional como por las ambiciones comerciales de los curas[45].

Durante la segunda fase, que se desarrolló en los años ochenta y noventa del siglo XVIII, los movimientos de población -generados por las tensiones internas- fueron, probablemente, más acusados entre los varios pueblos de Moxos y de Chiquitos, que desde éstos hacia los dominios de la corona portuguesa. La causa de ello fue, quizás, que la formación de facciones contrapuestas y la deslegitimación de algunos de los nuevos caciques, se entrecruzaron con la exigencia de fortalecer o reconstruir a los grupos familiares, siempre más fragmentados y divididos en los pueblos[46].

En cualquier caso, la crisis de los pueblos de Moxos y Chiquitos continuó alimentando las migraciones hacia Mato Grosso. El trabajo, demasiado pesado, era una de las causas principales, y los indios buscaban un poco de descanso en la Estacada portuguesa[47]. Uno de los casos citados es el de Esteban, mayordomo de Exaltación que, en 1784, condujo al fuerte Príncipe da Beira a toda su familia y a otras quince, que se agregaron a otras familias del pueblo de Magdalena; el motivo declarado, era de no haber, en Mato Grosso, un cura al cual obedecer. Los portugueses negaban la restitución de los indios, pues ellos eran hombres libres, y

> «pueden usar de su liberdad, que les da facultativas, como señores dellos, maiormente para que vien de ella con sociego adonde les pareciere, sin ninguna sugeción de Esclavos, como en cierto modo los quiere usted (...): el derecho delas gentes me prohibe entregar hombres libres contra sus voluntades, al rigor de unos curas que con imperio absoluto los mandan castigar (...)»[48].

El cura de Exaltación calculó aproximadamente este grupo en 300/400 personas, tratadas por los portugueses como esclavos.

El pueblo de Exaltación debió atravesar por entonces una muy fuerte crisis puesto que, cuatro años después, incluso el cura, don José Ignacio Mendes, se fue al fuerte, con el cacique, dos canoas de indios y muchos tejidos hechos en el pueblo. Algunos canoeros regresados a las misiones relataron que el cura prime-

---

45. Además de los documentos citados en las notas 37 y 38, ver ANB. MyCh, vol. 2 (1767-1772). XVI:. *Expediente que contiene las cartas del Ldo Dn Ypólito Canizares al Gov.or de Moxos, Y el III.mo s.or Obpo de Sta Cruz, en que dan noticia dela distrución del Pueblo de San Simón en Baures ...* (1770 y 1771). Sobre la misma situación, en Chiquitos, ver ANB. MyCh, vol. 24 (1768-12769). II, cit. en la nota precedente.

46. Ver documentos citados en la nota precedente y ANB. MyCh, vol. 6 (1786-1790). X: *Expediente sobre la deplorable constitución del Pueblo de la Exaltación, sus últimas deserciones à los Establecimientos Portugueses y falta de Viveres y Ganado para su subsistencia, año de 1786; Ibíd, XXI:. Autos sobre la libertad de los Curas en dar y sacar Yndios fuera de la Provincia* (1776); *Ibíd, vol. 8 (1787). XX: Auto.* Lázaro de Ribera, San Pedro, 24 en. de 1788; *Ibíd, vol. 12 (1791-1792). IV: Expediente de la Visita practicada en el Pueblo de S.n Borja de Moxos Partido de Pampas*, Lázaro de Ribera, 11 oct. de 1791; *Ibíd, 5 mar. de 1792.*

47. ANB. MyCh, vol. 6 (1786-1790). IV: *Informe del Administrador General de Misiones D. Joaquin de Artachin*, Plata, 9 mar. de 1787.

48. ANB. MyCh, vol. 6 (1786-1790). XII: *Correspondencia y oficios que manifiestan la deserción que hicieron algunas familias del Pueblo de la Exaltación a la Estacada Portuguesa el año de 1784.*

ro iba a denunciar al cura segundo, por su crueldad -había matado al alcalde y al capitán con 200 azotes cada uno- y su imoralidad, pues vivía, siempre borracho, con una esclava portuguesa[49].

Los documentos históricos citados, orientados en su mayoría a mostrar las situaciones de crisis, ofrecen quizás una imagen parcial de la sociedad moxeña de finales del siglo XVIII. En efecto, ya en estos años hay algunas señales de la formación en los pueblos de un nuevo liderazgo indígena, tal vez fortalecido por las migraciones entre los pueblos, liderazgo que reclamaba su capacidad para frenar la emigración en los dominios portugueses[50].

El movimiento migratorio se producía también en el sentido inverso; esclavos africanos e indios reducidos en esclavidud pasaban los confines, en búsqueda de una situación mejor; milicianos del fuerte que no recibían por años sus sueldos; asesinos que huían de la ley y de las venganzas; indios de las misiones que pasaban otra vez la frontera; en síntesis, toda una migración de poca cantidad que involucraba también estrategias familiares y pequeño comercio[51].

Sin embargo, la migración desde Mato Grosso -como la procedente de las misiones- se debía también a causas sociales más generales y más profundas, que estaban, ya en la mitad del siglo XVIII, en la crisis de la economía matogrossense. La exacción de los quintos reales, en una situación de dispersión de las minas y de caída de la extracción del oro provocaba una contínua hemorragia de población. Los luso-brasileños huían de las ciudades no sólo para internarse en la selva, sino también para pasar los confines y salvar así el producto de sus cultivos. Manuel de Flores, en 1756, señalaba la indiscutible ventaja de la llegada de los portugueses a la provincia del Paraguay:

«Esta consiste en el oro que le puede entrar de Cuyabá, Matogroso y aun Minas Generales, porque muchos mineros, huyendo de pagar los quintos reales, que le son muy pesados y se exigen con una exactitud rigurosa, pueden distraerlo a nuestros dominios, teniendo proporción y facilidad para hacerlo. No se ha escondido este daño a los mismos portugueses, que han manifestado ya el temor de que suceda: ya la verdad que, para una provincia tan pobre como la del Paraguay, donde he dicho que ho hay metales ni corre moneda, sería un riego fecundísimo el que entrase, y el erario de Su Majestad crecería en derechos que de él le viniesen»[52].

49. ANB. MyCh, vol. 8 (1787). XX: *Auto*, Lázaro de Ribera, San Pedro, 24 en. de 1788.

50. Ver el caso del cacique Gabriel Hojeani del pueblo de la Purísima Concepción, en ANB. MyCh, vol. 11 (1786-1792). Ver. *Expediente de la Visita practicada en el Pueblo de la Purísima Concepcion de Moxos, Partido de Baures*, 2 ab. de 1792.

51. Ver por ejemplo: ANB. MyCh, vol. 2 (1767-1772). XII:. *Varias declaraciones tomadas en las Misiones de Moxos à Desertores Portugueses en razon del estado, y actuales disposiciones de la fortificación que ocupan nombrada Sta Rosa, aliàs Estacada; Ibíd*, vol. 26 (1790). III:. *Cartas del Gob. de Moxos, D.n Antonio Aynerich y Villajuana, escritas al señor Presidente de Charcas*, Loreto, 5 ago. de 1770; *Ibíd*, vol. 26 (1780-1785). X:. *Testimonio sobre declaraciones y cartas producidas en Chiquitos, tocantes à manejos clandestinos de los portugueses ... años de 1780 y 1784*, 2 may. de 1784; *Ibíd*, vol. 8 (1787). XXII: *Expediente de don José de Ayzara, Gov.or Ynterino de la prov. de Chiquitos*, San Rafael de Chiquitos, 2 sep. de 1796.

52. Manuel A.De Flores *carta de D.— al marqués de Valdelirios comisario general de S.M. Católica para la ejecución del tratado de limites celebrado en Madrid en 1750*, CDA, vol. V, pp. 241-295, pp. 294-295. Ver también Luiza Ricci Rios Volpato..*A conquista da terra...*, pp.68-69, y la situación específica documentada en ANB.MyCh, vol. 8 (1787). XII: *Expediente de don José de Ayzara, Gov.or. Ynterino de la prov. de Chiquitos*, San Rafael de Chiquitos, 2 sep. de 1796.

Al final del siglo, y en los primeros años de 1800, las ventajas derivadas de la inmigración de matogrossenses para las provincias castellanas habían disminuído tanto que ni siquiera eran consideradas en las cartas y documentos de los funcionarios de la Corona. No obstante eso, las migraciones, así como los intercambios, continuaron y tuvieron su importancia en una faja de frontera en que, al inicio del siglo XIX, se hizo aún más urgente el problema de la delimitación de los dos imperios.

En efecto, a partir de la ocupación francesa del territorio español y hasta la independencia de Brasil, las características específicas de la frontera se presentaron todas juntas y con mayor fuerza, consecuencia de la nueva situación de crisis política e institucional: las migraciones, el contrabando, la preocupación por la estabilidad de los límites junto a los proyectos de invasión, las tensiones entre gobierno y poderes locales. En Moxos y Chiquitos, las crisis producidas por la ocupación de los ejércitos napoleónicos y por la prisión del rey puso de relieve el liderazgo indígena de los pueblos y sus diferentes orientaciones políticas. Entre 1810 y 1811 sobresalieron en Moos las figuras de algunos caciques, unos aliados al gobernador Urquijo, otros que se pronunciaron por el rey de Francia y otros que, en Chiquitos, se decidieron por el vasallaje al rey de Portugal[53]. A los dos lados de la frontera, parecía también que fuese inminente una anexión territorial, pensada, y no realizada, tanto por Bolivar como por D. Pedro I[54].

Las luchas por la independencia habían provocado también nuevas migraciones. En Mato Grosso la emigración hacia Bolivia fue una de las causas de la baja considerable de la población de la capitanía, que pasó de 26.836 habitantes en 1800 a 18.857 en 1818; en Moxos se reunió también gente nueva, procedente de otras provincias hispánicas[55].

No obstante los cambios políticos, la vida de la frontera parecía continuar como siempre: sal, vacas, caballos y esclavos pasaban de un lado a otro. El trueque era ahora aún más generalizado que en la época colonial -cuando había una limitada circulación de pesos, de oro en granos y de piedras- y en 1826 el departamento de Santa Cruz propuso a la provincia de Mato Grosso, institucionalizar entre sí el comercio libre basado en el trueque[56].

La situación de pobreza que caracterizó aquella faja de frontera puso en evidencia, en la región que se había formado a los lados de los confines, los elementos de continuidad con el siglo XVIII; pero tanto en Mato Grosso como en Santa Cruz se dio inicio a una nueva época de organización política y económica del territo-

---

53. ANB. MyCh, vol. 18 (1805-1811). XXXVIII:. *Expe.te obrado con motivo de la Conmoción delos Naturales del Pueblo dela Trinidad Año de 1811*, Plata, 23 mar. de 1811. Un estudio de este expediente es el realizado por José Luis Roca..*Mojos en los albores de la independencia patria (1810-1811)*. La Paz, noviembre de 1991 (impreso con la colaboración de la Fundación ROCA Feller).

54. ANRJ. Ministério da Guerra e Estrangeiro. Mato Grosso, Correspondência da Província, officios ns. 25/28; Moniz Bandeira.. *O expansionismo brasileiro. O papel do Brasil na bacia do Prata da colonizaçao ao Império*. Rio de Janeiro, Philobiblion, 1985, pp.89.

55. *Relatorio do Presidente da Província de Mato Grosso ... em 3 de maio de 1861*. Cuiabá, Typographia da *Voz da Verdade*, 1861 y Virgílio Correa..*História de Mato Grosso*. Ver también los documentos citados en la nota precedente.

56. ANRJ. Ministério da Guerra. Mato Grosso, Correspondência do Presidente da Província: *República de Bolivia. Comandancia jeneral del Departamento de Santa Cruz, Casa de Governo, 6 de junio de 1826*. Ver también: *Ibíd*, officio n 34, 16 nov. de 1826.

rio. En efecto, la frontera externa tuvo siempre menor importancia, en la práctica política, en comparación con los nuevos rumbos de las fronteras internas de expansión.

5. Conclusiones

En la mitad del siglo XVIII, al norte de la recién instituída capitanía portuguesa de Mato Grosso, se desarolló una fase importante de la política territorial suramericana, en la que la dos coronas ibéricas desarrollaron sus estrategias para la fijación de los confines de sus dominios, que habían sido de hecho establecidos en aquella región, a las orillas del rio Guaporé. Las causas de la importancia de esta parte de la frontera eran muchas: el control de la ruta comercial del Mamoré; la explotación de los pequeños yacimientos de oro al oriente del Guaporé; la utilización de la mano de obra indígena recogida en las reducciones jesuíticas ya desde el final del siglo XVII.

Como en la frontera a lo largo de los rios Paraná y Paraguay, en la del Guaporé también fue la Corona portuguesa la que más se interesó por la política fronteriza, con importantes intervenciones, como la institución de la misma capitanía, la fundación de ciudades y la construcción de fuertes y fortificaciones.

Después de las grandes ocupaciones del siglo XVII, la frontera de expansión de Portugal en América ya estaba cumplida, y tenía sus límites oficiales, pero no consolidados, en los concordados con el tratado de Madrid. El problema, en esa época, no era tanto alcanzar el Pacífico -perspectiva que fue retomada al inicio del siglo XIX- como apoderarse, más allá de los límites establecidos en Madrid -y que varias comisiones irían lentamente confirmando- de áreas de ocupación capaces de abrir vías de penetración en los dominios españoles.

En el caso de la frontera del Guaporé esta política fue particularmente evidente, desde la mitad del siglo XVIII hasta la independencia de Bolivia. La definición de los límites de la frontera expansiva de Portugal y la consolidación de los confines intensificaron las relaciones económicas, sociales y administrativas entre los dominios ibéricos, hasta formar, en la faja de frontera, una región en gran parte integrada por los intercambios, los saqueos y las migraciones.

La intensificación de estas relaciones, que se produjo con la desaparición de los Jesuitas de las reducciones de Moxos y de Chiquitos, y gracias a la comunión de intereses de los curas de los pueblos y de los portugueses de la frontera, fue consecuencia de las diferentes formas económicas y sociales que comportó la ocupación territorial en el rio Guaporé. En el lado de Moxos, se trató de la concentración, lograda por los Jesuitas, de una población indígena acostumbrada al trabajo organizado y semiservil, y capaz de una consistente producción agropecuaria y artesanal. En el lado de Mato Grosso, el poblamiento, numéricamente menos consistente, seguía por un lado, la dispersión de los yacimientos de metales y de la economía de autoconsumo, y por otro lado, era organizado por la Corona portuguesa en las villas, ciudades y fortificaciones a lo largo de los confines.

El intercambio ilegal a través de las fronteras, de mercaderías, hombres y animales, marginal en relación a los flujos del comercio internacional, era por otra parte importante a nivel americano. Los esclavos africanos de los luso-brasileños eran bien comercializados en Lima, Santa Cruz y Asunción; el oro de los yacimientos de Mato Grosso circulaba en los comercios de Santa Cruz y de Asunción. Por otro lado, los rebaños florecientes en los dominios de Castilla siempre interesaron -y continuaron interesando a lo largo del siglo XIX- a la población de la frontera matogrossense; los indios reducidos, acostumbrados al trabajo por los Jesuitas y sus sucesores, proporcionaron una mano de obra menos cara que los esclavos africanos y más estable que la ofrecida por los grupos indígenas localizados en la capitanía portuguesa.

Aunque no sea posible cuantificar estos intercambios, las fuentes históricas consultadas muestran que el período en que más se concentró el comercio de frontera fue el comprendido entre la expulsión de los Jesuitas y el inicio de la década de noventa; unos quince años en que se cumplió la explotación -tanto por Villa Bella como por Santa Cruz- de las reservas económicas y de las potencialidades sociales producidas por el sistema de las reducciones.

Desde el final del siglo XVIII, la importancia de los intercambios se hizo cada vez menos importante; además, los movimientos de independencia del inicio del siglo XIX no sólo acentuaron las migraciones, sino también hicieron de la frontera una de las variables de la acción política, principalmente indígena.

Es a partir de entonces, época de substanciales cambios políticos, que el papel de los límites entre los nuevos estados nacionales cambiaría paulatinamente. En el caso de Mato Grosso, por lo menos hasta la guerra del Paraguay, las fronteras estuvieron progresivamente menos protegidas, y los proyectos políticos locales y nacionales dedicaron su atención a la apertura de las nuevas vías de la frontera interna de expansión.

LA FRUSTRADA RECONQUISTA DE LA AMAZONIA ANDINA (1742-1821)[1]

Pilar García Jordán
Universidad de Barcelona
Taller de Estudios e Investigaciones Andino-Amazónicos

La ocupación de la selva ha respondido, históricamente, al desarrollo de tres tipos de estrategias fronterizas. Por un lado, la desplegada por los agricultores de las tierras altas y bajas en su esfuerzo por mantener acceso directo y periódico a fuentes de recursos complementarios; por otro lado, a la desarrollada por los imperios con el objetivo de controlar y defender las fronteras territoriales, respondiendo por lo tanto a móviles geopolíticos y, finalmente, la conformada de acuerdo a móviles estrictamente económicos, posibilitando el acceso a territorios teóricamente libres y despoblados, reclutamiento de mano de obra indígena, etc.[2].

La historia nos muestra que los estímulos originarios de tales estrategias no sólo no son excluyentes sino que incluso pueden converger, como vamos a ver en este trabajo en que se mostrará en primer lugar, que la revuelta dirigida por Juan Santos Atahualpa a mediados del siglo XVIII comportó, en principio, la retirada de la administración colonial y de los misioneros de los territorios amazónicos en el Perú central, propiciando la *salvajización* de la selva y la *militarización* de la frontera. En segundo lugar, que dicho proceso no mermó el interés de la monarquía española por el Oriente pues, superado el impacto inicial de dicha revuelta, la Corona intentó *reconquistar* los territorios amazónicos perdidos y *ocupar* nuevas regiones, tanto por razones geoestratégicas -defensa de las fronteras externas- como econó-

1. Una versión preliminar de este artículo fue presentada en el IV Coloquio CLACSO en torno a «El siglo XVIII en los Andes» (París, abril 1993). Este trabajo forma parte de un amplio proyecto de investigación. coordinado por mí, en torno a la ocupación de la amazonía andina en los siglos XIX-XX, financiado por DGICYT, PB94-1568.

2. Th.Saignes..«Continuités et discontinuités dans la colonisation du Piémont Amazonien des Andes». En *Table Ronde organisée en l'honneur de Pierre Monbeig*. París, IHEAL, 1979, pp.26.

micas, en el intento de desarrollar una mejor y más extensa explotación de los recursos naturales que permitiera la recuperación de la economía colonial y metropolitana. En aras a la consecución de aquel objetivo, la Corona obtuvo la colaboración de los misioneros y/o de la iniciativa privada de hacendados, comerciantes, etc.

El período tratado aquí es el comprendido entre la gran revuelta de Juan Santos (1742-52) y el surgimiento de las repúblicas andinas en la década de 1820. No obstante, estimo útil hacer unas breves consideraciones sobre el papel jugado por el espacio amazónico[3] desde la irrupción de los españoles en territorio americano.

1. La construcción del espacio amazónico entre 1542 y 1742

El *descubrimiento* para el mundo occidental del río Amazonas por Francisco de Orellana en 1542 provocó el desarrollo de una serie de procesos sociales, económicos, políticos, ideológicos, etc. Todos estos procesos ayudaron a configurar diferentes espacios[4]: a) el espacio imaginario transmitido por la historia y la cultura, b) el espacio físico, base de los grupos humanos[5], c) el espacio socioeconómico, d) el espacio ideológico. En consecuencia, el espacio amazónico conformado entre los siglos XVI y XVIII fue el resultado de diversos procesos propiciados por los naturales y por los conquistadores, misioneros, comerciantes, autoridades políticas, etc. que llegaron a la selva con el objeto de *explotar* sus recursos naturales, *evangelizar* y *civilizar* a sus habitantes, *desarrollar* las fronteras internas y *delimitar* las fronteras externas.

El interés español por el oriente amazónico entre 1542 y 1742 permite señalar tres etapas[6]. Una primera (1532-54), en la cual se desarrollaron las disputas en torno

---

3. El término Amazonía se utiliza generalmente para designar el conjunto de la selva tropical lluviosa sudamericana que se extiende por una superficie estimada, por la mayoría de estudiosos, entre 5 y 6 millones de Km2, de los cuales corresponden en la actualidad al Perú, alrededor de 785.000 Km2., a Bolivia unos 510.000 Km2., y a Ecuador una cifra estimada en 138.000 Km2. H.O.Sternberg..*The Amazon River of Brazil*. Weissbaden, Franz Steiner Verlag GMBH, 1975, pp.1; H.Landázuri T..*La Cuenca Amazónica. Argumentos en favor de un manejo integrado*. Quito, Eds.Abya-Yala/IIED, 1987, pp.20.

4. Interesante reflexión sobre la construcción del espacio selvático en Perú es N.Bernex de Falen.. «El espacio amazónico peruano: profusión y pobreza, posibilidad y fragilidad, autonomía y dependencia». En *I Seminario de Investigaciones Sociales en la Amazonía*. Iquitos, CETA, 1988, pp.191-236.

5. Aunque el territorio amazónico es percibido frecuentemente como uniforme y homogéneo, la realidad es muy distinta pues en él se encuentran diversos habitats cuya ecología depende de la topografía, el suelo, las precipitaciones, etc. Si bien algunos autores llegan a determinar cinco o seis habitats, en mi opinión es útil considerar fundamentalmente tres: a) la várzea, selva baja o llano amazónico que para algunos autores llega hasta los 200m.s.n.m. y para otros alcanza los 400m.s.n.m.; b) la tierra firme o llanura alta, que se halla entre los 400m-1.000m.s.n.m. ocupa la mayor parte de la Amazonía; c) la Ceja de Selva, Ceja de Montaña o simplemente Montaña, comprende las estribaciones de la cordillera andina hasta una altura máxima de 3.800m.s.n.m. E.E. Hegen. *Highways into the Upper Amazon Basin*. Gainesville, Univ. of Florida Press, 1976, pp.18; W.M.Denevan.. «La población aborigen de la Amazonía en 1492». *Amazonía Peruana*, V.III, nº5 (Lima, junio 1980), pp.3-41.

6. F.M.Renard-Casevitz, Th.Saignes y A.C.Taylor..*L'Inca, l'Espagnol et les Sauvages*. París. Ed.Recherche sur les Civilisations, 1986, obra de la que existe una versión española *Al Este de los Andes*. Quito, Eds.Abya-Yala, 1988, 2V. Sus autores señalan que el interés español por el oriente

a los restos del imperio inca; las expediciones militares que entonces llegaron hasta Quito y el país de los chibcha, Chile, Charcas, Tucumán, la Amazonía equinoccial y el Beni, tuvieron como telón de fondo las guerras civiles producidas tanto entre los conquistadores, como entre éstos y la Corona, propiciando que los perdedores se lanzaran a empresas lejanas.

La segunda fase (1554-1570 circa), iniciada con el restablecimiento de la autoridad real que asumió el derecho de conquista de la Amazonía; por entonces, el descubrimiento de los recursí argentíferos en Potosí, vertebró una sociedad y una economía en torno al frente minero en el que se produjeron crisis cíclicas. Aparentemente con el objetivo de buscar una alternativa a las mismas se organizaron las grandes expediciones regionales hacia la Amazonía; fueron éstas las conocidas empresas de J.de Salinas en el Marañón, de Chaves hacia el Mamoré, Ursúa-Aguirre de nuevo al Marañón y Arias Maldonado al Madre de Dios[7]. Parece evidente que durante estas dos primeras fases, los móviles económicos fueron los motores de las expediciones cuyo denominador común pareció ser el descubrimiento de El Dorado, o el Gran Paititi, donde los «inagotables» recursos de metales preciosos deberían proporcionar riquezas y prestigio social a quien los descubriera y explotara.

La tercera fase se inició con la llegada de Toledo al virreinato peruano en torno a 1570 y concluyó en 1742 con la revuelta de J.Santos Atahualpa. El virrey Toledo pretendió: reorganizar la explotación colonial, contener la sangría humana que se estaba produciendo y reducir los focos agitadores en la periferia del imperio. Por entonces, la expansión de la producción argentífera permitió canalizar recursos humanos y económicos hacia las tierras altas, pero el virrey no logró triunfar sobre algunos pueblos fronterizos, como por ejemplo los chiriguano, por lo que trató de controlarlos a través del establecimiento de varios frentes pioneros. Fue también entonces cuando llegaron las órdenes religiosas, principalmente jesuitas y franciscanos, cuyo objetivo fue extender el control colonial sobre las tierras bajas americanas, aunque su actividad no se consolidó hasta muy avanzado el siglo XVII. ¿Por qué se recurrió a los religiosos?.

La respuesta la encontramos en la carta enviada por Toledo a la Corona en 1572 en que planteó la necesidad de poner fin a la conquista[8]; ésta pareció ser también la conclusión a la que llegó la corona española que por Real Cédula de 1573 ordenó que las entradas que se efectuaran en territorios ignotos fueran *pacíficas*[9]. El avance de la frontera parecía exigir la intervención de individuos diferentes a los conquistadores y encomenderos pues la cédula real subrayó la necesidad de que la expansión se produjera mediante la *persuasión*, propiciando el asentamiento progresivo de las poblaciones pacificadas a través de las *reducciones*[10], y fue en

---

en los s.XVI-XVII se desarrolló en tres fases, la tercera de las cuales, en mi opinión, puede extenderse hasta 1742 cuando como consecuencia de la revuelta de J.S.Atahualpa se produjeron cambios substanciales en la relación entre la sociedad colonial y el mundo amazónico.

7. Expedición de J.de Salinas (1556-64), N.de Chaves (1558-61), Ursúa-Aguirre (1560-62), Arias Maldonado (1567-70).

8. Carta fechada en Cuzco el 1-III-1572, recogida por R.Levillier..*Gobernantes del Perú. Cartas y papeles, siglo XVI*. Madrid, 1921-26, V.IV..pp.85-100.

9. Texto recogido en J.Ibáñez Cerdá..*Ordenanzas de descubrimiento, nueva población y pacificación*. Ed.facsímil y transcripción de —. Madrid, 1973.

10. Siguiendo a Marzal, en el virreinato peruano el término *reducción* se utilizó en tres sentidos: a) el proceso de reducir a los indígenas y congregarlos en poblados, b) el poblado mismo, c) el con-

esa coyuntura cuando los misioneros aparecieron como *vanguardia civilizadora* del Oriente[11], aunque la expansión misionera propiamente dicha no se produjo hasta las primeras décadas del siglo XVII.

La actividad misionera desplegada por aquel entonces tuvo como objetivo básico el reconocimiento de la geografía y habitantes de la región a quienes, según los postulados teóricos de la conquista americana, se debía *cristianizar* y *civilizar* permitiendo tanto la explotación del territorio y de la mano de obra indígena, como el control efectivo de la frontera cuestionada constantemente por las incursiones portuguesas desde las últimas décadas del siglo XVII y a lo largo del siglo XVIII. En consecuencia, los jesuitas desde Quito y Maynas, los franciscanos y dominicos desde Lima, emprendieron la *conquista* de la selva. Las reducciones que se llevaron a cabo en la Amazonía a partir de 1630, se basaron en la experiencia misionera anterior según la cual *evangelizar* era *reducir*, razón por la que los misioneros trataron de aplicar este modelo a una realidad diversa como era la amazónica, sin cuestionarlo, modelo basado en la colaboración de los misioneros con el régimen colonial para el cual la reducción indígena era la base de su política[12].

La *evangelización* y *civilización* de los indígenas pretendía lograr, teóricamente, la inserción de los *bárbaros*, de los *salvajes*, en un sistema de vida similar al de los pueblos *civilizados*; ello pasaba, necesariamente, por la imposición de un nuevo sistema de creencias al tiempo que por el desarrollo progresivo de una nueva praxis social, objetivos imprescindibles para conseguir, en última instancia, la desarticulación de las comunidades indígenas y permitir así la ocupación y el control del territorio y de sus habitantes. Estos, cuyo número en el momento del contacto ha sido estimado entre 5.100.000 y 6.800.000[13], de los cuales alrededor de 1.400.000h. ocupaban la Amazonía andina[14], sufrieron una drástica disminución como consecuencia de las agresiones biológica, ecológica, ideológico-cultural y económica[15]; la res-

---

junto de poblados considerados unitariamente, ya sea por razones geográficas, ya misionales. M.Marzal..«Las reducciones indígenas en la Amazonía del Virreinato peruano». *Amazonía Peruana*, V.V, nº10 (Lima, 1984), pp.7-45.

11. Interesante aproximación al papel de los misioneros en los siglos XVI y XVII es A.Tibesar..«La conquista del Perú y su frontera oriental». En M.Biedma y otros..*La conquista franciscana del alto Ucayali*. Iquitos, CETA/IIAP, 1989, pp.15-79.

12. Los misioneros adoptaron tres posturas en relación al régimen colonial. La primera, representada por Bartolomé de las Casas, creía que no podía haber colaboración posible; la segunda postura admitía la relación pero ésta debía limitarse al mínimo, formándose un *estado indígena* al margen de los españoles, como fue la mantenida por los jesuitas en el Paraguay. La tercera postura, entre la libertad total de los indios y la construcción del *estado indígena*, planteó la colaboración con el gobierno español para *humanizar* las repúblicas de indios, postura defendida por los franciscanos. M.Marzal..Art.cit. pp.12-13.

13. Cálculos de W.M.Denevan..Art.cit. Estas parecen ser las cifras sobre las que hay mayor consenso entre los investigadores. Anteriormente, Steward y Faron estimaron la población amazónica en torno a los 2.188.970h, en J.H.Steward y L.C.Faron..*Native People of South America*. New York, McGraw-Hill, 1959, pp.53. Más recientemente, Myers ha estimado la población de la alta Amazonía en torno a los 10 millones de habitantes, T.P.Myers..«El efecto de las pestes sobre las poblaciones de la Amazonía alta». Amazonía Peruana, V.VIII, nº15 (Lima, 1988), pp.69.

14. Según Denevan alrededor de 1.200.000h. ocupaban el oriente peruano y la selva norte boliviana, en Ibíd..pp.28-29. Para el Oriente ecuatoriano, Taylor ha calculado una cifra que oscila entre 100.000 y 120.000h. en «Evolution démographique des populations indigènes de la haute Amazonie». En *Equateur 1986*. París, Eds.de l'Orstom, 1989, V.1..pp.230.

15. Sugerentes trabajos sobre el efecto de las epidemias y de las misiones en la Amazonía andina son el trabajo de Myers citado en la nota 13, y F.Santos. «Impacto de la presencia española. Epide-

puesta indígena a la penetración fue variada, oscilando entre la colaboración y el enfrentamiento[16].

En síntesis, podemos concluir que la conquista hispánica de los Andes tuvo múltiples efectos en el territorio americano, constituyendo unas sociedades substancialmente diferentes a las existentes, pero en relación a la Amazonía, el cambio más importante en los siglos posteriores fue la fractura del continuum cultural existente secularmente entre la Sierra y la Selva, entre las tierras altas y bajas que, como señalan varios autores, no se había visto alterada significativamente por la expansión del imperio inca[17]. Ruptura que supuso además la desaparición de las poblaciones «bisagra» que hasta entonces habían actuado como intermediarias entre las tierras bajas y altas, destrucción que según F.Santos contribuyó a desarrollar el mito del «gran vacío amazónico»[18].

No obstante, concluyendo este apartado sobre el período 1542-1742 podemos afirmar que al finalizar esta etapa y como consecuencia de la actuación de la Corona, de los religiosos y de lo que podríamos denominar la sociedad civil, en la Amazonía andina se había logrado conformar una frontera demográfica aunque precaria y discontinua. Razones que nos ayudan a entender esta situación son, primero, el poco interés de la Corona por unos territorios donde los metales preciosos eran escasos; segundo, el tipo de explotación económica del territorio amazónico no propició, normalmente, la formación de poblados permanentes puesto que la extracción de oro y cascarilla -principales recursos económicos en algunas zonas- comportó el desplazamiento de los colonos a medida que aquellos recursos se agotaban; las poblaciones que lograron consolidarse fueron aquellas situadas en terrenos aptos para el desarrollo de la agricultura y/o ganadería, que además tenían unas relativas buenas comunicaciones con la Sierra. Tercera y última aunque no por ello menos importante razón, la resistencia indígena a los invasores.

Con todo, a mediados del siglo XVIII y fruto de la actuación de las autoridades civiles, eclesiásticas y de los grupos de poder local se habían consolidado varias rutas de penetración desde los principales centros serranos existentes en la Audiencia de Quito, Virreinato peruano y el alto Perú hacia la Amazonía. Gran importancia tuvieron, entre otras, las rutas: a) Quito-Archidona hasta el R.Napo; b) Ambato-Baños, hasta el R.Pastaza; c) Loja-Zamora hasta el R.Marañón; d) Tarma-

---

mias, disminución demográfica y desarticulación étnica». En F.Santos.. *Etnohistoria de la Alta Amazonía, siglos XV-XVIII.* Quito, Eds.Abya-Yala/MLAL, s.a., pp.179-212. No obstante, los trabajos sobre la demografía en la región son pocos y sus conclusiones son muy provisionales.

16. Un análisis de las estrategias utilizadas por los indígenas amazónicos ante la invasión y conquista española se encuentra en el excelente estudio de F.M.Renard-Casevitz, Th.Saignes y A.C.Taylor.. *Ob.cit.* Además, interesantes trabajos sobre la resistencia indígena han sido recogidos por F.Santos Granero (comp.)..*Opresión colonial y resistencia indígena en la Alta Amazonía.* Quito, CEDIME/FLACSO/ABYA-YALA, 1992; ver también F.Santos..«Formas de resistencia indígena: el caso de las confederaciones militares interétnicas, siglos XVI-XVIII». En F.Santos..*Etnohistoria de la Alta Amazonía, siglos XV-XVIII.* pp.237-258.

17. F.M.Renard-Casevitz, Th.Saignes, A.C.Taylor..*Ob.cit..*pp.355.

18. Santos analiza la naturaleza y relaciones entre los Chupaychu andinos y los Panatahua amazónicos, desde épocas precoloniales hasta el siglo XVIII. El estudio permite ver las interrelaciones Andes-Selva bajo el imperio inca y cómo, la progresiva incorporación de los Panatahua a la estructura administrativa colonial comportó su desaparición como «etnia bisagra», en «Crónica breve de un etnocidio o la génesis del mito del «gran vacío amazónico»». *Amazonía Peruana*, V.6, nº11 (Lima, febrero 1985), pp.9-38.

Jauja-Chanchamayo en la cuenca del R.Ucayali; e) Cuzco-Paucartambo, en la cuenca del R.Madre de Dios; f) Cochabamba-Santa Cruz; g) Tarija, hacia la cuenca del R.Pilcomayo[19]. Paralelamente, el dominio de la sociedad colonial se había extendido a amplias zonas de la selva central del Virreinato peruano como consecuencia de la actuación de misioneros y grupos locales de Tarma (valles de Vitoc, Chanchamayo, Paucartambo), Huánuco (valles de Chontabamba, Huancabamba, Pozuzo), Jauja (valles del Pangoa, Satipo y bajo Perené), y también en las tierras bajas bolivianas de Moxos y Chiquitos, y en la cordillera chiriguana desde el R.Piray hasta el R.Pilcomayo.

Este dominio colonial se vio alterado notablemente como consecuencia de la, no por famosa mejor conocida, rebelión de Juan Santos Atahualpa; la revuelta, que desde 1742 y por más de diez años mantuvo en vilo a los gobernadores de la frontera en la selva central del virreinato peruano[20], produjo el abandono de aproximadamente 25 poblados y centros misionales de la selva central peruana, propició su *salvajización* y comportó la *militarización* de la frontera oriental por varias décadas.

2. La reconquista de la selva o el espejismo del reformismo borbónico

Aunque los ecos de la sublevación se extendieron por todo el Virreinato, el impacto más significativo se produjo, naturalmente, en la selva central peruana, donde las misiones y haciendas desaparecieron casi por completo, los misioneros abandonaron la zona y el antaño floreciente comercio interregional fue controlado en gran parte por los nativos. Cuando los enfrentamientos concluyeron se produjo la *militarización* de la frontera y el vaciamiento de los pueblos andinos con ella lindantes

---

19. Rutas de penetración que aparecen citadas en las crónicas misionales y documentos de la administración colonial; entre otras: B.Izaguirre..*Historia de las misiones franciscanas y narración de los progresos de la geografía en el Oriente del Perú, 1619-1921.* Lima, Tall.Tip. de la Penitenciaría, 1922-29, 14T; L.Finot..*Historia de la conquista del Oriente boliviano.* La Paz, Lib.Ed.Juventud, 1978 [2ªed.]; P.Jaramillo Alvarado..*Tierras de Oriente.* Quito, Imp.Nacional, 1936.

20. Revuelta estudiada inicialmente por Loayza y Valcárcel en la década de los cuarenta, y retomada a fines de los sesenta por Varese que, en sus conclusiones, planteó por vez primera la dimensión mesiánica del movimiento y priorizó la importancia de los factores culturales como causantes del mismo, relegando a un segundo plano los factores socioeconómicos. Posteriormente Castro Arenas, Lehnertz y Orellana abordaron también la revuelta, pero las aportaciones más recientes se deben a Fernando Santos, quien ha sostenido que la sublevación de J.Santos debe ser considerada como mesiánica y anticolonial, y a A.Zarzar que, en un estudio del personaje, subraya el carácter milenarista y utópico de la revuelta. F.A.Loayza..*Juan Santos, el Invencible. Manuscritos del año de 1742 al año de 1755.* Lima, Ed.D.Miranda, 1942; D.Valcárcel..*Rebeliones indígenas.* Lima, Ed.P.T.C.M., 1946; S.Varese..*La Sal de los Cerros.* Lima, Universidad Peruana de Ciencias y Tecnología, 1968; M.Castro Arenas..*La rebelión de Juan Santos.* Lima, Ed.Milla Batres, 1973; J.F. Lehnertz. «Juan Santos, a primitive rebel on the campa frontier (1742-1752)». En *Actas del XXXIX Congreso Internacional de Americanistas.* Lima, IEP, 1972, V.4; S.Orellana..«Juan Santos, el Rebelde». *Nueva Xauxa*, Año I, nº1 (Jauja, 1969); F.Santos..«Anticolonialismo, mesianismo y utopía en la sublevación de Juan Santos Atahuallpa, siglo XVIII». En F.Santos (comp.)..*Opresión colonial y resistencia indígena en la Alta Amazonía.* pp.103-132. A.Zarzar..«*Apo Capac Huayna, Jesús Sacramentado». Mito, utopía y milenarismo en el pensamiento de Juan Santos Atahualpa.* Lima, CAAAP, 1989. Finalmente señalar el excelente estado de la cuestión sobre las características de la rebelión de J.Santos y su impacto en la Sierra realizado por S.Stern..«La era de la insurrección andina, 1742-1782: una reinterpretación», en S.Stern (comp.)..*Resistencia, rebelión y conciencia campesina en los Andes, siglos XVIII al XX.* Lima, IEP, 1990, pp.50-117.

ya que J.Santos llevó a los selváticos, y a un buen número de serranos, hacia el interior de la región amazónica. La «frontera» se corrió hacia los Andes, con lo cual desapareció todo vestigio del poder colonial, civil o eclesiástico, ¿por cuántos años?.

Un análisis de las Memorias de los virreyes, de los textos publicados por el *Mercurio Peruano*, de la legislación dada por la Corona y de las crónicas misionales, nos permitirá avanzar una respuesta provisional. Para ello hemos de considerar los objetivos del programa borbónico en la segunda mitad del siglo XVIII que, como es bien sabido fueron, entre otros: a) centralizar y mejorar la estructura del gobierno, b) desarrollar una maquinaria económico-financiera más eficiente, c) defender el imperio contra otras potencias y, en general, d) restaurar la integridad y el respeto en todos los niveles de la administración[21]. En sintonía con dichos objetivos, las cuestiones que merecieron la atención de las autoridades coloniales en relación a la Amazonía fueron tanto económicas como geopolíticas; si por las primeras se aspiraba lograr la recuperación de la economía colonial y, por ende, de la metro-politana, con un avance significativo de la frontera interna, por las segundas se pre-tendía un mayor control de la frontera externa. Es en aras al logro de tales objeti-vos que la actividad misionera pareció interesar en grado sumo a la Corona, sien-do varios los indicadores de dicha actitud: a) legislación relativa al Convento de Ocopa y requerimientos constantes al virrey de un mayor seguimiento de la actua-ción de los misioneros, b) utilización de los religiosos para el reconocimiento de la frontera oriental y el descubrimiento de mejores -más rápidas y menos peligrosas-rutas de penetración en la selva, c) segregación de la provincia de Maynas del virreinato de la Nueva Granada e incorporaciòn de la misma, elevada a la categoria de Comandancia general, al virreinato peruano por Real Cédula (R.C.) de 1802.

2.1. El interés compartido de la Corona y los religiosos por la expansión ha-cia el Oriente: fortines y misiones bajo los gobiernos de Manso de Velasco, Amat i Junyent y M.de Guirior (1744-1780)

A mediados del siglo XVIII y como resultado de la política desarrollada por la Corona y los regulares franciscanos y jesuitas, se había logrado controlar impor-tantes regiones a lo largo de la frontera oriental. Desde Maynas, donde los jesui-tas habían construido un importante enclave misionero[22], pasando por la selva cen-tral peruana, en que los franciscanos controlaban un total de 32 pueblos misionales que agrupaban unos 9.000h. en las fronteras de Tarma y Jauja[23], hasta llegar al Alto Perú donde los miembros de la Compañía llegaron a establecer 21 pueblos en las misiones de Moxos y Chiquitos y 38 pueblos en Tucumán, y los franciscanos re-gían las misiones de Apolobamba[24], parecía que la expansión no tenía límites. No

21. J.Fisher..*Gobierno y sociedad en el Perú colonial: el Régimen de las Intendencias, 1784-1814*. Lima, PUCP, 1981, pp.15.

22. M.E.Porras B..*La Gobernación y el Obispado de Mainas*. Quito, Eds.Abya-Yala/TEHIS, 1987. Ver también W.Ardito Vegas..«La estructura de las reducciones de Maynas». *Amazonía Peruana*, V.XI, nº22 (Lima, 1992), pp.93-124 y la tradicional obra de J.Jouanen..*Historia de la Compañía de Jesús en la antigua provincia de Quito, 1570-1774*. Quito, Ed.Ecuatoriana, 1941-43, 2V.

23. B.Izaguirre..*Ob.cit.*.T.II..pp.83.

24. Datos recogidos en «Relación que escribe el conde de Superunda, virrey del Perú, de los principales sucesos de su Gobierno de orden de S.M.Comunicada por el Excmo.Sr.Marqués de la Ensenada, su Secretario del Despacho Universal, con fecha de 23 de agosto de 1751» en J.A.Manso

obstante, ésta se vio frenada en gran parte por dos razones, la primera, la expulsión de los jesuitas en 1767, cuestión que no trataré en este trabajo, la segunda, el estallido de la sublevación de Juan Santos.

El impacto de la revuelta en toda la selva central peruana fue tal que destruyó todos los fuertes existentes y hasta un total de 25 pueblos, entre ellos, Quimirí, Sonomoro, Pichana, Eneno, Nijandaris y Quispango. En palabras del padre Amich:

> «Con la entrada de este embustero a la montaña hubo tal conmoción en los ánimos de aquellos bárbaros, que todos los del Pajonal fueron a darle la obediencia, dejando desiertos sus pueblos. Lo mismo ejecutaron todos los indios de los pueblos de las márgenes del río Perené, Eneno, Metraro, San Tadeo, Pichana, Nijandaris y Cerro de la Sal[25]».

El entonces virrey, José Antonio de Mendoza Caamaño y Sotomayor, conde de Barrantes y marqués de Villagarcía, envió dos expediciones que fueron un rotundo fracaso. Su sucesor en el cargo, José Antonio Manso de Velasco, conde de Superunda, formó dos nuevas expediciones en 1746 y 1750 que bajo el mando del marqués de Mena Hermosa no lograron tampoco imponerse a los sublevados, aunque sí consiguieron construir dos fuertes en Chanchamayo y Oxabamba:

> «en que colocadas cortas guarniciones sirviesen al resguardo de la frontera, y se hicieron dejar las tierras de su inmediación a algunas pobres gentes de campo, cuya indefensión servía solamente de incentivo a los insultos de los indios, y se procuró cortar toda comunicación con los de fuera»[26].

El párrafo evidencia el impacto causado por la revuelta en el virreinato que comportó tanto el abandono de los poblados como la *militarización* de la frontera con el objetivo de defenderse de los indígenas sublevados e impedir la huída de los serranos hacia la selva como eventual refugio ante el dominio colonial. En cualquier caso, el tema no parece que preocupara excesivamente al virrey -que suspendió el envío de nuevas expediciones a la zona considerando su alto costo y las escasas posibilidades de éxito existente por el conocimiento que los indígenas tenían del medio- para quien el territorio oriental carecía de las riquezas y metales preciosos que incentivaran su reconquista, máxime teniendo en cuenta la resistencia de sus habitantes a quienes:

---

de Velasco..*Relación y documentos de Gobierno del Virrey del Perú,— conde de Superunda (1745-1761).* Introducción, edición, notas e índices de A.Moreno Cebrián. Madrid, CSIC, 1983, pp.210-214. Ver también los trabajos de D.J.Santamaría..«Fronteras indígenas del Oriente boliviano. La dominación colonial en Moxos y Chiquitos, 1675-1810». *Boletín Americanista*, Año XXVIII, nº36 (Barcelona, 1986), pp.197-228; «Población y economía en el pedemonte andino de Bolivia. Las misiones de Apolobamba, Mosetenes y Yurakares en el siglo XVIII». *Revista de Indias*, V.L, nº190 (Madrid, 1990), pp.741-766, y el muy reciente estudio *Del tabaco al incienso.* San Salvador de Jujuy, CEIC, 1994. Las misiones de Apolobamba, inicialmente (fines s.XVII) regidas por los agustinos, pasaron después bajo el control de curas seculares hasta que en 1740 se incorporaron a la órbita franciscana.

25. J.Amich..*Historia de las misiones del Convento de Santa Rosa de Ocopa.* Ed. y notas de J.Heras. Lima, Ed.Milla Batres, 1975, pp.156.

26. J.A.Manso de Velasco..*Ob.cit.*.pp.254; el autor de la edición habla de Oxapampa en lugar de Oxabamba. Según Amich, ya en 1743 el gobierno decretó la construcción de un fuerte en Quimirí que, sin embargo, se perdió al año siguiente. Reflexionando sobre el por qué de la construcción de dicho fuerte, el cronista franciscano hace afirmaciones muy similares a las citadas por el virrey, pues señala que aquél debía servir «para sujetar a los apóstatas e infieles, y estorbar el tránsito de los indios de la sierra para la montaña, y también para que sirviese de escala para la formal entrada que se premeditaba hacer para prender al rebelde», J.Amich..*Ob.cit.*.pp.163.

«Reducirlos por armas se ha tenido siempre por imposible, respecto de que con mudarse de un lugar a otro e internarse en lo más espeso de la montaña, como lo han hecho en las ocasiones que se les ha buscado, quedan frustradas las diligencias, perdidos los gastos y expuestas muchas vidas por las enfermedades que contraen. *Y es la única esperanza que admitan misioneros*, y que éstos con halagos y otras industrias, los atraigan, que ha sido el modo con que se han logrado las reducciones que van referidas, y será mayor la conquista de un misionero que la que puede hacer un numeroso ejército»[27].

Sin duda, ésta era también la opinión de la Corona pues en aras a los requerimientos franciscanos de enviar 60 sacerdotes y algunos legos para recuperar las antiguas misiones, la R.C. de 13 de marzo de 1751 ordenó atender los gastos de viaje de los religiosos hasta Ocopa que, hasta entonces Hospicio, logró su confirmación como Colegio de Misiones[28]. No obstante, la reconquista misionera de las conversiones de Tarma y Jauja debió esperar varios años pues los franciscanos, imposibilitados de acercarse a la selva central bajo el control de J.Santos -cuyas tropas habían atacado Sonomoro en 1751 e incluso habían llegado hasta Andamarca en agosto del año siguiente[29]- fueron canalizados hacia las misiones de Cajamarquilla y Manoa, en la margen izquierda del Huallaga, donde realizaron numerosas entradas en los años sucesivos.

Paralelamente, la guerra de guerrillas desarrollada por Santos continuaba siendo una amenaza para las fronteras de Tarma y Jauja, por lo que el gobierno colonial decidió, a inicios de los cincuenta, la construcción de un fuerte en Paucartambo y la formación de una tropa de 140 hombres cuyo contínuo desplazamiento por la frontera debería persuadir al *rebelde* de acercarse a los dominios coloniales. Aunque ignoramos las razones de la «falta de noticias» de Santos, lo cierto es que, como afirmó Manso de Velasco:

«Desde el año de 1756 en que se finalizó la Instrucción no se ha dejado sentir el indio rebelde, y se ignora su situación; y con esta existencia, manteniéndose las provincias de su frontera con tranquilidad; pero no por ello se deja de estar con el mismo cuidado y la tropa se mantiene, *mientras su yugo evangélico no los reduce a sociabilidad*»[30].

---

27. J.A.Manso de Velasco..*Ob.cit.*.pp.214. La cursiva es mía. Según el virrey, perseguir a los indígenas «es más caza o acecho de fieras que conquista de hombres, motivo porque aún los ingas no cuidaron de aumentar a su Imperio esto vasallos», *Ibíd.*.pp.254.

28. Los religiosos llegaron en dos expediciones, la primera a principios de 1752 con un total de 23 sacerdotes y 9 legos, la segunda en 1754, con el resto. Aunque el rey decretó la erección del Colegio, su primer guardián José Ampuero olvidó solicitar la R.C. confirmando la transformación del Hospicio en Colegio, lo que provocó un serio conflicto entre el religioso y el Comisario Gral. franciscano, Francisco Soto y Marne. La resolución del caso vino con la R.C. dada por Fernando VI en 2.X.1757, y la Bula Pontificia dada por Clemente XIII el 18.VIII.1758.

29. Según Amich, tras el ataque a Andamarca J.Santos «nunca jamás ha intentado salir a la sierra», en *Ob.cit.*.pp.177.

30. J.A.Manso de Velasco..*Ob.cit.*.pp.420. La cursiva es mía. La inactividad guerrillera de J.Santos después de 1752 hizo que el sucesor del conde de Superunda, M.Amat, se planteara la posible reducción de la tropa radicada en los fuertes de las fronteras de Tarma y Jauja, cuyo coste se estimaba en torno a 51.326 pesos, satisfechos hasta entonces por las Reales Cajas de Pasco y Jauja; no obstante, la prudencia hizo que Amat enviara un informe a Madrid para que el Consejo de Indias resolviese el tema, aunque ignoro la decisión final. Ver M.Amat i Junyent..«Relación de Gobierno que hace el Excmo.Sr.D.—, Vi-rey que fue de estos reynos del Perú y Chile a su sucesor, el Excmo.Sr.D.Manuel de Guirior, comprehensiva desde 12 de octubre de 1761 hasta 17 de julio de 1776», en M.Amat i Junyent.. *Memoria de Gobierno*. Ed.y estudio preliminar de V.Rodríguez Casado y F.Pérez Embid. Sevilla, EEHA, 1947, pp.307.

En las décadas siguientes vemos el desarrollo progresivo de las entradas misioneras, generalmente con el apoyo de la Corona que asistía preocupada e impotente a las frecuentes invasiones portuguesas en los lindes orientales del imperio[31]. Los bandeirantes portugueses, interesados por la obtención de esclavos indígenas y el acceso a la riqueza minera andina, encontraron en su marcha la oposición fundamental de las órdenes religiosas, fundamentalmente los jesuitas y en menor medida los franciscanos. Los dos focos principales de dicha penetración fueron el territorio de Maynas, al norte, y Moxos al Sur[32], zona ésta donde la dispersión de las misiones junto al elevado número de grupos indígenas no reducidos había hecho imperfecto el dominio colonial al este del río Mamoré[33]. Esta es la razón por la cual, tras la expulsión de la Cía. de Jesús, y por R.C. de 4 de agosto de 1777, la Corona elevó el territorio a gobernación militar; la medida, no obstante, no solucionó el problema que subsistió por varias décadas y que fue uno de los temas a los que debió dedicar atención prioritaria el sucesor del conde de Superunda, Manuel Amat i Junyent, virrey del Perú entre 1761 y 1776.

Amat observó con preocupación que, desde 1762, los portugueses se adentraban en territorios pertenecientes al imperio español y construían fuertes en algunos poblados pertenecientes a las misiones de Moxos, Chiquitos y el Chaco, región que:

> «se halla rodeada de muchas Naciones bárbaras y perseguida de los portugueses paulistas nombrados mamelucos, gente alzada, sin Rey, ni Religión, que bajando por el río Paraná llegan a otro que desagua en el Paraguay frente de dichas Poblaciones, mediante lo que fácilmente consiguen sus designios, de modo que el Governador [sic] de Sta.Cruz de la Sierra, como el del Paraguay se hallan en continua inquietud y sobresalto»[34].

El virrey temía que la presión portuguesa en las fronteras externas del virreinato, desde la provincia del Paraguay, al Sur, hasta Chachapoyas y Jaén, al norte, tuviera éxito. Es evidente que bajo su gobierno, la defensa de las fronteras, internas frente a los indígenas amazónicos, y externas ante los portugueses, propició una verdadera *militarización* del territorio, reforzando el sistema de fortificaciones y destacamentos militares con guarniciones permanentes[35]. Obviamente, el mante-

---

31. Muchas fueron las R.C. dadas por la Corona referidas a la selva. Entre otras, las de 18.II.1761, 11.VII.1762 y 18.IX.1764 relativas a las misiones del Chaco boliviano, dependientes de Tarija y Tucumán, y las de 27.VI.1766 y 2.VIII.1767 sobre las conversiones del Manoa.

32. Dejo al margen el problema surgido en la frontera oriental del Río de la Plata a mediados de siglo, resuelto incialmente con el tratado entre Portugal y España del 13.I.1750 por el que la colonia de Sacramento sería para España a cambio de la cesión de ésta a Portugal de los pueblos de misiones de la margen oriental del Uruguay. En realidad, el tratado no llegó a ejecutarse y tras la muerte de Fernando VI, su sucesor Carlos III lo declaró nulo. J.A.Manso de Velasco..*Ob.cit.*..pp.334-336 y 427-429.

33. D.J.Santamaría..«Fronteras indígenas...» pp.200. Manso de Velasco decía en su Relación que el gobernador de Matogroso al frente de un pequeño contingente militar penetró en el pueblo de Sta.Rosa el Viejo, perteneciente a las misiones moxeñas, y aunque dice haber tomado medidas -no cita cuáles- la presencia portuguesa se mantuvo. Ver J.A.Manso de Velasco..*Ob.cit.*..pp.427-429.

34. M.Amat i Junyent..*Ob.cit.*..pp.121.

35. El temor a las invasiones portuguesas persistió incluso después que las monarquías ibéricas decidieran zanjar sus diferendos territoriales por vía diplomática, pues como señaló el virrey Amat: «Considero que siempre abrá [sic] reencuentros y usurpaciones por parte de los Portugueses intentando introducirse en los Pueblos de Misiones y hacer juntamente comercio en las villas de Potosí, Cochabamba y ciudad de la Paz; por lo que se ha de estar en continuo cuidado y observación con semejantes designios como lo tengo así advertido en muchas y repetidas ocasiones a los Governadores [sic] de Sta.Cruz de la Sierra y Paraguay, como al Presidente de la Plata», en *Ibíd.*..pp.286-287.

nimiento de dicho aparato defensivo era costoso por lo que preocupación prioritaria del virrey fue tratar de aumentar los recursos, tarea a la que en su opinión, las
misiones debían colaborar, ¿cómo?.

Amat, muy crítico tanto con los misioneros a quienes recriminaba que sus actividades entre los *infieles*, sufragadas por la Corona, habían hecho «muy pocos
adelantamientos»[36], como con los corregidores de las fronteras «acostumbrados
a la inacción y pereza»[37], efectuó numerosos nombramientos de gobernadores en
las misiones, en particular en las de Apolobamba, Huánuco y Pataz. El virrey esperaba que la medida facilitara la penetración de los misioneros en la Montaña y
propiciara la obtención de recursos económicos y humanos al virreinato[38]. Al logro
de dicho objetivo debería contribuir también la apertura de nuevos caminos que
redujeran la duración de los viajes, tema al que incluso dedicó un capítulo en su
relación:

> «En que se trata de los nuevos caminos y sendas con que se pueden corresponder y comuni-
> car las provincias de Buenos Aires, Tucumán, Paraguay y misiones de Mojos con éstas del
> Perú»[39],

donde señaló que la utilización de los ríos Paraguay y Bermejo, en el Gran Chaco,
permitiría ahorrar unas 500 leguas en el viaje entre Buenos Aires y el Perú. Según
Amat, el único problema por resolver serían los muchos *infieles* radicados en las
riberas de dichos ríos que, creía, podrían ser controlados desde algunos fuertes o
guarniciones situados a lo largo del trayecto[40], para lo cual contaría con la colaboración de los gobernadores tucumanos que lograron, con cierto éxito, el establecimiento de fuertes y reducciones; por el contrario, el proyecto de navegación de
dichos ríos fue desestimado, como había ocurrido unos años antes cuando ante
una propuesta similar del gobernador de Tucumán, el monarca por R.C. de
12.II.1764 ordenó que:

> «no se hiciese novedad alguna en semejante apertura pues se considera que todo lo que se
> abrevia el camino del Paraguay y Tucumán facilita la internación de los Portugueses al Perú y
> no menos el comercio ilícito, y aunque éste se pudiera cortar mediante la vigilancia y cuidado
> de los Gobernadores, pero unas vezes con disimulo, y otras con una declarada negligencia,
> se corrompen las más bien regladas disposiciones»[41].

---

36. *Ibíd.*.pp.113.

37. *Ibíd.*.pp.117-118.

38. Conviene tener en cuenta que fueron muchas las misiones que lograron extraer recursos
considerables y canalizarlos al mercado colonial. Este fue el caso de Moxos y Chiquitos donde se
desarrollaron dos vías comerciales por excelencia: la legal, que vinculaba las misiones con el mercado hispanoandino y la ilegal, que las unía al Brasil, vía ésta que no sólo desarrolló el contrabando
sino que propició una lenta y progresiva penetración portuguesa. D.J.Santamaría.. «Fronteras indígenas...», pp.223-224.

39. M.Amat i Junyent..*Ob,cit.*.pp.322-326.

40. Amat, siempre preocupado por el coste económico, señala que dichas guarniciones podrían
ser costeadas con los derechos de sisa- impuesto municipal sobre los comestibles, ganado menor
y mayor que entra en las ciudades- establecidos en la frontera de Tucumán, en *Ibíd.*.pp.323. Interesante trabajo sobre la reorganización del ramo de sisa con el fin de sufragar la política de frontera
en la gobernación de Tucumán es L.Miller Astrada..«La gobernación de Tucumán en el Río de la
Plata y su frontera sobre el Chaco». *Quinto Centenario*, nº12 (Madrid, 1987), pp.171-186.

41. *Ibíd.*.pp.323. Estos temores expresan bien claramente el sentir del gobierno de Carlos III con
respecto a los miembros integrantes del aparato estatal. Varios habían sido los proyectos formula-

Amat, probablemente presionado por diversos grupos de poder local del Río de la Plata y Alto Perú, de quienes decía eran favorables a dicho proyecto, subrayó repetidamente las enormes ventajas económicas que tendría la construcción de dicha vía de comunicación, no sólo al facilitar el tránsito de mercaderías, personas y tropas, sino también porque permitiría explotar los recursos existentes en las riberas de los citados ríos, cuyas tierras podrían proporcionar azúcar, algodón, cacao, café y ser aptas para la cría de ganado, además de contar con gomas, maderas y bálsamos[42]. No obstante, el proyecto de navegación por el Paraguay y Bermejo fue desechado por cuanto en Lima se creía, probablemente con razón, que la apertura de una vía que facilitara la comunicación entre Buenos Aires y Potosí perjudicaría gravemente el comercio peruano.

A pesar de la evidente antipatía de Amat para con los misioneros a los que veía más interesados en negocios comerciales que en los espirituales -particularmente en las misiones altoperuanas-, la década de 1760 presenció una intensa actividad misionera fundamentalmente en la zona del Manoa, en Lamas (Trujillo) y en la cuenca del Ucayali. En estas regiones los religiosos llegaron a contactar con setebos, shipibos y cunibos, aunque sus planes reduccionistas se vieron nuevamente truncados en 1766-67 con la revuelta de los setebos manoitas, a los que siguieron los shipibos del Pisqui, Archani, Aguaitia y los cunibos de San Miguel, sucesos en los que algunos religiosos perdieron la vida[43]. Si agregamos a ello que en esa coyuntura se produjo la expulsión de los jesuitas, varias de cuyas misiones pasaron a depender de los franciscanos -misiones de Lamas-y del clero secular -Maynas[44], Moxos y Chiquitos-podremos concluir que en la década de 1770 se produjo un estancamiento de la actividad misionera que se agudizó bajo el gobierno del virrey Guirior. Por entonces, la firma de los tratados de San Ildefonso y el Pardo (1777-78) firmados entre España y Portugal parecieron poner fin a los conflictos fronterizos; en virtud de dichos acuerdos, el Yavarí-Amazonas-Yapurá fue el límite entre ambos imperios -actuales Ecuador, Colombia, Perú, Brasil-, España obtuvo la colonia de Sacramento y las márgenes del Plata y del Paraguay, y Portugal recibió en contrapartida las provincias de Santa Catalina y Río Grande. No obstante, la *ansiada reconquista de la Amazonía* no había tenido lugar, excepto en el Alto Perú, la frontera interna se había estancado y la militarización era un hecho consumado.

---

dos en el pasado relativos a la construcción de nuevas vías de comunicación en el Surandino, como el propuesto por la Real Audiencia de la Plata a fines de los cincuenta, relativo a la apertura de un camino que saliendo de Cuzco, llegaría al territorio de Moxos y Chiquitos, pasando por las misiones de Apolobamba. El virrey Manso de Velasco solicitó el parecer de los superiores franciscanos y jesuitas a fines de 1759 pero, como él mismo dice, nada se acordó al respecto. Ver J.A.Manso de Velasco..*Ob.cit.*.pp.414.

42. *Ibíd.*.pp.325.

43. J.Amich..*Ob.cit.*.pp.189 y ss. No obstante la importancia de dicha revuelta, creo demasiado rotunda la afirmación de Varese que, por entonces, «toda la selva central está definitivamente perdida para la colonización», S.Varese..*Ob.cit.*.pp.205.

44. Tras la expulsión, las misiones de Maynas fueron confiadas al arzobispado de Quito; contrariamente a la tesis tradicional según la cual, la expulsión de la Cía.de Jesús comportó el decaimiento de las misiones mayneñas, M.E.Porras, a partir de documentación de la propia Cía.de Jesús, sostiene que las misiones se hallaban en decadencia con anterioridad como consecuencia de: a) la escasez de misioneros, b) la gran dispersión de las reducciones, c) los ataques inflingidos por los portugueses, d) las revueltas de los shuar, y concluye que en el momento de la expulsión, gran parte de los poblados estaban prácticamente abandonados. M.E.Porras B..*Ob.cit.*.pp.37 passim.

2.2. A la búsqueda de la recuperación económica. Misiones, comercio, caminos y exploraciones entre 1780 y 1810

Aunque el reformismo borbónico se había venido desarrollando a lo largo del s.XVIII, sus más importantes providencias se produjeron tras la subida al poder de Carlos III bajo cuyo gobierno se aprobaron, entre otras medidas, la creación del virreinato del Río de la Plata, disposiciones comerciales varias, fundamentalmente el Reglamento de librecomercio de 1778, abolición de los repartimientos y el establecimiento del sistema de intendencias. La introducción de éstas en el virreinato peruano se produjo en 1784, recibiendo todos los intendentes instrucciones precisas sobre la necesidad de estimular la explotación de los recursos económicos, cuidar de la construcción y cuidado de caminos que permitieran la comercialización de la producción, etc.; valga como ejemplo las advertencias dadas por el visitador Escobedo al primer intendente de Tarma, Juan Mª Gálvez, el más activo entre todos los nuevos cargos al decir de Fisher, en las que le recomendó especialmente que se interesara por los recursos hasta entonces escasamente explotados: cacao, cascarilla, coca, maderas nobles, etc.[45].

Por entonces, la restauración de las misiones del Cerro de la Sal ordenada por R.C. de 13.III.1751 y ratificada por R.O. de 26.IX.1777 y 15.II.1779, en las que se decretaba:

> «el restablecimiento de los fuertes necesarios para conseguir el fin de la reducción de todos aquellos indios conversos que se rebelaron con el caudillo Juan Santos»[46],

continuaba siendo una ilusión. El temor a los ataques de los selvícolas, la escasez de recursos del erario público y las diferencias de criterio entre los mismos misioneros sobre el lugar más adecuado para internarse en la selva y fundar los poblados, parecieron ser las razones principales que impidieron la conservación de caminos, conversiones y fuertes, como el construído a fines de los setenta en el Chanchamayo[47]. Conviene recordar, además, que en el inicio de los ochenta la

---

45. A.G.I.Audiencia de Lima, 1098, Instrucción a Gálvez, arts.17-32, citado por J.Fisher. *Ob.cit..*pp.144. La Ordenanza de Intendentes en sus artículos 57-59 señalaba que entre sus obligaciones se hallaban el fomento de la agricultura, el desarrollo y explotación de los recursos económicos de sus provincias; aunque el sistema de intendencias pasó por distintos avatares al encontrarse en varios momentos con la oposición de los mismos virreyes y otros elementos de la administración colonial, me interesa subrayar el significado de la medida como índice del interés de la Corona por obtener una mayor y más eficaz explotación de sus colonias.

46. A.de Jáuregui y Aldecoa..«Relación que hace el Excmo.Sr.D.—, Virrey que fue de estos reinos del Perú y Chile, a su sucesor Excmo.Sr.D.Teodoro de Croix, desde 20 de julio de 1780 hasta 3 de abril de 1784» en A.de Jáuregui y Aldecoa..*Relación y documentos del Gobierno del Virrey del Perú (1780-1784)*. Ed.y estudio por R.Contreras. Madrid, CSIC, 1982, pp.163

47. Fuerte edificado a 18 leguas al norte de Tarma, según la relación enviada al virrey Jáuregui por el capitán del ejército Juan O'Relly, en Colección Mata Linares..T.76..ff.422-458..*Expediente sobre las misiones de Tarma.* O'Relly había sido enviado por el virrey, insatisfecho de los informes recibidos del guardián de Ocopa en relación a las misiones tarmeñas, para recoger información sobre la situación de los varios fuertes existentes en la zona, estado y disciplina de la tropa, «número a que ascienden los indios llamados chunchos, si tenían correspondencia con los demás naturales, cuál era la situación de los caminos, cuánto dista el Cerro de la Sal del fuerte de Chanchamayo, si está a la otra banda del río de este nombre y qué dificultades se presentaban para la internación», en A.Jáuregui y Aldecoa..*Ob.cit.*.pp.164. Siguiendo a Jáuregui, la diversidad de criterios entre los misioneros derivaba, no de las características del territorio, sino de la creencia de algunos religiosos -

preocupación fundamental del virrey Jáuregui fue la rebelión tupamarista, cuyas posibles repercusiones en la selva hizo que cuidara de:

«dirigir a Jauja y Tarma considerables repuestos a causa de que habiendo en ellas fuertes y tropa para contener los indios de sus fronteras, era justo precaver las nocivas resultas que podía ocasionar la rebelión, llegando a su noticia por medio de los que con ellos se comunican»[48].

Sofocada la *gran rebelión*, el espíritu reformista borbónico propició un renovado interés por la Selva, cuyos recursos podrían ser de gran importancia para el aparato colonial[49]. En consecuencia, grande fue la actividad que se produjo en los últimos años del siglo XVIII, tanto en las fronteras orientales del virreinato peruano, como en las existentes al NE del nuevo virreinato del Río de la Plata. En ambas zonas constatamos una importante presencia de misioneros, expediciones civiles y militares, interesados todos en *abrir* nuevas rutas hacia la región amazónica, *controlar* a la población indígena y *mejorar* la comunicación entre las poblaciones ya existentes.

2.2.1. La expansión de la frontera Nororiental del Río de la Plata.. En la frontera del nordeste rioplatense se produjo una efectiva conquista del territorio, consecuencia entre otros factores de: a) la fundación del colegio franciscano de Tarija, b) la creación del virreinato del Río de la Plata que permitió a Charcas concentrarse en la vertiente atlántica, y c) la recuperación de la economía minera.

Ciertamente, las últimas décadas del siglo XVIII presenciaron una gran actividad en la región altoperuana desplegada, en primer lugar, por los religiosos, cuyo trabajo propició una doble expansión misionera, una hacia el NE siguiendo el rumbo de los afluentes del Madeira, y otra hacia el Sur a lo largo del piedemonte, recibiendo ésta un impulso considerable gracias al apoyo de las autoridades que necesitaban proteger los circuitos que llevaban a Santa Cruz de la Sierra[50]. Por entonces, los franciscanos se establecieron en la cordillera central e hicieron de la misión de Avapó -fundada en 1771- el modelo misional franciscano, aunque su presencia se multiplicó a lo largo del piedemonte con la excepción del Pilcomayo Sur, donde los hacendados tuvieron mejores relaciones con los chiriguano que los propios misioneros; éstos lograron concentrar alrededor de 24.000 chiriguano en un total de 21 reducciones. Por ello, coincido con Pifarré en que la nueva proyección económica y política de Charcas sentó las bases para que los tres principales pilares de la conquista -hacienda, fortín y misión- consiguieran consolidarse en

---

con el guardián a la cabeza- que la expedición y eventual construcción de misiones en lugar diverso al de Chanchamayo sería sufragada por los fondos adjudicados al Colegio de Ocopa, en *Ibíd.*.pp.167.

48. A.Jáuregui y Aldecoa..*Ob.cit.*.pp.211.

49. A título de ejemplo mencionemos la gran importancia de la explotación de quina, en especial la procedente de Loja, cuya exportación a España alcanzó las 615.000 libras a fines del siglo XVIII, según V.Canga Argüelles..*Diccionario de Hacienda*, citado por R.Vargas Ugarte..*Historia General del Perú*. Lima, Ed.Milla Batres, 1966, V.V..pp.151-152.

50. Autoridades que se comprometieron a contribuir al mantenimiento de las misiones de yuracarés, a cargo de los franciscanos del colegio de Tarata, fundado por R.C. de 20.XI.1792. Se esperaba que la actividad reduccionista redundaría también en beneficio de las misiones de Moxos que, según decía la R.C., estaba falta de curas doctrineros. «Real Cédula sobre la fundación de un colegio de misioneros en Tarata» en *Mercurio Peruano*, nº605 [nº405] (Lima, septbre-dcbre 1794, publicado en 1795), T.XII, ff.185-192.

aquellos años permitiendo la expansión ganadera, el desarrollo de los centros misionales y la consolidación de los fortines, ofreciendo cobertura y seguridad al asentamiento de las haciendas y de las misiones[51].

En segundo lugar, grande fue la actividad desarrollada por la sociedad civil puesto que en la última década del s.XVIII se organizaron numerosas expediciones protagonizadas por sectores fronterizos norteños de la actual Argentina[52], en particular procedentes de Tucumán o Salta como las dirigidas por Juan Adrián Fdez.Cornejo en 1790 y 1791. La primera, sin duda la más interesante, partió de Salta, recorrió el río Bermejo y exploró el Gran Chaco; tanto el diario de viaje como el ensayo redactados por el hacendado salteño, señalan insistentemente la necesidad de hacer un control efectivo de dicho territorio que sería posible con la reubicación de algunos fuertes[53], el establecimiento de nuevos poblados, y la reducción de pueblos selvícolas, política que permitiría al Estado:

> «el goce pacífico de los dilatados terrenos que hay entre nuestras Fronteras y el Bermejo y [facilitaría]....la comunicación del Paraguay y Corrientes, con las provincias del Tucumán y Perú, teniendo tránsito breve de unas a otras por este río»[54].

El objetivo de la segunda expedición fue la apertura de un camino entre el valle de Senta y la ciudad de Tarija, aventura que se saldó con un fracaso relativo pues si bien no se dio con la vía de comunicación adecuada, se logró «descubrir» una ruta entre dos reducciones, Senta y Salinas, que según Fdez.Cornejo permitiría canalizar la sal hacia los mercados de Santa Cruz y beneficiarse de los frutos de Moxos y Chiquitos[55].

51. F.Pifarré..»Historia de un pueblo», en *Los Guaraní-Chiriguano*. La Paz, CIPCA, 1989, V.2..pp.162 y ss. Interesantes trabajos sobre la actividad franciscana entre los chiriguano, estrategias desarrolladas por dicho pueblo para hacer frente a la invasión foráena, etc. son los publicados por Th.Saignes..*Los Andes Orientales: historia de un olvido*. Cochabamba, IFEA/CERES, 1985; *Ava y Karai. Ensayos sobre la frontera chiriguano (siglos XVI-XX)*. La Paz, Hisbol, 1990.

52. Interesante estudio sobre el tema es A.Gullón Abao..*La frontera del Chaco en la Gobernación del Tucumán (1750-1810)*. Cádiz, Publicaciones Universidad de Cádiz, 1993.

53. Fdez.Cornejo halló a lo largo de la expedición 11 fuertes en las fronteras de Jujuy, Salta, Sta.Fé, Córdoba y Corrientes; en su ensayo propuso la reducción de dicho número a sólo 5 fuertes, reubicándolos en las riberas del río Bermejo «donde formado un cordón que atraviesa el Chaco, produzca los efectos de facilitar el tránsito de esta Provincia y la del Paraguay, a la de Salta y las interiores del Perú; de impedir la comunicación y reunión de las diferentes Naciones bárbaras que habitan por ambos costados del R.Bermejo y los lugares inmediatos, y evitar por este medio sus conspiraciones y empresas de que tan escarmentadas se hallan las Provincias circunvecinas; y al fin, de proporcionar a estos fuertes, y sus guarniciones en los mayores apuros los más prontos socorros con el auxilio de la navegación ya allanada»; Fdez.Cornejo se olvida de citar una de las motivaciones fundamentales para el desarrollo de la frontera, la expansión de las haciendas ganaderas norargentinas. Ver «Estracto [sic] del informe que el coronel D.Adrián Fernández Cornejo remitió con su Diario al Superior Gobierno de Buenos Aires en 1790». *Mercurio Peruano*, nº588-589 [nº388-389], (Lima, septbre-dcbre 1795, publicado en 1795), T.XII, ff.50.

54. J.A.Fdez.Cornejo..«Diario del viaje que el Coronel de Milicias del Regimiento de la Viña, D.–, vecino de Salta, emprehendió [sic] a sus expensas, navegando el río Bermejo que atrabiesa [sic] la dilatada provincia del Gran Chaco, y concluye en el río Paraguay». *Mercurio Peruano*, nº583-587 [nº383-387], (septbre-dcbre 1794 publicado en 1795), T.XII, ff.5; todo el artículo entre ff.1-48. Fdez. Cornejo presentó el plan al virrey rioplatense J.José Vertiz en 1780, aunque por entonces no pudo llevarlo a cabo por problemas económicos. Cuando a fines de 1789 pasó por Salta el virrey Nicolás de Arredondo, Fdez.Cornejo requirió y obtuvo su proteción para la expedición que, financiada por él mismo, se llevó a cabo entre el 27.VI.1790 y 20.VIII.1790.

55. La expedición, dirigida por Fdez.Cornejo, salió de Salta el 11.VII.1791 y tomó el camino del Bermejo; posteriorme, el notable salteño cayó enfermo lo que le obligó a regresar y dejar como ca-

2.2.2. La frontera oriental del Virreinato peruano.

.Sofocada la rebelión tupamarista y bajo el clima propiciado por las reformas borbónicas, en particular la relativa al sistema de intendencias, la actividad desplegada por las autoridades políticas, los misioneros franciscanos y destacados sectores de la sociedad civil de las provincias fronterizas, hizo creer a muchos que los últimos años del siglo XVIII verían la realización del sueño ilustrado relativo a la incorporación de la región amazónica al Estado colonial, en palabras de J.H.Unánue:

> «San Joaquín de Omaguas, situado en la confluencia del Ucayali y Marañón, figuraría entonces la antigua Tiro a cuyos puertos llegaban las naves y los frutos de todo el mundo. Por el río de las Amazonas entrarían los de la América septentrional, los de Europa, y quantos [sic] a ésta tributan el Africa y el Asia. Por el Pastaza y Marañón enviaría Quito sus paños y estatuas. Por el Huallaga y Mayro remitiría Lima el óleo delicioso que destilan las frondosas parras y olivas que hermosean las costas que baña el mar pacífico. Por el Apurímac, irían las pinturas y azúcares del Cuzco y el oro de Carabaya. Por el Beni navegarían los lienzos de Moxos y todas las riquezas del paititi...La idea encanta, la realidad es obra del tiempo»[56].

A diferencia de lo sucedido en las décadas anteriores, en esta coyuntura finisecular observamos la estrecha colaboración entre las autoridades políticas y religiosas, de la que constituye un buen ejemplo la cooperación entre Juan Mª Gálvez, intendente de Tarma durante casi diez años (1784-93) y Manuel Sobreviela, Guardián de Ocopa entre 1787-97[57]. Si el primero desplegó una gran actividad en aras a conseguir la *explotación* de los recursos existentes en la región amazónica, la *conversión-reducción* de los indígenas que la habitaban y la *colonización* de las tierras orientales, el segundo no le andó a la zaga en la organización de expediciones y fundación de nuevas misiones[58].

Cuando Sobreviela accedió al cargo (1787) el número de conversiones dependientes del Colegio ocopeño, excluyendo las chilenas, ascendían a nueve: a) las misiones de Cajamarquilla con 4 conversiones: Pajatén, Valle, Sión, Pampa-Her-

---

beza de la empresa a Fernando Cornejo y Lorenzo Medina quienes no lograron abrir el camino que pretendían, regresando el 26.VIII.1791, en «Itinerario de D.Juan Adrián Fernández Cornejo, destinado a abrir un nuevo camino del valle de Senta a la villa de Tarija». *Mercurio Peruano*, nº180 (Lima,23.IX.1792), T.VI, ff.51-57 y nº181 (27.IX.1792), T.VI, ff.59-61.

56. Comentario del autor al informar del viaje del franciscano Girbal y Barceló a los ríos Marañón y Ucayali en 1790, Aristio.. «Peregrinación por los ríos Marañón y Ucayali a los pueblos de Manoa, hecha por el padre Predicador Apostólico Fr.Narciso Girbal y Barceló en el año pasado de 1790». *Mercurio Peruano*, nº77 (Lima, 19.IX.1791), T.III, ff.65-66. El artículo se inicia en el nº75 (22.IX.1791), ff.49-56, sigue en nº76 (25.IX.1791) y concluye en nº77.

57. M.Sobreviela, permaneció en el cargo de Guardián desde 12.II.1787 hasta el 10.V.1797, cuando fue nombrado Visitador Gral. del Colegio de Ocopa y de todas las misiones, además de Presidente del Capítulo; en los inicios del s.XIX se trasladó a San Antonio de Charcas donde ejerció otros cargos. Miembro honorario de la Sociedad de Amantes del País, colaboró en repetidas ocasiones con la revista publicada por la entidad, el *Mercurio Peruano*, B.Izaguirre..*Ob.cit.*. T.VII..pp.11-25.

58. Sobreviela participó en numerosas expediciones a lo largo de su gestión; las realizadas entre 1788-91 fueron: 1. Entrada a la Montaña por Huanta; 2. Viaje desde Ocopa hasta el valle de Vitoc, pasando por Monobamba -pueblo que refundó-; 3. Entrada de Chachapoyas hasta la unión del Moyobamba con el Huallaga; 4. Bajada por el Marañón desde Tomependa -prov.Jaén- hasta el pueblo de la Laguna de la Gran Cocama; 5. Bajada por el Marañón desde la Laguna al Puerto de Tefé, colonia portuguesa; 6. Entrada desde el partido de Pataz o Cajamarquilla, expediciones reseñadas en el *Mercurio Peruano*, nº81 (Lima, 13.X.1791), ff.107-120. Amplia información sobre las entradas dirigidas por Sobreviela se halla en su informe al virrey de la Croix, fechado en Lima, 12.II.1790, en B.Izaguirre..*Ob.cit.*.T.VII..pp.141-156, y también en el T.IX de esta misma obra.

mosa; b) las misiones de Huánuco con 4 conversiones: Pueblo-nuevo, Chaclla, Muña y Pozuzo; c) la conversión de Huanta con una capilla en Simariba[59]. Una de las aportaciones más importantes realizadas por el superior franciscano en el conocimiento de la región oriental fue la confección del mapa de las fronteras de Tarma en 1791, realizado con el objetivo de mostrar a los misioneros y al resto de la sociedad interesada en la penetración en la región amazónica, los caminos hacia la Montaña puesto que:

> «los mismos caminos [que utilizan los religiosos] podrán también servir de guía a los moradores del Perú que quieran penetrar aquellas vastas Regiones, para enriquecerse con las preciosas producciones de que abundan, pues sus inmensas y feraces llanuras están pobladas de árboles útiles y yerbas medicinales; la multitud de animales, así terrestres como volátiles es infinita; los ríos están llenos de innumerable variedad de peces, y en sus orillas lavan y recogen los gentiles el oro y la plata, de cuyos preciosos metales fabrican brazaletes, medias lunas, chapas y pitones con que se adornan»[60].

Sobreviela creía, probablemente con razón, que el progreso de las misiones dependía, en buena medida, de la capacidad de los religiosos para abrir nuevos caminos, desarrollar la agricultura y el comercio, estimular la colonización, etc. Esta es, sin duda, la razón fundamental por la cual se dio un buen entendimiento entre el misionero y el intendente Gálvez, colaboración de la que surgieron varias expediciones hacia el Oriente que, en algún caso, contaron incluso entre sus miembros con el propio intendente, como fue la expedición desarrollada en 1789 con el objetivo de abrir un nuevo camino que permitiera la repoblación del valle de Vitoc, y a la que se refirió M.Millán de Aguirre en 1793. Este, tras lamentarse de las negativas consecuencias que la revuelta de Juan Santos había producido en todos los partidos de la intendencia tarmeña -Tarma, Jauja, Huánuco, Panatahuas, Huamalíes, Conchucos, Huaylas y Cajatambo- subrayaba los grandes beneficios económicos que podrían derivarse de una ocupación efectiva del territorio oriental, del que decía, era rico en coca, cascarilla, algodón, tabaco, cacao, azúcar, mieles, café, resinas varias, etc. por lo que:

> «A proporción del interés que ofrece este suelo, y del empeño con que propende Nuestro Católico Monarca a la conversión de aquellos Infieles, se han solicitado los medios más oportunos para su *reconquista*, abriendo camino para el valle de Vitoc, y estableciendo en él dos Pueblos y una fortificación para su mayor seguridad»[61].

---

59. J.Amich..*Ob.cit.*.pp.232.

60. *Mercurio Peruano*, nº80, (Lima, 9.X.1791), ff.94. El mapa «Plan del curso de los ríos Huallaga y Ucayali y de la pampa del Sacramento, levantado por el P.Fr.Manuel Sobreviela, guardián del Colegio de Ocopa, dado a luz por la Sociedad de Amantes del País.Año 1791», dedicado a Carlos III, publicado en el nº81, (13.X.1791), ff.120bis.

61. La cursiva es mía. M.Millán de Aguirre..«Descripción de la intendencia de Tarma». *Mercurio Peruano*, nº258 (Lima,23.VI.1793), T.VIII, ff.133. El artículo sigue en nº259 (27.VI.1793), T.VIII, ff.132-139 y nº260 (30.VI.1793), T.VIII, ff.140-149. En los diarios de viaje de M.Sobreviela a las montañas de Huanta y Huamanga, entre los que se hallan las dos expediciones realizadas al valle de Vitoc en 1788-1789, el religioso habla raramente del aspecto «espiritual» de la empresa y hace largas reflexiones sobre las repercusiones materiales de la misma, informando detalladamente de la forma cómo proceder a la colonización de un determinado territorio, tipo de cultivos, ver por ej. el texto de Sobreviela fechado en Huamanga (16.VIII.1788), recogido por B.Izaguirre. *Ob. cit.* T.IX.. pp.95-100.

Aunque Millán de Aguirre no menciona explícitamente los medios que deberían posibilitar dicha reconquista, leemos entre líneas la importancia concedida tanto a la acción misionera, como a la construcción de fuertes, como finalmente, a la progresiva colonización. Todos estos factores deberían permitir el avance de la frontera interna, como se había producido en la entonces provincia de Huánuco donde:

> «El buen suceso de estas tentativas [colonizadoras] y de las de D.Juan Bezares, que posteriormente se internó por aquellos parages [sic], desvaneció el recelo de irrupción de bárbaros, y atraxo [sic] multitud de Indios [cabe suponer que se refiere a los serranos] que interesados igualmente en el goce de las producciones de este suelo, han franqueado diversos caminos, y han proporcionado con sus brazos los auxilios necesarios a esos dos nuevos colonos»[62].

Detengámonos por un momento en el personaje citado por Millán de Aguirre, que creo interesante como ejemplo de la participación de miembros de la sociedad civil en la penetración en la región amazónica. Juan Bezares fue un comerciante español que, estimulado por los relatos existentes sobre la feracidad de la selva de Huamalíes, organizó en 1785 una expedición a la zona para comprobar la existencia y posibilidades de explotación de sus recursos naturales. Descubriendo gran cantidad de árboles de quina, promovió el establecimiento de algunos poblados y propuso al gobierno colonial la apertura de un camino que, saliendo del pueblo de Tantamayo arribara a Huamalíes, permitiendo así la incorporación económica de la región existente al sur del Marañón, entre Pataz, Huamalíes, Huánuco y la Pampa del Sacramento. El camino fue finalmente construido en 1789, y su promotor obtuvo del virrey De la Croix, la jurisdicción política en el distrito de Chavín de Pariarca al ser nombrado Justicia Mayor del mismo[63]. Del progreso de la colonización en la zona dio noticia unos años más tarde Sobreviela cuando, tras recibir en 1790 el encargo del virrey De la Croix de emitir un dictamen sobre los adelantos hechos por Bezares y las providencias a tomar con vistas al desarrollo del territorio, el religioso concluyó elogiando la actividad desarrollada por el citado personaje que permitiría un control definitivo de la región[64].

Retomando el hilo del discurso, todos los sectores implicados en la ocupación de la región amazónica subrayaron, en mayor o menor medida, la necesidad de avanzar progresivamente a partir de la construcción de fuertes cercanos a pobla-

---

62. M.Millán de Aguirre..Art.cit. nº260 (30.VI.1793), T.VIII, ff.145.

63. Título de Justicia obtenido por decreto de 11.X.1788. Ver Thimeo [pseudónimo de Fr.F.Glez.Laguna.]..«Proyecto económico sobre la internación y población de los Andes de la provincia de Guamalies, propuesto y principiado por D.Juan de Bezares», en *Mercurio Peruano*, nº32 (Lima, 21.IV.1791), T.I..ff.290-297, y nº33 (24.IV.1791), T.I..ff.298-305.

64. Sobreviela, sin duda muy optimista, señaló que el control definitivo de la frontera oriental permitiría la extracción de «todos los preciosos efectos de las montañas desde Quito hasta Huánuco, como también los tabacos desde Lamas hasta Pueblo Nuevo y desde aquí al mismo Huánuco, o por la quebrada de Monzón hasta el partido de Huamalíes», en B.Izaguirre..*Ob.cit.*.T.VII..pp.265-285. No deja de ser sorprendente y aparentemente contradictoria con lo dicho en el texto, la afirmación de Vargas Ugarte relativa a la oposición de los franciscanos, en particular del procurador de misiones Fr.Pedro Glez.Agüero, y de M.Sobreviela, a los proyectos de Bezares; probablemente, la oposición fue no al proyecto colonizador, sino a la obtención por Bezares del título de Justicia, lo que comportaría la pérdida para los religiosos del control político de la región; sabemos que por R.C. de 21.I.1792 Bezares fue suspendido en el ejercicio de dicho cargo, en el que fue restituído en 1795. R.Vargas Ugarte.. *Ob.cit.*.V.V..pp.112-113.

dos fronterizos, con caminos que facilitaran la rápida comunicación y auxilio entre ellos; asentada la población, se haría una nueva avanzada, construyendo un nuevo fuerte y un nuevo poblado que se formaría:

«no sólo de los gentiles que lograremos atraer por medio de los regalos y comercio; si[no] también de los que voluntariamente quieran avecindarse en aquellas feracísimas tierras, y de muchos pobres y ociosos fronterizos que apenas tienen lo muy preciso para la manutención de sus miserables familias»[65].

En consecuencia, la acción conjunta de la autoridad política, de los religiosos y de sectores de la sociedad civil, pareció hacer posible un proyecto largamente esperado por la sociedad colonial, esto es, la recuperación de la selva central para la *civilización*[66], poniendo fin a la *salvajización*, permitiendo el avance de la frontera interna y logrando, finalmente, una defensa efectiva de la soberanía española frente a la Corona portuguesa[67]. No obstante, este proyecto colectivo pasaba, según el consenso de la mayoría de sus protagonistas, por el trabajo pionero de los misioneros que debían de actuar como punta de lanza en la penetración en la región:

«Por cualquier parte que se contemplen las Misiones y conquista espiritual del famoso Ucayali, [los misioneros] deben ser un objeto digno de nuestro aprecio. Además, de la multitud de hombres embrutecidos que pueden reducir a la religión y a la sociedad, son incalculables las ventajas que traerá a nuestro comercio la posesión de aquellos países feracísimos»[68].

---

65. *Mercurio Peruano*, nº80 (Lima,9.X.1791), T.III, ff.104.

66. En palabras recogidas por Aristio -pseudónimo de J.Hipólito Unánue- del informe presentado al virrey De la Croix relativo a la repoblación del valle de Vitoc ya citada: «Se interesa en este proyecto la Religión que tanto desea nuestro Augusto Monarca en los infieles; porque la misma población de Vitoc adelantada con el tiempo, podrá servir de asiento para comunicarse con los chunchos; y viendo estos no se les persigue, ni obstiliza [sic] en las tierras que poseen, se franquearán a nuestro comercio por las herramientas que tanto han menester», Aristio..«Repoblación del valle de Vitoc». *Mercurio Peruano*, nº107 (Lima, 12.I.1792), T.IV, ff.32.

67. A diferencia de lo sucedido en el tercer cuarto del siglo XVIII, las referencias a las incursiones portuguesas en territorios de la Corona en los últimos años del siglo XVIII y primera década del siglo XIX prácticamente son inexistentes, con la excepción del territorio de Maynas. La mención de los portugueses se refería, en este caso, al beneficio que éstos obtenían del comercio con los poblados fronterizos hispanos, razón por la que se vio la necesidad de consolidar progresivamente la frontera interna abriendo caminos que vincularan las nuevas poblaciones a la sierra impidiendo así aquel comercio; a ello se refería el franciscano Narcis Girbal, quien en el relato de su segundo viaje al Manoa en 1791 afirmó que «Es de suma importancia y utilidad se facilite el comercio del Perú y Maynas por el Huallaga. De esta suerte se priva al Portugués de la utilidad que saca de aquellas provincias; estarán éstas mejor surtidas de todo lo necesario para su subsistencia y defensa; y se aumenta la extracción así de ellas como la del Perú» en *Mercurio Peruano*, nº151 (Lima, 14.VI.1792), T.V, ff.102.

68. Editorial de J.H.Unanue en *Mercurio Peruano*, nº279 (Lima, 5.IX.1793), T.IX, ff.1. Aunque al parecer existió un consenso generalizado sobre la utilidad de las misiones, ello no fue óbice para criticar el dispendio que para el erario público suponía su mantenimiento, como hemos visto en la relación del virrey Amat. Probablemente como consecuencia de la opinión negativa de éste, por R.O.de 1.XI.1776, el monarca inquirió al nuevo virrey Guirior acerca del número de misioneros, su utilidad y la necesidad -o no- que la Real Hacienda contribuyera a su mantenimiento. La orden sólo fue ejecutada en 1787 cuando por orden del virrey De la Croix, el intendente de Tarma J.MªGálvez se dirigió al recién nombrado Guardián de Ocopa, M. Sobreviela para obtener la información correspondiente; el religioso respondió que las misiones estaban en decadencia como consecuencia de la escasez de recursos económicos y humanos, y no mencionó para nada la resistencia de los indígenas a la penetración. En abril de 1788, el mismo Sobreviela recibió un oficio del virrey acompa-

Por ello, personajes importantes de esta historia son los frailes M.Sobreviela, Fco.Alvarez de Villanueva, Vicente Gómez, José López, Luis Colomer, Narcis Girbal y Barceló, Buenaventura Márquez, Juan Dueñas, que desde 1787 recorrieron periódicamente el Huallaga, Ucayali y Marañón a la búsqueda de *infieles* a quienes *reducir* en poblados[69]. El número de los mismos, a inicios de los noventa, se había incrementado en nueve: San Antonio de Intate y San Luis de Maniroato en la frontera de Huamanga, San Francisco de Monobamba en la frontera de Jauja, San Teodoro de Colla y Sta.Ana de Pucará en la selva tarmeña, San Francisco de Monzón en Huánuco, el Infante de Schucusbamba -también escrito Jucusbamba- en Trujillo, los poblados de Tarapoto y Cumbasa en las conversiones de Lamas y, finalmente, Pachiza y Uchiza en el Huallaga[70]. La fundación de los nuevos poblados, a cuyo éxito contribuyeron precisas instrucciones sobre cómo, dónde y en qué circunstancias reducir a los naturales, el gobierno de la misión, etc[71]. comportó, generalmente, la apertura de caminos que facilitaran la relación de aquellas poblaciones con los poblados fronterizos serranos y por ello, se construyeron varias vías de comunicación en las fronteras de Huanta, Jauja, Tarma y Huánuco[72], tarea en la que los misioneros contaron con la ayuda de las autoridades y de la sociedad civil[73], hacendados y

---

ñando una R.O. de 1.XI.1786 solicitando nuevos informes que, satisfechos por el guardián ocopeño, permitieron a de la Croix escribir al Consejo de Indias (Lima, 5.X.1789) elogiando la obra de los misioneros, en particular de Sobreviela del que afirmaba, había dictado acertadas providencias «dirigidas a facilitar el comercio, y aumentar la cosecha de frutos, que son los dos únicos medios más proporcionados para conseguir la civilización de aquellos naturales, e ir reduciendo a los demás gentiles», en B.Izaguirre..*Ob.cit.*. T.VII..pp.342.

69. Aunque los misioneros participaban en una labor *conquistadora*, excepcionalmente se refieren a su misión en estos términos; por ello no deja de ser sorprendente la afirmación de Girbal y Barceló, en un relato sobre su última expedición al Ucayali, fechado en Manoa (3.IV.1792) dirigido al Guardián de Ocopa, de que «es preciso que esta nueva conquista y conquistadores, seamos socorridos con larga mano», solicitando más recursos. Aristio..«Segunda peregrinación del P.Predicador Apostólico Fr.N.Girbal y Barceló a los pueblos de Manoa», *Mercurio Peruano*, nº153 (Lima, 21.IV.1792), T.IV..ff.121.

70. J.Amich..*Ob.cit.*..pp.234, y «Estado del Colegio de Ocopa y de todas sus misiones del Perú y Chiloé, sus hospicios y pueblos; la distancia de éstos a sus cabeceras, y el número de almas, formado por su prelado actual Fr.Manuel Sobreviela, fechado en Lima, 12 de octubre de 1791», publicado inicialmente en *Mercurio Peruano*, nº81 (Lima,13.X.1791), T.III, ff.120bis, recogido también por B.Izaguirre.. *Ob.cit.*.T.VII..pp.357-368.

71. Ilustrativa es la «Instrucción del P.Guardián de Ocopa Fr.M.Sobreviela para los P.Fr.N.Girbal y Barceló, Fr.B.Márquez y Fr.J.Dueñas, y para los que les sucedieren en el establecimiento y progresos de las conversiones de Manoa y del famoso río Ucayali», *Mercurio Peruano*, nº150 (Lima, 10.VI.1792), T.V..ff.91-96 y nº151 (14.VI.1792), T.V..ff.97-99.

72. En Huanta se abrió un camino desde Yanta-Yanta a las conversiones de Simariba; en la frontera de Tarma los misioneros ayudaron a la apertura de dos caminos entre el Tambo de Marainioc al valle de Vitoc; en la frontera de Huánuco se abrió un camino hasta Playa-grande, etc. en B.Izaguirre..*Ob.cit.*.T.VII..pp.155-156. Muchas de las crónicas misioneras, diarios de viaje, etc. fueron publicados en su momento en el *Mercurio Peruano*, para quien estos textos cumplían con un objetivo fundamental, dar a conocer la geografía del territorio selvático, sus habitantes, sus recursos económicos, etc. La casi totalidad de los textos franciscanos se encuentran recogidos en la tantas veces citada obra de Izaguirre.

73. A título de ejemplo, Sobreviela señala en el diario del viaje realizado a las misiones de Huamanga y Huanta, iniciado tras haber recibido oficio del virrey acompañando la R.O. de 1.XI.1787 citada anteriormente, que contó con la ayuda del gobernador intendente de Huamanga que dictó una orden «dirigida a todos los justicias de los pueblos y hacendados de las fronteras, para que me franqueasen sin demora alguna cuantos auxilios pidiese de peones, víveres y bagage [sic], para el feliz éxito de mi visita y establecimiento de las conversiones de mi cargo» en «Diario del viaje que yo Fr.Manuel Sobreviela, Guardián del Colegio de P.Fide de Sta.Rosa de Ocopa, hice a las

comerciantes, interesados en la explotación de la selva y la apertura de nuevas vías de comunicación que les permitiera una mejor explotación de sus propiedades[74].

Junto a los religiosos, gran actividad desarrollaron también las autoridades civiles de los territorios cuyas fronteras lindaban con los territorios amazónicos que enviaron numerosos informes a sus superiores sobre la forma más adecuada para favorecer el desarrollo de la frontera interna y, constataron, desalentadas, cómo las respuestas de Madrid a todos sus requerimientos eran sumamente imprecisas[75]. Figuras como Juan Mª Gálvez y Ramón Urrutia en la intendencia de Tarma[76], o Francisco Requena como gobernador de las comandancias de Maynas y Quijos y comisario de límites para la demarcación de la frontera con Portugal, son personajes destacados en esta historia, y es a este último al que voy a referirme.

Requena recibió el encargo de estudiar las relaciones de los territorios y habitantes amazónicos con los centros administrativos coloniales, con el objetivo de señalar las medidas adecuadas para facilitar la incorporación de la región amazónica al Estado colonial. Como administrador celoso mantuvo contactos regulares con los franciscanos, a los que dio recomendaciones para la introducción de determinados cultivos, utilización de embarcaciones y a quienes ayudó con transporte, alimentos y hombres armados en las expediciones que realizaron por la región bajo su gobierno; no obstante, no les ahorró críticas cuando consideró que su actuación entre los indígenas era incorrecta, tanto en relación al «gobierno y policía» de los mismos, considerando excesivo el castigo inflingido a los selvícolas por los religiosos, como referente a la praxis social y aculturación indígena, en que les indicó la necesidad de avanzar más rápidamente en la sustitución de las construcciones tradicionales por las «civilizadas», la introducción de hábitos de «civilidad» tales como la monogamia, el vestido y, finalmente, la enseñanza del español[77].

Con todo, la importancia mayor del gobierno de Requena fue, probablemente, su actividad como comisario de límites frente a la Corona portuguesa desde 1779, tarea en la que su colaboración con los misioneros fue notable[78]. Desgraciadamente

---

conversiones de las montañas de Guanta partido de la Intendencia y Obispado de Huamanga, y a las fronteras de Tarma...» recogido por B.Izaguirre..*Ob.cit.*.T.IX..pp.53-54.

74. M.Sobreviela, en el viaje emprendido en 1788 por las fronteras de Huanta, menciona su encuentro con algunos hacendados cocaleros interesados en abrir un camino más rápido del existente entre Tambo y la quebrada de Sana, lugar éste en que aquéllos tenían un total de 21 haciendas. Según el religioso «parecióme que el proyecto era utilísimo para los PP.Conversores y hacendados y para la extracción más breve de todos los efectos de la montaña» en B.Izaguirre..*Ob.cit.*. T.IX..pp.55.

75. J.Fisher..*Ob.cit.*.pp.179.

76. El gobierno de Gálvez dejó entre sus numeros frutos: a) la construcción de un fuerte en Vitoc y el restablecimiento de los pueblos de Pucara y Collac, b) la reconstrucción de Monobamba al amparo del fuerte de Uchubamba, c) la repoblación de la cuenca del Tulumayo, facilitando a su vez la repoblación de Chanchamayo.

77. «Carta del Sr.D.Fco.Requena, gobernador de los Maynas, al R.P.Guardián de Ocopa con algunas reflexiones referentes al mejor gobierno, y progreso de las Misiones del Ucayali», fechada en Jeberos (1.XI.1792), en *Mercurio Peruano*, nº279 (Lima, 5.IX.1793), T.IX, ff.1-8 y nº280 (8.IX.1793), T.IX, ff.9-19. Pocos meses antes, Requena había escrito a Sobreviela (Jeberos, 2.VII.1792) agradeciendo los esfuerzos de los franciscanos por explorar el Oriente y dar a conocer sus conocimientos pues «La América después de tres siglos de Conquista está bien escasa de Cartas y Mapas que la den a conocer, atrasada entre los hombres más sabios de ella la Geografía, y el Estado sin poder sacar las ventajas y utilidades que ofrece por faltarle los conocimientos bien detallados de su situación, que le son necesarios» en *Ibíd.*.nº196 (18.XI.1792), T.VI, ff.187-188..

78. Muy interesante es el mapa confeccionado por Requena, fechado el 1.XI.1779 en que aparecen todos los pueblos y «naciones bárbaras» pertenecientes a la Audiencia de Quito. Mapa reco-

no fue secundado por la diplomacia española que veía impotente cómo los portugueses continuaban con su procedimiento habitual de introducirse en territorios incontrolados por el aparato colonial, captaban mano de obra indígena y eludían firmar acuerdos[79]; su mayor éxito radicó en la segregación de Maynas de la Presidencia de Quito y su incorporación al Perú por R.C.de 15.VII.1802. Grande había sido la insistencia de Requena desde los últimos años del siglo XVIII por anular los obstáculos que impedían hacer efectivo el control del territorio amazónico; uno de los más importantes, sin duda alguna, era la lejanía de las misiones del Marañón respecto a los centros de poder político radicados en Quito y Santa Fé de Bogotá[80]. Por ello, tras su nombramiento como miembro del Consejo de Indias defendió, con éxito, lo que tan tenazmente había solicitado, esto es, la segregación del virreinato neogranadino de la comandancia del Maynas[81]; dicho territorio, junto a las misiones del Napo, Putumayo y Yapurá, formaron por la misma R.C. el obispado de Maynas, aunque sus misiones se confiaron a los religiosos de Ocopa[82]. A pesar de todo, los objetivos que se perseguían con la segregación no se lograron, según el jesuita Vargas Ugarte, cuya aversión a los franciscanos es notoria, porque «la negligencia con que desempeñaban su oficio [los misioneros] rayaba en lo indecible»; según Izaguirre, por los obstáculos del nuevo obispo a la actividad de los religiosos[83]. En mi opinión, es evidente que el origen de tal fracaso fue que los misioneros, algunos de los cuales fueron nombrados vicarios y curas, se resistieron a depender del ordinario diocesano, en un conflicto clásico entre iglesia regular e iglesia secular.

---

gido en L.García..*Historia de las misiones en la Amazonia Ecuatoriana*. Quito, Eds.Abya-Yala, 1985, pp.144-145. En la década de 1790, la colaboración de Requena con Girbal y Barceló estuvo presente en las expediciones al Ucayali, Huallaga y Mayro, ver *Mercurio Peruano*, nº381 (Lima, 28.VIII.1794), T.XI, ff.276-284.

79. Ejemplo de este proceder fue el establecimiento de una población lusitana en 1781 en el Putumayo; conociendo Requena la situación exigió ver al Comisario portugués para que se retirara y cumpliera el tratado de 1778, pero recibió una negativa. Requena solicitó del Pdte. de Quito que enviara misioneros y soldados a la zona, quienes se encontraron con una revuelta en Muras, estimulada por Portugal. Finalmente, el gobernador de Maynas decidió construir un puerto militar cercano a Asunción. Ver R.Vargas Ugarte..*Ob.cit.*. V.V..pp.114-115.

80. Como escribió un articulista a propósito de la construcción de una flota de barcos que navegaran por los ríos amazónicos «Otras muchas conveniencias iría descubriendo el tiempo con el entable de estos barcos, especialmente agregándose el Gobierno de Maynas al virreinato de Lima, de donde son más prontos los socorros, y más fácil la comunicación que desde Quito» en *Mercurio Peruano*, nº382 (Lima, 31.VIII.1794), T.XI, ff.289.

81. Una de las razones esgrimidas era que las misiones mayneñas se hallaban «en el mayor deterioro, y que sólo podían adelantarse estando dependientes del Virreinato de Lima, desde donde podían ser más pronto auxiliadas, mejor defendidas, y fomentarse algún comercio, por ser accesibles todo el año los caminos desde aquella capital a los embarcaderos de Jaén, Moyobamba, Lamas, Playa-Grande y otros puertos, todos en distintos ríos, que dan entrada a aquellas diversas Misiones», según se dijo en la R.C., en J.Amich..*Ob.cit.*..pp.502.

82. Primer obispo fue el franciscano Hipólito Sánchez Rangel, nombrado por R.C. de 7.X.1805. Ambos textos, R.C. de agregación de las misiones de Maynas al virreinato peruano y nombramiento del prelado, en J.Amich..*Ob.cit.*..pp.502-506.

83. R.Vargas Ugarte..*Ob.cit.*.V.V..pp.158; B.Izaguirre, señala que «Con los nombramientos de párrocos recaídos en los misioneros de Ocopa, éstos vieron desbaratado su antiguo régimen de misiones, la autoridad del superior de la misión absorbida por la del Ordinario, y por ende, coartado su nativo espíritu de empresa, que solía comunicar vida y movimiento a dichas misiones» en *Ob.cit.*.T.IX..pp.6.

3. Epílogo. El fin de una ilusión o las evidencias de un fracaso, 1810-1821

La decadencia que se produjo entonces en las misiones de la selva norte y también en la selva central[84] fueron el presagio y el indicador más explícito del fracaso global de la reconquista de la amazonía por el poder colonial que, como en otros tantos aspectos, no fue capaz de dar un contenido real a su política. Los últimos coletazos en la actividad misionera tardocolonial se desarrollaron en la década de 1810, años en que hizo su aparición en la historia misional amazónica la figura del franciscano ecuatoriano Manuel Plaza. Por entonces se fundaron algunos poblados en el Ucayali[85] y se intentó la apertura de nuevas rutas que permitieran la comunicación de aquéllos con las misiones del Gran Pajonal, Cerro de la Sal y Sonomoro -vía Andamarca- para lo que, ante una eventual defensa de los campa se proyectó la construcción de un nuevo fuerte cercano al Pangoa, en las ruinas de la antigua misión de S.Buenaventura de Chavini, sufragado con 2.000 pesos por el gobierno limeño que además, estableció guarniciones en Uchubamba, Comas y Andamarca[86].

No obstante, hacia 1815 la desintegración del sistema colonial parecía evidente y la selva había dejado de interesar tanto a la Corona como a la Iglesia. Indicadores de tal situación fueron varios aunque citaré sólo dos; el primero, el hecho que las demandas formuladas en 1808 por el intendente de Tarma, R.Urrutia, relativas a la adopción de nuevos métodos en la conquista de los territorios e indígenas amazónicos cayeran en saco roto[87]; el segundo, que los franciscanos, en abierta

---

84. Demetrio O'Higgins, intendente de Huamanga, en el informe fechado en Huamanga el 3.VIII.1804 tras su segunda visita por las provincias a su cargo en 1802 afirma : «Desde que empezaron las conversiones en la frontera de Guanta, que hace muchos años, hasta hoy no se ha visto la más mínima población de indios catequizados, siendo esta la más eficaz prueba del ningún fruto que se ha conseguido» en J.Juan y A.Ulloa..*Noticias secretas de América.* Londres, Imp.R.Taylor, 1826, pp.680.

85. Ver al respecto: a) informe del prefecto y comisario de misiones Pablo Alonso Carvallo, al P.Fr.Buenaventura Bestard, comisario gral.de Indias quien a su vez lo presentó al Secretario de Gracia y Justicia de Indias, Madrid, 21.XI.1819 en *Revista Histórica de Lima,* T.III y b) «Breve noticia del estado de las misiones de Manoa, en la Pampa del Sacramento...y el estado en que se hallaban el año de 1820» del franciscano ocopeño Jerónimo de Leceta, dirigido al arzobispo limeño, J.Benavente con fecha 22.XII.1837, en Archivo Arzobispal de Lima, citados por B.Izaguirre. *Ob.cit.* T.IX..pp.31 y ss.

86. J.Amich..*Ob.cit.*.pp.249. Según Izaguirre, la construcción del camino fue acordada en 1814 por el Guardián de Ocopa, Pablo Alonso Carvallo y el prefecto de las misiones del Ucayali, Manuel Plaza, que consideraron que: a) la nueva vía permitiría una comunicación más directa entre Ocopa y Sarayacu, b) Andamarca era la puerta para la entrada en los ríos Pangoa y Tambo, y además, c) se pretendía esquivar la intervención del obispo Sánchez Rangel, pasando por una población -Andamarca- perteneciente al arzobispado de Lima. Para ello se realizaron 3 expediciones al Pangoa entre 1814-1815, la primera dirigida por Carballo con la colaboración de Girbal y Barceló; la segunda organizada por el mismo Carvallo se encomendó a Fr.Diego Ruiz; la tercera fue dirigida por el mismo guardián ocopeño con la colaboración de Ruiz, logrando el restablecimiento de S. Buenaventura de Chavini en la confluencia del Mazamerich -hoy llamado Mazamari- con el Pangoa. B.Izaguirre..*Ob.cit.*.T.IX..pp.15 passim.

87. R.Urrutia y las Casas, intendente de Tarma entre 1796 y 1809, según Fisher «un funcionario competente pero poco espectacular» en *Ob.cit.*.pp.273, autor del *Informe del intendente Urrutia sobre las ventajas que resultan de la apertura del camino y comunicación por el Chanchamayo, presentado al Virrey del Perú en 1808.* Lima, Imp.del Comercio, 1847. En opinión de S.Varese este es el «último documento oficial de la colonia que manifiesta interés por la montaña central», en *Ob.cit.*.pp.224.

oposición al obispo de Maynas, H.Sánchez Rangel, dejaron sus misiones en 1816. No tardaron en seguir sus pasos los pocos que quedaron cuando en 1821, proclamada la independencia del Perú, marcharon vía Brasil por orden del superior de Ocopa que incluso vió como la política bolivariana suprimió su colegio, dedicado por decreto de 1.XI.1824 a la instrucción pública[88]. Del total de 20 poblados fundados por los franciscanos en la selva peruana entre 1752 y 1821 sólo permanecieron en pie Contamana, Monobamba y Sarayacu; el resto desaparecieron como consecuencia, bien de la resistencia -activa o pasiva- de los indígenas, bien de la partida de los misioneros[89].

La estadística despeja cualquier duda sobre el título de este trabajo, la *reconquista* de la amazonía se había saldado con un gran fracaso y la Selva se hacía de nuevo *invisible*, esperando que nuevos requerimientos trajeran nuevas expectativas que la hicieran *reaparecer* en la historia de los países andinos.

4. Fuentes y bibliografía citadas

AMAT I JUNYENT,M.
1947   *Memoria de Gobierno.* Ed. y estudio preliminar de V.Rodríguez Casado y F.Pérez Embid. Sevilla, EEHA.
AMICH,J.
1975   *Historia de las misiones del Convento de Santa Rosa de Ocopa.* Ed. y notas de J.Heras. Lima, Ed.Milla Batres.
ARDITO VEGAS,W..
1992   «La estructura de las reducciones de Maynas». *Amazonía Peruana,* V.XI, nº22 (Lima), pp.93-124.
BERNEX DE FALEN,N.
1988   «El espacio amazónico peruano: profusión y pobreza, posibilidad y fragilidad, autonomía y dependencia». En *I Seminario de Investigaciones Sociales en la Amazonía.* Iquitos, CETA, pp.191-236.
CASTRO ARENAS,M.
1973   *La rebelión de Juan Santos.* Lima, Ed.Milla Batres.
DENEVAN,W.M.
1980   «La población aborigen de la Amazonía en 1492». *Amazonía Peruana,* V.III, nº5 (Lima), pp.3-41.
FINOT,L.
1978   *Historia de la conquista del Oriente boliviano.* La Paz, Lib. Ed. Juventud, [2ª ed.].

---

88. Creo que lo dicho hasta aquí permite cuestionar lo afirmado por B.Izaguirre que, llevado por su militancia franciscana, señala que la decadencia de las misiones fue consecuencia de la independencia del Perú, en *Ob.cit.*.T.IX..pp.60 y ss. En mi opinión, es evidente que la ruptura política con España fue el aldabonazo definitivo que canceló todo interés por el territorio amazónico por varias décadas, aunque las evidencias del fracaso de la política borbónica se habían manifestado ya desde los primeros años del siglo XIX.

89. El único religioso que quedó en las misiones fue Manuel Plaza que desde Sarayacu continuó desplegando su actividad en las riberas del Ucayali hasta que a mediados de los cuarenta fue nombrado por el gobierno ecuatoriano obispo de Cuenca. Sucinta biografía en J.Heras..*Libro de incorporaciones y desincorporaciones; Colegio de P.Fide de Ocopa (1752-1907).* Con introducción y notas de —. Lima, Imp.Ed.San Antonio, 1970, pp.77, nota 135.

FISHER,J.
1981   *Gobierno y sociedad en el Perú colonial: el Régimen de las Intendencias, 1784-1814.* Lima, PUCP.

GARCIA,L.
1985   *Historia de las misiones en la Amazonía Ecuatoriana.* Quito, Eds.Abya-Yala.

GULLON ABAO,A.
1993   *La frontera del Chaco en la Gobernación del Tucumán (1750-1810).* Cádiz, Publicaciones Universidad de Cádiz.

HEGEN,E.E.
1976   *Highways into the Upper Amazon Basin.* Gainesville, Univ.of Florida Press.

HERAS,J.
1970   *Libro de incorporaciones y desincorporaciones; Colegio de P.Fide de Ocopa (1752-1907).* Con introducción y notas de —. Lima, Imp.Ed.San Antonio.

IBAÑEZ CERDA,J.
1973   *Ordenanzas de descubrimiento, nueva población y pacificación.* Ed.facsímil y transcripción de —. Madrid.

IZAGUIRRE,B.
1922   *Historia de las misiones franciscanas y narración de los progresos de la geografía en el Oriente del Perú, 1619-1921.* Lima, Tall.Tip. de la Penitenciaría, 14T.

JARAMILLO ALVARADO,P.
1936   *Tierras de Oriente.* Quito, Imp.Nacional.

JAUREGUI Y ALDECOA,A.de.
1982   *Relación y documentos del Gobierno del Virrey del Perú (1780-1784).* Ed. y estudio por R.Contreras. Madrid, CSIC.

JOUANEN,J.
1941-43 *Historia de la Compañía de Jesús en la antigua provincia de Quito, 1570-1774.* Quito, Ed.Ecuatoriana, 2V.

JUAN,J., ULLOA,A.
1826   *Noticias secretas de América.* Londres, Imp.R.Taylor.

LANDAZURI, H.
1987   *La Cuenca Amazónica. Argumentos en favor de un manejo integrado.* Quito, Eds.Abya-Yala/IIED.

LEHNERTZ,J.F.
1972   «Juan Santos, a primitive rebel on the campa frontier (1742-1752)». En *Actas del XXXIX Congreso Internacional de Americanistas.* Lima, IEP, V.4.

LEVILLIER,R.
1921-26 *Gobernantes del Perú. Cartas y papeles, siglo XVI.* Madrid. V.IV.

LOAYZA, F.A.
1942   *Juan Santos, el Invencible. Manuscritos del año de 1742 al año de 1755.* Lima, Ed.D.Miranda.

MANSO DE VELASCO,J.A.
1983   *Relación y documentos de Gobierno del Virrey del Perú, — conde de Superunda (1745-1761).* Introducción, edición, notas e índices de A.Moreno Cebrián. Madrid, CSIC.

MARZAL,M.
1984   «Las reducciones indígenas en la Amazonía del Virreinato peruano». *Amazonía Peruana,* V.V, nº10 (Lima), pp.7-45.

MERCURIO
1964   — *Peruano.* Lima, Biblioteca Nacional del Perú, ed. facsimilar, 12T+Indices. Ed.original en Lima, Imp.Real de Niños Expósitos, 1790-1795.

MILLER ASTRADA,L.
1987   «La gobernación de Tucumán en el Río de la Plata y su frontera sobre el Chaco».
        Quinto Centenario, nº12 (Madrid), pp.171-186.
MYERS, T.P.
1988   «El efecto de las pestes sobre las poblaciones de la Amazonía alta». *Amazonía*
        Peruana, V.VIII,nº15 (Lima), pp.61-81.
ORELLANA,S.
1969   «Juan Santos, el Rebelde». *Nueva Xauxa,* Año I, nº1 (Jauja).
O'RELLY,J.
        Expediente sobre las misiones de Tarma. Colección Mata Linares, T.76, Ff.422-
        458.
PIFARRE, F.
1989   «Historia de un pueblo». En *Los Guaraní-Chiriguano.* La Paz, CIPCA, V.2.
PORRAS B., M.E.
1987   *La Gobernación y el Obispado de Mainas.* Quito, Eds.Abya-Yala/TEHIS.
RENARD-CASEVITZ, F.M., SAIGNES, Th., TAYLOR, A.C.
1986   *L'Inca, l'Espagnol et les Sauvages.* París, Ed.Recherche sur les Civilisations, 1986.
        Versión española *Al Este de los Andes.* Quito, Eds.Abya-Yala, 1988, 2V.
SAIGNES,Th.
1979   «Continuités et discontinuités dans la colonisation du Piémont Amazonien des
        Andes». En *Table Ronde organisée en l'honneur de Pierre Monbeig.* París, IHEAL,
        pp. 25-46
1985   *Los Andes Orientales: historia de un olvido.* Cochabamba, IFEA/CERES.
1990   *Ava y Karai. Ensayos sobre la frontera chiriguano (siglos XVI-XX).* La Paz, Hisbol.
SANTAMARIA,D.J.
1986   «Fronteras indígenas del Oriente boliviano. La dominación colonial en Moxos y Chi-
        quitos, 1675-1810». *Boletín Americanista,* Año XXVIII, nº36 (Barcelona), pp.197-
        228.
1990   «Población y economía en el pedemonte andino de Bolivia. Las misiones de
        Apolobamba, Mosetenes y Yurakares en el siglo XVIII». *Revista de Indias,* V.L,
        nº190 (Madrid), pp.741-766.
1994   *Del tabaco al incienso.* San Salvador de Jujuy, CEIC.
SANTOS,F.
        «Impacto de la presencia española. Epidemias, disminución demográfica y des-
        articulación étnica». En Ibíd..*Etnohistoria de la Alta Amazonía, siglos XV-XVIII.*
        Quito, Eds.Abya-Yala/MLAL, s.a., pp.179-212.
        «Formas de resistencia indígena. el caso de las confederaciones militares
        interétnicas, siglos XVI-XVIII» En Ibíd... *Etnohistoria de la Alta Amazonia...,* pp.
        237-258
1985   «Crónica breve de un etnocidio o la génesis del mito del «gran vacío amazónico»».
        Amazonía Peruana, V.6, nº11 (Lima), pp.9-38.
1992   «Anticolonialismo, mesianismo y utopía en la sublevación de Juan Santos Ata-
        huallpa, siglo XVIII». En F.Santos (comp.)..*Opresión colonial y resistencia*
        indígena en la Alta Amazonía. Quito, FLACSO-ED/Abya-Yala/CEDIME, pp.
        103-132.
STERN, S.
1990   «La era de la insurrección andina, 1742-1782: una reinterpretación». En S.Stern
        (comp.)..*Resistencia, rebelión y conciencia campesina en los Andes, siglos XVIII*
        al XX. Lima, IEP, pp.50-117.

STERNBERG, H.O.
1975   *The Amazon River of Brazil*. Weissbaden, Franz Steiner Verlag GMBH.

STEWARD, J.H., FARON, L.C.
1959   *Native People of South America*. New York, McGraw-Hill.

TAYLOR, A.C.
1989   «Evolution démographique des populations indigènes de la haute Amazonie». En
        Equateur 1986. París, Eds.de l'Orstrom, V.1. pp. 227-238

TIBESAR, A.
1989   «La conquista del Perú y su frontera oriental». En M.Biedma y otros..*La conquis-
        ta franciscana del alto Ucayali*. Iquitos, CETA/IIAP, pp.15-79.

URRUTIA Y LAS CASAS, R.
1847   *Informe del intendente Urrutia sobre las ventajas que resultan de la apertura del
        camino y comunicación por el Chanchamayo, presentado al Virrey del Perú en
        1808*. Lima, Imp.del Comercio.

VALCARCEL, D.
1946   *Rebeliones indígenas*. Lima, Ed.P.T.C.N.

VARESE, S.
1968   *La Sal de los Cerros*. Lima, Universidad Peruana de Ciencias y Tecnología.

VARGAS UGARTE, R.
1966   *Historia General del Perú*. Lima, Ed.Milla Batres, V.V.

ZARZAR, A.
1989   «*Apo Capac Huayna, Jesús Sacramentado*». Mito, utopía y milenarismo en el pen-
        samiento de Juan Santos Atahualpa. Lima, CAAAP.

APUNTES SOBRE UNA REGIÓN DE FRONTERA: LA CREACIÓN DEL DEPARTAMENTO DEL MADRE DE DIOS (PERÚ)

Núria Sala i Vila
Universitat de Girona
Taller de Estudios e Investigaciones Andino-Amazónicos

En 1915 desde el periódico limeño «La Prensa» se pedía la supresión del entonces recién creado departamento de Madre de Dios. El articulista considera-ba que su existencia sólo obedecía a intereses de poder local, cuyo resultado era un derroche para el Estado peruano dados los magros ingresos fiscales que ge-neraba[1]. La crítica apunta los factores que incidieron en la definición regional y aún la peruanización de la región sur-amazónica. Por un lado determinados grupos re-gionales del sur andino buscaron superar su postergación económica y política orientando su mirada hacia las regiones amazónicas. En general se enfrentaron a un Estado centralista controlado en parte por las elites costeñas cuya acción sobre las regiones selváticas estuvo condicionada por magros recursos presupues-tarios.

Si comparamos el mapa administrativo peruano actual con el del s.XIX o prin-cipios del s.XX observamos diferencias significativas en toda la zona oriental y sobre todo en el sur andino. En concreto, la zona que llegaría a conformar el de-partamento del Madre de Dios era en el siglo pasado un territorio ignoto que es-capaba al control efectivo del estado peruano. ¿Cuál fue el juego de intereses que determinó su creación?. Esa será la pregunta que intentaré responder en las si-guientes páginas, analizando los sucesivos ciclos y grupos económicos que se produjeron y lo vertebraron, y los vaivenes en su control administrativo por el Estado peruano. Intentaré analizar cómo la región se fue configurando, hasta ser delimi-

---

1. *La Prensa*, 3.9.1915. Esa fue una etapa que podría ser considerada dentro de la larga trayec-toria del periódico como demócrata y liberal. En lo político apoyaron al civilismo, por aquel entonces a José Pardo. J. Gargurevich.: *Historia de la prensa peruana*, 1594-1990. Lima, La voz ed., 1991, pp.119.

tada a principios de siglo, fruto de la acción encontrada y/o coordinada de múltiples intereses económicos, que convergieron en una zona considerada «vacía», desde las regiones aledañas, fueran andinas (Cuzco, Puno, Arequipa, Loreto) o amazónicas (Loreto y las zonas limítrofes bolivianas y brasileñas)[2].

1. Los precedentes

A fines del s.XVIII la ocupación de las vertientes orientales del sur andino se limitaba a los valles yungas y selva alta de las regiones aledañas a Cuzco y Puno, ocupación en gran medida estacional. Las vertientes explotadas eran la Convención, Paucartambo y Marcapata en Cuzco, y Sandia y Carabaya en Puno. A excepción del primero, se trataba en realidad de las cabeceras de varios ríos de la hoya del Madre de Dios, cuya red fluvial era casi desconocida.

El piedemonte oriental era a menudo, como en Carabaya, controlado por campesinos de las zonas aledañas que acudían a la selva sólo de forma estacional, durante las denominadas mitas de coca o para explotar los lavaderos de oro en la estación seca, residiendo el resto del año en las áreas más salobres de la puna. En especial se cultivaba coca, caña para elaborar aguardiente, café, cacao y se extraía cascarilla y oro.

Los viajeros del s.XIX coincidían en describir enclaves mineros y haciendas cocaleras abandonados e insistían en la búsqueda de míticos pueblos y minas abandonados como San Gabán. Era el reflejo del retroceso del frente colono producido desde fines de la colonia como consecuencia de las pérdida de los mercados mineros potosinos, de la crisis económica post-independencia que conllevó la postergación de las regiones serranas sureñas, y del repliegue misional consecuencia de las políticas regalistas borbónicas y liberales de la temprana república.

Aunque en las primeras décadas del s.XIX la región del sur amazónico atrajo la mirada de diversos sectores interesados en la extracción de la cascarilla, en el avance del frente agrícola en torno a diversos productos tropicales (coca, aguardiente, cacao...), la región no cobró importancia estratégica hasta el boom, cauchero y aurífero, de fines de s.XIX.

Los altos precios que alcanzó la quina, también llamada cascarilla, en los mercados mundiales situó su exportación en lugar destacado en la balanza comercial del naciente Estado peruano. Fue el primer rubro frente a los cueros y lana entre 1821 y 1833, mientras que entre 1833-1852 sólo fue superado en importancia por el salitre, la lana y después de 1841 por el guano. Su producción se circunscribía en su casi totalidad a la selva sur del país[3], junto a las zonas vecinas bolivianas. La extracción de cascarilla se efectuaba hasta la década de 1840 por medio de la concesión de privilegios exclusivos en determinadas regiones y por un tiempo limitado entre 2 y 6 años. Destacan empresas en que colaboraban

---

2. Esta ponencia es un trabajo preliminar de una amplia investigación sobre colonización amazónica y elites locales, que forma parte del proyecto «Ordenación del territorio y desarrollo regional en la Amazonía andina, 1850-1960», del que la investigadora principal es P.García Jordán, financiado por la DGICYT, PB 94-1568.

3. H.Bonilla: *Un siglo a la deriva. Ensayos sobre el Perú, Bolivia y la Guerra.* Lima, IEP, 1980, pp.26-33.

empresarios y misioneros como la que tenían don Juan José Uriona y los frailes Ramón Busquet y Pablo Forjas; en Carabaya las del teniente coronel Manuel Vicente de Larosa, Rufino Macedo[4] o la Compañía de Carabaya, vinculada ésta a la construcción de un camino a esos valles[5]. La política del gobierno Castilla osciló entre el reconocimiento de los privilegios vigentes, como en el primer ejemplo citado, y la liberalización de la extracción en el caso de la provincia de Carabaya.

Este período coincide con los primeros intentos de los grupos dirigentes cuzqueños por articular su región con la zona aledaña selvática. Es la etapa en la que ocuparon la prefectura, Miguel Medina y Manuel de la Guardia, y en la que el cura de Paucartambo, padre Bovo de Revello tuvo una importante actuación. Se iniciaron las primeras exploraciones en los valles de Santa Ana y Paucartambo, se favoreció la apertura de caminos en ambos valles, siendo financiado el costo del primero, unos 42.000 pesos, con un impuesto de 1 real por arroba de coca comercializada[7].

El renacido interés por la selva sur encontró un obstáculo importante en la mayor competitividad de los precios de los productos bolivianos, fruto del exitoso control desde La Paz de sus valles yungas y de la aneja zona misional de Apolobamba, y de una mayor y más efectiva presencia del Estado boliviano en la región, como demuestra la temprana creación del departamento del Beni y el auspicio de las primeras exploraciones del Madre de Dios como la dirigida en 1846 por el prefecto del Beni, Agustín Palacios.

En consecuencia, no es de extrañar que se abrieran paso una serie de opiniones en defensa de medidas proteccionistas frente a la producción boliviana. En general, se alegaban las inmejorables condiciones productivas de las regiones de Apolobamba y Larecaja, debidas a la abundancia de mano de obra, existencia de caminos transitables, mulas para el transporte, amén de la experiencia de 50 años en la saca de cascarilla y los derechos aduaneros, factores todos ellos que permitían ofrecer el producto a un menor precio. Carabaya, por el contrario, no sólo no disponía de todas estas ventajas sino que, además, debía hacer frente a la carencia de víveres y a la necesidad de rozar el monte, sembrar, trasladar trabajadores y enseñarles el trabajo extractivo y aún a reconocer el árbol de quina[8]. La respuesta a esas demandas fueron, por un lado, la ley de 23.11.1848 que exoneró a la cascarilla del gravamen a la exportación del 2%[9], y por otro lado, la construcción de una red viaria en Carabaya[10].

---

4. *El Peruano*, t.XIV, nº6, 16.7.1845.

5. *El Peruano*, t.XII, nº44, 2.11.1844. El camino debía ir de Sandia a las Angostas.

6. J.Bovo de Revello: *Brillante porvenir del Cuzco o Esposición de las esperanzas de engrandecimiento de este departamento y sus inmediatos, fundados en las ventajas que pueden redundarles de utilizar el inmenso territorio Peruano al nordeste de sus Andes, regado por el caudaloso Río de la Madre de Dios o Mano y sus tributarios; intentando por dicho Río y el del Marañon (Amazonas) la Navegación a los Puertos Atlánticos y de Europa; se traza asimismo un Plan de reducción a vida social y cristiana de los Chunchos que habitan las montañas llamadas de Paucartambo, y demás Naciones infieles y bárbaras.* Cuzco, Imp. Libre, 1848.

7. *El Peruano*, t.XVI, nº13, 12.8.1846.

8. *El Peruano*, t.XIV, nº10, 30.7.1845. Solicitud de José Mariano Escobedo de gravamen de 6ps quintal a las quinas de Bolivia.

9. *El Peruano*, t.XX, nº47, 25.11.1848.

10. *El Peruano*, t.XIX, nº7, 19.7.1845. Decreto 14.7.1845.

A la comunmente aceptada tesis de que bajo la administración liberal de Castilla, en Perú se elaboró una política decidida de integración nacional de la selva, se debería matizar que tal tendencia se concentró en la selva central y norte, sin que fuera perceptible la presencia estatal en la zona sur, como no fuera en determinadas políticas económicas destinadas a frenar en lo posible la fuerte competencia de los productos bolivianos.

En la hoya del Madre de Dios se apunta un modelo de penetración altiplánica que persistió hasta las primeras décadas del s.XX, según el cual los intereses particulares convergieron libremente sobre la zona; la actuación del Estado se limitó a la legalización o concesión de la propiedad de tierras de montaña, aunque se mostró, por diversos motivos, incapaz de dotar la región de una infraestructura vial o administrativa. La necesaria red viaria que articulara la región con el resto del país e hiciera posible la comercialización de su producción se ligó, bien a la creación de impuestos especiales (alcabala de la coca) administrados por juntas de autoridades y grupos económicos locales, bien a concesiones a particulares a cambio de peajes y títulos de propiedad temporal o definitiva sobre bosques caucheros. El primer modelo primó en el piedemonte de Cuzco, el segundo en Puno y, por ende, en el Madre de Dios.

2. Multiplicidad de intereses en la región del Madre de Dios. Aspectos económicos, demográficos y geopolíticos hacia fines del s.XIX e inicios del s.XX

Las últimas décadas del siglo XIX vieron como ciertos sectores serranos adoptaron un discurso que osciló entre: a) la defensa de la articulación regional con el circuito comercial atlántico por la ruta de las vías fluviales amazónicas, b) la solución a la crisis abierta tras la Guerra del Pacífico y la pérdida de Arica y Tarapaca, c) la orientación de su producción a la selva como alternativa a la creciente competencia de los productos costeños que traía el ferrocarril Arequipa-Juliaca-Sicuani. En ese contexto se inscriben un número creciente de exploraciones de las cuencas fluviales amazónicas, destacando entre ellas, la fracasada expedición del prefecto Benigno la Torre (1873) que intentó llegar al Madre de Dios desde el Paucartambo[11], y la de R. Estrella en dirección al Ucayali[12].

El boom del caucho comportó un largo y complejo proceso en el que confluyeron intereses económicos de algunas regiones vecinas (arequipeños, loretanos, cuzqueños, puneños), y grupos extranjeros (bolivianos, brasileños y españoles o japoneses) que determinarían la creación del departamento del Madre de Dios. Los actores de tal proceso entendieron esa región como un territorio vacío, sin dueño reconocido, abierto a la expoliación. El Estado será llamado a intervenir para legalizar ocupaciones de facto o para mantener distantes a grupos competidores.

---

11. El asesinato de B.La Torre por aborígenes frustró durante décadas la colonización del Paucartambo y la apertura de una comunicación entre el Cuzco y el Madre de Dios. H.Göhring: *Informe al Supremo Gobierno del Perú, sobre la expedición a los valles de Paucartambo en 1873 al mando del Coronel D.Baltazar La Torre*. Lima, Imp. del Estado, 1877.

12. R.Estrella y J.Mª.Chévez: «Expedición a la Convención». En: *Geografía Amazónica*, s.XIX, t.II, UNMSM-CIPA.

La región surgió así como resultado de un largo proceso histórico interno, al que se sumó la presencia del Estado, interesado en la defensa de la frontera externa y ante la expectativa de pingües beneficios aduaneros derivados de la exportación cauchera.

Detengámonos, por un momento, en hacer un breve comentario sobre algunos de los actores protagonistas. En primer lugar, los grupos dirigentes arequipeños en expansión económica como consecuencia de la diversificación de actividades comerciales vinculadas inicialmente al mercado lanero. Fueron estos sectores los defensores de la construcción del ferrocarril Arequipa-Juliaca (Puno), abierto al tráfico desde 1876, que potenció la ruta extractiva hacia la aduana de Mollendo[13]. La guerra del Pacífico y la subsecuente pérdida de Arica y Tarapacá y sus mercados mineros, abrió en la región una etapa de búsqueda de alternativas económicas que vino a coincidir con el boom cauchero. En relación a la selva promovieron las vías de penetración desde Juliaca a las zonas cocaleras y auríferas de Carabaya y Sandia, para luego seguir al encuentro de las regiones caucheras de la hoya del Madre de Dios. Casas comerciales como las Braillard y Cía. en el Madre de Dios, Rickkets[14], Forga e hijos, Iriberry y Cº en Astillero, dominaron el mercado de avituallamiento de los centros productivos amazónicos, aunque otras empresas como la Rey de Castro y Cía se dedicaron a la extracción cauchera, o Carpio y Marqueze al transporte.

En segundo lugar, fueron los loretanos, los más directos competidores de los intereses arequipeños, que tras las expediciones de Carlos Fermín Fitzcarrald entre 1893-96 lograron comunicar las hoyas del Ucayali y Amazonas con el Madre de Dios. En la práctica, Fitzcarrald acabaría asociándose con grupos económicos bolivianos presentes en la zona. Por orden de llegada debemos destacar a Ernesto L.Rivero en 1900, Rafael de Souza con Alciades Torres en 1901 (Souza y Vargas trajo la primera lancha y construyó un camino al Mishagua comunicando las hoyas del Madre de Dios y Ucayali), Carlos G.Morey en 1904, en 1905 Carlos Schaff en Las Piedras, quien sería muerto por los indígenas, Manuel Valera Velarde, Antonio Ipinza Vargas. Esta paulatina migración fue resultado del agotamiento sistemático de los recursos caucheros en la hoya del Amazonas que demandó una expansión constante del frente extractivo.

En tercer lugar, los cuzqueños que buscaron acceder al control del mercado amazónico para dar salida a su producción agrícola, potenciando la construcción del ferrocarril hasta el valle de Santa Ana en La Convención, y la apertura de caminos transitables por los valles de Paucartambo y Marcapata. El mayor problema, sin embargo, fue la dificultad en reducir a los indígenas del Paucartambo que reiteradamente resistieron la entrada de colonizadores y que llevó a al gobierno a ofrecer 200 has. gratuitas a aquellos colonos que se radicaran en la zona, frente a las 2 o 5 has. que se ofrecía en general. No obstante, se debería esperar por varias décadas (hacia 1940) hasta la apertura de una carretera por Quince Mil que articulara la región de Puerto Maldonado con el Cuzco, vigente hasta la actualidad.

---

13. A.Flores Galindo: *Arequipa y el sur-andino, siglos XVIII-XX*. Lima, Ed. Horizonte, pp.94 y ss.
14. M.Burga y W.Reátegui: *Lanas y capital mercantil en el sur: La casa Ricketts, 1895-1935*. Lima, IEP, 1981.

En cuarto lugar, y procedente del exterior, fueron los españoles uno de los grupos extranjeros que alcanzaron mayor poder económico en la región. Se trató de caucheros que diversificaron sus actividades hacia la ganadería, agricultura, transporte o comercio en general, que casi siempre se dirigía al consumo de sus peones. Destacaron Máximo Rodríguez, que llegó con sus hermanos Jesús, José y Máximo, a la zona del Tahuamanu (controlaba además la Sociedad Mercantil del Madre de Dios), Bernardino Perdiz en Los Amigos, Vaca Diez socio de Fitzcarrald, N. Requejo, Ricardo Garrote en el Manu, Troncoso y Villas en Las Piedras.

Por entonces, ¿cuál era el número de habitantes en la región del Madre de Dios? Según Delboy[15], en torno a 1910, la región estaba poblada por unos 17.000 habitantes dispersos en los varios ríos de la hoya. Unos 1000 en el Manu y Amigos; en el Madre de Dios y afluentes se localizó la colonia japonesa con unos 800 h. En el Piedras se superaban los 2000 h., siendo mayor la concentración en Maldonado, Manurique y alrededores. Vivían en el Tahuamanu unos 1000 habitantes y en el Acre unos 12.000 h., de los cuales la mitad eran «salvajes». Por fin Delboy señalaba la presencia de unos 2000 indios «que gozan de mediana civilización», trasladados por los caucheros desde el Putumayo, Napo, Urubamba y Ucayali[16].

En relación a los grupos indígenas de la región, ninguno de ellos había sido dominado por completo. Según Delboy, los principales grupos eran los Mashcos, Iñaparis, Huarayos, Mashcospiros, y los secundarios: Sireneires, Huachipaires, Situafures, Machiguengas y Amahuavas. De entre ellos consideraba a los Huarayos como los más dóciles e indolentes, los Iñaparis la raza más agraciada y viril que «se han apartado huyendo de las correrías», los Machiguengas del Manu y Alto Madre de Dios eran inmejorables para el trabajo y los Mashcos de los ríos Colorados y Silhive eran indómitos, en continuas guerras con pequeñas tribus vecinas.

Finalmente, junto a los intereses en juego en la región, y la presencia progresiva de colonizadores nacionales o extranjeros, hemos de reseñar la gran importancia que revistieron en la futura creación del departamento del Madre de Dios, los conflictos geopolíticos. Las imprecisas fronteras de los nacientes Estados andinos en la Amazonía tuvieron su origen en un pasado colonial común del que extrajeron sus derechos «históricos» sobre determinadas áreas. Los conflictos se agudizaron cuando determinadas coyunturas económicas pusieron en valor territorios que pronto devinieron zonas en litigio. Así, Perú se vio enfrentado en el área del sur andino con Bolivia en torno a la hoya del Madre de Dios y principalmente con los grupos locales de Santa Cruz de la Sierra, Cochabamba y Yungas de La Paz. En esta zona la iniciativa fue brasileña o boliviana y Perú jugo el papel de

---

15. E.Delboy: «Las regiones de Madre de Dios y Acre». *Boletín de la Sociedad Geográfica de Lima,* 28 (3-4), pp.301-340.

16. El Ministro de Fomento, P.Portillo cifraba en 6000 los habitantes civilizados en el Madre de Dios, Manuripi, Tahuamanu y Acre. En el Manu estimaba una población diseminada de unos 1000 habitantes y 300 h. en los ríos Piedras, Manuripi y Tahuamanu. En cuanto a la población urbana, el principal pueblo y capital Puerto Maldonado no contaba más alla de 200 habitantes. Destacaban entre la presencia de colonos extranjeros, según sus datos, unos 300 japoneses y unos 200 españoles. P.Portillo: «Memoria que presenta al Supremo Gobierno el Coronel D., ministro de Fomento en comisión especial al Departamento del Madre de Dios». *En Boletín de la Sociedad Geográfica de Lima* (Lima, 1914) 30 (1-2), pp 179.

defender reiteradamente sus derechos históricos sobre territorios que habían formado parte del virreinato peruano.

Tratados como los de Brasil-Bolivia de 1867 fueron vistos como lesivos por algunos sectores peruanos con intereses en la región, y más aún los proyectos de acrecentar la presencia del Estado boliviano en la zona como la creación en 1893 de la Delegación Nacional en los Territorios del Noroeste.

El trasfondo de esos conflictos fue la lucha por el control de la explotación cauchera en una región que dio excelentes resultados económicos. En conjunto los conflictos conducirían a difíciles negociaciones que desembocarían en varios tratados de límites cuyos resultados siempre fueron cuestionados por distintos grupos políticos ya que, en general, Perú fue perdiendo a lo largo del s.XIX y primeros años del s.XX parte de sus teóricos territorios orientales; el Acre y el Yurúa pasaron a Brasil por acuerdo con Bolivia (Tratado de Petrópolis de 1889). Como Perú siguiera reclamando sus derechos, Brasil auspició una serie de intentos separatistas como en 1899 el del español Luis Gálvez Rodríguez que llegó a proclamar el Estado libre del Acre, o las negociaciones con Fitzcarrald para constituir un estado independiente en el Acre. El Tratado Velarde-Río Branco reconoció la pérdida por Perú del Acre, mientras que en 1909 un tratado con Bolivia zanjó el problema entre ambos países, reconociéndose derechos a Bolivia sobre el Acre y el Madre de Dios.

La razón última de ello, creemos, cabe atribuirla a la mayor presencia de grupos económicos bolivianos y brasileños en la zona y sobre todo a un proyecto de avance territorial del Brasil sobre territorios vecinos, país con mayor capacidad de articular proyectos de control efectivo sobre el área amazónica.

Lo cierto es que como apuntaba Melitón F.Porras, ministro de RREE bajo el gobierno de Leguía, y negociador del modus vivendi con Brasil de 1904 y del tratado con Bolivia de 1909, la administración estatal en el Madre de Dios llegó tras el tratado de límites. En su defensa del tratado recordó que no fue necesario suprimir ninguna institución peruana porque no existía y concluía en una entrevista en la prensa de aquel entonces:

«No es en realidad territorio nacional sino aquello que tranquilamente se posee o aquello que sin poseerse nos pertenece con títulos no disputados o no contestados»[17].

3. La constitución del departamento del Madre de Dios

Un intento de periodificación del interés del Estado peruano por la Amazonía requiere ciertas matizaciones, particularmente al ocuparnos del área sur. El Pdte.Castilla se limitó a dictar ciertas regulaciones económicas que favorecieran sucesivamente la extracción de cascarilla ante la competencia boliviana y poco más, sin que se notara un aumento de la presencia de la administración estatal en la región.

La situación de facto se mantendría por varias décadas, siendo perceptible cierta tendencia a integrar al Estado los valles orientales del Urubamba, Paucar-

---

17. *La Crónica*, 8.4.1917.

tambo, Marcapata, Carabaya y Sandia, todos ellos orientados a la producción coca-lera o aurífera en Carabaya. Desde esa proyección hacia las cabeceras de los ríos que alimentan la hoya del Madre de Dios, la región dependería sucesivamente, en lo administrativo, de los departamentos de Cuzco y Puno.

No sería hasta el boom cauchero y los consiguientes conflictos geopolíticos cuando se produjo la redefinición de la relación de la región con el Estado perua-no. Podemos situar en 1901 el punto de inflexión de la política secular del Estado hacia la selva meridional, cuando se la dotó en definitiva de administración esta-tal propia. En esa fecha se creó la Junta de Vías Fluviales con la finalidad de fijar las fronteras orientales y ampliar los conocimientos relativos a las rutas fluviales orientales, sobre todo aquéllas que comunicaban con la hoya del Madre de Dios[18]. Su adscripción al Ministerio de Relaciones Exteriores, de donde emanaban tanto las directrices políticas como militares, denotan claramente el objetivo buscado de reforzar la defensa fronteriza en una zona apetecida por Brasil y Bolivia.

El gobierno regional residía en la Comisaría del Madre de Dios, cargo que a inicios del s.XX recayó en Juan Villalta[19]. Este fundó en 1902 Puerto Maldonado con el intento de contrarrestar el peso específico de la población boliviana de Riveralta, aguas abajo del Beni. El Comisario Villalta puso especial énfasis en su gestión en intentar racionalizar la propiedad privada en la región, para lo cual se legalizaron las ocupaciones caucheras de facto, previo empadronamiento de los caucheros o a través de la concesión in situ de diversas concesiones gomeras.

El 21.5.1910, ya bajo el gobierno Leguía y tras la firma del acuerdo fronterizo con Bolivia, se derogó la Comisaría, siendo sustituida por la Comisión Especial en la región de los ríos Madre de Dios, Acre y Purús, a cargo de Manuel Pablo Villa-nueva. Entre sus competencias cabe destacar, primero, la elaboración de un plan de administración de los ríos Madre de Dios, Manuripe, Tahuamanu, Acre y Purús (este último sería luego readscrito a Loreto), y segundo, la concesión de terrenos de montaña. Se crearon en este período varias comisarias de frontera en el Acre, Manuripe y Manu, con el objetivo de frenar la expansión boliviana, favorecida por la inexistencia de una comunicación directa de esas zonas con la capital, Puerto Maldonado. En realidad la región se comunicaba básicamente a través de sus ríos, aunque como se puede apreciar en el mapa adjunto no se interrelacionaban las distintas cuencas ni tampoco se dirigían todos ellos a zonas bajo el control perua-no. Como apuntaba Delboy[20], existían tres articulaciones mercantiles distintas: el Acre con Brasil, el Tahuamanu con Bolivia, y el Manuripe y Madre de Dios con la sierra y la costa del Pacífico por caminos de herradura siguiendo el Alto Madre de Dios hacia el Cuzco, el Inambari hacia Santa Rosa, y el Tambopata hacia Tirapata y Mollendo. A estas informaciones cabe añadir también la existencia de las dis-tintas vías de salida al Atlántico por Iquitos o siguiendo la ruta del Madera-Mamoré.

---

18. La Junta de Vías Fluviales propagó su obra con la publicación de los informes de las sucesi-vas campañas de exploración efectuadas en la selva sur. Destacan los siguientes textos: Juan S.Villalta, Fernando Carbajal, César A.Cipriani.. *Vías del Pacífico al Madre de Dios por* —. Lima, Imp. El Lucero, 1903, 189 pp. *El istmo de Fitzcarrald, informe de los Sres. La Combe, Jorge M. von Hassel y Luis Pesce*. Lima, Imp. La Industria, VI, 1904, 236 pp. *Nuevas exploraciones en la hoya del Madre de Dios, por Juan S. Villalta, José M. Olivera, Fernando Carbajal, Abraham A. de Rivero y Wenceslao Malaga*. Lima, Lit. y Tip. de Carlos Fabri, XXV, 1904, 185 pp.

19. Posteriormente ocupó el cargo el capitán de fragata Ontaneda.

20. E.Delboy: *Ob.cit.* pp. 317.

Evidentemente, la región había sido ocupada siguiendo el frente cauchero sobre la base de una población indígena autóctona que habitaba las orillas de los múltiples cursos fluviales. Siendo la población dispersa, se consideró ineludible la fundación de pueblos en la zona. Tras la inicial creación de la capital, Puerto Maldonado, se procedió a organizar, según resolución suprema de 17.6.1910, cuatro poblaciones en el Madre de Dios y el Purús que debían situarse en las bocas de los ríos Tambopata, Heath, Yaverija y del Santa Rosa en el Purús.

En un intento por controlar las exportaciones y acabar con el frecuente contrabando se estableció una aduana en Puerto Maldonado y un total de cuatro aduanillas; la primera en la confluencia del Yaberija con el Acre, la que mayores beneficios aportaba, aunque era hostigada por los bolivianos desde Cobija; la segunda, en la boca del Heath, en Puerto Pardo, de ínfimo tráfico; la tercera, en el Manuripe, San Lorenzo; la cuarta aduanilla se estableció en el Tahuamanu, San Luis, con guarnición militar, hostigada por los bolivianos.

Finalmente, la ley 1782 de 26.12.1912 sancionó legalmente la creación del departamento del Madre de Dios. Este se subdividió en tres provincias y nueve distritos. Tambopata con capital en Puerto Maldonado y los distritos de Tambopata, Inambari y Las Piedras; Manu con capital en Puerto Manu y los distritos de Manu, Fitzcarrald y Madre de Dios, Tahuamanu con capital en Iñapari y los distritos de Iñapari, Iberia y Tahuamanu.

Lo insatisfactoria de esta división, que no resolvía la integración regional, fue contestada ya en 1914 por Emilio Delboy quien propuso ciertas modificaciones en la organización administrativa del Madre de Dios. Entre ellas, planteó primero, que se organizaran colonias militares que asegurasen su colonización agrícola; segundo, que se crearan dos provincias, incorporando al departamento el Yurua y el Purus, hoy en el departamento del Ucayali y entonces dependientes de Loreto; el objetivo perseguido era lograr una representación eficiente en las instituciones políticas y administrativas del país para que se escucharan los problemas de la selva sur. Delboy solicitó asimismo que se estudiara la organización boliviana en las regiones fluviales del Acre, Orton y Bajo Madre de Dios que se había incorporado a los denominados Territorios de Colonias[21].

Queda por analizar el papel que jugaron los diversos representantes de la nueva región a nivel parlamentario. Sólo provisionalmente podemos avanzar que la representación parlamentaria del Madre de Dios fue en parte controlada por los diversos grupos regionales cuzqueños o arequipeños con intereses en la economía de la región, sectores que lograron tener, de acorde al sistema censitario vigente, una proyección positivia en la política nacional. Sólo a modo de ejemplo doy cuenta de la información proporcionada por Válcarcel en sus memorias, en las que menciona a un primo suyo, Angel Gasco, de Moquegua, quien, además de ser el introductor del anarquismo en Cuzco luego de una estancia en Italia, llegó a ser diputado por Manu[22].

El gobierno de la región padeció los vaivenes de la política nacional, acentuada por los efectos de la distancia de dicho territorio con la capital. Así, bajo la presidencia de Billingshurst, se encargó a principios de 1914 a Orestes Ferro la or-

21. E.Delboy: *Ob.cit.* pp. 339.
22. L.E.Valcárcel: *Memorias*, Lima, IEP, 1981, pp.117.

ganización de la prefectura del Madre de Dios. Su llegada al Cuzco coincidió con el golpe de estado contra el presidente. Al tomar Benavides el poder presidencial, quedó sin instalarse la prefectura en el Madre de Dios[23].

La comisión especial del ministro de Fomento, P. Portillo, llegó al Madre de Dios en 1914 con el fin de dirimir con el gobierno de Bolivia las reclamaciones de tierras de montaña de la firma Suárez y Co. Ltda. abiertas a consecuencia de su adscripción a Perú en el recién firmado tratado de límites entre ambos países[24]. Era entonces prefecto accidental, el subprefecto del cercado, Gustavo de la Jara; subdelegado de Manu: Eduardo Cáceres Flores, y de Tahuamanu: Wenceslao E. Valera, interino del titular Manuel Marca Romero.

Los informes elaborados por Portillo son muy valiosos para entender varias de las limitaciones de la región. Una de ellas, de gran importancia, la comunicación telegráfica y telefónica que en 1914 era muy deficiente y controlada por empresas caucheras. La comunicación telefónica entre Tirapa y Astillero podía demorar 6 días, mientras que en la selva baja sólo funcionaban las dos líneas de teléfonos de Máximo Rodríguez entre Puerto Balta y Maldonado y entre Varadero Lucerna en el Piedras y Venecia en el Manuripi. El correo con Lima demoraba entre 16 y 20 días.

P.Portillo destaca que aún en 1914 había muy pocas informaciones sobre los ríos Orton y Acre, Amigo y Piedras, lo que indica que la presencia del Estado en buena parte del departamento era pura entelequia. Según el ministro de Fomento el mayor problema en la administración del departamento había sido la escasa calidad de los militares destacados en la región quienes habían cometidos incorrecciones de todo género; en total había un contingente de 154 hombres, y Portillo propuso como remedio a la situación que se les permitiera reunirse con sus familias en la región[25].

La apertura económica del Madre de Dios a los mercados mundiales no fue acompañada de una proyección pionera estatal en la región. En realidad, la administración pública se hizo presente cuando ya se estaba agotando el ciclo económico cauchero, y una cuestión tan importante como la construcción de infraestructuras viarias no mereció el interés del Estado en ningún momentc. En ese sentido no cabe hablar de un proyecto «nacional» temprano hacia dicha área sur-oriental. Como en administraciones anteriores, una constante del civilismo y de la administración de Leguía fue el dejar en manos de particulares tal empeño. En consecuencia, fue la iniciativa privada la encargada de la construcción de las carreteras y vías de penetración a la selva y ello a cambio de la concesión de tierras de montaña en propiedad definitiva y peajes por tiempo determinado. En la práctica tales acuerdos comportaron, allí donde se pusieron en práctica como en Cuzco, Puno, Madre de Dios, el desarrollo de una red viaria que sólo obedecía a intereses extractivos particulares.

En conjunto se concedieron y proyectaron un alto número de caminos aunque no todos ellos llegaron a buen término. Se trató de contratos con el Estado en que un particular, o sociedad, se obligaba a construir un camino a cambio del cobro

23. L.E.Valcárcel: *Ob.cit*. pp.179.
24. P.Portillo: *Ob.cit*. pp. 139.
25. *Ibíd*. pp. 161.

de peaje y de una determinada concesión de tierras de selva, generalmente gome-ras. En aquellos casos en que el camino fue construido, se desarrollaron conce-siones de importantes extensiones de tierras, bien a compañías mineras como la Inca Minning. bien a caucheros como el caso del español Máximo Rodríguez que llegó a controlar, desde su base de Iberia en el Tahuamanu, unas 600.000 has., cuestión que dio lugar a un agrio debate parlamentario.

Señalemos desde Cuzco los contratos de los caminos, jamás iniciados, de Marcapata a Inambari por la Société Anonyme Industrielle et Financiere de l'Amerique du Sud en 1900 y de Paucartambo a Madre de Dios propuesto por Heraclio Fernández en 1904. En cambio, sí entraron en servicio los siguientes:

a) Ayapata a Inambari puesto en servicio por Pedro y Simón Iriberry en 1907 de 18 kms.

b) Ollachea-Inambari, Cia. Gomera Inambari en 1907, 66kms.

c) Paucartambo-Madre de Dios, entre el fundo Asunción y la quebrada de Itauna, Cía Gomera Paucartambo, 1910, 55 kms.

d) Inambari-Tambopata, Forga e hijos, se inició su construcción en 1910, siendo abandonado con la crisis gomera.

e) Quiaca-Tambopata, EW Gibson (1901), sólo se construyó entre San Juan de Tambopata a Paujilplaya y Victoria.

f) Camino de The Tambopata Rubber Sindicate permite extraer los productos del alto Tambopata a Juliaca y Mollendo, 90 kms[26].

La lucha económica por el control y mejora del transporte y, con ello, el inten-to por lograr precios más competitivos en los mercados finales, hizo que la región basculara entre varios ejes económicos-comerciales (Iquitos, Arequipa, Bolivia, Brasil). La sombra de la competencia del ferrocarril Madera-Mamoré condicionó el proyecto de un ferrocarril al Madre de Dios; no obstante, la ley de 23.10.1896 autorizó al gobierno a contratar su construcción enlazando Juliaca con el Huari-huari, y la ley de 4.3.1904 abrió el camino a que se realizaran los estudios perti-nentes para su construcción, señalando entonces un punto entre Juliaca y Cuzco y un punto navegable de los ríos del sur. En 1907 serían los senadores cuzqueños Orihuela, Luna, Lorena y Matto quienes insistieron en la ya vieja idea y presenta-ron un proyecto de ferrocarril al Madre de Dios, siendo la Peruvian la encargada de efectuar el estudio de la ruta más conveniente. Esos intentos, junto a otros posteriores, como el estudio de Juan Garland aceptado por el gobierno en 1910 para construir un ferrocarril entre el Urubamba y Madre de Dios, nunca llegaron a concretarse[27].

Hacia 1912 la explotación y destrucción de los recursos caucheros había sido profunda y amplia en los diversos territorios del recién creado departamento:

a) Manu. Zona donde la explotación se remontaba a unos 25 años, y las con-cesiones habían alcanzado 2 millones de has., y el caucho se había agotado, con un rendimiento superior a los 2.000.000 kgrs. Los cultivos no superaron nunca las 1000 has. lo cual da idea del endémico problema de falta de alimentos en la re-gión.

---

26. R.Tizón y Bueno: *La Hoya Peruana del Madre de Dios*. Lima, Of.Tip. La Opinión Nacional, 1911, pp.21-22.

27. *Ibíd*. pp.25-26.

b) Alto Manuripe, donde apenas en 3 años de explotación, la producción se había agotado; su comercio se orientaba básicamente a Bolivia y al Madera-Mamoré.

c) el alto Acre era dominio peruano, el medio de Bolivia y el bajo de Brasil. En la región se explotaba fundamentalmente la hevea brasilensis, y se estaba agotando el caucho *castilla*. Los empresarios caucheros empezaron a trasladarse por entonces al Tahumanu.

d) Tahuamanu, de ocupación muy reciente, su comercio se dirigía obligatoriamente hacia Bolivia-Brasil, siendo su población en su mayor parte brasileña.

El fin de la coyuntura favorable para la explotación del caucho «silvestre» sería consecuencia de la incorporación al mercado de la masiva producción de las plantaciones asiáticas, y del agotamiento del caucho amazónico. Ambos factores comportaron, a partir de la 1ªGuerra Mundial, un progresivo «vaciamiento» de la región. A partir de entonces se desarrollaron algunos sectores extractivos, como por ejemplo la castaña y, en torno a la 2ªGuerra Mundial, nuevamente el caucho, al haberse cortado los suministros de caucho del suroeste asiático. Al socaire de esa coyuntura el Estado peruano expropió en 1943 el fundo Iberia de Máximo Rodríguez, administrado por la Corporación Peruana del Amazonas[28].

---

28. *Madre de Dios: El Perú Desconocido*. Puerto Maldonado, Corporación Departamental de Desarrollo del Madre de Dios, 1986, pp.63-65.

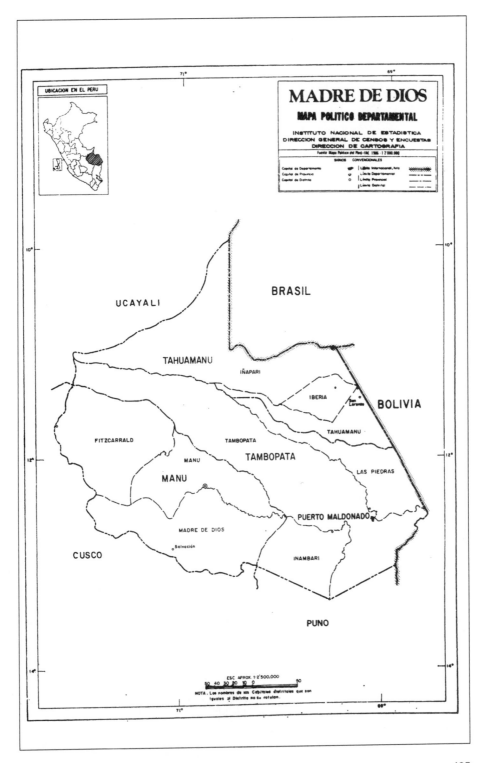

MADRE DE DIOS

MAPA POLITICO DEPARTAMENTAL

INSTITUTO NACIONAL DE ESTADISTICA
DIRECCION GENERAL DE CENSOS Y ENCUESTAS
DIRECCION DE CARTOGRAFIA

Fuente: Mapa Político del Perú-INE - 1:2 000.000

SIGNOS CONVENCIONALES

Capital de Departamento	Límite Internacional, tris
Capital de Provincia	Límite Departamental
Capital de Distrito	Límite Provincial
	Límite Distrital

UBICACION EN EL PERU

BRASIL

UCAYALI

TAHUAMANU

IÑAPARI

IBERIA

BOLIVIA

TAHUAMANU

FITZCARRALD

TAMBOPATA

TAMBOPATA

MANU

LAS PIEDRAS

MANU

PUERTO MALDONADO

MADRE DE DIOS

Salvación

CUSCO

INAMBARI

PUNO

ESC. APROX. 1:2'500.000
50 40 30 20 10 0   50

NOTA: Los nombres de los Capitales distritales que son
iguales al Distrito no se rotulan.

465

LOS CAUCHEROS Y COMERCIANTES CHINOS EN IQUITOS A FINES DEL SIGLO XIX (1880-1900)

Isabelle Lausent-Herrera
CNRS - Credal

1. Introducción

Situada en el nacimiento del río Amazonas, poco después de la confluencia de río Marañón con el río Ucayali, la antigua Misión de Iquitos inició su despegue económico luego que el Estado peruano decidió de instalar allí, en 1861, un Apostadero Naval[1]. «Apenas llegados, los marinos comenzaron a laborar activamente. Mientras que el Morona y el Pastaza se dedicaban a la línea comercial, haciendo viajes hasta Tabatinga, y los exploradores comenzaban sus cruceros [...], en Iquitos se trabajaba activamente para construir los almacenes, oficinas, casas, etc. y armar la Factoría y el dique, valiéndose de peonadas voluntarias de esta población, Nauta y Pevas, las que perciben jornal»[2].

La creación de una factoría albergando los aserraderos y los talleres de herrería, fundición, carpintería y maquinaria estuvo al origen de la introducción de obreros calificados europeos. Ellos fueron contratados principalmente en Inglate-

---

1 El 7 de enero de 1861 se crea el departamento marítimo y militar de Loreto. A partir de 1863, Iquitos cuenta con los servicios públicos de base y ya se han establecido las siguientes dependencias: Comandancia General, Comisaría de Marina, Arsenal, Dique, Factoría. Los vapores Morona, Pastaza, Napo y Putumayo aseguran el tráfico de pasajeros y de mercancías. (García Rossel, 1905).

2 Romero, F. (1983: 26). En el presente artículo no abordaremos el tema, sin embargo crucial, de los múltiples abusos cometidos por los civiles, militares e incluso los religiosos contra los nativos, con el propósito de apropiarse de una mano de obra sino gratuita al menos poco costosa.

3 Según Rumrrill, R. (1983: 29) la producción de gomas habría pasado de 24,358 kilos en 1869 a 58,584 en 1870. Weinstein B. (1983: 54), señala que entre 1865 y 1870, el precio medio del caucho prácticamente dobló.

rra y Alemania, sentando así las bases de una población que crecerá sin cesar y se distinguirá por su cosmopolitismo.

La regularización del tráfico comercial entre Brasil y el Perú, gracias al contrato firmado por las autoridades con la compañía brasilera Amazonas Steam Navigation y a la multiplicación de los intercambios entre los ríos por medio de pequeñas embarcaciones (lanchas, balsas, monterías y batelones), estimularon la economía local ya centrada en la exportación de productos tradicionales como la zarzaparrilla, sombreros, tabaco, tocuyos, hamacas de chambira, corteza de quina, pescado salado, etc.

El desarrollo de las actividades ligadas al apostadero y las prometedoras perspectivas de un crecimiento de las exportaciones, presagiado por el éxito obtenido en las primeras ventas de caucho[3] comenzaron a atraer individuos de todo origen. Del lado peruano, los migrantes de Rioja, Chachapoyas, Moyobamba, Cajamarca, Tarapoto y de la Libertad eran cada vez más numerosos en Iquitos. Algunos de ellos instalaron en las márgenes de los ríos puestos de almacenamiento de caucho o de venta del aguardiente elaborado en los ingenios de pequeñas explotaciones de caña de azúcar. Siguiendo las mismas rutas, numerosos asiáticos de la costa llegaron hasta Iquitos navegando por el Marañón y el Ucayali[4]. Por el lado brasileño ingresaron comerciantes portugueses establecidos en Pará o en Manaus y franceses que abandonaron Francia luego de la comuna y de la guerra de 1870 con Alemania[5], varios de entre ellos miembros de la comunidad judía ashkenaze[6]. Después de 1890 fue el turno de los judíos sefarditas marroquíes, quienes llegaron en gran número a Iquitos y, al igual que los chinos, comenzaron sus negocios a lo largo de los ríos.

Esta variopinta población era inestable, puesto que se dedicaba a la extracción estacional del caucho o bien al comercio ambulante, el regateo. Algunos villorios como Contamana, Masisea, Yurimaguas, Nauta, etc. se desarrollan en torno a las misiones y puestos comerciales. Pero fué Iquitos la que ofrecía mayores ventajas y por ende logró atraer y fijar la población trashumante. De este modo La Factoría engendró una pequeña ciudad.

En 1868, cuando Távara[7] llega a Iquitos, las primeras construcciones se extendían sobre menos de una hectárea: «Las casas de telar o barro con techo de palmera y cinco a seis tejas, una capilla grande, las oficinas y talleres del Estado, tres fondas, dos billares y muchas tabernas» se ordenaban a lo largo de tres calles paralelas al río Amazonas y ocho transversales. El mismo autor agrega «Se ha desarrollado un verdadero furor por construir casas para lo que desgraciadamente no hay bastantes brazos. Los terrenos que antes valían casi nada, hoy se compran en un alto precio, y todos se apresuran a fincarse comprendiendo el

---

4 Sobre este tema, véase Lausent, I. (1981: 41-60).

5 Informaciones detalladas al respecto pueden encontrarse en Trahtemberg (1987).

6 Un gran número de lorenos y alsacianos tuvieron que dejar su región para poder conservar así la nacionalidad francesa. Algunos de ellos se establecieron en París donde trabajaron al servicio de grandes casas comerciales que les enviaron a los Estados Unidos y a América Latina como representantes.

7 El médico Santiago Távara era el hermano de Juan Távara, alferez del vapor Putumayo, quién fuera masacrado por los indios cashibos en la boca del Pachitea, en el curso de la primera navegación a vapor en los ríos (Expedición Perez, Sandi y Vargas).

porvenir que tiene Iquitos» (Távara, 1868: 43-45). No es necesario insistir en el hecho evidente que los primeros ocupantes que precedieron la llegada de las fuerzas navales, en su mayoría mestizos originarios de Borja, se atribuyeron los terrenos más grandes y mejor situados. Estos propietarios importantes, sean «originarios» o funcionarios destacados por el Estado, como los Bernales, Zevallos, Villacorta, Ribeiro, Najar, Alzamora, Mori, Flores etc. dividieron y vendieron sus «manzanas» a medida que la ciudad se estructuraba y que la población aumentaba y se enriquecía. Así, en 1877, Manuel Montero había exitosamente enviado varias planchas de caucho a Europa mientras que los Ribeiro, Villacorta, Tuesta y Castro fueron, entre otros, los primeros en lotizar sus propiedades urbanas; lotes que a menudo fueron vendidos a chinos. Los chinos no solamente formaron parte de los primeros extranjeros que se instalaron en Iquitos sino, más aún, integraron el grupo de los primeros caucheros.

Varios viajeros mencionan la presencia de chinos en la región de Iquitos. Así, Rafael Quiroz nos informa del éxito de los chinos en la extracción del caucho a fines de la década de 1870: «Empero, la idea quedó lanzada y algunos hijos del Celeste Imperio acometieron de nuevo la empresa de explotación de caucho. Reservado estuvo el asiático Jacinto y algunos compañeros más, el habilitar a nativos loretanos que internados por la vecina quebrada de Nanay, comenzaron en esta forma y por pequeñas cantidades a mandar el caucho colectado a los mercados del Pará para su venta» (Quiroz, 1899:299). El chino al cual R. Quiroz hace alusión es Jacinto Alalá cuyos compañeros y socios eran los chinos Juán Pérez, Antonio Saavedra, Julian Estrella, Lorenzo Dávila, Domingo Ayllon, Manuel Ique y Ventura Cañavero (Herrera, 1909: 95). Además de los que fueron mencionados por Quiroz Herrera hubo otros chinos pues no era raro encontrar chinos caucheros en la Amazonía. El célebre Francisco Asequi[8] que acompañó Fizcarrald así lo atestigua. Lo que resalta del caso de Iquitos es el hecho que los chinos se reagruparon muy rápidamente en la nueva ciudad, invirtieron los recursos derivados del comercio del caucho y constituyeron una colonia que devino muy importante a principios del siglo XX.

Cuando los chinos se involucraron en la extracción del caucho, el Departamento Fluvial de Iquitos venía de atravesar una larga y grave crisis. A partir de 1872, el Estado no envía sino esporádicamente los contingentes necesarios al mantenimiento del apostadero y los sueldos de los funcionarios y obreros de la Factoría

---

8 En 1897, el padre Fr. G. Sala, mientras atravesaba el Gran Pajonal en dirección de Chanchamayo, fue al parecer quien primero señaló la presencia de F. Asequi, a menos que no se trate del Chino Yasuti, cauchero en el río Nanay del cuál habla García Rossel. Precisemos que fue el mismo Asequi quien sirvió de guía al padre Sala en su expedición: «Estando hoy hablando sobre el adelanto de la montaña del Chanchamayo y los muchos asiáticos que andan por allí, le ha venido la idea a D. Francisco Asequi de acompañarnos en nuestro viaje y servirnos de intérprete, no solamente por el favor que nos hace a nosotros, sino también con la esperanza de poder llevar de Chanchamayo algunos asiáticos pobres y hacerles trabajar el caucho, en el Ucayali» (Izaguirre, 1925: 487-488). El Coronel P. Portillo quien entendió hablar de Asequi habla de él y lo describe en términos bastantes severos: «este asiático es un gran bribón; a más del negocio del caucho tiene el de compra y venda de mujeres y muchachos. (...) El famoso chino Francisco formaba parte de la colonia asiática de Quimpiritique (en el Apurimac) y se vino con Fizcarrald cuando este atrevido empresario hizo su expedición hasta aquellas regiones del departamento de Ayacucho» (Portillo, 1901:43). F. Asequi no se aunó a la comunidad de chinos caucheros de Iquitos; él sin duda siguió residiendo en el Alto Ucayali.

y fábrica de tejas. Gravemente endeudado, el Estado quedó a merced del crédito de los comerciantes nacionales y extranjeros. Las casas comerciales de estos últimos se convirtieron, en contrapartida de letras de cambio y bonos -a menudo impagos- en proveedoras de víveres, artículos navales y maquinarias a la Comisaría de Marina. Esta década fue por ello marcada por un abuso del crédito, la ausencia de liquidez, la quiebra del Estado y la liquidación consiguiente de sus bienes (lanchas y factorías)[9], lo que en suma se tradujo en un marasmo económico que dificultó el florecimiento de la economía local. Sin embargo, ello no impidió el nacimiento de una burguesía comercial nativa y extranjera sobre la base de la fundación de casas comerciales en estrecha y constante relación con el Brasil[10]. Muy pronto, el poder de estas casas comerciales, encargadas de aprovisionar la población local y de exportar productos tradicionales y luego el caucho, se reforzó mediante la adquisición de una flota de lanchas, vapores y factorías (Casa Wesche). Las casas comerciales que no disponían de un pabellón tuvieron que asociarse a aquéllas que contaban con suficiente capital como para poseer medios de transporte fluvial propios (que en su mayor parte eran sucursales de casas extranjeras) o alternativamente, desaparecer. De ello nos da cuenta el oficial marino O. Mavila: «Conviene hacer que todas las lanchas nacionales estén pura y exclusivamente dedicadas al servicio comercial de las casas a que pertenecen, quienes tienen así monopolizado todo el negocio en los ríos e imponen la ley al pequeño comerciante, que en Iquitos es llamado «regatón». De este modo todos los habitantes de los ríos quedan sujetos al capricho y monopolio del alto comercio» (Mavila, 1902: 12).

A pesar de haber estado entre los primeros explotadores caucheros, el poder económico alcanzado por los chinos estaba lejos de poder rivalizar con las grandes casas comerciales y menos aún independizarse de ellas: «El capital extranjero que hizo posible el funcionamiento de la actividad gomera en la selva peruana asumió el carácter de capital mercantil, el capital extranjero no se dedicó a la producción de gomas, sino al comercio de las mismas, las gomas se intercambiaban por mercaderías y éstas por gomas. Todo el comercio de las gomas se basó en el aviamiento; existieron niveles en la comercialización: la casa comercial de Iquitos, el patrón gomero y el peón gomero» (Del Aguila 1979: 63). Los chinos caucheros, destacados por los viajeros de fines de los años 1870, pertenecían a las dos últimas categorías. Excepto uno solo, sus fortunas fueron modestas e invertidas en Iquitos mismo.

¿Quiénes fueron estos caucheros chinos? ¿Cuál fué su destino en la sociedad iquiteña? ¿En qué medida su éxito y presencia contribuyó a la formación de la colonia china, la colonia extranjera más importante de Iquitos? ¿Cómo invirtieron sus capitales y qué lugar ocuparon en el desarrollo urbano?

---

9 Sobre este tema, interesantes informaciones se encuentran en los Archivos del Museo Naval (1870-1877, Capitanías y Comandancia), en Romero, F. (1983: 60-65) y Rivera, I. (1934).
10 Tales como las de A. Sepeda, C. Mouraille y Hnos. (cuya matriz estaba en Manaus), M. Santillan, J. Oliveira y Cia, J. Villacis y Hnos. E. Zevallos, M. Mesnier, Smith-Johnson y Cia, F. Morey, Ferreira y Cia, A. Bastos, J. Mori, M. Tapia, M. Alban, A. Lopez , J. García y A. Vela entre otros. Los comerciantes Mouraille, Piñón, Najar, del Aguila, retomaron los barcos del Estado, alquilaron la Factoría y fundaron la Compañía de Navegación Fluvial Peruana.

2. Los Caucheros Chinos Fundadores de la Colonia de Iquitos

El examen de los archivos notariales, de los registros públicos y municipales de los años comprendidos entre 1880 y 1900, nos ha permitido de seguir la trayectoria de algunos de los más prominentes chinos caucheros.

Jacinto Alala (1834-1897). Jacinto Alala ha sido con Francisco Asequi (véase la nota 7), el cauchero chino más citado por los viajeros y sin duda el más poderoso de todos los chinos establecidos en Iquitos. Nacido en 1834, en China, se le encuentra a la edad de 45 años como cauchero a lo largo de los ríos Nanay e Itaya. En 1890 ya ha abandonado sus correrías por los ríos y se ha establecido en Iquitos, luego de bautizarse y casarse con una mestiza moyobambina. Su vivienda, situada en la primera cuadra de la calle Pastaza, entre la plaza de armas, el puerto y las cuadras comerciales, es una de las mejores ubicadas de toda la ciudad. A diferencia del resto de sus compatriotas, su fortuna amasada como cauchero no podía pasar desapercibida, en particular para el fisco. Es así que lo encontramos figurando en la lista de principales contribuyentes levantada por la Aduana. Su apellido se lee igualmente entre aquellos de los grandes exportadores de gomas y comerciantes importadores. En la lista, elaborada para fines electorales, Alala ocupó un lugar privilegiado al lado de personajes notables como J. Weiss, G. Shermuly, E. Khan, S. Pinto, etc.[11] Puede suponerse que por intermedio de Alala los otros chinos caucheros de menor envergadura lograban dar salida a su jebe. Los terrenos que él obtuvo en concesión se situaban en los dos márgenes del río Itaya. Al final de su vida, en 1897, Alala vendió sus gomales de la margen izquierda al chino Manuel Doza, mientras que los de la margen derecha, incluyendo la quebrada de Yanacyacu y el lago Mangapozo, fueron vendidos a su socio chino desde 1879, Lorenzo Dávila[12]. Como la mayor parte de los otros chinos caucheros, Jacinto Alala había invertido, a partir de 1890, sus ganancias en la compra de terrenos urbanos y locales comerciales. A su muerte, los herederos, su esposa Rosa Vela y su hija tuvieron que nombrar un apoderado para que administrase la fortuna constituída de propiedades urbanas en alquiler. La lista detallada de terrenos rústicos y urbanos fué inscrita en un testamento hecho en 1897, cuya consulta desgraciadamente no nos ha sido posible.

El segundo cauchero chino citado por Herrera (1909: 95), es **Juan Pérez**. Al igual que Alala y los otros fundadores de la colonia china de Iquitos, él se dedicó en un principio a la colecta y al comercio de caucho. Las ocupaciones del chino Juan Pérez se encontraron durante largo tiempo divididas entre sus actividades en Iquitos y la administración de sus dos fundos: «Cantón» de 23.17 Has sobre la margen izquierda del río Ucayali (quebrada Manantaz, distrito de Callería), y otro de 7,27 has en la margen izquierda del Amazonas. Pérez se instala finalmente en Iquitos poco antes de 1890 y ayuda a la comunidad china a organizarse. Es él mismo, junto con su hermano Alejandro, quien se encargó de validar los títulos de propiedad de la comunidad.

---

11 Un primer oficio con fecha de 15/6/1895 retenía únicamente a doce personas como susceptibles de ser electores, pero luego de vivas protestas se elaboró otra lista el 12/11/1895, la cual elevaba su número a 18, entre los que figuraba J. Alala y otros comerciantes de confesión israelita (AMI, Copiador de Notas, 29/9/1894-25/7/1896).

12 Esta venta tuvo lugar el 5 de junio de 1897. Una acta notarial la menciona sin indicar la extensión del terreno, lo cual era frecuente tratándose de gomales (Notaría Cavero, T1, Nº86).

Antonio Saavedra[13] (1846-1903), originario de Hong Kong, es otra de las figuras importantes entre los chinos caucheros. En 1872 Saavedra reside en Tarapoto en donde ya se ha integrado en la sociedad local, como lo acredita sus lazos de parentesco (matrimonio y compadrazgo) con dos familias notables de la ciudad: los Linares y los Najar. Siguiendo la gran corriente migratoria de un buen número de habitantes de Tarapoto, Rioja y Moyobamba en búsqueda de mejor fortuna en la Amazonia, Saavedra abandona la ciudad de Tarapoto ese mismo año. Al igual que Alala, Saavedra se convirtió en patrón cauchero empleando como peones a los nativos y aviando a otros chinos. Los beneficios de su empresa fueron invertidos en el comercio y en la compra especulativa de terrenos urbanos. Menos de diez años le bastaron para constituir un capital y establecerse en Iquitos. A su muerte, de sus antiguas estradas[14] no le quedaban sino 11.5 Has situadas en la margen izquierda del río Nanay, en una quebrada cauchera frente al río Momon. La personalidad de Saavedra es interesante en la medida que parece haber sido el intermediario y protector de los chinos ya instalados en el Perú y también de los que no cesaban de llegar a Iquitos directamente de la China atraídos por la fiebre del caucho. En 1894, Saavedra cedió oficialmente a la comunidad china una de sus fincas[15] situada en la calle Belén, cerca del malecón; finca en la que el templo ya había sido levantado[16]. Gracias a la donación del templo chino, A. Saavedra logró implícitamente hacer reconocer ante las autoridades municipales, la importancia de la comunidad china, su derecho a la libertad de culto y de reunión. Al mismo tiempo, Saavedra afirma su rol federador tanto ante los chinos residentes en Iquitos, como ante aquéllos que decidieron recorrer los ríos, o se quedaban confinados en sus concesiones de montaña e iban a la ciudad de Iquitos sólo en período de lluvias. Del mismo modo, Saavedra ofreció también a los chinos venidos directamente de la China, cada vez más numerosos, un centro de acogida y de ayuda.

Lorenzo Dávila no tuvo tanto éxito como sus compañeros Alala y Saavedra. L. Dávila permaneció cauchero-agricultor hasta 1899, año en que fallece el hijo que trabajaba con él. Había sido socio del chino Alala, cuyos gomales del río Itaya había comprado. Luego los revendió, sin duda a pérdida pues en aquella época los gomales de los alrededores de Iquitos ya se encontraban prácticamente exhaustos. Parece que luego se sedentarizó al comprar terrenos urbanos y transformarse, con cierta dificultad, en comerciante[17].

Entre los caucheros mencionados por Herrera encontramos a **Manuel Ique** y **Domingo Ayllón** cuyos destinos fueron diferentes. El primero, M. Ique, fue el que

---

13 Es probable que este patronímico haya sido tomado del propietario de la hacienda Elvira en el río Marañón, Reinaldo Saavedra.

14 Una estrada representaba aproximadamente 150 árboles gomeros (jebe fino) en terrenos inundables.

15 De unos 240 m2 de superficie (Notaría Cavero).

16 Las reuniones en los templos constituyeron una de las primeras formas de vida asociativa de los chinos en el Perú. La veneración de Confucio, la solicitud de protección de los dioses del comercio y de la tierra (Acón) y la imploración de la misericordia de la diosa Guanyin, eran los principales elementos del culto de los inmigrantes chinos (sobre la cristianización de los chinos en el Perú véase I. Lausent, 1992). El templo no podía haber existido sin sociedad de ayuda mútua. Señálese que el templo (oficial) de Iquitos fue construido más tardíamente que los de Lima-Callao y Chanchamayo.

17 Prueba de dichas dificultades fue el proceso entablado contra la Casa Vogler-Bonegman (Notaría Cavero).

obtuvo el éxito más rápido. Poseedor en 1899 de una finca en la cuadra más comercial de Iquitos y ello desde hacía 20 años. Gracias a un decreto municipal confirmando la legitimidad de las propiedades de los más antiguos habitantes de Iquitos, Manuel Ique adquiere la propiedad automáticamente. Este chino, compañero de Alala y de Saavedra no tuvo, al parecer, otra actividad que la de comerciar los productos (jebe, tagua, pieles, etc.) que provenían de su inmensa propiedad, «Pampa hermosa», de 7,992 Has situada en la margen izquierda del Marañón, en el paraje llamado Yuracyaquillo[18]. El otro chino, Domingo Ayllón (1857-?), natural de Cantón, se convirtió, desde los años 1890 en panadero, profesión a menudo ejercida por los chinos (Lausent, 1983). Aprovechando él y su esposa, originaria de Tarapoto, de las adjudicaciones, adquieren algunos terrenos urbanos. En cuanto a las actividades de los dos últimos caucheros (se trata de **Ventura Canevaro** y **Julián Estrella**, antiguos socios de Saavedra) que encontró G. Herrera al final del siglo, ellas eran esencialmente comerciales. Por cierto, hubo otros chinos dispersos en los diferentes ríos que se dedicaron al caucho o a la colecta de productos de exportación tales como **A. García** en el Itaya, **F. Young** en el Amazonas y **J. García** en la isla Tarapoto; otros, que permanecerán en el anonimato, no lograron ir más allá de ser simples sheringeros desafortunados o peones caucheros que murieron miserablemente en medio de la inmensidad amazónica.

Los primeros caucheros chinos, es decir aquellos que llegaron a la región hacia 1872 y quizás antes, fueron antiguos coolies liberados o cimarrones. Hubo también entre ellos, jóvenes mestizos que llegaron con sus padres chinos. Tal fue el caso de Lorenzo y Vicente Davila. Como ya hemos señalado, el auge económico de las actividades comerciales de Iquitos en el dominio de la exportación del jebe y la importación de toda clase de mercancías, atrajo cada vez más migrantes de varias nacionalidades y chinos en particular originarios del distrito de Chockai. Los chinos de ese distrito pertenecen al grupo dialectal hakka. Las redes de relaciones que ellos habían tejido en el Perú desde la introducción de los primeros coolies[19] les dieron la posibilidad de migrar en masa hacia Iquitos. **José Diaz** (1873-1909) fué uno de esos caucheros en procedencia de la China cuya tardía llegada no impidió en nada su éxito.

El caso de José Diaz, ilustra a la vez la aventura y las viscisitudes de ser chino y cauchero. De su verdadero nombre Cheng Tin Po, José Diaz era originario de Longson (Cantón). Dejó en la China a su esposa e hijo con el fin de reunirse con varios de sus parientes ya presentes en Iquitos[20]. Logró adquirir grandes gomales como «Cantón» de una superficie de 14,216 has. (incluyendo el lago de Atuncocha, margen izquierda del Amazonas, río arriba de Iquitos) en el distrito de

---

18 Esos terrenos fueron codiciados y parcialmente adquiridos luego por la Cia. Wesche.

19 Los chinos de origen hakka fueron los que primero compraron un terreno en Lima con el objetivo de construir su sociedad de ayuda mútua regional y el templo. Además, ellos participaron muy activamente, en 1882, en la creación de una sociedad reagrupando las sociedades chinas de todo el Perú.

20 Para esta generación de migrantes venidos voluntariamente de China, el objetivo y la motivación principal era de reunirse con los familiares llegados al Perú durante el período de contratos de coolies. Las familias de esos migrantes no dejaban partir un hijo sin que antes éste no se hubiera casado y asegurado la posteridad procreando un hijo. La esposa debía entonces encargarse de los padres del hijo ausente.

Pevas y el «San Ramón» de 4,538 has.[21] Adicionado a otro terreno de 120 has., José Diaz reinó como patrón cauchero sobre unas 18,874.75 has., que él había subdividido y alquilado en gran parte. A su muerte en 1909 debido a la malaria, su sucesión planteó numerosos problemas de orden diplomático. Fallecido sin dejar testamento, su fortuna estuvo evaluada en un principio en 15,000 libras. (150,000 soles), que la Legación China en Lima reclamó en favor de la esposa e hijo que se habían quedado en la China, mientras que las autoridades de Iquitos exigían que dicha suma fuera destinada a la segunda esposa peruana y a los hijos de ésta[22]. El agente consular de la China en Iquitos, don Pablo Magne[23] apaciguó las rivalidades reestimando el verdadero valor de los bienes de José Diaz, teniendo en cuenta los 12,000 soles de deudas contraídas en favor de dos grandes casas comerciales y otros, dejando entonces 138,000 soles a la disposición de los herederos.

Fundada sobre la base del endeudamiento, los azares del mercado y el yugo de la dependencia de las grandes casas comerciales, la aventura cauchera no fue para los chinos, al igual que para los peruanos y otras nacionalidades presentes, una aventura gratificadora. Es gracias al endeudamiento de los medianos propietarios desde principios de siglo, que las casas comerciales y sociedades anónimas pudieron luego constituir verdaderos imperios cuyas extensiones no tenían comparación con las de los caucheros chinos. Citemos, a manera de ejemplo la superficie de algunos territorios de esos imperios, comenzando por los más modestos: Los hermanos Morey (armadores) con 52,843.21 has. distribuidas entre el Marañón, Ucayali y el Huallaga; la casa Wesche (armadores) con 141,099.97 has. concentradas en el Marañon, y Arana cuya posesión en el Tulumayo abarcaba 2'220,440 has[24].

Los chinos caucheros como Ique, Alala y José Diaz tuvieron sus épocas de gloria pero no pudieron resistir a las presiones de absorción ejercidas por las grandes casas comerciales desde el final del siglo XIX, las cuales compran sistemáticamente pequeñas y grandes propiedades. Así, las casas Wesche, y enseguida las casas Israel y Kahn & Pollack, adquirieron un gran número de propiedades chinas.

Alrededor del puñado de caucheros poseedores de 26,940.42 has. de gomales (las únicas para las que ha sido posible obtener alguna información)[25], se constituye una importante colonia asiática, estimada en 1899 según Portillo (1911: 132) en 346 individuos[26].

---

21 Registro del Padrón General de Terrenos de Montaña, Tomo 4, Notaría Cavero, José Díaz, Testamentería 1912.

22 Ministerio de Relaciones Exteriores, Legación China [6-11]-1-1910. La herencia será finalmente administrada en Iquitos por dos miembros de la familia china: Gaspar y Francisco Díaz.

23 En 1888, Pablo Magne, miembro notable de la comunidad judía francesa de Iquitos, era el portavoz de los comerciantes minoristas de la plaza de Iquitos.

24 Estas superficies han sido calculadas a partir del registro de propiedades declaradas en el tomo 4 del padrón de Terrenos de Montaña.

25 Es muy probable que una gran cantidad de chinos haya explotado tierras ocupándolas simplemente, sin haber efectuado el denuncio ni registrado los títulos de propiedad. Por otra parte, algunos fondos notariales de Iquitos no han sido todavía explotados.

26 La fiabilidad de los censos regionales que fueron realizados entre los dos censos nacionales de 1876 y 1940 es muy deficiente debido, entre otras razones, a la gran movilidad de la población y

En la última década del siglo XIX dicha colonia estaba compuesta de caucheros, peones y patrones sheringueros, de pequeños agricultores poseedores de reducidas parcelas de hortalizas, canasteros, cocineros, panaderos y sobre todo de numerosos carpinteros [27], fonderos, taberneros y una multitud de comerciantes compradores y revendedores de productos regionales y distribuidores minoristas de algunos productos de lujo importados por las grandes casas comerciales (licores y tejidos).

3. Las Primeras Sociedades Comerciales

En Lima, el pequeño comercio chino apareció muy pronto, hacia 1855-1860, al mismo tiempo que los chinos liberados de sus contratos y los cimarrones se agrupaban cerca del Mercado Central en los Barrios Altos, el Rimac (Bajo el Puente) y el barrio de los camales. En cuanto a los vendedores ambulantes, se trata sobre todo de vendedores de maní, de mantequilla, de verduras y frutas; mientras que los que contaban con puestos fijos o pequeños locales alquilados, se dedicaban al negocio de venta de comidas preparadas y de bebidas. Las primeras grandes casas comerciales chinas o encomiendas, se establecen con éxito a partir de 1873 en el puerto del Callao y luego Lima (El Cercado). Los capitales vienen de San Francisco y de Hong Kong. Simultáneamente se desarrollan, en la capital y en provincias, numerosas sociedades comerciales constituidas gracias al aporte de los antiguos coolies chinos asociados. Es también en la misma época que nacen las primeras asociaciones regionales chinas con sus respectivos templos.

La ocupación de los primeros chinos que llegaron a la región de Iquitos consistía en la colecta del caucho y todas las actividades económicas que le estaban ligadas, desde la compra y la venta de la goma hasta el aprovisionamiento de los caucheros establecidos a lo largo de los ríos, en alimentos, herramientas y materiales. Al principio, las actividades locales de los chinos son de hecho empresas individuales que a menudo fracasaban al cabo de un año o dos. Así, encontramos entre ellos, artesanos independientes, pescadores, canasteros, verduleros, panaderos, taberneros[28] o bien asalariados como los peones y dependientes. La aparición de nuevas casas comerciales iquiteñas (chinas o de otros orígenes) fue frenada por la política del Concejo Provincial, quien otorgó las licencias respectivas de una manera bastante parsimoniosa cuando se trataba de pequeños comercios. El Concejo Provincial, al trabar el enriquecimiento y constitución de capitales que podrían ser invertidos en la creación de nuevas sociedades trataba de privilegiar ciertos grandes comerciantes con el fin de evitarles toda competencia.

Una gran parte del comercio de caucho y de importación-exportación estaba controlado por los armadores europeos, judíos ashkenasim. El poder económico

---

a los escasos recursos con que se contó para llevar a cabo tales operaciones. Según el Censo General del Puerto de Iquitos, había en esta ciudad 3023 habitantes, sin contabilizar a la población «flotante», la que se encuentra al interior de la montaña ocupada en la explotación de la goma elástica. Hacia el fin del siglo XIX, las estimaciones oficiales de la población oscilaban entre 9500 y 12000 habitantes (Archivo Municipal de Iquitos, Estadísticas, 1899).

27 Entre los cuales pueden citarse P. Díaz Canseco, A. García, M. Navarro, O. Acuy ...

28 Es por aquella época que las solicitudes chinas de licencias individuales de apertura de comercio concernían principalmente las tabernas y tiendas de abarrotes de 5ta o 4ta categoría.

que alcanzaron desde su llegada les permitió tomar parte en la gestión de la ciudad, logrando así mantener su monopolio sobre el comercio, impidiendo toda forma naciente de competencia. Cuando los caucheros chinos, que eran los miembros más acaudalados de la colonia, reinvirtieron sus ganancias en el comercio, les fue imposible rivalizar con el poder económico de los armadores que controlaban el gran comercio. Los comerciantes chinos, de acuerdo con los judíos, compartieron el comercio de distribución de productos importados así como la venta de productos locales (goma, agua, pieles, tabaco, etc.) colectados a lo largo de los ríos por los chinos regatones. La competencia más fuerte fue aquella que les opusieron los judíos sefarditas que llegaron después de 1885. Estos pequeños comerciantes venidos de Africa del norte, marroquís en su gran mayoría, fueron igualmente mal acogidos por los europeos que les precedieron[29].

Finalmente, gracias a los apoyos portugueses, brasileros, españoles o de comerciantes oriundos del Caribe, la comunidad comerciante sefardita constituyó rápidamente sociedades de capital mixto a fin de poder asegurar la venta de los productos de exportación (caucho, tabaco) y sobre todo facilitar la introducción de las importaciones. Menos aislados que los chinos, la comunidad sefardita se impone y aventaja a los comerciantes chinos. En los pequeños pueblos de la amazonía era común encontrar, lado a lado, a menudo en buenos términos, comerciantes chinos y judíos, como fue el caso en Yurimaguas en donde hakkas y marroquíes convivían de manera cordial.

Las primeras sociedades comerciales chinas, de la China, no aparecen sino a partir de 1899, más tardíamente que en Lima o en otras ciudades de provincia como Ica o Huaral. Ellas son de dos tipos: Las primeras son aquellas constituidas en Iquitos mismo por antiguos caucheros-negociantes, fue el caso de Salinas y Cia., Doza y de Acuy, o por sus parientes recientemente instalados en la ciudad, como por ejemplo la de Aman Cia. y de la fonda «Café y Té», apoyada por el cauchero Antonio Saavedra. En cuanto a las otras, se trata de sucursales de otras compañías limeñas o de Hong Kong. Entre éstas pueden enumerarse la Pow Nan Sang Cia., cuyo gerente fue Francisco Navarro, otro cauchero chino del Huallaga[30]; la Yun Nen Cong Cia. y la más importante -y también la más efímera-, la Hop Wo Long Cia[31]. Es bastante probable, aunque todavía no lo podamos afirmar con certeza, que esta última compañía fuera una de las filiales de la Hop On Wing y Cia,[32] ella misma sucursal limeña de la casa matriz en Hong Kong. Esta representa el caso más interesante del comercio chino pues su gerente, Pun Chi Chen, en-

---

29 En 1894, N. Zaguri, proveniente de Marruecos, protestaba contra el carácter racista y discriminatorio de las razones que le fueron dadas para justificar la denegación de la licencia que le hubiera permitido establecerse como vendedor ambulante. Así, uno de los argumentos avanzados por la administración, impidiéndole comerciar al por menor en las calles de Iquitos se basaba en las siguientes consideraciones: «Estos ambulantes en su generalidad israelitas marroquinos constituyen una verdadera plaga [...] son nocivos porque no forman familia» Archivos Municipales de Iquitos, Copiador de Oficios 1893-1894 p.157-58. Este virulento documento fue firmado por el alcalde francés Carlos Mouraille y co-firmado por notables miembros de la comunidad ashkenaze.

30 El mencionado Navarro poseía, en asociación con dos de sus hermanos, tierras próximas de Yurimaguas.

31 Notaría Cavero, 1899 Tomo 1 Nº378, 351, 67.

32 Esta compañía establecida en la calle Capón del barrio chino de Lima administrada por Ezequiel Chan Kan, era propietaria de una hacienda de algodón en el valle de Supe.

viado desde la China, cedía sus poderes a la Cia. Mendez-Barros de Pará (Brasil), para que ésta se encargue de efectuar operaciones de trasbordo y de aduanas en la frontera, con el fin de hacer llegar hasta Iquitos las mercaderías europeas que la Hop Wo Long había encargado.

No sabemos durante cuántos años la Hop Wo Long pudo continuar operando, pero es probable que tuviera una corta vida puesto que no aparece mencionada en los registros pocos años después. Al mismo tiempo, que la pequeñas sociedades comerciales chinas experimentaban un rápido progreso y numerosos pequeños comerciantes fueron conducidos a la quiebra o obligados a hipotecar sus casas ante las grandes casas acreedoras francesas y marroquís. La situación se caracterizaba por una gran ebullición comercial, aperturas y quiebras se sucedían sin cesar. Si la Hop Wo u otra filial china hubiera continuado en el negocio de la importación, sirviendo de intermediarios del comercio minorista chino, en lugar de las otras casas comerciales ¿los comerciantes chinos habrían corrido la misma suerte? La cuestión queda planteada.

Si se considera el aislamiento geográfico de la ciudad, la vida económica y social se desarrolló precozmente en Iquitos. Ella adoptará sin embargo un carácter segmentado. Por un lado, los representantes del gran comercio y armadores, cuyo poderío se hallaba sólidamente asentado en una adecuada e importante infraestructura económica (flotas, diques, almacenes, etc.) expresaron sus intereses por medio de organizaciones corporativas (Cámara de Comercio). En cuanto a su vida social, se desarrollaba en un círculo cerrado; los mismos personajes de la esfera económica se volvían a encontrar en las logias masónicas, clubes, etc.

Por otra parte, el pequeño comercio pagaba tributo a su carácter disperso y atomizado puesto que carecía de organizaciones propias o de instancias representativas que pudieran defenderlos del monopolio de las grandes casas comerciales. En el caso de los chinos, sus raras intervenciones se limitaban a elevar protestas y peticiones con unas pocas firmas reunidas para la ocasión. En consecuencia, era urgente que los miembros más poderosos organizaran la comunidad alrededor de ellos, procurando la asistencia necesaria a la construcción del templo y proporcionaran los locales de reunión. Para satisfacer las demandas de todos sus miembros, la beneficiencia china no sólo cumplía con sus funciones sociales tradicionales de ayuda mútua sino que debía además contribuir a la constitución de nuevos comercios gracias al aporte de un fondo común que luego serviría a un gran número de miembros, según un sistema de turnos rotativos. Antes de describir su funcionamiento con más detalle, veamos cómo se formó la sociedad de beneficencia china.

4. La Beneficencia China

En 1894, el antiguo cauchero chino Antonio Saavedra obtuvo el reconocimiento oficial de la adjudicación de un terreno (240 m2 de un valor de 1,000 soles), que él ocupaba desde años anteriores[33] y que estaba situado frente al río Amazonas,

---

33 Los primeros habitantes se establecieron en la ciudad naciente sin poseer títulos de propiedad. En noviembre 1887, una ley autorizó la adjudicación de antiguos socios de Saavedra urbanos

en la 1ra cuadra de la calle Belén. Antes aún de solicitar la cesión, Saavedra lo había convertido ya en un templo donde se veneraba Confucio y se rendía culto a varios dioses a quienes pedían protección, misericordia y prosperidad[34]. Ubicado en la finca de A. Saavedra, este templo estaba a disposición de la colonia. En 1899, cuando fue posible registrar legalmente los terrenos obtenidos en adjudicación, Saavedra donó la mencionada propiedad a la colonia china[35].

La colonia china estaba en aquel período bajo la responsabilidad de Vicente Lopez, quien con la intención de dotar la colonia de una beneficencia, adquirió, siempre en 1899, una finca colindante al templo. Los nuevos 374 m2 se añadieron a los presentes 240 m2 y constituyeron el local de la beneficencia china una vez que fue registrada por Juan y Alejandro Perez, antiguos compañeros caucheros de J. Alala, A. Saavedra y V. López[36].

En comparación con las ciudades costeñas e incluso la de Chanchamayo en la ceja de montaña, la presente compra ocurre de manera tardía, cuando la colonia ya ha alcanzado importantes proporciones. Si se descarta el factor económico -en su mayoría, los chinos que viven en Iquitos son prósperos- no nos queda sino interrogarnos si no ha habido resistencia por parte de la Municipalidad a la organización institucional de la colonia, por medio de una política segregacionista como la tuvo hacia los ambulantes sefarditas.

La beneficencia fue un lugar de encuentro entre los chinos originarios de Heshan, Hong Kong, Shangai, Langson, Cantón y de Chocckai. Letrados, como algunos de los primeros caucheros, y hombres de pueblo se codeaban, venían a jugar, conversar, recogerse, velar los muertos, festejar el año nuevo reventando cohetes, pero también para decidir los matrimonios de sus compatriotas con las hijas mestizas «injertas». Se iba a la beneficencia a pedir consejos, hacer escribir las cartas y, por último, a morir. En efecto, numerosos son, a partir de entonces, los chinos que vendrán a pasar sus últimos días en el local de la beneficencia, afectados en su mayor parte de tuberculosis, vómitos y de beri-beri.

*   *   *

La adquisición de la Beneficencia marcó el fin de una época, la de los primeros caucheros. El principio del siglo XX marcó el inicio de otra era. Los chinos fueron cada vez más numerosos en llegar por familias, en incluso por pueblos, como aquellos de Chocckai. Las sociedades de comercio se multiplicaron y, sobre todo, algo que hasta entonces no había sido posible, se diversificaron en la hostelería, fabricación de cigarrillos, intercambios comerciales más intensos con los chinos

---

en favor de los primeros ocupantes y entre ellos, los chinos caucheros. Dicha ley no fue aplicada sino 7 años más tarde. La oficialización de los títulos de propiedad dio lugar a una importante especulación de la parte de los propietarios y la venta inmediata de lotes -algunos superaban 700 m2. La creación de un registro público en 1899 permitió sólo entonces el registro de bienes.

34 Sobre este tema véase Lausent-Herrera, 1992.

35 Notaría Cavero, Fondo Guichard N°330, 1,5/8/1899. La propiedad fue evaluada entonces en 300 soles cuando en realidad valía 1,000 soles.

36 Notaría Cavero, Fondo Guichard N°292 11/7/1899 y N°216 13/5/1899 Tomo1. Conviene notar que la compra y el registro tienen lugar en 1899, año en el que el caucho había alcanzado su precio más elevado de toda la década. ¿Fueron las incrementadas ganancias las que permitieron estas compras?

instalados en otras aldeas amazónicas o sea Yurimaguas, Contamana y Nauta.

Numerosos chinos, entre los cuales principalmente los caucheros, conscientes del valor adquirido por los terrenos urbanos, hicieron o conservaron sus fortunas especulando entre 1899 y 1900[37]. Las compras y ventas únicamente consignadas en el Registro Público y en la notaría Cavero cifran las operaciones inmobiliarias chinas en más de 30,496 soles sobre un espacio de 2.49 has, lo cual es sin embargo poco comparado con la importancia de las transacciones que tuvieron lugar y que fueron registradas en las otras notarías de la ciudad. A partir de estos casos puede percibirse que los chinos que se beneficiaron del primer plan de urbanización de la ciudad adoptaron una estrategia cuyo objetivo era el de ocupar, por medio de la compra o del alquiler, los terrenos urbanos más centrales, en el centro administrativo, en el puerto y mercado de Belen, y particularmente en las esquinas con doble entrada. Dicha estrategia fue seguida igualmente por los armadores y comerciantes de la comunidad judía. No era por ende raro que las transacciones entre comerciantes de las dos comunidades tuvieran como objetos de adquisición, hipoteca y de conflicto, aquellos espacios urbanos. A través de su estrategia de implantación urbana, los chinos caucheros de Iquitos y la comunidad de pequeños industriales, artesanos y horticultores, cuya implantación había sido favorecida por los primeros, contribuyeron en dar a Iquitos ese aspecto tan comercial que aún hoy puede apreciarse. Durante la crisis del caucho, entre 1913 y 1920, desaparecieron las últimas explotaciones de los chinos caucheros, las de Siu y la de los García en el río Itaya, la de los Chong, llamada Formosa, en la isla Ipuana, en el río Ucayali. Actualmente, el único rastro que queda de los primeros caucheros chinos de Iquitos es la Beneficencia China, que desde el Malecón hace frente al Amazonas. ¿Cuál de los descendientes de los primeros chinos podrá recordar la epopeya vivida por los caucheros chinos pioneros en la amazonía, Alala y A. Saavedra y tantos otros?

Archivos y Documentos Oficiales

AGN Archivo General de la Nación
AMI Archivo Municipal de Iquitos
BSGL Boletín de la Sociedad Geográfica de Lima
RPI Registro Público de Iquitos
Biblioteca Nacional (Lima) Sección Expedientes:
D 7689
D 10659, 1884: «Notas del Prefecto del departamento de Loreto»
D 4468, 1885: «Minutas Shermuli y Wesche»
E 714, 1903: «Memoria del Prefecto de Loreto»
Censo General del Perú (1876), imprenta del Estado.
Ministerio de Relaciones Exteriores [6-11, Legación china]
Ministerio de Agricultura: Registro del Padrón General de Terrenos de Montaña
Notaría Cavero, Fondo Guichard, Tomos 1,2,3 1899-1924. Iquitos

---

37 Véase la nota 33.

Bibliografía

BONILLA, H.
1976   *Gran Bretaña y el Perú 1826-1919*, Vol.III, IEP, Lima
DEL AGUILA, N.
1979   *El caucho, análisis de un producto de exportación, 1880-1914*. Tesis PUC.
DEL MONTE, J.
1894   Episodios de un viaje de Lima-Iquitos.
GARCÍA ROSSEL, R.
1905   *Conquista de la montaña; sinopsis de los descubrimientos, expediciones, estudios y trabajos llevados a cabo en el Perú para el aprovechamiento y cultura de sus montañas*. Lima, 59p.
HERRERA, G.
1909   «Los pueblos de San Joaquín y San Salvador de Omaguas y la industria del caucho» en Larrabure y Correa (1909), *Colección de leyes, decretos, resoluciones y otros documentos oficiales referentes al departamento de Loreto*. Imprenta La Opinión Nacional, Lima, T.XVIII, p.91-97.
HERRERA, G.
1903   «Censos de Iquitos», en *BSGL*, TXIII, p. 178-186.
IZAGUIRRE, B.
1925   *Historia de las Misiones Franciscanas*, T.X., Talleres Tipográficos de la Penitenciaría, Lima, 612p.
LAUSENT, I.
1983   *Pequeña propiedad, poder y economía de mercado. Acos, Valle de Chancay.* IEP/IFEA, Lima.
LAUSENT-HERRERA, I.
1986   «Los inmigrantes chinos en la amazonia peruana», en *Bulletin de l'Institut Français d'Etudes Andines* TXV, p.41-60.
LAUSENT-HERRERA, I.
1992   «La cristianización de los chinos en el Perú: integración, sumisión y resistencia», en *Bulletin de l'Institut Français d'Etudes Andines,* 21, (3): 977-1007.
MAURTUA, A.
1911   «Geografía económica del departamento de Loreto.» en *BSGL* TXXVII, p.121-139.
MAVILA, O.
1902   *Ligeros apuntes sobre el departamento de Loreto.* Imprenta San Pedro, Lima, 30 p.
PALACIOS, S.
1891   *Informe de la comisión especial al departamento de Loreto, censo de Iquitos levantado en Feb. 1890.* Publicado el 15-7-1891.
PALACIOS, S.
1892   «Región amazónica, conferencia sobre la colonización de Loreto» en *BSGL* TII Nº7-9.
PORTILLO, P.
1901   *Las Montañas de Ayacucho y los ríos Apurimac, Mantaro, Ene, Perené, Tambo y alto Ucayali.* 136p. Imprenta del Estado, Lima.
QUIROZ, R.
1899   «El departamento de Loreto» en *BSGL*, TIX, Nº7-8-9, p.290-313.
RIVERA, I.M.
1934   *El afianzamiento de nuestra soberanía amazónica.* Hip Sing Printing Cº, Hong Kong, 31 p.
ROMERO, F.
1983   *Iquitos y la fuerza naval de la amazonía, 1830-1933.* Ministerio de la Marina, 158p.

RUMRILL, R.

1983   *Iquitos, Capital de la Amazonia peruana.* Lima, 206p.

TÁVARA, SANTIAGO

1868   *Viaje de Lima a Iquitos.* Imprenta El Comercio, Lima, 85p.

TRAHTEMBERG, L.

1987   *La inmigración judía al Perú, 1848-1948.* Lima.

WEINSTEIN, B.

1983   *The Amazon Rubber Boom 1850-1920.* Standford University Press. California, 356p.

ESTADO Y AMAZONÍA EN EL ECUADOR DEL SIGLO XIX. LOS FRACASOS DE UNA PROPUESTA DE ARTICULACIÓN DEL ÁREA AMAZÓNICA AL ESTADO NACIONAL: LA «VÍA PROAÑO»[1].

Natalia Esvertit Cobes
Universidad de Barcelona
Taller de Estudios e Investigaciones Andino-Amazónicos

A lo largo de la historia ecuatoriana del siglo XIX se desarrollaron diversos intentos de organización del Estado nacional, en algunos de los cuales el control de los extensos territorios amazónicos jugó un papel relevante. En los sucesivos proyectos de formación del Estado-Nación, la Amazonía cumplió dos funciones principales: a) una función político-ideológica, al permitir que los grupos hegemónicos pusieran a prueba su capacidad para liderar un proyecto nacional a través del control del territorio y de la defensa de la frontera; b) una función económico-política, constituyendo una promisoria fuente de recursos para la reconstrucción económica de diversas élites regionales, las cuales perseguían a su vez su fortalecimiento político cara a aumentar su capacidad negociadora frente al Estado central[2].

En este trabajo centraré mi análisis en la primera de las funciones enunciadas, apuntando algunos elementos respecto a la acción del Estado en la Amazonía ecuatoriana en el período 1860-1895, con el objetivo de señalar el papel de refe-

1. El presente trabajo es parte de la investigación que vengo desarrollando sobre la incorporación de la Amazonía ecuatoriana al Estado nacional en el período 1860-1930, inscrita en el marco del proyecto «Ordenación del territorio y desarrollo regional en la Amazonía andina (1850-1960)», dirigido por la Dra. P. García Jordán de la Universidad de Barcelona y financiado por DGYCIT (PB94-1568). Los resultados obtenidos hasta ahora no hubieran sido posibles sin la colaboración del Ministerio de Educación y Ciencia (España), que me concedió una beca a inicios de 1993. Igualmente agradezco la colaboración prestada en el Ecuador por diversas instituciones y centros de documentación.

2. Ver al respecto y para el caso peruano N. Sala i Vila: «Los proyectos de ocupación de la Amazonía sur andina: el caso ayacuchano (1830-1930)». En P. García Jordán (coord.): *La construcción de la Amazonía andina (siglos XIX-XX)*. Quito, Abya Yala, 1995, pp. 153-228.

rente ideológico desempeñado por la cuestión amazónica en esta etapa, así como las contradicciones del Estado respecto a dicha cuestión.

Desde los inicios del siglo XIX el territorio amazónico permaneció sumido en un completo abandono por parte de la sociedad republicana, caracterizándose por la falta de implantación de la administración central. No obstante, a partir de 1860, diversos gobiernos ecuatorianos emprendieron algunas medidas tendentes a contrarrestar esta situación. Inicialmente, bajo la gestión del conservador García Moreno (1860-1875) se proyectaron diversas iniciativas destinadas a la apertura de comunicaciones y al fomento de la colonización y se institucionalizó la actividad misionera; posteriormente, la administración de Antonio Flores (1888-1892) creó cuatro vicariatos apostólicos en el Oriente ecuatoriano como territorios de misión que fueron asignados a diversas órdenes religiosas. Globalmente estas medidas resultaron ineficaces y el fracaso generalizado en el proyecto de consolidación del Estado nacional debe atribuirse a la fuerte regionalización y a la desarticulación nacional prevalecientes en el país. Paralelamente, y coincidiendo con el aumento paulatino de la explotación cauchera, se registró un importante aumento de las actividades económicas extractivas en dicha área amazónica, si bien dichas actividades fueron llevadas a cabo por empresas afincadas en el Perú e impulsadas por el Estado peruano.

Pese a lo irrelevante de los resultados prácticos alcanzados en la ocupación efectiva de las áreas selváticas, resulta interesante y revelador el examen de las diversas propuestas relativas al territorio amazónico que se presentaron y discutieron en las Cámaras Legislativas durante el período señalado. Este análisis pone de manifiesto la importancia concedida a este territorio y con él, al conflicto limítrofe, en el discurso político de la época, y permite señalar que la Amazonía, como representación de la frontera oriental no delimitada, jugó un marcado papel referencial en la política ecuatoriana[3].

Efectivamente, a pesar de la marcada desarticulación entre el Estado ecuatoriano y la Amazonía, fuentes de diversa procedencia muestran la profundidad de la relación ideológica establecida entre ambos en la conformación de la sociedad nacional del Ecuador. Así, podemos constatar a partir de la segunda mitad del siglo XIX, el peso de lo *amazónico* en el discurso político ecuatoriano[4], contrastando con la ausencia de medidas destinadas a lograr la articulación efectiva de este territorio.

Un examen detallado de las peripecias sufridas por el proyecto de vía de comunicación que se conoció como «vía Proaño» me permitirá poner en evidencia las contradicciones del Estado ecuatoriano en el tratamiento de las cuestiones relacionadas con la Amazonía.

---

3. A.C. Taylor: «El Oriente ecuatoriano en el siglo XIX: 'el otro litoral'», en J. Maiguashca (ed.): *Historia y región en el Ecuador, 1830-1930*. Quito, CEN/FLACSO/IFEA, 1994, pp. 34-59, realiza interesantes consideraciones sobre la situación de los territorios amazónicos a lo largo de todo este período.

4. La cuestión amazónica adquirirá una importancia creciente en la ideología nacionalista ecuatoriana a medida que avance el período republicano, ligada a los conflictos limítrofes entre el Ecuador y los paises colindantes. Diversas investigaciones se han ocupado de analizar la conversión del conflicto territorial y con él, de la cuestión amazónica, en un mito sustentador de la identidad nacional. Al respecto, consultar J. Trujillo: «La Amazonía en la historia del Ecuador». En: E.Ayala Mora (ed.): *Nueva historia del Ecuador. Vol. 12*. Quito, Corporación Editora Nacional, 1992, pp. 227-251; E. Silva: *Los mitos de la ecuatorianidad*. Quito, Abya Yala, 1992; M. Restrepo, Mª E. Tamariz y T. Bustamante: *Frontera amazónica. Historia de un problema*. Puyo (Ecuador), CEDIME/CEE, 1991.

1. La «Vía Proaño». El fracaso de un proyecto de articulación Amazonía-Sierra-Costa.

Con el nombre de «vía Proaño» se conoció la propuesta del político liberal y explorador Víctor Proaño de establecer una vía de comunicación que articulara la costa del Ecuador desde Guayaquil hasta un punto navegable en el sistema hidrográfico del río Morona. Ella permitiría no sólo un importante avance en la articulación interna del territorio nacional, al vincular Costa, Sierra y Amazonía, sino que además haría posible la navegación del Morona y del Marañón-Amazonas hasta su salida al Atlántico, abriendo con ello amplias perspectivas económicas. El proyecto de Proaño contó desde sus inicios con promotores y detractores entre los políticos ecuatorianos y las fuentes consultadas muestran que se discutió en las Camaras del Congreso y del Senado en diferentes legislaturas, emitiéndose algunas disposiciones legales respecto al mismo. No obstante, las fuentes muestran también que las pocas medidas adoptadas por parte del Estado para su realización resultaron infructuosas y el fracaso de Proaño nos permitirá constatar la poca atención que, a nivel efectivo, se prestó el territorio amazónico, así como el papel exclusivamente ideológico desempeñado por el mismo en el discurso de los gobiernos ecuatorianos de este período.

La vida de Proaño y los acontecimientos que envolvieron el desarrollo de sus exploraciones en el territorio amazónico han contado tradicionalmente con una fuerte dosis de elementos novelescos. Tanto su militancia política liberal y sus destierros en el Oriente durante las administraciones del conservador García Moreno[5]; como las relaciones entabladas con diversos grupos indígenas Shuar a lo largo de sus viajes de exploración por los ríos orientales[6]; como finalmente su perseverancia infructuosa en conseguir apoyo gubernamental en el Ecuador para la realización de sus proyectos, dieron pie, especialmente a partir del triunfo liberal de 1895, a una verdadera corriente de reivindicación de su persona y de su obra que perdura hasta nuestros días[7].

---

5. Una de las pocas funciones cumplidas por los territorios amazónicos en el período que nos ocupa fue la de ser lugar de destierro de opositores políticos.

6. Los biógrafos de Proaño han tendido a atribuirle una capacidad extraordinaria para manipular a los indígenas Shuar, lo que resulta sorprendente dado el grado de independencia y el margen de maniobra que ostentaba este grupo en el período en que Proaño realizó sus exploraciones. Ver al respecto P. y A. Costales: *El General Víctor Proaño. El explorador del territorio shuar*. Quito, Abya Yala, 1994, pp. 89-91; J.F. Proaño: «Rasgos biográficos del General Víctor Proaño». *Revista Municipal*, Año XLIII, nº 11. Riobamba (Ecuador), Diciembre 1929, p. 76; Anónimo: *Gran vía de comunicación entre el Pacífico y el Atlántico por el Amazonas*. Lima, Imp. de «El Comercio», por J.M. Monterola, 1864, pp. 10-12. En cualquier caso la relación entre el explorador y algunos grupos Shuar del Morona supuso un contacto fructífero para la avanzada colonizadora ya que, indudablemente, sin el consentimiento y la colaboración de estos indígenas las exploraciones ni tan siquiera hubieran tenido lugar.

7. El ostracismo que le dedicaron los sucesivos gobiernos conservadores contrasta con la reivindicación de su persona tras el ascenso al poder de los liberales en 1895. Sobre Proaño encontramos la novela del también político liberal E. Alvarez: *Zapikia y Nanto*. Inédita, 1912; diversos apuntes biográficos debidos a su pariente y propagandista J.F. Proaño, como «Rasgos biográficos...», *ob. cit.*, pp. 75-80, 82, y «El río Morona. El camino de Riobamba al Morona». *El Observador*, nº 18. Riobamba (Ecuador), 20 de Abril de 1917, pp. 2-3, ambos escritos desde una perspectiva regionalista chimboracense. Cabe destacar una obra biográfica reciente que continúa la tradición novelesca prevaleciente desde principios de siglo respecto a la figura de V. Proaño: P. y A. Costales, *ob. cit.*

Proaño realizó diversos viajes de exploración por el territorio amazónico. El primero de ellos lo efectuó en 1861 cuando, desterrado en Macas durante la primera administración del conservador García Moreno (1860-1865), navegó el Morona, un río prácticamente desconocido en aquel entonces, desde su cabecera, en la confluencia con el Miazal, hasta su desembocadura en el Marañón. Posteriormente, en 1866, acompañó a una comisión peruana que inicialmente realizó un viaje de reconocimiento geográfico de la vía al Morona, desplazándose desde Guayaquil y Riobamba hasta Iquitos por el Morona y el Marañón-Amazonas. Desde allí, la comisión peruana realizó una labor de exploración más detallada remontando nuevamente el Morona a bordo del vapor *Napo*. Proaño abandonó el vapor en la confluencia de los ríos Miazal-Cusulime, cabecera del Morona, y continuó la exploración del río Macuma en canoa. En 1869 realizó sus últimos viajes de exploración por la Amazonía, en los que navegó el Pastaza y diversos afluentes septentrionales y meridionales del Amazonas, en el contexto de un nuevo exilio en Canelos durante la segunda administración de García Moreno (1869-1875)[8].

Como resultado de sus exploraciones, obtuvo diversos reconocimientos y apoyos tanto por parte de gobiernos ecuatorianos como peruanos, lo que le llevaría a una compleja relación con ambos Estados. En el presente trabajo, más que ofrecer una relación detallada de sus viajes de exploración y de los aspectos geográficos de los mismos[9], me ocuparé de analizar, en primer lugar, la relación entre el proyecto de comunicaciones amazónicas promovido por Proaño y los sucesivos gobiernos ecuatorianos, desde su primer viaje de exploración realizado en 1861 hasta su muerte en 1895. En segundo lugar, expondré algunos elementos relativos a los intereses peruanos presentes en la promoción de la propuesta de Proaño, lo que constituirá un asunto imprescindible para clarificar las peripecias de su proyecto y los motivos de su fracaso.

2. La «Vía Proaño» y su difícil relación con los gobiernos ecuatorianos (1860-1895).

Víctor Proaño planteó su propuesta a raíz de sus primeras exploraciones realizadas en 1861 y la defendió reiteradamente hasta su muerte en 1895. A lo largo de todo este período, las sucesivas administraciones que gobernaron el país obstaculizaron repetidamente el proyecto. Como señalaré a continuación, no sólo

---

8. En P. y A. Costales: *ob. cit.*, 1994, se describen, de forma un tanto novelada, algunos de los acontecimientos que rodearon estas exploraciones. Más interesante resulta la consulta de los diarios de viaje del propio Proaño, algunos de los cuales encontramos reproducidos en P. Jaramillo Alvarado: *Tierras de Oriente. Caminos. Ferrocarriles. Administración. Riqueza aurífera.* Quito, Imp. y Enc. Nacionales, 1936. Concretamente, se transcriben los diarios de la primera navegación del Morona en 1861 (pp. 75-83) y de la exploración del Macuma en 1867 (pp. 62-73). Éste último se encuentra también en P. y A. Costales: *ob. cit.*, pp. 122-132.

9. Entre estos logros geográficos, cabe destacar que con sus navegaciones, Proaño estableció que el río Upano no formaba parte del sistema hidrográfico del Morona, sino del Santiago, rectificando así las opiniones comunes de la geografía del siglo XIX que figuran en M. Villavicencio: *Geografía de la República del Ecuador.* New York, Imp. de R. Craighead, 1858, pp. 85-90 y 95; y T. Wolf: *Geografía y geología del Ecuador.* Leipzig, Tip. F.A. Blockhaus, 1892, pp. 195-197. Sobre el desconocimiento del Morona por parte de la cartografía y las relaciones geográficas coloniales y republicanas puede consultarse P. y A. Costales: *ob. cit.*, pp. 97-108.

los gobiernos conservadores del período garciano impidieron la realización del mismo, sino que también las diversas administraciones que gobernaron a partir de 1875 pusieron trabas a la construcción de esta vía de comunicación. Los impedimentos legales a que se sometió la «vía Proaño» durante el período garciano y los conflictos entre Proaño y el presidente Veintimilla constituyen los asuntos más destacados a la hora de explicar el fracaso de esta propuesta.

2.1. El período garciano (1860-1875)

Proaño persiguió el apoyo del gobierno ecuatoriano para impulsar su proyecto desde su primera navegación del Morona en 1861. Inicialmente topó no sólo con el desinterés sino con el ostracismo declarado por parte de la primera administración de García Moreno que consideraba a Proaño como a un peligroso opositor liberal vinculado al Perú[10].

Posteriormente, bajo la administración de Jerónimo Carrión (1865-67), Proaño obtuvo el apoyo del gobierno y así, el Congreso de 1865 aprobó su propuesta relativa al establecimiento de la vía al Morona, que se tradujo en el *Decreto de 16 de Diciembre de 1865 otorgando concesiones al Sr. Víctor Proaño para la apertura de una vía de comunicación del Atlántico al Pacífico por el río Morona*[11]. Este decreto ofrecía amplias prerrogativas a Víctor Proaño, estableciendo el futuro reconocimiento del trazado de la vía por una «comisión corográfica»[12] que dirigiría el propio explorador. Esta comisión debía informar de sus trabajos al Poder Ejecutivo y, en caso de que éste y el Consejo de Gobierno consideraran practicable la vía, se concedía a Proaño un privilegio para su construcción, mantenimiento y explotación que le otorgaba múltiples concesiones sobre la misma durante 99 años.

Entre las prerrogativas asignadas a Proaño figuraban el derecho a la apertura y acondicionamiento de la vía, la cual se extendería desde la desembocadura del Morona hasta el golfo de Guayaquil, alternando en su trazado travesías fluviales a vapor con rutas terrestres. Como descubridor de la vía, Proaño obtenía el derecho de buscar socios y negociar los capitales para la construcción de la misma ofreciendo terrenos en garantía. Durante los 99 años de duración del privilegio concedido cobraría derechos diversos (tránsito, transporte, depósito) a los transeúntes de la misma. Obtenía, además, la propiedad de 50 leguas cuadradas de terrenos baldíos situados a ambos lados del trazado de la vía, en los que establecer almacenes, estaciones e instalaciones diversas. El decreto puntualizaba que al finalizar los 99 años del privilegio, almacenes y estaciones pasarían a propiedad del Estado, en tanto que otro tipo de establecimientos quedarían en manos de la empresa fundada por Proaño. Otra disposición autorizaba al Poder Ejecuti-

---

10. En la política ecuatoriana es común descalificar a los opositores políticos acusándolos de simpatizar con el Perú. En el caso de Proaño, esta acusación pretendía fundamentarse tanto en sus circunstancias personales (en sus repetidos exilios residió frecuentemente en el Perú y se casó con una peruana) como en el conocido apoyo que el vecino país ofreció a sus proyectos selváticos.

11. *Colección de Leyes, Decretos y Resoluciones dadas por el Congreso Constitucional de 1865.* Quito, Imp. Nacional, por M. Mosquera, 1865, pp. 26-29.

12. El término *corografía*, poco usual en el castellano actual, se refiere a la descripción geográfica de un territorio.

vo para que, tan pronto como se iniciaran los trabajos de la vía, erigiera en provincia el territorio comprendido entre el Pongo de Manseriche y las cabeceras del Morona, confiriendo a Víctor Proaño autoridad sobre esta provincia, lo que proporcionaba al explorador competencias políticas sobre amplios territorios.

El decreto incluía además una serie de disposiciones que facilitaban la construcción de la obra, tales como la exención de otro tipo de servicios obligatorios para los trabajadores de la misma; la exención de derechos fiscales a la maquinaria y herramientas utilizadas para su realización; la obligada colaboración de las autoridades locales de los territorios por donde atravesara la vía, que debían proporcionar a la empresa, previa indemnización, los elementos necesarios en cuanto a mano de obra, alimentación, etc.; así como la obligación del Poder Ejecutivo de ofrecer protección militar a la empresa.

Otras disposiciones se dictaban con el objetivo de promover el comercio a través de la «vía Proaño»: así, durante los seis primeros años del privilegio se eximía del pago de derechos la introducción de mercaderías por el Morona, las cuales después de este plazo pasarían a pagar los mismos derechos que las importadas por Guayaquil; en cuanto a las mercaderías introducidas en tránsito hacia otros países, o las que fueran introducidas para permanecer en los territorios orientales, no pagarían derechos fiscales en los 99 años de duración del privilegio.

Las únicas limitaciones que se imponían a Víctor Proaño, consistían en la prohibición expresa de transmitir este privilegio a corporaciones e individuos extranjeros, con los que, no obstante, sí se le concedía el derecho de asociación; así como en los plazos que obligatoriamente debía cumplir para el inicio de la obra y su finalización, que se establecían en un período de tres años y medio para iniciar la obra desde que el empresario entrara en posesión del privilegio y en un período de 15 años para la finalización de la misma, en caso de incumplimiento de los cuales perdería el privilegio concedido.

En consonancia con la aprobación de este Decreto, el Congreso de 1865 votó la cantidad de 10.000 pesos para iniciar el reconocimiento de la vía pero posteriormente incumplió la disposición al no nombrar la «comisión corográfica» que, comandada por Proaño, debía efectuar dicha exploración. De esta manera quedó suspendida la ejecución del Decreto que otorgaba a Proaño tan amplias concesiones[13].

En el Congreso ecuatoriano de 1867 se discutió de nuevo acerca de la «vía Proaño». Resulta sumamente interesante el informe emitido en Octubre de 1867 por una «Comisión Especial» encargada de este asunto en dicho Congreso[14]. Este informe recomendó la aprobación de un proyecto de decreto que confirmaba y aún ampliaba las concesiones otorgadas a Proaño en 1865, al tiempo que sugirió que éste fuera nombrado «primera autoridad de Oriente», lo que repercutiría favorablemente tanto en la administración del territorio oriental[15] como en el conflicto de

---

13. Si bien la exploración realizada por Proaño en 1866 debía ir acompañada, inicialmente, por una comisión ecuatoriana y otra peruana, la primera de éstas jamás llegó a organizarse, lo que vino a incumplir el Decreto Legislativo de 1865. Proaño reclamó por este incumplimiento en 1868, tal como muestran algunos documentos reproducidos parcialmente por P. y A. Costales: *ob. cit.*, pp. 113-114, 134-135.

14. Documento que se encuentra en el *Archivo Biblioteca de la Función Legislativa* (Quito), reproducido por P. y A. Costales: *ob. cit.*, pp. 115-118.

15. La «Comisión Especial» emitió algunas consideraciones sobre la administración del Oriente, afirmando que tradicionalmente los gobernadores se habían enriquecido ilícitamente a costa de los indígenas, cometiendo múltiples abusos contra éstos, *ibíd.*, pp. 117.

límites entre Ecuador y Perú[16]. Parece ser que que el Congreso de 1867 no llegó a aprobar este proyecto de decreto, con el cual se hubieran reafirmado e incluso ampliado las concesiones contenidas en el Decreto Legislativo de 1865 que he expuesto ampliamente. Proaño denunció no sólo la desatención sinó también el boicoteo administrativo del que fue víctima su propuesta en el Congreso de 1867[17].

2.2. La Dictadura de Veintimilla (1876-1883).

El desinterés demostrado por los gobiernos ecuatorianos hacia los proyectos amazónicos de Víctor Proaño continuó tras el fin del régimen garciano en 1875, tal como pusieron de manifiesto las continuadas quejas y lamentaciones del explorador. Así, en 1876, Proaño siguió reclamando las concesiones que se le habían otorgado en 1865 para negociar en el extranjero los capitales necesarios para llevar a término la «vía Proaño» y acusó a la administración de Antonio Borrero (1875-76) de ignorar sus propuestas orientalistas[18].

Tras la caída de Borrero y el triunfo de la Revolución de Septiembre, Proaño regresó al Ecuador, donde a pesar de su apoyo inicial al presidente Veintimilla, no tardó en enfrentarse a él[19]. Durante el gobierno de Veintimilla, Proaño asistió como representante por la provincia del Chimborazo a la Convención de Ambato (1878). Su campaña para diputado se basó, en gran parte, en la defensa de los asuntos orientalistas, especialmente la necesidad de establecer vías de comunicación con el territorio oriental y, concretamente, en la defensa y propaganda de su proyecto de vía al Morona; al mismo tiempo, denunció el desinterés de los gobiernos republicanos así como el incumplimiento de las resoluciones dictadas por los congresos de 1865 y 1867 sobre el establecimiento de la «vía Proaño»[20]. Proaño, desde su escaño parlamentario participó en dicha Asamblea Constituyente, pretendiendo la emisión de una nueva disposición legal destinada a la realización de su proyecto de comunicaciones amazónicas que, como la anterior de 1867, tampoco alcanzó la sanción de las Cámaras[21].

---

16. A este respecto, la «Comisión Especial» reconoció que gran parte de los problemas limítrofes surgieron «...porque no ha habido un gobernador ni un misionero que diera un paso más allá de Macas, Canelos i Napo», *ibíd.*, p. 118.

17. Es importante señalar aquí que Víctor Proaño se refiere en todos sus escritos a un Decreto Legislativo de 5 de Noviembre de 1867 sobre la «vía Proaño» como a una disposición legal sancionada, a pesar de que en la recopilación legislativa correspondiente a 1867 no figura ningún decreto relacionado con su propuesta. Ver *Colección de Leyes, Decretos y Resoluciones dadas por el Congreso Constitucional de 1867*. Quito, Imp. Nacional, por M. Mosquera, 1867. Proaño denunció en diversos escritos la *desaparición* de la legislación que apoyaba sus propuestas: V. Proaño: *Ante la H. Convención de 1884*. Quito, Imp. de J.P. Sanz, por J.M. Sanz, 1884, pp. 15-16; *Cartas políticas. Segunda carta*. Lima, Imp. de «El Comercio», por J.R. Sánchez, 1890, pp. 9-10.

18. V. Proaño: *Para la Historia*. Guayaquil, Imp. del Comercio, 1876.

19. De hecho, aunque los liberales ecuatorianos ofrecieron inicialmente apoyo a Veintimilla, las circunstancias que envolvieron su administración, de hecho una dictadura, provocaron que aquéllos pasaran a una tenaz oposición.

20. V. Proaño: *Mi Programa*. Quito, Imp. de F. Bermeo, 1877.

21. Espero que la consulta de los Diarios de Debates del Congreso ecuatoriano correspondientes a 1878, tarea que tengo pendiente, aportará datos sobre la participación de Proaño en dicha legislatura. En el folleto de V. Proaño: *Refutación de los obstáculos puestos a las empresas del Oriente por el Ministerio de Obras Públicas*. Quito, Imp. del Dr. R. Arias, por J. Mora, 1879, quedan refleja-

El trasfondo de las desavenencias entre Proaño y Veintimilla estuvo, en realidad, en la competencia de intereses por el acceso al Oriente entre el primero y los empresarios cascarilleros, entre los cuales se encontraba el propio presidente Veintimilla[22], según se desprende de diversos escritos de Proaño[23]. La explosión del conflicto tuvo lugar debido a la presencia de trabajadores dedicados a la extracción de la quina en diversos lugares del sur del Oriente ecuatoriano[24]. Es por ello que Proaño informó al Ministro del Interior, en Agosto de 1878, de que había recibido en Ambato a una delegación de indígenas[25] representantes de las localidades de Canelos y Sarayacu, que llegaron para expresarle su preocupación por la presencia de trabajadores extractores de quina en las cercanías de Macas y Baños. Haciendo gala de su supuesto control sobre los indígenas amazónicos y sus decisiones, Proaño advirtió que había «tranquilizado» a la delegación diciendo a sus integrantes que los trabajadores de la quina eran «sus hermanos», con el objetivo de amparar la vida de los mismos y de evitar que cundiera la alarma entre los indígenas[26]. Por las mismas fechas, y en un tono más reivindicativo, Proaño se dirigió al Presidente Veintimilla denunciando que los empresarios cascarilleros pretendían abrir un camino desde Macas al río Miazal, afluente del Morona, con el objetivo de exportar cascarillas por dicha vía. Proaño, que argumentó sus derechos fundamentándose en la legislación de 1865 que le había otorgado concesiones para la construcción de la «vía Proaño», advirtió:

> «...nadie, que no sea yo, puede legalmente abrir caminos que principien o terminen en la vía del Morona ni exportar, sin mi consentimiento, ningún artículo por los ríos mencionados, sin atacar mis derechos y lo que es peor, sin hacer imposible aún para lo futuro el desarrollo de la Banda Oriental...»[27].

---

das las polémicas que, relativas a las propuestas de Proaño, tuvieron lugar en la Asamblea de 1878 bajo el gobierno de Veintimilla, y que impidieron la sanción de la legislación respecto a la «vía Proaño».

22. Efectivamente, el propio Veintimilla y sus familiares estuvieron involucrados en el negocio de extracción y exportación de cascarilla, lo cual explica el ostracismo de esta administración hacia las quejas y reclamaciones de Víctor Proaño. Diversos investigadores han mencionado esta relación de Veintimilla con el negocio cascarillero. Entre ellos P. y A. Costales: *Amazonía. Ecuador. Perú. Bolivia*. Quito, Mundo Shuar, 1983, p. 246; M. Restrepo: «El proceso de acumulación en la Amazonía ecuatoriana», en L.M. Ruíz (coord.): *Amazonía Nuestra*. Quito, CEDIME, 1991, p. 141; M. Restrepo: «Frontera amazónica. Historia de un problema», en: M. Restrepo, Mª E. Tamariz y T. Bustamante: *ob. cit.*, p. 31.

23. V. Proaño: *Banda Oriental*. Quito, Imp. de F. Bermeo, 1878; *Refutación de los obstáculos puestos a las empresas del Oriente...*; *Réplica necesaria sobre asuntos de conveniencia sur-americana*. Popayán (Colombia), Imp. del Estado, 1883.

24. Cabe señalar que en estos años los abusos cometidos por los cascarilleros dieron origen a una revuelta en Riobamba contra los mismos, de la que no he podido obtener datos hasta este momento. Parece ser que los cascarilleros, «...protegidos por Veintimilla, monopolizaban los bosques y cometían atentados como los del *indio López* en Suña», según consta en V. Proaño: *Réplica necesaria...*, p.28.

25. La llegada de delegaciones indígenas a ciudades serranas del Ecuador fue un fenómeno bastante recurrente desde el repliegue colonial del frente de colonización amazónica a fines del siglo XVIII y a lo largo del siglo XIX. A.C. Taylor realiza algunas consideraciones sobre las causas que motivaban la organización de estas comisiones, las cuales se relacionarían con la búsqueda de bienes manufacturados por parte de las poblaciones indígenas. Ver A.C. Taylor: *ob. cit.*, pp. 37-38.

26. «Carta de Víctor Proaño al Ministro de Estado en el despacho de Interior» (Ambato, 14 de Agosto de 1878), en V. Proaño: *Banda Oriental*, pp. 4-5.

Por ello, exigió la prohibición de la apertura de dicho camino. Asimismo alertó al Presidente de la posibilidad de enfrentamientos entre los cascarilleros y los indígenas de la zona, y para evitarlo, propuso la necesidad ineludible de limitar la explotación de los bosques. Dichas peticiones resultaron inútiles conociendo la participación del propio Veintimilla en la explotación de la cascarilla.

Posteriormente, y en este mismo contexto de conflictos de intereses en el acceso al área oriental, Proaño acusó a algunos miembros del Ejecutivo de haber favorecido intereses privados relacionados con la extracción y exportación de quinas, actividades en las cuales ellos mismos tenían participación. En concreto, denunció la concesión de terrenos baldíos realizada en favor de José Ignacio Veintimilla, sobrino del Presidente, la cual venía a contradecir las disposiciones legales relativas a la «vía Proaño» que, emitidas con anterioridad, le concedían a él extensas áreas de territorio. Así, señaló que esta concesión de más de cien leguas cuadradas de terreno en el cantón Sangay al sobrino del Presidente Veintimilla, impediría la realización de sus proyectos orientalistas, que no podrían salir adelante sin previa entrega de los terrenos a intercambiar como garantía de los capitales necesarios para llevarlos a cabo[28].

2.3. Los gobiernos progresistas (1883-1895)

Una vez expulsado del poder Veintimilla y ya en la Asamblea Nacional de 1884, Víctor Proaño insistió nuevamente en sus proyectos relativos a la vía al Morona y las fuentes dejan constancia de un proyecto que, dando continuidad a las propuestas anteriores, sancionadas o pendientes de sanción, de 1865, 1867 y 1878 fue presentado por el explorador ante las Cámaras Legislativas en Diciembre de 1883[29]. En este proyecto Proaño se comprometía a la apertura de la vía que llevaba su mismo nombre, a la colonización de la región oriental, así como a la *civilización* de las tribus del territorio selvático. Destacaré que, entre las condiciones estipuladas, se reafirmaba la exclusividad de Proaño para negociar los capitales destinados al establecimiento de la vía al Morona, tanto en su parte terrestre como en su parte fluvial. Ello incluía el establecimiento de vapores en los ríos Santiago, Morona, Pastaza y Napo. En cuanto a la parte terrestre de la vía, ésta sería inicialmente un camino de herradura, sobre el trazado del cual se construiría posteriormente un ferrocarril[30]. Igualmente se reiteraba que este privilegio exclusivo se

27. «Carta de Víctor Proaño al Presidente Ignacio de Veintimilla» (Ambato, 17 de Septiembre de 1878), en *ibíd.*, pp. 5-7.

28. Según se desprende de las denuncias de Proaño, parece ser que a la escritura de contrato entre éste y el gobierno elaborada en la legislatura de 1878, y que no llegaría a concretarse, fueron añadidas por parte del Ministro del Interior una serie de cláusulas que afectaban à las amplias concesiones obtenidas por el explorador. Entre ellas, se añadió una puntualización sobre la concesión de terrenos baldíos, por la cual «...la concesión de terrenos baldíos se hará a medida que vaya poniéndose al servicio público la expresada vía férrea», lo que al retardar la obtención de estos terrenos por parte de Proaño, posibilitaba que fueran concedidos preferentemente a otros particulares. V. Proaño: *Refutación de los obstáculos...*, pp. 4, 10-12.

29. Proaño publicaría al año siguiente el contenido de dicha propuesta: *Víctor Proaño... [proyecto de contrato presentado ante las Cámaras Legislativas el 24 de Diciembre de 1883]*, Quito, Imp. del Gobierno, 1884.

30. *Ibíd.*, p. 1.

prolongaría por 99 años a partir de su concesión. La concesión de terrenos baldíos seguía siendo ampliamente beneficiosa para Proaño, quien obtenía la mitad de los territorios que debía atravesar la vía en cuestión, quedando el resto en propiedad del Estado. Las expectativas de Proaño aumentaban en cuanto a que se autorizaba a la empresa a formar una sociedad anónima, la «Gran Compañía de las Empresas Trasandinas del Ecuador», a la cual se encargaba la construcción de otras importantes vías de comunicación, como eran el camino de Ibarra al Pailón y una importante vía que debía comunicar las províncias del Azuay y Loja con la «vía Proaño», en la que se incluían la navegación de los ríos Paute, Zamora y Santiago[31]. Como en anteriores legislaturas, a pesar de la aprobación del proyecto por una Comisión Especial del Congreso, algún mecanismo legal impidió que llegara a aprobarse definitivamente[32].

En la década de 1880 surgieron otros proyectos relativos a los territorios amazónicos, lo cual vino a constituir una competencia fatal para Proaño quien, hasta ahora, había sido uno de los pocos, y desde luego el más insistente, de los propagandistas de la colonización de la selva. En este contexto, parece ser que Nicolás Martínez, político ambateño y promotor de diversas obras relacionadas con el Oriente ecuatoriano, desmereció explícitamente las propuestas del veterano orientalista Proaño, al tiempo que alabó los proyectos de Francisco Andrade Marín, por entonces Gobernador de la Provincia de Oriente, empeñado en establecer una importante zona de colonización en el río Napo[33]. Nicolás Martínez acusó a Víctor Proaño de haberse «apropiado» del descubrimiento de la vía al Morona; asimismo, Martínez señaló la dificultad de comunicar el Morona con el Pacífico debiendo atravesar el obstáculo de la cordillera andina; además, Martínez rechazó categóricamente la propuesta de la «via Proaño» aduciendo su inutilidad para el comercio interior de la república así como para el comercio internacional, ya que la vía de Panamá anulaba completamente la importancia de la comunicación interoceánica a través de la Amazonía. La más agria de las acusaciones consistió en afirmar que la intención de Proaño era apropiarse del Oriente para enriquecerse mediante su venta. Proaño rebatió cuidadosamente cada una de las afirmaciones de Martínez, al tiempo que le acusó de disponer de fondos públicos para favorecer intereses particulares relacionados con el Oriente[34].

---

31. Inicialmente una cláusula de este contrato establecía que el gobierno debía dar preferencia a la «Gran Compañía de las Empresas Trasandinas del Ecuador» en cualquier otro contrato destinado a la construcción de ferrocarriles. No obstante esta cláusula fue retirada por el propio Proaño antes de la presentación del proyecto de contrato ante las Cámaras. *Ibíd.*, pp. 3-4.

32. Como se desprende del contenido de otro escrito de Proaño, en el que éste expresó, lamentándose, «[s]i la última Asamblea [refiriéndose a la de 1883-84] hubiese consagrado cinco minutos apenas a la aprobación de la Escritura de las empresas orientales, ajustada ya conmigo y con la comisión especial que ella nombró al intento...». Ver V. Proaño: *Carta en defensa de la ciencia geográfica, de la honra nacional, de la propiedad moral y de la «vía Proaño».* Quito, Imp. de J.P. Sanz, por J.M. Sanz, 1884, p. 15. Igualmente, Proaño se refirió al mismo hecho en *Cartas políticas....*, p. 11.

33. V. Proaño: *Carta en defensa de la ciencia geográfica....* El proyecto de Andrade Marín en el Napo, que se conoció como «Colonia Oriental», tendría una breve duración ya que la falta de apoyo efectivo por parte del gobierno motivó su fracaso en cuestión de pocos meses.

34. Al parecer Nicolás Martínez tenía terrenos en Canelos, y la Asamblea de 1883-84 aprobó la asignación de fondos para la construcción del camino a Canelos. Proaño planteaba la conveniencia de su propuesta que, en contraste, no precisaba la asignación de fondos sino de terrenos baldíos como garantías para la búsqueda de socios y capitales en el extranjero. V. Proaño: *Carta en defensa....*, pp. 14-15.

La insistencia de Víctor Proaño no conoció límites, y ya en 1890 mantuvo un importante intercambio epistolar con el Presidente Antonio Flores, polemizando sobre la falta de apoyo de la administración de éste a las empresas de Oriente promovidas desde 30 años atrás por el explorador. Proaño seguía empeñado en hacer efectivas sus propuestas para lo cual únicamente era necesario «reducir a instrumento público las concesiones hechas por varios congresos»[35].

Proaño murió en 1895 en Lima. Durante casi 35 años no cejó en su empeño de llevar adelante el proyecto de la vía al Morona, asunto en el que fracasó reiteradamente. Sólo en 1897, ya tras la Revolución Liberal, obtuvo un reconocimiento del Congreso del Ecuador[36].

Finalmente, quiero señalar que el proyecto de establecer una vía de comunicación de Riobamba con el Oriente continuó vigente y fue teniendo promotores diversos desde fines del siglo XIX y a lo largo del siglo XX[37]. No es sino en la actualidad que esta antigua propuesta se concluirá mediante la construcción de la conexión Guamote-Macas.

3. Los intereses del Perú en la promoción de la «Vía Proaño»

El interés surgido en el Perú por prestar apoyo a Proaño en la continuación de sus exploraciones se puso de manifiesto desde su primer viaje en 1861. Prueba de ello la constituyen diversos testimonios que, elogiando las posibilidades de la exploración de Proaño y de su proyecto de comunicaciones amazónicas, fueron emitidos inmediatamente después de esta primera navegación por personalidades y entidades diversas dedicadas a la promoción de las zonas selváticas, entre las que podemos citar a la «Sociedad de Patriotas del Amazonas», al Obispo de Chachapoyas, al Prefecto de Loreto y a otros particulares loretanos[38].

Las motivaciones peruanas deben contextualizarse en los avances que venía realizando el Perú a lo largo del siglo XIX para el conocimiento y el control efectivo de los territorios amazónicos, los cuales contrastaban con la falta de iniciativas ecuatorianas en el mismo sentido[39].

---

35. V. Proaño: *Cartas políticas...*, p. 7.

36. Según consta en *Colección de Leyes, Decretos y Resoluciones expedidos por la Asamblea Nacional de 1896-97*. Quito, Imp. Nacional, 1898, p. 237.

37. N. Esvertit: «Caminos al Oriente: Estado e intereses regionales en los proyectos de vías de comunicación con la Amazonía ecuatoriana, 1890-1930», en P. García Jordán (coord.): *ob. cit.*, pp. 287-356. En este artículo me ocupé de la vía de comunicación de Riobamba al Morona, especialmente desde la perspectiva de los conflictos regionales que entrañaba la competencia entre este proyecto y otras propuestas de establecimiento de comunicación sierra-selva en el período 1890-1930. Las fuentes revelan la continuidad de una fuerte corriente regional en el Chimborazo interesada en hacer efectiva esta vía de comunicación.

38. Ver al respecto V. Proaño: *Carta en defensa de la ciencia geográfica...*, pp. 3-7; *Refutación a las aseveraciones hechas por «El Diario Judicial» de Lima sobre la cuestión de límites entre el Perú y el Ecuador*. Lima, Imp. del Estado, 1892, pp. 15-19; Anónimo: *ob. cit.*, p. 20. Con excepción de esta última, he tenido un acceso indirecto y fragmentario a las fuentes de origen peruano sobre la «vía Proaño», a través de las citas que el propio explorador inserta en sus escritos. Cabe indicar la valiosa reproducción de documentos peruanos relativos a las navegaciones de Proaño que realizan P. y A. Costales: *El General Víctor Proaño...*

39. A este respecto resulta muy ilustrativo comparar las obras de diversos geógrafos del siglo XIX, las cuales permiten observar el abismo existente entre las tareas de promoción amazónica de-

Los intereses peruanos en apoyar las exploraciones de Proaño estuvieron relacionados con la expectativa de establecer un eje de comunicación que articulara la costa del Pacífico con la cuenca amazónica, como vía comercial alternativa y complementaria a la salida al Atlántico de este río; pero, igualmente, el apoyo a un proyecto que pretendía establecer un eje de comunicación a través del Morona revela la amplitud de las expectativas territoriales peruanas sobre el espacio amazónico al norte del Marañón-Amazonas. Efectivamente, algunos de los testimonios citados prueban la existencia de ambos objetivos por parte del Perú. Así, en 1861, el Prefecto de Loreto dió cuenta de las posibilidades abiertas por la navegación de Proaño en los siguientes términos:

«...la nueva vía de comunicación descubierta, puede ser mui [*sic*] provechosa al comercio nacional, ya porque por esa parte se hace más corto el contacto del mar Pacífico con el Atlántico, ya porque pueden establecerse con mayor facilidad i extensión, relaciones comerciales con la república del Ecuador; puesto que el río Morona, según dice el explorador, es navegable por vapor hasta el punto Miazal (...); ya porque establecida la navegación por vapor esos lugares contribuirán con abundantes productos de exportación a aumentar el comercio; i ya en fin, porque se conseguirán tal vez con facilidad, la conversión de aquellas numerosas tribus, haciéndose de unos hombres inútiles hoi [*sic*], otros provechosos a la sociedad».

Además, el Prefecto añadió que:

«...podría establecerse una población en el punto de Miazal con su guarnición de tropa competente, que sirviera de custodia en esa vasta extensión de territorio peruano, que hoi [*sic*] se halla abandonado en poder de los infieles»[40].

La insistencia de los intereses peruanos en apoyar el proyecto de Proaño puede constatarse también en un texto anónimo dirigido al Congreso del Perú en 1864[41], en el que además de alabar explícitamente al explorador y su propuesta, se afirmó la idoneidad del establecimiento de la travesía del continente americano a través de una vía transamazónica que comprendería los cursos del Guayas, el Morona y el Amazonas, contando para ello con vapores y con el auxilio de caminos terrestres intermedios donde fuera necesario. La realización de este proyecto procuraría importantísimos beneficios al Perú, ya que:

«...[l]igado el Perú con el sur del Ecuador por el vínculo de relaciones comerciales tan activas y valiosas, el país vecino vendría a ser, por la naturaleza de las cosas, cualquiera que fuese la

sarrolladas en el Perú y en el Ecuador en esta etapa. Así, en las obras de A. Raimondi, geógrafo vinculado a la «Sociedad Geográfica de Lima», constatamos la paulatina implantación peruana en los espacios amazónicos especialmente a partir de la segunda mitad del siglo XIX, ver A. Raimondi: *El Perú. Itinerarios de viajes (versión literal de las libretas originales)*. Lima, Imp. Torres Aguirre, 1929. En contraste, la obra de M. Villavicencio, prácticamente coetánea de la anterior, revela la precaria articulación de los espacios orientales al resto del territorio del Ecuador, así como la falta de los más esenciales conocimientos sobre los mismos. Ver M. Villavicencio: *ob. cit.*

40. «Parte del Prefecto de Loreto dando cuenta del viaje de Proaño» (Moyobamba, 13 de Noviembre de 1861), en P. y A. Costales: *ob. cit.*, pp. 172-173. En la misma obra se transcribe la orden del gobierno de Lima al Prefecto de Loreto para que preste auxilios a Víctor Proaño, *ibíd.*, p. 174. Posteriormente los peruanos establecerían dicha guarnición militar en el Miazal, en las cabeceras del Morona.

41. Anónimo: *ob. cit.*

asociación política a que perteneciera, una misma nación con la nuestra[42]. En idéntico caso se hallarían gran parte de la Nueva Granada, de Bolivia y aun del Brasil; y el Perú, viniendo a ser entonces la primera nación de América del Sur, adquiriría en el mundo la influencia política que correspondería a la nación que tuviera en sus manos las llaves de la vía comercial más importante de la tierra»[43].

El autor añadía que este proyecto contribuiría a la promoción de la inmigración europea, a la pacificación de los indígenas selváticos y al fomento del comercio amazónico, representando además un complemento vial importante a la vía Chachapoyas-Marañón, que se estaba abriendo en 1864.

El apoyo oficial del Perú al proyecto de Proaño se concretó, en 1866, en el nombramiento de una comisión peruana que debía acompañarlo en el reconocimiento del Morona, con el objetivo de constatar la navegabilidad de este río. En la disposición oficial que organizaba esta comisión científica, el Perú mencionó explícitamente sus derechos territoriales «hasta la navegación posible del Morona»[44]. Ya he dicho que la primera etapa de esta exploración se desarrolló desde Guayaquil, pasando por Riobamba y descendiendo el Morona y el Amazonas hasta Iquitos. Las incidencias ocurridas a lo largo de la misma[45] dan cuenta de la negativa del gobierno ecuatoriano al establecimiento de la «comisión corográfica» ecuatoriana que debía concurrir igualmente a este reconocimiento[46], así como del boicot a la expedición ejercido por la autoridad local de Macas[47]. Igualmente, los acontecimientos desarrolla-

---

42. Para contextualizar el contenido de las fuentes de origen peruano relativas a la «vía Proaño» debemos considerar la magnitud de la presión peruana sobre el Ecuador en el siglo XIX. En esta etapa, no sólo se trataba de impulsar la soberanía del Perú sobre los amplios espacios amazónicos reclamados por el Estado ecuatoriano y sobre los que no ejercía control efectivo, sino que la regionalización y las crisis políticas ecuatorianas recientes ofrecían la posibilidad de una disolución territorial de mayores consecuencias. Baste considerar que en 1859-60, el Ecuador enfrentó una crisis nacional en la que llegaron a coexistir cinco gobiernos paralelos al tiempo que el Presidente peruano Castilla bloqueaba el puerto de Guayaquil. Durante esta crisis el Ecuador pudo, según algunos autores, haber desaparecido como país, tal como indican los proyectos de anexión a Perú localizados en Guayaquil, o bien de anexión a Colombia presentes en Quito. Ver al respecto R. Quintero y E. Silva: *Ecuador. Una nación en ciernes*. Quito, Ed. Universitaria, 1995, tomo I, pp. 97-98.

43. Anónimo: *ob.cit.*, pp. 18-19.

44. Con ello, el Perú trataba de protegerse de las posibles complicaciones que pudieran desprenderse de las concesiones otorgadas a Proaño por el Congreso ecuatoriano de 1865. Concretamente, la disposición peruana hacía referencia a que las concesiones hechas a Proaño por el gobierno ecuatoriano debían limitarse al territorio del Ecuador, entendiendo que la jurisdicción territorial peruana comprendía hasta el Miazal, «u otro punto cualquiera donde termine la navegación posible del Morona». Ello obstaculizaba igualmente la creación de una provincia ecuatoriana en la región amazónica que, según el mismo decreto legislativo del Congreso ecuatoriano de 1865, debía fundarse en los territorios selváticos articulados por la «vía Proaño». «Se organiza una comisión científica encargada de explorar el río Morona» (Lima, 4 de Octubre de 1866), en P. y A. Costales: *ob. cit.*, pp. 175-176.

45. «Parte de Proaño. Exploración del río Morona por la Comisión Corográfica Peruana» (Laguna, 31 de Marzo de 1867), en P. y A. Costales: *ob. cit.*, pp. 177-181. En la misma obra se reproducen otros documentos oficiales peruanos relativos a la Comisión Corográfica Peruana, *ibíd.*, pp. 182-183.

46. Ya he expuesto anteriormente que pese a que inicialmente esta exploración debía estar constituida por una comisión ecuatoriana y una comisión peruana, la primera de ellas nunca llegó a organizarse. Ver *supra*. nota 13. El conservadurismo ecuatoriano fundamentó su negativa a organizar dicha comisión acusando a Proaño «...con la fea imputación de haber ido a vender el territorio de mi país natal al de mis afecciones...». «Parte de Proaño. Exploración del río Morona por la Comisión Corográfica Peruana» (Laguna, 31 de Marzo de 1867), en P. y A. Costales, *ob. cit.* p. 178.

47. Efectivamente, algunos de los maqueños (habitantes de Macas) que se prestaron a participar en la expedición como peones desertaron de la misma, y los que habían quedado revelaron a

dos a lo largo del itinerario dan cuenta de los problemas surgidos entre Proaño y los maqueños y nativos Shuar participantes, la falta de colaboración de los cuales viene a contrariar la leyenda habitual sobre el respeto de los habitantes de Macas para con Proaño y respecto a la capacidad de éste para manipular a los indígenas Shuar.

Concluida esta exploración, Proaño obtuvo autorización en Iquitos para remontar de nuevo el Morona a bordo del vapor *Napo*, con el objetivo de constatar las posibilidades de la navegación a vapor de dicho río. Resulta sumamente interesante considerar aquí las conclusiones emitidas por el capitán del *Napo* desaconsejando la navegación del Morona debido a las escasas posibilidades que ofrecía y recomendando la vía del alto Marañón, por Jaén y Lambayeque, como la ideal para establecer la articulación entre Iquitos y el Pacífico:

> «...aunque el citado río Morona se presta a la navegación, es sólo por vapores de menos eslora que el 'Napo', de más manga i de doble poder en su máquina, pues de otra manera la creo insegura; i respecto de las ventajas de la navegación de dicho río puede proporcionar al comercio e industria entre el Perú i el Ecuador parecen ser ningunas, porque en mi concepto sólo vendría a ser útil ese canal natural cuando tanto en las orillas del Alto Marañón cuanto en la parte oriental de los Andes del Ecuador, existiesen poblaciones numerosas, industriales mercantiles que pudiesen fomentar la línea de vapores que se estableciese con pasajeros i mercaderías que hoi [sic] no existen i que tampoco es dado proveer cuánto podrán formarse esas poblaciones. Además, en toda la parte del río, recorrida por mi, no se han dejado ver ni conocer otras riquezas ni producciones que la zarza, de la cual abundan todos los ríos tributarios del Amazonas i del Alto Marañón, i no considero ese artículo suficientemente atractivo para establecer en el Morona una línea de vapores ni para atraer muchos industriales sobre sus orillas (...) la vía más corta para la comunicación entre Iquitos y la costa del Pacífico es la del Alto Marañón»[48].

No obstante este dictamen desfavorable, constatamos la continuidad del interés oficial del Perú hacia Proaño, ya que el Senado de este país aprobó en 1874 un proyecto ofreciéndole recompensas y prerrogativas diversas, entre las cuales figuraba incluso la obtención de la nacionalidad peruana. El rechazo del político y explorador, que alegó motivos patrióticos para recurrir al apoyo ecuatoriano para la realización de sus propuestas, impidió que este proyecto pasara a ser debatido por la Cámara de Diputados peruana[49].

4. Conclusiones

Las peripecias de la «vía Proaño» muestran claramente la falta de voluntad política por parte del Estado ecuatoriano para implementar cualquier propuesta

---

Proaño que «...el mismo correjidor [sic] les había dicho a espaldas mías que la comisión no era ecuatoriana, que no estaban en el deber de auxiliarla i que me pidieran seguridades de regresarlos sin novedad, los que habían resuelto acompañarme». Además «...que dicha autoridad llegó al extremo de mandar a su esposa a casa de algunos cargueros para decirles o aconsejarles que votaran [sic] la carga i se volvieran del camino». «Parte de Proaño. Exploración del río Morona por la Comisión Corográfica Peruana» (Laguna, 31 de Marzo de 1867), en P. y A. Costales, *ob. cit.*, p. 178.

48. «Parte del capitán de corbeta graduado D. Mariano Adrián Vargas, sobre su viaje de exploración en el río Morona» (Iquitos, 8 de Agosto de 1867), en P. y A. Costales: *ob. cit.*, pp. 197-198, 207.

49. V. Proaño: *Refutación a las aseveraciones...*, p. 18; *Carta en defensa...*, p. 7; J.F. Proaño: «Rasgos biográficos...», p. 77; P. y A. Costales: *ob. cit.*, p. 138. La negativa de Proaño a aceptar los privilegios que pretendía concederle el gobierno del Perú ha sido esgrimida reiteradamente por sus biógrafos como muestra de patriotismo.

encaminada a hacer efectiva la incorporación de los espacios amazónicos al Estado nacional. A pesar de que la militancia liberal de Proaño, así como su supuesto *peruanismo*, vinieron a empañar las relaciones de este personaje con diferentes gobiernos ecuatorianos, ello no basta para explicar las reiteradas inhibiciones por parte de las sucesivas administraciones en la promoción efectiva de un proyecto que, sobre el papel, abría amplias expectativas económicas hacia el Oriente ecuatoriano. Sólo en el Congreso de 1865 se llegó a aprobar un decreto que hubiera permitido emprender la realización de la «vía Proaño», aunque éste no llegó a ejecutarse. En legislaturas posteriores se presentaron nuevos proyectos relacionados con esta propuesta, y a pesar de los dictámenes favorables por parte de las comisiones especiales encargadas de evaluarlos, no llegó a concretarse la necesaria legislación encaminada a implementarla.

Ello me permite señalar el alto grado de abandono de los espacios amazónicos por parte del Estado ecuatoriano en el período 1860-1895, ya que a lo largo de esta etapa apenas se adoptaron medidas encaminadas a la articulación de este territorio al Estado nacional, o cuando fueron adoptadas no alcanzaron cumplimiento, lo que no obstante contrasta con el papel jugado por este territorio en el debate político. Algunos elementos explican las causas de esta situación y así, debemos considerar la influencia ejercida por poderosos intereses privados en las decisiones del Estado a lo largo de esta etapa lo que, unido a las corrientes regionalistas, marcó el fracaso de los proyectos de consolidación del Estado nacional que se barajaron. En el mismo sentido cabe apuntar la prioridad otorgada por los gobiernos de la época a cuestiones que se consideraron de mayor urgencia con vistas a articular el Estado-Nación; así, durante este período constatamos que se atendió preferentemente a la construcción de vías de comunicación que articularan la costa y la sierra del Ecuador, y que debían permitir el fomento del comercio interior y exterior de la República, tarea considerada prioritaria en relación a la proyectada articulación amazónica. El análisis de la historia amazónica en el período 1860-1895 revela, entonces, las graves contradicciones del Estado respecto al área selvática, ya que pese a la inhibición legal y administrativa sobre la zona, la Amazonía como frontera tuvo un papel destacado en el discurso político nacionalista de la época. El papel del espacio amazónico como referente ideológico se acrecentó a lo largo del período de estudio frente a la progresiva implantación del Perú en el área, ya que el Estado ecuatoriano desarrolló una lucha centrada exclusivamente en el plano legal y diplomático para la salvaguarda del territorio fronterizo, dejando de lado la adopción de medidas eficaces que hubieran posibilitado la vinculación de la selva al Estado nacional.

5. Fuentes y bibliografía citadas

ÁLVAREZ, Eudófilo.
1912   *Zapikia y Nanto*. Novela inédita. Archivo Biblioteca Aurelio Espinosa Pólit. Quito.
ANÓNIMO
1864   *Gran vía de comunicación entre el Pacífico y el Atlántico por el Amazonas*. Lima, Imp. El Comercio, por J.M. Monterola.

COLECCIÓN.

1865 — de Leyes, Decretos y Resoluciones dadas por el Congreso Constitucional de 1865. Quito, Imp. Nacional, por M. Mosquera.

1867 — de Leyes, Decretos y Resoluciones dadas por el Congreso Constitucional de 1867. Quito, Imp. Nacional, por M. Mosquera.

1898 — de Leyes, Decretos y Resoluciones expedidos por la Asamblea Nacional de 1896-97. Quito, Imp. Nacional.

COSTALES, Piedad y Alfredo

1983 Amazonía: Ecuador-Perú-Bolivia. Quito, Ed. Abya Yala.

1994 El General Víctor Proaño. El explorador del territorio shuar. Quito, Ed. Abya Yala.

ESVERTIT COBES, Natalia

1995 «Caminos al Oriente. Estado e intereses regionales en los proyectos de vías de comunicación con la Amazonía ecuatoriana, 1890-1930». En GARCÍA JORDÁN, Pilar (coord.). La construcción de la Amazonía andina (siglos XIX-XX). Quito, Ed. Abya Yala, pp. 287-356.

JARAMILLO ALVARADO, Pío

1936 Tierras de Oriente. Caminos, ferrocarriles, administración, riqueza aurífera. Quito, Imp. y Encuadernación Nacionales.

PROAÑO, Juan Félix

1917 «El río Morona. El camino de Riobamba al Morona». El Observador. Año I, nº 18. Riobamba (Ecuador). 20 de Abril, pp. 2-3.

1929 Rasgos biográficos del General Víctor Proaño». Revista Municipal. Año XLIII, nº 11. Riobamba (Ecuador). Diciembre, pp. 75-80 y 82.

PROAÑO, Víctor

1876 Para la Historia. Guayaquil, Imp. del Comercio.

1877 Mi Programa. Quito, Imp. de F. Bermeo.

1878 Banda oriental. Quito, Imp. de F. Bermeo.

1879 Refutación de los obstáculos puestos a las empresas de Oriente por el Ministerio de Obras Públicas. Quito, Imp. del Dr. R. Arias, por J. Mora.

1883 Réplica necesaria sobre asuntos de conveniencia sur-americana. Popayán (Colombia), Imp. del Estado.

1884 Ante la H. Convención de 1884. Quito, Imp. de J.P. Sanz, por J.M. Sanz.

1884 Carta en defensa de la ciencia geográfica, de la honra nacional, de la propiedad moral y de la «Vía Proaño». Quito, Imp. de J.P. Sanz, por J.M. Sanz.

1884 Víctor Proaño... [proyecto de contrato presentado ante las Cámaras Legislativas el 24 de Diciembre de 1883]. Quito, Imp. del Gobierno.

1890 Cartas políticas. Segunda carta. Lima, Imp. de «El Comercio».

1892 Refutación a las aseveraciones hechas por «El Diario Judicial» de Lima sobre la cuestión de límites entre el Perú y el Ecuador. Lima, Imp. del Estado.

QUINTERO, Rafael y SILVA, Erika

1995 Ecuador: Una nación en ciernes. Tomo I. Quito, Ed. Universitaria.

RAIMONDI, Antonio

1929 El Perú: intinerarios de viajes (versión literal de las libretas originales). Lima, Imp. Torres Aguirre.

RESTREPO, Marco

1991 «El proceso de acumulación en la Amazonía ecuatoriana». En RUIZ M., Lucy (coord.). Amazonía nuestra. Quito, CEDIME, pp. 125-148.

1991 «Frontera amazónica: historia de un problema». En RESTREPO, Marco; TAMARIZ, Mª Eugenia; BUSTAMANTE, Teodoro. Frontera amazónica: historia de un problema. Puyo (Ecuador), CCE/ CEDIME, pp. 17-56.

RESTREPO, Marco; TAMARIZ, Mª Eugenia; BUSTAMANTE, Teodoro
1991   *Frontera amazónica. Historia de un problema.* Puyo (Ecuador), CCE/CEDIME.
SALA I VILA, Núria
1995   «Los proyectos de ocupación de la Amazonía sur andina: el caso ayacuchano (1830-1930)». En GARCÍA JORDÁN, Pilar (coord.): *La construcción de la Amazonía andina (siglos XIX-XX).* Quito, Ed. Abya Yala, pp. 153-228.
SILVA, Erika
1992   *Los Mitos de la Ecuatorianidad. Ensayo sobre la identidad nacional.* Quito, Ed. Abya Yala.
TAYLOR, Anne Christine
1994   «El Oriente ecuatoriano en el siglo XIX: 'el otro litoral'». En MAIGUASHCA, Juan (ed.). *Historia y Región en el Ecuador: 1830-1930.* Quito, CEN/FLACSO/IFEA, pp. 17-67.
TRUJILLO LEÓN, Jorge
1992   «La Amazonía en la historia del Ecuador». En AYALA MORA, Enrique (ed.). *Nueva Historia del Ecuador. Volumen 12.* Quito, CEN, pp. 227-251.
VILLAVICENCIO, Manuel
1858   *Geografía de la República del Ecuador.* Nueva York, Imp. de R. Craighead.
WOLF, Teodoro
1892   *Geografía y Geología del Ecuador.* Leipzig (Alemania), Tip. F.A. Blockhaus.

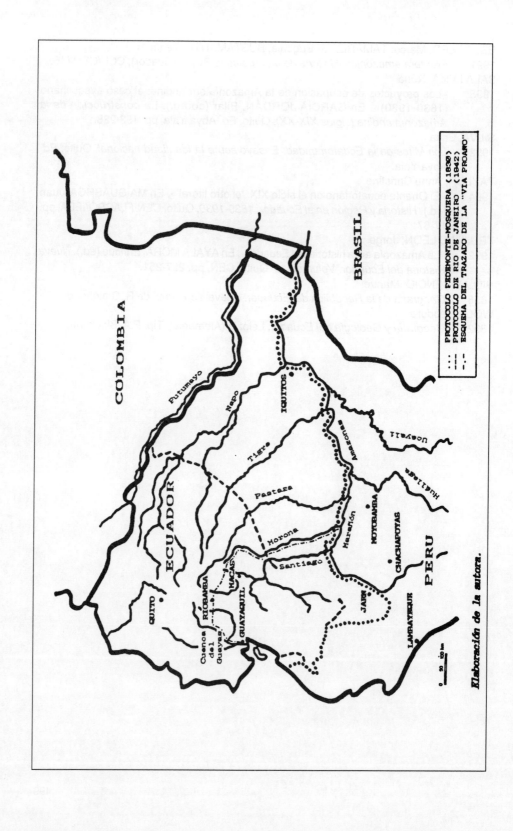

PROTOCOLO PEDEMONTE-MOSQUERA (1830)
···: **PROTOCOLO DE RIO DE JANEIRO (1842)**
-·-: **ESQUEMA DEL TRAZADO DE LA "VÍA PROAÑO"**

Elaboración de la autora.

MESA IV

El género y la diferencia en la historia de América

Coordinadora:
Lola G. Luna

PRENSA Y EDUCACIÓN FEMENINA
EN MÉXICO EN LOS ALBORES DEL SIGLO XIX

Ma. de Lourdes Alvarado
UNAM, México

Pese a los innegables avances que en los últimos tiempos se vienen realizado en torno a la historia de la educación femenina, persisten grandes vacíos informativos que invitan a los estudiosos del tema a incursionar en esta apasionante veta de la investigación histórica, así como en la búsqueda de nuevas fuentes, o en su caso, la relectura de las ya existentes. Por lo que toca a la mujer del siglo pasado, época de nuestro particular interés, por considerarlo como el despertar de dicho género al mundo de la cultura y de la conciencia socio-política, pensamos que uno de los aspectos más ricos y en cierta medida ignorados hasta la fecha es el de su educación a través de la prensa. Creemos que explotar dicha fuente, husmear sus contenidos desde las variables de género y educación, puede conducirnos a realidades sorpresivas.

Desafortunadamente, y pese a su importancia y riqueza como fuente de primer orden, escasean los estudios sobre educación femenina y prensa. Tal ausencia es incomprensible si compartimos las posición de investigadores de la talla de Stanley Robert Ross[1], para quien la prensa mexicana posee cualidades especiales que la convierten en un interesante instrumento para la investigación histórica, o de Ma. del Carmen Ruz Castañeda, que ve en ella el medio idóneo para conocer el movimiento intelectual y literario de una época determinada, asunto sobre el que opina «hay consenso unánime»[2]

1. Cfr.»El historiador y el periodismo mexicano», *Historia Méxicana*, enero-marzo, 1965, pp. 347-382.
2. Ma. Del Carmen Ruiz Castañeda, *Revistas literarias mexicanas del siglo XIX*, México, UNAM, 1987, p.5. (Deslinde 175)

El tema no es nuevo, ya desde el siglo pasado Laureana Wright, destacada periodista y escritora de la época reflexionaba sobre el valor social de la literatura, y en particular del género periodístico. A la primera, la veía como una especie de termómetro que permite observar el grado de avance o atraso de los pueblos, «no sólo -decía- porque denota la altura a que se encuentra la inteligencia de los que escriben, sino porque revela las tendencias, costumbres, gustos y caracteres de los que leen...» Dentro de dicho universo, adjudicaba especial valor al periodismo, «tanto por la generalidad de asuntos que abarca, como por la ilustración paulatina que difunde, y que viene a ser la enseñanza objetiva del pueblo, que va impartiéndole en pequeñas dosis las nociones esenciales a su educación»[3]. De ahí sin duda la enorme importancia que le concedió, tanto para un público en general, como para el caso específico de las mujeres.

Desde nuestra perspectiva, la prensa mexicana adquiere una dimensión más. No sólo representa un medio informativo o una fuente básica de investigación histórica, sino que a lo largo de una prolongada etapa, que abarca buena parte de la pasada centuria, este medio fungió como una verdadera, y muchas veces sorprendente alternativa educativa. Debido quizás a la fragilidad y serias limitantes del sistema educativo formal entonces existente para el sexo femenino, algunos periódicos, como fue el caso del *Diario de México*, y sobre todo las revistas literarias femeninas, además de orientar a las mujeres intelectualmente, les permitía, bajo el amparo de algún seudónimo, adentrarse en el mundo de las letras, exponiendo sus propia ideas, y en algunos casos, hasta polemizar sobre algún tema de especial interés.

Consideramos por tanto, que su estudio coadyuvará a tener una idea más clara de las preocupaciones y mensajes ideológico dirigidos por escritores de ambos géneros a mujeres de un sector cultural y económicamente privilegiado; a valorar con mayor exactitud las auténticas inquietudes de esta parte «culta», aunque minoritaria de la sociedad de la época, así como a apreciar y analizar -cuando los haya- sus desacuerdos. Asimismo, permitirá aclarar algunos mitos y etiquetas generalizadores, sólo sostenidos por la fuerza de la tradición y generalmente reproducidos acríticamente. En resumen, consideramos que adentrarnos en el estudio de la prensa decimonónica, nos permitirá valorar con mayor objetividad el peso ideológico y cultural de esa importante alternativa educativa, «informal» o «no institucional», con que contaron nuestras lejanas abuelas del XIX.

Sin embargo, dada la vastedad del tema y la riqueza potencial de las fuentes, para esta ocasión hemos delimitado nuestro analísis a *EL Diario de México* (1805-1817). Las razones de dicha elección son varias, destacando su importancia especial en tanto primero órgano informativo cotidiano de la época, y su ubicación temporal -a manera de puente ideológico- entre una mentalidad colonial y los atisbos de una sociedad que se inicia en el largo proceso de transformación hacia un Estado Nacional. Pero sobre todo, por su riqueza informativa en torno a la condición y educación de la mujer, característica de la que dan cuenta los aproximadamente 91 artículos detectados sobre ambas vertientes del asunto.

---

3. «El periodismo en México, *Violetas del Anáhuac*, México, 30 de septiembre, 1888, p.505.

1. Educación femenina. La opción formal

Hacia 1805, fecha en que se inicia la publicación del *Diario de México*, las perspectivas educativas para las diversas clases de mujeres novohispanas eran bastante limitadas, aunque las condiciones variaban de acuerdo a su situación económica, origen racial y su pertenecia a la vida rural o citadina. Para la mayoría, no había más escuela que el consabido catecismo dominical en parroquias y conventos, además del aprendizaje empírico de las famosas actividades «propias de su sexo», junto a la madre y las demás mujeres mayores de la casa. En cambio, para las criollas que habitaban en ciudades de cierta importancia, el abanico de opciones se abría un poco más, aunque claro está, siempre de acuerdo a sus posibilidades económicas. Las mujeres de familias más opulentas podían recibir clases particulares con maestros, generalmente extranjeros, sobre música, dibujo, inglés, francés y algunas otras materias «propias de las damas distinguidas». El resto podía acudir a las escuelas «Amiga» o «Migas», mal necesario de la época, como las ha calificado Pilar Gonzalbo[4].

Estas «escuelas», generalmente estuvieron regentadas por alguna señorita o viuda pobre, nada joven y llena de achaques, que improvisadamente y con el objeto de allegarse algunos fondos necesarios para su subsistencia y la de su familia, utilizaba su propia casa a manera de aula escolar para niñas. Sobra decir que con «maestras» tales, los saberes que se prodigaban a las pequeñas novohispanas se concretaban al aprendizaje de doctrina cristiana, las acostumbradas labores manuales y lectura. Escritura y cuentas sólo en algunos casos excepcionales, y no más allá de la suma y la resta, conocimientos que se consideraron más que suficientes para cubrir las necesidades futuras de las pequeñas.[5]

En el caso concreto de la Ciudad de México, hacia principios del siglo XIX existían cinco colegios para mujeres: el de Niñas de Nuestra Señora de la Caridad, el de San Miguel de Belém, el de Nuestra Señora del Pilar, también conocido como «la Enseñanza», el de San Ignacio o Las Vizcaínas, como comunmente se le llamó; y el Nuestra Señora de Guadalupe, efímero proyecto destinado a jóvenes indias internas.[6] Fundados en épocas distintas y para mujeres de origen y condición muy diversa, «la Enseñanza» marca un hito en la educación femenina porque de las doce monjas fundadoras, se designaron varias exclusivamente para el magisterio. Vizcaínas en cambio, fundado hacia finales del siglo XVIII, se diferenció por el espíritu de independencia respecto a las autoridades eclesiásticas, que caracterizó a sus fundadores[7].

En cuanto a los saberes impartidos, las diferencias entre unos y otros eran mínimas y vinculadas -cuando las hubo-, a alguna etapa determinada de su larga

---

4. Pilar Gonzalbo, *Las mujeres en la Nueva España. Educación y vida cotidiana*, México, El Colegio de México, 1987, p.129.

5. Pilar Gonzalbo, *La educación de la mujer en la Nueva España*, México, Ediciones El Caballito, 1985, p.15.

6. De acuerdo con Gonzalbo, la fuerza de la realidad arrasó con Nuestra Señora de Guadalupe que, hacia 1811 se convirtió en Convento de Indias de la Compañía de María Santísima de Guadalupe y la Nueva Enseñanza, *Las mujeres en...*, pp.199-200.

7. Posteriormente, este espíritu de independencia respecto a la jerarquía eclesiástica, aunada al apoyo de Melchor Ocampo, permitió al colegio sobrevivir a las leyes de Reforma y convertirse, rebautizado como Colegio de la Paz, en una de las instituciones educativas favoritas del Porfirismo.

historia. En términos generales se redujeron al aprendizaje de doctrina y catecismo, coser en lienzo, labrar y bordar y hacer «cuanto conduzca a una buena y perfecta educación mujeril». En algunos casos, como fue el de San Ignacio, a «la lectura de libros de cualquier especie, permitiéndoles que los trajeran de casa con tal que no fueran prohibidos»[8]

Acorde con tales lineamientos educativos y con el ideal social que, a través de diversos conductos se les inculcaba desde su nacimiento, como otras mujeres del viejo y nuevo mundo, las novohispanas no deberían abrigar mayores aspiraciones que la de «tomar estado», ya fuese a través del matrimonio o como religiosas en alguno de los tantos conventos para monjas existentes hacia finales de la colonia. Sin embargo, pese al interés general por defender y perpetuar esta imagen ideal, la pluralidad y fuerza de la realidad se imponía constantemente, mostrando sus contradicciones y rompiendo los artificiales moldes con que inútilmente se intentó sujetarla. Acercarnos a esa realidad escurridiza, que nos escatima testimonios y se esconde tras imágenes parciales y en gran medida deformadoras, será nuestro siguiente objetivo.

2. Mujer, prensa y educación.

Hacia 1805, cuando llegaba a su fin el prolongado dominio colonial y se acercaba el inicio de una nueva etapa en la historia de los pueblos latinoamericanos, arrancó en la capital del virreinato la publicación de *El Diario de México* (1805-1817). Dirigido por Carlos Ma. de Bustamante y Jacobo de Villaurrutia, contenía noticias, comentarios políticos, literatura, poesía y el primer intento de un suplemento ilustrado.[9] El periódico es trascendente por varias razones, aunque desde nuestro particular interés sobresale por la especial importancia que concede al tema femenino, particularmente al de su educación.

Al interés de sus directivos y colaboradores por dicha temática, fuente indudable de interesantes reflexiones y en algunos casos de propuestas novedosas, se suma un elemento hasta entonces inusitado. El diario abrió sus puertas a participaciones externas, posibilidad que permitió a algunas mujeres, encontrar un medio de expresión y dejar constancia de su particular forma de concebirse a sí mismas, y a la sociedad de la que formaban parte.

Este interés «feminista», no surge por generación espontánea, ni tampoco como un expresión exótica de la España de ultramar, sino que responde a la lógica de su tiempo. Desde mediados del siglo XVIII e inmersa en la ideología de la ilustración, se experimentaba en la metrópoli española una corriente en favor de la transformación y educación femeninas, tendencia que apoyaron filósofos y

---

8. Gonzalo Obregón, *El Real Colegio de San Ignacio de México (Las Vizcaínas)*, México, El Colegio de México, México, 1949, p.105. También como caso excepcional, Las Vizcaínas se distinguió por capacitar a sus colegialas en la fabricación de galones y blondas en hilo de oro y plata. Gracias a la excelente calidad y bajos precios de sus productos, los talleres del colegio prosperaron rápidamente y lograron gran prestigio en la sociedad colonial.

9. Entre sus colaboradores hubo plumas que se distinguirían, en el campo político y/o literario a lo largo de las siguientes décadas. Aunque inicialmente se le puede definir como pro gobiernista, gradualmente se deslizó hacia la posición contraria, razón por la que Bustamante tuvo que huir de la ciudad capital.

políticos como Feijoo y Campomanes, y de la que dan cuenta algunos de sus escritos[10]. El propio monarca, Carlos III, por inquietud propia o sugerencia de alguno de sus consejeros, insistió en que las mujeres fueran admitidas en la Sociedad Económica de Madrid. Hacia 1779 y con el fin de alentar el trabajo femenino en las industrias, abolió las disposiciones de los gremios que impedían a las mujeres dedicarse a ciertos oficios. Finalmente, el soberano emitió un decreto que les permitía dedicarse a cualquier tipo de ocupación, claro está, siempre y cuando fueran compatible con «su sexo, su decoro y su fuerza»[11] Seguramente esta nueva atmósfera favoreció la publicación del primer alegato público impreso en favor de la capacidad intelectual femenina. Se trata del *Discurso sobre la educación física y moral de las mujeres*, escrito por Josefa Amar y Borbón, y publicado en Madrid en 1790.[12]

Como otras tantas, estas ideas debieron permear los intelectos más receptivos de aquende el océano, quienes con su participación, hicieron de la prensa un espacio público donde pudieron ventilar sus preocupaciones centrales en torno a la educación y condición de las mujeres, asunto que hasta donde puede observarse, ocupó de manera especial su atención.

La temática femenina presente en el *Diario de México* puede clasificarse en dos grandes rubros: condición y educación de la mujer, aunque por su cantidad (aproximadamente 91 artículos en total) y riqueza de contenidos, para la elaboración de la presente ponencia nos concretamos a analizar exclusivamente los dedicados al problema educativo,[13] y en especial, los avalados por rúbricas o seudónimos femeninos.

Aunque sería deseable, es difícil profundizar en las personalidades de los y las autoras, pues generalmente, unos y otros echaron mano de seudónimos. Incluso, dada la reticencia de muchas de las improvisadas escritoras para expresarse públicamente, fue usual que se decidieran por el anonimato. Sin embargo, desde los primeros números del diario, llama la atención la constante presencia femenina: «Viuda Queretana», Vizcaína Erudita», «Colegiala de las Vizcaínas», «Maestrita de Bordado» «Juanita o La Incógnita», son algunos de los sobrenombres de las autoras de estos tempranos combates por la mujer.

La educación femenina, su modernización, la apertura de nuevas instituciones, acordes con las necesidades contemporáneas, la educación física e intelectual de mujeres de todas las edades, su introducción al mundo de la lectura ordenada y metódica, la defensa de sus fuentes de trabajo, y la vinculación de la educación al problema de su subsistencia son algunos de los rubros abordados. Aunque no excentos de ambivalencias e incluso contradicciones, condición que además se conserva a los largo de todo el siglo pasado y que incluso alcanza a nuestro siglo, la característica común de la mayor parte de los artículos firmados por mujeres es la demanda de una mayor y mejor instrucción. Para muchas de estas tempranas

---

10. Al primero debemos «Una defensa de la mujer», parte integrante de su obra enciclopédica *Teatro Crítico Universal*, en la que el autor rechaza la supuesta inferioridad intelectual de las mujeres. En cuanto a Campomanes, interesado en el progreso de España y sus colonias, se afanó por integrar a las españolas al trabajo productivo.

11. Asunción Lavrín, «Investigación sobre mujer de la colonia en México: siglos XVII y XVIII», *Las mujeres latinoamericanas. Perspectivas históricas*, México, Fondo de Cultura Económica,1985, p.64.

12. *Ibidem*, p. 41

escritoras, el objetivo central de la educación era el de formar a las futuras madres; para otras, quizás en menor número, el de capacitarlas para la vida productiva.

Ajenas a esa parálisis espiritual que siempre se les ha atribuído, estas tempranas escritoras novohispanas rebosaban de inquietudes intelectuales. Un buen ejemplo es «La Maestrita de Bordado», que aunque sin título «porque V. sabe que las mugeres no tenemos gremio de oficio alguno», defendía su derecho a ejercer el magisterio, pues afirmaba:»los títulos y grados, no dan ciencia». De su nivel académico y de sus esfuerzos por superarse, élla misma nos da cuenta:

> "Pero antes es bien sepa U. que se leer y escribir, y que procuro imponerme en lo que leo, y corregir lo que escribo. Tengo a más, fuerte afición a la lectura, gracias a la buena educación que me dieron mis padres. En fuerza de esta loable inclinación, el rato que de noche me deja libre la aguja, lo paso util y alegremente con una prima mía, leyendo el diario que compra su marido, y hacemos crítica a nuestro modo de las producciones que leemos; nos reímos de unas, admiramos otras y condenamos con sentencia irrevocable las que juzgamos dignas de recogerse. Vaya, es cosa de ver la bulla que metemos, cuando engolfadas en el anchuroso espacio de la opinión, nos encontramos en distintos pareceres[14]."

Por supuesto tales afanes autodidactas y espíritu crítico no son las únicas muestras de los intereses femeninos presentes en el diario. Pepita Gamunz, autora de dos artículos sobre la correcta pronunciación y uso del lenguaje, se declaraba incapaz, -como tonta en vísperas,decía élla- para comprender las complejas reglas gramaticales. El motivo era claro, y lo exponía al editor con absoluta naturalidad: la educación femenina era sumamente limitada, reducida a labores de costura al lado de las madres, y a alguna que otra actividad hogareña,»sin que jamás se nos ponga en las manos otro libro que algunas novenas». Si aun para los hombres resultaba empresa difícil hablar con propiedad, ¿qué sería para las mujeres? «en quienes ni hay, ni debe suponerse...el estudio profundo y penoso, y el discernimiento que corresponde».[15]

Por lo pronto, so pretexto de su ignorancia, doña Pepita aprovecha la oportunidad para, entre broma y broma, mencionar algunas de las normas que decía ignorar, dejando de manifiesto su no tan bajo nivel de conocimientos. Como si fuera poco, expuesta su condición de «muger criolla, natural y vecina de esta corte», deja traslucir cierto espíritu nacionalista al reivindicar el derecho de los americanos de pronunciar las palabras a su manera: «...es decir, que cada nación tiene su modo característico, que la distingue, y que por lo mismo, a la nuestra no se le debe reprobar el suyo»[16] Sin duda, para quienes han planteado la marginación e indiferencia femeninas de todo tipo de problema que no fuese específicamente doméstico y familiar, tendrían problemas para ubicar las inquietudes de la Sra. Gamunz por reivindicar los modismos de su tierra.

---

13. No obstante que *El Diario de México* se publicó de 1805 a 1817, nosotros únicamente pudimos consultar hasta 1813, material existente en la Hemeroteca Nacional de México.

14. «Impugnación al proyecto sobre las mujeres», México, *Diario de México,* 20 de febrero, 1807, pp.196-197.

15. Pepita Gamunz, «pronunciación», México, *El Diario de México*, 5 de septiembre de 1807, pp. 18-20.

16. *Ibidem,* 6 de septiembre, 1807, pp.22-23.

«La Coleguita», por su parte, planteaba con absoluta claridad y conciencia la falta de preparación que tenía una mujer de la época para poder incursionar en el mundo de las letras: «Pero señor diarista, si vos me saca de la costura y demás exercicios de mi sexo, no se otra cosa con que poder satisfacer esta hambre que tengo de ser autora...» Finalizaba con una demanda, quizás por vez primera presente en un escrito público:

"

> ¡Ah! Si Vos promoviera una academia pública de esas humanidades, tendría yo siquiera a quien consultar; me casaría al instante con un humanista para que fomentara mis inclinaciones; pero que he de hacer, y hacer lo que se pueda»[17]

Dentro del conjunto, destaca la serie de cuatro artículos firmados por «La Viuda Queretana[18]». El caso es significativo por múltiples razones, pero especialmente, porque refleja una de las contradicciones típicas entre el sistema de valores ideal pregonado a lo largo del siglo pasado y el mundo real. Formadas y educadas para el hogar, las mujeres novohispanas, a menudo se veían en la necesidad de abrirse paso en la vida y sustentar las necesidades de su familia mediante un trabajo productivo, para el que pocas veces estaban preparadas. Las reflexiones de esta dama muestran la conciencia que algunas de éllas llegaron a tener sobre la importancia de una buena educación, tanto para la vida personal y familiar, como para la «felicidad pública». Joven viuda, sin recursos, y con cinco hijos pequeños y una madre anciana que mantener, su situación, como la de muchas mujeres de ayer y hoy, no era nada envidiable. Representativa de una minoría culta, una de sus preocupaciones centrales era la educación de sus hijos, «especialmente de las mugercitas», para lo cual, decía, «hurto al tiempo algunos momentos para el estudio».

Sorprende aún más observar que sus opiniones y juicios no son improvisados, sino que proceden de estudios especializados, y seguramente en boga por entonces. En efecto. «La Viuda Queretana» basa su alegato en favor de la educación de las niñas en Fenelón y en Vicente del Seixo, de quienes transcribe largos párrafos, que a su vez, seguramente llegarían a alguna que otra de las asiduas lectoras del diario. De ahí su valor didáctico.

Su demanda es concreta; sociedad y gobierno se esmeran en educar a los varones, «pero de las mujeres no se piensa».[19] Por tanto, al igual que «La Coleguita», la escritora queretana propone la fundación de un colegio de niñas, «en que se les instruirá de las materias que diré, si pareciere bien a los sabios»[20]. Así, una vez indicada la necesidad, la autora procede a exponer «la facilidad de remediarla», exponiendo un verdadero plan de estudios, por lo que se ve, muy distante de los tradicionalmente aceptados para mujeres:

> "La forma de este estudio me parece que debería ser en esta manera. Cuidando ante todas cosas del arreglo de las costumbres, y de desterrar las preocupaciones, enseñarlas a leer y

---

17. «Carta de la coleguita, preguntando el origen de los bayles», *Diario de México*, 19 de abril, 1807, p.533.

18. Los dos primeros se denominaron «Educación de las mugeres» y se publicaron el 20 de abril y el 11 de mayo de 1808 respectivamente. El tercero, con una ligera variante («Sobre educación de las mugeres»), corresponde al 28 de mayo de 1808, mientras que el siguiente, vio la luz pública el 29 de mayo con el nombre de «Carta segunda».

19. «Viuda Queretana», «Educación de las mugeres», *Diario de México,* 11 de mayo, 1808, p.425.

escribir, para cuya facilidad sobran medios, y aún yo he visto varias mugeres, que por sí solas han aprendido a escribir. Cuando estén perfeccionadas en la escritura, se puede proceder a los principios de gramática castellana, luego los de la lógica con la mayor sencillez, y sin aquellas cosas que solo sirven para el ergotismo inútil...saber formar una idea con claridad y exactitud, saber rectificar los juicios, arreglar el discurso, saber distinguir lo verdadero de lo falso, y unas reglas de crítica sencillas y exactas..."[21]

Remataba esta serie de saberes con el aprendizaje de «filosofía moral», mezcla de civismo y moral cristiana, a través de la cual, las niñas aprenderían sus obligaciones con éllas mismas -valor poco usual en la época-, con sus familiares y con la sociedad. Sin embargo, es significativo que en ningún momento se refiera a la clásicas enseñanzas de doctrina cristiana y catecismo, asignaturas que constituían la columna vertebral de la educación femenina «escolarizada» de la época. El hecho resulta relevante pues muy a tono con los aires ilustrados entonces tan en boga, refleja un cierto espíritu de independencia respecto a los dominios religiosos, sólo que por entonces, este tipo de ideas no eran comunes entre mujeres.

De acuerdo con la articulista los beneficios de un educación tal serían múltiples. En primer término propiciaría la transformación moral e intelectual femeninas: «ni serán tantas las preocupaciones que nos envilecen, ni seremos tratadas como unas muñecas, tal vez como unas esclavas» y por supuesto, mucho mejor capacitadas para educar correctamente a los hijos [22] Además, bajo este sistema se formaría una primera generación de alumnas, que posteriormente ejercerían como «buenas maestras», con lo que dejaba explícita la idea de fundar una especie de escuela normal para mujeres o, de acuerdo a su propia denominación, un «seminario general del Reyno, como más a propósito para niñas pobres, que podrían buscar su subsistencia en otras partes»[23].

Dentro de la gama de reflexiones presentes en *El Diario*, no faltaron críticas al sistema educativo existente. Un buen ejemplo nos lo brinda «La Colegiala de los Vizcaínos», que para destacar las bonanzas del Real Colegio de San Ignacio, «singular en su género en toda América», arremete contra improvisado sistema de las escuelas «migas»:

«en las que una sola maestra, o cuando más dos, tienen cincuenta y más discípulas de todas clases, que me parece imposible, según la esperiencia que tengo adquirida, puedan dar a cada una siquiera un lección al día...»[24].

Otro buen ejemplo de este sentido crítico es el provocativo artículo «La Payada», en que «El Misántropo», delata los estragos de la «educación fanática» que acostumbraba darse a las mujeres y, con cifras estadísticas en mano, hace notar el ínfimo número de señoritas bien educadas, «capaces de valerse de su industria para subsistir»[25]

20. *Ibidem.*
21. «Sobre la educación de las mugeres. Carta segunda de la viuda queretana», México, 28 de mayo, 1808, p.494.
22. *Ibidem,* p.495.
23. *Ibidem,* p.495.
24. «La Colegiala de los Vizcaínos», «Concluye la carta sobre instrucción del Colegio de San Ignacio», México, *Diario de México,* 14 de junio, 1806, pp.223-224.
25. *Diario de México*, México, 2 de julio, 1810, p.5, y 13 de agosto, 1810,p.173.

Los artículos sobre el tema continuan. En las páginas del diario desfilan críticas a viejos y nuevos planteamientos, propuestas de diversa índole, ideas múltiples, sin faltar por supuesto argumentos y visiones tradicionales. Imposible, dadas las características del presente trabajo, analizar con mayor detenimiento tan interesante información. Quedan, sin embargo, las anteriores reflexiones como muestra del interés que tuvo esta generación -varones y mujeres- por la problemática femenina, por la defensa de su capacidad intelectual y por la demanda de una educación más completa que, llegado el momento, les permitiera integrarse de manera activa al aparato productivo de la época. Sirvan, por tanto, como un testimonio del valor formativo y docente del periódico y como una invitación a futuros investigadores que deseen profundizar en estos tempranos combates por la educación femenina.

Ciudad de México, noviembre de 1995

SUPERVIVENCIA DE ESTRUCTURAS FAMILIARES COLONIALES EN MÉXICO

Estrella Figueras
Universidad de Barcelona

Como se puede desprender del título que encabeza estas líneas, el presente trabajo trata, de forma muy esquemática, de relacionar aquellas formas y estructuras familiares existentes en la sociedad prehispánica mexicana, con aquéllas que se dieron en la colonia, a la cual denominaron los españoles Nueva España.

Una de las que podríamos llamar estructura familiar, y tema o razón de estas páginas, es el del concubinato que desde el principio de la colonia se dio, y que con el tiempo, al igual que la familia convencional, se ha ido reajustando y formando parte de la propia estructura social. Debido, no obstante, a este reducido y preliminar estudio, se ha creído conveniente centrarlo primordialmente durante el primer periodo de la conquista y colonización, y en particular en el fenómeno capitalino de México -Tenochtitlan.

Asimismo, debido a la influencia de la cultura europea que conquistó y colonizó América, se dieron reajustes y asimilaciones singulares, nuevas en muchos aspectos, que trataban de compaginar las anteriores formulaciones con la ideología dominante. Además, las influencias fueron impuestas e integradas en el pueblo con una pretendida rapidez, lo cual desorientó, sino traumatizó a la población de Nueva España, la cual entendía a duras penas la religión y sociedad que se les trataba de imponer.

Así pues, como espero se desprenda de este ensayo, el modelo que los conquistadores introdujeron, respecto al matrimonio, familia y relaciones sociales en general, fue una tarea difícil de realizar. Tan sólo el tiempo ha logrado paliar los grandes contrastes culturales, perviviendo, no obstante, relaciones familiares que hacen recordar conductas de tiempos pasados.

1. Matrimonio y familia en el momento de la conquista

Para tener un conocimiento lo más amplio y aproximado posible de lo que fue, antes de la llegada de los españoles, la estructura y complejidad de la familia mexica, nos habríamos de referir a los cronistas que en su día anotaron aquéllo que veían y trataban de comprender, acerca de la sociedad con la que se encontraron, e inculcar con más eficacia la religión y costumbres occidentales. Por citar algunos: Bernardino de Sahagún, José de Acosta, Alonso de Zorita, Bernal Díaz del Castillo, Pedro Mártir de Anglería. Además de algunos escritores indígenas y mestizos del siglo XVI, como por ejemplo, Fernando Alvarado Tezozómoc, Juan Bautista Pomar, Fernando Alva Ixtlixóchitl.

Además disponemos de los llamados Códices o libros de pinturas, de origen prehispánico o elaborados con igual método en los años inmediatamente posteriores a la conquista, por ejemplo el Códice Borbónico, La Tira de la Peregrinación, La Matrícula de Tributos, que son de procedencia azteca. Los que ya provienen del siglo XVI, son por ejemplo, El Mendocino, El Mexicanus, El Telleriano Remensis, etc.

Otras fuentes de información son los textos en lengua náhualt escritos ya con el alfabeto latino, sobre todo en el siglo XVI, a veces copias de códices extraviados, por ejemplo el Códice Matritense y el Códice Florentino.

De estos documentos se pueden extraer los conocimientos de cómo la sociedad mexica se organizaba antes de la llegada de los españoles y aspectos de su estructura, roles y conductas familiares.

No obstante, y debido al concreto propósito de este trabajo, sería de interés hacer hincapié en el tema, no solamente del matrimonio, sino de las estructuras familiares que se fueron derivando, de unas ya existentes, a las que tuvieron lugar por la reconversión que debió efectuarse en la familia mexicana, a causa de la invasión o conquista española y la implantación de las leyes y religión occidentales.

Cuando los cronistas tuvieron que describir a la familia mexica, debido probablemente a la compleja y amplia organización de la misma, la denominaron «parentela» o con el término más ambiguo aun de «los de la casa»[1]. Ello se relacionaba con el hecho mismo de la propia organización familiar, que implicaba en sí misma un grupo de producción y también de consumo, compartiendo una residencia común. El propio vocabulario nahua ilustra este sistema: cencalli, significa «casa entera»; cencaltin, «los de la misma casa»; cemithualtin, «personas de la misma casa, de un mismo patio», y cuyos residentes, cada uno con su propia vivienda, estaban vinculados por parentesco o afinidad, además que mantenían estrecha colaboración económica; techantlaca, «casa colectiva» y también cihualli o «casa de mujeres», que era un lugar de reunión femenino, donde estaba la cocina y el altar doméstico.

El cronista Francisco Hernández (protomédico de Felipe II) nos facilita una breve descripción, que ilustra además la incomprensión por parte de los conquistadores de los modelos familiares con los que se encontraron:

---

1. Debido a que varias viviendas se encontraban vinculadas por un patio en común, ocupadas por varias familias. Formaban así grupos endogámicos, según su estatus económico y social.

«Viven muchos en una sola casa, o porque sea necesario que habiten juntos los hermanos y los sobrinos, puesto que no se divide la fortuna paterna, o por lo numeroso de los hombres y lo estrecho de la ciudad»[2].

No obstante, la familia propiamente dicha se fundaba cuando una pareja se unía mediante el rito nupcial.

La sociedad mexica observaba en su seno dos clases sociales diferenciadas, es decir los pipiltin o pipiltzin que constituían la clase alta, dominante, de la nobleza, que explotaba y recibía tributos de la clase subalterna denominada macehualtin o los macehual.

El matrimonio entre los pipiltin era generalmente organizado entre los padres, a fin de establecer unas buenas relaciones de parentesco con vinculaciones sociales. Para tal fin los padres del novio, cuando aproximadamente éste tenia unos veinte años de edad, enviaban a una anciana casamentera, llamada «cihuatlanque», a solicitar, a los padres, en matrimonio a la muchacha escogida. Si consentían los padres de ella, ésta era llevada a casa del pretendiente, donde, tras una serie de ceremonias, y anudar la manta del novio y el «huipilli» de la muchacha, se hacía una fiesta. Estaban entonces legalmente casados.

El sistema matrimonial era pues exogámico, debido al estatus económicamente fuerte, marcado por un sistema de noble linaje que sólo los pipiltin disfrutaban. En esta clase social también se consideraba la poliginia, a pesar de que el matrimonio solamente se establecía con una mujer. Las demás eran consideradas como unas «segundas esposas», «esposas secundarias» o «coesposas», y podían ser escogidas, ya en este caso, entre la clase macehualtin.

Entre los macehual las uniones se establecían dentro del calpulli[3] - unidad social compuesta por familias de tributarios emparentados o unidos por vínculos de afinidad. Según definición del texto de Sahagún: «Caserío» Institución social similar al clan. En ella se agrupaban familias, por parentesco, por oficio, o por forma de culto -, y cuyos miembros pertenecían a la clase macehualtin o de su misma etnia, se le podría así asignar un sistema endogámico. El rito nupcial no era tan elaborado como entre los pipiltin, y se supone regían más los lazos afectivos entre los jóvenes que la política matrimonial.

También los macehualtin, además de pedir el matrimonio, podían solicitar los padres del novio a la madre de la muchacha a ésta como «manceba» (tlacatcahuilli), no obstante, generalmente cuando tenían un hijo se hacían las ceremonias de casamiento y fiesta, pero en este caso según las posibilidades económicas de la familia.

En ambos casos, la familia mexica era esencialmente patriarcal y patrilocal, pues la mujer al casarse abandonaba su grupo familiar para pertenecer al del marido.

Esta sería a grandes rasgos la estructura familiar que se encontrarían los

---

2. Hernández, Francisco, *Antigüedades de la Nueva España*, Historia 16, Madrid, 1986. P.70.

3. La traducción del nahuatl : «casa grande». Para una amplia información sobre el sistema económico y social del calpulli en Monzón, Arturo, «El calpulli» en León Portilla, Miguel, *Lecturas Universitarias: De Teotihuacan a los aztecas.Fuentes e interpretaciones históricas*, Universidad Autónoma de México, México DF, 1983, y la obra del mismo autor, *El calpulli en la organización social de los tenochcas*, Instituto de Investigaciones Históricas, México 1949. La referencia que se cita corresponde al vocabulario que se anota en Sahagún, Bernardino de, *Historia General de las Cosas*

europeos al llegar a Nueva España. No obstante, se habría también de apuntar, y tal como argumentan algunos historiadores, por ejemplo Bernard y Gruzinski[4], en que los cronistas se interesaron más por la élite, que por describir y estudiar el comportamiento de las gentes humildes, en este caso de los macehualtin o de los propios mayeques (siervos).

2. Desestructuración de la familia mexica e imposición de los esquemas occidentales

Uno de los efectos inmediatos de la conquista y una de las principales preocupaciones de la Corona, se orientó a la evangelización, y por consiguiente la tarea primera de los clérigos designados a esta ocupación fue la de «casar» cristianamente a la población americana.

Así pues, se trasplantaron a Indias las leyes vigentes en la península: Las Siete Partidas (1265), Ordenamiento de Alcalá (1386), Ordenanzas de Castilla (1484) y Leyes de Toro (1505). La ley de las Partidas[5] ya contemplaba la prohibición del matrimonio polígamo[6] y en cuanto al derecho canónico, en su Corpus Iuris Canonici (de 1500) y su reformulación con el Concilio de Trento en 1563, se añadieron normas restrictivas a los matrimonios considerados incestuosos, es decir con vínculos de consanguinidad.

Pero se hizo hincapié, de forma especial en el derecho indiano, en el tema de la poligamia. Si bien es cierto que el matrimonio con varias mujeres lo practicaba fundamentalmente la élite mexicana, o les era permitido a aquellos hombres del pueblo que se distinguían en la guerra, éste fue un tema de preocupación de la Iglesia, que se obstinó en erradicar, casando «debidamente» y con una sola mujer a aquellos hombres que tenían varias. Ello dio lugar a situaciones ambiguas, es decir que los señores indígenas siguieron conservando a sus anteriores esposas, haciéndolas pasar por sirvientas o esclavas, y se casaban con una por el rito católico. Pasaron pues estas mujeres de ser coesposas a mancebas o concubinas.

La imposición, tanto jurídica como religiosa de leyes e ideologías fue, junto con las derivadas por la propia guerra, lo que traumatizó, e incluso descompuso la estructura familiar mexicana.

Para erradicar la tan perseguida poligamia, se tomaron medidas desde el principio de la colonia, pero, no obstante, fue durante el Concilio de Trento (1545-1563)

---

de Nueva España, Editorial Porrúa, S.A., México, 1989. P.921. Como fuente primaria podemos referenciar a Zorita, Alonso de, Relación de los señores de la Nueva España, Historia 16, Madrid, 1992 PP. 69 a 74.

4. Bernard, Carmen; Gruziere, Serge, «Los hijos del apocalipsis: la familia en Mesoamérica y en los Andes» en Burguiere et al., Historia de la Familia, Alianza Editorial, Madrid, 1988. P. 165.

5. Las Partidas eran leyes compiladas por Alfonso X El Sabio, divididas en siete partes. La primera se refiere al estado eclesiástico; la segunda sobre los emperadores y reyes; la tercera sobre la justicia; la cuarta sobre el matrimonio, la quinta sobre los contratos; la sexta sobre los testamentos y la séptima sobre el derecho penal. Se comenzó su recopilación en 1256 y se terminó la misma aproximadamente en 1265.

6. Partida IV. 2.1.

y de los Concilios Provinciales celebrados en México[7], cuando se estableció un rígido reglamento a tal «anormalidad». En la reforma trentina, se podría añadir también, que se estigmatizó al producto de estas uniones, es decir los hijos, que pasaron a constituirse en bastardos. Representó el antes y el después de una etapa normativa, en que la aparición de nuevas estructuras sociales forzaron a dictaminar con rigor al estamento religioso y universalista del cristianismo, representado en la Iglesia católica. Al quedar firmemente ratificado en Trento que el matrimonio constituía un sacramento, afianzó aun más el rechazo a los que lo transgredían, considerando que los concubinarios y los bígamos despreciaban su cumplimiento, y por esta razón debían ser excomulgados y perseguidos.

Ya en la Primera Junta Apostólica, celebrada en México en 1555, en el apartado «Matrimonio»[8] se lee:

> «Acerca de los Matrimonios ocurrieron mayores dificultades sobre si eran válidos entre los Indios los contrahídos en su gentilidad, y qual de ellos lo era, porque tenían muchas mugeres y no se resolvió cosa cierta esperando la definición de la Silla Apostólica»

Más adelante se apunta:

> «... sin saberse qual era la principal, ó Señora y las demás concubinas».

Y es que se veían ante un problema que estaba fuera de los parámetros morales conocidos, claro que dentro de la occidental cultura cristiana. La incomprensión, y la intransigencia, al romper el mecanismo del sistema de redes de parentesco, confundió, no sólo ideológicamente, sino también económicamente a una sociedad que estaba perfectamente estructurada. A modo de ejemplo se podría citar el comentario que a respecto de la poligamia escribió Francisco López de Gómara:

> «Cuatro causas dan para tener tantas mujeres: la primera es el vicio de la carne, en la que mucho se deleitan; la segunda es por tener muchos hijos; la tercera por reputación y servicio, la cuarta por granjería»[9]

Que si bien relacionaba otras causas, aparte del «vicio de la carne», no analizaba el porque del matrimonio múltiple, en razón de los motivos socio-económicos que ello conllevaba.

---

7. La Primera Junta Apostólica o Concilio Provincial I se celebró en la ciudad de México en 1555 y el II en 1565. El III Concilio Provincial Mexicano, tuvo lugar en 1585 y fue confirmado en Roma por el Papa Sixto V en 1589. Ver las ediciones en latín-español para el I y II Concilio en CONCILIOS PROVINCIALES PRIMERO Y SEGUNDO. Imprenta del Superior Gobierno, México, 1769. En cuanto al Concilio III, también en edición bilingüe latín-español, CONCILIO III PROVINCIAL MEXICANO, Imprenta de Manuel Miró y D. Marsá, Barcelona, 1870. En 1524 ya se dio, no obstante, el Primer Sínodo en Nueva España, para tratar del «matrimonio y otros casos», presidiendo fray Martín de Valencia, como vicario del Papa, ver en Alva Ixtlixochitl, Fernando de, «Relación de la venida de los españoles y principio de la Ley Evangélica», en Sahagún, Bernardino, *Historia General de las Cosas de Nueva España*. Ed. Porrúa, S.A., México, 1989. P. 862.
8. Pág. 5 del citado volumen.
9. López de Gomara, Francisco, *Historia General de las Indias*, Editorial Iberia, S.A., Barcelona, 1966. Tomo II, P. 401.

Por otra parte, y abundando en esta combinación económico-familiar, la disolución de la casa colectiva se sumó a las disposiciones negativas para el pueblo mexicano, restringiendo sus relaciones endogámicas y de cooperación. Un posible motivo de separar las familias, fue el de evitar una cierta «inmoralidad» en las costumbres, que los evangelizadores intuían podían darse, siempre obsesionados con su lucha contra la poligamia (por si aun seguían conservando sus anteriores esposas) y las uniones incestuosas. Pero, también, se habría de considerar que el hecho de reducir el grupo familiar, permitía un mayor control del cobro del tributo indígena.

Se privatizó y se cerró el núcleo familiar, pero también se abrió un oscuro abismo para muchas mujeres, que al ser repudiadas legalmente por sus hasta entonces maridos, se convirtieron en esclavas o sirvientas, y ciertamente privadas de una familia a la que pertenecían por derecho propio, con un estatus específico y con una determinada función social.

Tal vez como resumen de la desorientación que se produjo entre los naturales por la imposición de nuevas formas de vida y conceptos morales y sociales, se podría anotar lo que nos escribe Alonso de Zorita:

> «Preguntando a un indio principal de México qué era la causa porque ahora se habían dado tanto los indios a pleitos y andaban tan viciosos, dijo. 'Porque ni vosotros nos entendéis, ni nosotros os entendemos ni sabemos que queréis. Habéisnos quitado nuestra buena orden y manera de gobierno; y la que nos habéis puesto no la entendemos, e ansí anda todo confuso y sin orden y concierto»[10]

Además y aparte de la normativa jurídica y religiosa, se unió el hecho de la afluencia de hombres europeos a Nueva España, en el que el análisis de los motivos que tuvieron en embarcar al Nuevo Mundo escapan al tema de este trabajo, pero que sí podrían en algún concepto coincidir, y de manera significativa, con el presente estudio, y es porque partían en busca, no sólo de fortuna, sino para muchos de ellos de libertad, fuera del control inmediato de una familia y de una rigidez moral y punitiva.

3. Concubinato, represión y estrategias

Podríamos en este punto abordar el tema del concubinato o amancebamiento. No obstante se habría de dar un breve repaso a la bigamia que se dio también y en gran cantidad en la colonia, y que tuvo una estrecha relación con este tema.

Así pues, uno de los problemas que tuvo que afrontar la sociedad novohispana, a través de los peninsulares recientemente establecidos en la colonia, fue debido al hecho de la bigamia, que se dio en un número lo suficientemente elevado como para alarmar a la moral moderna[11].

---

10. Zorita, Alonso, Op. Cit. P. 87

11. Para más información sobre bigamia en Nueva España, en Tesis de Licenciatura de Enciso Rojas, Dolores, *El delito de bigamia y el Tribunal del Santo Oficio de la Inquisición en Nueva España, Siglo XVIII*, UNAM, México, 1983, y de la misma autora, «Matrimonio y bigamia en la capital del virreinato. Dos alternativas que favorecían la integración del individuo a la vida familiar social», en Gonzalbo Aizpuri, Pilar, Coord., *Familias Novohispanas, siglos XVI al XIX*, Seminario de Historia de la Familia, El Colegio de México, México DF, 1991. PP. 123-133.

Los colonizadores; conquistadores y aventureros que llegaron a Indias, en un principio sólo fueron hombres, muchos de los cuales habían dejado en la península a la familia y una esposa. Así pues, estos hombres incluso llegaron a contraer un nuevo matrimonio en América, amparados por el anonimato y la falta de control, favorecidos ambos por la lejanía con la metrópoli.

Alarmada la Corona de las noticias que le llegaban de las Indias respecto a la abundancia de tales comportamientos, estableció, apoyada por la Iglesia, un Juzgado especial para el problema, motivando y promulgando disposiciones para que las esposas pudieran acompañar a sus maridos. Por ejemplo, el decidir no dar empleos públicos a españoles que no aseguraran llevar a su esposa a Indias. La Casa de Contratación de Sevilla también fue la encargada de averiguar si el hombre que solicitaba viajar al Nuevo Mundo era soltero o bien si había fallecido su esposa e indagar si era verdad, pues si dejaba una esposa en España, debía garantizar bajo fianza que no estaría ausente más de dos años, a un mercader se le concedía un año más[12].

No obstante, la bigamia, a pesar de las medidas tomadas por la Corona, y de ser perseguida por la Iglesia a través del Tribunal del Santo Oficio, resultaba una forma relativamente sencilla para dar legalidad a una unión, aunque sólo fuera de forma aparente.

Según los autores Bernard y Gruzinski[13], la bigamia representó un delito específicamente americano y colonial, por el mismo hecho físico de la inmensa colonia, que proporcionaba el refugio de los que querían olvidar otro matrimonio.

Por otra parte, para intentar analizar la heterogénea sociedad mexicana y entender buena parte de sus comportamientos, es necesario hacerlo a su vez de aquélla que impuso sus costumbres y religión, es decir, la española, e intentar relacionarlo, si cabe con lo que se denominó la barraganía.

Como W. Borah y S. Cook[14] también indican, existía ya en la península una ley, que la costumbre sancionaba, de uniones sexuales no formalizadas, que provenía del derecho romano medieval y se ratificaba en las Siete Partidas. Esta reglamentación fue establecida para impedir que hombres casados y sacerdotes tuvieran concubinas; así pues podían los solteros mantener un tipo de relación llamado «barraganía», que permitía una convivencia sin ataduras, no formalizada por la Iglesia, y en la que el hombre era de clase superior a la mujer.

A los hijos de tales uniones se les denominaba «naturales», y pasaban a ser legítimos en cuanto la pareja se casaba.

---

12. Sobre empleos públicos ver Konetzke, III.1. doc. 226, citado por Margadant, Guillermo F., «La familia en el derecho novohispano», en Gonzalbo Aizpuru, Pilar, Coord. Op. Cit., P. 44. Sobre la Casa de Contratación , se refiere a la Ley XXVI, tít. XXVI del libro IX de la Recopilación de Leyes de Indias de 1680. Ley del 21 de Septiembre de 1546 «Que el Presidente y Jueces de la Casa de Contratación averiguasen si los que pretendían pasar a Indias eran casados y velados», en Ots Y Capdequi, J.M., *Bosquejo Histórico de los derechos de la mujer casada en la legislación de Indias*, Ed. Reus, Madrid, 1920.

13. Bernard, Carmen y Gruzinski, Serge, Op. Cit. P. 203.

14. Borah, Woodrow y Cook, Sherburne P., «Marriage and Legitimicy in Mexican Culture, Mexico an California», California Law Review 54:2 (mayo 1966, PP. 949-952), citado por Kuznesof, Elizabeth Anne, «Raza, clase y matrimonio en la Nueva España: estado actual del debate», en *Familias Novohispanas siglos XVI al XIX*, Op. Cit., P. 376.

Hasta finales de la Edad Media, también se dieron relaciones de este tipo en sacerdotes y hombres casados, pero al quedar prohibido, especialmente por los Reyes Católicos, se llegó a castigar al infractor y a la barragana duramente, si ello era descubierto.

Como sea que estas uniones eran bastante comunes en España, bien hubieran podido ser transplantadas al Nuevo Mundo. No obstante, la Nueva España, al quedar sometida a las leyes del Concilio de Trento, reprimió la barraganía, que fue considerada pecado. A pesar de no pasar por el Tribunal del Santo Oficio, sí que era perseguida en Nueva España por el tribunal eclesiástico.

A partir pues de la tradición española, a pesar de las prohibiciones en las Indias y de la poligamia no erradicada en Nueva España, fue muy fácil desarrollar un concubinato con características de ambas culturas y con los elementos adicionales de la emigración y complejidad social.

Siguiendo en el hilo conductor de la emigración al Nuevo Mundo, como se ha dicho más arriba, llegaron a las Indias, en un principio y en gran número, hombres solos, que se encontraron con vastos territorios, posiblidad de enriquecerse, mano de obra abundante que trabajara para ellos, y un gran número de mujeres, que incluso les eran ofrecidas como regalo o tributo (ello se prohibió expresamente en las Leyes Nuevas de 1542 y por Real Cédula de Carlos I). Habríamos de recordar, y tal como cita Solange Alberro[15], que Hernán Cortés fue el primer amancebado, así como algunos de sus capitanes y soldados, a los que algunos caciques habían ofrecido sus hijas como regalo o tributo, lo que a los españoles, y sobre todo a los clérigos les pareció una monstruosidad.

No obstante, existía una razón para tal proceder, y es que al «casar» a las mujeres de su familia, vinculaban, a su entender, al conquistador con la misma, y en definitiva con su propia sociedad, pues los hijos conservarían así el linaje de la madre y eliminaban con ello a un posible enemigo. Pero el resultado de tales uniones, que en ocasiones resultó también múltiple, recordando la poligamia azteca, fue un mestizaje rápido y abundante, que debido a los escasos matrimonios formales y cristianos que se dieron entre indias y españoles, se relacionó enseguida con ilegitimidad, y consiguiente menosprecio[16]. Muy distinto al propósito indígena, que entendían que el producto de tales uniones tendría las características de pacto más que de un ultraje a la mujer y su prole.

Muchas de estas uniones también, se fueron haciendo más estables, o por lo menos duraderas, y dieron lugar al llamado amancebamiento. Según indica Solange Alberro[17] la bigamia y el amancebamiento, se pueden atribuir en un proceso de individuos desarraigados. Pero ¿por qué no también de mujeres que perdieron o no consiguieron alcanzar un lugar estable en su propia sociedad?

Varias son las razones que podrían atribuirse al hecho de que una mujer llegara a una unión no legitimada, no obstante para poder analizar tal fenómeno, se

15. Alberro, Solange, «La sexualidad manipulada en Nueva España: Modalidades de recuperación y de adaptación frente a los tribunales eclesiásticos», en *Familia y sexualidad en Nueva España*, FCE, México, 1982. P. 242.

16. Para un amplio estudio sobre el tema del mestizaje, lo podemos encontrar en Esteva Fabregat, Claudio, *El mestizaje en Iberiamérica*, Editorial Alhambra, Madrid, 1988. Morner, Magnus, *La mezcla de razas en la historia de América Latina*, Paidos, Buenos Aires, 1969. Y un estudio más reciente de Olaechea, Juan Bautista, *El mestizaje como gesta*, Editorial Mapfre, S.A., Madrid 1992.

habría de diferenciar a las relaciones entre los propios indígenas, a la mujer india unida con europeo, y también a la particular situación de la población africana llegada a Indias, y con connotaciones de esclavitud.

Debido a que cada uno de estos grupos merece una particular atención, que escapa al presente trabajo, se podría considerar y hacer el análisis genérico de esta situación de amancebamiento, y en el que todos los autores están de acuerdo, en que las mujeres eran en su mayoría de clase baja, mestizas o indias, que accedían al concubinato para poder sobrevivir económicamente, y unidas a un hombre de clase o «calidad» superior, (entendiéndose tal calificativo como se utilizaba para indicar el aspecto racial de una determinada persona), con el que podían ascender en su estatus social. A pesar, y ello también ha de considerarse, que al convivir las mujeres indígenas con españoles, rompían o perdían sus lazos con su propia comunidad étnica.

Abundando en las razones atribuidas al fenómeno del gran número de uniones libres que se dieron, y recogiendo de los diferentes autores, en especial aquellos motivos que hacen referencia a su particular tema de estudio, se podrían indicar algunas de ellas.

En las clases subalternas, a parte de aquellas mujeres que entraban en el convento, que no eran muchas de su clase, pues tenían acceso a entrar en religión principalmente las que pertenecían a familias de clase alta y que podían aportar una dote - a las indígenas les estuvo vetado durante mucho tiempo el ingreso -, muchas mujeres de escasos recursos vivían amancebadas. Normalmente ello constituía un paso previo al matrimonio, ya que no representaba la unión definitiva de la pareja, pues al hombre le interesaba casarse con una mujer con la cual pudiera ascender en la escala social.

Cuando los hombres se casaban, estas mujeres, en su mayoría permanecían en calidad de amantes, en una residencia familiar, paralela a la oficial. O bien, y esa era otra salida, caían en la prostitución. Es decir, tuvieron que vivir en concubinato porque no se las quería como esposas.

Así se desprende, de que ya desde temprana época de la conquista se observaran muchos hogares de mujeres solas que después figurarían como jefas de familia y en ocasiones se hacían pasar por viudas, para legitimar, sobre todo, a los hijos habidos fuera del matrimonio convencional.

Refiriéndonos de nuevo al modelo de gran familia, poligámica y extendida de los antiguos mexicas, el segundo hogar, que podría representar una familia paralela unida por el amancebamiento, se la podría relacionar como de una disgregación de los núcleos poligínicos existentes, y que según la argumentación de François Giraud no existiría tanta diferencia con los tipos de familias complejas españolas y con el espíritu de hidalguía, siguiendo un modelo feudal que se trató de implantar en el Nuevo Mundo[18].

El español llegado a Indias deseaba reproducir también la sociedad que había dejado en Europa y subir en estatus social, pues para ello había embarcado y luchado (si pertenecía al grupo de los conquistadores). El ideal del hombre pe-

---

17. Alberro, Solange, «La sexualidad ...», Op. Cit. P. 242.
18. Giraud, François, «De las problemáticas europeas al caso novohispano: apuntes para una historia de la familia mexicana» en *Familia y sexualidad* ... , Op. Cit., P. 63.

ninsular, por tanto, era casarse con una joven criolla o española, y reproducir su cultura además de su, más o menos probada, estirpe. El matrimonio con una novohispana favorecía además, no sólo su prestigio social, sino que la dote que aportaba la esposa podía aumentar su patrimonio. Entonces, ésta era una dificultad más que se sumaba a una mujer para casarse, que de no disponer de los recursos suficientes para obtener dicha dote, debían recurrir al amasiato en espera del posible matrimonio. Se ha de tener en cuenta, también, que la alianza con una persona «desigual» por pertenecer a un estrato social o étnico «inferior», constituía un repulsa social.

Otro punto a tener en cuenta y según nos indica Ots Capdequí en su Bosquejo Histórico:

> «Tenían prohibido el contraer matrimonio en sus distritos durante el tiempo que durase el ejercicio de su cargo los Virreyes, Presidentes, Oidores, Alcaldes del crimen, Fiscales, Gobernadores, Corregidores, Alcaldes Mayores y sus Tenientes letrados. Esta prohibición transcendía en muchas ocasiones a sus hijos é hijas; así ocurría, entre otros, con los virreyes, Oidores, Fiscales, Presidentes y Alcaldes del crimen»[19].

Ana Mª Atondo, que recoge también en su trabajo la citada ley, achaca por este motivo gran parte de la prostitución en el México Colonial[20], no obstante la relación de concubinato, también podría derivarse de los impedimentos legales de matrimonio como el que se apunta.

Otra disposición, y ésta por parte del virrey Luis de Velasco, incidió en el hecho del abandono de mujeres. El motivo fue el de colonizar las tierras del norte de Nueva España y solucionar así problemas de trabajo para muchos hombres, que partieron dejando a sus esposas e hijos.[21] Esta desestabilización familiar, unida a la necesidad de recursos y mano de obra del marido, pudo provocar, no solo la prostitución de muchas mujeres, como indica Atondo, sino una solución más estable y duradera, como sería el concubinato.

En 1575 la Corona restringió aun más la entrada de mujeres solteras a la Colonia. Antes, no obstante, y a partir de 1539 y 1545 les era exigida licencia Real para embarcar. De lo que resultó un porcentaje de 4 a 5 hombres por cada mujer[22] (peninsular o criolla), con posibilidad de efectuar un matrimonio ventajoso para el hombre novohispano.

En cuanto a los comportamientos de la población indígena, y a pesar de que la Corona se mostró más indulgente, debido a que se les consideraba aun demasiado ignorantes y muchos de ellos gentiles, para adquirir los hábitos occidentales, también se tomaron medidas para atajar los amancebamientos, y en este caso

---

19. Recogida en la Recopilación de 1680: Ley LXXXII, tít. XVI, libro II y Ley XLIV, tit. II, libro V, en Ots Y Capdequi, J.M., Op. Cit. P. 95.

20. Atondo Rodríguez, Ana Mª., *El amor venal y la condición femenina en el México colonial*, INAH, México, 1992. p. 177. Se trata de un amplio estudio sobre el fenómeno de la prostitución en Nueva España y sus motivos y particularidades, durante el tiempo de la colonia.

21. Atondo suma este dato también en que pudiera darse más prostitución, por el hecho del abandono de mujeres, por cuyo motivo incluso a finales del siglo XVI se fundó un recogimiento. Según la obra citada de la autora, PP. 163 y 164.

22. Atondo, Ana Mª, Op. Cit., P. 159.

el «fraude» fiscal. En las Reales Cédulas de Felipe II y Felipe III, que luego se recogieron en la Recopilación[23] dice:

«Que los indios solteros tributen desde diez y ocho años».

De lo que se desprende que muchos indios permanecían solteros para no rendir el tributo.

No obstante, y esto podría aplicarse a todos los mandamientos que se remitieron a América, el hecho de que existan Cédulas repitiendo las mismas órdenes, que se dieran en diferentes épocas y con distintos monarcas, indica la poca efectividad y cumplimiento de las mismas.

El matrimonio, proporcionaba una cierta estabilidad a la mujer, y un estatus social, económico y jurídico reconocido por la sociedad. Pero, cuando no se entraba en el estamento religioso o en el matrimonial, muchas mujeres que no pertenecían a una clase social elavada, y aquéllas que tampoco se dedicaban (y por otras razones) a la prostitución, organizaban su vida en torno a un hombre, con la promesa, o sin ella, de un futuro matrimonio.

Al igual que en el campo de las estrategias de la alianza se siguen unas pautas, reglas o conductas para reglamentar y conseguir unos determinados fines (enlaces familiares, poder social, pactos políticos, etc.), el llegar una mujer al concubinato se debería también considerar por el desarrollo de estrategias que pudieran favorecer su posición, junto a un determinado hombre.

Ya se ha indicado más arriba, que una mujer de clase o «calidad» inferior se unía frecuentemente a un hombre para así poder ascender en su estatus social. Pero hay otro motivo por el que las mujeres han luchado en todas las épocas, y es porque los hijos de esta unión, aunque ilegítimos, si el padre les reconocía y favorecía, podían obtener beneficios sociales y económicos.

Un ejemplo claro de tales comportamientos son los que se dieron en las esclavas afroamericanas, cuyos hijos podían acceder a la libertad, uniéndose al amo blanco, o como concubinas. Su descendencia además se «blanqueaba», acercándose en parte al modelo físico del prototipo dominante.

La Corona también se vio en este caso alarmada por el mestizaje afro-indio (los llamados zambos), lo cual provocó otra Real Cédula en 1538, prohibiendo incluso el amancebamiento entre negros e indios, y sobre todo el matrimonio, pues los hijos nacían libres.[24]

Pero esta actitud de libertad sexual, si era adoptada por una mujer, se censuró, como es de suponer, con más rigor que en el hombre. La Iglesia, con especial interés, hizo hincapié, y en repetidas ocasiones a la práctica del amancebamiento, incluyéndola dentro de los «pecados públicos». En ello el Tercer Concilio Provincial Mexicano, que recogía la reglamentación y era reflejo del de Trento, fue conciso:

23. Ley VII, tít. V., libro 6º de la citada Recopilación.
24. Atondo, Ana Mª, Op. Cit. P. 184; Lavrin, Asunción, «La mujer en la sociedad colonial hispanoamericana» en Bethel, Leslie (ed.), *Historia de América Latina. América Latina Colonial: Población, sociedad y cultura*. Nº 4, Editorial Crítica, Barcelona, 1990. P. 135 y Martínez Montiel, Luz María, *Negros en América*, Editorial Mapfre, S.A., Madrid, 1992. PP. 108 y 164.

«Con particular solicitud procuren prohibir é impedir los pecados publicos, como juegos ilícitos, concubinatos, blasfemias, usuras y otros semejantes»[25].

Se puede leer también:

«No sean excarcelados los concubinarios que hayan apelado, sin haber concluido antes la causa, á no ser por motivos muy urgentes»[26].

Se podrían poner más ejemplos que en la citada obra se anotan, lo que demuestra la preocupación de la Iglesia y de las diligencias que se tomaron, persiguiendo y encarcelando a los concubinarios.

No obstante las medidas y sanciones adoptadas por la Iglesia, que la Contrarreforma sancionó y dogmatizó, se dieron frecuentes vías de escape que transgredían los consejos y doctrinas religiosos. Se podría decir que la Iglesia y el pueblo optaban por tomar, en multitud de ocasiones, caminos distintos, y la idea de pecado resultó, sino imposible, sí difícil de compaginar con una sociedad en transición. Se dio lo que Asunción Lavrin ha calificado de fuerte tensión entre las normas y la práctica en la sociedad colonial[27].

Para conseguir más control de los comportamientos ilícitos de la población indígena y efectuar las averiguaciones pertinentes sobre parentesco y posible bigamia y concubinato. En particular para discernir cuál era la esposa legal (o primera en el caso de existir varias), y si se daba el grado de consanguinidad para realizarse el matrimonio, la Iglesia necesitaba de un personal, no sólo lo suficientemente numeroso como para abarcar tan vasto territorio, sino que además era necesaria gente que conectara y tradujera el complicado mecanismo de la normativa cristiana, a las también elaboradas formulaciones, tanto de estructura familiar, como de religión, del pueblo mexicano.

Apareció entonces la figura del «criado o ladino de la Iglesia», que los clérigos instruyeron para efectuar esta labor de intermediario.

Unos de estos indios, se especializaron también en aquellos rituales cristianos que eran más comunmente transgredidos, como por ejemplo el matrimonio cristiano y la permanencia de encubiertas prácticas poligámicas. Así pues, también fueron objeto de denuncia y persecución, por parte de estos servidores de la Iglesia, los concubinos, a los que alguaciles y fiscales indígenas castigaron con dureza, en particular a las mujeres amancebadas.

Aun a pesar de todas las medidas, que de forma más o menos efectiva pudieran tomarse, y como ya se ha indicado, se dio una alta tasa de ilegitimidad en los nacimientos, producto del abandono de las costumbres poligámicas (en el que se incluiría el concubinato encubierto, además del abandono de muchas de estas mujeres), violaciones y también por la prostitución. Por muchas razones, que merecería un detallado análisis, se dieron abundantes abandonos de niños, que

---

25. Libro I, título VII, capítulo VIII., de la citada edición del Concilio III Provincial Mexicano. P. 80.

26. Libro II, título VII, capítulo VI. Id. ibidem. P. 170.

27. Lavrin, Asunción, «La sexualidad en el México Colonial : Un dilema para la Iglesia», en Lavrin, Asunción, Coord., *Sexualidad y Matrimonio en la América Hispánica, siglos XVI - XVIII*, Ed. Grijalbo, México D.F., 1991. P. 92.

sirvieron y se vendieron incluso, como mano de obra barata, bajo el estigma de la ilegitimidad, y en múltiples ocasiones del mestizaje.

Además, a las mujeres nacidas bajo esta ilegitimidad, les era aun más difícil llegar a encontrar marido, y los hijos arrastraban también el origen de la madre, tanto para ocupar puestos públicos, eclesiásticos o militares, de los cuales se les excluía.

La pregunta que surge a continuación es, ¿cuáles eran los mecanismos de subsistencia de estas mujeres que llegaban al concubinato? No siempre sus eventuales compañeros cubrían el mantenimiento de ellas y de sus hijos, pues podían tener ya una esposa y otra familia, estando en la eventualidad de quedar abandonadas por los mismos.

Entonces, una necesidad de solidaridad (en particular entre mujeres) fue necesaria para subsistir, incluso en ello habría que destacar el resurgimiento en la segunda mitad del siglo XVI, de la casa colectiva. Así pues el trabajo como sirvientas, preparando comidas y labores, que más tarde venderían en los «tianguis» (mercadillos), efectuando pequeñas transacciones comerciales, sería la forma de trabajo femenino que se habría desarrollado en la ciudad. Tal vez, incluso, gozaban de una cierta autonomía, posiblemente más que las esposas legales. No obstante, y tal como apunta Silvia Marina Arrom[28], también ellas dependían de hombres, aunque solo fuera de forma aparente.

¿Cómo se organizaba esta estructura familiar, que a veces se convertía en una complicada red de parentesco, cuando el hombre tenía más de un hogar? Esta casa grande, conectada con redes de solidaridad, nos indica que representaba una identidad de grupo, frente a una sociedad muy jerarquizada, marcada por una etnicidad y culturas distintas. Con un sistema de castas altamente discriminatorio. Es decir, que las estrategias femeninas a seguir en un mundo tan heterogéneo, se han de considerar bajo el prisma de intereses masculinos, que marcaron las pautas y comportamientos sexuales.

Si a las mujeres que pertenecían a la élite se las educaba para ser dóciles, castas y fieles, menores de edad a las que se debía proteger y prácticamente se las recluía en el hogar o en el convento. Estas otras mujeres, debían salir a la calle, trabajar y luchar, es decir penetrar en el ámbito de lo público, que estaba reservado a los hombres. Los roles familiares cambiarían a su vez sensiblemente, pues la idea del padre quedaría difusa, estableciéndose un matriarcado, sino totalmente reconocido por la sociedad, sí llevado a la práctica.

Se podría considerar que existía una dicotomía entre dos tipos de mujeres, ambas sometidas a una severa vigilancia y crítica, pero con comportamientos distintos. Como sea que la esposa debía ser honesta, pues el adulterio era la peor ofensa al honor del marido; en cambio, la otra «esposa», no tenía porque guardar tan estricto cumplimiento; y aun a pesar de que se las considerara poco respetables, también a su vez, gozaban de más libertad.

En resumen, y como se ha sugerido anteriormente, si durante la época prehispánica la coesposa gozaba de una cierta movilidad social y un reconocido lu-

---

28. Arrom, Silvia Marina, *Las mujeres de la ciudad de México, 1790-1857.* Siglo XXI, México, 1988. P. 32.

gar en la familia, durante la colonia, se separó, a través del matrimonio monógamo cristiano, en dos actitudes a seguir: el de esposa y el de concubina.

A manera de epílogo

Haciendo una breve reflexión de lo antes expuesto, y a forma de conclusión, se podría resaltar y hacer hincapié, en que si bien existen estudios sobre los papeles de la mujer en la colonia, y en pocos años se han hecho y se continúan haciendo trabajos y seminarios al respecto, no obstante se observan más estudios sobre las mujeres de la élite novohispana (incluidas las que llevaron una vida conventual) y de las que se dedicaron a la prostitución, que aquéllas que se quedaron entre dos mundos y dos clases diferenciadas de mujeres: el de mujer honorable y recta vida, y el de aquéllas que formaron parte de las costrumbres relajadas y pecaminosas. O sea, y en particular de aquellas mujeres que han permanecido en penumbra dentro de la historia, por no haber destacado, en el ámbito de la cultura, religión o sociedad, y también en determinadas funciones sociales.

¿A qué mundo pertenecía esta mujer, que sin tener estatus de esposa, ni de amante ocasional, vivía y formaba parte de la sociedad novohispana?

A partir de los comportamientos y estrategias femeninas, se abre un amplio y apasionante tema de estudio, desde la perspectiva de la mujer y partiendo de sus intereses, aun a pesar, y recogiendo lo antes expuesto, de no incluir a las mujeres de la élite social, ni a aquéllas singulares, que si bien han marcado nuestra historia, no representan a todas las mujeres, ni todas las problemáticas que se derivan de su sexo, en relación con el hombre y con la sociedad en general.

Sobre este tipo de relación de pareja, y también de familia plural e incluso pluriétnica, que se produjo, el comportamiento con los hijos, y el estatus social de éstos que realmente tenían en la sociedad (aun a pesar de su ilegitimidad y posible mestizaje), es en lo que a mi entender se habría de incidir con más elaborados estudios, aun y a pesar de los inconvenientes en indagar dentro de un contexto con tan escasa información escrita. Recogiendo además lo expuesto anteriormente, la legislación tanto civil como eclesiástica, ordenaba y sancionaba, pero el pueblo persistía en prácticas y costumbres, que obligaban a reformular nuevos edictos, que inducen a pensar en que las desviaciones a la rígida norma eran frecuentemente transgredidas, y por tanto de difícil visibilidad en los recuentos estadísticos

A ello se podría añadir que, en cuanto a los grupos indígenas se sabe poco, por no pertenecer a la jurisdicción del Santo Oficio, sino a los tribunales ordinarios, que han dejado menos documentación para establecer estudios, por ejemplo de reconstrucción de familias.

Así pues el camino a seguir, y una propuesta de trabajo podría ser el rescatar estudios de caso. Al quedar estas familias en una legalidad invisible, el valorar estadísticamente tales uniones, puede resultar, no sólo difícil, sino engañoso. A partir de pleitos eclesiásticos sobre amancebamientos y libros bautismales para valorar la ilegitimidad, éstos podrían ser dos caminos para lograr alguna información cualitativa, y tal vez cuantitativa de este fenómeno.

A pesar de que la familia se acopla a los cambios sociales, produciendo a su vez nuevas estrategias de adaptación, las pervivencias en el tiempo y su análisis nos ayudan a comprender tiempos pasados, y más aun cuando son pocas las fuentes de que disponemos.

Si en un momento, se intentó relacionar las estructuras familiares anteriores a la colonia, para entender mejor la sociedad colonial emergente, sería asimismo lícito efectuar un estudio comparativo, tomando como referente situaciones familiares de nuestra época.

Para ello, el campo de la investigación antropológica, o sirviéndonos asimismo de la literatura, serían de valiosa ayuda para relacionar el pasado con el presente. Como por ejemplo podríamos citar la obra de los años 50, (ya de nuestra época) de Oscar Lewis, *Antropología de la pobreza*, en la que el trabajo de campo efectuado por el autor en la familia Sánchez, nos ofrece características de casa colectiva y concubinato, en las que se observa una intrincada red de solidaridades, que escapan a la familia convencional. Tal vez sea por esas estrategias de supervivencia, la causa de su permanencia en el tiempo.

La familia se reproduce, no sólo biológicamente, a través de la pareja, sino también culturalmente, no es pues extraño, que antiguos mecanismos sigan vigentes, si éstos sirven y aun son útiles para los miembros que componen esta familia.

Por consiguiente, se habría de considerar que este grupo familiar, nacido del concubinato, es una estructura en sí misma, pero con determinadas características, y podríamos sugerir la hípótesis, de que correspondiera a la reformulación producida por la fusión de dos sociedades perfectamente estructuradas y diferentes.

LA IMAGEN DE LA MUJER LATINOAMERICANA EN LAS REVISTAS FEMENINAS DE LA DÉCADA DE LOS TREINTA

Silvia González Marín
UNAM, México

La década de los treinta fue un momento estelar de la Revolución Mexicana. En esos años, en medio de grandes turbulencias internacionales que presagiaban la guerra, México llevó a la práctica el programa de la Revolución que impulsaba importantes reformas sociales, agrarias y nacionales. Ejemplo de ello fue la expropiación del petróleo a las compañías extranjeras, en marzo de 1938 . En el terreno social, se liquida el latifundismo y se realiza la reforma agraria, a los trabajadores se les reconocen derechos laborales, se forman las grandes organizaciones sociales y políticas, se reorganiza el Partido de la Revolución Mexicana y la oposición se agrupa en partidos políticos que exigen un viraje de la política de reformas del presidente Lázaro Cárdenas. En la segunda mitad de esta década, la Revolución se institucionaliza, se afirma el nuevo Estado y se consolida el Sistema Político Mexicano.

En el campo internacional, México defiende los principios de autodeterminación de los pueblos, resolución pacífica de las controversias y no intervención en los asuntos internos de otras naciones. Estos principios se traducen en el apoyo activo a la República Española, y enfrentan al totalitarismo nazi-fascista que por este tiempo era una realidad en Italia y Alemania. La situación mundial provoca la afluencia a México de los refugiados políticos, en especial de los republicanos españoles, que para el año de 1937 empezaron a ingresar al país. Su aporte en los diversos campos de la actividad social, especialmente en la educación, contribuyó al desarrollo cultural de México. Las relaciones con América Latina se estrechan y se intensifica el intercambio cultural y político.

En la construcción del nuevo Estado la participación de la mujer fue fundamental, no obstante que estaba limitada en sus derechos políticos al no contar con el derecho al voto. A este respecto, el presidente Lázaro Cárdenas en su Informe a la Nación del 10 de septiembre de 1937, anunció la modificación del artículo 34 constitucional para otorgarle los derechos ciudadanos a la mujer. Sin embargo, esta modificación no alcanzó a concretarse, no obstante que fue aprobada en las Cámaras Legislativas, al no ser publicada por el Presidente. Se dijo entonces que fue el temor a que el voto femenino inclinara la balanza hacia la derecha en las elecciones presidenciales de 1940 lo que habría llevado al general Lázaro Cárdenas a suspender la reforma constitucional. En todo caso se puso en evidencia la contradicción de un orden constitucional que por un lado le reconocía a la mujer sus derechos sociales y por el otro limitaba su calidad de ciudadana. La demanda de la reivindicación política de la mujer junto con otras que buscaban el mejoramiento de su condición social y cultural, asi como desentrañar el nuevo papel que le tocaba desempeñar en un mundo convulsionado por los grandes conflictos sociales y políticos y amenazado por el inminente estallido bélico, encontrará canales de expresión. Uno de ellos será la prensa y las publicaciones periódicas femeninas.

1. Las Publicaciones Periódicas Femeninas de los años Treinta.

A la par que la mujer mexicana se organizaba en sindicatos y en ligas de comunidades agrarias, otras mujeres, pertenecientes a la clase media, también se alistaban a participar con su voz y su presencia. Las décadas de los veinte y treinta ven surgir una serie de organizaciones feministas en demanda de derechos ciudadanos a la mujer, retomando las propuestas que en ese sentido se llegaron a esbozar décadas atrás en las propias revistas femeninas mexicanas. América Latina también experimentará un auge en la formación de organizaciones feministas que reivindicaban ese derecho. Paralelamente a la reivindicación política, se desarrollará un movimiento de concientización sobre los derechos sociales de la mujer trabajadora. En este esfuerzo participaron destacadas mujeres feministas como Adela Santacilia Formoso de Obregón, María Ríos Cárdenas, Adelina Zendejas, Amalia Caballero de Castillo Ledón [1] entre otras. En esta dirección se incriben los congresos feministas que tuvieron lugar por ese tiempo tanto en México como en otros países de América Latina.

---

1. *Adela Formoso de Obregón Santacilia,* escritora y pedagoga. En 1926 creó la primera orquesta mexicana integrada exclusivamente por mujeres. Fue presidenta del Ateneo Mexicano de Mujeres(1934-48) y fundadora de la Universidad Femenina de Mèxico. En el año de 1939, escribió la obra *La mujer mexicana en la organización social del país,* en la cual hace un llamado a la conciencia femenina para que se preocupe por las cuestiones sociales de la mujer. En el libro aboga para que las mujeres se organicen socialmente "seríamos fuertes para mejorar el nivel de todas las clases sociales de México". Propone la formación del "gran partido femenino" y la fundación de un instituto donde se reivindicara y protegiera a la mujer, y "se defendiera de todas las miserias humanas y de todas las injusticias del hombre". *María Ríos Cárdenas* fue escritora y periodista, dirigió la revista femenina *Mujer* (1926-29), orientada a la elevación moral e intelectual de la mujer. Formó parte del Bloque de Mujeres Revolucionarias, fue presidenta de la Confederación Femenil Mexicana, perteneció al Ateneo Mexicano de Mujeres, organización que agrupó a destacadas escritoras, periodistas, artistas, intelectuales y maestras, quienes contribuyeron activamente en el movimiento en pro de los derechos políticos de la mujer mexicana. El Ateneo tuvo como su órgano la revista *Ideas,* de la que aparecieron 40 números entre agosto de 1944 y noviembre de 1947. Al estallar la guerra junto con otras destacadas mujeres, formó el Comité Femenil Interamericano Pro Democra-

Consecuentemente con los cambios revolucionarios, la mujer demandará otro tipo de publicaciones que dieran respuesta a sus inquietudes y a la compleja y demandante realidad que vivía. Las revistas femeninas de las primeras cuatro décadas de este siglo se caracterizan por la gran cantidad de temas que abordan: junto a los aspectos tradicionales, tocarán los nuevos problemas surgidos de la Revolución. Su número se incrementará considerablemente: se reproducirán las editadas por asociaciones religiosas, por instituciones educativas, por dependencias gubernamentales, sindicales, etc. Además, proliferarán las especializadas en deportes, belleza, modas, labores, cocina, etc. Es importante señalar que durante esta época, la mayoría de los periódicos dedicaban una sección semanal a la mujer, y en sus páginas diarias la presencia femenina fue cada vez más notoria.

Las revistas femeninas mexicanas no católicas, en general se procupaban por dar una imagen de lo que debería ser la nueva mujer, que calificaban de moderna. En opinión por ejemplo de la revista *El Hogar,* la nueva figura femenina debería ser aquella que sin descuidar su rol familiar, tenía que prepararse intelectualmente para incorporarse al trabajo en mejores condiciones sociales.

Por estar dirigidas hacia un público culto, las revistas femeninas se preocupaban por estrechar la cooperación con las intelectuales latinoamericanas. Eran los tiempos del panamericanismo y de la política del "buen vecino". Constantemente sus páginas se abrían para dar a conocer a sus lectoras las obras literarias o poéticas de escritoras latinoamericanas, como la de la poeta chilena Gabriela Mistral, quien en 1924, a instancias del entonces secretario de Instrucción Pública José Vasconcelos, cooperó en el esfuerzo educativo de la Revolución. En uno de sus escritos, recordaba su aprecio por México e Hispanoamérica en estas palabras: " tengo dos escuelas una en México y otra en Chile: Vacilo entre las dos. Esta es también una escuela hispanoamericana y mi patria es ésta grande, que habla la lengua de Teresa y de Góngora y Azorín... México me ha dado, por sus huellas profundas de España —aquitectura, sensibilidad y refinamiento—, el respeto y el amor de España."[2]

Las revistas femeninas daban cabida en sus páginas al debate sobre la nueva imagen de la mujer latinoamericana. La escritora chilena Isabel Santillana, en una colaboración en *El Hogar,* cuestiona la vieja idea que circulaba en esas ridículas estampas de principios de siglo en que se mostraba a las mujeres sufragistas paraguas en mano, amenazantes, autoritarias con el marido y abriendo puertas a puntapiés. La autora piensa que esa imagen falsa que se da de la mujer es para

cia cuyo objetivo según la autora era " crear en nuestro Continente una fuerza efectiva de mujeres, que conscientes de la hora crítica que vive la humanidad, aplique sus energías a la divulgación y defensa de los principios democráticos". *Adelina Zendejas,* maestra, periodista y militante política comunista .Colaboradora de los diarios *El Universal Gráfico* (1925), *El Nacional, El Universal, Excelsior, El Popular.* Activista con su pluma y sus ideas en defensa del mejoramiento social de la mujer mexicana; protagonista importante en la fundación de organizaciones feministas en pro de los derechos ciudadanos de la mujer. *Amalia de Castillo Ledón,* maestra normalista y licenciada en Letras por la UNAM., fue la primera mujer en pronunciar un discurso oficial con motivo de la Independencia de México frente al presidente Lázaro Cárdenas. Fundadora y presidenta del Ateneo Mexicano de Mujeres y del Club Internacional de Mujeres; presidenta de la Comisión Interamericana de Mujeres. Luchadora social y defensora del derecho de la mujer a la cultura, idea que defendió en distintos foros mundiales.
2. Martha Miranda, *Mujeres Chilenas,* Santiago, Chile,editorial Nascimineto, 1940, pp.129-131

desacreditar su lucha e impedir que alcance su emancipación. Opina que sin desconocer los atributos que son característicos del ser femenino, la nueva imagen de la mujer la revela como " preocupada por cultivar su inteligencia, que ha aprendido a cotizar el tiempo y el esfuerzo, que tiene una capacidad de trabajo, que ha logrado la independencia económica, que mira al matrimonio como una posibilidad dentro de los acontecimientos y no como una solución única para su existencia"[3.]

Desde el punto de vista de las publicaciones femeninas, esta mujer era la que luchaba por sus derechos, reivindicaba la sexualidad en el matrimonio, luchaba por abrirse paso en el mundo de los negocios, opinaba de política –temática vedada en las revistas femeninas del siglo XIX– mostraba su solidaridad ante las condiciones de pobreza y de miseria en la que vivían y criaban a sus hijos las mujeres obreras y campesinas.

Sin embargo, estas publicaciones a pesar de que cuestionaban el viejo rol femenino y dedicaban espacio a difundir el pensamiento de las mujeres progresistas, una de sus características es su conservadurismo. En general, estas revistas tenían una posición contradictoria, tal vez representativa de las clases medias y de la burguesía. Las revistas reivindicaban el status social de su público y ante cualquier amenza de agitación social levantaban la bandera de la paz, orden y disciplina. Se oponían a un cambio transformador de la sociedad, y al reivindicar los derechos sociales de la mujer, lo hacían tomando distancia y recomendaban la solidaridad en obras de caridad o de beneficencia pública. Defendían, ante todo, su posición social y atacaban aquello que atentara contra la moral, las costumbres y la ideología dominante. Mostraban su solidaridad con la lucha que llevaban a cabo las mujeres en pro de sus derechos ciudadanos, por ser una demanda amplia en la que tuvieron cabida todas las mujeres sin importar su filiación política e ideológica.

Ante las reformas sociales y nacionales que llevó a cabo el presidente Lázaro Cárdenas (1934-1940), las publicaciones periódicas femeninas mantuvieron una posición contradictoria, en el mayor de los casos reaccionaria. Serán otro tipo de mujeres las encargadas de reivindicar la condición social de la mujer y exigir su protección. Utilizarán cuanta tribuna se les ofrezca para difundir sus ideas. Tomarán las calles, escribirán en los periódicos y en las revistas femeninas, organizarán congresos feministas, formarán organizaciones, ascenderán a puestos públicos, participarán en los partidos políticos, y serán activistas que al amparo de algún gobernador revolucionario o de un ministro progresista, realizarán funciones de dirección en centros educativos o culturales, promoviendo así la nueva cultura revolucionaria.

Sin embargo, si la principal lucha social y política de la mujer contó poco con el concurso de las publicaciones periódicas femeninas, entonces ¿ por qué la importancia de su estudio? ¿ en que contribuyeron estas publicaciones al conocimiento de la condición femenina? ¿ cuál fue su aporte ? Para responder a estas preguntas he seleccionado dos revistas que simbolizan diversos y en ocasiones encontrados puntos de vista sobre el pensamiento de las mujeres mexicanas de

---

3. Isabel de Santillana, " Acento de Feminidad" en *El Hogar,* no 995, 17 de mayo de 1939, no 995, México, p.8

esta época. Dentro de una variedad de temas que abordan, consideré para esta ponenecia sólo algunos aspectos de la rica polémica que se da en estas publicaciones en torno a la imagen de la mujer moderna.

2. Publicaciones Periódicas Femeninas: *Acción Femenina y El Hogar.*

Estas dos publicaciones son representativas de una imagen de mujer que se mueve entre dos contradicciones: por un lado se aferra a la tradición que esta siendo cuestionada por la realidad que impone el siglo, y por la otra irrumpe en la construcción de una nueva sociedad, reivindicando sus propias demandas y revolucionando estilos, formas de pensar y de concebir el papel que tradicionalmente se le había asignado.

2.1. *Acción Femenina:* La imagen de la mujer católica

Gran parte de la reordenación de la vida mexicana de esos años fue encontrar un *modus vivendi* con la Iglesia Católica, sobre todo a raíz de la guerra cristera, que tuvo lugar entre los años de 1927-1929, en los principalmente estados del centro de México. La Constitución no les reconocía personalidad jurídica a las iglesias. Sin embargo, el gobierno del general Lázaro Cárdenas, dejando en claro la preminencia del Estado, estableció una nueva forma de relación con ellas respetándoles sus derechos religiosos y sociales con la discreción requerida en un régimen revolucionario. Una expresión de este trato fue la revista *Acción Femenina.*

Esta publicación periódica fue el órgano mensual de la Unión Femenina Católica Mexicana. Durante su larga vida (1933-1971) tuvo varias directoras. Para esta época se encontraba al frente de la revista Carmen Montes de Oca de Soto. Durante el año de 1935, *Acción Femenina* sufrió diversos problemas que pusieron en peligro su publicación, debido a un Decreto Oficial que prohibía la edición de esta clase de revistas[4]. Sin embargo para el año de 1938, alcanzó su mayor tiraje con siete mil ejemplares. La revista fue creada con el interés de reunir en torno de ella a las mujeres católicas para que bajo su orientación ayudaran en la evangelización del pueblo mexicano. Esta revista de las damas católicas, se asumía como una publicación sin orientación política. Si bien la mayor parte de sus editoriales y artículos contienen una información religiosa, no deja de opinar sobre cuestiones mundanas como la misión que la mujer católica tenía ante la amenaza del comunismo al que habían de enfrentar unificadas en propósitos y acciones bajo las órdenes de la jerarquía eclesiástica. Otro tema que es constante es la crítica a la Constitución porque en el artículo tercero se le otorga al Estado la rectoría sobre la educación, lo que consideraban una violación a la libertad de enseñanza y al derecho de los padres a elegir el tipo de educación para sus hijos.

---

4. El decreto del 12 de febrero de 1935, en el cual quedaba prohibido la circulación por correo de la revista *"Acción Femenina",* fue derogado a fines de ese mismo año.

La imagen de la mujer cristiana para *Acción Femenina,* era la de aquella dedicada al hogar y a la familia, cuyas dotes eran la abnegación y el apostolado. Su principal deber era en el hogar que entendía como "el oasis de paz donde se reparen las fuerzas que se pierden en la lucha por la vida, donde se restauren las heridas que causa la maldad"[5].

Ante un momento de grandes cambios mundiales y nacionales en que la mujer tenía que trabajar fuera del hogar e ingresar en los sindicatos, la revista mantenía una actitud reaccionaria al cuestionar su afiliación en dichas organizaciones porque ponía en peligro "su fe y su moral, en donde queda sujeta a aceptar las leyes exóticas que siempre van en contra de la religión"[6].

Mientras una gran parte de las mujeres enarbolaban la bandera de los derechos políticos, la revista calificaba este movimiento de "absurdo", porque permitía la participación de la mujer en la política[7]. *Acción Femenina* perseguía que la mujer mexicana "como ciudadana conozca sus derechos y obligaciones que por ley le han sido otorgados y así poder convivir en la tranquilidad y bienestar del orden, de la sociedad en que vive"[8].

Acción Femenina mantenía relaciones con la Confederación de Mujeres Católicas de España. En una clara intervención en los asuntos internos de México, la directora de la Confederación le envió una carta a su colega mexicana en la que le muestra su apoyo "para que cese la persecución de los creyentes católicos en México" y se dé un "resurgimiento de la fe en los gobernantes de esa querida nación, y decimos en los gobernantes porque el pueblo creemos que no carece de ella"[9]. Es por demás decir que la revista se opuso al ingreso de los refugiados y refugiadas españolas al país. Culpaba del desorden social que vivía México a las ideas comunistas que privaban en Rusia y en España, así como al liberalismo por haber "destruído poco a poco el orden social mediante la difusión del laicismo y ateísmo en todas partes"[10].

A diferencia de otras publicaciones, en que la presencia de la mujer latinoamericana es constante, en *Acción Femenina* se nota su ausencia, probablemente porque la Unión Femenina Católica Mexicana tenía escasos lazos con sus colegas de esta región del continente, o bien debido a que los intereses de las mujeres latinoamericanas estaban en otro lado, y no les representaba un aliento escribir en este tipo de publicaciones que las remitía a su condición tradicional en momentos en que ellas luchaban intensamente por abrirse paso en todos los campos de la actividad social.

2.2. *El Hogar:* La imagen de la mujer moderna.

La revista *El Hogar,* fue fundada por Emilia Enríquez de Rivera, quien fue la

---

5. Amparo Elguero de Rosales, " La abnegación" en *Acción Femenina,* tomo III,núm 4, abril de 1937,p.13

6. María Teresa R., " Tu apostolado" en *Acción Femenina,* tomo V,núm3,marzo de 1939, p.8

7. Ibidem

8. " Formación cívica de la mujer" en *Acción Femenina",* tomo III,núm 32, noviembre de 1936, p.31

9. " Confederación de mujeres católicas de España" en *Acción Femenina",* tomo II, núm 17, junio de 1935, p.12

10. " Formación cívica de la mujer", op. cit., p.p.31-36

primera mujer reportera en México. A los 26 años organizó la revista, la que vió la luz en septiembre de 1913. En un principio su periodicidad fue mensual y para la década que nos ocupa fue semanal. Tuvo una circulación regular hasta el año de 1942, en que dejó de existir.

De los primeros años de *El Hogar* recuerda la directora: "yo escribí todas y cada una de las líneas que se publicaron en el primer número, solicité los anuncios y distribuí los ejemplares"[11.] Para los años treinta, era dueña de un magnífico taller, de un soberbio edificio donde se editaba la revista y de importantes depósitos bancarios.[12] El principal mecenas de la revista, que además fue mentor, consejero y amigo de Emilia Enríquez, fue Raoul Mill, prominente miembro de la colonia francesa en México, quien representó por largos años los intereses de la Librería Bouret, famosa en su tiempo por ser un lugar importante de reunión de la intelectualidad mexicana.

El objetivo de la revista era convertirse en un medio de expresión de los asuntos que interesaran a la mujer de su tiempo. Según la editora, la publicación estaba dirigida a cualquier mujer sin que importara su condición social, "lo mismo la aristocrática que la sencilla, lo mismo la frívola que la intelectual: las mujeres todas, sin distingos de clase, ni posiciones, encontrarán en *El Hogar,* un amigo verdadero y un consejero oportuno".[13] Pese a los buenos deseos de la directora, *El Hogar* si hizo distingos de clase pues el principal contenido de su información estaba dirigido a la clase media ilustrada y a las mujeres burguesas. En cuanto a la pluralidad de opiniones, visitaban las páginas de la revista destacadas escritoras, poetas o periodistas que sostenían criterios a veces encontrados. La polémica era bien vista cuando no entraba en contradicción con la línea editorial de la revista pues no se toleraban puntos de vista que mostraran sus simpatías hacia las ideas radicales de izquierda que imperaban en ese momento. Por ese tiempo, la embajada alemana a través de su jefe de prensa Arthur Dietrich, realizaba una activa propaganda que pagaba a la llamada prensa "independiente" por incluir en sus páginas información a favor de Alemania. Es probable que *El Hogar* recibiera algún tipo de financiamiento por esta vía, pues es notoria las simpatías que se manifiestan en algunos de sus editoriales por los regímenes nazi-fascistas.

Esta publicación contaba con prestigiadas plumas femeninas, como las hermanas Guillermina y Leonor Llach que sostenían juicios de avanzada en relación a la mujer; la periodista Tina Vasconcelos que en sus artículos condenaba la guerra europea; María Elena Sodi con sus interesantes entrevistas a hombres y mujeres famosas y sus reportajes fotográficos que mostraban la pobreza del pueblo y la condición lamentable en que vivían los niños de las zonas marginadas de la ciudad de México. Compartiendo las páginas de la revista se encontraban otras periodistas con opiniones más conservadoras, que sostenían la idea que se negaba

---

11. Fortino Ibarra de Anda, *El periodismo en México,* v.2 , Las mexicanas en el periodismo, p.52

12. Ibidem. El autor recoge las opiniones de Emilia Enríquez de Rivera en una entrevista que le hizo la periodista estadunidense Blanzhard. Según la directora de *El Hogar,* la revista "es cultural y sociológica" y nada tenía que ver con la política, p.53. Sin embargo, esta opinión no reflejaba la verdad, pues la revista en sus editoriales criticaba las acciones del gobierno del presidente Lázaro Cárdenas y hacía comentarios sobre los principales acontecimientos políticos nacionales e internacionales.

13. *El Hogar,* 7 de septiembre de 1913, p.1

a morir de la mujer tradicional, culpando de su despertar a las ideas exóticas, a la anarquía laboral y política, o bien a la falta de moral cristiana. En esta línea se inscriben las opiniones de Aurora de la Lama, de la periodista Laura de Pereda y de Consuelo Colón.

Estas mujeres, para hacerse presentes en la prensa mexicana, practicaban la doble actividad de escritoras y periodistas. No fue sino hasta el primer tercio de este siglo que la actividad de periodística es reconocida como una profesión independiente de la de escritora.

La imagen de la mujer actual o moderna es un término que va a sobrevivir durante todo el tiempo de la existencia de la revista. Es interesante por ello acompañar a las mujeres periodistas en ese debate, que a diferencia de la imagen que da la revista católica, representa un mayor interés en el conocimiento de la lucha de la mujer mexicana por alcanzar el reconocimiento de su condición de mujer. También denuncia los obstáculos que tuvo que vencer por cambiar la mentalidad ya no sólo de los hombres, sino de las propias mujeres que se resistían a tomar bajo su dirección su vida.

El Hogar dedicaba la sección "Tribuna de la mujer" a las escritoras de la revista que debatían sobre asuntos femeninos, siendo el tema más socorrido el de la mujer moderna. En opinión de Leonor Llach, la mujer de antes estaba obligada a cumplir en primer término con la ley biológica. Tenía compensaciones mas sencillas, pero también menos satisfactorias que las que tenían las mujeres de su tiempo. Para esta interesante periodista, la mujer de su tiempo es la que "triunfa por sí misma, por la destreza de su mente y de su cuerpo; la sensación es más honda, más violenta; pero menos definitiva"[14]. Al reconocer la fuerza del papel impreso, la autora aprovecha su colaboración en la columna para expresar las ideas que tiene sobre la mujer moderna, a la que define como la que "ha ganado terreno en la cultura, tiene acceso a todos los planteles educativos... El esfuerzo femenino produce más y la mujer puede vivir en mejores condiciones que antes... se reconoce su derecho y su capacidad"[15]. Sin embargo, considera que sentimentalmente la mujer moderna ha fracasado sobre todo en los países latinoamericanos, donde a los hombres,"les molesta cualquier detalle de superioridad femenina... pues los que más presumen de revolucionarios, prefieren a las mujeres dóciles, a las que no saben que es una revolución y no podrán acusarlos nunca de haberla traicionado, de no haberla comprendido"[16]

Una asidua colaboradora de *El Hogar*, Laura de Pereda, en su columna "Charlas de Laura Pereda", entra al debate sobre la mujer moderna. En su concepto, es la que "se arregla en el salón de belleza,... hace la competencia al hombre en oficinas, universidades y estadios... discute sobre Platón o Terencio, acomete una empresa de responsabilidades.. fuma, y maneja"[17]. Sin embargo esta polémica escritora arremete con esta imagen de la mujer al sostener que "su sabiduría con ser honda y extensa, pocas veces llega a saber manejar un hogar. Posiblemente sea ése el único conocimiento que escapa a su acervo de conquistas, casi na-

14. Leonor Llach, " La mujer de ayer y la de hoy ", en " Tribuna Femenina", *El Hogar,* 18 de enero de 1939, p.4

15. Ibidem.

16. Ibidem

17. Laura de Pereda, "en "Charlas de Laura de Pereda", *El Hogar,* 19 de febrero de 1936, p.7

da..."[18]. Define a las mujeres modernas como "supermujeres que han equiparado al hombre y han comprado su libertad a costa del título de madres y de esposas...— y concluye su artículo cuestionando: ¿habrá sido cara la conquista?,"[19]

La discusión sobre el tema de la mujer moderna presente en las publicaciones periódicas femeninas es un asunto que inquietaba a las mujeres de entonces. Esta preocupación adquiere en México una mayor importancia a partir de la década de los veinte en el que la Revolución inicia el proceso de su institucionalización, y va a requerir del trabajo, del talento y de la sensibilidad femenina. A la mujer se le abren las puertas de la cultura y de la educación, y se incorpora al avance tecnológico y social que aliviará su tradicional doble carga de trabajo. Sin embargo no puede romper del todo con la tradición que la persigue y la limita en sus capacidades; se revela ante un mundo dominado por patrones masculinos, pero no quiere volver los ojos hacia atrás. Las conquistas han sido muchas pero el camino hacia el logro de su cabal liberación económica, política, social y cultural requiere de su participación unida, activa y consciente.

Toca a las mujeres de nuestra época enfrentar los grandes retos que el cambio de siglo y de milenio nos plantea. Para ello, el conocimiento de la lucha de la mujer a través de la historia es una experiencia que tenemos que recoger para lograr el total reconocimiento de nuestra condición de mujer.

---

18. Ibidem
19. Ibidem

APORTES SOBRE LA DIFERENCIA Y EL GÉNERO PARA LA RENOVACIÓN DE LA HISTORIA POLÍTICA

Lola G. Luna
Universitat de Barcelona

A esta Mesa sobre «El género y la diferencia en la historia de América», quiero contribuir con algunas consideraciones, aún poco desarrolladas, sobre los conceptos de la diferencia y el género en la renovación de la historia política.

1. Diferencia y desigualdad

Una de las discusiones mas interesantes que se han planteado en las dos últimas décadas se refiere a la visión que desde Europa se ha dado de la historia de otros continentes calificándola de etnocentrista. Paralelamente la preocupación por la experiencias históricas femeninas, invisibilizadas durante siglos por la historiografía, tambien ha producido una saludable crítica a esa ausencia que ha conducido a nuevos temas y nuevos enfoques. El etnocentrismo y el androcentrismo en la historia han puesto en marcha nuevas miradas, revisiones y renovaciones de la historiografía, porque ambos problemas históricos: la interpretación del otro a partir de nuestra experiencia o de conceptualizaciones universales, y la invisibilización de las mujeres en la historiografía, están relacionados con las múltiples diferencias: culturales, étnicas, sexuales y a su vez estas diferencias se han identificado historicamente con la desigualdad. Es decir, el origen de la cuestión parte de un tronco común: la visión sesgada que tenemos, que recibimos, que proyectamos sobre o producimos del otro o de la otra, a su vez, trufada por intereses diversos.

Lo cierto es que hasta no hace muchos años, la mirada etnocéntrica de los historiadores reprodujo continuamente la idea - y esa continuidad es la clave de la formación imaginaria - de que la historia discurría en una sola dirección y de que todas las sociedades estaban destinadas a recorrer las mismas etapas que conducen desde la barbarie a la civilización. En la últimas décadas las prevenciones sobre el etnocentrismo se han generalizado. Por ejemplo, J. Elliot señaló de la manera siguiente el cuestionamiento que América significó para Europa y las diferencias que planteó:

> «Su descubrimiento tuvo importantes consecuencias intelectuales, puesto que puso a los europeos en contacto con nuevas tierras y nuevas gentes, y como consecuencia puso también en duda un buén número de prejuicios europeos sobre la geografía, la teología, la historia y la naturaleza del hombre»[1].

Por su parte, los historiadores latinoamericanos, Ciro Cardoso y Héctor Pérez Brignoli, en su libro «Los métodos de la historia» se referían al etnocentrismo en los siguientes términos:

> «Los historiadores de las áreas periféricas o dependientes son llevados por la dinámica del fenomeno de la dependencia cultural (...) a escribir la Historia de sus países utilizando la problemática, los criterios metodológicos, las técnicas y los conceptos elaborados en las regiones más avanzadas. Ahora bién, las realidades históricas en función de las cuales esas herramientas teóricas e instrumentos de análisis fueron desarrollados, son con frecuencia muy diferentes de las que deben ser estudiadas en el caso de los países del llamado» Tercer Mundo»»[2].

Estos mismos autores, en su «Historia Económica de América Latina»[3], considerando la especificidad y las diferencias de la historia de América, hicieron la crítica al etnocentrismo del marxismo ortodoxo y plantearon tesis renovadoras sobre los modos de producción en América y los mecanismos singulares que se siguieron para la implantación del capitalismo en ese continente.

Fernando Cervantes señala que ahora la «otredad» se puede reconocer con claridad, mientras que aceptar la diferencia en la época de la colonia, hubiera significado la negación de los indios como seres humanos, así como la unidad de las razas y la universalidad de los valores en que se asentaba el pensamiento occidental[4].

A mi entender, ha sido Todorov el que realizó en los años ochenta uno de los planteos más fructíferos sobre la «otredad», escogiendo el tema del descubrimiento y la conquista de América. Su enfoque no se agota en la denuncia del etnocentrismo porque como el mismo señala al comienzo:

> «Quiero hablar del descubrimiento que el «yo» hace del «otro». El tema es inmenso. Apenas lo formula uno en su generalidad, ve que se subdivide en categorías y en direcciones múltiples, infinitas, (...) como un grupo social concreto al que «nosotros» no pertenecemos. Ese grupo puede, a su vez, estar en el interior de la sociedad: las mujeres para los hombres, los ricos para los pobres...»[5]

---

1. El Viejo y el Nuevo Mundo, Madrid 1984, pag. 20 (la negrita pertenece al texto original)
2. pag. 54, Barcelona 1976
3. Barcelona 1979
4. Fernando Cervantes, «La Evangelización en la América Ibérica», en 1492-1992, La historia revisada, 1992, p. 82
5. La conquista de América: la cuestión del otro, México 1987, p. 13

Desde este enfoque de la «otredad», por ejemplo, se nos revela la feminidad como proyección de la masculinidad y ambas como creaciones simbólicas, fuera de toda naturalidad y como hechos históricos por explicar. La evolución del conocimiento ha permitido poner en cuestión el universalismo y demostrar que la diferencia y la diversidad no es sinónimo de desigualdad, aunque lo difícil - en palabras de Todorov - es «vivir la diferencia en igualdad».

2. Diferencia sexual, género y política

Hasta aquí me he referido de manera muy general al hecho de la diferencia como diversidad étnica y cultural, así como a la aceptación de la existencia del «otro». Pero la diferencia no se agota ahí, como apuntaba Todorov, porque la historia también está trufada por múltiples experiencias femeninas diferenciadas de las masculinas. Para verlo basta preguntarse ante cualquier hecho, cómo por ejemplo el descubrimiento o la conquista de América: qué hacían o dónde estaban las mujeres. Entonces se evidencia el hecho diferencial sexual mostrando que las mujeres estuvieron, pero, de otra manera que los hombres, con otro papel, de forma individual y extraordinaria, en otros lugares, etc. etc. Por qué fue así, es la pregunta madre sobre el origen de la subordinación femenina, que la revisión de la historia comienza a responder. En cualquier caso, desde la diferencia sexual se ha producido una doble vía de significados, tanto a través de las experiencias de las mujeres, como en las actuaciónes de los hombres.

La diferencia sexual se convirtió historicamente en un sistema que significa al mismo tiempo diversidad y experiencias específicas determinadas por el género[6]. Lo cierto es que la diferencia sexual forma parte de la historia y ya se presenta como un elemento a historiar en sus consecuencias, el género; las formas cómo hacerlo indudablemente son diversas[7].

Las mujeres y la historia, sigue siendo hoy un tema polémico, pero no novedoso. Si miramos dos décadas atrás, la historiografía sobre las mujeres ha pasado de la descripción de las mujeres excepcionales, a explicar las experiencias históricas femeninas, a través de temas como la cotidianidad, la familia, la educación o el trabajo, donde se considera a «la mujer» como un grupo social. Los enfoques utilizados mayormente provienen de la historia social y económica y desde luego supone un rescate de las experiencias históricas de las mujeres, que se encontraban en las sombras. Es decir, las descripciones de la cultura femenina o de las actividades materiales que las mujeres han desempeñado entre otros temas, supone investigación relevante que hay que realizar, pero hay preguntas históricas que aún estan por contestar sobre cómo y por qué se produjo el hecho

---

6. Scott, J. W. «Sobre el Lenguaje, el Género y la Historia de la Clase Obrera», *Historia Social*, n. 4. Valencia 1989, p. 90. Parto de la definición de género que lo explica como un campo dónde «o por medio del cual se articula el poder», habiéndose dado de esta forma especialmente en las tradiciones judeo-cristiana e islámica, Scott, «El género: Una categoría útil para el análisis histórico», en J.S. Amelang y M. Nash (ed.) Historia y Género, Alfons el Magnanim, Valencia 1990, pp. 44-47

7. Todorov, a la hora de abordar «la otredad», al igual que Scott, para explicar el género en la historia, optan por el análisis de lo simbólico en el discurso histórico, entendiendo el lenguaje como un sistema de significados.

de la subordinación y cómo esa subordinación se consideró natural a lo largo de siglos. La revisión de aspectos políticos de la historia incorporando la diferencia puede arrojar luz sobre el tema. La historia política tradicional que hacía la historia de los poderosos entró en crisis a consecuencia, entre otros factores, de la gran limitación que presentaba en su objeto de estudio, porque se ocupaba solamente de algunos actores de la historia. Actualmente, la historia política, se encuentra en un proceso de renovación y ha incorporado las experiencias históricas de otros grupos sociales, pero se está poniendo de manifiesto que faltan conceptualizaciones que expliquen las relaciones de las mujeres con el poder. En este sentido pienso que la renovación de la historia política pasa por incorporar el tema de la diferencia.

Los nuevos sujetos o actores, relevados por la historia política actual, confrontaron en el terreno de la realidad la universalidad de anteriores interpretaciones. La determinanción de la historia por las problemáticas socio-económicas se comenzó a reconsiderar ligada a otras estructuras (políticas, mentales, culturales, religiosas) en un nivel de interrelación. Desde ahí se ha realizado la revisión de temas y acontecimientos, pudiendo decirse que el momento actual es de apertura y diversidad metodológica.

François-Xavier Guerra mantiene la necesidad de restaurar la historia política y en ella los actores sociales «reales». Los «grupos sociales» protagonistas de la historia económica y social son «actores abstractos», «categorías de análisis empleadas para tipificar relaciones económicas». Los actores reales, según Guerra:

> « ... poseen sus propias formas de autoridad sus reglas de funcionamiento interno, sus lugares, formas de sociabilidad y comportamientos propios; sus valores, «imaginarios», lenguajes y símbolos particulares, es decir, para resumirlos, una cultura específica. La relación mútua entre estos actores reales, en terminos de poder, es precisamente la política.» [8]

La historia política, que no «la primacía de lo político», es para Guerra[9], la escena donde se mueven una diversidad de actores. En la renovada historia política no se desprecian otros elementos sociales y económicos, pero se relacionan sin determinismos. Lo político no es visto como una superestructura, sino como «una de las dimensiones de un objeto único de estudio, es decir, la vida de los hombres en sociedad»[10]. Hasta aquí, casi estaría de acuerdo con Guerra, pero su planteamiento, muy sugestivo metodológicamente, no llega a incluir, aunque lo prometa, a todos los actores reales (las mujeres son actores reales) manteniendo en las sombras las relaciones de las mujeres con la política. Por ejemplo, los movimientos sociales que se han dado a lo largo de la historia de América y de otros continentes y la participación de las mujeres en ellos es historia política de actores sociales reales. Es decir, la historia política es no solo el estudio del Estado, las instituciones, el sistema político, el ejército, la cultura política y las for-

---

8. «Lugares, formas y ritmos de la política moderna», *Boletín de la Academia Nacional de la Historia,* nº 285, Caracas, 1989 p. 8

9. «El olvidado Siglo XIX», en Balance de la Historiografía sobre Iberoamérica (1945-1988), Universidad de Navarra, Pamplona 1989, p. 612

10. Ibidem, p. 602

mas de sociabilidad sino también las relaciones de todos los actores sociales reales con la política, con el poder, en su acepción mas amplia.

A través de la investigación sobre los movimientos sociales de mujeres en el siglo XX, me he dado cuenta de que faltan conceptualizaciones que expliquen la relación de las mujeres con la política. Las experiencias políticas femeninas están determinadas por la exclusión del ejercicio de derechos políticos y por formas de inclusión en la política, diferentes a las masculinas. Está claro que las mujeres han estado excluídas de la política. Cuando en el siglo XIX comienza a implantarse el liberalismo en los países latinoamericanos, las mujeres quedan fuera de los derechos de ciudadanía[11], al igual que había sucedido en Europa y de ahí surgió el hecho histórico de los movimientos sufragistas.

Para entender la exclusión de las mujeres de la política, hay que conocer cómo se ha producido, preguntándose por ejemplo: ¿por qué no eran consideradas ciudadanas las mujeres? Y también hay que preguntarse: ¿por qué después de reconocerse a las mujeres los derechos de ciudadanía, siguieron siendo excluidas del ejercicio de la política, ¿por qué, actualmente siguen estando ausentes de los centros de decisión? Para responder a estos interrogantes que plantea la relación de las mujeres con la política, faltan por investigar los múltiples significados que encierra el género.

Desde luego, la renovación actual de la historia, especialmente en sus aspectos políticos, pasa por investigar la exclusión y las formas de inclusión de las mujeres en el poder[12], sus relaciones y experiencias concretas, explicando sus actuaciones políticas desde los márgenes porque recordemos con Adam Schaff, que no existe la verdad objetiva en la historia y que ésta se reescribe constantemente porque:

> «los criterios de valoración de los acontecimientos pasados varían con el tiempo y por consiguiente la percepción de los hechos históricos cambian para modificar la imagen misma de la Historia»[13].

---

11. Sobre este aspecto ver mi artículo: Historia, Género y Política, pp. 43-58, en Lola G. Luna y Norma Villarreal, Historia, Género y Política. Movimientos de Mujeres y Participación Política en Colombia, 1930-19991, Ed. SIMS, Universitat de Barcelona, 1994

12. Este aspecto lo amplío en «La otra cara de la política: exclusión e inclusión de las mujeres en el caso latinoamericano», Boletín Americanista nº 46, Barcelona 1996.

13. Historia y verdad, Barcelona 1983, p. 326

MERCEDES ABADÍA Y EL MOVIMIENTO DE LAS MUJERES COLOMBIANAS POR EL DERECHO AL VOTO EN LOS AÑOS CUARENTA*

Medófilo Medina
Universidad Nacional de Colombia.

«Que aún en los tiempos más oscuros tenemos el derecho a esperar cierta iluminación, y que dicha iluminación puede provenir menos de las teorías y conceptos que de la luz incierta, titilante y a menudo débil que algunos hombres y mujeres reflejarán en sus trabajos y sus vidas bajo casi cualquier circunstancia y sobre la época que les tocó vivir en la tierra: ésta convicción constituye el fundamento inarticulado con el que se trazaron estos perfiles» (Hannah Arendt, Hombres en tiempos de oscuridad, Barcelona, Gedisa, 1992, pág. 11).

Introducción

La intención inicial del autor de la presente ponencia fue la de presentar en esta mesa la trayectoria biográfica de la líder del movimiento de mujeres, dirigente popular y figura política colombiana: Mercedes Abadía. El proyecto primitivo tuvo que modificarse en relación con dificultades sobre las cuales se comentará a continuación. El plan de la comunicación que viene es el siguiente: la explicación sobre un objeto de investigación inasible, fragmentos de una trayectoria biográfica, participación de Mercedes Abadía en el movimiento por el derecho de las mujeres al voto durante los años cuarenta del presente siglo.

1. Un silencio sintomático

En el curso de una investigación sobre historia política de la izquierda en Colombia concluida hace quince años, me encontré con abundante material de

*Me permito expresar mis agradecimeintos a la profesora María Himelda Ramírez del departamento de Trabajo Social de la Universidad Nacional y a la estudiante Maira Beltrán de la carrera de Historia, de la misma Universidad, por su valiosa ayuda en la búsqueda de información para el presente trabajo.

información de prensa sobre Mercedes Abadía. El nombre quedó en mi memoria y en algunos pasajes del libro al que dio lugar la mencionada investigación. Más tarde, al revisar documentación para una nueva etapa de la historia del Partido Comunista me encontré de nuevo con Mercedes Abadía. En una especie de acta sobre una reunión del Buró Político de ese partido se discutía sobre ella, no en relación con su actuaciones como dirigente política, sino sobre su conducta como compañera de un dirigente. Uno de los participantes en aquella reunión informaba sobre la amistad inconveniente de Mercedes con un personaje que era consideado como «un enemigo del partido». Otro se explicaba aquella amistad por las dificultades surgidas en la relación sexual entre Mercedes y su compañero. De aquella lectura me sorprendía la tranquilidad con la cual se discutían en la reunión de un organismo político, aspectos tan decididamente privados de la vida de las personas. Era bién al comienzo de los años cincuenta cuando el estalinismo campeaba de manera incontrastable en el movimiento comunista.

Con esos antecedentes quise elaborar una biografía sintética sobre esta mujer que había tenido tanta figuración por cerca de diez años y que luego, siendo aún joven, había desaparecido de la escena política de manera radical. Busqué en primer lugar allí donde primero había encontrado referencias. Es decir en la prensa comunista: en el semanario *Tierra* para finales de los años treinta y en *Diario Popular* y el semanario *Ahora* para los cuarenta. Sin embargo, más allá de la información puntual sobre sus actuaciones públicas, de sus artículos y de la transcripción de sus discursos no encontré nada más. Dónde había nacido? Cuáles habían sido las características de su entorno familiar? Cuáles las condiciones en que había iniciado su trayectoria sindical y política?

Para el propósito de elaborar el perfil biográfico no me desanimó la pobreza de la información escrita. Me quedaba el recurso de la «historia oral», importante siempre cuando el período sobre el cual se transita corresponde a la época contemporánea. Adelanté entrevistas con compañeros de lucha de la protagonista. Los testimonios resultaban decepcionantes. Evocaban de manera borrosa aspectos muy generales. Después de varias entrevistas me encontré con que sólo había logrado reunir apenas algunos fragmentos nuevos con respecto al cuadro de trazos gruesos que ya había logrado componer a partir de las fuentes escritas. En los testimonios, impactaba un vacio de entrada: quienes los rendían no sabían si Mercedes Abadía aún vivía o había muerto. Se trata de testimonios recogidos en 1995. Finalmente, una mujer, la conocida poeta Matilde Espinoza, quien había participado en las luchas de las mujeres de los años cuarenta pudo informarme que Mercedes había muerto «hacía quizá unos veinte años»[1] En el curso de esa entrevista Matilde Espinoza señaló que con Mercedes había perdido contacto desde los años cuarenta, al paso que había mantenido su relación con mujeres como la dirigente feminista Ofelia Uribe de Acosta. «Con estas, mujeres, señalaba Matilde Espinoza, que pertenecían a otra clase social, a lo que pudiera llamarse «la sociedad», mi comunicación fue más estable, hubo un intercambio más prolongado, no más fuerte que el que tuve con Mercedes, pero sí más prolongado.» Las posibilidades de «discontinuidad» están en relación con la pertenencia a los estratos sociales populares.[2]

---

1. Entrevista con Matilde Espinoza, Santafé de Bogotá, 26 de octubre de 1995.
2. Ibid.

2. Hitos de una vida

Despues de unir los retazos de la información pude reconstruir de manera imprecisa la trayectoria de vida de la protagonista de esta comunicación. Los recuerdos de quienes la conocieron reproducen su semblanza para el tiempo en el cual figuró esta mujer con mayor intensidad en la vida política. «Era, recuerda el dirigente comunista, Alvaro Vásquez del Real, una mujer menuda, bajita, muy viva, de tez blanca, no era bonita pero era atractiva, no tenía una gran formación cultural, pero era una mujer inteligente»[3] De manera sintomática el testimonio destaca los rasgos físicos de la protagonista. Ello probablemente no formaría parte del testimonio si este tuviera como objeto la evocación sobre un varón. En su relato Jorge Regueros Peralta anota:» No se hasta qué grado de bachillerato estudió Mecedes, no lo puedo decir con seguridad, pero era una mujer culta, porque el partido educaba a sus gentes y sobre todo a sus cuadros»[4] Los testimonios están divididos en relación con la región de nacimiento de Mecedes Abadía. Para unos era oriunda del viejo Departamneto de Caldas. Para otros, había nacido en el Departamneto del Valle del Cauca. El hecho que sí es indudable es el de su temprana participación en las huelgas y protestas de las escogedoras de café a comienzos de los años treinta. Tomó luego parte activa en las luchas de los trabajadores azucareros del Valle del Cauca.

Para 1936 Mercedes Abadía comenzó a distinguirse a escala nacional como líder obrera. Así lo dejan ver los términos mediante los cuales se dirigió a «las mujeres trabajadoras» del Valle cuando por razones de salud debió trasladarse a Bogotá: «Pero antes de ausentarme quiero llamaros a vosotras para que enarboleis más alto la bandera de la lucha por la emancipación económica y social de la mujer trabajadora, bajo el arco glorioso del Frente Popular de Liberación Nacional.Que mi ausencia sirva de estímulo a vosotras para seguir adelante, colocando en mi puesto a nuevos y más valientes soldados del proletariado femenino»[5] Con ocasión de su regreso al Valle de Cauca se organizó un homenaje en su honor. Al informar sobre el evento, el semanario *Tierra* subrayaba: «Mercedes Abadía es una de las mejores militantes del P.C. y de Colombia. En las regiones del occidente, del Valle y de Caldas, se la conoce como una luchadora a toda prueba que en más de una batalla huelguística, ha sabido empujar a las masas trabajadoras a las conquistas de sus legítimas reivindicaciones económicas y políticas»[6]

A finales de los años treinta Mercedes Abadía se trasladó de manera definitiva a la capital del país en donde continuó trabajando con los sindicatos. Por este tiempo comenzó a vivir con Pedro Abella, uno de los dirigentes comunistas más importantes. Colaboraba en el semanario *Ahora* con artículos que en 1940 se inspiraban en el espiritu de apoyo al pacto germano-soviético que se había firmado en 1939. La primera mitad de los años cuarenta correspondió al tiempo de la más intensa figuración nacional: hizo parte del Comité central del PC, ejerció como

3. Entrevista con Alvaro Vásquez del Real, secretario general del Partido Comunista Colombiano, Santafé de Bogotá, 15 de agosto de 1995.

4. Entrevista con Jorge Regueros Peralta, dirigente sindical y político en los años treinta y cuarenta, Santafé de Bogotá, 14 de septiembre de 1995.

5. *Tierra*, Bogotá, 15 de agosto de 1936.

6. *Tierra*, Bogotá,diciembre 12 de 1976

activista en núcleos sindicales y dirigió incipientes organizaciones de mujeres. A comienzos de 1944 viajó a Chile invitada por comités femeninos antinazis. Su visita la extendió hacia Argentina y otros paises de América Latina. A finales del mismo año regresó a Colombia. Estas visitas a otros países de América Latina obedecían al ambiente de comunicación democrática que reinó en los movimientos sociales de la región durante los años treinta y cuarenta y que se extinguió en el clima enrarecido que caracterizó a la Guerra Fría. Presidió por el mismo tiempo la Alianza Femenina y el Comité Femenino Antinazi.[7]

Al terminar la guerra comenzó a eclipsarse la estrella de dirigente de Mercedes Abadía. Por su parte las organizaciones femeninas vieron reducidas sus posibilidades de acción. Por entonces el Partido Socialista Democrático, nombre que había adoptado desde 1942 el Partido Comunista se dejó absorber por la división del Partido Liberal. Los socialistas democráticos se enfrentaron ásperamente a la candidatura del caudillo populista Jorge Eliécer Gaitán y apoyaron a Gabriel Turbay, candidato oficialista, del Liberalismo. Mercedes Abadía estuvo en primera fila por el grado de su sectarismo contra Gaitán al cual de manera invariable calificaba de fascista, tanto en sus artículos como en sus discursos.

En 1947 Mercedes Abadía fué una de las protagonistas del proceso de división del Partido Socialista Democrático. En un primer momento estuvo en el grupo que encabezó el secretario general, Augusto Durán y que fue denominado por sus adversarios como la «tendencia de derecha», luego adhirió al grupo que acaudilló Gilberto Vieira, quien tenía el respaldo de la militancia campesina y de dirigentes de sectores medios urbanos. Con ocasión de la división se alejaron del PC los más importantes sectores obreros lo cual condujo a que el partido entrara en proceso de ruralización tanto por su composición social como por su orientación política. En esas condiciones Mercedes Abadía se encontró en un escenario en cierto modo diferente a aquel dentro del cual había accedido al rol de dirigente.

En la nueva situación política, que en el plano internacional estaba marcada por la atmosfera de la guerra fría y en el nacional por el proceso de violencia sectaria entre liberales y conservadores el movimiento de las mujeres se encontró con un ambiente hostil. Mecedes Abadía, perdió, como quizá les ocurrió por el mismo tiempo a otras dirigentes y activistas del movimiento femenino, su escenario «natural». Su nuevo rol se redujo a la de ser dirigente en un espacio masculino, el de la dirección interna en el PC.

Al tiempo se precipitaron los conflictos con su compañero, Manuel Abella, que por ser dirigente también del Partido terminaron comprometiendo su posición política. De ello da cuenta la discusión «política» sobre los problemas conyugales de la pareja, a la cual ya se hizo mención. La permanencia de Mercedes dentro del Partido se tornó muy difícil. La mirada masculina presenta así el desenlace del conflicto: «»Mercedes mantuvo una larga convivencia conyugal con Pedro Abella de cuya unión no hubo hijos. La ruptura de esa relación la condujo al marginamiento del partido. Fue un acontecimiento bastante doloroso para ella, por cuanto fue precisamente por una sobrina suya por quien Pedro Abella la sustituyó.Eso la demoralizó».[8]

---

7. ver Medófilo Medina, Historia del Partido Comunista de Colombia, Centro de Estudios e investigaciones Sociales,CEIS, Bogotá, 1980, t., I, pag. 394, 399, 539.

8. Entrevista a Jesús Villegas, miembro del Comité Ejecutivo del PCC, Santafé de Bogotá, 17 de agosto de 1995.

Separada de la actividad política Mercedes Abadía se radicó en la ciudad de Manizalez, allí se unió con un nuevo compañero, un trabajador, según relata Matilde Espinoza. Con él vivió en medio de la pobreza. En los años sesenta se vinculó de manera episódica con el movimiento populista de la Alianza Nacional Popular más bien por razones económicas que políticas según ella misma lo habría señalado[9]. Su huella se pierde hasta la noticia de su muerte.

3. Mercedes Abadía y el movimiento sufragista de los años cuarenta.

Mercedes Abadía cobró su más alto perfil de dirigente política en el movimiento femenino. Como arriba se vió había accedido al escenario nacional en 1936 por el mismo tiempo en que se proclamaba el Frente Popular. Esa es una circunstancia importante. La política frentepopulista contribuyó a desbloquear, al menos temporalmente, la situación que había había creado la intransigencia de la oposición conservadora. Se abrieron espacios nuevos de participación. Si bien Mercedes Abadía no abandonó sus vinculaciones con el movimiento sindical, siempre fue muy consciente de que su papel estaba en el planteamiento de los problemas laborales desde la perspectiva de cómo estos afectaban a las mujeres. A comienzos de enero de 1944 al denunciar el despido de mujeres de la empresa Laboratorios Ibero, por haberse sindicalizado, señalaba la inexistencia de una legislación que amparase a la mujer trabajadora y agregaba que esta se encontraba indefensa frente a las represalias de los patronos.[10]

En otros artículos del mismo período abordó problemas similares como el de «la lucha femenina contra el alto costo de la vida» o el de «la tragedia de la madre obrera». Al respecto escribía: «La explotación de la mujer se intensifica por parte de aquellos empresarios fabriles que la prefieren como mano de obra de más bajo precio»[11]

Desde febrero de 1944 apareció de manera más explícita en el discurso de Mercedes Abadía el tema político. «No creemos, escribía, que la política nacional sea del dominio exclusivo del hombre. Consideramos que todas las mujeres de los distintos sectores sociales deben opinar frente a ella»[12] La invitación a la «politización» de la lucha de las mujeres estaba en relación con dos fenómenos: la crísis política, de un lado, y la discusión sobre el proyecto del establecimiento del derecho al voto para la mujer. Mercedes Abadía invitaba a convertir la preparación y celebración del día internacional de la mujer en jornadas de lucha política. «El 8 de marzo, escribió, tiene que ser para las mujeres de nuestro país más que el recuerdo de una gloriosa efemérides, un día de movilización femenina en apoyo del proyecto pendiente en el Senado de la República, sobre voto femenino y el reconocimiento de los derechos de ciudadanía del mal llamado sexo débil.»[13]

El segundo gobierno de ALfonso López Pumarejo, (1942-1945) quiso tomar en sus manos el otorgamiento del voto a las mujeres. Sin embargo tuvo una actitud

9. Esta versón se recoge en la ya citada entrevista a Jesús Villegas.
10. *Diario Popular*, Bogotá, 5 de enero de 1944, pag. 2
11. *Diario Popular*, 25 de enero de 1944, pág. 2
12. *Diario Popular*, 4 de febrero de 1944, pág. 2.
13. *Diario popular*, 8 de marzo de 1944, pág. 1

vacilante. En las propuestas de reforma a la Constitución que presentó al Congreso en 1944 propuso la consagración de la ciudadanía para todos los colombianos pero la «restricción del ejercicio del sufragio a la mujer»[14] En el mes de noviembre el Gobierno volvió a presentar el proyecto de sufragio femenino. En un tercer proyecto de nuevo presentado por el Gobierno, mediante el cual se establecía la ciudadanía para la mujer y el derecho de ser elegida se dejaba para reglamentación del congreso la posibilidad para la mujer de ser elegida. Finalmente la reforma constitucional de 1945 y no obstante las campañas adelantadas por las organizaciones femeninas, no incorporó el derecho de las mujeres al voto. [15]

Una razón importante para el aplazamiento del reconocimiento de este derecho radicó en la actitud ambigua del Gobierno frente al tema. De manera curiosa al respecto se reprodujeron las reservas que los liberales habían mostrado en el siglo XIX ante la propuesta del Partido Conservador de otorgar el derecho al voto a los varones analfabetos. Los temores de entonces, se reprodujeron ahora:la posibilidad de manipulación de los nuevos votantes por parte de fuerzas antiliberales, entre las cuales se temía de manera particular el poder electoral de la Iglesia Católica. No hubo a propósito de las discusiones sobre el sufragio femenino una diferenciación simétrica entre los dos partidos tradicionales. En los dos partidos se manifestaron a favor y en contra diversos grupos. Si se quiere, se advierte en el Partido Conservador menos reservas que en el liberal al respecto. El Gaitanismo que bajo la cobertura liberal le abrió cauces a un verdadero movimiento social popular, tuvo frente al derecho de las mujeres al voto un enfoque gradualista.

Se debería establecer el derecho al voto para la mujer primero en los niveles de concejos municipales y asambleas departamentales. Eso permitiría medir, sin correr riesgos a nivel nacional, la inclinación de las lealtades políticas de las mujeres.

La actividad y el pensamiento de Mercedes Abadía en el movimiento de las mujeres en los años cuarenta permiten estudiar algunos problemas específicos. En primer lugar la interrelación de los movimientos sociales populares con el movimiento sufragista. Como arriba se señaló esta dirigente femenina se incorporó muy temprano a la lucha reivindicativa de las escogedoras de café. Ese movimiento tipicamente femenino desde el punto de vista de su composición, muy numeroso, estaba inscrito en las coordenadas básicas del desarrollo del capitalismo en Colombia. Por ello tiene una gran importancia estudiar ese sector del trabajo nacional, sus peculiaridades económicas, sociales y culturales. En esa experiencia así como en el trabajo entre los trabajadores del azucar en El Valle del Cauca, las reivindicaciones específicas de las mujeres no tomaban perfil propio, se subsumían en la contradicción capital - trabajo.[16]

14. Magdala Veláquez Toro, «La república liberal y la lucha por los derechos civiles y políticos de las mujeres» en Las mujeres en la historia de Colombia Tomo I, Mujeres, historia y política, Consejería Presidencial para la Política Social, Presidencia de la República de Colombia, Santafé de Bogotá, Editorial Norma, 1995, pág. 210, 211.

15. El autor de la presente ponencia no se detiene en el estudio de las particulares incidencias del movimiento por el derecho de las mujeres al voto. Ese proceso se encuentra descrito y analizado en el siguiente trabajo: Lola G. Luna, Norma Villarreal, Historia, género y política. Movimientos de Mujeres y participación política en Colombia 1930 - 1991, Barcelona, Seminario Interdisciplinario Mujeres y Sociedad, Universidad de Barcelona. CICYT, 1994 y en el ya citado de Magdala Velásquez Toro.

16. La investigación que hasta ahora se ha realizado sobre el café no ha tomado de manera es-

En la labor social y política de Mercedes Abadía el componente femenino aparece de manera sistemática en los años treinta, segunda mitad, y los planteamientos de los derechos políticos de las mujeres al comienzo de 1944. Con la política de Frente Popular, primero, y luego en función de las alternativas concretas de la alianza antifascista. Con la superación del frente único obrero y del esquema «clase contra clase» los comunistas empezaron a dirigir con interés nuevo, la mirada hacia sectores sociales y hacia problemas hasta entonces no tenidos en cuenta. En el VII Congreso de la Internacional Comunista celebrado en Moscú entre julio y agosto de 1935 se habían trazado las nuevas orientaciones. La lucha por la democracia se revalorizó. Se llamó a incorporar en el Frente Popular a «la mujer trabajadora». Mercedes Abadía se constituyó en la expresión importante más clara del entrelazamiento en el movimiento sindical de las reivindicaciones obreras con los objetivos específicos de la lucha de las mujeres.

Un momento importante en ese proceso de fusión de lo laboral y los objetivos de la lucha de las mujeres, lo constituyó la realización de la Conferencia Nacional Femenina que se instaló en Bogotá el 12 de enero de 1945. Dicha reunión contó con la participación de delegaciones de Bogotá, Valle del Cauca y Antioquia. Además de la tradicional presencia obrera en el evento tomaron parte delegadas de las mujeres campesinas e indígenas. En el programa que la conferencia aprobó se puden distinguir tres aspectos: lucha contra el fascismo internacional y la derecha nacional, demandas económicas de la mujer, conquista del voto y demás derechos civiles y políticos de las mujeres. En el evento se fundó la Federación Femenina Nacional para cuya presidencia fue elegida Mercedes Abadía. Ese organización adoptó luego la denominación de Alianza Femenina.[17]

La otra vertiente del movimimiento de las mujeres, constituida por sectores provenientes de las clases alta y media se había identificado desde sus orígenes con objetivos explícitamente políticos. En 1944 en estos medios se había tambien percibido la necesidad de contar con una organización nacional. En 1944 se había constituido la Unión Femenina de Colombia, originada en principio en una reivindicación puntual: la protesta contra la impugnación del nombramiento de Rosa Rojas como Juez Tercera Penal.[18] Encabezaron esta organizacion, mujeres que ya se habían destacado en el movimiento como: Hilda Carriazo, Ofelia Uribe y Matilde Espinoza.

Estas dos corrientes del movimiento de las mujeres, que a su vez tenían relaciones diferenciadas con los partidos, la primera con el Partido Socialista Democrático y la segunda con los partidos tradicionales, pudieron dar lugar a una etapa de cooperación y de lucha conjunta en la coyuntura de mediados de los años cuarenta. La unidad estaba estimulada por el objetivo común de la conquista del derecho al voto. Ese objetivo se presentaba con visos de realismo por cuanto, así fuera de manera restringida figuraba en la agenda oficial en relación con el proyecto de Reforma Constitucional que el Gobierno presentó al Congreso en 1944. Al lado de la Alianza y de la Unión, se formaron otras organizaciones de mujeres:

pecializada el estudio de la fuerza de trabajo femenina en la rama y las características de las escogedoras como un movimiento social importante. Haría entonces falta emprender al respecto investigaciones como las llevadas a cabo en el sector fabril.

17. Referencias a la Conferencia Nacional Femenina se encuentran en Medófilo Medina, op. cit. 398, 399. y en Lola Luna y Norma Villarreal, op. cit. pág. 102.

18. Lola Luna, Norma Villarreal, ibídem pág.100

la Agrupación Patriótica Femenina, comités femeninos antinazis, etc. La Alianza Nacional Femenina tuvo éxito notorio en la organización de filiales en los departamentos. así, funcionaron alianzas en Antioquia, Atlántico y Valle del Cauca.

Las mujeres de las distintas organizaciones alimentaron la movilización mediante la organización de acciones conjuntas o paralelas: recolección de firmas con cartas y memoriales dirigidos al Congreso pidiendo a representantes y senadores la aprobación del sufragio femenino, la realización por radio de programas y encuestas sobre los derechos políticos de las mujeres, la agitación en las barras del Congreso mientras transcurrían las discusiones sobre el tema del voto femenino,, la promoción de conferencias públicas.

El movimiento por los derechos políticos de las mujeres matuvo un alto perfil entre 1943 y 1946. Luego entró en una fase de debilitamiento. Esta involución se puede rastrear siguiendo a la protagonista de esta ponencia. La amplitud de criterio que había mostrado Mercedes Abadía, en el trabajo con mujeres de convicciones políticas diferentes se redujo en función del sectarismo con el cual el PSD combatió la candidatura presidencial de Jorge Eliécer Gaitán. En su discurso se diluyó el componente feminista. La agudeza de la confrontación política llevaba al distanciamiento con aquellas dirigentes feministas que se encontraban comprometidas con el gaitanismo. Más a largo plazo la Guerra Fría tendía a la división de los movimientos sociales. En la segunda mitad de los años cuarenta dirigentes sindicales norteamericanos desplegaron acciones, apoyadas por el Departamento de Estado con el fin de excluir de los sindicatos latinoamericanos a los sectores obreros influídos por el comunismo. A su vez, el Partido Liberal se impuso como línea oficial el propósito de expulsar de la principal organización obrera, la CTC, a los sindicatos controlados por los comunistas. Además el hecho de que las acciones desplegadas por las mujeres entre 1943 y 1945 no hubieran terminado con la consagración del derecho al voto en la Reforma Constitucional de 1945, condujo al reflujo del movimiento.

En la situación creada por el proceso que se llamó de la Violencia el movimiento de las mujeres tendió a retraerse a sus diversos núcleos. La expansión que habían experimentado los movimientos sociales en los decenios anteriores dió paso a una etapa de retraimiento. El enfrentamiento sectario entre los partidos sumergió a la población en la lógica politico partidista que inhibía la expresión autónoma de las reivindicaciones sociales , gremiales, y por supuesto de las incipientes demandas originadas en las diferencias de género.

En el movimiento por el sufragio femenino la vertiente que quizá mayor continuidad mostró en esa etapa histórica fue la representada por las mujeres conservadoras, las cuales, dada su afiliación partidista no podían ser tan fácilmente reprimidas. El voto femenino se establecería en 1954 bajo el signo de la ironía, en la medida en que se consagraba en un período en el cual ni hombres ni mujeres podían votar. Con el advenimiento del Frente Nacional en 1957 se consagró el derecho de las mujeres al sufragio. Para entonces las reticencias de los partidos tradicionales originadas en el temor a que el voto de las mujeres inclinara la balanza electoral en favor del adversario, desaparecieron. En las condiciones de distribución paritaria pactada entre los socios del bipartidismo, de los puestos en la administración y de los cargos de represetación popular perdía importancia el que las mujeres votaran por el Partido Liberal o por el Conservador.

El trabajo desarrollado por numerosas mujeres en la lucha por los derechos políticos rendía sus frutos en un momento en que dadas las circunstancias políticas reinantes, la huella personal de esas luchadoras se separaba de esos resultados. Cuando el voto se hizo realidad para las mujeres, Mercedes Abadía había entrado en la etapa de su vida caracterizada por el alejamiento de su actividad política y social y por el anonimato.

Conclusión

Como se explicó al comienzo, dificultades insuperables de información impidieron profundizar el ejercicio de estudiar una de las vertientes del movimiento de las mujeres mediante el seguimiento de la trayectoria de vida de una de su protagonistas. Sin embargo la ilustración del fenómeno de la confluencia en la acción del movimiento de las mujeres sindicalistas y de aquellas que desarrollaron su acción bajo banderas más acusadamente feministas en un período dado y a propósito de la lucha política por el derecho de las mujeres al voto, puede sugerir la realización de trabajos similares que pueden iluminar otras fasetas del movimiento y de la historia social y política del país.

TEOLOGÍA ECOFEMINISTA/ECOFEMINISMO HOLÍSTICO EN EL CASO LATINOAMERICANO

Gladys Parentelli
Gaia-Centro de las Mujeres
Caracas - Venezuela

Introducción

Universalmente se constata que la religión dominante es uno de los poderes que gobierna toda sociedad, fenómeno que en América Latina es, quizás, más evidente que en otras regiones del mundo. En efecto, mientras en Europa la reforma protestante y la revolución francesa originaron fenónemos que atenuaron la influencia de la religión dominante, en América Latina la colonización española (como la portuguesa) asociada estrechamente a personeros de la iglesia, introdujo una influencia negativa sobre la vida social, afectando el ejercicio de los derechos humanos, especialmente el de la libertad individual y el del ejercicio de la sexualidad. (Rostworoswki, 1992)

Aun no ha sido analizado el fenómeno original, polifacético y contradictorio que se da en América Latina y que podría definirse así: mientras, en las iglesias, son los varones quienes detentan todo el poder, al menos el 90 por ciento de sus miembros activos son mujeres. En efecto, se da una verdadera diaconía litúrgica realizada por mujeres religiosas, una diaconía catequética, diaconía de la caridad y de la asistencia social, una diaconía pastoral asumiendo parroquias con todas sus tareas, en otros tiempos reservadas al sacerdote, excepto la misa y la confesión. (Boff, 1980) Las Comunidades Eclesiales de Base, que representan lo más dinámico de la iglesia católica, están integradas por mujeres hasta en un cien por ciento. Y, a pesar del aporte que ellas hacen a esas iglesias, las jerarquías eclesiales no respetan los intereses, las opiniones y los derechos de las mujeres.

1. Antecedentes

1.1. Generalmente, cuando se habla de teología se piensa en algo producido por varones de iglesia, ya sea a partir de la exploración sistemática de la Biblia o en dogmas, que no tienen ningún fundamento bíblico, elaborados por élites clericales al servicio de las altas jerarquías a fin de legitimar su poder patriarcal, vertical y autoritario. Estas jerarquías son muy sensibles a la pureza inútil de una teología academicista, vacía de sentido para la mayoría de la humanidad.

Sin embargo, en las últimas décadas, al interior de las iglesias, fue creciendo la conciencia de que la teología no es de la exclusiva incumbencia de los expertos, esto es, de los que poseen entrenamiento teológico formal. Y que quien cree en Dios ya está, a través de este acto de fe, involucrado en el quehacer teológico, en la reflexión acerca de su fe.

1.2. En América Latina, la Teología de la Liberación surge, en la década de los 60, de una praxis social basada en los valores prioritarios del Evangelio: la justicia, el amor/caridad y la solidaridad. La teología debe emanar de la fe y de la realidad social dice Leonardo Boff. Vista la realidad latinoamericana la Teología de la Liberación nace de una opción preferencial por los pobres, con objetivos tales como democratizar la iglesia, intentar interpretar desde la iglesia la vida de los pobres y que éstos se tornen sujetos del quehacer teológico (Gustavo Gutiérrez, 1968, 1971).

Frente a la miseria, las injusticias, las dictaduras, el genocidio, la Teología de la Liberación se pregunta ¿cómo hablar de un Dios justo y misericordioso? Ella ofrece una comprensión más colectiva de Dios y enfatiza la naturaleza social del pecado.

Sin embargo, la Teología de la Liberación no cambió la antropología y la cosmología patriarcal sobre la cual se sustenta la cristiandad. (Gebara/Ress, 1993)

La Teología de la Liberación cumplió un papel democratizador y reflexivo principalmente en la iglesia católica pero, también, en las protestantes. Ella promovió grupos de acción y de reflexión que cuentan miles de mujeres que acumulan experiencias en su labor propiamente parroquial o diocesana y en todo tipo de actividades de promoción social o de mutua solidaridad en Organizaciones No Gubernamentales de corte eclesial.

Actualmente, la Teología de la Liberación ha perdido la influencia que tuvo, o su vigencia, debido, entre otras razones, a la oposición sistemática del Vaticano a sus principales líderes, obispos y teólogos[1] pero también a la toma de conciencia de sus fallas, principalmente por parte de teólogas y otras mujeres de iglesia.

1.3. Algunas teólogas que estuvieron asociadas, desde sus inicios a la Teología de la Liberación, muy pronto comprendieron que ésta no respondía a las necesidades y realidades de las mujeres. Ellas comenzaron a hacer una relectura de la Biblia desde la mujer, lo que se denomina corrientemente teología desde la perspectiva de la mujer. La lideresa principal fue la mexicana Elsa Tamez quien planteó la necesidad de que esa realidad de los pobres, que preocupaba a los

---

1. El golpe de gracia consistió en la decisión del Vaticano, en 1992, de exiliar, en Asia, a Leonardo Boff, el más destacado representante de la Teología de la Liberación, lo cual no le dejó otra opción que pasar al estado laical.

teólogos de la liberación, no permaneciera sólo a nivel global. Tamez asignó a esos pobres, rostros específicos: el de los indios despojados de sus tierras ancestrales, el de los negros estigmatizados por su color y su pasado de esclavitud y, especialmente el de las mujeres, las marginadas, las indígenas, las negras, las madres y esposas de luchadores eclesiales, sociales y políticos presos o asesinados por causa de sus luchas, las madres abandonadas por los varones y por el Estado, lo que les exige asumir solas la crianza de, aproximadamente, el 80 por ciento de la(o)s niña(o)s de América Latina.

Elsa Tamez liderizó, ya en 1979, un primer encuentro de teólogas en México, lo que continuó después, periódicamente, en el marco de la Asociación de Teólogos del Tercer Mundo/EATWOT[2]. En las conclusiones del En-cuentro de Teólogas de la EATWOT sostenido en Oaxtepec, México, 1986 (Aquino, 1988) ellas afirmaron:

> «Una rica contribución a la ciencia teológica es la manera como las mujeres hacen teología: con pasión y compasión(...) el hacer teología está profundamente enraizado en la experiencia, el afecto y la vida. Nosotras, como mujeres, nos sentimos llamadas a hacer, apasionadamente, teología científica, una teología basada en el sentir y el conocer, en la sabiduría y en la ciencia, una teología hecha no sólo con la cabeza, sino, también con el corazón, el cuerpo y el vientre. Consideramos que este reto es imperativo no sólo para hacer teología desde la perspectiva de la mujer, sino para toda la teología.»

Tamez, desde 1993[3] promovió, entre las teólogas de la liberación el estudio sistemático de la teoría feminista y la metodología de género.

En América Latina, hoy día siguen funcionando grupos de mujeres que leen la Biblia desde una perspectiva propia y producen documentos fruto de su reflexión común.

1.4. La Teología Feminista introduce la novedad del actual momento histórico de lucha y de creatividad de mujeres en todos los lugares del planeta. Engloba las conquistas de emancipación, respeto, igualdad de derechos entre mujeres y varones, así como el combate para crear una relación diferente entre mujeres y varones en vista de una comunicación diferente entre sí y con todo el Cosmos (Gebara, 1986).

La brasileña Ivone Gebara fue la primera teóloga que se autodefinió como feminista en América Latina, ya al fin de la década de los 70. Sin embargo, el movimiento que se identifica con la Teología Feminista es producto de los sucesivos Encuentros Feministas Latinoamericanos y del Caribe (el 1º, Bogotá, 1981). En varios de ellos, se destacó el liderazgo de Rosa Dominga Trapasso quien coordinó, en ellos, talleres mujer y religión[4].

---

2. La EATWOT (Ecumenical Association of Third World Theologians ó Asociación de Teólogos del Tercer Mundo) fue fundada en el año 1971 en Dar-es-Salam. Entre sus primeras miembras en América Latina se encuentran las mexicanas Elsa Tamez, María Pilar Aquino y Leonor Aída Concha y las brasileñas Ivone Gebara, Ana María Tepedino, Tereza Cavalcanti y María Clara Bingemer.

3. El último Encuentro de las mujeres de la EATWOT tuvo lugar en Río de Janeiro (Brasil, diciembre 1993) con la participación de una treintena de teólogas; encuentro que estuvo centrado en el estudio de las teorías de género.

4. Los siguientes Encuentros Feministas Latinoamericanos y del Caribe, tuvieron lugar en: Lima, 1983, el 2º; en Bertioga, San Pablo, Brasil, 1985, el 3º; en Taxco, México, 1987, el 4º; en San Bernardo, Argentina, 1990, el 5º y en El Salvador, 1993, el 6º.

En estos talleres, todas expresaron su preocupación por la influencia religiosa sobre las vida de las mujeres y todas indicaron la importancia de una dimensión de trascendencia en sus vidas, por ello enfatizaron acerca de la urgencia de crear nuevas expresiones de espiritualidad desde una perspectiva feminista. La diversidad cultural, las distintas trayectorias religiosas de las mujeres y el común compromiso feminista fueron los elementos de un estimulante intercambio de experiencias personales culminando en una meta común, la democratización de las instituciones religiosas. La propuesta de uno de los grupos de trabajo resumió la inquietud de las mujeres de diferentes iglesias:

«Sin dejar de ser iglesia y sin paralelismos, es nuestro deseo poder crear comunidades donde podamos dar expresión a nuestra fe en una iglesia democrática y plural, que se oriente hacia el futuro, dentro de una visión de igualdad y libertad.» (Trapasso, 1990)

En ocasión del 2º Encuentro Feminista Latinoamericano (Lima, 1983), como consecuencia de la reflexión surgida en el taller mujer y religión, se fundó, en Lima, el Círculo de Feministas Cristianas Talitha Cumi el cual resultó paradigmático para otros grupos ecuménicos que funcionan en la mayoría de los países de América Latina, mientras que, continuamente, otros se fundan.[5]

2. Teología Ecofeminista/Ecofeminismo Holístico

2.1. La profundización en el análisis de género, en los orígenes del sistema patriarcal y en las situaciones de injusticia que este sistema impone a la mayoría de la población mundial y, a la misma Tierra, con el deterioro del medio ambiente, guió a algunas teólogas feministas hacia la Teología Ecofeminista o, más propiamente, hacia el Ecofeminismo Holístico.

El Ecofeminismo Holístico cuenta con destacadas teóricas en América del Norte, Asia y Africa, pero en América Latina se nutre de las profundas y poderosas corrientes de la antigua cosmología que dominó las culturas precolombinas mesoamericanas[6]. Estos elementos conllevan una existencia vital subterránea, pero visible, que nutre en especial las prácticas de sanación y formas religiosas totalmente ajenas a las religiones monoteístas patriarcales. La cosmología mesoamericana se basaba en las dualidades y en los opuestos y en la búsqueda del equilibrio. La dualidad aparecía en toda obligación religiosa, actividad política y tarea doméstica. La dualidad de los opuestos complementarios es un elemento clave de la visión mesoamericana y alimentaba la construcción del género. Los aspectos religiosos y sociales estaban estrechamente entretejidos: la religión, la filosofía, las artes, la agricultura y las relaciones sociales, formaban un todo que

---

5. Del 5º Encuentro Feminista Latinoamericano y del Caribe (Argentina, 1990) partió la iniciativa de crear la Red Latinoamericana de Teología y Espiritualidad Ecofeminista. Esta Red cuenta con el aporte y el liderazgo de teólogas ecofeministas, la principal es la brasileña Ivone Gebara. Entre las actividades que se desarrollan en el marco de esta Red, se destaca la edición de la revista trimestral Con-spirando (Santiago de Chile) que tiene ya trece números editados y el primero lo fue en marzo de 1992.

6. Mesoamérica se extiende desde la frontera con EE.UU. hasta Guatemala, incluyendo, además, parte de El Salvador, Honduras y Nicaragua

reflejaba la visión dominante del mundo o cosmovisión. La mayoría de las deidades compartían una naturaleza dual, una mezcla de rasgos masculinos y femeninos en grados variables. Muchas deidades eran parejas diosa/dios.(Marcos, 1991)

Sin embargo, el Ecofeminismo Holístico se nutre, también, en su intento de salvar la brecha producida por la cultura, la economía, la política y la religión patriarcal, de la producción de precursoras del feminismo o de científicas e intelectuales del Hemisferio Norte como la antropóloga Margaret Mead, la filósofa Simone de Beauvoir, la socióloga Carol Gilligan, la historiadora del cristianismo Elaine Pagels o la arqueóloga Marija Gimbutas y de teólogas ecofeministas como Rosemary Radford Ruether y Dorothée Sölle.

El Ecofeminismo Holístico denuncia los orígenes del mal y de la contaminación ambiental que sufren la humanidad y la Tierra. En efecto, las teólogas ecofeministas consideran que el Dios monoteísta masculino, de judíos y cristianos, es un concepto hostil que racionaliza le enajenación de la Tierra. Ellas analizan los antecedentes de las situaciones culturales y sociales que han propiciado no sólo relaciones destructivas entre varones y mujeres, entre dirigentes y grupos humanos oprimidos, sino también la destrucción de la comunidad biótica, de la que los seres humanos somos parte interdependiente. Exponen el problema de la destrucción del mundo, que se origina en el estilo de vida y liderazgo de los países ricos: consumismo incontrolado, armamentismo y guerras, que involucran gastos desmedidos de energía, y otros recursos básicos, que necesitaría la parte mayoritaria y empobrecida de la humanidad que sufre, y muere, por no disponer de lo mínimo necesario para la vida.

2.2. No podría ser objetivo de este documento, exponer los contenidos el Ecofeminismo Holístico, sólo es posible, aquí, esbozar algunas de sus líneas a través de las vivencias o experiencias de su mayor exponente latinoamericana: Ivone Gebara.

Precisamente, por ser la voz más alta y valiente del Ecofeminismo Holístico, Ivone ha sido silenciada por el Vaticano debido a su postura ética y teológica. Se le impusieron condiciones de silencio (la prohibición de hablar, enseñar y escribir) y de «estudiar teología», en Europa, durante dos años, a partir de septiembre 1995, so pena de abandonar la Congregación de la que es miembro desde muy joven.

Gebara es miembra de la Congregación Hermanas de Nuestra Señora, Doctora en Filosofía por la Universidad Católica de Sâo Paulo (Brasil) y Licenciada en Teología por la Universidad Católica de Lovaina (Bélgica). Desde 1973 a 1989 fue profesora de teología en el Instituto de Teología de Recife, hasta que el Vaticano clausuró este centro de formación para sacerdotes y laicos, creado por el obispo Helder Cámara. Durante todo el tiempo acompañó la formación de Comunidades Eclesiales de Base, de grupos de agentes de pastoral popular y, en general, de grupos populares, integrados mayoritariamente por mujeres, en varios Estados de Brasil y especialmente en Recife, ciudad donde residía en una barrio popular (favela).

También ha dictado cursos y facilitado talleres de Teología Feminista y Ecofeminismo Holístico, en diversos países de América Latina y fue, precisamente, en septiembre/octubre de 1993, cuando había viajado a Venezuela y Bolivia para desarrollar tales actividades, cuando comenzaron sus problemas con las jerarquías brasileña y vaticana.

En efecto, a raíz de una entrevista que Gebara concedió a la revista Veja (publicada el 6 de octubre de 1993, con el título Aborto nâo é pecado.) el arzobispo de Recife, José Cardoso Sobrinho, le exigió una rectificación pública de sus afirmaciones en favor de la descriminalización y legalización del aborto. Ivone respondió con un texto titulado La legalización del aborto vista desde el caleidoscopio social. Ello produjo dos años de presiones y, finalmente, la imposición vaticana de silencio y exilio de la que hemos hablado.

Las tesis éticas y teológicas de Gebara se sitúan en el marco del Ecofemismo Holístico, el cual supone nuevos paradigmas antropológicos y cosmológicos. En efecto, Gebara despreocupándose de los dogmas de la iglesia, trata la cuestión a partir de las mujeres empobrecidas porque ellas son las mayores víctimas de esa trágica situación. Afirma que, independientemente de su legalización o su no legalización, independientemente de los principios de defensa de la vida, independientemente de los principios que rigen las religiones, el aborto ha sido practicado. Por lo tanto es un hecho clandestino, público y notorio.

Ivone precisa que la legalización no significa la afirmación de bondad, de inocencia y menos de defensa incondicional y hasta liviana del aborto como hecho, sino apenas la posibilidad de humanizar y adecentar una práctica que es común. La legalización es, apenas, un aspecto coyuntural-mente importante de un proceso más amplio de lucha contra una sociedad organizada sobre el aborto social de sus hijas y de sus hijos. Una sociedad que no tiene condiciones objetivas para dar empleo, salud, vivienda y escuelas, es una sociedad abortiva. Una sociedad que obliga a las mujeres a escoger entre permanecer en el trabajo o interrumpir un embarazo, es una sociedad abortiva. Una sociedad que sigue permitiendo que se hagan test de embarazo antes de admitir a la mujer a un empleo, es abortiva. Una sociedad que silencia la responsabilidad de los varones y sólo culpabiliza a las mujeres, que no respeta sus cuerpos y su historia, es una sociedad excluyente, machista y abortiva.

En esta línea de pensamiento concentrar la defensa del inocente sólo en el feto, como afirman algunas personas, es una forma de encubrir la matanza indiscriminada de poblaciones enteras, igualmente inocentes, aunque en forma diferente, ya sean víctimas de guerra o de procesos económicos, políticos, militares o culturales, vigentes en nuestra sociedad. Es también, una vez más, una manera de no denunciar la muerte de miles de mujeres víctimas inocentes de un sistema que aliena sus cuerpos y las castiga sin piedad, culpabilizándolas e impidiéndoles tomar decisiones adecuadas a sus condiciones reales. La concentración de la culpa del aborto en la mujer y la criminalización de este hecho, es una forma de encubrir nuestra responsabilidad colectiva y nuestro miedo de asumirla públicamente.

Esta posición de Ivone frente a la descriminalización y la legalización del aborto, como cristiana y miembra de una comunidad religiosa, es una forma de denunciar el mal, la violencia institucionalizada, el abuso y la hipocresía que nos envuelven, es una apuesta por la vida, es pues en defensa de la vida.

Partiendo del hecho de que los pobres son los principales consumidores de religión patriarcal porque en ella buscan consuelo, Gebara afirma que el Ecofeminismo Holístico tiene un doble objetivo: a) Dar prioridad al compromiso con los oprimidos, los silenciados de la historia, quienes desde su nacimiento están de facto excluidos de una vida plena a causa de su situación económica, y, b) Buscar ponerle fin al patriarcado en todas sus formas.

Los paradigmas antropológicos y cosmológicos del Ecofeminismo Holístico suponen cambiar la imagen del ser humano en el Cosmos. Cambiándola también cambiará la imagen de Dios, ya que toda imagen de Dios no es otra cosa que la imagen de la experiencia o de la comprensión que tenemos de nosotra(o)s misma(o)s. Es necesario resituar lo humano, no sobre, sino dentro del Cosmos. Esto es incompatible con la antropología cristiana que insiste en una humanidad dueña y señora de la creación, a semejanza del Dios/Señor de toda la creación, ese Dios/Creador que habría dado al hombre la orden de llenar y dominar La Tierra y que, por ende, habría legitimado el derecho humano de abusar de La Tierra. (Gebara/Ress, 1993)

En el derecho del hombre de abusar de La Tierra reside el fundamento del patriarcado y, en consecuencia, de todos los abusos que han dado como resultado la exclusión del 90 por ciento de la población del mundo que no tiene características similares a los patriarcas dueños del poder: varones, de raza blanca, ricos, urbanos, con formación universitaria, saludables y heterosexuales. Ese 90 por ciento que incluye a todos los pobres: las mujeres, los negros, los indígenas, los ancianos, los niños, los analfabetos, quienes no poseen formación profesional o no gozan de buena salud, las minorías sexuales y, hasta, quienes son jefes de familias monoparentales.

2.3. El exilio impuesto a Ivone, muy doloroso para ella, significa también un duro golpe para el Ecofemismo Holístico en América Latina, pero ese exilio no ha detenido, ni detendrá, el estudio, la reflexión y la acción de los grupos de mujeres que trabajan en la misma línea de la cual ha sido la lidereza principal. Grupos que funcionan en todo y cada uno de los países de nuestra región, desde México a la Argentina.

Las traducciones de las transcripciones de sus conferencias o de sus artículos, entrevistas y ensayos, hechas ya, al menos, en Argentina, Chile, México, Uruguay y Venezuela y los cassettes contentivos de su palabra y su poesía, circulan entre los grupos y las mujeres para inspirar la creatividad y la lucha permanentes.

El fortalecimiento de la Red Latinoamericana de Teología y Espiritualidad Ecofeminista será el homenaje de las mujeres de la región a una de sus miembras: Ivone Gebara.

Bibliografía

AQUINO, María Pilar (Editora)
1988   *Aportes para una teología desde la mujer*, Comisión de Mujeres EATWOT, Madrid, Biblia y Fe, 155p. (Conferencia 1 al 6-12-1986, Oaxtepec, México)
BOFF, Leonardo
1980   *Eclesiogénesis. Las Comunidades de Base reinventan la Iglesia*, Santander, Sal Terrae, p. 136.

BUXO I REY, María Jesús

1991   *Vitrinas, cristales y espejos: dos modelos de identidad en la cultura urbana de las mujeres Quiché de Quetzaltenan go (Guatemala)* En: Mujeres y Sociedad, Lola G. Luna Compiladora, Barcelona (España), Universitat de Barcelona, p. 196.

CARBONELL, Nora

        La mujer en la mitología indígena colombiana. En: Chichamaya, Barranquilla, s/ f, pp. 24-28

CIRCULO DE FEMINISTAS CRISTIANAS TALITHA CUMI

1992   *El feminismo frente al patriarcado,* Lima, mimeo, Publicación Nº 17, Sept., p. 8.

EATWOT WOMEN'S COMMISSION

1986   *The Oaxtepec Encounter. Third World Women Doing Theology,* Port Harcourt (Nigeria), 1986, p. 221.

EICHLER, Margrit

1991   *Nonsexist research methods,* Winchester, MA, USA, Allen and Unwin, 1988. Citado por Alda Facio, en: *Cuando el género suena cambios trae,* San José de Costa Rica, ILANUD, p. 156.

EISLER, Riane

1993   *El cáliz y la espada,* Santiago de Chile, Cuatro Vientos, p. 296. (4a edic)

GEBARA, Ivone

1993   *Aborto nâo é pecado.* Entrevista de Kaíke Nanne e Mónica Bergamo En: Veja, Rio de Janeiro, pp. 7-10.

GEBARA, Ivone

1993   *El Ecofeminismo Holístico. Una reinterpretación de la relación con la Tierra y el Cosmos.* Entrevista de Mary Judith Ress. En: Presencia Ecuménica, Caracas, Nº 29 pp. 22-26.

GEBARA, Ivone

1994   *Por una discusión abierta y plural (El aborto no es pecado. La legalización del aborto vista desde el caleidosocpio social)* Separata del Nº 7 de la revista Conspirando, Santiago de Chile, p. 8.

GEBARA, Ivone

1994   *Teologia em ritmo de mulher;* Sâo Paulo, Paulinas, p. 128.

GEBARA, Ivone

1986   *Teología feminista.* s/l

GEBARA, Ivone

1994   *Trindade; Palabra sobre coisas velhas y novas. Uma perspectiva ecofeminista,* Sâo Paulo, Paulinas, p. 71.

GUTIERREZ, Gustavo

1971   *Teología de la Liberación. Perspectivas,* Lima, CEP, p. 383. (Divulgado por primera vez en 1968, mimeo)

JUAN PABLO II, papa

1988   *Carta apostólica Mulieris Dignitatem del Sumo Pontífice Juan Pablo II sobre la dignidad y la vocación de la mujer con ocasión del año mariano,* Caracas, Trípode, p. 126.

LOVELOCK, James

1979   *Gaia, A New Look at Life on Earth (Gaia, una nueva forma de ver la vida sobre la tierra)* Oxford, Oxford University Press.

MARCOS, Sylvia

1991   *Género y preceptos de moral en el antiguo México,* En: Concilium, Revista Internacional de Teología, Nº 238, pp. 433-450

MARCOS, SYLVIA
1991   *Mujeres, ritos de sanación y medicina popular en México,* En: Concilium, Revista Internacional de Teología, Nº 234, pp. 327-342.

MARTIN MEDEM, José Manuel
1994   *Niños de repuesto. Tráfico y comercio de órganos,* Madrid, Editorial Complutense, p. 206.

PABLO VI, Papa
1968   *Encíclica Humanae Vitae sobre la regulación de la natalidad,* Caracas, Ediciones Paulinas, p. 48.

PAGELS, Elaine
1988   *Adán, Eva y La Serpiente,* Barcelona (España); Crítica, 1990, p. 225. (Colección Las Ideas) La versión original en inglés: *Adam, Eve, and the Serpent,* fue publicada por Random House, Nueva York,.

PAGELS, Elaine
1990   *Los evangelios gnósticos,* Barcelona (España), Crítica, p. 225. (Colección Las Ideas)

PARENTELLI, Gladys
1992   *María Lionza, la fuerza telúrica de América. Entrevista con la sacerdotisa Beatriz Veit-Tané* En: Con-spirando, Santiago de Chile, Nº 2, Oct. pp. 28-31

PARENTELLI, Gladys
1990   *Mujer, Iglesia, Liberación,* Caracas, p. 156.

RESS, Mary Judith y otras
1994   *Del cielo a la Tierra, Una antología de Teología Feminista,* Santiago de Chile, Sello Azul-Editorial de las Mujeres, p. 540.

RESS, Judy
1993   *The ecofeminist paradigm,* Santiago de Chile, mimeo, p. 5.

RUETHER, Rosemary Radford
1992   *Ecofeminista Gaia and God. An ecofeminist theology of earth healing,* San Francisco, Harper, 310p. (Se ha editado una versión en español: *Gaia y Dios. Una teología para la recuperación de la tierra,* México, Demac, 1993, p. 318.

RUETHER, Rosemary Radford
1977   *Mujer nueva, nueva tierra. La liberación del hombre y la mujer en un mundo renovado,* Megápolis, Buenos Aires, p. 233.

ROSTWOROSWKI DE DIEZ CANSECO, María
1992   *Pachacamac y el Señor de los Milagros,* Lima, Instituto de Estudios Peruanos, p. 214.

TAMEZ, Elsa
1989   *Justicia de Dios, vida para todos,* San José de Costa Rica, DEI, p. 111.

TAMEZ, Elsa y otros
1987   *Teólogos de la liberación hablan sobre la mujer,* San José de Costa Rica, DEI, p. 187.

TAMEZ, Elsa y otros
1989   *Las mujeres toman la palabra,* San José de Costa Rica, DEI, p. 111.

TODOROV, Tzvetan
1991   *La conquista de América. El problema del otro,* México, Siglo XXI, (3ra. ed.) p. 277.

TRAPASSO, Rosa Dominga
1993   *Ecología: Una visión global y transformadora,* Lima, Círculo de Feministas Cristianas Talitha Cumi (Nº 24), p. 16.

TRAPASSO, Rosa Dominga
1991   *Taller Mujer y Religión.* V Encuentro Feminista Latinoamericano y del Caribe, (1990, San Bernardo, Argentina) Lima, mimeo, p. 3.

QUINIENTOS AÑOS DE OLVIDO: HISTORIOGRAFÍA E HISTORIA DE LA MUJER EN MÉXICO

Carmen Ramos Escandón
Occidental College. Los Angeles. USA

Introducción

Una revisión historiográfica de lo que ha sido la historia de la mujer en los últimos 500 años es, en principio, un intento prematuro en la medida en que la historia de la mujer, todavía no cuenta con una historiografía sistemática, completa, elaborada con técnicas y preguntas metodológicas específicas, se trata de una disciplina en formación, aun en búsqueda de metodologías y problemas de análisis. Por ello, cabe señalar la diferencia entre historia e historiografía de la mujer. La historia de la mujer es el rescate de información e interpretación sobre aspectos del pasado de la mujer. En cambio, entiendo por historiografía de la mujer, la reflexion sistemática sobre la metodología de la historia de la mujer. Aquí usaré los dos términos de manera diferenciada según esta descripción.

El esfuerzo académico por sistematizar y establecer las temáticas y problemas relevantes para la historia de la mujer es sumamente reciente en México. Hace apenas 15 años más o menos empezó de modo incipiente una reflexión profesional sobre la necesidad de hacer historia de mujeres.[1] Como en otros países, un primer enfoque hacía hincapié en la necesidad de prestar atención al tema como

---

1. Para una primera aproximacion véase: Lavrín, Asunción. « La mujer en México: veinte años de estudio 1968-1988. Ensayo hsitoriográfico en *Memorias del simposio de historiografía mexicanista.* México: Comité Mexicano de Ciencias Históricas/ Gobierno del Estado de Morelos/UNAM. 1990 p 545- 579.
Ramos Escandón, Carmen. « ¿Qué veinte años no es nada? « en *Memorias del simposio de historiografía mexicanista*. México: Comité Mexicano de Ciencias Históricas/ Gobierno del Estado de Morelos/ UNAM. 1990.. p. 580- 593.

un espacio válido para el rescate de información y la reflexión analítica. [2] La novedad del tema no ha generado todavía suficiente interés como para el establecimiento de instituciones o centros de investigación específicamente dedicados a la historia de la mujer, aunque sí existen espacios académicos donde se llevan a cabo estudios o cursos sobre el tema.[3] Sin embargo es importante señalar que en el contexto de los estudios de la mujer, el tema de la historia de la mujer no ha recibido la atención que merece si se compara con otras temáticas.[4] El interés contemporáneo por la historia de la mujer en México ha aparecido más en el contexto de una preocupación sobre la mujer desde las ciencias sociales que como campo específico de la historia.[5]

En efecto, las nuevas corrientes históricas que enfatizan la importancia de la historia de los grupos sin historia, de las minorías y de los que no han tenido voz, sólo últimamente ha rescatando la historia de las mujeres y puede hablarse de una reciente, pero cada vez más abundante historia de la mujer.[6] En México, como en otras partes de América Latina son incipientes los trabajos de historiografía sobre

Wells, Alan. « Oaxtepec Revisited: The Politics of Mexican Historiography 1968-1980 » en *Mexican Studies/ Estudios Mexicanos* Vol 7 No 2. Summer 1991 p. 331-345.

2. Ramos, Carmen. « Peones, bueyes, sacos de maíz pero no mujeres» en *FEM* Vol 1 No 11 Noviembre- Diciembre 1979. p 16-24.

3. En l982 se aceptó, con cierta dificultad, la creacion del Seminario de la participación social de la mujer en la Historia Contemporánea de México 1930- 1964, dentro de la dirección de Estudios Históricos del Instituto Nacional de Antropología e Historia.Este seminario se abocó a « problemáticas » tales como la definición de conceptos comúnmente utilizados y el cuestionamiento de determinismos biológicos y culturales.El estudio entra también al debate de los ámbitos de actuación de las mujeres y al análisis de la dicotomía entre lo público y lo privado. Veáse: Seminario sobre la participación social de la Mujer en la Historia de México Contemporáneo 1930- 1964 en *Historia académica y situación actual de la direccion de Estudios Históricos*. México: INAH, 1988. p.71-72. Tuñon, Julia. «La problemática para reconstruir la Historia de la Mujer en México» en *Seminario sobre la participacion de la mujer en la vida nacional* México:UNAM 1989. p.71

En enero de 1984 se inicio el Taller de Historia de la Mujer en México dentro de las actividades del Programa Interdisciplinario de la Mujer de El Colegio de México.

En la UNAM se llevó a cabo en l986 el Seminario de Historia de la Mujer en México en la Division de Estudios Superiores de la Facultad de Filosofía y Letras, ambos dirigidos por Carmen Ramos.

Por otra parte en la Universidad Autónoma Metropolitana se han llevado a cabo ya el segundo curso sobre actualización en Estudios de la Mujer, con 3 módulos dirigifos por : Ely Bartra, Mary Goldsmith, Ma Ester Shumager y Ángeles Sánchez.

4. Para una panorámica de las últimas publicaciones sobre estudios de género y mujer en México veáse: Ramos Escandon, Carmen. « Mujeres y Género en México: A mitad del camino y de la década» en *Mexican Studies/ Estudios Mexicanos* Vol 11 No 9. Invierno de 1995. p.113-131

5. Sobre los temas y problemas de la investigación en el tema de la mujer veáse: Miller, Francisca. « A literature of concientization: women in Latin America» en *Latin American Research Review* Vol. 27, No.2, 1992, p. 180-201.

Adler, Hellman Judith. « Making women visible: new works on Latin American and Caribean women» en *Latin American Research Review* Vol 27 No 1, 1992 p 180-201.

Stoner, Lyn K. « Directions in Latin American women's history 1977-1984» en *Latin American Research Review* X XII:2 1987 p 101-134.

Mac Ewen Scott, Alison.»Women in Latin America: Stereotypes and Social Science» en *Bulletin of Latin American Research* Vol 5 No2 pp.21-27,l986

Nash, June. « A decade of research on Women in Latin America.» en June Nash, Helen Safa and Contributors. *Women and change in Latin America*. Massachusetts: Bergin and Garvey Publishers Inc.1985 p.3-33

6. Vease: Kelly Gadol, « The social relations of the sexes: methodological implications for women's history» en Kelly, Joan, *Women, history and theory*. Chicago: University of Chicago Press.1984. Este artículo se incluye en Ramos Escandón Carmen. *Género e Historia* México: Instituto Jose María Luís Mora. 1992.

la mujer.[7] Sin embargo, puede decirse que a pesar de su escaséz, la historiografía contemporánea sobre la mujer desde un ámbito profesional es muy nueva. En cambio, el señalamiento de que es necesaria una reflexión histórica para entender y valorar a la mujer en México, cuenta ya con una larga historia. En efecto, la necesidad de estudiar la historia de las mujeres en México se ha expresado por lo menos desde los años veinte. Las más de las veces, las proponentes han sido mujeres: maestras, intelectuales, políticas o todo ello al mismo tiempo, mujeres con iniciativa quienes, ya sea por las exigencias del momento político en que se encontraban, o por el interés legítimo de conocer su propio pasado, han reflexionado sobre la mujer mexicana y su historia.

En este trabajo parto de la premisa de que estas autoras son historiadoras en la medida en que en sus escritos esta implícita una visión del papel de la mujer en la historia de México, y en la mayoría de los casos,obedecen a la intención de rescatar la presencia de la mujer en vida política y en la historia de México. Los matices y variantes de esta preocupación es lo que este trabajo rescata y propone como una historiografía feminista. Para su análisis y ubicación en el momento histórico en el que aparecen sus escritos, he agrupado a las autoras en: 1. Las precursoras militantes 1870-1920; 2. Las burócratas de partido 1920- 1960; 3. Las académicas feministas 1960-1990. Si bien estas divisiones cronológicas son arbitrarias, obedecen a diferentes momentos de la vida social mexicana y a diferencias en la participación de las mujeres en ella.

1. Las precursoras militantes

En este rubro se incluyen mujeres nacidas entre 1870 y 1920, las más de las cuales vivieron y aun sobrevivieron la revolución. Su interés se centra en el he-

Nicolson, Linda. *Gender and history: the limits of social theory in the age of the family* New York: Columbia Univeristy Press 1986.

Scott,Joan. *Gender and the politics of history.* New York: Columbia University Press. 1988

Kleinberg, Jay, editora. *Retrieving Women's History: Changing perceptions of women in politics and society.*Paris: Berg/ Unesco 1988.

Ankkerman, Arina et all, editoras. *Current Issues in Women's History* London: Routledge 1989.

Amerlang, James S y Mary Nash, editores. *Historia y Género: las mujeres en la Europa Moderna y Contemporánea.* Valencia: Institució Valenciana d'estudis investigació 1990. (Edicions Alfonso el Magnanim.)

Rivera Garretas, María Milagros. *Textos y espacios de Mujeres* Barcelona: Icaria Editorial 1990.

Muir Edward y Rugiero, Guido. *Sex and Gender in historical perspective* Baltimore: the Johns Hopkins University Press. 1990.

Offen, Karen, Ruth Roach Person and Jane Rendall, editoras. *Writting Women's History.* Bloomington: Indiana University Press.1991.

George Duby y Michelle Perrot, (eds) *Historia de las mujeres en occidente* .Madrid, Espana: Altea, Tauruas, Alfaguara S.A. 1991.

7. Para un balance de la producción sobre el tema ver: R amos Escandón, Carmen. «Las mujeres latinoamericanas: generación de datos y metodología para investigaciones futuras» en *Secuencia,revista americana de ciencias sociales* No 6 Septiembre - diciembre 1986 pp.99-117

Stoner, Lynn. «Directions in Latin American Women's History,1977-1985" en *Latin American Research Review* Vol XXII No 2 l987 p.101-134

Feijoo, Mari Carmen, editora. *Nuestra memoria, nuestro futuro. Mujeres e historia. Latinoamerica y el Caribe.* Santiago de Chile: Isis Internacional. Clacso. Grupo Condición Femenina. 1988.

Ramos Escandón Carmen. « La nueva historia, el feminismo y la mujer» en *Género e Historia.* Carmen Ramos, compiladora. México: Instituto Mora/ UAM. 1992. p 7-37

cho de que muchas de ellas expresan reivindicaciones femeninas y saltan a la palestra política incluso antes del surgmiento del movimiento armado, con reivindicaciones políticas de oposición al gobierno de Díaz y en favor de los derechos políticos de las clases populares y trabajadoras, algunas con énfasis específico en los derechos femeninos. Mujeres como Rita Cetina Gutiérrez (1846-1908), Dolores Correa Zapata (1853-1924), Dolores Jiménez y Muro (1848- 1925) y Juana Belén Gutiérrez de Mendoza son algunas de las que con mayor justicia merecen el nombre de precursoras, por su participación en grupos de oposición en el Porfiriato, particularmente alrededor del magonismo y el PLM.[8]

Por otra parte, la participación de la mujer en la etapa armada de la Revolución Mexicana, ha sido ya estudiada en los trabajos de Mendieta Alatorre, Shirlene Soto, Ana Macías, Elizabeth Salas, Carmen Ramos y Ana Lau que señalan la importancia de la mujer en los ejércitos revolucionarios[9]. Al mismo tiempo la figura de la «Adelita» es prácticamente un lugar común, pero en cambio sabemos muy poco de la participación de las mujeres en cada uno de los grupos revolucionarios, ¿cuáles son las posiciones explícitas o no de los caudillos sobre la mujer? ¿Que piensan los jefes, la tropa revolucinaria sobre la mujer? ¿Cómo se revolucionan o no las conductas femeninas con el movimiento armado? ¿Qué significan para las conductas femeninas su participación en esferas diferentes a las de los tiempos de paz? [10]. Sin embargo, conocemos algunas figuras especificas de mu-

---

8. Sobre el movimiento oposicionista de principios de siglo, existe una abundante bibliografía, algunos de los libros mas importantes son: Cockcroft.James. *Los precursoresintelectuales de la Revolución Mexicana* México: Siglo XXI 1978.

Hernández Padilla, Salvador. *El magonismo, historia de una pasión libertaria: 1900 1922*. México: Era. 1984

Raat, Dirk. *Los revoltosos:rebeldes mexicanos en los Estados Unidos*. México. Fondo de Cultura Económica. 1989.

Aunque la participación de la mujer en los grupos oposicionistas no ha sido objeto de ningun estudio especifico, tangencialmente el tema se toca en: Soto, Sherlene: *The Emergence of the Modern Mexican Woman: her Participation and Struggle for Equality: 1910-1940*. Denver Colorado 1990.

Macías, Ana. *Against All Odds:Mexican Feminism to 1940* Greenwood Press 1982.

Ana Lau y Carmen Ramos. *Mujeres y Revolución*. México: INEHRM. 1993

9. Mendieta Alatorre, Angeles. *La mujer en la revolucion mexicana*. México: Instituto de Estudios Históricos de la Revolución Mexicana. 1961.

Macías, Ana.» The Mexican revolution was no revolution for women» en Hanke Lewis *Latin America, a reader*. Amherst 1976.

Macías, Ana. La revolución mexicana fue una revolución para las mujeres? en FEm Vol 1 No11. Octubre, diciembre 1979

Macías, Ana. «Felipe Carrillo Puerto y la liberación de las mujeres en México en *Mujeres latinoamericanas, perspectivas históricas*. Asuncion Lavrin, editora. México: Fondo de Cultura Económica 1982

Ramos Escandón, Carmen. «Mujeres mexicanas:historia e imagen, del Porfiriato a la Revolución» en *Encuentro Revista del Colegio de Jalisco* Vol4 No3 (15) Abril- junio 1987 p.41-57. También en *FEM*. No. 83. Noviembre 1989, p 15-31.

Salas, Elizabeth. *Soldaderas in the Mexican Military*. Austin: University of Texas Press. 1990.

Soto, Sherelene *Emergence of the Modern Mexican Woman: her participation in Revolution and Struggle for Equality*. Denver, Colorado: Arden Press 1990.

Lau, Ana y Ramos, Carmen. *Mujeres y Revolución*. México: INHERM, 1993.

10. Algunas de estas preguntas se han contestado parcialmente en los siguientes trabajos:

Fisher. Lilian E. « Influence of the present Mexican /Revolution upon the status of Mexican Women» *Hispanic American Historical Review* 22 Febrero 1942 p. 220- 222.

Bremauntz, Alberto.» Participación de la mujer mexicana en la revolución» en *Panorana Social de las Revoluciones de México*. México: Ediciones Jurídico Sociales. 1960. p 241-246

Turner, Frederick.» Los efectos de la participación femenina en la revolución de l910" en *Historia Mexicana* 16 1966-67 p 603-620.

jeres con inquietudes feministas y/o participación destacada en los movimientos revolucionarios como Juana Belén Gutiérrez de Mendoza, Carmen Serdán o Hermila Galindo, pero la poca información sobre ellas no ha permitido aun que cuenten con amplios estudios sociobiográficos que superen el tono laudatorio y conmemorativo.[11]

El olvido y anonimato en el que pasaron la última parte de sus vidas hace de estas mujeres campo virgen para estudios interesantes. Una posible biografía colectiva o estudios individuales seguramente iluminarian nuestra perspectiva del -por otra parte-ya tan conocido fenomeno revolucionario.

Una de las precursoras más importantes es Juana Belén Gutiérrez de Mendoza, nacida en Durango en 1875[12] Opositora del gobierno de Díaz,fue miembro del Club Hijas de Cuauhtemoc, apoyó a Madero y formó parte del Plan de Tacubaya [13] con el triunfo de la Revolución en 1919 colaboró en la organización de una colonia agricola experimental. En 1922 fue directora del Hospital de Zacatecas. En 1924 fue maestra misionera y al año siguiente inspectora e intructora de escuelas federales, y en 1932 inspectora de Escuelas Rurales en Juchipila, Zacatecas y en 1937 fue directora de la Escuela Industrial para Señoritas en Morelia, Michoacán. Murió en la ciudad de México en 1940 [14] A lo largo de toda su vida escribió y publicó sobre política. Además de contar con los varios fragmentos autobiográficos incluidos en la biografía sobre ella que escribió Angeles Mendieta Alatorre, Juana Belén también ejercio la pluma como fundadora, editora y colaboradora del periodico Vesper que apareció en 1902, en 1907 colaboró con Dolores Jimeno y un grupo socialista en la publicación de Anahuac, otro periódico de oposición.[15] Escribio además unas efemérides personales entre 1902 y 1909 y unos apuntes para su autobiografía en 1913. En público 1922 un trabajo titulado *Alto* [16] Esta obra tiene interés tanto porque sirve para conocer el pensamiento de la editora de Vesper como por el prólogo de Concha Michel, otra feminista precursora, autora de *Dos antagonismos fundamentales.*[17]

Macías, Ana. 'Women and the mexican revolution 1910-1920.» *The Americas* Vol XXVII No 1 Julio 1980. p.53-82

Macías Ana. « Antecedentes del feminismo en México en los años veinte» en *FEM* México No 17 febrero marzo 1981.

Ramos Carmen y Ana Lau. *Mujeres y Revolución.* Mexico INAH/INEHRM.1993.

11. En ese tono conmemorativo y laudatorio existen varios estudios:

Mendieta Alatorre Ángeles. *Carmen Serdán* Puebla: Centro de Estudios Históricos de Puebla. 1971

Mendieta Alatorre Ángeles. *Juana Belén Gutiérrez de Mendoza.* México: Era l980

Aguilar Anita. *Carmen Serdan, semilla de la Revolución* México: Editorial Alhambra. México 1986.

Mendoza, María Luisa. *Carmen Serdan* México: Departamento ?Editorial Secretaria de la Presidencia. 1986.

Un intento inicial de ubicar estas figuras en un contexto histórico son:

Cano, Gabriela. « Hermila Galindo» en *FEM* No 72 1988.

Ramos, Carmen . « Carmen Serdán, mujer de su tiempo.» en *FEM* No 74 Año 13 1989 p.25-28

12. Mendieta Alatorre, Ángeles. *Juana Belén Gutiérrez de Mendoza.* México:Impresores de Morelos, S.A. 1983 p.15,18

Soto, Sherlene. *Emergence of the Modern Mexican Woman,* 1990 p.21-34

13. Soto, Sherlene, *Emergence* 1991 p 39.

14. Mendieta Alatorre, Angeles. *Juana Belén Gutiérrez de Mendoza, precursora de la Revolución Mexicana.* México: Editores Morelos 1983 p.66-67.

15. Soto, Sherlene *Emergence* 1990, p29

16. Gutiérrez de Mendoza, Juana B.*Alto.* México: s.e 1950. Prólogo de Concha Michel.

17. Michel, Concha. *Dos antagonismos fundamentales.* México: 1938. Prólogo de Rosendo Salazar.

Gutiérrez de Mendoza se pronuncia en *Alto* contra lo que ella entiende es la desnacionalización de México y considera que existe un movimiento en contra de los valores locales por parte del gobierno, en ese mismo sentido se expresa en el libro que publicó en 1924: *Por la tierra y por la raza*[18].

Allí escribe desde una perspectiva indigenista identificándose como perteneciente a los Caxcanes, grupo zacatecano reivindicador del pasado indígena que aboga por el derecho a «no desaparecer como raza» y a rechazar la cultura occidental impuesta por los conquistadores.[19] La autora considera que el peligro de desaparición de los indígenas es inminente por la creación del Consejo de Cultura Indígena, que según declaración expresa de Jose Vasconcelos, entonces ministro de Educación Pública, tenía por objeto la incorporación de los indígenas a la cultura occidental.[20]

El folleto *Republica Femenina* de la misma autora, es un ejemplo más del tipo de obras que permiten rastrear el pensamiento de las feministas precursoras.

La figura de Belén Gutiérrez de Mendoza ha sido rescatada por Angeles Mendieta Alatorre, ella también feminista destacada y prolífica autora [21]

Otra precursora importante Dolores Jiménez y Muro, redactora de un plan político que incluía la «reivindicación de la raza indígena»[22]. Tampoco ha sido

---

18. Gutiérrez de Mendoza, Juana Belén. *Por la tierra y por la Raza*. México: F.perez Negrete, l924. 119 p.

19. Gutiérrez de Mendoza, Juana Belén. *Por la tierra y por la Raza*. México: 1924 p. 103-106

20. Ibid. p.94

21. Mendieta Alatorre, Angeles. *Actividades estéticas: guia cultural*. México: 1980

Mendieta Alatorre, Angeles. *Carmen Serdán* México: Centro de estudios históricos de Puebla 1971.

Mendieta Alatorre, Angeles. *La casa de la Buena Muerte, novela*. México: UNAM. Coordinación de Humanidades. 1984

Mendieta Alatorre, Angeles,. Cumbre de niebla, novelas cortes. México: Talleres gráficos de la nacion 1952

Mendieta Alatorre. *La dignidad humana y las causas morales de la revolución.* México: 1974

Mendieta Alatorre, Angeles. *Historia de la facultad de contaduria y administración* México: UNAM Facultad de contaduria y administración 1983

Mendieta Alatorre, Angeles.(Jeronima Sol): *Cuentos*. México: Coordinación de Humanidades 1981

Mendieta Alatorre. (Jeronima Sol) *Seleccioneos y fragmentos de su obra literaria* interpretados por Juan Ferrara. mOnterrey N.L Instituto Teccnológico y de Estudios superiores de Mohnterrey. Direccion de Difusión Cultural 1981.

Mendeta Alatorre, Angeles. *Juana Belén Gutiérrez de Mendoza 1875 1942, extraordinaria precursora de la Revolución Mexicana*. México Talleres Impresores de Morelos 1983

Mendieta Alatorre, Angeles. *Margarita Maza de Juárez, epistolario, antología iconografía y efemérides*. México: Comisión nacional para la Conmemoración del Centenario del Fallecimiento de don Benito Juárez. 1972

Mendieta Alatorre, Angeles. *Margarita Maza de Juárez: la dama de la república*. México SEP 1966 082.1 CLP.46-50

Mendieta Alatorre, Angeles.*Métodos de investigación y manual académico*. México:Porrua 1966.1973, 1975 1980

Mendieta Alatorre, Angeles. *La mujer en la revolucion mexicana*. México: Talleres Gráficos de la nación l961.

Mendieta Alatorre, Angeles. *Mundos Cerrados. relatos*. México: Porrua 1971

Mendieta Alatorre, Angeles. *El paisaje en la novela de america*. Prólogo Alberto Delgado Pastor. México: Stria. de Educación Pública 1949

Mendieta Alatorre. *La serpiente, Dios Protector*. sf se. 308 MIS.296

Mendieta Alatorre, Angeles. *Tablada y la gran época de la transformación cultural*. México: Stria. de Educación Pública 1966.

22. Ríos Cárdenas, Maria. *La mujer mexicana es ciudadana* México 1940 p 128

estudiada seriamente, en parte por la escacéz de información sobre su vida y actuación. Nació el 7 de junio de 1884 en Aguascalientes y murió en la ciudad de México en octubre de 1925. En 1911 proclamó un Plan Político Social, con el apoyo de los obreros de Tizapán, San Angel. El plan desconocía al gobierno de Porfirio Díaz por haber suspendido las garantias individuales; en cambio,reconoció a Franciso I.Madero. Pide también una reforma a la ley de imprenta, la supresión de la centralización de la enseñanza y la devolución de las propiedades usurpadas. Las demandas tienen un claro tono a favor de las clases populares que propone la defensa de los indígenas al mismo tiempo que la elevación de los salarios de los trabajadores y su contratación en al menos 50% en compañías extranjeras. Debe señalarse que este plan es más radical en sus exigencias que el del PLM, y si la redactora fue Dolores Jimeno y Muro, su sensibilidad indigenísta y compromiso político estan fuera de duda.

Otra mujer revolucionaria, quizá más militante que percursora, es Hermila Galindo, quien fuera secretaria de Carranza, fue enviada por éste al Congreso feminista de Yucatán en l916, escribió un trabajo para ese Congreso en el que expone sus ideas sobre el feminismo y sobre la participación política de las mujeres.[23] De la misma autora el libro *La doctrina Carranza y el acercamiento indolatino.* [24] En este texto, Galindo revela una admiración ciega por el carrancismo, hace una historia de su génesis, en relación sobretodo con las relaciones internacionales y con los intentos prolatinoamericanistas de Carranza y en contra de la intervención norteamericana en México.[25] Para aseverar su objetividad respecto de la Revolución Mexicana, se apoya en su calidad de mujer, afirmando que por ese hecho no esta «contaminada con los vicios que corroen el alma de los políticos de profesión»[26] La figura de Hermila Galindo tendría que ser analizada con más cuidado para poder evaluar su importancia en la promulgacion de la Ley del divorcio y relaciones familiares promulgada por el gobierno carrancista en 1915. Galindo, como otras feministas antes y después de ella, se preocupó por dar a conocer la realidad mexicana en el extranjero y su labor de difusión y propagandista del carrancismo la llevó a cabo con un verdadero sentido de cruzada en donde lo importante era destacar a Carranza como estadista en política interior y como legislador en cuestiones internacionales. El libro publicado el 10 de mayo de 1919 esta dedicado a su madre, y considera que su obra es «fruto de tantos y tantos sinsabores como he pasado en mi vida, sobretodo en mi vida de luchadora por la emancipación de la mujer en mi país, debido al medio hostil en que la educación ancestral de nuestra sociedad me colocaba,». Este sentimiento de hostilidad social hacia su labor de feminista y promotora de los derechos de la mujer no es original de Hermila Galindo, y puede rastrearse hasta nuestros días.

En estos momentos de polémicas indigenistas e hispanistas y a propósito de la conmemoración de los 500 años de la conquista, quizá podría encontrarse un

23. Galindo, Hermila. *Estudio de Hermila Galindo con motivo de los temasque han de absolverse en el Congreso Feminista de Yucatán el 20 de noviembre de 1916.* Mérida, Yucatán: 1916.

24. Galindo, Hermila. *La doctrina Carranza y el acercamiento indolatino* México: s.e. 1919. en este texto la autora se presenta como directora de la Revista Mujer Moderna, publicada en la ciudad de México. Tambien dice ser Doctora y socia honoraria de la Facultad de Filosofía y Criterio del Instituto Fisotomológico Colombiano.

25. Ibid. p99 Capitulo XIX

26. Ibid. p166

nuevo enfoque y valoración de esos sucesos analizando la relación entre feminismo e indigenismo en aquellos años iniciales. Así pues esta primera generación de feministas, que yo llamo precursoras plantea interrogantes interesantes en razón de su originalidad, en razon de su concepcion de lo que debía ser la participación política de la mujer. Como grupo generacional nacidas antes o al filo de la revolución, seria interesante averiguar también en sus vidas personales que es lo que la revolución significó de cambio y cómo percibieron su propio momento histórico. Si bien estas son preguntas que pueden dar lugar a investigaciones interesantes, lo que por ahora me interesa señalar es el hecho de que este primer feminismo tiene un fuerte tono indigenista y que sus actrices son a la vez historiógrafas en la medida en que reconstruyen, desde su perspectiva, el pasado de la mujer.

2. Las burócratas de partido

Una vez asentados los polvos del movimiento revolucionario, la tarea de construcción del estado exigió el crecimiento de una amplia burocracia. Las burócratas de partido no fueron ajenas al proceso de la consolidación del aparato de gobierno y también participaron en política con propuestas activas para las mujeres, o en organismos abocados a la mujer. En muchos casos, tuvieron una actuación política destacada, con claras reivindicaciones femenistas, y muchas veces, dentro de estructuras partidistas con las que en ocasiones tuvieron relaciones difíciles. En especial, el Partido Comunista y el Partido Nacional Revolucionario fueron el espacio específico en donde ellas participaron, pero sus planteamientos superaron muchas veces la estructura y directrices del partido.

En 1923 se fundó el Consejo Feminista Mexicano, dirigido por Elena Torres y Refugio García, el consejo se definía como;» un organismo especial para tratar los asuntos de las mujeres(y de que) dentro de la gran corriente de todos los problemas hay que meter en un apartado los problemas de la mujer.[27]

Tanto Elena Torres, como Refugio García, están a la espera de una investigación rigurosa que destaque la especificidad de sus planteamientos feministas frente a la línea politica de su partido.[28] Otro tanto puede decirse de Ester Chapa cuya actuación en el partido comunista mexicano fue muy destacada.[29] Para ellas, la abierta participación política fue ya un hecho. Sus demandas y planteamientos tienen un claro tono reivindicativo, que se propone incluir los temas y demandas especificamente de la mujer.

---

27. Tuñón Pablos, Esperanza. Mujeres que se organizan, el Frente Unico Pro Derechos de la Mujer 1935-1938. México: UNAM/Porrúa. 1992.
Nava de Ruisánchez, Julia. *informe que rinde la Stria de Delegación feminista al Congreso de Baltimore ante el Centro Feminista mexicano sobre la comisión que le confirmó ante la Liga nacional de Mujeres Votantes*, s.p.l. México 1922.
28. Torres, Elena. *Un libro de trabajo a traves del curso de seis semanas.Trabajo colectivo de los maestros rurales del Estado de méxico*. México. Editorial Cultura.1937
Torres, Elena. *Las misiones culturales y la educación rural federal* México. 1939
Torres, Elena.*antecedentes de los cursos de orientación para los misioneros encargados del mejoramietno de los maestros rurales*.1937.
29. Macías, Ana.» Antecedentes del feminismo en México en los años veinte» *FEM*. México No 11. NOv-dic. 1979. p.47
Chapa, Ester.*El derecho al voto para la mujer*

Limitadas las más de las veces por las estructuras partidistas en las que se movieron, las burócratas de partido se aliaron con organizaciones internacionales de mujeres, tratando de hacer oir allí sus voces nacionalistas y sus planteamientos feministas que tenían poco eco en su país.[30]

Estas preocupaciones nacionalistas tuvieron también una vertiente de activismo social y organización política de mujeres en los Congresos Feministas Mexicanos de 1931, 1933 y 1934, los cuales, a diferencia de los anteriores, fueron promovidos por grupos de mujeres .[31]

La militancia partidista, y en muchos casos su posterior integración al aparato estatal, me ha llevado a clasificar esta segunda generación de feministas como la generación que pasa del partido al escritorio, puesto que muchas de ellas obtuvieron reconocimiento y participaron en puestos gubernamentales de cierta importancia. Asi pues, estas «burócratas de partido» militaron sobretodo en el partido comunista o en el PNR, o bien en organizaciones no partidarias pero consagradas a la defensa de los derechos femeninos. El ordenaniento para esta presentación obedece, además al orden de aparición de los trabajos que estas mujeres publicaron.

Por ejemplo, Margarita Robles de Mendoza delegada por México a la Comisión Interamericana en 1923, publicó en 1931 La Evolución de la mujer en México.[32] Claramente influenciada por la literatura norteamericana, admira sin embargo a Sor Juana Inés de la Cruz, Leona Vicario y Josefa Ortíz de Domínguez como ejemplos de mujeres ejemplares. La necesidad de que las mujeres cumplan con sus deberes la lleva a plantear que no es posible darles derechos si no se cumple lo anterior, sin embargo, no explicita que se entiende por ese deber femenino. Esto hace que sus posiciones respecto del voto sean más bien moderadas y afirma que las mujeres deben ser «coautoras del progreso y responsables en igual proporcion que ellos de lo que en el mundo acontezca como obra humana integral.» [33] A pesar de su clamor por que la mujer colabore con el hombre, apunta una falta de preparación de la mujer para participar en la vida política, debida, sobre todo, a su inconciencia e ignorancia. Esta convencida de que a la mujer le hace falta sobre todo cultura y que lo demás vendrá por añadidura, pero no explica como.

Matilde Rodríguez Cabo, esposa del Gral. Mújica, opositora del Presidente Portes Gil y miembro destacado del PNR, publicó, en 1937 La mujer y la revolución [34] En este breve trabajo Rodríguez Cabo negó la importancia de la Revolución Mexicana como causa del proceso emancipador de la mujer. Para ella, el proceso de integración de la mujer a la fuerza de trabajo y sus procesos liberadores, son parte del crecimiento del capitalismo y se adhiere decididamente a la interpretación leninista de la historia cuando afirma la necesidad de equiparar a la mujer

---

30. Véase Nava de Ruisánchez, Julia. « Las mujeres Ibéricas e Hispanoamericanas y el « Centro Femenino de Información» en Nava de Ruisánchez, Informe p 25.

31. Macías, Ana. Against all Odds London: Greenwood, Press 1982. p.127. Cano Gabriela. « Congresos feministas en la historia de México» en FEM NO 58 octubre 1987.

32. Robles de Mendoza, Margarita La Evolución de la mujer en México México: Imprenta Galas 1931

33. Robles de Mendoza, Margarita. La Evolución de la Mujer en México. México.s.e. 1931 p.15

34. Rodríguez Cabo, Matilde. La mujer y la revolución México: s.e. (Conferencia dictada en el Frente Socialista de Abogados), 1937.

jurídica y socialmente al hombre, haciéndole factible participar en la edificación del socialismo»[35]

En su visión del papel de la mujer en la historia, Rodríguez Cabo rebela un enfoque global de la historia basada en la lucha de clases y explica la tarea de la mujer en su propio momento histórico, como un deber de las propias mujeres, quienes deben organizarse para su liberación, citando las palabras de Clara Zetkin: «la liberación de la mujer es tarea que corresponde a las mujeres mismas»[36] Su visión historiográfica sobre las mujeres en México la llevó a incluir en este trabajo pequeñas biografías de las mujeres de la generación precedente que participarón en la Revolución. Reconociendo los méritos de las precursoras, reprocha a la Revolución el olvido en que estas mujeres han caído: «Y ¿qué ha hecho la Revolución por todas aquellas mujeres que abnegadametne le brindaron su juventud y sus energías? Muertas muchas de ellas en la miseria, sufriendo privaciones y viviendo solo del recuerdo algunas otras, han sido casi todas relegadas al olvido.»

En Rodríguez Cabo hay una doble perspectiva sobre la mujer, por una parte reconoce la participación de las precursoras al mismo tiempo que asigna a su propia generación una tarea activa de organización y lucha. Su visión marxista de la historia sustenta esta perspectiva.

Concha Michel, es una distinguida miembro del partido comunista cuya importancia radica, para los propósitos que aquí nos interesan, en ser la autora de un libro que pretendió en su momento dar una explicación teórica del origen del feminismo. En *Dos Antagonismos fundamentales* publicado en 1938[37] Concha Michel apoya la tesis de Engels sobre la división sexual del trabajo y apunta dos antagonismos fundamentales: el que se da entre la mujer y el hombre y el que se da entre las clases. En su texto incluye una clasificación de las épocas históricas respecto a la mujer, apoyada en Pablo Lafargue, afirma que al matriarcado lo substituyó el patriarcado y más tarde el feudalismo, sistemas estos dos últimos dañinos para la mujer[38] Usando una forma tradicional de catecismo, es decir de preguntas y respuestas en su ensayo *Igualdad sobre Desigualdad,* presentado en el Instituto Revolucionario Femenino el 28 de septiembre de 1936[39] plantea la necesidad de que la mujer se responsabilice por el mejoramietno de la calidad, no la cantidad de su producción, es decir de los hijos. El argumento, avanzado para su época, queda ampliado en lo que considera otra necesidad urgente, el que la mujer» participe en la administración de los medios de subsistencia sin que por ello esté obligada a participar en esta produccion igual que el hombre.» Concha Michel se pronuncia por una economía que armonice a todas las fuerzas que componen la vida y en donde hombre y mujer funcionen de manera autónoma[40]

Según Concha Michel, el antagonismo entre hombre y mujer se originó con el antagonismo de clase y no va a desaparecer aunque desaparezca éste. Michel propone la substitución del capitalismo por un sistema de tipo natural en el que

---

35. Rodríguez Cabo, *La mujer,* 1937, p 9

36. Rodríguez Cabo, Matilde. *La mujer y la revolución* 1937 p15

37. Michel, Concha. *Dos Antagonismos fundamentales.* México : Camara de Diputados 1938

38. Michel, Concha. *Dos...* 1938 p26-33 Sobre Concha Michel véase: Cardona, Patricia. « Concha Michel» en *FEM* año 9 No 42. Octubre- Noviembre 1985.

39. Michel Concha. *Dos...* 1938 p.35

40. Michel, Concha. *Dos...* 1938. p 46

ambos, hombres y mujeres administren los medios de subsistencia. En su obra sigue, en términos generales, los planteamientos marxistas sobre el problema de la mujer, con una gran admiración por Clara Zetklin y Alejandra Kollontai. Llevada seguramente de la influencia soviética, propone el establecimiento de una Casa Escuela de la mujer trabajadora en donde se le enseñen diversos oficios y se le dé asistencia para sus hijos. Estas Casas Escuelas, estarían patrocinadas por el apoyo directo del presidente Lázaro Cárdenas, pero una vez establecidas sus utilidades se distribuirían en: 30% a las alumnas productoras, 20% como fondo de emancipación o ahorro y 50% para el sostenimiento y fomento de la institución.[41]

Por otra parte, la influencia indigenista en el feminismo de Concha Michel se expresa sobre todo en la parte literaria de su obra, donde usando de la poesía, plantea reivindiaciones para los indígenas.

Una publicación también temprana, pero partiendo de una perspectiva mucho más tradicional, casi diríamos «de beneficencia», es el trabajo de Adela Formoso de Obregón Santacilia, *La mujer mexicana en la organizacion social del país*.[42] Publicado en 1939 y escrito en forma que pretende ser poética empieza con la creación según la mitología azteca rescatando la figura de Matlixochitl y luego la de la Malinche «Por el amor de un pueblo, la mujer marcó el signo de una conquista en que Cortés se llevó la gloria[43]. Argumenta que el nacimiento del pueblo mexicano se lleva a cabo en el siglo XVII y rescata la figura de Sor Juana. En su recorrido de mujeres mexicanas ilustres,la siguiente figura histórica en la que se detiene es Leona Vicario apoyada en Genaro García y Carlos María de Bustamante. El tono es eminentemente panegírico y explica la participación de la Vicario en la independencia como el producto de una crisis personal: «de espiritu enorme, sintió ese dolor en que la colonia tenia a los criollos indios humillados, maltratados cruelmente y a la mujer no se le tomaba en ninguna consideración, y entonces se resolvió heróicametne a ayudar a la causa, aún a costa de su propia vida.»[44]

Publicando en l939 señala que ha trascurrido un siglo desde que Leona Vicario murió y se pregunta que han hecho en tanto tiempo las mujeres mexicanas.

«Nosotras deberíamos ser sembradoras de estrellas, en el cielo tan azul, para recoger en nuestras pupilas el aire tibio de la noche y enjugar así las lágrimas que caen en las manos de las madres, derramadas por el llanto de los hijos, que nos esperan con los brazos abiertos, para darles la vida enorme y liberadora del espíritu.» Acusa a la mujer de su época de egoísmo por no oir el llamado de los niños que se mueren de hambre,por olvidar al niño en su parte psíquica [45] También se lamenta de la situación en las carceles y pide que las mujeres se ocupen del asunto. Pide se visiten las casas hogares, los tribunales de menores: «Cuando hemos ido con las obreras y campesinas y les hemos dicho: aquí estamos nosotras, tus hermanas, cuéntanos tus penas y les hemos dado amor y semillas». El trabajo de Adela Formoso de Obregón Santacilia es un ejemplo de la culpabilidad de las

41. Michel, Concha. _ *Dos...* 1938. p.93-91.
42. Formoso de Obregón Santacilia, Adela. *La mujer en la organización social del pais.* México: Talleres Gráficos de la Nación 1939
43. Ibid p.11
44. Ibid p. 19
45. Ibid p 24

buenas conciencias por el tono de lamento en el que está redactado, pero en cuanto a su contenido es rescatable como un ejemplo de los planteamientos con preocupación social que más adelante adoptó el estado mexicano. Al mismo tiempo, enmedio de su tono cursi y grandilocuente, tiene un mensaje igualitario en el que, como otras de sus contemporáneas, se apoya para pedir el voto:

«Aquí estamos nosotras, mujeres, que pedimos el voto. ¿Por qué no se nos ha dado? Ese es uno de los grandes derechos que tenemos como organizadoras de la sociedad futura. Queremos el voto. ¿Por qué pedimos el voto? Porque las leyes, entiendo yo, son para todos los hombres y para todas las mujeres, y todos tenemos los mismos derechos. Y tenemos el deber de acatar esas leyes, justo es que nosotras designemos a hombres o mujeres, dignos, para que dicten y apliquen esas leyes.[46]

Perteneciente al momento del tránsito entre feministas precursoras y burócratas de partido María Ríos Cárdenas, quien fue nombrada por Emilio Portes Gil jefe del sector femenil del PNR, en su trabajo *La mujer mexicana es ciudadana,* dejó un testimonio importante sobre el Congreso Femenino de 1934 y las facciones políticas al interior del mismo.[47] Lo interesante del trabajo de Ríos Cárdenas, desde un punto de vista historiográfico es que arroja luz sobre los matices del pensamiento de la autora, quien declara que su proyecto feminista consiste en la cooperación entre el cerebro y el corazón del hombre, haciendo desde luego una equiparación de cerebro con hombre y corazón con mujer. Al mismo tiempo reclama una igualdad de derechos políticos entre hombres y mujeres [48] El trabajo presenta además una organización un tanto caótica que resulta al mismo tiempo interesante. La autora oscila entre una narracion mas o menos cronológica y organizada de los congresos en los que participó y consideraciones sobre la mujer, su historia, y menciones de mujeres destacadas en el plano universal y mexicano en particular. El texto es una fuente necearia para el análisis tanto del contenido político del feminismo en los años treinta y cuarenta, como del estilo periodístico en el que se mezclan tanto consideraciones teóricas como noticias y reflexiones sobre los acontecimieintos del momento.

Otro testimonio del mismo tipo es el de Artemisa Saenz Royo, quien preocupada por rescatar su testimonio del movimiento feminista en Mexico publico en l954 su *Historia politico-sical cultural del movimiento femenino en Mexico* [49]. Bajo el pseudonimo de Xochitl, la trabajadora social y periodista veracruzana escribió, una serie de biografías en las que rescata a feministas precursoras y mujeres destacadas incluyendose ella misma en el libro como otra mas de las mujeres mencionadas, aspira a la objetividad y describe en tono triunfalista la lucha política por alcanzar el voto. Al igual que Gutiérrez de Mendoza se identifica con el pasado prehispánico y de modo especial con Xochitl, la reina azteca descrubridora del pulque que se convierte en su homónima.

---

46. Ibid. p27
47. Ríos Cárdenas, María. *La mujer mexicana es ciudadana.* Historia con fisonomia de novela de costumbres.México 1940 p 134
48. Ríos Cárdenas, María. *La mujer mexicana es ciudadana* México 1940 p 56
49. Saenz Royo, Artemisa. *Historia político social cultral del movimeinto femenino en México.1914-1950.* México: Ed. M.León Sánchez, l954.

En los años cincuenta, alrededor de la lucha por el sufragio femenino existieron también múltiples publicaciones, pero en su gran mayoría son tomas de posición y exordios encaminados a la obtención del voto.

Con la celebración de los 50 años de la Revolución Mexicana, se publicó una serie de volúmenes que evaluaban los cambios traídos por la revolución, ademas de la publicación oficial en la que se evaluaba la participacion de la mujer, aparecieron también otros trabajos.[50]

Un primer intento por hacer un estudio serio de la actuación de la mujer en la Revolución Mexicana, es el de Angeles Mendieta Alatorre, publicado en 1961.[51] El libro de Mendieta Alatorre consiste en una recopilación sistemática de las mujeres basado en el archivo de la Stria. de la Defensa. Ademas de incluir una lista de mujeres veteranas, proporciona datos biográficos sobre Belén Gutiérrez de Mendoza, Carmen Serdán y otras de las heroínas revolucionarias.Escrito con ciertas pretensiones literarias y basado en su mayor parte en fuentes primarias es el mejor trabajo elaborado hasta ese momento sobre el tema, a pesar de que no logra desprenderse de la visión oficial y conmemorativa, -de heroínas de bronce,- diria Luís Gonzalez. Mendieta afirma que la causa mas importante para la participación de la mujer en la revolución fue la preocupación femenina por la justicia social y fundamenta esta afirmación con breves biografías de mujeres que lucharon contra la injusticia social.[52]

Con preocupaciones ya no conmemorativas sino de análisis económico, el trabajo de ifigenia Martínez de Navarrete *La mujer y los derechos sociales,* se publicó 1969.[53] Este libro parte de la perspectiva de un nuevo papel para la mujer en la sociedad y hace un análisis de las funciones de la mujer en la industria, en el hogar, en las aulas y en el trabajo. Reconoce que la función mas importe de la mujer es la procreación y plantea que el cuidado de los hijos debe compartirse con el hombre.[54] No está de acuerdo en que se menosprecien las labores domésticas porque se «va desvirtuando una función que como esposas y madres les impone la naturaleza y cuyo desempeño es esecial para lograr la armonía y el calor del hogar»[55]

Sobre le mujer en las aulas lamenta que las familias den preferencia a la educación de los hijos sobre la de las hijas y argumenta que la educacion superior»

50. Vease *México, ciencuenta años de Revolución* 4 vols. México: FCE.1960.
Formoso de Obregón Santacilia. *Ha nacido una nueva mujer mexicana?* México, s.e. 1962 En el mismo tono cursi que le es característico se congratula del nacimiento de una nueva mujer, más activa e involucrada en cuestiones sociales. Trata de rescatar las conductas femeninas dándoles un signo positivo.
« Se ha reperido incansablemente que la mujer mexicana se caracteriza por virtudes pasivas: la sumisión, la mansedumbre, la resignación. Al definirla así, se cae en un error grave. No son virtuders pasivas, son Activas. Esa actitud silenciosa y tranquila es serenidad, lo que equivale a decir maduración espiritual, alzamienhto o rebeldia de la concienia que desdena la pugna esteril y se reviste de fortlaeza y sabe aguardar, segura de que la razón y el derecho se inmpondran al cabo.p.9
51. Mendieta Alatorre, Angeles. *La mujer en la Revolución Mexicana.* México: Instituto de Estudios Sociales de la Revolución Mexicana. 1961.
52. Mendieta Alatorre,Angeles. *La mujer en la Revolución mexicana.* México: Instituto de Estudios Históricos de la Revolución Mexicana. 1961. p.142-147,154-156.
53. Martínez de Navarrete, Ifigenia. *La mujer y los derechos sociales.* México: Oasis 1969.
54. Ibid. p 23
55. ibid p. 24
56. Ibid. p28

capacita al ser humano para ser más productivo y eficiente»[56]. Considera importante la edcuación de la mujer por la influencia que ejerce en las conductas de los
hijos: «aun cuando la educación femenina no se refleje en un incremento inmediato en el valor de la producción y del empleo, tiene efectos inapreciables para
la familia y la sociedad.»[57]

Sobre la mujer en el trabajo enfatiza el hecho de que hay renglones en los que
es mas favoreable el empleo de mujeres que de varones y señala el aumento en
el número de mujeres preparados que retornara a la fuerza de trabajo una vez
concluida su función reproductiva. «Sin embargo, dadas las características de
nuestra realidad, resulta un hecho negativo que corresponda a la mujer un 65.5
por ciento en el conjunto que tiene como ocupación principal la prestación de
servicios personales en hogares e instituciones.[58]

En la segunda parte del libro. Ifigenia Navarrete señala las obligaciones del
estado hacia la mujer. 1. salud pública, atención medida, nutrición y educación hi-
giénica. 2. protección social y ambiental a la familia mediante programas de seguridad social, vivienda popular y recresación colectiva 3. Educación pública orientada hacia la capacitación para el trabajo y el disfrute y generalización de la cultura. 4. Una política de empleo, ya que el trabajo contituye la fuente principal del
ingreso familiar.[59]

De hecho, el libro presenta todo un programa de actividades para la mujer y
es una buena fuente para estudiar las posiciones ortas sobre la mujer en ese
momento.

Las publicaciones oficiales con ese tono de «funcionaria destacada» han abun-
dado y sobre todo alrededor del año internacional de la mujer a parecieron varias.[60]

3. Las académicas feministas

Las académicas feministas son en su gran mayoría profesoras universitarias
y miembros de la generación de 1968, y/o de grupos feministas de los años
setentas.Sus planteamientos sobre la necesidad de una historia de la mujer no son
del todo originales, sus abuelas las feministas precursoras, ya expresaron algunos de ellos.El primero ha sido el señalamiento de la necesidad de rescatar a las
mujeres como actores sociales, históricos,[61] Se habla de acercarse al tema de
mujer con una nueva mirada, de dar a la mujer una imagen real de si misma, no
distorsionada y de otorgarle una memoria colectiva a las mujeres en cuanto que
grupo social especifico [62] El señalamiento de que es necesario «invertir la jerar-

57. Ibid. p 28
58. Ibid p 39
59. Ibid. p49
60. Véase por ejemplo: *Presencia de la Mujer Revolucionaria en la Vida de México*. Memoria.
México PRI. Consejo Nacional para la participación de la Mujer. Secretaría de Capacitación Política. 1987.
    Galena de Valades, Patricia. *Seminario sobre la participación de la mujer en la vida nacional.*
México: UNAM. 1989.
61. Ramos Escandón, Carmen. «Mujer e Historia en México, ¿un amor imposible?» en *Encuentro revista del Colegio de Jalisco*. Vol 2 No 5 Octubre-Diciembre 1984. p.7-22
62. Tuñón Pablos, Julia. *Mujeres en México:una historia olvidada* México: Editorial Planeta 1987 p 12

quía de datos relevantes en la historiografía, revisar el bagage metodológico tradicional y ampliar los campos de investigación histórica»[63]. De manera sintética puede decirse que el cambio de perspectiva propuesto subraya la necesidad de rescatar a las mujeres como actores sociales y de explicarlas en razón de problemas específicos que les conciernen en cuanto que mujeres. Se habla así con certeza de que una historia de mujeres es posible.[64] Al hacer de la mujer el objeto de investigación, se cambia el enfoque y el tipo de temáticas analizadas. Sin embargo, a pesar de la necesidad de un cambio de enfoque, y del señalamiento de que es necesario prestar atencion a la historia de las mujeres y más aun a la historia de las relaciones entre los generos, son aun muy pocos los estudios que tomen en cuenta estas indicaciones.[65] Ha sido mas común la aparición de bibliografías generales sobre el tema de la mujer y de estudios globales que desde una perspectiva de historia narrativa que pretenden contribuir al rescate de las mujeres como actores históricos.

Las bibliografías obedecen a un intento de rescate de las fuentes sobre el tema mujer y no establecen subtemáticas específicas, por lo que su utilidad es limitada.[66]

En cuanto a las visiones globales sobre la mujer en la historia de México, han aparecido *Presencia y Transparencia: la mujer en la historia de México* y *Mujeres en Mexico, una historia olvidada*[67]. El primero consta de 9 ensayos que cubren, en proporcion desigual desde el prehispanico hasta el siglo XX. Se trata de ensayos basados en investigaciones rigurosas[68] sobre las que sería muy necesario aun profundizar y cuyo aporte más importante es el de señalar problemáticas de investigación futura, se interroga más que se responde sobre temas y momentos específicos de la historia mexicana. Los diversos ensayos muestran la importancia, a traves de varios periódos de problemas como «la socialización de la mujer

63. Radkau, Verena.» Hacia una historiografía de la mujer» *Nueva Antropología, Revista de Ciencias Sociales* Vol VII No 30 Noviembre 1986. p.78

64. Al comentar el libro del mismo titulo: *Une histoire des femmes est-elle possible?* editado por Michael Perrot. Paris: Rivages l984, Fernando Nuñez plantea que la división de roles y la relación entre lo masculino y femenino serían las metas de investigación o que seplantean la historia del imaginario y la etnohistoria, sin por ello situarse en un plano feminista y lamenta el que aun los trabajos de historiadoras feministas no puedan apartarse de temáticas concernientes al cuerpo, a la maternidad, afirmando asi el cuestionado concepto de la naturaleza femenina. Nuñez, Fernanda. Es posible hacer una historia de las mujeres? en *Historias* No 16. Enero-Marzo, l987 p.37,42

65. Un estudio reciente que parte de la premisa del género es Stern, Steve J. *The Secret History of Gender. Women, Men and Power in Late Colonial Mexico.* Chapell Hill: University of North Carolina Press, 1995.

66. Arbeláez A.M Soledad, Concepción Ruíz Funes et al. *Bibliografía comentada sobre la mujer mexicana.*Dirección de Estudios Históricos. Instituto Nacional de Antropología e Historia. 1988.

Bartra, Eli, et al. *Mujer: una bibliografia: Mexico.* México: Universidad Autónoma Metropolitana. Xochimilco s.f.

Parcero, Ma de la Luz. *la mujer en el siglo XIX, en México.* México:Instituto Nacional de Antropología e Historia.

Senties de Ballesteros, Yolanda. *La mujer de México, bibliografía.* México: Departametno del Distrito Federal. Grupo Promotor Voluntario l975.

67. Ramos Escandón Carmen, ed. *Presencia y transparencia: la mujer en la historia de México* México: El Colegio de méxico l987.

Tuñón Pablos, Julia. *Mujeres en México, una historia olvidada* México: Editorial Planeta l987. (Mujeres en su Tiempo)

68. Lavrin, Asunción. «El segundo sexo en México» en *Mexican Studies/Estudios Mexicanos* 5(2) Verano 1989 p.309

a través de la educación, y las formas de control social contenidas dentro de las instituciones de la familia, la iglesia y la legislación.»[69]

Mujeres en México, una historia olvidada, siendo obra de una sola autora tiene mayor homogéneidad y se puede decir que se trata de una visión panorámica de la historia de México, pero desde la perspectiva de rescatar a la mujer. Siguiendo un ordenamiento cronológico tradicional de prehispánico, colonia, siglo XIX y XX, Julia Tuñón presenta una primera lectura general de la historia de México «en femenino» rescatando la presencia de la mujer en los ámbitos más diversos. El libro muestra que aun a nivel de fuentes secundarias las mujeres estan allí, pero que es necesario buscarlas para descubrir una presencia que plantea cada vez mayor número de interrogantes. También con ánimo de rescatar la presencia de la mujer en la historia de México han aparecido recientemente colecciones documentales. La más importante es *El Albúm de la Mujer.* Se trata de 4 volumenes de documentos sobre mujeres. A pesar de que su título es desorientador por reproducir el de una publicación periódica decimonónica, el intento es encomiable porque muestra que existen fuentes para la historia de la mujer, y esta primera recopilación inicial sin duda abrirá nuevas interrogantes.[70] Del mismo corte es el libro *El feminismo ante el siglo XIX* en donde re recogen una serie de artículos de Horacio Barreda aparecidos en la *Revista Positiva.*[71]

En un sentido general, puede decirse que los trabajos de las académicas feministas obedecen ya a preocupaciones de tipo profesional y que su calidad historiográfica es muy superior a los trabajos de sus precursoras, o las burócratas de partido quienes estaban más preocupadas por el argumento político de sus planteamientos que por el rigor académico de sus investigaciones. Con la generación de las académicas feministas puede decirse que se ha llegado a una verdadera profesionalización de la historia de la mujer en México, sin embargo el campo es aun muy nuevo y es necesario establecer problemáticas y prioridades de investigación, pues es justamente la falta de homogeneidad lo que sería la característica principal de los estudios sobre historia de la mujer en los años recientes.

En un sentido general, puede decirse que pese a la novedad del tema, la historia de la mujer ha seguido las líneas de la historiografía tradicional. Como en otros aspectos de la historiografía mexicana, la colonia es sin duda el tema mas socorrido, el mayor número de estudios, tanto de mexicanas como de nortemericanas y aun de chicanas, se concentran en la colonia. La historiadora precursora -que no feminista- indiscutida es Josefina Muriel, quien ya en 1946, publicó su primer estudio con temática femenina.[72] y aunque afirma estar «libre de preocupaciones

---

69. Ibid. p 310
70. *El albúm de la mujer* México: CNCA/INAH. 1991.
Vol I Epoca Prehispánica. Enriqueta Tuñón, compiladora
Vol 2. Epoca Colonial.Marcela Tostado, compiladora
Vol 3. Siglo XIX 1821-1872. Julia Tuñon, compiladora.
Vol 4. Porfirismo y Revolución. Marta Rocha, compiladora.
71. Alvarado, Lourdes. *El feminismo ante el siglo XIX una visión positiva.* México UNAM. 1991.
72. Muriel Josefina. *Conventos de Monjas en la Nueva Espana.* Editorial Santiago. México. 1946.
Muriel, Josefina. *Las indias caciques de Corpus Christi.* México.UNAM.1963.
Muriel, Josefina.»Notas para el estudio de la historia de la educación de la mujer durante el virreinato» en *Estudios de Historia Novohispana.* Vol V 1974 p. 97-110

feministas,»[73] Josefina Muriel se interesó por diversos aspectos de la vida de la mujer en la Nueva España, destacando sobre todo las instituciones y legislación que tendían a la protección de la mujer. Los conventos, los colegios, los recogimientos, son los temas privilegiados. Por el tipo de fuentes usadas y por las temáticas escogidas, se nos entrega así una primera visión de las mujeres coloniales de la clase alta, españolas o indígenas, pero integradas siempre a las instituciones en las que se les protege y se les prepara para una forma de vida occidental y cristiana.

El tema de la educación femenina y la vida cotidiana es el tema de los trabajos de Pilar Gonzalbo que supera las temáticas de la Muriel al subrayar la presencia de otros grupos de mujeres, las «indias, criollas y otras más», las mujeres de los grupos populares. El libro de Gonzalbo: *Las mujeres en la Nueva España: educacion y vida cotidiana*[74] demuestra como el proceso educativo colonial fue modificándose a lo largo del tiempo, de una educacion primordialmente religiosa hacia una ampliación de estudios prácticos para todos los grupos sociales y para los dos sexos. buscando hacia el final del siglo XVII la capacitación de hombres y mujeres para un trabajo mas productivo.[75]

Haciendo uso de sermonarios, confesionarios y una variedad de fuentes, Gonzalbo modifica la idea comúnmente aceptada de que el único fin de la educación femenina era el fomento de un sentimiento religioso, y aunque afirma que en la sociedad colonial el matrimonio y el claustro se consideraban el destino ideal de las mujeres, sin embargo no fue esa la única opción para la mujer novohispana pues muchas mujeres solteras y «malcasadas fueron aceptadas en el ambiente al que por su familia pertenecían». La educación de la mujer en la colonia no la preparó para la independencia y la libertad, sino para la obediencia y el sometimiento y las mujeres coloniales «se adaptaron a un mundo esencialmente masculino en el que los instrumentos de dominio -la espada o el dinero- pasaban por las manos de los hombres.»[76]

La religión parecería ser entonces el espacio de la mujer en el mundo colonial y Jean Franco así lo supone cuando afirma que es en el espacio de la religión, del convento en donde las mujeres se complotan para tramar la posibilidad de un espacio para sí mismas.[77]

Es justamente el funcionamiento de los conventos y su importancia económica los temas a los que se ha asomado Asunción Lavrin,[78] quien concluye, que a

Muriel, Josefina. *Los recogimientos de mujeres, una respuesta a una problemática social novohispana.* México: UNAM. 1974

Muriel, Josefina. *Cultura Femenina Novohispana.* México: UNAM/Instituto de Investigaciones Historicas.1982

73. Muriel Josefina. « La experiencia personal en estudios de la mujer en Nueva Espana» en *Historia Mexicana* Vol 34 No 3 Enero-marzo 1985

74. Gonzalbo Pilar. *Las mujeres en la Nueva España: educación y vida cotidiana.* México: El Colegio de México.1987.

Gonzalbo, Pilar. *La educación de la mujer en la Nueva España.* México: SEP/Cultura. El Caballito. 1985.

75. Gonzalbo, l987. p. 9

76. Gonzalbo, l987 p 293

77. Franco, Jean.*Plotting women* Gender and Representation in Mexico. New York: Columbia Unviersity Press 1989. p.3-22 En español: *Las conspiradoras.* Mexico FCE 1994.

78. Lavrin, Asunción.» «Ecclesiastical reform of nunnaries in New Spain in the Eighteen century» *The Americas* Vol XXIII No 2 Octubre 1965 p 182-203.

pesar de las restricciones que la religión y la tradición impone a la mujer, su papel económico y social, sobre todo en el ámbito conventual resultaban cruciales en la colonia.[79]

La voz de las mujeres coloniales o el tema que se ha tratado de rescatar en varios estudios recientes, a traves de cartas, juicios inquisitoriales o manuscritos,[80] los resultados preliminares son sorprendentes: a pesar del poco espacio para expresarse, las mujeres tuvieron oportunidad de hacerlo en formas diversas, que en su momento fueron calificadas de histéricas, o de heréticas; pero según una moderna interpretación, este discurso constituyó un espacio de las mujeres que les permite la entrada al imaginario colectivo.[81] La afirmación es sugerente, pero merece la pena una mayor investigación de casos concretos de mujeres beatas o místicas. La importancia de rescatar las vidas y el discurso de estas mujeres radica en la relación entre sentimiento religioso y sensualidad, entre erotismo y religión.[82] Si como sugiere Jean Franco el espacio de la cultura de la mujer es el convento y la vida religiosa, nos hace falta saber cuales son las relaciones de poder, entre las mujeres en los conventos. No basta conocer el funcionamiento económico de los conventos, habría que meterse en las celdas y descubrir la intimidad de las monjas, sus relaciones con su cuerpo, con sus compañeras, los posibles lazos entre las mujeres: adminsitrativos, eróticos, de autoridad, etc.

Para ello es necesario rescatar, en la medida de lo posible las palabras de las mujeres mismas, su discurso.

La palabra de la mujer es precisamente el objeto de estudio de Patricia Seed[83] en cuanto a su importancia como testimonio en los juicios sobre incumplimiento de promesas matrimoniales. Seed señala como hay un cambio en el peso que se concede a los testimonios femeninos a lo largo del periodo colonial, volviéndose cada vez mas débil hacia fines del siglo XVIII y señala también como cambia el

Lavrin, Asunción. *Problems and policies in the admnistration of nunneries in Mexico* Tesis. Harvard Unviersity. 1971

Lavrin, Asunción. « La riqueza de los conventos de monjas de Nueva España. Estructura y Evolución durante el siglo XVII en *Cahiers des Ameriques Latines* No 8 Paris 1973

Lavrin, Asunción.»In search of the colonial woman in Mexico, the seventeenth and Eighteen Centuries» en *Latin American Women, historical perspectives Greenwood Press 1978. Traducido como Mujeres latinoamericanas, perspectivas históricas* México: FCE. l985

Lavrin, Asunción y Edith Couturier «Dowries and wills: a view of women's socioeconomic role in Colonial Guadalajara and Puebla, 1640-1790. *Hispanic American Historical Review* Vol 59 No 2 mayo l979 p.280-305.

79. Lavrin, Asunción. «Women in convents, their economic and social role in colonial Mexico» en Berenice Carroll, editora. *Liberating women's history* London: Greenwood Press. 1976 p 250-277.

80. Lavrin, Asunción y Coutourier, Edith. «Las mujeres tiene la palabra: otras voces en la historia colonial de México» *Historia Mexicana* 31 2 l981

Alberro, Solange. «Judias, ilusas y falsas beatas» en Carmen Ramos editora. *Presencia y Transparencia: la mujer en la historia de México*. México El Colegio de México 1987.

Ramirez Leyva, Edelmira. *María Rita Vargas, María Lucía Celis, beatas embaucadoras de la colonia*. México: UNAM. 1988

81. Franco, Jean 1989. p 21

82. Sobre la sexualidad colonial véase: Lavrín, Asunción (ed) *Sexualidad y Matrimonio en la América Hispánica: siglos xvi-xviii*. México:CONACULTA/ Grijalbo,1991.

83. Seed, Patricia. *To Love, honor and obey in colonial Mexico*. Stanford, California.Stanford University Press. 1988. *Amar honrar y obedecer* México: CONACULTA/ Grijalbo 1991.

Seed Patricia. « Las promesas de matrimonio y el valor del testimonio de la mujer en el México colonial.» *Cristianismo y sociedad* No 102 1989 p 39-60.

papel de la iglesia a partir del fin del siglo XVII cuando en vez de guardar el honor de las mujeres, prefiere defender los privilegios de clase.El problema sin duda, se relaciona con la estructura del estado colonial tanto como con la situación de las mujeres.

También el honor de las mujeres, los ataques al mismo, es el tema del libro de Carmen Castañeda *Violación Estupro y sexualidad:* Nueva Galicia 1790-1821. Centrándose esta vez en el periodo de pre independiente, Castañeda rescata un material importante para tipificar a los delincuentes de delitos sexuales contra la mujer.[84]

Por lo que se refiere al siglo XIX, los trabajos de Silvia Arrom, Jean Pierre Bastian, Francois Carner, Verena Radkau y Carmen Ramos han demostrado la importancia de la situación de la mujer al referirse a diversos momentos y temas del siglo XIX.[85] Mientras Françoise Carner se pregunta quiénes eran los que expresaban los conceptos vigentes acerca de la mujer y concluye que el ideal de una mujer virtuosa y dedicada al hogar prevalece en las clases altas y medias, pero no atiende a las necesidades de las mujeres trabajadoras, a pesar de que los bienpensantes escritores de mediados de siglo ponen su confianza en la educación de la mujer como una forma de rescatarla de su situación.

Tomando como base los cambios económicos y demográficos de fin de siglo mexicano, el artículo: Señoritas Porfirianas señala las diversas actividades a las que se dedicaban las mujeres de fin de siglo y como la legislación de la época diferencía entre los hombres y las mujeres en lo que se refiere a las obligaciones conyugales, para concluir que este proceso reafirmó una ideología de lo femenino en donde la dependencia y la sumisión forman parte medular de la femeneidad. Con semejante conclusión coincide también Radkau en su trabajo sobre las mujeres populares del Porfiriato.[86] Bastian, por su parte demuestra como las sociedades protestantes que se instalan en Mexico en fines del siglo, particularmente las metodistas, proponen como modelo de femeneidad a una mujer que se integre a las actividades del capitalismo en expansión y coinciden con los pensadores liberales sobre la necesidad de instrucción de la mujer.

Aunque estos problemas tienen indudable relevancia en el proceso de construcción del genero femenino a fin de siglo pasado en México, quedan aun muchos problemas que resolver sobre la situación de la mujer porfiriana.

Silvia Arrom señala que el ideal de comportamiento femenino el asi llamado marianismo, no es producto de la herencia catolica latinoamericana, sino una variante del victorianismo introducido en la segunda mitad del siglo XIX.[87] El argumento es discutible por varias razones, si el victorianismo es la escisión de lo femenino en santa/puta, esta dicotomía aparece ya antes de fin de siglo, aunque se acentúe entonces. Por otra parte, la lucha de la Iglesia y el estado por el control de la sociedad civil, necesariamente tuvieron que afectar a las mujeres, y este problema aun no ha sido analizado. ¿Qué ocurrió por ejemplo con las mujeres en

84. Castaneda, Carmen. *Violación, estupor y sexualidad* Guadalajara, Editorial Exágono1989.

85. Carner, Françoise. «Estereotipos femeninos en el siglo XIX», Bastian, Jean Pierre «Modelos de mujer protestante, ideología femenina y educación religiosa», Ramos Carmen «Señoritas Profirianas» en Ramos Carmen et all. *Presencia y Transparencia.* México: El colegio de México 1987, Radkau Verena. *Por la debilidad de nuestro ser.* México: Ciesas 1989.

86. Radkau, Verena. *Por la debilidad de nuestro ser.* México CIESAS 1989.

87. Arrom, Silvia. *Las mujeres de la ciudad de Mexico.* México Siglo XXI Editores. 1988.p317

el proceso de reforma con el cierre de conventos y la pérdida de importancia de los mismos? ¿Qué significó esto para las mujeres exclaustradas?

Contamos con pocos instrumentos para responder a esta pregunta, uno de ellos son las Memorias de Concepción Miramón[88] quien habla de la vida en el interior del convento en la época de la Reforma. De acuerdo con ella, a pesar de al perdida de importancia de los conventos, como institución, las conductas femeninas alli postuladas siguen siendo vigentes hasta bien entrado el siglo XIX en algunas regiones. Sólo a través de estudios específicos que reinterpreten la relación Iglesia Estado desde los efectos para el proceso de formación de genero, podremos responder a la pregunta de cómo una sociedad laica, o que aspira a serlo modifica o no sus planteamientos sobre la mujer.

Por otra parte, la relación entre industrialización y mujer, que ya se ha estudiado para el caso europeo, aun nos es desconocida para México.[89] y si queremos conocer los efectos a largo plazo de la incorporación de la mujer a la fuerza de trabajo, resulta indispensable conocer el caso de las primeras etapas de este proceso, que se remontan justamente al siglo XIX.

Al mismo tiempo, si no conocemos los antecedentes de las organizaciones de mujeres, de los planteamientos del feminismo de fin de siglo, de las actividades femeninas, es difícil entender cabalmente la participación de la mujer en la revolución, y sobretodo sus efectos como fenomeno social en la condición de la mujer.

Aunque el tema de la revolución en la lucha armada ha sido ya tratado,sin duda quedan aspectos por analizar, pero lo que a mi juicio resulta mas relevante como problema histórico es explicar qué efectos tuvo la revolucion sobre la mujer en el largo plazo, y ver en que medida su paraticipación en la lucha armada modifico la cultura política de la mujer.

Hasta ahora, la participación de la mujer en la vida política se ha analizado sólo en forma de esquemas de votación[90]

---

88. Lombardo de Miramón, Concepción. *Memorias* México: Editorial Porrúa 1980

89. Como se sabe los efectos de la industrailización en la vida familiar y en particular en las mujeres ha sido objeto de una polémica que ya resulta clásica. Podria sintetizarse en dos perspectivas antagónicas: 1. La situación de la mujer empeora con el capitalismo, postulada por Clarck, Alice. *Working life of women in xviii century London.* New York: Routledge Kaegan, Oaul, l982 (original publicado en 1919). 2. La situación de la mujer mejora con la industrialización y la integración de la mujer a la fuerza de trabajo asalariada. Esta proposición la postuló inicialmente Ivy Pinchbeck *Women and the Industrial Revolution.1750-1850.* Lodnon: Virago Press 1981. (originalmente publicado en 1930)

Para una discusión histórica de los efectos de la Revolución Industrial en la mujer vease: Mc Dougal: Mary Lyn.»Mujeres trabajadoras durante la Revolución Industrial» en *Presencia y Protagonismo. Aspectos de la historia de la Mujer.* Mary Nash, editora. Barcelona: Ediciones del Serbal. 1984. Lyn postula una influencia negativa de la industrialización sobre la mujer por la eliminación de las mujeres de la fuerza de trabajo. Posición parecida a la de Mc Bride, Teresa. « El largo camino a casa: el trabajo de la mujer y la industrialización» en Nash, editora 1984.

Para el caso femenino este problema apenas esta planteandose, esto se debe tanto a las diferencias en el proceso de industrialización europeo o norteamericano con el mexicano, como a la poca atención que se ha puesto al proceso histórico de formación de la fuerza de trabajo femenina. para un planteamiento inicial, vease: Ramos Carmen» Mujeres trabajadoras en el México Porfiriano. Género e ideología 1870-1910" en *Revista Europea de Estudios Latinoamericanos* Amsterdam Junio 1990.

Thompson, Lanny. *Household reproduction of labor in Mexico 1876-1970.* Disertacion doctoral. Universidad Estatal de Nueva York 1988.

90. Ward, Morton. *Women Suffrage in Mexico.* Gainesville: University of Florida Press. 1962. Blough William.» Political attitudes of Mexican Women» *Journal of Inter-a American Studies and World Affairs.* 14:2 1972.

Un nuevo enfoque tendría que poner en duda la participación política partidaria como la única forma válida de participación de la mujer. Como bien han demostrado los acontecimientos recientes, las formas de participación política de las mujeres no se limitan a las votaciones, y es urgente una nueva perspectiva, que permita explicar a las mujeres como sujetos politicos con formas de participación no tradicional.[91] En este sentido cabe señalar que el tema de mujeres y participación política ha proliferado abundamentemente; lo que sorprende al respecto es el enfoque inmediatista, la ausencia de una perspectiva histórica a largo plazo que permita una visión más amplia y a la vez más profunda de los espacios políticos, las formas de accionar y las demandas de las mujeres mexicanas, las de hoy y las de ayer.

Ramos Escandón, Carmen «Women's Movements, Feminism and Mexican Politics» en *The Women's Movement in Latin America*. Jane Jaquette, editor. Boulder, Colorado: Westview Press. 1994 p.199-222

91. «Crean Cihuatl Ollin para impulsar la actividad política de las mujeres» en *Mujer Fempress* No106 Agosto 1990 p.22. Para un enfoque reciente sobre el tema véase:

Rodríguez, Victoria E. et al. *Memoria of the Bi-National Conference: Women in Contemporary Mexican Politics*. The Mexican Center of ILAS. University of Texas at Austin, 7,8 , 1995.

MÁS ALLÁ DE EVA Y MARÍA. LILITH EN LA IMAGEN FÍLMICA DE LA SEXUALIDAD FEMENINA DURANTE LOS AÑOS DORADOS DEL CINE MEXICANO (1935-1955).

Julia Tuñón
Colegio de México

Eva y María han sido paradigmas en la construcción del género femenino en México. Estas figuras han conformado un modelo que se impone y desde el que se mide la conducta de las mujeres de carne y hueso[1]. En nuestro país han tomado a menudo el nombre de Guadalupe y de Malinche[2]. Ambas aparecen representadas con precisión en las imágenes de celuloide, pero creo que existe, y es importante destacar, otra figura fundamental que campea en este cine y trastoca los esquemas planteados con Eva y María.

Esta otra figura no se muestra, sino que se esconde. No es tampoco una representación obvia, por lo que no debe buscarse en las presencias, sino en los huecos de información, esos que regatean su coherencia a las historias, esos supuestos nunca explicitados que, de nombrarse, pueden permitir hacer otra lectura de muchas cintas. Aparece básica, aunque no exclusivamente, en los temas referidos a la sexualidad. Se trata de la imagen de una mujer fuerte y rebelde que podríamos aquí caracterizar como Lilith, la primera e insubordinada mujer de Adán, la que tomaba sus propias decisiones por lo que no se entendía con su pareja, por cuyas faltas Dios debió crear a Eva, con todo, más dócil y manejable que su antecesora[3].

---

1. Por modelo entiendo aquí la construcción abstacta e ideal de un sujeto o de una conducta que se impone a la sociedad en su conjunto como la forma debida para ser y/o actuar para sus miembros.

2. Julia Tuñón. *Mujeres en México. Una historia olvidada*. México, Ed. Planeta, 1987. Ver también Roger Bartra. *La jaula de la melancolía. Identidad y metamorfosis del mexicano*. México, Grijalbo, 1987. p191, pp.205-224.

3. En el folklore judío se considera a Lilith la primera mujer de Adán, en una relación sin progenie. Según Theodor Reik fue creada de la tierra, al igual que Adán y conjuntamente con él, por lo

Eva y María son las figuras que este cine ostenta. Hace con ello eco a la ideología imperante y a la cultura común. Sin embargo, no existe una imagen fílmica unívoca, como no existe, tampoco una cultura lineal. El lenguaje fílmico se caracteriza por ser polisémico, por transmitir muchos significados, algunos deseados y otros no, algunos conscientes y otros inconscientes. Una representación es una puesta en escena social y cada imagen muestra un texto pero deja filtrar muchos otros y en ellos se pueden reconocer temores, ideas, prejuicios, afectos... los lapsus de los que hablaba Marc Ferro[4]. Estos pueden darse en la historia (diégesis) o en el relato (mímesis)[5].

Las imágenes del celuloide no son unívocas, como tampoco lo son las ideas y conductas en una sociedad. Los filmes expresan tanto aquéllas propugnadas por la ideología dominante como las de la mentalidad[6]. El mundo de la cultura es un campo de tensión, máxime respecto al erotismo, ese desconocido que no se nombra. Ese (¿por eso?) tan temido. En cada época histórica se establecen, en esa tensión, los límites de lo visible y lo enunciable, el régimen de lo que puede ser dicho o mostrado. Asimismo, en relación con esto, en cada sociedad se construye el código de lo evidente, lo que aparece como natural, de sentido común, lo que se acepta sin cuestionamiento, haciéndose invisible para quienes no participamos de sus supuestos. Precisamente aquéllo que tiene el carácter de innombrado es lo que adquiere mayor dificultad para el análisis, máxime si ha pasado al territorio de lo que se considera obvio.

Cada época tiene, entonces, su código de lo visible, pero el cine, y ahí radica uno más de sus encantos, por su propio lenguaje, deja filtrar algunos de los elementos censurados y eso nos permite tomarlo como fuente de información[7].

En el México de los años cuarenta la sexualidad es uno de los temas velados,

---

que ella insistía en ser su igual. Al no lograrlo, lo abandona. Lilith se convierte, entonces, en una especie de demonio o fanstasma nocturno que hace daño a los niños. Victoria Sau. *Un diccionario feminista*. Barcelona, Icaria, 1981. pp144-146.

4. «La cámara consigue desestructurar lo que varias generaciones de hombres de Estado , pensadores, juristas, dirigentes o profesores habían logrado ordenar en un bello edificio. Destruye la imagen del doble que cada institución, cada individuo se había constituido ante la sociedad. La cámara revela el funcionamiento real de aquéllos, dice más de cada uno de cuanto quería mostrar. Desvela el secreto, ridiculiza a los hechiceros, hace caer las máscaras, revela el secreto de la sociedad, sus lapsus».
Marc Ferro. «El cine, ¿Un contraanálisis de la sociedad?». En Jacques Le Goff y Pierre Nora. *Hacer la Historia*. Barcelona, Ed. Laia, 1974. Vol III (Nuevos Temas). p.246.

5. La primera se refiere a la historia que se cuenta, a las anécdotas que se narran, y la segunda remite a los discursos implícitos que se plantean más a través de la imagen y se entienden a partir del caudal de concepciones que productores y espectadores comparten.

6. Por ideología dominante no pensamos en un sistema de ideas, creencias y valores que se transmiten a la sociedad en forma vertical y sin cuestionamiento, sino en un espacio o marco en que se inscriben formas diversas y en la que las clases dominantes tratan de hacer hegemónicas sus concepciones, logrando que se entrecrucen con aquéllas de otro carácter, como son las surgidas de la práctica de vida que conforman las mentalidades, o sea, ideas no forzosamente conscientes o sistematizadas, que incluyen los afectos, las emociones, los valores, los prejuicios y temores y se traducen en comportamientos, rituales, prácticas y actitudes, aceptaciones y rechazos muchas veces sin consistencia aparente. Sabemos que ni hombres ni mujeres concretos(as) caben con exactitud en las propuestas de la ideología dominante, de manera que ésta se reinterpreta, pasa por ajustes, arreglos y resistencias: entre la norma y la práctica de vida se establece, entonces, un campo de negociación y de tensión. Las ideas de diferente orden se muestran interrelacionadas y sólo son separables para el análisis.

7. Ver: Julia Tuñón. «Lorsque l'histoire va au cinéma, L'eclairage du cinéma mexicain de l'âge d'or». *Diogene*. Paris. UNESCO-Gallimard, Num.167. Juillet-Sept.1994. pp.81-100.

de los que no debe hablarse. Los «lapsus» fílmicos son un medio para acceder a él. Es importante hacerlo porque el punto está silenciado por los contenidos que son «obvios» para el o la espectador(a), que mira las películas en su momento, que comparte una cultura con quienes hacen las cintas, que participa de la serie de supuestos no explicitados y que, por eso puede completar las situaciones o los discursos visibles con el conocimiento previo de lo no dicho[8]. Se impone des-velar esos que, para nosotros, son silencios, son enigmas. Se trata de un campo oculto pero descifrable, que es necesario atender.

El género femenino se ha construido, en mucho, en relación a la sexualidad. Cada cultura la simboliza a su manera y utiliza distintos medios para representarlo, pues no puede quedarse en el terreno de la abstracción. ¿Cuál es el discurso fílmico que construye la sexualidad femenina en el México de los años que nos ocupan? ¿cuáles los supuestos de los que se parte y las normas que se quieren imponer? Para responder es importante notar que, en esta cuestión, se entrecruzan tres niveles de realidad: la vida de los hombres y las mujeres concretos(as), las ideas y modelos que hacen al género y las imágenes en celuloide. Los podemos separar para el análisis, pero es claro que, en la práctica social, se involucran unas con las otras.

La representación de las mujeres en el cine clásico[9] tiene una tesitura particular, la que le otorga el hecho de ser la mirada masculina la que da sentido a las imágenes y ha codificado las femeninas. Lo anterior permite que se traslapen en sus figuras, de una manera contundente, los contenidos del sistema de género imperante, por ejemplo, en los temas de la sexualidad, los varones aparecen como entes activos mientras las mujeres son el objeto pasivo[10].

Lo anterior es claro cuando hablamos -como es el caso- de una industria básicamente conformada por hombres, entonces, no está de más empezar este trabajo por una de las conclusiones: el cine mexicano de la llamada edad de oro, representa las figuras femeninas desde una mirada masculina, pero además, una mirada sexista e infantil[11].

8. Dice Paul Veyne que «cada sociedad considera su discurso algo obvio. Es tarea del historiador restituir esta importancia que vuelve la vida secretamente aplastante en todas las épocas: esa banalidad o lo que es lo mismo, esa extrañeza que se ignora». François Ewald. Entrevista a Paul Veyne. *Historias*. México, INAH, Num.14, Jul.-Sep.1986. p.7

9. Se trata del cine de los años treinta a los cincuenta que sigue, en mucho, los esquemas conformados por Hollywood. Tiene como propósito el entretenimiento y elige una linea narrativa con el esquema de prólogo, desarrollo, climax y desenlace. El tema se refiere a menudo a las historias de amor. Entre sus principios y ejes está el *star system* y el desarrollo de los géneros, que reifican sus convenciones estilísticas. El cine mexicano siguió este esquema, aun dentro de un evidente estilo propio, sobre todo, en los años considerados de oro, *grosso modo*, de mediados de la década de los treinta a mediados de la de los cincuenta.

10. En Estados Unidos el debate respecto a la representación de las mujeres ha cobrado mucha fuerza. En términos muy generales podemos decir que gira en torno a las maneras en que la mirada masculina ha controlado el discurso convirtiendo a las mujeres en el objeto de la mirada y del placer voyerista, mientras las audiencias tienden a identificarse con la cámara en este mismo sentido. La polémica la abre Laura Mulvey en los años setenta, con «Visual Pleasure and Narrative Cinema». (*Screen*). Autoras importantes son Ann Kaplan, Anette Kuhn, Mary Ann Doane, Christinne Gledhill. En español se ha traducido, entre otras, a Teresa de Lauretis ha publicado *Alicia ya no. Feminismo, Semiótica, Cine*. Editado por Cátedra en 1984 y «Repensando cine de mujeres. Teoría estética y feminista» en *Debate feminista*, México, Año 3, Vol.5, Mar.1992

11. El cine, por la pasta de su lenguaje, similar al del inconsciente que se expresa en los sueños, propicia la emergencia de la partes más infantiles del espectador. Por eso se ha vinculado al psicoanálisis y ha sido muy estudiado desde esta perspectiva.

Introducir en el análisis de la representación fílmica del cine mexicano de los años de oro a Lilith, la fuerte, la activa, la que tiene voluntad y dignidad, y hacerlo a través de algunos *lapsus* de las películas, permite recuperar la materia viva y compleja del cine, contradictoria como lo es la cultura de la que emerge y ayuda, además, a explicar el vínculo que existe entre la luz y sombra de la pantalla con la sociedad de la que emergen estos sueños que son los filmes.

1. Una mínima descripción

El cine mexicano de la edad de oro parece empeñado en sublimar la figura de la madre y exaltar la importancia de la familia. Son años en que se quiere retomar el orden perdido con la Revolución para entrar a los nuevos tiempos y en la industria fílmica nacional se hace manteniendo la línea ya tradicional de un cine «moral» y de temas familiares. En la sociedad de estos años mencionar el tema del erotismo femenino es delicado. Se trata de aspectos velados que no deben verse ni escucharse. Confluyen entonces, en este contexto, viejas y añejas ideas de corte religioso con necesidades de modernización económica y social.

Para la doctrina católica el ejercicio de la sexualidad es el pecado por excelencia y la mujer es su agente fundamental, más allá de la sublimación mariana y del invento del amor cortés. En esta tradición, el cuerpo y el espíritu se sienten instancias separadas y separables. Queda lejos la concepción del cuerpo como vehículo para articular el sentimiento amoroso, del placer como su expresión y medio y, más lejos aun, del placer como un fin en sí mismo. Cuerpo y alma parecen actuar cada uno por su lado. Es notable que la concepción de la sexualidad como una experiencia en la que se puede separar el cuerpo del afecto es, en la sociedad occidental, más comúnmente ejercida por los varones que por las mujeres[12].

En este esquema binario Eva y María simbolizan dos tipos de amor: el de Eros y el de Agape. El afecto amoroso se divide en secciones y las mujeres se polarizan entre los paradigmas de Eva y los de María. En nuestro país este concepto del discurso europeo se incorpora a las comunidades prehispánicas desde la conquista[13], y se asume en mayor o menor grado según el intercambio con la cultura receptora y de acuerdo al proceso que se sigue en Europa en el que, *grosso modo*, se acentúa la división cuerpo-alma[14]. El «buen amor», que promueve la estabilidad y la familia, es desencarnado: se le ha separado del deseo físico. El amor se descorporiza y el cuerpo se considera depositario de todos los pecados. Este pensamiento forma parte de las ideas dominantes que, no obstante, deben mediar con la práctica social. Los usos amorosos se organizan de acuerdo a ellos y también a los procesos particulares de cada contexto, tiempo y lugar. En este

---

12. Ver, por ejemplo: Francesco Alberoni. *El erotismo*. México, Gedisa, 1986

13. Noemí Quezada. «Amor, erotismo y deseo entre los mexicas y el México colonial». *Antropológicas*. Revista de Difusión del Instituto de Investigaciones Antropológicas. México, UNAM, Nueva Epoca, Num.10.Abril 1994. pp.14-22.

14. Lo ha estudiado de manera magistral Michel Foucault. *Historia de la sexualidad*. México, Siglo XXI, 1977. Ver también: Donald Lowe. *Historia de la percepción burguesa*. México, Fondo de Cultura Económica, 1986. (Breviario num.430). El proceso de la individualización y el control del cuerpo lo ha trabajado Norbert Elías. *El proceso de la civilización*. México, Fondo de Cultura Económica, 1989.

campo de tensión que se produce, la mayoría de los argumentos que se esgrimen en torno al tema han tomado la cara de la moralidad, es decir, de las ideas dominantes, pero también han sabido adecuarse a las necesidades específicas de su entorno. En la paradoja quedan más o menos atrapados los sujetos históricos, que aceptan y transgreden los modelos de acuerdo a sus muy particulares límites y recursos, de acuerdo, también, a su propio grupo social.

Es claro que en el México de la primera mitad del siglo XX el erotismo no forma parte de lo que puede decirse y/o mostrarse, pero: ¿puede soslayarse un tema fundante de la vida y la cultura cómo lo es éste? Ante la dificultad evidente para hacerlo hemos de preguntarnos cómo puede representarse, en ese marco de ideas y en el cine, la sexualidad.

En el caso del cine que nos ocupa hacerlo es particularmente difícil, porque en la ilusión que propicia el séptimo arte, el deseo sexual y amoroso es una de sus piezas claves. Así, aunque sea de una manera inconsciente, es claro que se impone para este cine la necesidad de conciliar entre la moral propugnada y la posible y que habrá de hacerlo esperando que los espectadores reconozcan en las imágenes aquéllo que suscita su deseo. No será sencillo, porque las películas mexicanas deben pasar, a nivel oficial, por los rigores de la doble censura[15] y además es claro que los propios cineastas se controlen a sí mismos en términos de la moral debida. En el cine nacional influye, sin seguir a la letra, el Código Hays, que rige en forma precisa las imágenes de Hollywood[16]. Por si fuera poco, la exhibición era vigilada de cerca por la Iglesia, que calificaba cada película y por la Liga de la Decencia, muy fuerte entre los años veinte y los cincuenta. Se considera una cinta «moral» la que no muestra escenas obvias de sexualidad[17].

En el cine mexicano que nos ocupa encontramos los recursos para conciliar esas dos necesidades: las del deseo y las del deber. En las películas se elude explícitamente el tema de la sexualidad, pero, al mismo tiempo, se lo incluye constantemente entre sus supuestos básicos. La forma oblicua en que se expresa es, en sí, una representación de lo que sucede en la realidad, pues también en ella sólo se habla en secreto de esos temas. En una primera lectura parece que, en celuloide, la sexualidad femenina no existe y las mujeres sólo la ejercen en aras de la maternidad, pero entre imágenes se hace evidente que detrás del silencio se esconde un gran temor y que el tema es el resorte de muchas tramas, la pieza oculta que da sentido al discurso. Si en la historia el tema no se menciona, en el relato estará muy presente. Volveré a menudo sobre esta idea.

Para lograr atraer sin ser «indecente», la sexualidad se muestra en forma dis-

---

15. La Secretaría de Gobernación debía dictaminar primero sobre el libreto y después sobre la cinta terminada.

16. Por ejemplo respecto a este tema se decía: «La virtud de la mujer debe ser premiada siempre y al mismo tiempo no se debe hacer alarde o justificar la falta de moralidad en el hombre, ni ridiculizar la resistencia del hombre a las insinuaciones de la mujer perversa». «La ética en el cine». *Cit.* por Alberto Godoy. *Diccionario Cinematográfico Internacional de México. 1938-1939.* s.l., Jack Starr Hunt ed, s.f.

17. De 1937 es una cinta extraordinaria de Adolfo Best-Maugard, *La mancha de sangre,* que presenta un *streap-tease* y desnudos parciales. La película se censuró, exhibiéndose poco y mal en 1943 (Dato de Emilio García Riera. *Historia Documental del cine mexicano.* México, ERA, cf Vol.I, p.268). Pasó al imaginario fílmico como un escándalo y sólo en 1994 fue restaurada y exhibida por la Filmoteca de la UNAM.

creta, de forma implícita. Se muestra y se esconde, porque se desea y se teme. El punto se soslaya, pero el espectador lee erotismo en esas escenas sutiles y vagas que abundan en las cintas. En *La diosa de Thaití* (1952) de Juan Orol una mujer gordita se desnuda para bañarse en un río: se la ve quitándose la ropa que cae al piso. La cámara enfoca el vestido tirado y sube lentamente por los muslos hasta que se detiene y... súbitamente cambia la escena. Si no entra al territorio genital no puede ser acusada de indecente, pero es precisamente en la evasión que se destaca aquéllo que se quiere negar. El recurso de la bailarina que se cambia de ropa detrás de un biombo, tan usual en el cine de cabaret, es por demás sugerente.

Las cintas más explícitamente sexuales son las de rumberas, que causaron conmoción en los años que nos ocupan. Al respecto recuerda uno de los directores más conocidos del género, Juan Orol que: «Lo que yo incorporaba en mis películas no era sexo. Eran bailes de rumberas meneadoras, pero no sexo. Para aquella época, sin embargo, la rumba era sexo, pues ver a una mujer moviendo el cuerpo y la cintura ya lo consideraba»[18]. El pintor José Luis Cuevas declara una admiración especial hacia María Antonieta Pons porque fue mirándola en luces y sombras como dio inicio -declara- su despertar sexual[19].

No es para menos. Lo que se muestra en muchas cintas a través de la inocencia del baile es una representación del coito. En *Aventurera* (Gout, 1949), por ejemplo, Ninón Sevilla tiene, entre otras, dos coreografías deslumbrantes: *En el jardín de Alá* y *Chiquita banana*. En el primero, envuelta en velos, danza y gira en la amplitud enorme de un local que supuestamente cabe en un pequeño cabaret. Al menos en dos ocasiones se masturba mientras baila si no de manera clara para los niños que asisten a la sala, sí, evidentemente, para las fantasías eróticas de muchos de los adultos. En *Revancha* (Gout, 1948) las coreografías son similares y la misma actriz juega simbólicamente con los flecos entre las piernas, recurso común, muy difundido por Tongolele.

La censura habría impedido cualquier desnudo en este cine[20] pero las sugerencias resultan, con mucho, más provocadoras, por cuanto convocan a la ambigüedad sexual, despiertan fantasías ocultas y muestran miedos arcaicos. Las historias (diégesis) por lo general respetan el código debido, refuerzan el tono moral y familiar de la ideología dominante pero, en el relato se traslapan situaciones que vale la pena atender, porque muestran contenidos ambiguos, más interesantes en términos de la búsqueda de Lilith. Así las cosas, no podemos decir que este cine no tenga escenas sexuales, pero es claro que responden a un código que los cinéfilos de fin del siglo XX no reconocemos: estamos acostumbrados a la obviedad y se nos escapan otras manifestaciones sugeridas a media voz.

Aquí he mencionado tan sólo algunas escenas sueltas que, no por serlo, son

18. Entrevista con Juan Orol. *Testimonios para la historia del cine mexicano*. México, Secretaría de Gobernación, 1976. 7 Vol. (Cuadernos de la Cineteca Nacional). Vol.II, p. 32.

19. Fernando Muñoz Castillo. *Las reinas del trópico*. México, Grupo Azabache, 1993. p.19.

20. El cuerpo desnudo quedaba vetado por el Código Hays, que sin ser oficial en México, ejercía influencia. En el teatro frívolo alusiones al desnudismo era más usual, cito como ejemplo «los cuadros vivientes que reproducen los desnudos más famosos del mundo» de Sally Rand: «La mujer que ha glorificado el desnudo femenino y ha sabido imponerlo a los públicos como una manifestación de arte». La propaganda muestra los cuerpos enfundados en mallas. *El Universal*. México, D.F., 20 may 1940, 2da.secc, p.8.

gratuitas. Observamos que existe una trama erótica y, para reconocer su tejido debemos contar con los instrumentos adecuados.

2. Algunas herramientas para el análisis

Algunos conceptos para acercarse al tema son los de genitalidad, sexualidad y erotismo. Por genitalidad se entiende aquí a la actividad relacionada básicamente con los órganos reproductivos, con el sexo como asignación biológica que cada persona tiene al nacer y que reduce las opciones de relación a los dos campos anatómicos: masculino y femenino. Su momento climático es el coito.

Me refiero aquí a sexualidad como un concepto que abarca más que el anterior por estar asociado a la líbido, categoría surgida del psicoanálisis: la entiendo como una energía o pulsión vital, un impulso creativo que tiende a la reproducción de la vida y se dirige a un objeto al que se carga de amor, que busca el objeto de su satisfacción con indiferencia del sexo anatómico y puede, aun, sublimarse en otros objetos, placeres y/o saberes, como puede ser un hijo o un amigo, un trabajo o un ideal político. Entendida así, se convierte en un elemento fundamental para la creación de cultura. Todos los amores son sexuados, o mejor, libidinales, pero en muchos casos su consumación está impedida por las normas sociales y entonces busca rutas oblicuas para su satisfacción.

Por erotismo entiendo la forma netamente humana, cultural, de vivir el amor sexual. Es ese mundo amplio y confuso en el que entran en juego los deseos, las fantasías, las diferencias, y que busca realizarse de acuerdo o en contra a las normas socialmente establecidas por la moral. Por tratarse de una creación cultural, el erotismo remite a un proceso y a un contexto concreto: es decir, es histórico, aunque se lo quiera ver como absoluto, eterno y divino, ajeno a las rutinas cotidianas y a los modelos de la moral debida. Por ser una actividad cultural, muestra las diferencias entre los géneros pero, además, tiende líneas entre ellos[21]. La moral sexual ha reglado las conductas eróticas, estableciendo con precisión lo permitido, lo tolerado y lo francamente prohibido de acuerdo con la construcción estereotipada de los géneros, pretendiendo ejercer control sobre lo inasible. Se trata de un sistema en que el impulso de la naturaleza se ve condicionado por la cultura y desde la Ley y que es diferente en cada contexto histórico (Foucault). En ese marco, la relación entre hombre y mujer, el amor sexual, se ha construido, como tantas situaciones de nuestra cultura, como un sistema de binomios opuestos: dominación-opresión, iniciativa-pasividad, apropiación-pérdida, imposición-concesión. este esquema de binomios presenta al hombre activo-mujer pasiva como un modelo. Por supuesto la imposición es siempre parcial: la vida es siempre más compleja que los modelos y los seres concretos viven, se adecúan y transgreden las normas de acuerdo a sus recursos. El cine forma parte de esa tensión que negocia entre lo debido y lo posible. Las categorías que aqui proponemos permitirán distinguir entre algunos de los significados variados que el cine transmite.

---

21. Hombres y mujeres viven el erotismo de diferente manera. Hasta donde esto es resultado de una realidad biológica o cultural es confuso, pero es claro que la resultante es la diversidad.

Entre la sociedad y la pantalla

Las películas de este período se caracterizan por la notable influencia que ejercen en la cultura popular, tanto dentro del país como en Latinoamérica. En el melodrama mexicano de los años de oro la mujer aparece conformada por una esencia fundamental, un carácter que las uniforma a todas y borra sus opciones como sujeto histórico y social[22]. Cada mujer tendrá una función determinada entre los polos de la prostituta y la mujer decente (Eva y María) y esos matices movilizan la trama. Se coloca en diferente lugar a seres de la misma esencia básica, estereotipando un arquetipo. Son los extremos, las dos caras de la misma moneda que reafirman el orden establecido.

Esta esencia femenina no es algo definido con precisión, sino sugerido, en mucho, a partir de lo que las mujeres no deben ser y en mucho por sus síntomas. Ser mujer implica mostrar la forma de conducta adecuada para la madre, tener las «virtudes» de la sumisión, docilidad, falta de proyecto propio, entrega, sapiencia, paciencia y prudencia. Se trata de una vocación de entrega a los otros que implica la supresión de las propias necesidades y requiere el ejercicio de las dotes del instinto antes que las del raciocinio, por lo que podemos decir que es de índole zoológica aunque, paradójicamente, remite a sus poseedoras a la divinidad. Lo anterior se considera así por el carácter eminentemente amoroso de las mujeres, pero es un concepto de amor que excluye la sexualidad y se define y organiza de acuerdo a un deseo infantil, el de ser beneficiado por la incondicionalidad materna, que se califica con argumentos de índole moral: ya dijimos antes que este cine muestra a las mujeres desde una mirada masculina, sexista e infantil[23]. Eva y María serían los extremos de ese *continuum* que uniforma a las mujeres. El arquetipo de Lilith, en cambio, apenas asomado en los filmes, trastoca ese orden al sacar a las mujeres imaginadas de ese modelo binario para, efectivamente, proponer algo diferente y, aunque al final la trama fílmica la haga caer en desgracia, su presencia es un *lapsus* importante.

Creo que en este cine, hecho por varones, la pregunta que organiza muchos filmes atañe, precisamente, a esa figura, a Lilith, que acepta su sexualidad y su fuerza y al hacerlo transgrede lo que se espera del género, lo hace pasar, por su actividad, de ser objeto a ser sujeto de las tramas. Se trata de una presencia que se soslaya, que se envía al desván de los sueños o al sótano de los desechos, pero que, con todo, se filtra en las películas mexicanas expresando el deseo femenino y el temor que los varones le tienen. Las cintas expresan ese miedo peculiar que se comparte con la sociedad de la que surgen y a la que recrean[24].

En los años que nos ocupan existe en los hombres y las mujeres un gran desconocimiento acerca de la sexualidad femenina, lo que la convierte en un fantasma inaprehensible[25]. Esta ignorancia generalizada sustenta un modelo de descon-

---

22. Julia Tuñón. *Mujeres de luz y sombra en el cine mexicano de la edad de oro (1939-1952)*. México, 1993. México, Facultad de Filosofía y Letras. Tesis.

23. Ver nota 11 de este mismo trabajo.

24. Dice Delumeau que el miedo del hombre a la mujer va por caminos diversos y no se reduce, como lo había creído Freud, al de castración, sino que también existe hacia la menstruación y a la maternidad, que la emparenta tanto con la generación de vida como de muerte. Jean Delumeau. *El miedo y Occidente*. Madrid, Taurus, 1989. p.476.

25. En esa misma década, en Europa, Simonne de Beauvoir dice en *El segundo sexo* que para las mis-

fianza hacia la mujer. En diversos medios se la muestra insaciable, caníbal sexual y pareciera que ante el peligro inminente de su seducción la mejor defensa es la devaluación.

Ante un desconocimiento de tal tamaño, lo común era el silencio, con el consecuente aumento de los murmullos. En entrevistas hechas a la señora Isabel Alba y a la señora Amalia García, ellas coinciden en que la ignorancia de las muchachas respecto al nacimiento de los niños era generalizada en los sectores urbanos. La señora García dice que a los catorce o quince años lo usual era no conocer el origen de los embarazos. La información venía poco a poco, por pláticas entre compañeras que provocaban mayor confusión que conocimiento. «Cuando hacía uno una pregunta pues (los adultos) la contestaban más o menos». Isabel Alba recuerda que ella sabía algo por su propia madre, pero no con detalles «nada más por imaginación que tenía una, porque ni las mamás le contaban a una cosas de e'sas, para nada (...) se imaginaba uno cosas diferentes. Además todo parecía malo»[26].

En el cine también se plantea ese silencio que practica la sociedad, pero, al igual que en ella también se filtran situaciones ambiguas y la atracción que suscita un tema tabú. Lilith expresa una sexualidad y un erotismo que, con sus niveles y matices diversos, existe en las mujeres concretas, las de carne y hueso, las que habitan la sociedad de esos años y que pueden ser precisamente las espectadoras del cine mexicano. Lilith se escapa del orden debido, se resbala por una fisura seguramente involuntaria producida mientras se realiza con premura y poco dinero una película. Presumo que su figura provoca identificación entre el público, lo que es importante para que un filme guste, pero debe también conciliarse con el valor materno que representa el arquetipo creador y ordenador y que remite a la moral dominante, lo que se hace a través de Eva y de María. ¿Cómo se asocian ambas representaciones? ¿cómo se muestra la sexualidad al tiempo de quitarle sus peligros?

Es claro que atendemos dos representaciones de la sexualidad femenina: la que puede nombrarse, la pública, de la maternidad, pilar de la familia, del «deber ser», y esa otra más que íntima, secreta, clandestina, culpígena y riesgosa. Temida y seguramente deseada. La primera es obvia, entra en lo decible y lo visible: es lo ostentado. La segunda se encubre, pero su fuerza es tal, que se cuela por la rendija de los relatos para hacer oir su voz, para mostrar su imagen y darle sentido a las historias.

3. Eva y María: la prostituta y la madre

El mensaje evidente en el melodrama de los años dorados es que para las mujeres el rol fundamental, nuez de la **esencia femenina** es la maternidad. Así lo

---

mas mujeres su sexo es desconocido y misterioso. (Buenos Aires, Ed. Siglo Veinte, 1981. Vol.II, p.131). Freud admitía no entenderlo y se limitaba a definirlo por una ausencia, la del pene, y por el deseo femenino de apropiarse de uno, deseo que, en el mejor de los casos, sublimaba al tener un hijo. Sigmund Freud trató el tema básicamente en «Tres ensayos de teoría sexual», en 1905; «Algunas consecuencias psíquicas de las diferencias anatómicas entre los sexos» en 1925 y en «Sobre la sexualidad femenina» en 1931. El tema ha suscitado la reflexión de muchos psicoanalistas.

26. Entrevista con la señora Amalia Ayluardo de García e Isabel Alba, realizadas por Julia Tuñón en la ciudad de México.

quiere también la ideología dominante en un período histórico empeñado en fortalecer la institución familiar; así lo quieren, probablemente, muchos hombres y mujeres de esos años, si hemos de dar crédito a las variadas manifestaciones que nos lo indican. Sin embargo observamos un problema: el que se deriva de la dificultad para aceptar la sexualidad de las madres confrontada con la evidencia de que sin ella no lo son, porque ser «Madre sin Pecado Concebida» no es terrestre. Para conciliar ambas situaciones se opta por caminos complejos, a los que permiten acceder las categorías de genitalidad, sexualidad y erotismo. La genitalidad debe ejercerse forzosamente para lograr la maternidad, pero si se deja afuera el erotismo y la sexualidad, en sentido amplio, sólo se dirige al deseo del hijo, la situación pierde su rostro amenazante.

Hay algo contradictorio en estas películas entre dar al ejercicio de la genitalidad de las mujeres un gran peso, que puede provocar furias de padres y novios, y, al mismo tiempo plantear que es un acto inocuo, sucio, burdo, casi zoológico. Es interesante mencionar aquí, como un ejemplo, la insólita sorpresa que aqueja a algunos maridos fílmicos al saber que tendrán un hijo, como si nunca hubieran ejercido los actos que los podían concebir, en un menosprecio tácito al hecho sexual (*Sólo dos ejemplos: La mujer que engañamos* -Gómez Landero, 1944- *Inmaculada* -Bracho, 1950-). Ellos son hombres y la regla es otra, pero la contradicción es significativa de una carga simbólica.

Para las mujeres lo óptimo en la imagen es la ignorancia, como la que muestra Chachita en *Pepe El Toro* (Rodríguez, 1952): la muchacha declara que ya le dio a su novio la mayor prueba de amor, con lo que Pepe, su tutor, le pega y los hace casar. Chachita le había dado un beso, que para ella tenía ese significado, ya que sólo debía darse frente al altar, el día de la boda. Su inocencia es, incluso, ignorancia del sentido que socialmente tienen las frases que ella misma pronuncia[27]. La sexualidad define a la mujer, pero la «buena» no debe saber de ella.

En *La devoradora* el viejo Adolfo (Julio Villarreal) platica con su sobrino Miguel (Luis Aldás), que es además su médico de cabecera, acerca de su próximo matrimonio con Diana de Arellano, ni más ni menos María Félix. Adolfo tiene un grave mal del corazón pero está apasionado con la joven y bella Diana. Dice que «no es un capricho de viejo sino algo peor: una pasión de viejo» y confiesa saber que ella se casa con él por su dinero. El sobrino pregunta si se trata de una «buena muchacha», es decir, virgen[28], recibiendo una respuesta afirmativa por parte del ingenuo novio; entonces Miguel se muestra satisfecho de que la aludida se case por interés. Su argumento gira en torno a los riesgos que encierra una mujer enamorada, apasionada... o, en su defecto, conocedora... de haber sido así el corazón del anciano -dice- no aguantaría: él queda protegido por la supuesta inexperiencia y el motivo económico de la mujer. Se trata de una escena en que el diálogo es muy corto, lleno de supuestos y frases sin terminar, cuál corresponde a las situaciones que se temen.

Creo que la pregunta esencial en muchas películas es la que atañe a la forma en que la sexualidad de la madre fue ejercida, el temor a que haya existido algo

---

27. El significado común entre las audiencias es que «la mayor prueba de amor» es la entrega de la virginidad.
28. Esto no se explicita en el filme, pero se comprende por las audiencias de acuerdo a los códigos sociales.

más que ese acto banal, por eso, si fue violada, su deseo queda fuera, y eso la protege: fue un acto puro de genitalidad que no involucra su placer ni su alma (estamos en el ámbito de una mentalidad que separa cuerpo y espíritu). La frecuencia de historias en que hay bebedizos que duermen a la dama y permiten el abuso sexual por parte del villano es una forma fácil de salvar a la mujer de la decisión erótica.

Cuando la madre es «decente», se soslaya su goce porque lo ejerció en aras del amor (lo que habrá de pagar en la trama) o -mejor aun- de la maternidad. Este tema apunta otro igualmente importante: el deseo de la fusión entre madre e hijo, el deseo velado del incesto que es otro tema a trabajar. Para los propósitos que ahora tenemos vemos que el hijo se convierte en una especie de segunda virginidad, por el hecho de ser el despositario absoluto de la líbido materna. En celuloide, ella ya está colmada y no necesita nada más para ser feliz. El riesgo evidente aparece en aquéllas que han tenido relaciones sexuales sin progenie: si no hay marido que las vigile o un hijo que las colme ellas quedan a la deriva en un mundo peligroso, sin riendas, a expensas de su propio deseo. Lo ideal, lo que se promueve, es sublimar la sexualidad en la maternidad. Estamos en el reino de María.

María tiene su contraparte en Magdalena o Eva. En la prostituta fílmica la evidencia de su sexualidad es precisa, pero también se generan los mecanismos para soslayarla, sobre todo al considerar que ella es prioritariamente una mujer, es *esencialmente* una mujer. Las prostitutas del cine mexicano suelen ser mujeres «buenas», amenazadas por los riesgos mundanos de un mundo que, finalmente, las protege tanto como ellas protegen la vida familiar y matrimonial. El cine mexicano las trata con una benevolencia evidente y su bondad o maldad no depende de su trabajo. Con frecuencia son heroínas en las historias[29].

La figura fílmica de la prostituta y su posible poder podría sonar amenazante para el varón y atractivo para la mujer de los ámbitos populares, que atisba en sus recursos y en los brillos de las lentejuelas la posibilidad de una fuerza regateada y de una vida más cómoda y relajada. Se hace necesario, entonces, llenar de desgracias su vida para minimizar, en luces y sombras la fuerza de los atributos que ella representa: en el cine mexicano a mayor sufrimiento, mayor bondad, de manera que para salvarla es necesario, paradójicamente, hundirla. Si ejerce enajenadamente su labor se suprime el problema de su placer y/o su poder. En este sentido los discursos autodevaluatorios con que con frecuencia ellas se refieren a sí mismas son representativos. El punto es muy común, valga sólo un ejemplo. En *¿Qué te ha dado esa mujer?* (Rodríguez, 1951), Yolanda (Carmen Montejo) se declara «basura», «indigna», «peor que un perro», lo hace con una cara de mártir y una voz lacrimógena que la hace lucir particularmente patética, sobre todo cuando la historia se encarga de llenar su vida de desgracias.

La mujer de celuloide que ejerce el sexo por profesión aprende poco a poco

---

29. Elda Peralta narra la manera en que Luis Spota concibió el guión de *Hipócrita* (Morayta, 1949), de acuerdo a las necesidades del productor y a su deseo de convertir en estrella a Leticia Palma: «Había que fabricarle a Leticia desde esa primera cinta una personalidad fílmica de muchacha buena, obligada por su belleza y por adversidades existenciales a perder su inocencia y a arrastrarse por el fangoso camino de la prostitución, pero sin renunciar a su virtud intrínseca. Hacer de ella una víctima del mal y de los hombres, redimible a través del verdadero amor». Elda Peralta. *La época de oro sin nostalgia. Luis Spota en el cine. 1949-1959*. México, Grijalbo,1988. p.76-77.

las formas delegadas por el sistema de género a los hombres: la agresión, el cálculo, la fuerza, el lenguaje claro, el acto de fumar, pero sigue siendo *esencialmente* una mujer, pues se entrega. No se la castiga con un destino ineludible, con la desesperanza más absoluta porque transgreda algo, sino porque, en la hoja de plata, su oficio no le permite sublimar la líbido en un hijo. Lo escuchamos en la película *Trotacalles* (Matilde Landeta, 1951), mientras una mujer está a punto de morir tísica, escupe sangre y abraza un crucifijo. Sus amigas la acompañan mientras fuman y conversan: una anciana recuerda el éxito que tenía con generales de prestigio. Alguien dice:

> «Al principio todo va bien, se gana fácil...luego encuentras a quien te explote y golpee...luego te deja por otra... quedas cada vez más vieja, sola, marchita de alma y cuerpo. Caes como piedra por el precipicio. Mueres en el hospital civil».

La escena es patética: larga, oscura, llena de llantos y dramatismo y la canción *La barca de oro* sirve de eje a la despedida. La música se alterna con el diálogo en que ellas dicen que las mujeres deben generar hogares y tener hijos, pues sólo así -opinan- se construye otro destino. El de ellas implica el uso de la genitalidad, estructurada en referencia al hogar y a la esposa, como su contraparte, el otro lado necesario de la moneda[30].

En la prostituta el ejercicio de la genitalidad es explícito, aunque no el del erotismo y se supone que ella no sienten placer al dirigir sus actos en función del varón: ella es pasiva y abyecta, está al servicio de los hombres; ella es, entonces, *esencialmente* una mujer. Cuando se convierte en madre puede ascender al *status* de María.

Es el ejercicio alienante de la genitalidad lo que la salva, porque es algo inocuo cuando alma y cuerpo están separados. Deviene, entonces, en una víctima y en una cultura en la que el sufrimiento redime el asunto adquiere mucho valor. En *Un divorcio* (Gómez Muriel, 1952), se presentan dos historias paralelas. Una de ellas presenta el amor entre un jovencito, Luciano (Raúl Farell) y Bertha (Elda Peralta), que es madre soltera. Ella cuenta su: «historia: un gran error y una vida de arrepentimiento». Debe estar sola, trabajar y estudiar, autodenigrarse y aceptar humillaciones, separarse de su hijo. Aparentemente su vida es ejemplar pero cuando su pretendiente le cuestiona su pasado ella dice una frase clave: «no me siento sucia, no puedo, las víctimas nunca pueden sentirse sucias, y a mi me han engañado tanto...». Eva se mueve en el terreno de la fuerza de María.

En este esquema resulta que ni las madres ni las prostitutas son peligrosas, ninguna ejerce el erotismo, sólo la genitalidad, por eso son víctimas y no se sienten sucias. Su sacrificio es mencionado con una insistencia sospechosa. ¿Qué sacrificio? Las madres han sublimado su sexualidad en el hijo y las prostitutas se han hundido en la genitalidad: ambas se nombran víctimas porque se han sacrificado. El hecho de hablar de eso constantemente resulta inquietante, en particular cuando ostentan un sentimiento de culpa incoherente con el discurso de su victimez, cuando constantemente piden perdón. ¿Perdón por qué y de qué? Estamos ante una caja negra de algo no dicho, pero que la audiencia completa con

---

30. Son comunes las cintas en las que la mujer decente y la prostituta están vinculadas por lazos de parentesco, como en *Trotacalles,* el afecto o por el azar.

el conocimiento compartido de lo que no debe decirse. ¿Qué ha sacrificado la madre y la prostituta de celuloide? ¿por qué ambas piden perdón?

Creo yo que la pérdida que las hace víctimas es la de algo tan anhelado que deviene en obsesión, tan deseado que no puede olvidarse y por esa perseverancia se siente culpa. Creo que el pecado nunca superado es el erotismo, que el deseo femenino es el fantasma, el hilo invisible que, de pronto, da sentido a una serie de interrogantes. Sólo al incluir este elemento no nombrado muchas tramas absurdas cobran sentido. Sólo entonces podemos entender el que una víctima se sienta culpable y pida perdón.

4. Lilith se asoma en pantalla...

Resulta, pues, que Eva y María tienen deseos ocultos. Se sienten culpables. Atisban una figura femenina que está prohibida. En ocasiones, Lilith escapa del silencio y se asoma en la pantalla.

Quiero mencionar algunas escenas ejemplares al respecto. En *La devoradora* (De Fuentes,1946). Diana de Arellano aparece en *negligé,* una prenda delgada y transparente que deja ver sus pechos con claridad, lo cual seguramente resultaba excitante para el público, sin embargo, en esta escena hay un elemento que resulta mucho más sutil y también mucho más erótica: Diana duerme y el ama de llaves intenta dulcemente hacerla despertar: ella está abandonada al sueño cuando la sirvienta le da de comer, acaricia su boca con la fruta, Diana se estira mostrando el gozo de su cuerpo, (la sirvienta) le introduce apenas la pieza de fruta, Diana la saborea y sonríe, (ella) le habla suavemente y Diana acepta la comida en un abandono y entrega sensuales, en el goce del misterio de los sentidos, que remiten al sabor, al olor y al tacto, en el goce del secreto y la sorpresa, que remiten no sólo a un cuerpo, sino también a lo que siente, al placer y el deseo. Se trata de una escena de gestos, no de diálogos ni de tramas, que expresa mucho del talante de las sugerencias de nuestro cine, en las que Lilith se muestra.

En la palma de tu mano (Gavaldón, 1950) es un *film noir* de crímenes y amantes en que la protagonista es una mujer fuerte (Ada Cisneros de Romano-Leticia Palma), el galán un astrólogo que adivina el futuro en su bola de cristal (Karim-Arturo de Córdova) y ambos representan la fuerza del deseo prohibido frente al conformismo de sus respectivas parejas. En este filme, en una escena chusca fuera de su tono general, aparece un diálogo deslumbrante entre la vieja y ridícula señorita Arnold (Consuelo Guerrero de Luna) y Karim el «vidente». El ha visto a través de su mirilla secreta que, mientras ella hace antesala, lee una «Enciclopedia del conocimiento sexual». Así, sabe por donde van sus inquietudes. Al atenderla le dice:

K: Debe casarse.
A: Usted conoce bien mis ideas acerca del matrimonio: esa absurda esclavitud de la mujer.
K: Busque un amante, de ser posible joven.
A: Usted sabe que soy de sólidos principios.
K (concluyendo): Una cosa es la moral y otra la fisiología.

Ella se retira del esotérico salón con cara de picardía y de gusto, aparentemente muy dispuesta a llevar a cabo el consejo que recibió. La señorita Arnold contenía en sí misma la ridiculez suficiente para que ese mensaje no significara riesgo alguno: Karim le da un consejo que se daría a un hombre, no a una mujer, de acuerdo a la doble moral imperante, pero expresa un resquicio por el que se filtra la complejidad de la experiencia humana, la necesidad, también de las mujeres, de atender el cuerpo como un gusto y no como una obligación.

En *Amor de la calle* (Cortázar, 1949) Queta (Meche Barba) es muy decente, mientras que Mona (Esther Luquín) trabaja en un cabaret. Ellas son amigas porque, a pesar de las diferencias, entre mujeres existe siempre una comprensión *esencial*, por ser de la misma especie. El novio y hermano de Queta tienen problemas e ingresan a prisión y la muchacha queda inerme, sin dinero ni trabajo. Es entonces ayudada por Mona que le da cobijo en su casa y la incorpora a la vida nocturna. Al salir de la cárcel, su hermano (Freddy Fernández), con quien ella tenía antes un trato de mieles y delicadezas le dice:

«Ya no eres mi hermana. Mi hermanita era buena, decente y era la novia de un hombre bueno también: me das asco. Mientras nosotros sufríamos en donde ya sabes, tú ¿qué has hecho?: pisotear mi nombre, nuestro cariño».

Queta queda triste. Piensa en conseguir su perdón y va con su amiga al humilde puesto de tortas en que trabajan los muchachos. Pero el «lapsus» claro es el atuendo francamente provocativo que las muchachas lucen, formado de pieles y vestidos brillantes, zapatos de alto tacón, aludiendo al dinero ganado, al lujo de su profesión y sugiriendo el alarde de su posible placer. El exnovio la recrimina con desprecio cuando Mona lo interrumpe y le dice: «Usted es como todos: hipócrita y falso. ¿De qué quería que viviera? ¿del aire?, ¿sin comer?, ¿muerta de frío?. Ella no ha hecho nada malo (...) más que trabajar para sacarlos de la cárcel». Fernando (Fernando Fernández) evita escuchar cantando «Amor de la calle». Efectivamente nada se podía decir ante el doble mensaje que presentaban: ellas dicen que no han hecho nada malo (el ejercicio de la genitalidad no es grave) pero su aspecto remite a las señales inequívocas para los estereotipos que ha fortalecido el cine mexicano. El discurso de ellos es el del honor manchado. No parece haber puentes, hasta que las circunstancias lleven la trama a buen puerto y la pareja se reconcilie.

¿Qué es «no hacer nada malo»? El discurso de Mona abre una filtración que permite la identificación del espectador: ella tenía que comer, y no comprometió, en la forma de lograrlo, el alma, como probablemente muchas de las espectadoras sentían respecto a sus propias vidas. No es la prostitución la que define la bondad o maldad, pero ¿cómo, entonces, distinguir a las mujeres buenas de las peligrosas?

También la duda atenaza respecto a las mujeres de la propia familia: Lilith es siempre sorprendente. Las imágenes de las esposas son, por lo general, estereotipadas de acuerdo al arquetipo de María. Son pocas las esposas fílmicas que parecen tener sexualidad, pero también al respecto encontramos excepciones. Una de ellas es Silvia (Irasema Dilán), en *Dos mundos y un amor* (Crevenna), película ya del año 1954. Ella es una pianista extranjera que conoce, durante una gira pofesional, a un joven arquitecto (Ricardo-Pedro Armendáriz) del que se enamora. Por él deja la carrera y se instala en la vida matrimonial. La historia sucede cuando todavía no tiene hijos, tema que será uno de los ejes de la trama. La noche en que su marido se gradúa como arquitecto ella se arregla y se pone seductora para recibirlo. Al verla él dice que su vestido está bien, pero «muy atrevido para una mujer casada». Ella replica: «o sea, una mujer casada debe olvidarse de su cuerpo. Taparse hasta aquí [señala el cuello] vestirse de modo que desde lejos se note que es una esposa [...] no quiero ser tu respetable esposa, quiero ser tu amante». La imagen que sigue al abrazo consecuente es a la mañana siguiente: se ve a la pareja durmiendo en una cama desvencijada y rota, muy lejos tanto de las normas del código Hays (que regula estos detalles) como de los estilos nacionales. Este recurso se lo permite a Silvia el ser extranjera, por añadidura rubia. El relato juega con ofrecer al espectador una serie de posibles problemas entre la pareja, el deseo de ella de trabajar a pesar de la negativa del marido, la ausencia de prole, el «atrevimiento» que vimos.

La pregunta que atraviesa muchas cintas es la del nombre de una película en la que Leticia Palma encarna a Magdalena: *¿Por qué peca la mujer?* (Cardona, 1951). Se trata de una pregunta fundamental. El filme muestra, desde los créditos, la duda y la angustia que una posible respuesta suscita: los nombres de actores y técnicos tienen por fondo el dibujo de una tela de araña y un signo de interrogación. La música que los acompaña está llena de dramatismo. La película narra una historia convencional de prostitución y bajos fondos, en la que Magdalena pasa de vender lotería a ser *vedette* pero, a pesar del amor del galán, le toma gusto al poder, a las joyas y al dinero de su nuevo *status*. El final la muestra, como era de esperar, en la abyección absoluta.

Una primera lectura presenta, simplemente, a la tradicional prostituta del cine mexicano, pero hay una serie de incoherencias, de manera que se impone una segunda mirada. Magda es ambiciosa y quiere vivir su vida, y vivirla bien, cualquiera que sea su costo. En nuestro cine cuando la prostituta es «buena» puede ser porque un hombre abusó de ella, lo que otorga al varón un peso importante en la decisión de las vidas femeninas. Esta situación hace precisamente la diferencia entre la prostituta buena y la mala, porque su conducta es tradicional. Es el caso de Graciela (María Victoria), compañera de cabaret y rival de amores de Magda, que asume los roles de género esperados y desde ellos le dice al protagonista: «a mi lado podrás hacer lo que te dé la gana como siempre lo has hecho, tendrás todas las mujeres que quieras, no me oirás quejarme, nunca». ¿En qué es diferente a la esposa fílmica al interior de la familia? En el caso de Magda, en cambio, existe la rebeldía ante la supeditación a los hombres y la decisión de continuar con su vida; por lo mismo, la trama plantea la duda de que el deseo sexual o económico sea el móvil de sus actos. Ante eso el hombre queda paralizado, sin más opción que el insulto. La pregunta es ¿por qué peca la mujer?, pero esconde otra ¿cuál es su pecado? Este no se explica: es pecado nombrarlo.

Es pecado nombrarlo, pero podemos deducirlo. En *La Virgen que forjó una patria* (Bracho, 1942), película que realiza un recorrido por la historia de México, en el capítulo referido a la conquista de México, aparece una situación inusitada: Xiunel (Felipe Montoya), padre de Xochiquiáhuitl (Gloria Marín), cacique indígena de gran poder, se niega a aceptar a su hija que tiene relaciones de concubinato con un español, Pedro de Alonso. Ante los ruegos de la muchacha el anciano le contesta:

«una sóla noche al lado de un hombre aplaca la repugnancia de cualquier mujer». Ella queda esclavizada, impotente, lastimada, madre de un hijo que nace con la marca con que el hierro candente registra a los esclavos del amo. «Una sóla noche al lado de un hombre aplaca la repugnancia de cualquier mujer». No se sabe si asombrarse de la imaginación masculina acerca del placer femenino que promueve un olvido semejante (¿por eso se supone que las mujeres podrían perdonar a sus violadores?) o del narcisismo del hombre que se considera tan importante. El argumento de que sólo ejerció la genitalidad no parece suficiente -en este caso- para un padre receloso del placer que puede llevar a su hija a cualquier olvido.

En *La fuga* (Foster, 1943), los miembros de una diligencia que va rumbo a Veracruz durante la Intervención Francesa, se ven obligados a pernoctar en una posada que está en control de los invasores. Una de las viajeras es María Inés (Esther Fernández). Se trata de una mujer de veintitrés años, hermosa y de vida liviana. El teniente francés (Ricardo Montalbán) quiere abusar de ella, pero María Inés se defiende con fuerza, pues es nacionalista y respeta a su patria: ella aún tiene opiniones propias. Cuando el teniente trata de entrar a fuerza a su cuarto, le dice: «Yo no quería tener esos métodos, pero llevamos dos meses aquí, sin ver mujer, más que a la señora Galindo (la vieja posadera -Emma Roldán-, María Inés ríe y el joven se siente perdonado). Después de todo no estoy más que obedeciendo a un instinto natural». Quiere abrazarla pero ella lo rechaza: «¡pues yo sigo siendo mexicana y usted es mi enemigo!». María Inés es una mujer noble: el hombre responde a la naturaleza y ella -todavía- a la cultura. Ante la negativa femenina el teniente niega el permiso para avanzar en el viaje y todos los viajeros, pese a su supuesta «decencia», intentan disuadir a la muchacha, a quien sólo logra convencer su compasión por una bebita enferma que requiere, con urgencia, de atención médica. Para que la niña pueda salir de ahí, ella acepta al francés, pero queda enamorada del invasor: «una sóla noche...» El teniente es enviado a la batalla del 5 de mayo. Ella lo sigue arriesgando su vida y olvidando su proyecto personal, atraviesa el campo de batalla pasando de la trinchera mexicana a la francesa, porque lo oye del otro lado, herido, pidiendo agua, con un oído milagroso, porque todos los yacentes solicitan el preciado líquido. Brinca sobre muertos y heridos para consolarlo antes de morir. Cierto que él le había demostrado respeto y aprecio por México, declarándose parte del pueblo fancés que no apoyaba la Intervención, pero las ideas políticas de que hacía gala María Inés parecen sumirse en el olvido ante el estímulo omnipotente del deseo.

Estos dos casos muestran «lapsus», se filtra por ellos la idea de que el placer de las mujeres puede llevar al olvido más absoluto. La naturaleza del gozo femenino resulta inquietante. En *Anillo de compromiso* (Gómez Muriel, 1951), vemos un matiz peculiar: atisbamos la irrupción verbal de Lilith. Chabela (Carmen Montejo), es soltera y está muy amargada. Su hermana Marta (Martha Roth) tiene problemas económicos y va a vivir con el marido y el hijo al departamento de Chabela, quien se desespera por la pérdida de su comodidad. En un pleito entre ellas Marta le dice:

> «Lo que pasa es que me tienes envidia, de él y de mi hijo. Estás seca y te da coraje: tengo lo que tú nunca has podido tener. ¿Crees que no me doy cuenta de tu cara cada vez que Pablo me besa, de tu rabia cada vez que entramos a la recámara, de que escuchas detrás de la puerta? ¡Cuántas noches qusieras estar en mi lugar!»

Más tarde, Chabela le confiesa que tiene una relación amorosa y recapitula: «he vivido sin vivir encerrada en mi propio cuerpo (...) yo estaba sola y seca, noches llorando y mordiendo las almohadas. Ahora soy una mujer como cualquiera y siento la sangre en el cuerpo y vivo, porque tengo un hombre». *Ergo*: sólo se está viva con un varón cerca. La hermana le pregunta si no siente vergüenza y ella contesta que no: «ya sé lo que dirán de mi, pero no me importa, bastante tiempo he perdido preocupándome por los deberes y por los demás. Por eso vivía amargada y era cruel, pero ya no, ahora me siento libre y joven». El galán la explota económicamente pero ella -nos dice el relato- consigue lo que quiere. La fuerza de su deseo la hace romper cualquier convención. ¿Qué pensarían los espectadores de ella? Creo que seguramente aceptaban una vida posible más que una vida debida, una vida parecida a la de ellos mismos. Este caso nos presenta una de las filtraciones de las que tanto hemos hablado: Lilith y su irreverencia ante las convenciones, Lilith y su deseo decidido a realizarse se ha asomado en pantalla.

Cuando el deseo femenino es el tema explícito de una película, más que parte del relato, la tolerancia suele trocarse en censura expresa. En *La oveja negra* (Rodríguez,1949) todos saben quien es la Justina (Virginia Serret). El peligro que ella significa estriba en el orgullo y dignidad femenina, que el discurso califica como descaro y falta de vergüenza. Justina vive sola y asume una vida sexual abierta y a su gusto. Es una mujer joven, sencilla y fuerte. No cae en el llanto autodenigratorio y por eso se pierde. En esta película Silvano (Pedro Infante) y Cruz (Fernando Soler), el hijo y el padre tienen una relación muy difícil porque el viejo es autoritario y arbitrario, además de mujeriego y el muchacho, cuya conducta se supone ejemplar, se encuentra detenido por el ruego de su abnegada madre que siempre le pide paciencia. Un episodio fundamental, que viene a cuento mientras buscamos a Lilith, en cuando ambos aparecen envueltos en un enredo a causa del deseo femenino (el de Justina) tan temible como intenso, tan fuerte que marca la trama.

Silvano ha tenido amores con Justina, pero va a casarse con otra muchacha. En una célebre escena ella lo espera en los portales cuando él va a la cantina. Le reclama que hace quince días no la va a ver:

> "-Lo nuestro no puede quedar así
> -¿entonces cómo?¡cómo terminaste con los otros que has tenido!
> -es que a tí sí te quiero
> -¡quien te manda!
> -Silvano: es de verdad
> -mejor ni le buigas
> -pues que, ¿entonces lo de la huerca esa acaba en boda?
> -pos eso trato
> -¿te dio toloache o qué?"

(en eso Justina, con un vestido de tela a flores y una diadema, ve el estuche donde están los aretes de la madre que Silvano va a empeñar: ella los observa con admiración y se los quiere probar. El se los arrebata)

> "-¡son de mi madre!
> -¡y qué! a poco los ensucio
> -pos nomás con agarrarlos
> -nomás porque una no presume de decente y tu madre...

-¡No la nombres! pa' qué le bulles.
-Entonces ¿va de verdad? ¿tan despreciable soy?
-pos que ¿estás sorda o qué? Adiós y ya. Búscate otro, al cabo nunca te ha faltado ni te faltará. Pa' lo que sirves, pos sirves bien nomás que yo quiero otra cosa: mujer e hijos, ya lo sabes. Adiós y ya.
-Si me dejas te vas a arrepentir.
-Si me voy a arrepentir, pa' que te apuras."

Ella se queda llorando en los portales cuando aparece el padre de Silvano, Cruz, a quien Justina invita a «descansar» a su casa. Las escenas que siguen muestran a la mujer en un carruaje por el centro del pueblo, adornada con un mantón de manila y rodeada por el chismorreo de las viejas. Cruz planea divorciarse de su esposa para vivir abiertamente con la joven. La venganza está fraguada. La trama del filme seguirá el cauce marcado por Justina. Su deseo es tan potente que hace a los hombres seguir la ruta por ella marcada. Justina lucha por obtener lo que quiere con armas de todo tenor, asume, actúa y defiende su deseo, se siente digna y capaz, sin embargo, es «la mala» y no merecerá pasar a la cinta que continúa con la serie, *No desearás a la mujer de tu hijo* (Rodríguez, 1949).

El extremo de Lilith se muestra en el miedo a la devoradora, ávida e insaciable, que representa mejor que nadie María Félix, y repite, en su imagen de estrella, el rol de *Doña Bárbara* que declaraba: «yo tomo a los hombres cuando los necesito y los tiro hechos guiñapos cuando ya me estorban». Sin embargo La Doña deviene una caricatura de sí misma, tan estereotipada en sus papeles que se neutraliza el peso de su imagen en celuloide: ella se ha convertido en un monstruo y los monstruos, se sabe, no se encuentran con frecuencia. Era más peligrosa Justina, con su vestido de algodón estampado a flores, su diadema y su mal cortado cabello: ella era posible, podía ser la vecina, la novia... podía ser cualquiera.

Resulta claro que el ejercicio consciente de la sexualidad femenina, el posible placer y su búsqueda, el poder sobre sí misma y sobre los otros son algunos de los fantasmas que se cuelan en las películas mexicanas de la edad de oro. La mujer llamada «ligera» o «liviana» resulta ser -en cambio- la que tiene más fortaleza. No es la prostituta a la que se teme, sino a la mujer libre que opta por desarrollar sus potencialidades. El ejercicio de la genitalidad puede enajenarse, la sexualidad se sublima en el hijo pero el riesgo evidente es el erotismo, que implica para la mujer el olvido de las normas sociales tanto como la toma de conciencia de su propio deseo, que rompe el binomio tranquilizador de que la mujer es pasiva y el hombre activo, del hombre que domina en forma fija y precisa. Para los varones que hacen los filmes nacionales las dueñas de semejante fuerza son peligrosas: pueden suprimirlo (*Doña Bárbara*), chantagearlo (*La oveja negra*), o agotarlo (*La devoradora*). El erotismo de las mujeres no es parte substancial de ellas, radicada en su cuerpo y en su mente, sino un riesgo que amenaza a los hombres, que sólo parecen encontrar la tranquilidad en la figura serena y en paz, llorosa y trágica de la madre. En todo esto, quienes hacen estas películas muestran una concepción de los valores prevalecientes en su sociedad, los que se estereotipan de acuerdo a los códigos fílmicos mexicanos de estos años.

La pregunta que hemos hecho a las imágenes de celuloide es como presentar un elemento necesario, parte fundante de la identidad femenina, sin destruir el deseo que aparece como prioritario en esos años, el de protección familiar.

Concluiremos que el binomio de Eva y María no trastoca el orden, sino que es parte de su andamiaje. El temor lo suscita un tercer arquetipo, que podría ser representado en la figura de Lilith: la rebelde, la primera mujer de Adán. Lo que verdaderamente no se perdona es su paradigma. No son muchas las mujeres de luz y sombra que la representan, son, en cambio más frecuentes los silencios que la suponen. Además ellas tienen un mal fin, pero nos ofrecen elementos suficientes para no quedarnos en los límites de Eva y de María como paradigmas de la feminidad fílmica. Podemos afirmar, entonces, que las películas expresan un mundo en tensión en el que, a pesar del sistemático esfuerzo por separar el alma del cuerpo, el amor del placer, la sexualidad del erotismo, en suma, de responder al «deber ser» de la moral sexual imperante, las pantallas nacionales dejan filtrar una realidad insoslayable: la presencia de un erotismo femenino amplio aunque reprimido, gozado pero con culpas que provoca inquietud y una pregunta crucial, ¿por qué peca la mujer?, pregunta que esconde otra más directa: ¿goza ella, goza mi madre? En pantalla se aprecia una perspectiva básicamente masculina pero, además, infantil. Una vez más el cine muestra los miedos de una sociedad en sus lapsus, desde el revés de la trama, desde ese silencio que nombra, pero sólo para quien lo quiera escuchar.

COLOFÓN

LA ETNOMUSICOLOGÍA EN EL ESTUDIO DE LAS SOCIEDADES AMERICANAS: EL CASO DE LOS PUMÉ (LLANOS DE VENEZUELA)

Jaume Ayats
IDIM Josep Ricart i Matas, UAB

La etnomusicología o antropología de la música a menudo ha sido considerada, entre las ciencias sociales, como una disciplina marginal que trata de un aspecto muy particular de una cultura –la música–, y lo hace desde un interés muy concreto hacia su objeto de investigación, sin apenas intención de una comprensión amplia del hecho cultural y social de la colectividad estudiada. Esta consideración está bastante justificada si nos guiamos por los orígenes de la disciplina en el seno de la *musicología comparada* y, también, es bastante merecida a juzgar por buena parte de las contribuciones que ha proporcionado nuestra disciplina, que en la mayoría de casos no logran resultados que interesen al conjunto de las ciencias sociales. Pero cabe añadir que esta consideración a menudo sirve para olvidar la potencial información que el estudio de la expresión sonora nos ofrecería en una comprensión globalizante de una sociedad. Por otra parte, desde que en los años cuarenta Meyer Fortes se diera cuenta de que ningún antropólogo había estudiado la música como uno de los elementos básicos de una cultura, muchas cosas han cambiado, afortunadamente, en nuestra disciplina. En los años sesenta Allan Merriam formula en *The Anthropology of Music* su posición de estudio de la música como actividad ineludiblemente social, iniciando una vía social y antropológica para acercarnos al hecho musical. John Blacking, discípulo de Fortes, profundiza en esa línea con estudios sobre la música desde el cognitivismo antropológico. Y a esas iniciativas pioneras siguen un gran número de investigaciones con diferentes propuestas para abordar el problema de base: la relación de una expresión sonora con, por un lado, la organización social donde se produce, y por otra parte con la experiencia y la comprensión de los individuos que la formulan.

Sin entrar en detalles de las diferentes propuestas que posteriormente han ído apareciendo –quizá citar sólo el nombre de Steven Feld como uno de los más claros exponentes de las conceptualizaciones contemporáneas de la investigación–, sí que es justo señalar el importante avance que ha manifestado la etnomusicología en los últimos años y, como resultado de este avance, su capacidad de poder «explicar» la expresión sonora no ya como un conjunto de objetos que el investigador constituye dentro de una sociedad, sinó como una actividad plenamente social que se integra en un marco de implicaciones fuertemente personales e interiorizadas en el cuerpo, ese cuerpo individual en el que se inscriben los procesos sociales (siguiendo argumentaciones de De Certeau y Foucault).

En definitiva, los estudios en ciencias sociales pueden encontrar en nuestra disciplina un apoyo nada desdeñable cuanto a la comprensión de la expresión sonora como elemento a la vez de vertebración social, de expresión de las lógicas interiorizadas en el individuo, y de indicador de la comprensión individual del hecho social y estético.

En el intento de superar la división musicológica occidental entre una ya prevista «materia sonora» –con sus también «previstas» posibilidades de análisis– y, claramente separados, los datos etnográficos, históricos y/o sociales que acompañarían a esa materia, el estudio de la música tropieza con la globalidad y complejidad del acto comunicativo humano, siéndole necesario reconsiderar la constitución social y personal del individuo en la expresión sonora, o sea, utilizar los elementos cada vez más comunes del conjunto de las ciencias sociales, que van desde los planteamientos contemporáneos de la antropología y de la sociología a los análisis de la lingüística pragmática o lingüística del uso. En definitiva, la expresión sonora (y la «música» como una parte posible de ella) es probablemente la actividad humana donde se hace más patente la imagen que un individuo y un colectivo ofrecen de si mismos, y en una sola actividad se presentan/representan sus concepciones tanto por lo que se refiere a su constitución y organización colectiva, como a sus implicaciones personales (corporales, cognitivas, afectivas, identitarias). Pero para que sea posible un estudio de la música desde esa perspectiva, se hace necesaria una observación del acto social siempre en relación a una situación concreta, a unas intencionalidades colectivas y/o individuales, y a unas circunstancias particularmente bien definidas. Hemos tenido que abandonar el estudio exclusivamente «formal» –descontextualizado ya en sus previsiones– que es el único que permitía a los investigadores fijar el huidizo elemento sonoro en una forma estable, modelizable y transportable. El «objeto musical», fijado a través de valores previos, tiene que dejar paso al estudio del proceso y del acto.

Por otra parte, el interés enciclopédico y dominador (podría llamarse perfectamente *colonizador*) por el que se justificaba el conocimiento de «otras músicas», va dejando paso a otra actitud: observar la complejidad de la expresión sonora del Otro como espejo y contraste de Nuestra expresión. Y en este punto presentaremos de forma sumaria –a modo de experiencia con interrogantes– el caso de una pequeña población Pumé[1].

---

1. Este estudio fue realizado en el marco de las investigaciones antropológicas del **Proyecto Apure** (de la Universidad Central de Venezuela). Mención expresa por su importancia requieren la inestimable ayuda que la investigadora Gemma Orobitg ofreció en todo momento del trabajo de campo, así como la asistencia logística del Proyecto Apure dirigido por la profesora Daisy Barreto.

Algunos datos de los Pumé. Forman un conjunto de pequeñas comunidades que viven principalmente a lo largo de los ríos Capanaparo y Sinaruco, en el Estado de Apure. En conjunto son alrededor de seis mil, agrupados en comunidades generalmente de 30 o 40 personas. Hablan la lengua Pumé –también conocido como yaruro–, una lengua hasta el momento considerada aislada. Practicaban un nomadismo de estación seca y húmeda y una economía de cazadores, pescadores y recolectores, completada con una reducida agricultura. En la actualidad estas actividades se alternan entre los jóvenes con trabajos esporádicos en las haciendas de los terratenientes. Junto con la obligación de estabilidad de los poblados, han sufrido el empuje de los terratenientes, que han ido ocupando el llano, dejando a los Pumé en terrenos menos productivos. Las enfermedades traídas por los nuevos ocupantes añadidas a la malária endémica, generan un estado sanitario manifiestamente deficiente, con un nivel elevado de mortalidad infantil. El gobierno venezolano y la Universidad Central de Venezuela han desarrollado proyectos de asistencia sanitaria.

El pueblo de Riecito, donde se desarrolló mi labor, está formado por unas 125 personas. La lengua habitual es el Pumé, con diversos niveles de conocimiento del español por parte de los hombres. La mujeres sólo se expresan en Pumé, aún cuando muchas de ellas demuestran entender el español y –en algún caso– sabemos de su capacidad de hablarlo. Se trata de una clara posición de comunidad frente al exterior.

Mi trabajo de campo se desarrolló entre julio y agosto de 1992 gracias a la ayuda de la Dra. Gemma Orobitg, que vivía en Riecito desde hacía casi un año preparando su tesis doctoral sobre el sueño y la curación. Sus amplios conocimientos de la cultura y de la lengua Pumé me permitieron profundizar inmediatamente en algunos elementos de la expresión sonora. De otra forma, habría sido imposible que mis labores avanzaran.

Dentro de las actividades del pueblo destaca sin duda la ceremonia nocturna llamada *Tôhé*, que vamos a detallar en sus elementos generales. Se trata de un ritual religioso (en el sentido más amplio del término, ya que no está exento de algunos momentos jocosos, notoriamente alejados de nuestra previsión de lo religioso) que se realiza desde la puesta del sol hasta justo antes del amanecer –cerca de diez horas– y con una frecuencia de entre dos y cuatro o cinco veces por semana. En una reunión de hombres, mujeres y niños, los hombres ocupan por turno el papel de solista acompañado por una maraca (*chî*) con intervenciones sucesivas que son contestadas por una repetición de todos los asistentes. No hay ningún momento de descanso durante toda la velada. Los textos que se van pronunciando están débilmente predeterminados (podríamos utilizar el ambiguo concepto de «improvisación»), y tratan temas diversos: bienvenidas formularias y trato de cortesía, la alegría de encontrarse cantando con la finalidad de pasar la noche juntos y «amanecer bien», diversos niveles de contacto con las divinidades y curaciones.

Determinados hombres adultos consiguen que una parte de su persona, el *pumethó* (uno de los *pumethó* potenciales de la persona en oposición al *pumeikhará*, o parte más material) pueda viajar por los territorios de las divinidades mientras una divinidad concreta le susurra al oído las palabras del canto. En ese viaje puede encontrarse con otros *pumethó* de otras personas retenidos por las divinidades. Esas personas están enfermas, y el retorno –guiados por la maraca con las piedras de los antepasados– puede sanarlos. El *pumethó* que viaja conoce bién esos territorios como consecuencia de haber estado a menudo enfermo, y fácilmente puede estarlo de nuevo. Este tipo de enfermedad –hay otro tipo, que no trataremos– muestra su clara vertiente social. La fuerza de cantar toda la noche viene de las divinidades: a la mañana siguiente los solistas masculinos no están cansados, y no recuerdan apenas lo ocurrido. La ceremonia transcurre siempre en la más completa oscuridad, el oído es el elemento que comunica y guía toda la actividad. Por otra parte el canto no para ni un solo instante, en una especie de *horror vacui*. El don de curar es otorgado y retirado por ciertas divinidades.

Cuáles fueron los resultados, en una aproximación esquemática, de la observación de la expresión sonora en Riecito:

1- El estudio de los conceptos referidos a expresiones sonoras y a su respectiva vinculación con actividades concretas nos llevaron a comprender que en la sociedad pumé –como ocurre en muchas otras sociedades– no existe ningún concepto más o menos equivalente a nuestro concepto **música**. Existen numerosos conceptos que vinculan una expresión sonora a una actividad social, pero en ningún caso estos conceptos se agrupan en otros más generales y desligados de la actividad social (o sea, nuestras conceptualizaciones de **Música**, por una parte, y de **Lengua** o **palabra**, por otra). Expresiones sonoras que a nuestro modo de ver estarían «evidentemente» dentro de la categoría de «expresiones cantadas» –y que como tales son analizables por nuestros métodos de análisis musicológica–, no se oponen por ser de ninguna naturaleza diferente a expresiones que podríamos intentar traducir por *recitar*, *dialogar* o *chillar*. El conjunto de expresiones sonoras se organizan no como objetos modificables y transportables de una circunstancia a otra, sinó como expresiones completamente indisolubles de la situación social precisa donde se manifiestan.

Por ejemplo, lo que nosotros calificamos de canto dentro del *Tôhé* no tiene ninguna relación ni analogía especial, al modo de entender de los pumé, con lo que llaman *ea* (canto de las mujeres solas en la noche; literalmente sería llorar o lamento), ni con *yatô* (oración cantada). Los tres conceptos no pueden ser reagrupados en una categoría opuesta a otros conceptos que traduciríamos por diálogo, recitado o grito. Y explicitar nuestra categorización produce perplejidad al interlocutor pumé.

2- La actividad sonora con participación colectiva queda muy circunscrita al *Tôhé*. Destaca una manifiesta limitación de la actividad sonora diurna frente a la gran importancia de la actividad nocturna: no existen expresiones que pudiéramos calificar de canciones de cuna, ni cantos de trabajo, ni canciones infantiles. Por otra parte, los instrumentos musicales se limitan a la sola maraca del *Tôhé*, en oposición a la mayoría de culturas de la gran área amazónica-sabana, generalmente muy prolíficas por lo que se refiere a instrumentos musicales. Este comportamiento coincide con la observación en los años treinta de Vicenzo Petrullo, quién afirma que entre los pumé existe una prohibición de cantar durante el día. Esta prohibición no existe en la actualidad de manera explícita, pero las reservas que mantiene algún destacado miembro de Riecito, mostrando su desagrado cuando los adolescentes escuchan durante el día grabaciones del *Tôhé* de la noche anterior, reflejan una actitud análoga. Determinada modulación de la expresión sonora es propia del ritual, de la articulación entre miembros de la comunidad y de sus relaciones con la transcendencia. El importante poder de la expresión sonora en esta actividad, ¿podría justificar la limitación en la proliferación de objetos específicamente sonoros (instrumentos musicales), y esta bipartición sonora entre día/noche? El contraste entre la relativamente «débil» sociabilidad diurna que se percibe frente a la importante actividad colectiva nocturna en el *Tôhé*, parece señalar las líneas principales de como se articulan las relaciones interpersonales. Y la expresión sonora actúa como elemento clave de esta articulación.

3- Durante el *Tôhé* se manifiesta una de las actitudes más interesantes de la expresión sonora pumé. La modulación del canto de los diferentes hombres adultos que participan como solista no es de ninguna manera homogénea. En la argumentación de los hombres sobre el canto de solista en la ceremonia, se explicita de manera categórica una oposición. De una parte están los «buenos cantores», que a la vez son curadores, y que su *pumethó* viaja fácilmente por los territorios de las divinidades, por lo tanto son «buenos conocedores», tienen cierta edad y han sufrido numerosas enfermedades. Del otro lado están los jóvenes, que no cantan «nada bién». En el «estilo» de canto (forma de modular la voz, ataques, portamentos, vocalización, complejidad de inflexiones), pueden reconocerse unos a otros. La modulación sonora da la imagen de la persona (en realidad de un *pumethó*, ya que el buen cantor reconoce en la modulación cual de sus *pumethó* está cantando en aquel momento), y de esa imagen se deriva una reputación, una consideración dentro de la jerarquía social y –lo que es más importante– una cierta autoridad y legitimidad en sus juicios sociales. El conocedor es reconocido por su canto, y su canto le legitima como autoridad. El joven, sin posición de autoridad, no conoce y, consecuentemente, no puede cantar con las características previstas y auditivamente perceptibles del conocedor. Valores estéticos imbricados a autoridad de juicio social. No hay, por lo tanto, un aprendizaje formal y estrictamente técnico de la modulación sonora. Cualquier aprendizaje de «cantar» estará completamente vinculado a procesos y aprendizajes de otros órdenes: social, transcendente, vital. En definitiva, no estamos tan lejos de la conceptualización del arte –y de su «purificación» necesaria– que han fundado muchas de nuestras convicciones sobre la música.

4- En su discurso sobre el *Tôhé*, el hombre pumé da validez al acto sonoro recurriendo a las mujeres. Aunque ellas no serían estructuralmente necesarias en el *Tôhé* –sólo intervienen en la respuesta al unísono de la intervención del solista–, son imprescindibles para que se pueda realizar el acto. Para afirmar que alguien canta bién, se afirma algo parecido a «su canto gusta a las mujeres», aunque quizá ninguna mujer le haya oído cantar. Las mujeres, en las comunidades pumé con una separación y distribución estricta de los roles de cada sexo, actúan como punto de referencia del sexo opuesto: son monolingües, guardan las piedras rituales del hogar, su ciclo menstrual regula la actividad de pesca de los hombres, fabrican el tabaco ritual necesario para el *Tôhé*... Son ellas que deben dar validez a la actividad masculina.

5- Cuando visitamos Riecito, hacía algunos meses que había llegado el primer radiocasete propiedad de una familia pumé. Fué interesante observar como el sonido del aparato empezaba a ocupar un espacio social en la mitad diurna de la vida del pueblo. A pesar de ser difícil la sintonización de emisoras –a causa de las perturbaciones de la estación de lluvias–, el radiocasete podía ponerse en funcionamiento en la misma casa donde se desarrollaba el *Tôhé* solo algunos minutos después de haber terminado la ceremonia, durante el amanecer. Por otra parte, los adolescentes pumé mostraban su interés en cantar *joropo*, el género más habitual en los Llanos, muchas veces con texto en pumé. Estos intentos se desarrollaban, claro está, durante el día.

6- A partir de algunos testimonios (no siempre coincidentes), parece ser que los jóvenes de Riecito empezaron a dejar de asistir regularmente al *Tôhé*. Con la llegada de investigadores –que centramos buena parte de nuestro trabajo en la ceremonia–, se habría invertido esta tendencia: la observación de los forasteros habría ayudado a constituir el *Tôhé* como sitio de encuentro y de producción de una imagen de la comunidad en relación al Otro-observador. Este hipotético retorno del interés de los jóvenes no podría comprenderse sin una alteración significativa de los valores colectivos e individuales a partir de los que se concibe el *Tôhé*. Y una atenta observación de la complejidad de relaciones que se manifiestan en el *Tôhé* no puede olvidar este cambio, en el que el observador altera la actividad observada.

En conclusión, este breve bosquejo de los elementos más destacados de nuestra observación de la expresión sonora en Riecito, nos sugiere algunas de las características de la articulación del grupo social y nos muestra algunos de los mecanismos de la «música» como proceso de mediación social. Crear lo social –constituir el grupo, los modelos de conducta, la legitimación de la autoridad y asumir colectivamente los cambios– en el acto de cantar juntos. Vivir física, afectiva y sensorialmente la constitución del grupo a partir de la interacción sonora, para que, en cierta medida, el cuerpo y la memoria también formen grupo. Se trata de indicios, caminos, posibilidades de observación de la actividad «musical» que pueden ayudar al estudio global de una sociedad –sea lejana o próxima, sea de la que formamos parte o en la que nos sentimos extraños–, al estudio de su articulación como individuos y no sólo a realizar un inventario de fórmulas sonoras particulares o exóticas. Un estudio que en nuestra experiencia concreta sirve de espejo que nos permite una cierta perspectiva en el momento de abordar el estudio de actividades musicales de nuestro entorno inmediato (desde el concepto de **música** en nuestra sociedad hasta la observación expresiones sonoras consideradas «marginales» que encontramos en los estadios deportivos, en las manifestaciones en la calle o en los conciertos multitudinarios).

Referencias bibliográficas

AYATS, JAUME

1996 *«Chez les Indiens Pumé de la Savane vénézuélienne. Carnet de terrain»* in J.Ayats, P.Corderex, D.Laborde, L.Mabru, *Tout un monde de musique: Identifier, enquêter, analyser, conserver*, París, L'Harmattan, p.21-44.

BLACKING, JOHN

1973 *How musical is man?* Seattle, University of Washington Press. (existe en traducción catalana, 1994, *Fins a quin punt l'home és músic?*, Vic, EUMO)

CERTEAU, MICHEL DE

    1990 (1980) *L'invention du quotidien: 1, arts de faire,* París, Gallimard (Union générale d'éditions).

FELD, STEVEN

    1984 *«Sound Structure as Social Structure»* in *Ethnomusicology,* nº XXVIII,3, septiembre de 1984, p.383-409.

FOUCAULT, MICHEL

    1971 *«Nietzsche, la généalogie, l'histoire»* in *Hommage à Jean Hyppolite,* París, P.U.F.

HENNION, ANTOINE

    1993 *La Passion musicale: une sociologie de la médiation,* París, Métailié.

MARTÍ, JOSEP

    1992 *«Hacia una antropología de la música»* in *Anuario musical* 47, p.195-225, Barcelona, CSIC.

MERRIAM, ALAN P.

    1964 *The Anthropology of Music,* Evaston (Illinois), Northwestern University Press.

OROBITG, GEMMA, MS.

    1996 *«Rêve et guérison chez les Pumé de la savanne vénézuelienne»* (título provisional), París, École des Hautes Études en Sciences Sociales.

PETRULLO, VICENZO

    1939 *«The Yaruros of the Capanaparo river»* in *Bulletin of the Bureau of American Ethnology,* 123, p.161-290. Washington D.C., Smithsonian Institution. (existe en traducción española, 1969, Caracas, U.C.V.)